이동우의 10분 독서 101

이 책 한 권만으로
101권을 읽는 효과

Season 1

이동우의 **10분독서**

이 | 동 | 우
콘 | 텐 | 츠
연 | 구 | 소

책을 대신할 수 있는 것은 책뿐이다

솔직한 고백으로 이 책을 시작해야 할 것 같다. 나는 책을 별로 좋아하지 않았다. 책이 필요하지도 않았고 재미를 느끼지도 못했다. 책에 대한 관심이 전혀 없었다. 그저 1년에 한두 권 읽을까 말까 하는 평범한 독자였을 뿐이다. 하지만 어쩌다 보니 지금은 책을 읽고 소개하고 쓰는 일로 밥벌이를 하고 있다.

어느 언론사의 마케팅 기획 부서에서 사회생활을 시작했는데, 그때 나에게는 경제·경영 분야의 지식이 전혀 없었다. 업무 특성상 여러 기업의 인사부와 홍보부 사람들과 자주 만나야 하는데 대화에 낄 수가 없었다. 모자란 지식을 어색한 웃음으로 때우는 일도 한두 번이지 그런 일이 잦다 보니 무시당하는 기분도 들고 일도 잘 풀리지 않았다. 그래서 전투적으로 책을 읽기 시작했다. 어느 날인가 피터 드러커의 《프로페셔널의 조건》을 읽고 책 이야기를 건넸더니 한 달 뒤 지금은 어떤 책을 보고 있느냐며 누군가 물어 오기도 했다. 이렇듯 독서는 나에게 특별한 재능이 없으니 책이라도 읽어 그들과 이야기를 나누자는 수단에 불과했다.

그런데 그렇게 읽기 시작한 책에 재미가 붙기 시작했다. 한 권 두 권 읽은 책이 쌓이다 보니 아는 내용이 자연스럽게 많아졌다. 처음 보는 책인데도 내가 다른 데서 읽은 내용들이 보이기 시작했다. 어떤 책들은 그 전에 읽은 비슷한 주제의 책과 비교할 수도 있었다. 수많은 책이 공통적으로 언급하는 내용도 더러 있었는데, 저자마다 관점과 상황에 따라 다르게 표현하고 있다는 사실도 알게 되었다. 그러다 보니 책 읽는 속도도 점점 빨라졌고, 이해도 쉬워졌다.

책을 읽고 누군가에게 이야기를 건네고 그 소재로 이야기를 이어 갈 수 있다는 것에 점점 더 매료되었다. 몇 년간의 직장 생활을 더 거친 뒤 2004년 회사를 만들었다. 저자들이 이 책을 왜 썼는지에 대한 궁금증을 풀고 싶어 저자와 독자들의 만남을 주요 사업으로 하는 '북세미나닷컴'이라는 회사를 만든 것이다. 그렇게 해서 수백 명의 저자를 만나는 지적 유랑 생활을 하게 되었다. 그로부터 10여 년 후 '이동우의 10분 독서'

를 시작했다. 숨어 있는 좋은 책들을 소개하고 어려운 책을 쉽게 읽을 수 있는 방법을 공유하기 위해서였다. 운 좋게도 당시 콘텐츠 제작 기술이 발달하고 컴퓨팅 환경이 기하급수적으로 상승하고 있어서 나 스스로 콘텐츠를 제작하고 웹과 모바일로 전송을 했다.

　하지만 나는 아직도 평범한 독자일 뿐이다. 매주 책을 고르고 리뷰를 하고 있지만 한 권의 책을 읽는 데는 여전히 시간이 많이 걸린다. 특별한 속독법도 없다. 보통 사람들과 비슷한 속도로 읽는다. 그저 한 줄 한 줄 저자와 대화하는 마음으로 읽어 갈 뿐이다. 그리고 부족한 지식을 채우기 위한 마음으로 책을 집어 든다. 그래서 전 세계 전문가와 유명 석학들이 쓴 책을 보면서 감탄하곤 하는 것이다. 그때 배운 지식이 전부인 줄 알면서 우쭐대다가 다른 이론이 등장하면 새로운 이론과 과거의 이론을 비교하기도 한다. 또 어떤 것이 적절하고 합리적인 해석인지를 따져 보고 맥락을 읽으려고 노력한다. 내가 시작한 독서는 그렇게 책장을 하나씩 넘기면서 조금씩 성장했다.

부족함을 채우기 위한 책 읽기

'이동우의 10분 독서'를 3년 6개월 넘게 운영하면서 가장 어려운 일은 책을 고르는 것이었다. 책을 선택하고 리뷰하고 있으니 청취자들은 나에게 책을 선택하는 묘한 재주가 있다고 생각하는 것 같다. 그러나 책을 선택하는 데는 신의 한 수가 존재하지 않는다. 한참 읽고 난 뒤 리뷰를 포기해야 하는 책도 많았다. 책 선택에 있어서 절대적인 기준, 특히 눈으로 구분할 수 있는 기준은 없다는 말이다.

　책을 선택하기 위해서는 수많은 사항을 고려해야 한다. 가장 중요한 시작점은 이 책을 쓴 저자가 누구인지, 그리고 왜 이 책을 썼는지 하는 것이다. 모든 책에는 그들이 세상에 전하고자 하는 이유와 메시지, 의도가 담겨 있다. 예컨대, 어떤 책은 수십 년간의 연구를 바탕으로 쓰인 것도 있지만, 수십 년 동안 가르쳐 온 것을 부정하고 새로운 이론을 제기하는 책도 있다. 내용과 포장이 다른 책들도 있다. 포장과 추천을 빼고 오로지 책의 핵심 내용과 저자가 말하고자 하는 것, 그리고 그 책을 읽을 사람들이 얻어 갈 수 있는 것을 기준으로 책을 고른다.

　나는 오래전부터 '책을 읽는 만큼 똑똑해지는 것은 아니다'라는 사실을 말해 왔다. 이 말은 책을 쓴 저자의 주장을 절대적으로 신뢰하지 말아야 한다는 이야기일 수도 있지만, 우리 스스로가 끊임없는 시행착오를 거쳐 어느 지식에 이르게 된다는 이야기이기도 하다. '이동우의 10분 독서' 역시 부족한 부분을 채워 가면서 한 걸음씩 성장할 수 있었다.

MIT 미디어랩 소장을 맡고 있는 조이 이토와 '크라우드 소싱'이라는 용어를 만들어 낸 제프 하우가 쓴 《나인》이라는 책이 있다. 미래의 변화를 결정하는 아홉 가지 원칙을 이야기하는 책이다. 이 책 저자 중 한 사람인 조이 이토는 정식 학위가 없다. 저자의 이력보다 더 놀라운 것은 저자들의 솔직함이었다. 그들은 미래가 이렇게 혹은 저렇게 변할 것이라고 단언하지 않는다. 그것은 불가능하다는 것이다. 그동안 인류는 지난 몇 년간 겸손을 배워 왔고, 우리가 아는 것이 얼마나 없는지를 깨닫게 되었다는 사실도 모른다는 것이다. 나는 이 대목을 보면서 가슴을 쳤다. 우리가 걸어가야 할 길이 더 많은 지식을 채우는 일이라고 믿지만, 어쩌면 이 책에서 언급한 책들을 다 읽고 나서도 우리는 여전히 배움의 길 위에 서 있을 것이기 때문이다.

《10분 독서 101》 사용법

2014년부터 시작한 '이동우의 10분 독서'가 그동안 리뷰한 책은 어림잡아 200권. 그 숫자는 앞으로도 매주 한 권씩 늘어날 것이다. 그중에는 좋은 책도 있었고, 아쉬운 책도 있었다.

우리는 지난 몇 년 동안 엄청난 지식의 변동을 겪어 왔다. 이 부분은 그 누구도 부정하기 어려울 것이다. 이제는 더 늦기 전에 따라잡아야 한다. 부의 양극화에 앞서 이미 '지식의 양극화'가 생겨나기 시작했고, 더 늦기 전에 따라가야만 한다. 피곤한 일이지만, 현대 사회를 살아가는 우리에게는 숙명일지도 모른다.

몇 년 전만 하더라도 4차 산업혁명, 자율 주행 차, 인공 지능, 전통적인 수직 관계의 붕괴, 무어의 법칙, 블록체인, 소비자와 기업의 새로운 관계, 기업 내 조직 문화와 커뮤니케이션의 새로운 해법 등은 언급된 적이 없다. 그러나 지금은 이와 같은 이야기는 기본에 속한다.

새로운 책은 늘 기존의 지식을 독자들이 알고 있다는 전제에서 시작한다. 2014년 12월 경제학자 해리 덴트가 쓴 《2018 인구 절벽이 온다》라는 책이 출간되었다. 이 책은 전 세계 선진국들의 거대 도시들이 인구 절벽을 맞게 된다는 이야기를 하고 있다.

1940~1960년대에 태어난 베이비붐 세대가 인류 역사상 가장 큰 인구를 형성하고 있지만, 그 뒤를 따르는 1980~2000년대에 태어난 밀레니얼 세대는 인구가 그보다 훨씬 적기 때문에 거대한 소비 시장이 사라진다는 것이다. 이 책이 출간된 후 다른 책들은 이 책의 내용을 독자들이 알고 있다는 전제에서 시작해야 한다. 이런 패턴은 거의 모든 경제 경영서에서 나타난다.

물론 상황이 다르게 흘러가는 경우도 있다. 마케팅 전문가 이타마르 시몬슨 스탠퍼드대 교수가 《절대 가치》라는 책을 냈다. 그는 30년 동안 광고와 마케팅 그리고 시장 조사가 중요하다고 가르쳐 온 학자였다. 하지만 《절대 가치》라는 책에서 그는 이 내용을 모두 뒤집는다. 소비자는 절대 가치를 선호하기 때문에 시장 조사나 광고를 할 필요가 없다는 것이다. 따라서 마케팅 분야에서 책을 내려면, 이 책 내용을 반박하든가 아니면 이 책을 기반으로 한 새로운 내용을 담아야 한다.

그러나 모든 독자가 책의 전반적인 트렌드를 따라야 하는 것은 아니다. 가장 중요한 것은 일단 무엇이든 시작해야 한다는 점이다. 어떤 책이든 읽기 시작하면 된다. 가장 얇은 책, 가장 쉬운 책, 가장 유명한 책, 가장 필요한 책 등 어떤 책이라도 일단 시작하면 된다. 그리고 거기서부터 한 걸음씩 자신의 목적에 따라 다음 단계로 진행하면 된다.

이 책에서는 12개의 새로운 목차를 발견할 수 있을 것이다. 우리 시대 최고의 대가들이 어떻게 말하고 있는지, 창의력에 대해서는 어떤 이론이 제기되고 있는지, 성공하는 사람들은 하루를 어떻게 살아가고 있는지, 우리는 생각을 어떻게 바꾸어야 하는지, 세계적인 기업들은 무엇을 하고 있는지 등을 알 수 있을 것이다. 또 혁신과 위기, 이에 대응하는 비즈니스 현장 속으로 여러분을 안내하고자 한다. 많은 사람이 걱정하고 있는 4차 산업혁명의 현장과 미래에 벌어질 일들을 어떻게 바라볼 것인지에 대해서도 전 세계 전문가들과 석학들의 어깨너머로 살펴 보고자 한다.

이 책을 통해 여러분은 새로운 의외성을 만나리라 확신한다. 보통 독자들은 대부분 자신이 읽어야 하는 책, 그리고 읽고 싶은 책만 보는 경향이 있다. 익숙한 것만 찾는 것은 누구에게나 자연스러운 일이다. 하지만 이 책에서는 다양한 분야의 책들을 볼 수 있다. 즐겨라. 그리고 마음을 당기는 책이 있다면 그 책은 반드시 시작부터 끝까지 완독하기를 바란다. 이 책을 보고 나면 그 어려운 책들도 그리 어려운 책이 아니라는 사실을 알게 될 것이다.

이제 이런 책을 읽어라

2017년 현재 수많은 개인과 기업들이 '4차 산업혁명'이라는 단어에 매몰된 듯하다. 그런데 4차 산업혁명은 단순히 기술 혁신만을 봐서는 안 된다. 단지 기술에만 국한된 간단한 문제가 아니기 때문이다. 4차 산업혁명을 제대로 파악하려면 의외로 읽어야 할 책이 많다. 1980년대부터 시작된 레이거노믹스와 당시 기업들이 어떤 선택을 했는지, 그리고 2000년을 넘어 금융 위기가 찾아오기까지 금융 산업이 어떤 역할을 했는지, 금융 산업과 산업의 발전은 어떤 관계가 있는지를 봐야 한다. 그래야 지금 변화의 거대한 흐름이 눈에 들어온다. 4차 산업혁명은 선진국들이 제조업을 다시 부흥시키기 위한 전략적 선택이고, 2008년 금융 위기 이후 금융 산업이 경제 발전을 저해한다는 사실을 선진국들이 학습한 결과물로 등장한 것이다. 더불어 4차 산업혁명을 제대로 이해하려면 '4차 산업혁명'이라는 단어 이전에 '인더스트리 4.0'의 발원지인 독일이 왜 제조업 부상을 이야기하는지도 짚어 봐야 한다.

　따라서 '4차 산업혁명'이라는 제목이 붙어 있는 책 한 권만으로는 아주 작은 부분밖에 알 수 없다. 이 책에서 소개하는 《긴축》, 《근시사회》, 《우리는 왜 집단에서 바보가 되었는가》, 《폭력적인 세계 경제》, 《4차 산업혁명 이미 와 있는 미래》 등은 모두 4차 산업혁명과 연결되어 있다. 4차 산업혁명에 대한 균형 잡힌 시각은 이런 책들을 섭렵하는 과정을 통해 만들어진다. 물론 어떤 사람들은 그런 것이 필요 없다고 생각할지 모른다. 그러나 4차 산업혁명에 대한 균형 잡힌 시각이 없다면, 개인으로서 혹은 기업으로서 무엇을 준비해야 하는지 제대로 알기 어렵다.

　기업의 관리자들이 새로운 관리 방법에 대해 관심이 있다면 《성공을 퍼트려라》라는 책을 봐야 할 것이다. 왜냐하면 그래도 이 책은 관리자들에 의한 관료 조직이 최소한 필요하다고 여기기 때문이다. 하지만 전혀 새로운 관리 방법을 주장하는 《심플을 생각한다》, 《데이비드 버커스 경영의 이동》, 《홀라크라시》, 《혁신의 설계자》와 같은 책들도 있다. 이 책들은 리더를 통한 관리 체계보다는 자율 조직, 이른바 수평적 조직을 지향한다. 기존 조직에서 하고 있는 조직적 활동은 재고해 봐야 한다고 주장한다. 따라서 리더들은 한 권의 책에 매몰되지 말고 여러 의견을 종합해 봐야 할 필요가 있다.

반면 직장인들이라면 지금 세상이 어떻게 변해 가고 있는지를 봐야 한다. 기술 변화가 어떻게 이루어지고 있는지, 이에 따라 지금의 직장에 위기가 올 것인지 아닌지를 알아야 한다. 이들에게 《볼드》나 《로봇의 부상》은 적잖은 충격일지 모르나 해법이 없는 것도 아니기 때문에 미리 준비한다는 마음으로 책을 봐야 할 것이다. 4차 산업혁명을 다룬 책들은 직장 혹은 직업이 종말을 고할 것이고, 새로 등장하는 인공 지능과 로봇이 인간을 대체할 것이라고 호언장담하고 있다. 하지만 여전히 이에 반대되는 의견이 있는 것도 사실이다. 위기가 오는 것은 맞지만 구체적으로 보면 딱히 그렇지도 않다는 것이다. 어떤 이야기가 맞을까? 그 답은 이제부터 여러분이 찾아내야 한다.

자녀 교육에 관심이 있는 부모들도 마찬가지다. 1970년대나 그 전후에 태어나 결혼하고 자녀를 기르는 부모라면 지금은 본인이 태어나 교육 받고 직장을 구하던 시대와는 전혀 다른 세상이라는 것을 알아야 한다. 학교 성적과 IQ가 중요하던 시대가 있었지만 이제 성공하기 위해서는 다른 요소들이 필요하다는 사실을 《그릿》에서 읽게 될 것이다. 《창조의 탄생》에서 창의력이란 특출한 사람들만 갖게 되는 것이 아니라는 점도 알게 될 것이다.

이 책은 여러분이 드넓은 책 세상으로 들어가는 데 도움을 주는 안내서에 불과하다. 인류는 지금까지 3억 1000만 권의 책을 냈고, 지금도 그 숫자는 늘어나고 있다. 오늘도 내일도 좋은 책은 또 등장할 것이고, 우리가 알고 있는 것과는 다른 지식을 전해 줄 것이다. 물론 아직은 어떤 책을 봐야 하는지 감이 잡히지 않을 것이다. 그러니까 일단 읽어라. 어떤 책이라도 읽어야 당신의 현 위치가 파악될 것이다.

세상에 나쁜 책은 없다

많은 독자와 '이동우의 10분 독서' 청취자들이 늘 궁금해하는 질문이 있다. '어떤 책을 읽어야 하는가?' 혹은 '어떻게 책을 읽어야 하는가?'라는 것이다. 많은 사람에게 똑같은 질문을 받는 경험은 새로운 깨달음으로 이어지기도 한다. 즉 이런 질문을 던지는 사람들은 책을 잘 읽지 않는다는 것이다. 그들은 질문에 앞서 '이제 책을 좀 읽어 볼까 하는데……'라는 수식 어구를 말하는 경우가 있다. 책을 읽기로 결심하고 싶은 것이다.

이 질문에 대한 나의 답은 늘 같다. 어떤 책이라도 읽기 시작하라는 것이다. 세상에 나쁜 책은 없다. 아무리 거지 같은 책이라도 그 책을 읽다 보면 최소한 그다음에 무엇을 읽어야 할지 알게 된다. 그러니 가장 필요해 보이는 책, 가장 재미있어 보이는 책 한 권을 집어라.

세계적인 CEO들은 늘 책을 가까이하고 노트에 메모를 하며 생각을 정리한다. 심지어 가장 혁신적인 테크 산업을 이끄는 경영자들조차 책에서 손을 떼지 않는다. 빌 게이츠나 마크 저커버그, 제프 베저스, 일론 머스크, 손정의 같은 비즈니스 리더들도 1년에 60권 이상 책을 읽는다. 한가해서가 아니다. 그들은 한 분야의 지식을 깊숙이 습득하는 방법은 웹과 모바일에 떠도는 정보가 아니라 책에 있다는 것을 알기 때문이다.

나는 이 책이 당신으로 하여금 책에 한 걸음 더 다가가게 만드는 길잡이가 되기를 바란다. 선택하고 리뷰해 온 200여 권 중에서 101권을 모았다. 어떤 페이지를 펼치든지 믿고 볼만한 책 101권이 기다리고 있을 것이다. 그냥 읽어라. 그리고 마음이 움직인다면 그 책을 직접 사서 확인해 보기 바란다. 그 분야가 궁금해진다면 그와 관련한 책을 또 읽어 보면 된다. 그렇게 하면서 자신만의 독서 습관과 요령을 만들어 가면 된다. 단 한 권의 책을 읽는다고 인생이 바뀌는 일은 드물다. 하지만 읽은 책이 열 권, 스무 권 쌓이다 보면 그 인생은 분명 그 전과는 다를 것이다. 독서는 배신하지 않는다. 여러분의 성공을 빈다.

이동우콘텐츠연구소
이동우

Contents

▶

누구나 창조적인 사람이 될 수 있다
▶ 좋은 아이디어가 필요한 사람들을 위한 생각 훈련법 10권

성공하는 사람들은 하루를 이렇게 산다

▶나를 변화시키는 인생의 기술 8권

세계적인 기업들은 지금 무엇을 고민하는가?
▶우리가 미처 몰랐던 1등 기업들의 비밀 8권

혁신은 5퍼센트의 분석과 95퍼센트의 실행으로 완성된다
▶성과로 증명하는 혁신의 기술 9권
Chapter 6

SELF-CONTROL

빅 비즈니스는 이렇게 탄생한다

▶ 한발 먼저 성공의 기회를 잡은 사람들 8권

Chapter 8

▶

비즈니스는 결국 사람들의 마음을 움직이는 것이다

▶히트 상품을 만드는 마케팅 트렌드 7권

Chapter 9

지금 세상은 이렇게 바뀌고 있다

▶복잡한 사회의 작동 원리를 알려 주는 책 8권

Chapter 11

우리가 곧 경험하게 될 충격적인 미래
▶ 당신을 대참사에서 지켜 줄 책 7권

Chapter 12

[일러두기]

1. 여기에 실린 책들은 지난 4년 동안 저자가 리뷰했던 200여 권 책 중에 직장인이나 일반 독자들에게 가장 필요하고 중요하다고 생각되는 책들을 선별했습니다.
2. 베스트셀러나 잘 알려진 책들도 있지만 그 외에도 널리 읽히면 좋을 책들, 숨어 있는 좋은 책들을 다수 소개했습니다. 대형 출판사 책 외에도 소규모 출판사들, 무명 저자들의 책이 상당수 포함되어 있습니다.
3. 개인적인 관계나 특정 회사의 이익과는 무관하게 책 자체의 가치와 의미, 시의성만을 선택의 기준으로 삼았습니다.
4. 서지 사항에 포함된 이북 가격은 판매처에 따라 다를 수 있습니다.

▶

이 책장을 넘기는 순간 우리 시대를 살고 있는 최고의 대가들 이야기가 시작된다. 2017년 노벨 경제학상을 수상한 리처드 탈러부터 잭 웰치, 피터 드러커, 자크 아탈리에 이르기까지. 대가들과의 만남 이후에는 각 주제별로 신선한 충격을 불러올 크고 작은 지식들이 능선처럼 이어진다. 당신은 창조란 특별하고 비범한 사람들의 전유물이 아니라는 것을 알게 되고, 성공하는 사람들이 어떻게 사는지도 엿볼 수 있다. 당신이 성장하고 발전하는 데 큰 도움이 될 것이다. 우리의 생각에 얼마나 허점이 많은지, 하지만 동시에 얼마나 큰 가능성을 가지고 있는지도 살펴보게 된다. 거기가 끝이 아니다. 전 세계로 눈을 돌려 세계적인 기업들이 무슨 고민을 하고 있는지도 알게 될 것이다. 눈으로, 마음으로 즐겨라. 또 훌륭한 기업들은 어떻게 혁신을 하는지, 개인은 똑똑하지만 왜 조직은 멍청하다고 하는지에 대한 날선 비판도 만날 수 있다. 특히 사업가나 기업의 관리자들은 열광할 것이다. 그 뒤로는 빅 비즈니스를 이뤄 낼 수 있는 중요한 길잡이들이 등장한다. 이 시대 최고의 전문가들이 쓴 책들이다. 마지막으로 4차 산업혁명과 인공 지능 혁명으로 일자리가 어떻게 바뀌고 있는지, 변화하는 세상의 원칙은 무엇인지를 살펴볼 수 있다. 지금까지 무차별적인 위기 담론으로 두려워만 하고 있었다면 희망도 있음을 깨닫게 될 것이다. 우리가 미처 보지 못한 미래 모습도 충실히 담았다. 즐겁게 볼 수 있는 내용은 아니지만, 당신이 앞서 나가는 데는 충분할 것이다. 자, 이제부터 시작이다.

Chapter 1

우리 시대 최고의 대가들에게 배운다

극소수에게만 허락됐던 위대한 통찰을 만날 수 있는 책 9권

경쟁 없는 독점, 그것이 진정한 성공이다

제로 투 원
-스탠퍼드대학교 스타트업 최고 명강의
Zero to one-Notes on Start ups, or How to Build the Future

한마디로 이 책은!

《제로 투 원》은 실리콘밸리에서 가장 성공한 창업자 중 한 사람인 피터 틸이 블레이크 매스터스와 함께 새로운 것을 창조하는 회사를 만들고 미래의 흐름을 읽어 성공하는 법에 대해 말하는 책이다. 저자들은 다음과 같이 주장하고 있다. 0에서 1이 되는 것은 '새로운 것을 창조하는 것'을 의미한다. 뭔가 새로운 것을 만들면 세상은 0에서 1이 되며, 새로운 것을 창조하는 회사를 만들어야 성공할 수 있다. 성공한 기업과 사람들은 아무도 생각하지 못한 곳에서 새로운 가치를 찾아낸다. 기존의 모범 사례를 따라 하고 점진적으로 발전해 봤자 세상은 1에서 n으로 익숙한 것이 하나 더 늘어날 뿐이다. 경쟁의 함정에 빠지지 말고 독점 기업이 되어야 한다. 이처럼 명쾌한 논리와 다양한 사례를 들어 지금까지 당연한 통념으로 여겨지던 '독점은 시장 경제에 해롭다'는 주장은 사실과 다르다고 이야기한다. 그동안 우리가 경쟁 때문에 발전한다고 생각한 것은 경제학자들과 교육 시스템을 통해 주입된 이데올로기일 뿐이라는 것이다. 오늘날은 독점 기업이 되어 남들이 할 수 없는 것을 해내는 만큼, 딱 그만큼만 성공할 수 있기에 더 이상 독점은 예외적인 현상이 아니며, 성공하는 기업의 특징이라고 한다.

저자 피터 틸 전자 결제 회사 페이팔의 공동 창업자이자 페이스북, 링크트인, 스페이스엑스, 옐프 등 성공적인 스타트업 초기 투자가. 약 26억 달러의 자산을 보유한 것으로 알려져 있다. 기술의 진보와 사회의 미래를 위한 다양한 사업을 운영하는 틸 재단을 이끌고 있다. 틸 재단은 학교를 중퇴하고 창업하는 조건으로 10만 달러를 지원하는 프로그램을 운영하는 것으로 화제를 모은 바 있다. 스탠퍼드대에서 철학을 전공했고, 같은 학교 로스쿨을 졸업했다.

블레이크 매스터스 법률 서비스 스타트업 주디캐터 공동 창업자. 2012년 스탠퍼드대 로스쿨 재학 당시, 피터 틸이 스탠퍼드대에서 강의한 내용을 블로그에 연재했는데, 조회 수 100만 회를 넘으며 센세이션을 일으켰다.

피터 틸, 블레이크 매스터스 지음 | 이지연 옮김 | 한국경제신문 | 2014년 11월 | 252쪽 | 13,500원(이북 10,800원)

> 창조적 독점이란, 새로운 제품을 만들어서 모든 사람에게 혜택을 주는 동시에
> 그 제품을 만든 사람은 지속 가능한 이윤을 얻는 것이다. ─50쪽

성공하는 비즈니스는 0에서 1을 만드는 것이다

비즈니스 세계에서 모든 기회는 단 한 번밖에 주어지지 않는다. 앞으로 그 누구도 컴퓨터 운영 체제를 만들어 제2의 빌 게이츠(마이크로소프트 창업자)가 될 수는 없다. 검색 엔진을 만들어 제2의 래리 페이지나 세르게이 브린(구글 창업자들)이 될 수도 없으며, 소셜 미디어를 개발해 제2의 마크 저커버그(페이스북 창업자)가 될 수도 없다. 이들을 베끼려 해도 정작 이들에게서 아무것도 배우지 못하는 것이다.

 새로운 것을 만드는 것보다는 이미 있는 것을 모방하는 게 더 쉽다. 하지만 어떻게 하면 되는지 사람들이 이미 알고 있는 일을 다시 해 봤자 세상은 1에서 1+n이 될 뿐이다. 그러나 뭔가 새로운 것을 창조하면 세상은 0에서 1이 된다. 창조라는 행위는 단 한 번뿐이며, 창조의 순간도 단 한 번뿐이다. 그 한 번의 창조로 세상에는 낯설고 신선한 무언가가 생겨난다. 성공하는 기업들은 각자의 독특한 문제를 해결해 독점을 구축했다. 반면 실패한 기업들은 똑같다. 경쟁을 벗어나지 못한 것이다.

 《제로 투 원》에서 말하는 '독점 기업'은 자기 분야에서 너무 뛰어나기 때문에 다른 회사들은 감히 그 비슷한 제품조차 내놓지 못하는 회사를 가리킨다. 구글은 0에서 1을 이룬 대표적인 회사다. 2000년대 초반 이후 검색 분야에 경쟁자가 없는 상황에서 구글은 마이크로소프트와 야후를 크게 따돌렸다. 이제는 늘 하던 사업을 조금씩 개선해서 변화하는 환경에 적응하는 것만으로는 성공을 오래 즐길 수 없다. 새로운 제품을 만들어 모든 사람에게 혜택을 줄 수 있어야만 지속 가능한 독점 이윤을 얻을 수 있다.

창조적으로 시장을 독점한 기업의 네 가지 특징

독점 기업은 다음 네 가지의 공통된 특징을 가지고 있다.

 독자 기술 독자 기술을 보유하라. 독자 기술이야말로 기업이 가질 수 있는 가장 실질

적인 이점이다. 구글은 핵심 제품인 검색 엔진 기술이 훌륭해서 아무리 다른 검색 엔진들이 공격해도 탄탄한 지위를 계속 유지할 수 있다. 이때 독자 기술은 대체 기술보다 최소한 10배는 더 뛰어나야 진정한 독점적 우위를 점할 수 있다. 10배 이상의 혁신을 가능하게 하는 기술로 승부를 걸어라.

네트워크 효과 네트워크 효과는 강력하다. 더 많은 사람이 사용할수록 해당 제품을 더 유용하게 만들어 준다. 친구들이 모두 페이스북을 사용할 때 혼자 다른 SNS를 선택한다면 괴짜 취급을 받을 것이다. 어떤 네트워크든 처음에는 규모가 작을 수밖에 없다. 역설적이게도 네트워크 효과가 필요한 사업들은 특히 더 작은 시장에서 시작해야 한다. 페이스북도 처음에는 겨우 하버드대 학생들을 위해 디자인된 것이었다.

규모의 경제 독점 기업은 규모가 커질수록 더 강해진다. 특히 소프트웨어 스타트업이라면 제품 하나를 추가로 생산하는 데 들어가는 비용은 거의 제로에 가깝기 때문에 규모의 경제 효과를 보다 극적으로 누릴 수 있다. 훌륭한 신생 기업이라면 처음 사업을 디자인할 때부터 대규모로 성장할 잠재성을 가지고 있어야 한다. 마치 맞춤형 기능을 추가할 필요도 없고 성장이 중단될 요인도 없으면서 2억 5000만 명의 사용자를 보유한 트위터처럼 말이다.

브랜드 전략 어느 회사든 자기 브랜드에 대해서는 독점권을 갖기에 튼튼한 브랜드 구축은 독점 기업이 될 수 있는 강력한 수단이다. 현재 가장 강력한 기술 브랜드는 '애플'이다. 여러 요소가 합쳐져 애플 제품은 그 자체를 하나의 카테고리로 봐야 할 만큼 훌륭하다는 인식이 생겼다. 그러나 어떤 기술 기업도 브랜드 전략만으로는 성공할 수 없다. 야후 CEO 머리사 마이어는 부임 후 줄곧 야후 브랜드를 개선하려 했지만, 정작 어떤 제품을 만들지에 대해서는 답을 내놓지 못했다. 애플에 복귀한 스티브 잡스가 제품 라인을 과감히 쳐 내고 소수의 제품에만 집중했음을 잊어서는 안 될 것이다.

독점 기업만이 누릴 수 있는 혜택

미국 항공사들은 매년 수백만 명의 승객을 실어 나르면서 수천 억 달러의 가치를 창출한다. 하지만 2012년 편도 요금 평균이 178달러인 데 반해, 항공사들이 승객 1인당 벌어들인 평균 수익은 겨우 37센트에 불과했다.

구글은 항공사들보다 적은 가치를 창출하지만 보유 가치는 훨씬 크다. 구글은 2012년에 500억 달러를 벌어들였지만(항공사들은 1600억 달러), 매출의 21퍼센트가 이익이었다. 이익률로 따지면 그해 항공사들보다 100배나 높은 수익을 낸 셈이다. 이렇게 돈을 잘 벌다 보니 구글의 현재 가치는 미국 모든 항공사 가치를 합한 것보다 3배나 크다. 항공사들은 서로 경쟁하지만 구글은 경쟁자가 없다. 이런 차이를 경제학자들은 간단한 모형 두 가지로 설명하는데, 바로 '완전 경쟁'과 '독점'이다.

경제학을 처음 배울 때 '완전 경쟁'은 이상적인 상태인 동시에 기본적인 상태로 간주된다. 소위 완벽하게 경쟁적인 시장에서는 생산자의 공급과 소비자의 수요가 만나 균형을 이룬다. 경쟁 시장에서 모든 회사는 차별화되지 않는 똑같은 제품을 판매한다. 시장 지배력을 가진 회사가 하나도 없기 때문에 모두 시장이 정해 주는 가격에 물건을 팔 수밖에 없다. 아직도 수익성이 남아 있다면 새로운 회사가 시장에 진입해 공급량은 늘리고 가격은 끌어내림으로써 당초 시장에 발을 들이게 만든 이윤을 제거할 것이다. 장기적으로 봤을 때 완전 경쟁 아래에서는 '그 어느 회사도 경제적 이윤을 창출할 수 없다'.

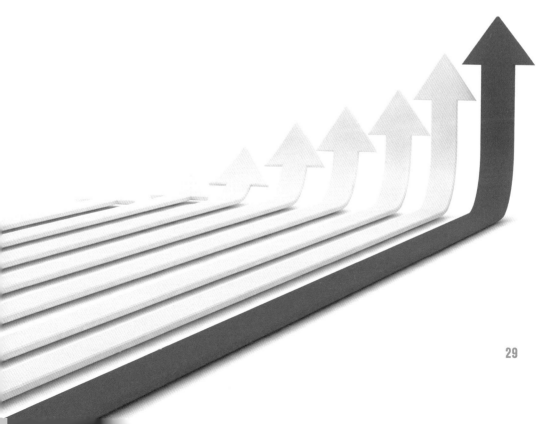

완전 경쟁의 반대는 독점이다. 경쟁하는 회사는 시장 가격에 물건을 팔 수밖에 없지만, 독점 기업은 시장을 손에 쥐고 있으므로 스스로 가격을 결정할 수 있다. 독점 기업은 경쟁자가 없으므로 자신의 이윤을 극대화하는 수량과 가격으로 물건을 생산한다. 이처럼 완전 경쟁과 독점 사이에는 어마어마한 차이가 있다.

독점 기업은 스스로를 독점 기업이라 하지 않는다

독점 기업들은 스스로를 보호하기 위해 거짓말을 한다. 그들은 거대한 독점 사실을 자랑했다가는 감사를 당하고, 조사를 받고, 공격을 받는다는 사실을 잘 알고 있다. 독점 기업들은 독점 이윤을 계속 유지하고 싶기 때문에 독점 사실을 숨기기 위해 수단과 방법을 가리지 않는다.

구글이 자기 사업에 관해 어떻게 이야기하는지를 한번 보자. 구글은 스스로를 독점 기업이라고 '주장' 하지 않는다. 구글은 독점 기업일까? 구글을 검색 엔진이라고 가정해 보자. 2014년 5월 현재, 구글은 검색 시장의 68퍼센트를 점유하고 있다. 가장 가까운 경쟁자라 할 수 있는 마이크로소프트와 야후는 각각 19퍼센트와 10퍼센트의 점유율을 보인다. 구글이 광고 회사라고 생각해 보자. 그러면 이야기가 완전히 달라진다. 구글이 미국의 검색 엔진 광고 시장을 사실상 독점했다 해도 전 세계 광고 시장을 기준으로 하면 겨우 3.4퍼센트를 차지할 뿐이다. 이렇게 보면 구글은 치열한 경쟁 환경 속의 아주 작은 참가자로 보인다. 구글이 기술 기업이라면 어떨까? 구글은 검색 엔진 외에도 수십 개의 소프트웨어 제품을 만들고 있을 뿐 아니라 로봇 자동차, 안드로이드 폰, 웨어러블 컴퓨터 등 하드웨어 제품도 만든다. 그런데 구글 매출의 95퍼센트는 광고에서 나온다. 나머지 제품들은 2012년 기준으로 겨우 23억 5000만 달러의 매출을 기록했을 뿐이다. 전 세계적으로 소비자 기술 제품 시장은 9640억 달러 규모이므로 구글은 그중 0.24퍼센트 이하를 차지하고 있는 셈이다. 이렇게 되면 독점은 고사하고 의미 있는 시장 참가자라고 할 수도 없다. 구글은 스스로를 기술 기업의 하나라고 정의함으로써 원치 않는 모든 관심으로부터 벗어날 수 있다.

경쟁이 언제나 좋은 것만은 아니다

우리는 경쟁을 신성시하며 경쟁 덕분에 발전한다고 말하지만 실제로 자본주의와 경쟁은 상극이다. 자본주의는 자본의 축적을 전제로 하는데 완전 경쟁 아래에서는 경쟁을 통해 모든 이윤이 사라져 버린다. 그럼에도 경쟁이 좋은 것이라고 생각하는 이유는 자본주의에서의 경쟁은 일종의 이데올로기로 작용하기 때문이다. 따라서 기업가들이 명심해야 할 사항은 분명하다.

'지속적인 가치를 창출하고 또 보유하고 싶다면, 차별화되지 않는 제품으로 회사를 차리지 마라.'

독점 기업은 경쟁을 걱정할 필요가 없기에 직원들이나 제품에 더욱 정성을 쏟을 수 있다. 구글이 인재에 대해 걱정하고 상품과 서비스에 대해 더 적극적인 것은 생존에 대한 고민을 하지 않아도 되기 때문이다. 더불어 비즈니스 발전 속도도 더욱 높일 수 있다. 연구 개발비도 충분하기 때문에 따라올 경쟁자가 없는 셈이다.

반면 완전 경쟁 시장에 있는 기업은 현재의 이윤에 너무나 몰두한 나머지 장기적 미래에 관한 계획을 세울 여유가 없다. 경쟁 기업이 너무나 많기 때문에 이윤을 최소화하는 것밖에는 방법이 없다. 생존조차도 힘든 상황인 것이다. 이런 상황들을 고려해 본다면 완전 경쟁에 놓인 회사가 좋은 회사라고 말할 수는 없다.

 좋아요! 구글이 성공할 수밖에 없던 이유를 제시해 준다. 그런데 어떻게 보면 그 분야에서 유일한 존재가 된다는 것이 불가능한 생각은 아닐까?

 아쉬워요! 피터 틸의 생각을 엿볼 수 있지만, 스타트업 최고 명강의라는 수식어에 비해 약하다.

어떤 강요도 금지도 없이
원하는 결과를 얻어 내는 법

넛지
-똑똑한 선택을 이끄는 힘
Nudge-Improving Decisions About Health, Wealth, and Happiness

한마디로 이 책은!

'팔꿈치로 쿡쿡 찌르다'라는 뜻의 넛지nudge는 어떤 금지나 인센티브 없이도 인간의 심리와 행동에 대한 이해를 바탕으로 원하는 결과를 얻어 내는 부드러운 개입을 의미한다. 이 책은 선택 설계자가 사람들에게 어떤 선택을 금지하거나 경제적 인센티브를 훼손하지 않고도 예상 가능한 방향으로 그들의 행동을 변화시키는 넛지라는 개념을 살펴보고, 이와 관련된 구체적 사례를 제시한다. 행동 경제학의 선구자와 미국 법률 정책 최고 권위자인 저자들은 인간의 사고방식과 우리 사회의 작동 원리에 대해 주목했다. 이를 바탕으로 사람의 의사 결정 능력을 향상시키고 세상을 더 살기 좋은 곳으로 만들도록 도우면서 재미있고 중요하며 실용적이기까지 한 의견들을 상세히 제시한다. 똑똑한 선택을 유도하는 넛지의 생생한 사례들을 통해 '자유주의적 개입주의' 영향력과 가능성에 대해 살펴볼 수 있다.

저자 리처드 탈러 2017년 노벨 경제학상을 수상한 행동 경제학의 선구자. 현재 시카고대 경영 대학원 교수로 재직 중이다. 2015년 미국 경제 학회 회장으로 활동했다. 1980년 행동 경제학의 시초라고 평가받는 논문 〈소비자 선택의 실증 이론에 대해〉를 발표해 넛지 이론의 토대를 닦았다. 저서로 《똑똑한 사람들의 멍청한 선택》, 《승자의 저주》 등이 있다.

캐스 선스타인 시카고대 로스쿨 및 정치학부 법학 교수를 거쳐 현재 하버드대 로스쿨 교수로 재직 중이며, 공공 정책과 행동 경제학 프로그램을 운영하고 있다. 헌법, 정부 조직법, 환경법, 행동 경제학 등의 분야에서 독자적인 업적을 쌓았다. 오바마 정부 시절 백악관 직속 기구인 정보 규제국 실장을 역임했다. 미국에서 가장 많이 인용되는 학자 중 한 사람이다. 하버드대에서 법학 박사 학위를 받았다.

리처드 탈러, 캐스 선스타인 지음 | 안진환 옮김 | 리더스북 | 2009년 4월 | 428쪽 | 15,500원(이북 10,850원)

소변기 파리 스티커로 대표되는 부드러운 설득의 힘

넛지는 일종의 자유주의적인 개입, 혹은 부드러운 간섭이다. 사람들을 바람직한 방향으로 부드럽게 유도하되, 선택의 자유는 여전히 개인에게 열려 있는 상태를 말한다. 이 책은 편견 때문에 실수를 반복하는 인간들을 부드럽게 '넛지' 함으로써 현명한 선택을 이끌어 낼 수 있다고 주장한다. 단지 '내일 투표할 거냐?'라고 묻는 것만으로도 실제 투표율을 높일 수 있다는 일상적인 이야기부터 디폴트 옵션(지정하지 않았을 때 자동으로 선택되는 옵션) 설계에 이르기까지 넛지의 생생한 사례들이 소개된다.

우선 쉽고 대표적인 넛지의 사례부터 언급해 보자. 다음 중 남자 화장실을 깨끗하게 사용하게 하는 데 가장 효과가 좋은 방법은 무엇일까?

1. 금지 : 지저분하게 이용하는 사람의 입장을 제한한다.
2. 인센티브 : 깨끗하게 이용하는 사람에게 할인 쿠폰을 제공한다.
3. 넛지 : 소변기에 파리 모양 스티커를 붙인다.

지금은 우리나라에서도 자주 보이는 소변기의 파리 그림은 원래 암스테르담 공항에서 처음 사용됐다. 소변기에 파리 모양 스티커를 붙여 놓는 것만으로도 소변기 밖으로 새어 나가는 소변량을 80퍼센트나 줄일 수 있었다. 이곳에는 화장실을 깨끗이 사용하라는 경고의 말이나 파리를 겨냥하라는 부탁조차 없었다. 어떤 금지나 인센티브 없이도 인간 행동에 대한 적절한 이해를 바탕으로 원하는 결과를 얻어 낸 것이다. 그 누구도 피해를 입지 않았지만 결과는 훌륭했다. 이것이 바로 똑똑한 선택을 유도하는 넛지의 대표적인 사례다.

전통 경제학은 누구나 합리적으로 사고하고 스스로 선택할 수 있다고 주장한다. 하지만 경제학에서 가정하는 합리적으로 사고하고 스스로 선택하는 존재는 현실에는 없는 가상의 존재다.

인간은 늘 실수하고 오류에 빠진다. 또 인간의 결정과 판단은 현상 유지 편향에 빠져 있다. 그러다 보니 사람들이 수많은 이유로 현상을 유지하거나 주어진 디폴트 옵션을 따르는 것이 자연스러워 보이는 것이다.

왜 텔레비전 잠깐 보다가 운동하러 가려는 계획은 지켜지지 않는 걸까?

이 점을 인정한다면 우리는 중요한 교훈 두 가지를 얻을 수 있다. 하나는 타성의 힘을 과소평가해서는 안 된다는 것, 또 하나는 그 힘을 어떤 방향으로든 이용할 수 있다는 것이다. 넛지는 이를 바탕으로 인간의 행동 방식을 현격하게 변화시킨다.

특히 우리가 자주 빠지는 현상들이 있다. 동태적 비일관성과 자동 모드라는 것이다. 동태적 비일관성은 처음에는 A보다 B를 선호하다가 나중에는 B보다 A를 선호하게 되는 것을 말한다. 주말 오전에 집에서 텔레비전을 보다가 운동을 하러 가겠다고 마음먹지만, 시간이 지나면 그런 의도는 사라지고 계속 텔레비전을 보게 된다. 이것을 동태적 비일관성이라고 한다.

자동 모드는 한번 시작한 일을 무의식적으로 계속하는 현상을 말한다. 영화 관람객 절반에게는 큰 통에 담긴 팝콘을, 나머지 절반에게는 중간 크기의 팝콘을 제공했는데, 큰 통을 받은 사람들이 53퍼센트나 팝콘을 더 먹었다는 실험이 있다. 이런저런 고민 없이 자동 모드를 선택하는 것이 쉽다는 의미다.

그러나 인간은 나름대로 유혹에 저항하는 방법을 알고 있다. 우리 자아는 계획하는 자아와 행동하는 자아로 구분할 수 있다. 행동하는 자아는 흥분을 동반하는 유혹에 노출되어 있다. 그래서 계획하는 자아가 행동하는 자아의 감정과 행동을 통제하려 한다.

하지만 자아 스스로 해결할 수 없는 문제가 너무 많다. 그래서 역설적으로 넛지가 필요한 것이다.

인간의 불완전함을 이용해 세상을 더 좋게 만든다

사실 우리는 선택 설계자들이 만든 세상에 살고 있다. 화장실에 파리 스티커를 붙이기로 결정한 사람, 그 사람이 바로 선택 설계자다. 선택 설계자는 사람들이 결정을 내리는 배경이 되는 '정황이나 맥락'을 만드는 사람이다. 따라서 우리 현실에는 무수히 많은 선택 설계자가 존재한다. 그들 대부분은 자신이 선택 설계자라는 사실을 잘 모른다. 건축가가 특정한 형태와 설계를 지닌 건물을 짓듯이, 선택 설계자는 특정한 방식을 부여해 사람들의 선택에 영향을 미친다. 즉 선택 설계자는 넛지를 활용하는 것이다.

넛지는 명령이나 지시가 되어서는 안 된다. 또한 선택을 금지하거나 경제적 인센티브를 크게 변화시키지 않아야 하며, 예상 가능한 방향으로 그들의 행동을 변화시키는 것이어야 한다. 바로 암스테르담 공항 화장실의 파리 스티커처럼 말이다.

그럼에도 불구하고 넛지를 반대하는 사람들도 있다. 이들은 선택의 자유를 옹호하며 인간의 자유를 무한히 늘려야 한다고 주장한다. 특히 넛지가 표방하는 자유주의적 개입주의가 언제든지 극단적인 개입으로 변할 수 있다거나 기업의 이익을 앞세운 불순한 선택 설계가 만들어질 수 있다고 주장한다. 물론 충분히 있을 수 있는 일이다. 그러나 넛지를 이용해 혜택을 보는 것이 명확하다면 넛지를 이용하는 것이 옳다.

사람들에게 해를 입히는지 도움을 주는지에 따라 넛지를 판단해야 한다. 어떤 경우에는 선택을 강요하는 것이 최선일 수도 있다. 저녁 식사에 마실 와인을 고를 때 리스트에 와인이 수십 개가 있다면 선택의 자유를 운운하는 것보다는 누군가 하나를 추천해 주는 게 더 나을 것이다. 복잡한 문제를 해결해야 할 때, 그리고 선택과 결과에 대한 명확한 해결이 보이지 않을 때는 넛지가 필요하다.

 좋아요! 기본적으로 넛지가 무엇인지 알게 해 준다.

 아쉬워요! 사례들은 여전히 와닿지 않는다. 출간된 지 오래된 탓이기도 하고, 외국 사례만 가득해서 이기도 하다.

마케팅이 통하지 않는 세상, 무엇을 해야 하는가

필립 코틀러의 마켓 4.0
-4차 산업혁명이 뒤바꾼 시장을 선점하라
Marketing 4.0-Moving from Traditional to Digital

한마디로 이 책은!

각종 트렌드와 미래 기술 관련 서적이 많이 나와 있는 만큼 검증된 대가의 지혜와 통찰을 기준점으로 삼을 필요가 있다. 세계적인 경영 구루, 특히 마케팅의 대가로 통하는 필립 코틀러는 《마켓 4.0》에서 4차 산업혁명과 궤를 같이하는 시장의 새로운 변화와 기업의 생존 전략을 정리했다. 제품 중심(마켓 1.0)에서 고객 중심(마켓 2.0)으로, 궁극적으로는 인간 중심(마켓 3.0)으로 전환해 가는 시장의 변화를 통찰해 온 그는 마케팅의 미래는 인간의 가치를 수용하고 반영하는 제품과 서비스, 기업 문화를 창출하는 것이라고 주장했다. 2010년에 《마켓 3.0》이 발표된 이래 전 세계 24개 국어로 번역되며 많은 CEO와 실무자가 3.0의 원칙을 채택했다. 우리나라에서도 장기간 베스트셀러를 기록한 바 있다. 이후 7년 만에 나온 《마켓 4.0》을 통해 그는 그간 광범위하게 변화한 디지털 경제의 지형과 특성을 한 번에 정리했다. 뿐만 아니라 마켓 4.0 시대에 걸맞은 새로운 마케팅 툴과 전략을 구체적으로 제시해 눈길을 끈다.

저자 필립 코틀러 노스웨스턴대 켈로그 경영 대학원 석좌 교수. '마케팅의 아버지'라 불리는 세계적인 마케팅의 대가다. 이 세상에 존재하는 그 어떤 마케팅 이론도 그의 그늘을 벗어나지 못한다. 필립 코틀러는 단순 판매 기법이던 마케팅을 경영 과학으로 끌어올렸다. 전 세계 경영 대학원에서 마케팅 교과서로 가장 많이 사용하고 있는 마케팅 교과서를 집필했고, 세계적인 기업들을 대상으로 마케팅 전략과 계획 수립, 마케팅 조직, 국제 마케팅 등에 관한 컨설팅을 해 왔다. 2002년 미국 마케팅 학회로부터 마케팅의 1인자로 뽑혔다.

필립 코틀러, 허마원 카타자야, 이완 세티아완 지음 | 이진원 옮김
더퀘스트 | 2017년 2월 | 284쪽 | 16,000원(이북 12,800원)

국가든 기업이든 거대 조직이 권력을 독점하는 시대는 끝났다

서문에 책 전체를 관통하는 세 가지 테마가 잘 정리되어 있다.

첫째는 배타적에서 포용적으로 바뀌었다는 점이다. 한마디로 배타적 힘의 시대는 끝났다. 그동안 중앙 집중적인 권력이 종말을 맞고 있다는 이야기는 여타 다른 책에서도 제기되는 문제다. 그만큼 기존의 권력은 더 이상 권력으로 인정되지 않는 모양새다. 그런데 이 책에서는 마케팅 차원에서 제기하고 있다.

그렇다면 포용적이라는 말의 의미는 무엇일까? 포용적이 된다는 것은 차이가 있어도 인정하고 상호 교류한다는 의미다. 다양성을 존중한다는 의미가 담겨 있기도 하다. 중앙 집중적 권력의 상징이던 강대국과 대기업들이 더 이상 협력하지 않고서는 위기에 대응하지 못한다는 사실을 깨닫고 있다는 것이다.

과거에는 강대국이 지배했지만 이제는 신흥 국가들에게 주도권이 넘어가고 있다. 최근 글로벌 권력은 선진 시장보다 신흥 시장에서 일어나는 인구학적 변화가 그 핵심이라 여겨진다. 그런데 더 중요한 사실은 신흥 시장에서 더 강도 높은 혁신이 이뤄지고 있다는 점이다. 게다가 미국과 EU에서 혁신이 줄어들고 있다는 점은 부인할 수 없는 일이다. 따라서 강대국들은 이제 자기들만이 글로벌 경제를 이끌어 갈 수 없다는 사실을 깨닫고 있다.

> 기업은 메시지의 노출 빈도와 양을 늘린다고 해서
> 반드시 영향력을 높일 수 있는 건 아니라는 사실을 깨달아야 한다. —109쪽

둘째는 기업이 포용성을 드러내기 시작했다는 사실이다. 기술이 발달하면서 마이크로소프트와 아마존 같은 회사는 스카이프와 자포스처럼 작고 혁신적인 기업을 인수하기 시작했다. 거대 기업이 모든 것을 할 수 없다는 사실을 깨닫고 있는 것이다. 산업 간 장벽이 허물어지면서 2개 이상의 산업이 융합 또는 통합되고 있다. 문제는 이런 현상이 가속화되면 특정 기업이 어떤 사업을 주력으로 하는지를 정의하기가 힘들어진다는 것이다. 경쟁사를 파악하기도 어렵지만, 파악하더라도 각 기업들이 어떤 행동을

하고 있는지 외부에서는 잘 보이지 않는다.

과거에 통하던 방식이 더 이상 통하지 않는다

또 다른 변화는 수직적에서 수평적으로 바뀌었다는 것이다. 수평적인 구조에서 경쟁력이란 과연 무엇일까? 기업의 경쟁력은 더 이상 규모나 출신 국가 또는 과거의 이점에서 결정되지 않는다. 더 작고, 젊고, 지역에 기반을 둔 기업이 더 크고, 오래되고, 세계적인 기업과 경쟁하게 된다는 것은 놀라운 일이 아니다. 이에 따라 기업의 혁신 전략 역시 수평적으로 변했다. P&G는 신제품 개발 혁신이 내부 조직에서는 한계라는 점을 알았고, 연구 개발 모델을 연결 개발 모델로 바꿨다. 이처럼 기업들은 더 이상 자체적인 기술 개발을 선호하지 않는다.

　수평적인 변화에 대한 문제는 이뿐만이 아니다. 기업의 모든 환경이 바뀌면서 산업 간 구분이 모호해지고 있고, 이제는 더 이상 경쟁사를 파악하고 관찰하기도 어렵다. 게다가 고객과 관련한 문제는 더 크다. 과거의 고객은 마케팅 활동에 그래도 영향을 받았다. 기업이 매스 미디어를 통해 광고를 하면 소비자는 광고를 보고 상품을 구매하기도 했다. 하지만 현재 대부분 고객은 기업의 마케팅 활동에 영향을 받지 않는다.

이해할 수도, 통제할 수도 없는 고객들의 등장

세 번째 테마는 소비자들이 개인적인 동시에 사회적인 존재로 변화했다는 점이다. 개인적이면서 사회적이라는 말은 서로 모순되는 말이다. 우리는 남들과 다르고 달라야 한다고 생각한다. 그렇기 때문에 희소성이 있는 상품을 가지려고 노력한다. 그와 동시에 우리는 여전히 동질성을 원하고 남들과 똑같은 생각, 행동 그리고 사회적 연대감을 갖기를 바란다. 복잡하고도 모순된 결론이기 때문에 마케팅 분야에서도 이 지점을 고민하지 않을 수 없을 것이다.

　마케팅에서는 이런 현상을 '이해하기 어려운 고객들이 나타났다'고 표현한다. 고객은 개인적 기호에 따라 구매를 하는 것이 자연스럽지만 또한 사회적 분위기에 부합하고 싶다는 욕구를 따르기도 한다는 것이다. 문제는 개인적이고 사회적인 것 중에서 무엇을 따를지는 사람마다 산업마다 다르다는 사실이다. 하지만 어떤 고객이든 여기에서 자유로울 수는 없다. 그리고 앞으로의 구매 결정은 점점 더 사회적 결정이 될 것이다. 고객은 사회적 분위기에 부합해야 한다는 부담감을 가지면서 다른 사람들 의견에 더 신경을 쓰기 때문이다. 전 인류가 연결되는 세상이 다가오면서 이런 현상은 더 강화될 것이다.

이런 변화는 기업이 통제하기 어려운 커뮤니케이션 속성을 갖고 있기 때문에 기업 입장에서는 이런 고객들이 어려운 문제로 남는다. 기업은 지금까지 마케팅 커뮤니케이션을 통제해 왔다. 하지만 수많은 커뮤니티에서 생성된 콘텐츠는 이제 더 이상 기업이 통제할 수 없다. 기업은 커뮤니티를 검열도 통제도 할 수 없을뿐더러 직접 조장할 수도 없기 때문이다.

고객들이 연결되어 있다

이제 세계에서 인구가 가장 많은 국가는 중국도 인도도 아닌, 페이스북이다. 자그마치 16억 5000만 명의 국민을 전 세계에 두고 있는 나라다. 이제 사람들이 몰리는 곳은 물리적 공간만이 아니다. 수요가 분산되는 이질적인 시장이 공존하는 세상에 우리는 살고 있다.

지금까지 대기업은 자신들의 둘레에 높은 진입 장벽을 쳐 놓았지만, 연결성은 그 벽에 심각한 균열을 가했다. 유통 업계 역사를 다시 쓰는 아마존, 전통 미디어 업계를 긴장시키는 넷플릭스, 음악 유통 방식 자체를 바꿔 놓은 스포티파이와 애플뮤직, 그리고 우버와 에어비앤비 등장 등 기업들이 과거에는 예측하지도 못하던 산업에서 경쟁사가 출현하는 비극을 맞게 된 것이다. 연결성에 대처하지 못했기 때문이다.

불과 얼마 전까지만 해도 마케팅 대상은 중산층이었다. 대도시에 사는 중산층은 매력적인 시장이었고, 대부분 회사는 이들을 상대로 마케팅 활동을 해 왔다. 하지만 이제는 시장 자체가 바뀌면서 새로운 고객이 등장했고, 이들은 이동성과 연결성을 보유하고 있다. 문제는 새로운 고객은 기술을 기반으로 등장했기 때문에 기술적 관점에서 대처하려는 기업들도 있다는 것이다. 하지만 기술적 관점에서 이 문제를 파악하고 대처해서는 안 된다. 이는 해결책이 될 수 없다.

예컨대, 사람들은 흔히 온라인이 대세이며 모든 것의 해결책이 될 것이라고 믿는다. 모든 오프라인이 온라인으로 대체될 것이라고 말하기도 한다. 그러나 온라인은 오프라인 사업을 대체할 수 없고, 마케팅 또한 마찬가지다. 온라인 마케팅만 한다고 해서 고객을 모을 수 있는 것은 아니다.

　그렇다면 연결된 고객을 상대하는 데는 무엇이 중요할까? 이에 대한 답은 초연결성에서 찾아야 한다. 고객은 초연결성으로 인해 집중할 수 있는 시간이 없다. 마케터는 고객의 관심을 끌고 대화를 유도하려 노력하지만 고객은 시간이 부족하다. 인간이 주의를 집중하는 시간이 2000년에 12초였는데 2013년에는 8초로 줄어들었다. 그리고 지금 유튜브에서는 5초 안에 고객의 주의를 끌어야 한다고 주장한다. 이렇게 주의 집중할 수 있는 시간이 부족하기 때문에 고객의 시선을 잡는 것이 무엇보다 중요한 시대가 된 것이다.

젊은이, 여성, 네티즌을 잡아라

디지털 시대가 되면서 이른바 영향력이 큰 고객 집단이 바뀌었다. 과거에 권위와 힘의 상징은 연장자, 남성, 시티즌이었다. 하지만 이런 추세는 그리 오래가지 못했다. 지금은 젊은이, 여성 그리고 네티즌이 이를 대체하고 있다. 생각을 공유하는 젊은이, 시장을 공유하는 여성, 감정을 공유하는 네티즌이 디지털 시대에 영향력이 가장 크다.

　상품과 브랜드 인지도를 높이기 위해서는 젊은이를 공략해야 한다. 이들은 어른들이 싫어하는 것을 좋아하고 트렌드를 세팅하기 때문이다. 또 시장 점유율을 높이려면 여성을 공략해야 한다. 여성들은 멀티태스킹이 가능하기에 정보를 수집하고 대화를 많이 나눈다. 이 대화는 모두 주변 커뮤니티에서 일어날 것이다. 감정 공유를 확대하기 위해서라면 네티즌을 공략해야 한다. 새삼스럽지만, ‘네티즌’이라는 용어는 1990년대 마이클 하우번이 처음 사용했는데, 이들은 사회적 연결자이자 콘텐츠 창조자들이라는 점을 기억해야 한다.

마케팅 불변의 법칙도 바뀌었다

‘마켓 4.0’에서는 구체적으로 무엇을 바꿔야 하고 무엇을 알아야 하는가? 세분화와 타기팅 전략을 바꿔야 한다. 전통적인 마케팅에서 세분화와 타기팅은 당연한 것이었다. 하지만 타깃이 된 고객이 불편하게 여긴다는 사실이 드러나면서 이 전략은 효용성이 사라지고 있

다. 따라서 세분화와 타기팅은 바꿔야 하고, 대신 고객이 커뮤니티들로 이뤄진 수평적인 망 속에서 사회적으로 연결되어 있다는 점을 주목해야 한다.

그러므로 마케팅 믹스, 즉 4P도 바꾸어야 한다. 전통적으로 마케팅은 항상 STP, 이른 바 세분화^S, 타기팅^T, 포지셔닝^{P}에서 시작했다. 그런데 이제 첫 단계인 시장 세분화부터 성립이 안 된다. 우리가 알던 시장이 사라졌기 때문이다. 세분화와 타기팅은 사냥꾼과 먹잇감처럼 고객 사이의 일방적이고 수직적인 관계를 보여 줄 뿐이다. 디지털 시대의 고객은 커뮤니티들로 이뤄진 수평적인 망 속에서 연결돼 있고, 이들을 접촉하려면 '허락'과 '인증'이 필수라는 점을 기억해야 한다.

오늘날 마케팅 믹스는 고객 참여가 전제되어야 한다. 그래서 나온 대안이 4C다. 공동 창조$^{Co-creation}$, 통화^{Currency}, 공동체 활성화$^{Communal\ activation}$, 대화^{Conversation} 등 4C로 재정의해야 기업 생존 확률을 높일 수 있다.

그렇다면 고객 경로를 파악하는 것은 어떨까? 기업이 메시지 노출 빈도와 양을 늘린다고 해서 영향력이 높아지는 것은 아니다. 지금 고객은 예전의 고객이 결코 아니다. 이동성과 연결성이 확대되면서 고객에게 시간이 별로 없다. 따라서 고객은 기업의 메시지를 무시하고 사회적 인맥에서 답을 찾는다. 광고를 보지 않고, 구매할 때는 주변 사람들에게 물어본다.

고객이 구매에 이르는 단계를 묘사하는 데 널리 사용돼 온 틀이 4A, 즉 인지^{Aware}, 태도^{Attitude}, 행동^{Act}, 반복 행동$^{Act\ again}$이다. 과거에는 고객이 어떤 브랜드에 대해 알고(인지), 브랜드를 좋아하거나 싫어하고(태도), 브랜드 구매 여부를 결정하고(행동), 브랜드를 재구매할 가치가 있는지를 판단했다(반복 행동). 그런데 이제는 각 단계에서 기업의 통제력과 영향력이 현저히 줄어들었다. 따라서 고객 경로 또한 수정돼야 마땅하다. 필립 코틀러는 5A, 즉 인지^{Aware}, 호감^{Appeal}, 질문^{Ask}, 행동^{Act}, 옹호^{Advocate}를 새로운 고객 경로로 설명한다. 오늘날 마케터의 궁극적인 목표는 일회성 구매가 아니라 고객을 '인지'에서 '옹호' 단계로 이동시키는 것이다.

구매 행동률과 브랜드 옹호율

구매 행동률은 기업이 브랜드 인지를 브랜드 구매로 얼마나 잘 전환시키는지를 평가하는 지표로 사용할 수 있다. 쉽게 말해, 브랜드를 인지한 사람 중 실제 구매한 사람이 얼마나 되느냐 하는 것이다. 반면 브랜드 옹호율은 기업이 브랜드 인지를 브랜드 옹호로 얼마나 잘 전환시키는지를 평가하는 방법으로 사용할 수 있다. 즉 브랜드를 인지한 사람 중 자발적으로 추천하는 사람이 얼마나 되느냐 하는 것이다.

시장에 100명이 있는데, 90명이 모 브랜드에 대한 기억을 자연스럽게 떠올렸다고 하자. 그리고 그중 불과 18명만이 그 브랜드를 구매했고, 9명만이 나중에 그 브랜드에 대한 기억을 자연스럽게 떠올렸다고 하자. 이럴 때 모 브랜드의 구매 행동률은 0.2(=18/90)이고, 브랜드 옹호율은 0.1(=9/90)이다. 브랜드 인지도가 0.9이므로 언뜻 보기에 전도유망한 브랜드처럼 여겨지지만, 실제로는 부진하기 짝이 없는 성과다. 모 브랜드는 브랜드를 인지하고 있는 그 많은 사람의 80퍼센트를 구매로 전환시키는 데 실패한 것이다.

인간 중심의 마케팅 전략

기업의 마케팅은 인간 중심 마케팅으로 이동하게 될 것이다. 원래 마케팅은 제품 중심에서 고객 중심으로 이동해 왔다. 그리고 이제는 인간 중심 마케팅이 필요하다는 의견에 대체적으로 합의되고 있다. 역설적이게도 디지털 시대가 가속화할수록 고객은 인간적인 면을 더 드러내게 된다는 점을 주목해야 한다. 고객은 자신이 완벽하지 않기 때문에 커뮤니티를 만들고 그 안에서 사회적 판단을 내린다.

고객을 파악하고 시장을 조사하는 방법으로 소셜 리스닝과 네트노그래피가 있다. 소셜 리스닝은 소셜 미디어에서 고객들이 어떤 대화를 나누는지 살펴보는 것이다. 이것이 제대로 이루어지면 시장 조사를 대체할 수도 있다. 한편 네트노그래피는 조사원이 커뮤니티에 직접 참여해 관계를 형성하고 대화를 나누는 것이다. 따라서 깊이 있는 통찰이 필요할 때는 네트노그래피를 사용할 수 있다. 또 감정 이입에 기반을 둔 조사가 있는데, 이는 말 그대로 인간의 시각과 감정 이입이 수반되는 조사를 말한다. 여기에는 심리학자, 인류학자, 디자이너, 엔지니어, 마케터가 참여할 수 있다.

 좋아요! 대체적으로 최근 마케팅 동향과 일맥상통한다.

 아쉬워요! 4차 산업혁명과는 별 상관없어 보인다. 마케팅이 변하는 요인은 다른 데 있는 것 아닌가?

답을 구하지 못하는 이유는
잘못된 질문을 던졌기 때문이다

피터 드러커의 최고의 질문
－세계 최고 리더들의 인생을 바꾼
The Five Most Important Questions-You Will Ever Ask About Your Organization

한마디로 이 책은!

빌 게이츠가 '나에게 가장 큰 영향을 준 최고의 경영학자'라고 공공연히 이야기하던 인물이자 세계적인 기업의 최고 경영자들과 경영 대학원 학생들이 가장 존경한다고 공통적으로 말하는 단 한 사람, 피터 드러커. 그는 그야말로 전 세계의 수많은 리더와 비즈니스맨의 인생을 바꾼 경영의 선구자다. 피터 드러커는 경영에 관한 많은 개념과 이론을 정립했지만, 그중에서도 그의 경영 철학이 압도적으로 응축된 핵심은 단연 '경영을 위한 다섯 가지 질문'이다. 《피터 드러커의 최고의 질문》은 그 '다섯 가지 질문'에 관한 통찰을 담아낸 책이다.

BEST BOOK 4

저자 피터 드러커 현대 경영학의 아버지로 추앙받는 피터 드러커는 지식 사회 도래와 지식 노동자 역할을 언급함으로써 현대 경영의 본질과 방향을 제시했고, 시대를 앞서가는 경영 철학과 탁월한 통찰력으로 수많은 비즈니스맨의 멘토가 되어 왔다. 기업의 본질을 이윤이 아닌 고객과 시장으로 파악함으로써 현대 경영학의 문을 열었다. 1909년 오스트리아 빈에서 출생했고 프랑크푸르트대에서 박사 학위를 받았다. 1937년 미국으로 이주해 뉴욕대에서 26년간, 클레어몬트대에서 30여 년간 교수로 재직했다.

프랜시스 헤셀바인 '피터 드러커 재단'을 이어받은 '프랜시스 헤셀바인 리더십 연구소' 창립자. 리더십 개발 분야에서 가장 존경받는 여성 리더로 꼽힌다.

조안 스나이더 컬 밀레니엄 세대를 위한 컨설팅 회사 '와이 밀레니얼스 매터'의 설립자이자 강연가, 작가다.

피터 드러커, 프랜시스 헤셀바인, 조안 스나이더 컬 지음 | 유정식 옮김
다산북스 | 2017년 4월 | 284쪽 | 14,000원(이북 9,800원)

리더는 해답을 짐작하려고 해서는 안 된다.
해답을 구하려면 항상 고객에게 다가가 체계적으로 질문을 던져야 한다.—118쪽

심각한 오류는 잘못된 질문에서 비롯된다

피터 드러커는 늘 '질문'의 중요성을 강조했다.

"심각한 오류는 잘못된 답 때문에 생기는 것이 아니다. 정말로 위험한 것은 잘못된 질문을 던지는 것이다."

사업이 혼란에 빠졌다면, 조직이 방향을 잃고 헤매고 있다면, 무엇보다도 먼저 바로잡아야 할 것은 '질문'이다. 지금 당신은 제대로 된 질문을 가슴속에 품고 있는가? 한 치 앞을 모르는 비즈니스 상황에서 당신의 일과 사업, 조직을 위한 올바른 질문을 던지고 있는가?

불안한 미래는 이 시대 모두의 화두다. 안갯속에서도 한 가닥 실마리를 보여 주는 이정표는 반드시 있다. '피터 드러커의 다섯 가지 질문'은 이정표와도 같다. 피터 드러커가 던지는 질문들은 흔들리지 않고 앞으로 나아갈 수 있는 길로 우리를 이끈다. 새로운 일, 사업, 프로젝트 앞에서 고뇌하는 이들에게 강력한 인사이트를 전해 준다.

피터 드러커가 던지는 다섯 가지 질문은 다음과 같다.

'왜, 무엇을 위해 존재하는가?'

'반드시 만족시켜야 할 대상은 누구인가?'

'그들은 무엇을 가치 있게 생각하는가?'

'어떤 결과가 필요하며, 그것은 무엇을 의미하는가?'

'앞으로 무엇을 어떻게 할 것인가?'

수시로 바뀌는 미션은 생각 없이 만든 미션이다

첫 번째 질문은 '미션은 무엇인가?'이다. 이 질문은 기업에서 끊임없이 강조하는 대목이지만 '우리의 미션은 무엇인가?'라는 질문에 명확한 답을 제시하는 경우는 많지 않다. '왜, 무엇을 위해 존재하는가?'라는 질문이 가장 중요하다는 것은 모두 알고 있

다. 그러나 어느 순간 돈을 위해 미션을 무시하는 경우가 많다. 미션은 그저 명목상으로만 중요한 질문일까? 세상이 빨리 변한다고 해서 미션도 달라져야 한다고 생각하는 사람도 많다. 하지만 세상이 변한다고 해서 미션이 달라진다면 그것은 이미 미션이 아니다.

효과적인 미션을 수립하는 방법은 무엇일까? 가장 중요한 것은 조직이 가진 기회와 역량, 그리고 대상을 정확하게 일치시키는 것이다. 우리 주변의 모든 상황은 계속 변한다. 예컨대 인구 구조와 사람들의 기호 및 수요는 계속 움직이고 있다. 이것은 한편으로 조직이 직면한 도전이자 기회다. 따라서 미래를 예상하고 대응할 수 있는 미션을 만들어야 한다.

그런데 미션은 조직을 위한 것만은 아니다. 개인을 위한 미션도 필요하다. 재미와 의미를 기준으로 사람들을 분류하면 크게 세 종류로 나뉜다. 재미는 있지만 의미가 적은 오락 활동을 선호하는 사람들, 재미는 없지만 의미 있는 활동에 시간을 투자하는 사람들, 그리고 이 둘의 균형을 추구하는 사람들이 있다. 이 가운데 재미와 의미를 동시에 제공하는 활동에 대부분의 시간을 쓰는 사람들이 가장 행복하다고 한다. 따라서 자신의 목표가 무엇이고, 어떤 일에 얼마만큼의 시간을 투자할 것인지가 바로 개인의 미션이 되어야 한다.

고객은 내가 제공하는 가치를 인정하고 원하는 존재다

두 번째는 '고객은 누구인가?'라는 질문이다. 고객은 내가 제공하는 상품이나 서비스에 돈을 내는 사람이 아니다. 고객은 내가 제공하는 가치를 인정하고, 원하며, 그것을 중요하다고 느끼는 사람이다. 비영리 단체에서는 '고객'이라는 단어를 잘 사용하지 않는다. 고객의 정의를 좁게 해석하기 때문이다. 그러나 지금 설명한 고객의 정의로 보면 달라진다. 이른바 조직의 결과 달성에 만족하는 대상이 있다면 고객이 있는 것이다.

고객은 1차 고객과 지원 고객 등 두 유형으로 나뉜다. 1차 고객은 조직의 활동을 통해 삶이 변화되는 사람들을 말한다. 지원 고객은 직원, 회원, 파트너, 중개자, 기부자, 자원봉사자 등 함께 일하는 구성원이 모두 포함된다. 1차 고객의 특성이 변화하면 지원 고객에 대한 새로운 시각이 필요하고, 지원 고객이 달라지면 1차 고객에 대한 전략도 달라진다.

기업은 고객이 원하는 가치에 집중해야 한다. 일각에서는 주주 가치가 중요하다고 이야기하지만, 이는 고객 가치에 집중한 결과이고 파생물일 뿐이다. 또한 많은 기업이 고객 만족도를 중요시하는데, 단순히 수치적인 정보만으로 이를 파악해서는 안 된다. 고객은 데이터로 설명되지 않는 부분이 많기 때문이다. 고객은 변하고, 고정되지 않으며, 계속 진화한다. 고객의 규모, 니즈, 꿈은 계속 진화하고 있다. 따라서 고객에 대한 정의는 매번 새롭게 이루어져야 한다.

제품은 목적을 위한 수단이라는 생각도 재고해 봐야 한다. 예컨대 이제 제트 엔진을 구매하는 것은 단순히 비행기에 동력을 전달하기 위해서가 아니라 연료의 효율성 때문이다. 또 전구는 빛을 밝히기 위해 사는 것이 아니다. 빛을 밝히는 것은 너무 당연해졌다. 이제는 절전 효과가 뛰어나고 수명이 긴 효율성을 더 중요시 여긴다. 이처럼 고객이 물건을 구매하거나 서비스를 이용하는 가치가 변했다.

우리의 가치는 고객에게서 나온다

세 번째 질문은 '고객 가치는 무엇인가?'이다. 다시 말해 고객은 무엇을 가치 있게 여기는가 하는 문제다. 이에 대한 답은 오직 고객으로부터 구할 수 있지만, 대부분 조직의 리더는 해답을 짐작하려 한다. 피터 드러커는 많은 조직이 고객에게 전달하고 싶은 가치가 무엇인지는 명확하게 알지만, 그런 가치가 고객의 관점에서 나와야 한다는 점은 깨닫지 못한다고 말한다. 우리가 고객에게 전달하고 싶은 것들이 '고객이 가치 있게 여긴다고 믿고 싶은 것들'을 뜻하는 것은 아닌지 생각해 봐야 한다.

필요한 것과 필요 없는 것을 제대로 구분하라

네 번째는 '결과는 무엇인가?'라는 질문이다. 이제 결과를 파악하고 평가하는 일이 남은 것이다. 조직의 발전과 성취는 정성적인 관점과 정량적인 관점으로 측정할 수 있다. 정성적 측정 지표는 구체적인 관찰을 통해 패턴을 파악해야 한다. 그러나 정량적 측정 지표는 명확한 기준으로 파악할 수 있다. 정성적이든 정량적이든 일단 결과를 얻고 나면 인정해야 할 것들이 존재하게 된다. 기업은 미션과 집중력 그리고 결과를 일치시켜야 하는데, 이 말은 이익이 많은 곳에 성공할 수 있는 요인들을 더 집중시켜야 한다는 의미다. 하지만 어느 조직에서든 구성원들은 쓸모없어진 것들에 집착하는 경향을 보인다. 필요 없는 것과 필요한 것을 구분하고 자원을 재배치하는 것이 필요하다.

완벽한 계획을 세우려고 하지 마라

마지막 질문은 '계획은 무엇인가?'이다. 계획은 미션, 비전, 목표, 목적, 실행 방법, 예산, 평가 등을 포함한다. 계획은 미래를 완벽히 대비하기 위해 세우는 것이 아니다. 계획을 수립하는 이유는 도달하기 원하는 특정 지점과 그 방법을 규명하기 위한 것이다. 계획이 완벽하다는 것은 있을 수 없는 일이다.

　가장 어려운 일은 근본적이고 장기적인 방향을 합의하는 것이다. 조직은 쉽게 합의하지 않고 쉽게 움직이지 않는다. 계획이 효과적이려면 폐기, 집중, 혁신, 위험 감수, 분석 등 다섯 가지 요소가 포함되어야 한다.

 좋아요! 역자 후기가 가장 와닿는다. 정말 잘 쓴 글이다.

 아쉬워요! 질문의 중요성에 비해 너무 간단하게 접근한다. 다섯 가지 질문을 더 깊이 있게 다루면 철학서가 될지도 모르겠지만.

경영의 신에게 배우는
실전 경영학

잭 웰치의 마지막 강의
-경영의 신 잭 웰치 60년 비즈니스 노하우의 모든 것

The Real-Life MBA-Your No-Bs Guide to Winning the Game,
Building a Team, and Growing Your Career

한마디로 이 책은!

잭 웰치는 솔직함과 속도, 단순함과 자신감으로 대표되는 특유의 리더십을 바탕으로 제너럴 일렉트릭GE이라는 거대 기업의 CEO를 맡아 4000퍼센트 성장을 이끈 인물이다. 그는 2001년 GE를 떠난 후에도 여전히 비즈니스 최전선에서 활약했다. 전 세계 크고 작은 기업의 경영에 관여하며 40여 개 기업의 인수 합병을 주도했고, 100여 개 기업의 컨설팅을 담당했다. 이 책은 GE를 떠난 후 15년 동안 발견한 새로운 비즈니스 원칙과 노하우를 집대성한 것이다. 전 세계 100여 개 기업에서 검증된 직접적이고 현실적인 조언들이 돋보인다. 나와 우리 조직을 다시 펄떡이게 할 구체적인 방법과 새로운 영감을 찾을 수 있을 것이다. 그는 이 책을 끝으로 더 이상 책을 쓰지 않겠다고 밝혔다.

저자 잭 웰치 1935년 매사추세츠 피바디에서 태어나 일리노이대에서 화공학 박사 학위를 받았다. 1960년 GE에 입사해 고속 승진을 거듭한 끝에 1981년 GE 역사상 최연소 회장이 되었다. '고쳐라, 매각하라, 아니면 폐쇄하라'라는 캐치프레이즈 아래 혹독하고 무자비한 구조 조정 과정을 펼쳐 10만 명 이상의 직원을 해고하면서 '중성자탄 잭'이라는 악명을 얻었으나, 식스 시그마, 세계화, e비즈니스 등의 전략으로 GE를 혁신해 세계 최고의 기업으로 만들었다. 2001년 9월 GE를 은퇴해 현재는 경영 컨설팅과 강연 활동에 주력하고 있다.

수지 웰치 저널리스트이자 작가, 강연가. 〈하버드 비즈니스 리뷰〉 편집장을 역임했다. 남편인 잭 웰치와 함께 《위대한 승리》, 《승자의 조건》을 펴낸 바 있다. 현재 〈오프라 매거진〉에 직장 생활에 관한 칼럼을 쓰고 있으며, 뱁슨대의 여성 리더십 센터 임원으로도 활동하고 있다.

잭 웰치, 수지 웰치 지음 | 강주헌 옮김 | 알프레드 | 2015년 6월 | 328쪽 | 16,000원(이북 11,200원)

"잭 웰치와 비즈니스에 관해 이야기할 때는 그의 에너지와 열정이 방 안에 가득 차는 걸 느낀다. 당신 역시 이 책의 모든 쪽에서 내가 잭 웰치와 이야기할 때 느낀 기분을 느낄 수 있을 것이다."

워런 버핏이 이 책에 관해 남긴 말이다. 단언컨대 '경영의 신'이라는 타이틀이 잭 웰치보다 더 잘 어울리는 경영자는 없다. 그는 1981년 120년 역사를 자랑하는 공룡 기업 제너럴 일렉트릭GE 역사상 최연소 CEO에 임명되었다. 그가 CEO로 재직한 20여 년 동안 GE 매출은 27조 원에서 140조 원으로 5배가량 성장했고, 시가 총액은 13조 원에서 500조 원으로 38배가량 증가했다. 잭 웰치가 GE를 떠나며 받은 퇴직금 4500억 원은 세계 기업 역사상 가장 큰 규모다. 이는 그가 이룬 업적이 얼마나 대단한 것인가를 보여 주는 단적인 예다.

> 최고 경영자가 '우리에게는 혁신이 필요하다! 혁신은 위대한 것이다!
> 우리 모두 혁신해야 한다!'라고 백날 부르짖는다고 혁신에 필요한 정신이
> 직원들 마음에 심어지는 것은 아니다. 그런 낭만적인 생각은 잊어라.—93쪽

잭 웰치가 CEO가 되었을 때 GE의 경영 상태는 매우 양호했다. 그런데도 메이저 기업 최초로 위기가 닥치기 전에 경쟁력을 높이기 위해 과감하고 전면적인 변화를 시도했다. 세계 시장 1위 혹은 2위가 될 수 없는 사업을 모두 정리한 것이다. 그리고 엄격한 품질 관리 시스템인 식스 시그마를 비롯해 워크아웃, 변화 가속화 운동, 벽 없는 조직, 세계화, e비즈니스 등 혁신 경영 기법을 창안하거나 도입해 성공적으로 운영했다. 전 세계적으로 수많은 기업이 잭 웰치의 혁신 기법을 따라 했고, 수많은 기업의 CEO가 그를 롤모델로 삼았다.

잭 웰치는 2000년 미국 경제 전문지 〈포천〉이 선정한 '지난 100년간 최고의 경영자 1위'에 올랐고, 2001년 영국 〈파이낸셜 타임스〉가 선정한 '세계에서 가장 존경받는 경영인'에 뽑혔다. 최근 GE가 사업 방향을 바꾼 것을 두고 잭 웰치의 시대가 갔다고 쉽게 평하는 사람들이 있지만, 만약 그가 GE에 있었다면 훨씬 더 빠르고 과감하게 변화

를 모색했을 것이다. 그는 끊임없이 배우고 도전하고 변화하는 경영자이기 때문이다.

"나는 GE에 있던 40년보다 지난 10년 동안 비즈니스에 대해 더 많은 것을 배웠다."

그는 책에서 GE에 있던 40년 동안보다 지난 10년 동안 더 많이 배웠다고 밝혔다. GE를 떠난 후 여전히 급변하는 비즈니스 환경의 최전선에서 활약하고 있기 때문이다.

얼라인먼트, 구성원 모두가 한방향으로 달리는 것

그가 이 책에서 가장 강조한 것은 얼라인먼트라는 개념이다. 얼라인먼트는 자동차 타이어를 한방향으로 조절하거나 전파를 송출하고 수신하는 장비의 주파수를 맞추는 것처럼 조직의 모든 구성원이 목표, 행동, 결과를 공유하는 것을 의미한다. 하지만 업종을 불문하고 대다수의 기업이 얼라인먼트를 끈질기게 적용하지 못하는 것이 현실이다. 끝없이 이어지는 지긋지긋한 업무량이 얼라인먼트의 엄격한 적용을 방해하기 때문이다.

이런 걸림돌을 제거하려면 일하기 전에, 일하는 과정에, 일을 끝낸 후에 얼라인먼트가 있어야 한다. 얼라인먼트는 끊임없이 시행돼야 한다. 목표는 모두를 집중하게 만들고 열정적으로 일할 수 있게 하는 것으로 정해야 한다. 행동은 생각하고 공감하며 소통하는 방식을 의미하는데, 항상 목표와 동일하게 움직여야 한다. 그리고 여기에는 평가와 보상이 따라야 한다. 평가와 보상에는 후한 인센티브뿐만 아니라 최악의 경우 해

고까지도 염두에 두어야 한다.

얼라인먼트를 위해 리더는 무엇을 해야 할까? 잭 웰치는 리더는 오로지 진실을 말해야 한다고 주장한다. 그러나 이는 결코 쉬운 일이 아니다. 정기적인 성과 평가, 예산 편성 회의, 전략 회의 등 회사에서 일어나는 모든 접촉, 미팅, 회의에서 진실을 이야기한다는 것은 쉬운 일이 아니다. 진실이란 알고 있다 혹은 모르고 있다 등의 감정을 말하는 것이 아니다. 냉철한 이성으로 시장을 판단하는 객관적인 사실을 말하는 것이다. 그래서 진실을 이야기하는 것은 쉬운 일이 아니다.

또 진실은 신뢰 없이는 얻을 수 없다. 리더가 신뢰를 얻기 위해서는 모든 구성원과 그들의 업무에 '미친 듯이' 관심을 가져야 한다. 모두가 인정하고 합의한 프로젝트를 부하 직원이 실패했을 때 책임을 회피하며 도망가는 리더도 있다. 이런 리더에 대한 신뢰는 당연히 무너지게 마련이다.

잭 웰치가 말하는 위기 상황 대처법

위기 상황에는 어떻게 대처해야 할까? 잭 웰치는 위기 상황은 언제 어디서나 존재하고 있으므로 위협 요인을 예측하는 행동은 하지 말라고 이야기한다. 의미도 없을뿐더러 위기 상황은 언제 다시 올지 모르기 때문에 해결 방법을 연구하는 편이 낫다는 말이다.

보통 기업들은 위기 상황에 어떻게 대응할까? 대부분 성과를 고려하지 않고 직원 일부를 무조건 정리 해고부터 한다. 이는 그들이 이사회에 보여 줄 수 있는 아주 큰 공로일 것이다. 하지만 잭 웰치는 절대 이렇게 해서는 안 된다고 말한다. 위기 상황을 극복하기 위해서는 반드시 유능한 직원이 필요한데, 그런 직원까지 무조건 정리 해고를 하는 것은 정답이 아니라는 말이다. 또한 이런 방법은 조직의 사기를 꺾는 유약하고 비겁한 경영의 전형이라고 말한다.

여기서 잭 웰치는 분별력이라는 개념을 언급한다. 유능한 직원은 분별력을 가지고 있다는 것인데, 사실 모호한 개념이다. 최근 최고의 석학들이 해결책이라고 내놓는 답변 중에는 모호한 개념이 많다. 예컨대 사람 전문가, 사회 지각 능력, 분별력 등은 지금 이 시대에 갖추고 있어야 하는 최고의 능력이라고 이야기한다. 그런데 그 개념 정의를 들어 보면 대부분 모호하다. 잭 웰치도 마찬가지다.

잭 웰치는 전략의 중요성 또한 강조한다. 이 부분도 지금 우리가 알고 있는 것과는 다르다. 보통 회사들은 전략 수립을 한다면서 1년에 2회 정도 전략 발표를 하게 만든다. 지금 마흔 살 이상인 사람들은 이런 행태가 어떻게 이루어지는지 잘 알 것이다. 그는 이런 구태의연한 행사는 잊으라고 한다. 시장은 하루가 다르게 변해 가는데 1년에 2회 전략을 수립한다고 해서 그것이 맞겠느냐는 말이다.

잭 웰치가 내세우는 대안은 다섯 장의 슬라이드로 된 전략이다. 첫째, 현재의 경쟁 상황을 재평가하고, 둘째 경쟁자의 제품과 기술, 인재 영입으로 경쟁 판도가 어떻게 바뀌었는가를 판단한다. 셋째, 같은 시기에 우리는 무엇을 실행했는지 평가하고, 넷째 어떤 상황이 닥칠 것인지를 예측한다. 마지막으로, 비장의 무기를 찾는다. 중요한 것은 이 다섯 장의 슬라이드 제작은 절대 전략 담당 부사장이나 외부 컨설턴트가 맡아서는 안 되고 열정이 있는 직원이 담당해야 한다.

최악의 위기를 돌파한 회사의 네 가지 전략

HDS는 1975년 건축 자재를 납품하는 회사로 시작했다. 1997년까지 20여 년 동안 고공 행진을 거듭해 종합 부동산 기업으로 성장했다. 2005년 매출액 12조 원, 영업 이익 1조 원으로 정점을 찍었다. 그런데 2008년 금융 위기 이후 부동산 시장이 붕괴되면서 HDS는 큰 타격을 입었고, 그 후 계속된 경제 불황으로 속절없이 내리막길을 걸었다. 매출이 40퍼센트 감소했고, 임직원 4만여 명 중 2만 6000명을 정리했으며, 전국의 지점 3분의 1을 폐쇄했다. 모두가 끝났다고 생각한 부동산 기업 HDS가 죽음의 문턱에서 어떻게 극적인 반전을 만들어 냈을까? HDS는 다음 네 가지 전략으로 회사를 바꿔 나갔다.

첫째, 조직이 위기에 처했음을 인정하고 조직에 활력을 불어넣기에 가장 적합한 방법을 생각해 냈다. HDS는 먼저 직원들의 패배 의식을 떨쳐 내고 위기를 금세 이겨 낼 수 있다는 믿음을 심어 주기 위해 노력했다. '팀이 하나가 되어야 고객에게 성공을 주고 가치를 창조할 수 있다'는 목표를 정하고 이를 끊임없이 강조했다. 그리고 특별 팀을 조직해 역사적으로 극적인 반전을 이룬 투사들의 공통적인 특성을 찾아내는 '챔피언 프로젝트'를 시행한 후 그들이 찾아낸 공통점을 틈나는 대로 언급하며 직원들로 하여금 긍정적으로 사고하는 습관을 갖게 했다.

둘째 원칙은 최고의 직원들은 반드시 잡아야 한다는 것이었다. 최고의 직원들 없이는 결코 위기에서 탈출할 수 없기 때문이다. 회사 상황이 아무리 어려워도 연봉을 올려 주고 성과급과 스톡옵션을 보장하는 등 어떤 방법을 써서라도 그들을 잡아야 한다. HDS는 일반 직원들의 상대적인 박탈감과 불만을 잠재우는 것은 고통스럽지만 파산의 고통에 비할 바는 아니라고 믿으며 최고의 직원들이 회사에 머물도록 했다.

셋째 원칙은 성과를 내는 사업에만 집중한다는 것이었다. HDS는 그 전까지 시장 전체를 사업 대상으로 삼고 있었다. 하지만 비용과 성장에 관한 자료를 분석해 시장에서 주도적 위치를 차지할 수 없는 사업은 과감히 포기했다. 그리고 투자 대비 최고의 수익을 올릴 수 있는 분야에 집중했다.

넷째, 시장 변화에 맞춰 지속적으로 그리고 빠르게 전략을 수정했다. HDS는 매주 시장 상황을 점검하고 전략을 재조정했다. 결론 없이 끝나는 의미 없는 회의가 아닌, 철저하게 미래 지향적이고 시장 중심적인 회의가 되도록 했다.

HDS는 이후 어떻게 되었을까? 2014년 5300만 주를 주당 18달러에 나스닥에 공모했고, 2015년 현재 주가는 35달러로 2배 가까이 성장했다. 위기 이전의 절반에도 못 미치는 인력으로 그때와 비슷한 매출과 이익을 거두고 있다.

잭 웰치는 HDS 외에도 시장 조사 기업 AC닐슨, 수자원 기업 날코, 의료 기기 업체 어슈라메드 등 새로운 성장 동력을 찾아내 승승장구하는 기업들의 핵심 전략을 자세히 소개한다. 이들 기업이 처했던 상황을 보면 분명 남의 일이 아니라고 느낄 것이다. 그들이 위기와 온갖 장애물을 극복하고 비상하게 된 이야기를 통해 나와 우리 조직을 다시 펄떡이게 할 구체적인 방법과 새로운 영감을 찾을 수 있을 것이다.

 좋아요! 경영자들에게 새로운 해법을 제시해 주는 방법들이 신선했다.

 아쉬워요! 진짜 마지막 책이라면, 메시지를 더 강하게 던져도 좋지 않을까?

최고의 협상은
최고의 대안을 제시하는 것이다

하버드는 어떻게 최고의 협상을 하는가
-하버드대 협상연구소 설립자가 말하는 진정 원하는 것을 얻는 법
Getting to Yes with Yourself-And Other Worthy Opponents

한마디로 이 책은!

지난 35년간 세계 최악의 분쟁 지역과 비즈니스 현장에서 활약하고, 수천 명에게 '어떻게 더 나은 협상가가 되는지'에 대해 가르쳐 온 세계 최고의 협상 전문가 윌리엄 유리가 말하는 자기중심 협상법. 상대방에게 초점을 둔 기존 협상법과는 달리 저자는 협상에서 가장 중요한 것은 자기 자신을 아는 것이라고 말한다. 그는 모두가 만족하는 협상을 위해서는 늘 좋은 대안이 필요한데, 좋은 대안은 자기 자신이 진정으로 원하는 바가 무엇인지를 아는 것에서 나온다고 말한다. 또한 아무리 어려운 협상이라도 자신의 관심사를 만족시킬 만한 최상의 대안을 가지고 있는 사람은 협상을 성공적으로 이끌 수 있다고 한다.

저자 윌리엄 유리 세계적인 협상 전문가. '하버드대 협상 프로젝트' 공동 설립자이며, 하버드대 법학 대학원 글로벌 협상 연구소 연구 위원. 예일대를 졸업하고 하버드대에서 문화 인류학으로 박사 학위를 받았다. 다툼과 분쟁에 대한 연구를 바탕으로 30년 넘게 중동, 남아메리카, 캅카스 등 세계 전역에서 분쟁 중재나 협상 컨설팅을 해 왔다. 1300만 부 넘게 팔린 세계적 베스트셀러 《YES를 이끌어내는 협상법》의 공동 저자이자, 《혼자 이기지 마라》와 《NO, 이기는 협상의 출발점》 등 7권의 책을 썼다.

윌리엄 유리 지음 | 박미연 옮김 | 트로이목마 | 2016년 12월 | 216쪽 | 13,500원(이북 10,500원)

협상에서 가장 큰 장애물은 바로 나 자신

협상의 본질은 무엇인가? 협상은 합의를 이끌어 내기 위한 상호 간의 의사소통이다. 그리고 의사 결정의 모든 것은 협상으로 이루어진다는 점을 생각해 볼 때 협상은 우리 삶에서 매우 중요하다. 그런데 협상의 불문율은 '반드시 한쪽이 져야만 상대 쪽이 이긴다'는 것이다. 상대방에게 협조하고 싶어도 상대방이 나를 이용할까 봐 두려운 것이 협상이다. 하지만 윈-윈이 아닌 윈-루즈 사고방식은 양쪽 모두 지는 결과를 만든다.

협상에서 원하는 것을 얻는 데 가장 큰 장애물은 과연 무엇일까? 보통 까다로운 상대방이나 뒤집을 수 없는 불리한 상황, 혹은 자신의 협상 기술 부족 등을 가장 큰 장애물이라고 생각하기 쉽다. 그런데 세계적 협상 전문가 윌리엄 유리는 '성공적인 협상'을 방해하는 가장 큰 적수는 까다로운 상대가 아니라 '나 자신'이라고 주장한다. 허브 코헨의 《협상의 법칙》, 스튜어트 다이아몬드의 《어떻게 원하는 것을 얻는가》 등 협상 분야 베스트셀러에서는 협상 상대방과 자신의 힘에 대한 분석이나 그에 대한 대처법을 강조한다.

> 우리 모두는 자신이 원하는 것을 얻으며 살기를 원한다.
> 그러나 문제는 자기가 원하는 것이 명확하지 않다는 것이다.
> 또한 우리는 인생에서 배우자나 직장 동료 또는 거래처 직원,
> 심지어는 우리가 협상해야 할 상대편까지 만족시키려 하지만
> 마찬가지로 그들이 진정 원하는 것들이 무엇인지 정확히 알지 못한다.—34쪽

이 책의 저자는 '오직 나 자신, 즉 깊은 내면으로부터 원하는 것'에 초점을 맞춘다. 내가 진정 원하는 욕구와 가치를 충족시키지 못한다면 협상에 성공했다고 할 수 없다. 외부로부터 얻는 만족감은 충분한 만족을 주지 않는다. 오직 내부로부터 원하는 것을 얻었을 때 진정한 만족을 느낄 수 있다. 그것이 협상의 대전제가 되어야 한다.

협상에서 어려움을 겪는 사람들은 대부분 자기가 진정으로 원하는 것이 뭔지 잘 모른다. 예를 들어 임금 협상을 하면 사람들은 '15퍼센트 임금 인상을 원합니다'라고 말한다. 구체적인 조건을 제시했다고 해서 자신이 원하는 바를 제대로 드러낸 것이라고는 할 수 없다. 임금 인상을 요구하는 이유가 형평성 때문인지, 경력 개발을 위해서인

지, 물질적인 충족을 위해서인지, 아니면 이 모두를 위한 것인지를 파악하는 게 먼저다. 그런데 사람들은 내재된 요구 사항이나 욕심, 걱정, 두려움, 포부 같은 관심사를 깊이 생각하지 않는다.

내가 진정으로 원하는 것을 찾는 방법

협상에서 가장 중요한 관심사와 요구 사항을 표출할 수 있는 마법의 질문은 '왜 나는 이것을 원하는가?'이다. 답을 구할 때까지 계속해서 왜냐고 물어야 한다. 내 안에 있는 욕망과 관심들에 더 깊이 닿을수록 나의 관심사를 충족할 만한 기발한 선택 사항들을 생각해 낼 수 있다. 예를 들어 임금 인상의 경우 예산 부족으로 회사가 당신이 원하는 조건을 들어주지 못해도 새로운 직급이나 특별 업무 담당 등 대안을 제시할 수도 있다. 내가 진정으로 원하는 것을 알게 되면 그때까지는 미처 생각해 보지 못한 새로운 가능성을 발견하기가 쉬워진다.

그런데 평소 우리는 자신을 너무 비판적으로 평가한다. 자신의 생각이나 마음을 솔직하게 말할 수 있는 사람이 얼마나 될까? 저자는 우리가 원하는 것을 찾는 방법을 소개한다. 첫 번째는 발코니에서 자기 자신을 바라보는 것이다. 발코니는 주위를 통찰할 수 있는 정신적·감정적 장소를 말한다. 갈등이 있을 때는 즉각적으로 반응하지 말고 갈등의 요소를 분리해 그에 맞는 적절한 대응책을 찾아야 한다.

두 번째는 자신의 이야기를 공감하며 들어 보는 것이다. 우리는 하루에 적게는 1200가지, 많게는 6000가지의 생각을 한다고 한다. 골치 아픈 감정들은 매일 똑같이 반복되기 때문에 내면의 이야기를 들어야 한다. 시간을 내 자신의 이야기를 들어 봐야 한다.

무엇보다 협상에서는 스스로 책임을 지는 자세가 중요하다. 우리는 일이 잘 풀리지 않을 때 쉽게 남을 탓한다. 남 탓하기는 거의 모든 분쟁에서 발견되는 행동 패턴이다. 하지만 남 탓하기는 불필요한 논쟁을 만들고 문제를 해결할 수 없게 한다. 또 상대의 능력에 힘을 실어 주어 결국 자신의 능력을 약화시킨다.

남 탓하기의 반대는 책임지기다. '책임'을 뜻하는 영어 단어 'responsibility'는 상황에 맞게 적절하게 대응response하고 스스로 해결할 수 있는 능력ability이다. 그만큼 자기가 책임을 지는 것이 중요하다는 뜻이다. 모든 협상의 선택권은 언제나 본인에게 있다. 또한 성급하게 결론을 내리거나 상대방에게 불필요한 감정을 유발할 필요가 없다.

늘 최상의 대안을 가지고 협상에 임하라

원하는 협상 결과가 한 번에 나오는 경우는 거의 없다. 늘 모두가 만족할 수 있는 대안을 찾아 제시해야 한다. 저자는 바트나BATNA: Best Alternative To a Negotiated Agreement라는 협상 원칙을 소개한다. 바트나는 상대방과 원만한 합의를 이루지 못했을 때 나의 관심사를 만족시킬 만한 최상의 대안을 의미한다. 내 안의 대안을 만들면 상대방에게 덜 의지하게 되고 자신감이 생긴다.

어떤 문제라도 늘 대안을 준비해 놓고 있어야 한다. 이는 곧 자신이나 타인, 인생 그자체를 원망하지 않겠다는 약속이며, 스스로 모든 문제를 해결할 수 있다는 의지의 표현이다. 대안이 있으면 환경을 변화시킬 만한 동기가 부여된다. 스스로 대안을 찾지 않고 타인이 무엇인가를 해 주기를 바라는 것은 바람직한 자세가 아니다.

남들이 우리의 바람을 채워 주길 기대하는 것은 타인의 권력에 의존하고 그들이 우리를 지배하도록 허락한다는 뜻이다. 최고의 협상 카드는 내 안에서 내 힘으로 만들어야 한다는 것을 명심해야 한다. 승자와 패자를 결정하는 것은 나 자신이다. 어려운 대화나 협상에서도 우리에게는 선택권이 있다. 한쪽이 이기는 게임을 할지, 서로 협력해서 모두에게 이익이 되는 해결책을 찾을지를 선택하는 사람은 나 자신이어야 한다.

그러려면 관점을 바꿔야 한다. 협상에서 승자와 패자를 가르는 심리적인 기준은 '결핍'이다. 협상은 승자와 패자를 가르는 게임이 아니다. 협상 당사자들이 만족할 만한 최선의 대안을 발견하기 위한 소통 과정이다. 협상 과정이나 결과에 결핍이라는 마음이 개입하는 순간 협상은 대화가 아닌 싸움으로 번진다. 모든 일이 어떻게든 잘 해결될 것이라고 생각해야 한다.

나와 타인과 모두의 '예스'를 얻기 위한 협상

저자의 협상법이 내면세계를 강조한 이유는 동양 철학 영향 덕분이다. '남을 아는 사람은 지혜롭고, 스스로를 아는 사람은 밝다'라고 한 노자의 사상을 협상에 적용했다.

책에서도 노자뿐만 아니라 인도 철학자 라마나 마하르시 같은 사상가들의 영향을 받았음을 밝히고 있다. '나 자신으로부터 시작되는 윈-윈-윈의 조화로운 선순환'의 가치를 협상에 접목함으로써 대립과 쟁취가 아닌 화합과 베풂의 결과를 얻을 수 있다.

저자가 화합과 베풂을 중요시하게 된 계기가 있다. 그의 막내딸 개비는 척추, 척수, 발 모양이 심하게 뒤틀린 선천적 기형을 안고 태어났다. 열네 차례나 큰 수술을 받으며 생사를 오갔지만 개비는 좌절하지 않고 스스로 삶의 의미를 찾고 오히려 절망에 빠진 부모를 위로하며 희망을 찾아 주었다.

열여섯 번째 생일을 몇 달 앞둔 개비는 '플랭크 자세' 《기네스북》 세계 신기록에 도전하겠다는 의사를 내비쳤다. 전신 근육을 강화하는 운동인 플랭크 자세는 일반인들도 2~3분을 버티기가 힘들 만큼 고난도 운동이다. 개비는 신체적으로 불리한 조건에도 불구하고 '1시간 20분'의 세계 신기록을 세웠다. 개비의 《기네스북》 신기록 동영상은 전 세계로 빠르게 퍼졌고, 우리나라에서 크게 화제가 되기도 했다. 이 동영상을 보고 세계 각지에서 성금 8만 5000달러를 개비에게 보냈다. 개비는 자신처럼 희귀병을 앓는 어린이들에게 도움이 되고 싶다며 이 돈을 어린이 병원에 기부했다.

인간사의 가장 큰 주제 중 하나인 '다툼'을 연구하는 학자이자 현장에서 치열하게 활동하는 협상 전문가 윌리엄 유리는 '나'를 위한 예스를 넘어, '타인'을 위한 예스를, 더 나아가 '모두'를 위한 예스를 얻어 냄으로써 더 깊은 만족과 행복을 느끼는 협상을 할 수 있다고 말한다. 기술 과학은 인류의 '절대적 결핍' 문제를 상당 부분 해결해 주었다. 이제는 윈-윈-윈의 협상을 통해 나의 미래와 지구의 미래를 선택해야 한다. 작은 성취에 만족하지 않고 더 크고 가치 있는 것을 선택함으로써 나 자신의 행복뿐만 아니라 가족과 타인의 행복, 그리고 더 나은 세상을 만들 수 있다.

 좋아요! 오랜만에 돌아온 협상 전문가의 책. 성공적인 협상에 대한 새로운 관점을 제시한다.

 아쉬워요! 본인이 겪은 일들 위주로 풀어내서 협상을 제대로 이해하고 싶은 사람에게는 부족함이 느껴진다.

1만 시간의 법칙은 틀렸다

1만 시간의 재발견
-노력은 왜 우리를 배신하는가
Peak-Secrets from the New Science of Expertise

한마디로 이 책은!

1990년대 초반 심리학자 안데르스 에릭슨은 심리학계에서 처음으로 '전문성'이라는 주제로 연구를 시작했다. 그는 자기 분야에서 최정상에 오른 사람들을 연구하며 그들의 놀라운 성공 뒤에는 타고난 재능보다는 오랜 기간의 노력이 더 크게 작용한다는 내용의 논문을 발표했다. 이 논문의 내용은 말콤 글래드웰이 《아웃라이어》에 인용하면서 '1만 시간의 법칙'으로 널리 알려졌다. 이 법칙은 마치 '성공'을 위한 절대 명제처럼 굳어져 지금까지도 회자되고 있다. 누군가는 '그래, 꾸준히 노력하면 나도 세계 최고가 될 수 있어!'라며 의욕을 불태웠지만, 일부 사람들은 '기나긴 시간'을 이유로 조롱의 대상으로 삼기도 했다. 이처럼 '1만 시간의 법칙'은 한쪽에서는 성공의 진리로, 한쪽에선 '헛소리'로 오랫동안 찬사와 논쟁의 한가운데에 있던 주제였다. '1만 시간의 법칙'을 처음으로 제기한 저자는 과연 어떤 결론을 내릴 것인가?

저자 안데르스 에릭슨 플로리다 주립대 심리학과 석좌 교수. '1만 시간의 법칙' 이론의 창시자. 스웨덴 출신으로 1976년 스톡홀름대에서 박사 학위를 받았고 카네기멜런대에서 박사 후 과정을 마쳤다. 세계 최대 기초 과학 연구소인 막스 플랑크 연구소 연구원과 콜로라도대 교수를 역임했다. 노벨상을 심사하는 스웨덴 왕립 과학 아카데미 회원이다.

로버트 풀 〈사이언스〉, 〈네이처〉, 〈디스커버〉, 〈테크놀로지 리뷰〉 등 여러 매체에 글을 써 온 과학 전문 저널리스트다. 저서로 《이브의 갈비뼈―성별의 차이에 관한 생물학적 뿌리를 찾아서》, 《기술 너머에―사회는 어떻게 기술을 발전시키는가》 등이 있다.

안데르스 에릭슨, 로버트 풀 지음 | 강혜정 옮김 | 비즈니스북스 | 2016년 6월 | 416쪽 | 16,000원(이북 11,200원)

1만 시간의 법칙은 가짜다

성공은 얼마나 오랜 시간 노력했느냐에 달려 있을까? 어떤 분야에서 최고 수준의 실력자가 되기 위해서는 1만 시간이 필요하다는 '1만 시간의 법칙'이 그토록 많이 회자되는 이유는 '열심히 하면 된다'는 말에 동의하는 사람이 많기 때문일 것이다. 하지만 책상에 오래 앉아 있는 학생이 전교 1등을 하는 것은 아니며, 누구보다 늦게까지 훈련한 선수가 꼭 금메달을 따는 것도 아니다. 똑같이 열심히 노력하는데 왜 누군가는 더 나은 결과를 얻는 것일까?

말콤 글래드웰은 《아웃라이어》에서 1만 시간의 법칙을 뒷받침하기 위해 최고의 바이올리니스트가 스무 살까지 연습한 시간, 비틀즈가 라이브 공연을 위해 연습한 시간, 빌 게이츠가 마이크로소프트를 세우기 전 프로그래밍에 투자한 시간 등을 예로 들었다. 말콤 글래드웰은 1만 시간의 법칙을 통해 성공과 노력의 간단한 인과 관계를 찾고 싶어 하는 대중의 욕망을 채워 주었다. '아무리 열심히 해도 재능을 타고난 사람은 결코 이길 수 없다'라며 절망하는 사람들에게 노력하면 된다는 희망을 선물했다. 누구라도 1만 시간을 투자하면 거장의 경지에 오를 수 있다는 것이다. 하지만 '1만 시간의 법칙'이 완전한 허구에 불과하다면 어떨까?

1993년 이 책의 저자 안데르스 에릭슨은 다른 연구자들과 함께 베를린 음악 학교의 바이올린 전공 학생들을 대상으로 진행한 연구를 발표했다. 이 연구는 학계에 큰 반향을 일으켰고, 다른 논문에서 수없이 인용되기도 했다. 이 연구가 널리 알려지게 된 것은 말콤 글래드웰의 《아웃라이어》 덕분이었다.

> '꾸준히만 하면 목표에 도달할 것이다.' 듣기에는 그럴싸하지만 사실 틀린 말이다.
> '올바른 연습'을 충분한 기간에 걸쳐 수행해야 실력이 향상되고
> 원하는 목표에 도달할 수 있다.—25쪽

1만 시간의 법칙이 저지른 세 가지 오류

《아웃라이어》의 1만 시간의 법칙은 몇 가지 큰 오류를 범하고 있다. 첫째, 1만 시간이라는 숫자는 특별할 게 없다. 원래 연구에서는 바이올린 전공 학생들이 열여덟 살까지

연습에 투자한 시간이 평균 7400시간이라고 나온다. 말콤 글래드웰은 이 수치를 스무 살까지 연습한 시간으로 바꾸었다. 그래야 1만 시간이라는 깔끔한 숫자가 나오기 때문이다. 더 중요한 오류는 열여덟 살이든 스무 살이든 이들은 장래가 촉망되는 학생들이기는 하지만 바이올린 연주의 거장으로 볼 만한 수준은 아니었다는 점이다. 국제 피아노 대회에서 입상을 하는 연주자들은 대체로 서른 살 전후다. 이들은 대략 2만 시간에서 2만 5000시간을 연습했을 것이다. 1만 시간은 중간 단계에 불과하다. 또 분야마다 연습에 필요한 시간이 다르다는 것을 무시했다. 어떤 분야는 200시간만 연습해도 세계 최고의 자리에 오르는 경우도 있다.

둘째, 1만 시간은 조사 대상이던 바이올린 학생들의 평균 연습 시간이다. 10명의 최고 수준 학생 중 절반은 그때까지 누적 연습 시간이 1만 시간 미만이었다. 말콤 글래드웰은 모든 바이올린 연주자의 누적 연습 시간이 1만 시간을 넘었다고 해석했다. 셋째는 의식적인 연습과 다른 활동을 구별하지 않았다는 점이다.

오래보다는 제대로가 더 중요하다

말콤 글래드웰 자신이 이미 이런 문제점에 대해 인정했지만 1만 시간의 법칙은 이미 정설이 되어 버렸다. 그러나 누구든 한 분야에서 연습에 충분한 시간을 투자하면 전문가가 될 수 있느냐는 질문에 답을 한 연구는 없다. 다만 이 책의 저자들은 1만 시간 법칙의 핵심은 '얼마나 오래'가 아니라 '얼마나 올바르게'라고 말한다. 무턱대고 열심히 하는 것이 아니라 제대로 열심히 해야 한다는 말이다. 시간만큼 중요한 것은 그 시간을 보내는 '방법과 질'이다. 안데르스 에릭슨이 말하는 노력의 올바른 방법은 '집중'과 '피드백', 그리고 '수정하기'로 요약되는 '의식적인 연습'이다.

인간의 능력은 유전자 특성에 따라 제한된다고 믿는 사람이 많지만, 모든 사람은 자신이 선택하고 집중하는 영역에서 실력을 향상시킬 수 있다. 세계 1위는 어려울지 몰라도 원래 가지고 있던 능력을 비약적으로 향상시킬 수 있다. 물론 반복적인 연습이 반드시 실력을 향상시키는 것은 아니다. 노력은 상승, 정체, 쇠퇴의 길을 걷는다. 그리고 특정 기술을 향상시키기 위해서는 그에 맞는 연습 방법을 택해야 한다.

지식이 모든 것을 해결해 주는 것도 아니다. 목표에 맞는 수행 능력과 이를 향상시킬 방법에 초점을 맞춰야 한다. 지식을 강조한 전문가들 실력은 점차 하락한다. 예를 들어, 실무 경험이 의사의 실력을 향상시키지는 않는다. 많은 의사가 기술이 퇴화하지 않도록 꾸준히 학회에 참가하지만 큰 효과가 없다는 것이 밝혀졌다. 경험 많은 간호사가 2~3년 경력의 간호사보다 실력이 떨어진다는 결과도 있다.

뇌는 노력할수록 발달한다

그럼에도 노력해야 하는 이유는 노력 외에는 답이 없기 때문이다. 재능을 얻기 위한 지름길은 없다. 삶에 마법을 부릴 선천적인 재능은 없다. 보이는 모든 것을 암기하고 한 번 들은 음악을 그대로 연주하는 등의 서번트 증후군은 엄청난 재능처럼 보이지만 사실은 뇌 기능 장애다. 그들은 뇌의 기능이 한두 가지 분야에서만 작동한다. 음치도 실제로는 존재하지 않는다고 한다. 음치는 유전적으로 타고나는 게 아니라 심리적인 이유로 만들어진다는 것이 밝혀졌다. IQ가 높으면 체스와 바둑을 잘할 것 같지만 연구 결과 IQ는 체스 실력과 아무런 관계가 없다. 게다가 프로 바둑 기사들의 평균 IQ는 93으로 일반인들과 별 차이가 없다.

배움에는 때가 있다고 하지만 그것도 틀린 말이다. 노력의 성과와 나이는 별 상관이 없다. 성인이 되면 뇌의 신경 조직망이 고정된다고 알려져 있으나 뇌는 나이와 상관없이 노력할수록 발달한다. 조사 결과 런던의 택시 운전사들은 해마의 특정 부위가 일반인보다 발달했고, 훈련 시간이 긴 현악기 연주자들은 소뇌 크기가 컸다. 새로운 뇌세포가 만들어지지는 않지만 신경 조직망을 다양한 방법으로 재배열해 새로운 연결을 만들고 강화하는 것이다.

따라서 우리는 의식적인 연습을 해야 한다. 무언가를 지금보다 훨씬 잘하려면 그것이 가능하다는 사실을 기억해야 한다. 우리는 일상생활을 영위하는 정도까지는 노력하지만 어느 단계에 이르면 더 이상 노력하지 않는다. 스스로 피나는 노력을 기울여야 뇌는 발달한다.

 좋아요! 1만 시간의 법칙이 틀렸다는 것을 증명한다.

 아쉬워요! 이 책은 더 일찍 나와야 했다.

인문학의 눈으로
미래를 예측하는 법

인류는 어떻게 진보하는가
-미래를 상상하는 방법, 모더니티
Histoire de la modernité?

한마디로 이 책은!

자크 아탈리는 이 책에서 인류 초기 사회부터 미래 세계까지 시대별로 한 사회가 이상향으로 추구하던 미래상의 변화를 추적한다. 역사를 일구고 투쟁해 온 위대한 인물들과 그들의 사상을 '모더니티의 세계관'으로 꿰어 낸다. 진보에 대한 열망이 처음 드러난 고대 문명부터 미래 비전이 찰나의 연속으로 사라져 버린 컨템퍼러리 시대까지 인류사를 실존·신앙·이성·지향적 모더니티 시대로 구분하고 삶의 방식과 시대정신의 변화를 살핀다. 이런 성찰의 목적은 2030년의 세대는 과연 어떤 미래를 지향할지 예상하려는 것이다. 저자는 오늘날 인류에게 가장 기본적 가치이자 결정적 성취라 할 수 있는 '민주주의', '자유', '인권' 등이 한순간에 다른 가치들로 대체될 수 있다고 경고한다. 그러면서 지금 우리 시대에 들끓는 목소리들을 통해 미래에 가능한 일곱 가지 모더니티를 제시한다. 그는 그중 인류가 유전 공학적 인공물로 변화한 끝에 소비재가 되고 마는 '하이퍼모더니티'가 가장 유력하며, 다른 모더니티들도 스스로 갖고 있는 결함 때문에 결국 '하이퍼모더니티'로 통합될 것이라 예상한다. 이를 막기 위한 방법은 오직 하나, 이타주의에 기반을 둔 '대안적 모더니티'를 향한 좁고 험한 길을 따르는 것뿐이다.

저자 자크 아탈리 프랑스의 석학. 정치, 경제, 문화, 역사를 아우르는 지식과 통찰력으로 사회 변화를 예리하게 전망하는 것으로 유명하다. 1943년 알제리의 알제에서 태어나 열네 살에 프랑스로 이주했다. 파리 공과 대학, 파리 고등 정치 학교, 국립 행정 학교 등 프랑스 명문 교육 기관을 졸업하고, 소르본대에서 경제학 박사 학위를 받았다. 프랑수아 미테랑 당시 사회당 당수의 경제 고문을 맡는 등 정치에 참여해 대통령 특별 보좌관, 유럽 부흥 개발은행 총재를 역임했다. 현재는 자신의 이름을 건 컨설팅 회사 '아탈리&아소시에'를 운영하고 있다.

자크 아탈리 지음 | 양영란 옮김 | 책담 | 2016년 1월 | 256쪽 | 15,000원

인류가 꾼 꿈의 역사, 모더니티

모더니티는 하나의 시대, 하나의 문명, 미래를 바라보는 하나의 개념을 가리킨다. 여기에는 개인의 자유와 인권, 이성을 중시하는 합리주의와 실증주의, 기술과 산업의 진보에 대한 신념 등이 혼재되어 있다. 인류 역사를 통틀어 다양한 문명권과 언어권에서 모더니티의 의미와 변화를 따라가는 것은 인간의 삶을 가능하게 한 비밀을 찾아가는 것과 다르지 않다. 각각의 인간 집단이 시간과 공간 속에서 해가 되는 것은 물리치고 꿈꾸는 유토피아에 어울리는 것은 고양시키면서 이루고자 했던 것을 생각해 온 방식을 구별하게 해 준다. 또한 그것으로부터 가치관, 이상향, 미학적 관점, 분노를 일으키는 주제들, 진보의 개념, 경제 구조, 기업관, 정치 체제, 풍습 등의 변화를 추론하는 것이기도 하다.

모더니티는 또한 정복이기도 하다. 정복을 위해서는 동력이 필요하다. 콩트에게는 과학, 생시몽에게는 산업, 마르크스에게는 계급 투쟁, 토크빌에게는 사회적 조건의 평등화와 민주주의, 베버에게는 합리화가 각각 그 동력이었다. 19세기 말에 모더니티는 큰 변화를 맞는다. 사회주의를 주장한 푸리에와 프루동, 마르크스를 필두로 이성 지향적 모더니티의 새로운 형태, 즉 소외와 사유 재산의 전횡에서 해방된 새로운 부류의 인간을 상상하고 그런 인간의 탄생을 목적으로 삼는 다양한 형태의 모더니티가 등장했다. 한편 니체와 더불어 '허무주의'라 불리는 또 다른 형태의 반발도 시작되었다. 허무주의는 훗날 '포스트모더니즘'이라는 용어로 대체된다. 니체 중심의 반발 움직임은 음악과 회화에서도 관찰된다. 이는 미래의 의미에 대한 변화를 예고하는 것이 아니었다. 20세기는 실존, 신앙, 이성 지향적 모더니티가 패배를 맛보는 세기가 될 것이라는 직관에 가까웠다.

신으로부터 출발한 모더니티

인간 세계에 처음 등장한 모더니티는 실존 지향적 모더니티였다. 오래전 인류에게 개인은 존재하지 않았다. 집단의 생존과 안정이 중요했다. 새로운 것은 곧 죽음으로 통했다. 하지만 인간은 스스로 당당해지고 싶었다. 예컨대 히브리는 이집트와의 갈등에서, 그리스는 트로이와의 전쟁에서 모더니티를 찾았다. 이것이 바로 실존 지향적 모더니티다. 인간의 실존은 불복종을 통해 드러났고, 자유는 틀에서 빠져나오는 것을 의미했다.

기원전 5세기 그리스에 도시가 생겨나면서 모던하다는 것의 의미가 바뀌었다. 모더니티가 자유로워지려는 의지의 표현이 된 것이다. 여기서 사유와 표현의 자유는 절대적인 가치로 추앙받았으며, 새로운 것을 수용하면서 모던한 것을 표현하는 패션이 등장했다. 또 모더니티 개념에 중앙 집권주의와 도시 계획이 포함되기 시작했다.

모더니티의 큰 변화는 신앙을 중심으로 한 모더니티가 만들어지면서 찾아온다. 유럽 전역에서 엘리트들이 기독교 교회 권력으로 부상하고 로마 권력과 결탁한다. 이들은 교회를 신봉하며 교회의 이익을 위해 봉사하는 게 모던한 것이라고 믿었다. 실존과 논리, 개인의 자유는 존재 가치가 없어지고, 속죄와 부활만이 중요해진 것이다. 다시 새로운 것은 경계 대상으로 변하게 된다. 의복은 엄숙함을 표현하는 것이었고, 오직 중요한 것은 신에 대한 사랑이었다.

그러나 교회 군림 시대에도 변화는 일어나게 된다. 기업가, 상인, 자유인들이 부르주아 계급을 형성하면서 사회에 대한 혁신적인 개념들이 퍼지기 시작했다. 이들은 또 합리적으로 생각하고 개인들이 연합해서 경쟁하는 사회를 만든다. 여전히 교회의 힘은 강력했지만 농경 재배, 목축, 물레방아, 운송, 항해, 선박 제조 등 기술이 발달하고 종교에 의해 금지되던 인간의 자유를 다시 언급하기 시작했다. 상업의 영향력이 커지고 인쇄술 대중화로 지식 보급이 확산되면서 이성 지향적 모더니티가 등장했다. 계급이 없는 평등 사회를 주창한 모어의 《유토피아》가 등장했고, 루터가 불가침 영역이던 교황의 권위에 도전했다.

5세기 무렵 모데르누스modernus라는 단어가 처음으로 라틴어에 등장한다.
이 단어는 '최근에', '방금 마무리된 시대에'를 뜻하는 라틴어 부사 모도modo 또는
'오늘의'를 뜻하는 그리스어 모도스modos에서 파생되었다.
'모데르누스한 것'은 '최근의 것'을 뜻하며, 중성적이라기보다 부정적인 뉘앙스를 띄었다.―47쪽

종교를 벗어나 모더니티의 주인이 된 인간

이제 모더니티는 종교가 아니라 자유와 이성을 의미했다. 어떤 권위도 자유를 향한 움직임을 막을 수 없었다. 변화된 모더니티를 상징하는 걸작들이 쏟아져 나왔다. 셰익

스피어는《로미오와 줄리엣》,《리어왕》,《햄릿》을 통해 사랑과 광기, 유토피아 문제를 다뤘고, 세르반테스는《돈키호테》를 통해 봉건적 풍습과 사회 구조를 비판했다.

17세기 프랑스에서 그리스와 로마, 기독교 전통에 대한 견해 차이로 예술가와 사상가들 사이에 이른바 '신구 논쟁'이라 불리는 격렬한 논쟁이 벌어진다. 이후 교회의 속박에서 벗어나고자 한 이성 지향적 모더니티가 등장해 18세기 말부터 지배적인 개념으로 뿌리내리게 된다. 이제 모던이라는 말은 더 이상 교회를 의미하지 않고 인류의 이성을 따랐다.

인류의 진보에는 제한이 없다고 주장한 베이컨, 생각하기 때문에 존재한다고 선언한 데카르트, 만인의 만인에 대한 투쟁을 이야기한 홉스, 진보는 미래에 올 것이라고 한 로크 등 위대한 사상가들이 등장하면서 새로운 모더니티에 힘을 실어 주었다.

18세기에는 모든 것이 달라졌다. 시장과 민주주의는 미래 모더니티 두 기둥이 되고 독일에서는 철학자 칸트가 등장해 개인의 독립을 완성시켰다. 이때부터 '여가'라는 모더니티가 생기면서 개인 시간이 강조되었다. 프랑스 혁명과 미국 독립 혁명도 이런 분위기에서 만들어졌다. 사람들은 이제 합리적이고 평화로우며 보편적인 사회라는 새로운 미래관을 믿게 되었다.

신이 사라진 시대의 모더니티

허무주의, 포스트모더니티 그리고 컨템퍼러리는 이성 지향적 모더니티에서 변화한 것들이다. 이 모든 것은 니체에게서 시작되었다. 니체는 1880년부터 줄곧 고독한 방황 속에서 서양의 미래를 비판적으로 바라봤다. 그에게 현대 시대가 지닌 실재적인 의미는 '허무주의'라고 이름 붙인 무(無)에 대한 열망이다. 이 열망은 신을 이 세계의 지평선에서 제거하도록 이끌었고, 그 결과 모든 가치가 산산조각 났다. 1882년에 발표한《즐거운 지식》에서 그는 '우리가, 당신과 내가 그를 죽였다! 우리는 모두 그의 살해자다!'라고 외쳤다. 니체는 서구의 새로운 모더니티, 즉 이성 지향적 모더니티는 '최후의 인간'을 만들어 냈다고 생각했다. '최후의 인간'은 모든 권리를 향유하고자 하나 시민으로서의 의무나 책임감은 무시하고, 물질적인 사실들은 믿지만 신은 믿지 않는다. 그런데 신의 시선 안에서 살기를 거부하는 자들은 '원한을 품은 인간'으로, 이들은 삶이 주는 고통에 대해 복수하려 들며 과학에서만 희망을 찾는다. 이런 세속적 모더니티는 세계를 환멸로 몰아간다.

제2차 세계 대전이 끝나고 이성 지향적 모더니티의 자유는 방종으로 이어졌다. 비틀스와 롤링 스톤스가 등장하면서 '모든 것을 당장' 원하는 시대가 만들어졌다. 모던하다는 것은 곧 자유롭게 살면서 돈을 벌고 전 세계가 서구화되는 것을 의미했다. 컨템퍼러리 모더니티의 완벽한 표현이라 할 수 있는 패션은 몇 주 심지어 며칠 단위로 미친 듯이 돌아가며 새로운 것을 추구한다.

이제 모더니티는 스타일이 되었다. 우아함은 드러나지 않는 조심스러움이지만 스타일은 눈에 띄는 것이다. 불안정성에 저항하기 위해 패션은 1980년대 중반부터 스스로를 예술로 승화시키려는 시도를 하고 있다. 패션 박물관들이 앞다투어 문을 여는가 하면, 유명 디자이너 부티크들은 과거 컬렉션 의상들을 사들여 역사적으로 가치 있는 자료들을 수집하고 있다. 가장 신속하게 바뀌는 세계에서 일하는 사람들이 가장 오래된 자료들을 수집할 필요성을 느끼는 것이다.

하이퍼모더니티—앞으로 어떤 세상이 올 것인가

미래는 어떤 세상이 될 것인가? 저자가 이 책을 쓴 이유는 이 질문에 답하기 위해서였다. 여기에는 서구화와 반서구화가 중요한 변수다. 이성 지향적 모더니티는 서구화라는 이름으로 존재한다. 시장 민주주의가 주는 이익에 부합하는 것을 찾게 될 것이다. 시장 민주주의는 불평등을 강화하므로 컨템퍼러리에만 관심을 갖게 될 수도 있다.

하이퍼모더니티가 대세로 등장할 수도 있다. 시장 경제가 발전하고, 교육과 바이오, 나노, 로봇 기술이 발전하는 것이다. 이제 모든 경계가 무너지고, 우리의 상상을 초월한 세상이 온다. 하이퍼모더니티에 저항하기란 쉽지 않을 것이다. 그리고 다른 여러 모더니티가 등장하겠지만 하이퍼모더니티를 능가하는 대안을 찾기는 어려워 보인다.

 좋아요! 모더니티라는 프레임으로 인류의 전 역사를 관통하는 저자의 놀라운 통찰력.

 아쉬워요! 너무 압축적이다. 역사와 철학, 인문학적 배경이 없다면 이해하기가 쉽지 않다.

지금도 흐르고 있는 시간,
제대로 쓰고 있습니까?

나는 왜 시간에 쫓기는가
–삶을 변화시킬 새로운 시간의 심리학
The Time Paradox-The New Psychology of Time That Can Change Your Life

한마디로 이 책은!

당신은 시간을 어떻게 쓰고 있는가? 시간에 쫓겨 친구와 가족과 자신을 홀대하고 있지는 않은가? 바쁘지 않은 사람이 없다. 모두들 바쁘기 때문에 무엇인가를 포기하며 살아왔다. 그런데 이제 삶의 속도에 정말 문제가 없는지, 충만하고 행복한 인생은 무엇인지 돌아보는 사회적 분위기가 고조되고 있다. '스탠퍼드 감옥 실험'으로 인간 본성에 대해 탐구한 세계적 심리학자 필립 짐바르도는 존 보이드와 함께 인간과 시간의 관계에 대해 알아보기로 했다. 그들은 30년간 15개국 수만 명의 삶을 관찰한 결과를 바탕으로 사람들이 어떻게 시간을 사용하는지, 시간이 어떻게 우리 삶을 결정하는지를 이 책에 흥미롭게 담아낸다. 저자들은 시간에 대한 태도는 인생에 어마어마한 영향을 미치지만 그 중요성을 인식하는 사람은 거의 없다고 지적한다. 또한 '오늘' 우리가 시간을 사용하는 방식이 '과거'와 '미래'의 모습을 결정하며, 시간에 대한 관점이 삶의 큰 차이를 만들어 냄을 증명한다.

저자 필립 짐바르도 '깨진 유리창 이론'의 연구로 잘 알려진 스탠퍼드대 심리학과 명예 교수. 과학 협회 대표 위원회 회장과 스탠퍼드 테러리즘 심리학 센터 소장으로 활동 중이며, 미국 심리 학회 회장을 역임했다. 그가 수행한 '스탠퍼드 교도소 실험'은 세계 곳곳에서 텔레비전을 통해 방영되고 영화로 만들어졌으며, 많은 대학과 고등학교의 필수 교재에 수록될 만큼 높은 관심을 받았다.

존 보이드 구글 리서치 매니저. 스탠퍼드대에서 심리학 박사 학위를 받았으며, 필립 짐바르도와 함께 인간과 시간에 대해 연구했다. 야후 리서치 디렉터와 국제 컨설팅 기관인 얼러트니스 솔루션의 과학국 국장을 역임했다.

필립 짐바르도, 존 보이드 지음 | 오정아 옮김 | 프런티어 | 2016년 2월 | 466쪽 | 18,000원(이북 14,400원)

시간의 가치를 인정하면서도 시간 사용 방식을 숙고하는 사람은 거의 없다. 시간은 누구에게나 공평하게 주어지고 물리적인 실체가 없기 때문에 가치가 덜한 것처럼 느껴진다. 시간을 팔아 돈을 버는 우리에게 주어진 시간에는 한계가 있다. 시간을 현명하게 사용하지 못하면 반드시 대가를 치른다. 왜 돈은 현명하게 쓰면서 시간은 그렇지 못할까?

어린아이부터 아흔네 살 노인까지 전 세계 수만 명을 오랫동안 지켜본 결과 시간에 대한 태도가 동일한 사람이 아무도 없었다고 한다. 시간관이 중요한 이유는 그것이 개인의 생각, 감정, 행동 등 모든 것을 반영하며 의사 결정에 가장 강력한 영향을 끼치기 때문이다. 그럼에도 사람들은 그것을 잘 알아차리지 못한다. 저자들은 시간의 역설을 세 가지로 정리한다.

시간의 역설 1 시간은 생각과 감정, 행동에 가장 큰 영향을 미치지만 사람들 대부분은 그 영향력에 대해 잘 모른다.

시간의 역설 2 어떤 시간관이든 많은 장점이 있지만 하나의 시간관이 과도하게 작용하면 치명적인 단점으로 이어진다.

시간의 역설 3 시간관은 개개인의 경험에 의해 습득되는데 그런 시간관이 전체적으로 작용하면 집단이나 국가의 운명에 영향을 미친다.

저자들은 또 시간관을 과거 부정적 시간관, 과거 긍정적 시간관, 현재 숙명론적 시간관, 현재 쾌락적 시간관, 미래 지향적 시간관, 초월적 미래 지향적 시간관 등 여섯 가지로 분류한다.

시간관을 조절하는 것은 가능하다. 시간관은 타고나는 것이 아니라 습득되는 것이며 교정하고 조절할 수 있기 때문에 이상적인 방식으로 작동시킬 수 있다. 또 삶을 향상시키기 위해 자신의 시간 편견을 조절할 힘이 누구에게나 있다. 삶의 수수께끼들을 유리한 방향으로 풀어 가는 시간관을 선택할 수 있는 것이다.

현재 상태를 유지하려는 과거 지향적 시간관

과거 지향적인 사람들은 긍정적이건 부정적이건 과거의 기억에 몰두한다. 과거의 일을 생각하면 일단 안전한 느낌이 든다. 즐겁던 일들을 회상할 때면 더욱 그렇다. 하지만 과거에 묶인 나머지 위험을 감수하거나 기회를 잡으려 들지 않는다. 현상을 유지하고 변화를 피하려고만 한다. 과거에 대한 긍정적인 시각을 갖게 되면 사람들은 문화적인 면에서나 정치적인 면에서 현재 상태를 유지하려고 한다. 과거에 좋던 것들을 현재에 재현하고자 애쓴다. 그 결과 더 나은 행동 방식이 있다는 사실을 깨닫지 못하게 된다. 따라서 과거에 사로잡힌 국가는 글로벌 경제 환경에서 뒤처질 수밖에 없다.

과거 지향적인 사람들은 오늘을 즐기는 일에도, 내일을 위해 저금하는 일에도 관심이 없다. 그들은 과거에 번 돈을 보존하는 데 더 관심이 있다. 우리는 객관적 과거에 영향을 받지만 그 과거가 우리 삶을 전적으로 결정하지는 못한다. 우리 삶에 큰 영향을 끼치는 것은 과거의 사건이 아니다. 우리는 진실이라고 믿는 기억을 바탕으로 살아간다. 하지만 기억은 시간이 흐르면 변한다. 과거 사건에 대한 해석과 태도가 실제로 일어난 사건 자체보다 중요하다. 과거에 일어난 일은 바꿀 수 없지만 그 일에 대한 태도를 바꾸는 일은 가능하다. 과거의 기억은 바꿀 수 있으며, 재해석해서 긍정적으로 만들어야 한다.

> 심리 세계에 대한 연구가 시작된 것은 불과 2세기 전이었다.
> 그리고 이 같은 심리 연구로 밝혀낸 분명한 사실 하나는
> 인간이 심리 상태에 따라 시간을 상대적으로 느낀다는 점이다.—35쪽

지금 이 순간에 집중하는 현재 지향적 시간관

현재 지향적인 사람들은 일반적으로 활기차고 적극적인 생활을 하며, 일을 시작하면 전념하는 편이다. 다양한 활동과 스포츠, 취미 생활도 즐긴다. 친구와 연인을 쉽게 사귀는 법을 일찍이 터득하고, 활발하고 재미있는 사람들과 어울리며, 남들에게 뽐낼 수 있는 물건들을 사들인다. 돈만 충분하면 생활이 늘 즐겁고, 주변의 자연, 동물, 사람에 대한 관심과 애정을 잃지 않는다.

하지만 그들은 미래의 가치를 제대로 평가하지 못한다. 다음 주에 받을 1000달러보다 오늘 받을 수 있는 100달러를 더 좋아한다. 그런 이유로 많은 학자가 현재 지향성이 가난한 사람들의 특성이라고 믿었다. 또 현재 지향적인 사람들은 기본적인 추론 과정을 건너뛰려는 성향을 보인다. 흥정이나 교섭, 갈등 해결 등의 상황에서뿐만 아니라 학교나 직장에서도 불리한 입장에 처하기 쉽다. 교육을 많이 받지 못한 사람일수록 현재뿐인 삶을 사는 경향이 있다.

정기적인 건강 검진, 치과 검진, 유방암 검사 등을 받지 않아 건강을 위태롭게 만들기도 한다. 몸에는 좋아도 맛이 없으면 먹지 않을 확률이 다른 성향의 사람들보다 높다. 에너지가 넘쳐 지칠 줄 모르고 활동하지만 종종 수면 부족 상태에 이르러 건강을 해치기도 한다. 다른 시간관을 가진 사람들보다 담배를 피우거나 술을 마실 확률, 만취할 확률이 높으며, 자동차나 자전거, 스케이트보드를 탈 때 위험한 행동도 더 많이 한다.

우리는 현재 지향적인 삶을 강요당하는 시대에 살고 있다. 정치와 경제의 불안은 가정의 불안으로 이어지고, 사람들은 자신들이 손에 쥐고 있는 것만 믿는다. 경제가 불안정하면 사람들은 투자를 하지 않는다. 삶이라는 게임의 법칙이 종잡을 수 없이 변하니 미래에 투자하기보다 현재에 집중하게 된다.

현재 지향적 관점의 장점도 있다. 현재를 무시하고 과거나 미래에서만 행복을 찾는다면 바로 앞에 놓인 행복을 놓치기 쉽다. 행복을 누리려면 마음은 반드시 현재에 있어야 한다. 현재 지향적인 시간관은 지금 이 순간을 충분히 즐길 수 있게 해 준다.

내일을 위해 만족을 미루는 미래 지향적 시간관

미래는 직접 경험할 수 없다. 심리적으로 만들어진 상태다. 미래 지향적인 사람들은 계획안, 보상, 성공을 마음에 그리며 살아간다. 서구 문명의 성공은 미래 지향성 덕분이었다. 미래 지향적 시간관은 경쟁을 부추기는 현대에서 강점을 발휘하기에 유리하다. 미래 지향적이 된다는 것은 현재 삶이 주는 위안이나 일시적인 쾌락, 놀고 싶은 유혹을 멀리한다는 뜻이다. 그리고 현재의 확실성, 흑백 논리, 이분법적 사고에서 멀어져 가능성의 세계로 들어서는 것이다.

미래 지향적인 사람들은 어제와 오늘 갖지 못한 것들을 미래에는 얻게 되리라 믿는

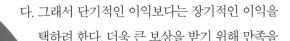

다. 그래서 단기적인 이익보다는 장기적인 이익을 택하려 한다. 더욱 큰 보상을 받기 위해 만족을 뒤로 미루는 쪽을 택한다. 꾸준히 인내하고, 실패를 극복하고, 맡은 일을 완수하며, 저축을 하고, 문제를 해결한다. 그들에게 시간과 돈은 미래의 가능성이다. 갖고 싶은 것을 가져다주고 하고 싶은 것을 하게 해 주는 원동력이다.

미래 지향성은 일반적으로 통제감, 행복감, 문제에 잘 대처하는 능력과 같은 높은 수준의 적응성을 보인다. 미래 지향적인 학생들은 과목에 대한 호불호가 점수에 영향을 주지 않는다. 높은 평점을 받으려면 좋아하는 과목이건 싫어하는 과목이건 모두 중요하다는 사실을 알기 때문이다. 질풍노도의 시기인 사춘기를 잘 견뎌 내고 성인이 돼서도 장수할 확률이 높다.

미래 지향적인 사람을 만드는 환경은 현재 지향적인 사람을 만드는 환경과는 다르다. 규칙적으로 과학 기술을 활용하는 사람, 성공한 사람, 역할 모델이 있는 사람, 온대 지역 거주자, 안정된 가정과 사회에서 사는 사람, 신교도, 교육을 받은 사람, 10대 후반 또는 중년의 성인, 어린 시절에 앓던 질병이 회복 단계에 있는 사람 등이 미래 지향적인 사람들이다.

미래에 과도하게 집착할 때 생기는 단점도 있다. 그들은 완벽주의 성향을 보이고, 시간 낭비를 괴로워하며, 성공을 위해 가족, 친구, 성생활까지도 포기한다. 현재의 즐거움을 전혀 누리지 못하고 미래에 대해 걱정만 하는 결과를 부르기도 한다. 미래 지향적인 사람들은 대부분 병적으로 권위주의적이고, 작은 실수도 하지 않으려 하며, 부정적인 사건이 터지거나 긍정적인 일이 일어나지 않을까 봐 늘 걱정한다.

성공과 행복을 가져다주는 최고의 시간관은?

특정 시간관에만 집착하는 태도는 삶의 질을 제약하는 결과로 이어질 수 있다. 돈을 분산 투자하는 것이 중요한 것처럼 시간관 역시 균형이 중요하다. 각 시간관에는 장점과 단점이 공존한다. 과거 지향적인 사람은 지나치게 조심스럽고, 현재 지향적인 사람은 저축을 거의 하지 않으며, 미래 지향적인 사람은 현재를 거의 즐기지 않는다. 그러므로 과거, 현재, 미래가 결합된 균형 잡힌 시간관을 가져야만 과거에서 배우고 현재를 즐기며 미래를 계획할 수 있다.

시간관에 따른 생활 방식의 차이와 사회적 열망은 '습득한' 것이지 유전적으로 타고난 것이 아니다. 균형 잡힌 시간관을 갖게 되면, 자신의 무한한 잠재력을 깨닫게 되고, 행복한 삶을 살 확률이 높다. 현재를 무시하고 과거나 미래에서만 행복을 찾는다면 바로 앞에 놓인 행복을 놓치기 쉽다. 오로지 과거만을 바라본다면 더욱 행복한 추억을 쌓을 수도 있는 현재를 소홀히 하게 된다. 마찬가지로 미래만을 바라본다면 마침내 행복한 일이 생겨도 또 미래를 바라보느라 그것을 즐기지 못하게 된다. 행복을 누리려면 마음은 반드시 현재에 있어야 한다.

최근에 이뤄진 영국의 한 연구는 3개의 긍정적인 시간관인 과거 긍정적, 미래 지향적, 현재 쾌락적 시간관에서 평균 이상의 점수를 받고, 과거 부정적 시간관과 현재 숙명론적 시간관에서 평균 이하의 점수를 받으면, 균형 잡힌 시간관을 가진 것으로 규정했다. 이런 기준을 만족시킨 150명은 행복에 관련된 다른 점수도 상당히 높았다. 그들은 자신의 과거, 현재, 미래의 전망에 만족했고, 여러 가지 긍정적인 성격 특성을 지니고 있었다. 무엇보다 중요한 점은 균형 잡힌 시간관을 가진 사람들이 자아실현 측면에서도 다른 사람들보다 훨씬 높은 점수를 받았다는 사실이다. 일이나 경력 면에서도 더욱 성공적이었고 가족이나 친구와의 관계도 훨씬 만족스러웠다. 균형 잡힌 시간관은 행복과 성공을 얻는 가장 중요한 방법이다.

 좋아요! 시간관념에 따라 우리의 생각과 행동이 어떻게 달라지는지를 볼 수 있다. 매우 흥미롭다.

 아쉬워요! 중요한 의미가 있는 책인데 베스트셀러가 되지 못해 아쉽다.

Chapter 2

누구나 창조적인 사람이 될 수 있다

좋은 아이디어가 필요한 사람들을 위한 생각 훈련법 10권

창조는 평범한 사람들의
평범한 노동에서 나온다

창조의 탄생
-창조, 발명, 발견 뒤에 숨겨진 이야기
How to Fly a Horse-The Secret History of Creation, Invention, and Discovery

한마디로 이 책은!

세상에는 '새로운 것'의 탄생을 둘러싼 신화가 늘 존재해 왔다. 불현듯 모든 문제 해결의 아이디어가 찾아오는 유레카의 순간. 갑자기 악상이 떠올라 앉은 자리에서 몇 분 만에 곡을 완성했다는 작곡가들의 에피소드와 신들린 듯 하룻밤 만에 책 한 권을 썼다는 식의 마법과 같은 이야기들. 이 같은 창조에 관한 신화의 이면에는 창조 행위가 '선택받은 천재들'이나 '비범한 재능'을 타고난 사람들의 전유물이라는 인식이 깔려 있다. 우리는 절대 스티브 잡스가 될 수 없고 새로운 무언가를 창조하거나 발명하거나 발견할 수 없을 것이란 좌절에 빠진다. 왜냐하면 우리는 천재가 아니기 때문이다. 《창조의 탄생》은 이런 신화가 왜 잘못되었는지 밝히는 책이다.

저자 케빈 애슈턴 사물 인터넷 개념의 창시자. 런던대 졸업 후 P&G의 브랜드 매니저로 일하면서 RFID(전파 식별) 네트워크 개발을 이끌었고, 'RFID와 기타 센서를 사물에 결합한 사물 인터넷이 구축될 것'이라고 전망하면서 '사물 인터넷'이라는 개념을 만들었다. MIT에서 오토-아이디 연구소를 공동으로 설립해 연구소장을 역임했다. 2009년 에너지 센싱 기업 젠시를 창업했고, 벨킨이 젠시를 인수한 후 벨킨 청정 기술 사업 부문 총책임자로 있다.

케빈 애슈턴 지음 | 이은경 옮김 | 북라이프 | 2015년 6월 | 416쪽 | 16,800원(이북 11,700원)

창조는 평범한 사람의 평범한 노동에서 나온다

창조는 대단한 사람들이 만들어 낸 대단한 결과물이라고 생각하는가? 이 책은 그 생각에 정면으로 반기를 든다. 저자는 창조가 평범한 사람의 평범한 노동에서 비롯된다고 말한다. 창조에 필요한 것은 단 하나, 시작하는 것뿐이다. 일단 시작하면 '나는 할 수 없다'라는 말은 진실이 아니다. 우리가 첫 번째로 내딛는 창조의 걸음마는 아마 형편없을 것이다. 새로운 창조물은 결코 완성된 상태로 나오지 않는다. 머릿속으로 상상할 때는 대단하게 느껴지는 아이디어도 막상 책상 위에 올려놓고 보면 불안하기 마련이다. 첫 번째 스케치가 지니는 미덕은 공백을 깨뜨리는 데 있다. 질은 중요하지 않다. 유일하게 나쁜 초안은 쓰지 않은 원고다.

모차르트는 특별한 재능을 지닌 천재 작곡가였지만 영화에서처럼 모든 곡을 뚝딱 써 내려간 것은 아니다. 작품의 개요를 정하고 이를 수정했으며 때로는 막히기도 했다. 피아노나 하프시코드가 없으면 일을 할 수 없었다. 작곡을 하는 동안 이론과 기교를 고려했고, 리듬, 멜로디, 하모니에 대해 생각했다. 타고난 재능과 일생에 걸친 연습 덕분에 빠르고 능숙하게 작곡할 수 있게 되었지만, 그의 작곡 과정은 노동 그 자체였다.

> 창조는 비약을 일으키는 일이 아니라 단계를 밟는 일이다.
> 문제를 찾고 이를 해결한 다음 반복한다. 대부분의 단계가 도움이 된다.
> 최고의 예술가, 과학자, 기술자, 발명가, 기업가, 그 외 창조자들은
> 새로운 문제, 새로운 해결책, 그리고 다시 새로운 문제를 찾는 단계를
> 계속해서 밟는 사람들이다.—72쪽

하지만 우리의 생각은 정반대에 맞춰져 있다. 우리는 무에서 유가 생겨나는 과정을 보지 않는다. 어쩌면 보고 싶어 하지 않는지도 모른다. 예술적 기교는 땀과 수고가 아니라 몽롱한 마법이어야 한다고 믿는다. 창조와 관련된 마법과 신화를 모두 지우고 나면 노동만이 남는다. 연구와 연습을 통해 전문가가 되는 노동, 문제를 푸는 해결책과 그 해결책의 문제를 찾는 노동, 시도하고 착오를 겪는 노동, 생각하고 완성해 가는 노동, 곧 창조하는 노동이다.

창조 행위는 시간을 소모한다. 시간은 창조의 원료다. 하루 종일, 매일매일 매진해야

한다. 주말도 휴가도 상관하지 않는다. 창조는 내킬 때만 하는 행위가 아니다. 습관이고 강박이고 집착이고 사명이다. 창조자들을 연결하는 공통 맥락은 시간을 소비하는 방법이다. 당신이 무엇을 읽든 그들이 무엇을 주장하든 거의 모든 창조자는 그들의 시간 거의 전부를 창조를 위한 노동에 사용한다. 하룻밤 사이에 일어난 성공은 드물고, 밤을 지새운 성공은 수없이 많다.

천재와 일반인의 창조력은 거의 차이가 없다

지금과는 달리 인류 역사에서 창조는 그렇게 중요하게 생각되지 않았다. 1300년대 말 이전에 누가 무엇을 만들었는지 거의 알지 못하는 이유도 이 때문이다. 기록 수단도 있고 창조자와 창조물이 있었음에도 르네상스 시대 이전에는 창조하는 사람이 중시되지 않았다. 1440년 독일에서 인쇄술을 발명한 사람이 요하네스 구텐베르크라는 사실을 알지만, 1185년 영국에서 풍차를 개발한 사람이 누구인지는 모른다. 1250년 볼로냐 성 도미니크 성당에 십자가상을 그린 사람이 준타 피사노라는 사실은 알지만, 1110년 키예프 성 미하일 대성당의 성 데메트리우스 모자이크를 만든 사람이 누구인지는 모른다. 결국 우리가 누가 무엇을 만들었는가와 관련해 알고 있는 지식은 13세기 중반부터 시작해 14~17세기까지 이어지는 유럽 르네상스 시대를 지나 그 후까지 계속 쌓였다.

창조 행위는 천재만이 할 수 있다는 르네상스 시대의 믿음은 17세기 계몽주의, 18세기 낭만주의, 19세기 산업혁명 시대를 거치면서 계속 이어졌다. 21세기 중반이 되어서야 초기 뇌 연구를 통해 모든 사람이 창조를 할 수 있다는 견해가 등장하기 시작한다. 앨런 뉴웰은 창조 행위에 천재적 재능이 필요하지 않다는 사실을 처음으로 깨달은 사람이다. 1959년에 발표한 〈창의적 사고의 과정〉이라는 논문에서 그는 창조 작업에 관한 심리학 데이터가 얼마나 적은지 검토한 다음 '창조적 사고는 그저 일종의 특별한 문제 해결 행동일 뿐이다'라는 급진적인 주장을 내놓았다. 창조 및 비창조 사고 과정에 관한 데이터를 살펴보면 특별한 차이점이 없다는 것이다. 뉴웰은 모든 사람이 동일한 창조 능력을 지닌 것은 아니지만, 창조 능력이 뛰어난 사람과 그렇지 않은 사람 사이에 뛰어넘을 수 없는 벽이 존재하는 것은 아니라고 말했다.

천재들이 더 성공할 것이라 믿은 학자의 실망

만약 천재적 재능이 창조를 위해 필요한 전제 조건이라면 사전에 창조 능력을 알아볼 수 있어야 한다. 이를 알아보기 위한 실험이 여러 차례 실시되었다. 그중 1921년 루이스 터먼이 시작한 실험이 가장 유명하며, 이는 여전히 진행 중이다.

19세기에 태어난 인지 심리학자 루이스 터먼은 인류가 선택 교배를 통해 개량될 수 있다고 믿는 우생학자였다. 그는 백치부터 천재에 이르는 등급으로 아동을 평가하는 스탠퍼드-비네 지능 검사를 만들었다. 루이스 터먼은 이 검사의 정확성을 확신했고 그 결과가 운명을 결정한다고 믿었다. 그는 아프리카계 미국인이나 멕시코인 등은 백인보다 열등하다고 믿었다. 이들은 유능한 시민이 될 능력이 없으므로 격리해야 하고 후손을 남기지 못하게 해야 한다고도 주장했다.

루이스 터먼은 자신의 믿음을 과학적으로 증명하기 위해 천재 유전학 실험을 진행했다. 천재들을 분류해

관찰한 그는 지적 능력과 성취 사이에는 필연적인 상관관계가 없다는 사실을 발견했다. 오히려 천재로 분류되지 않은 아이들로 구성된 집단이 훗날 더 높은 성취를 이루어 냈다는 사실까지 밝혀졌다. 창조는 천재가 하는 것이 아니라는 말이다.

그렇다면 창조는 어떻게 해야 할 수 있는 것일까? 창조는 주목하는 것이다. 이는 새로운 문제를 보고, 눈에 띄지 않는 대상을 인식하고, 내가 미처 보지 못한 숨어 있는 부분을 찾는 행위다. 어떤 발견이나 발명이 마치 그동안 내내 우리를 정면으로 노려보고 있던 것처럼 느껴질 만큼 명백하게 보인다면 바로 그때가 창조의 순간이다. '왜 내가 그 생각을 못했지?'라는 질문에 대한 답은 '초심'이다. 창조에 지름길은 없다. 끊임없이 생각하고 시도하고 일하는 것, 그것이 창조가 가능한 길이다.

 좋아요! 창조에 대한 역사를 충분히 이해할 수 있다.

 아쉬워요! 학문적인 책이라 내용이 어렵다.

창의성은 누구든지
얼마든지 배울 수 있다

인지니어스
–실리콘밸리 인재의 산실 '스탠퍼드 디스쿨'의 기상천외한 창의력 프로젝트
inGenius-A Crash Course on Creativity

한마디로 이 책은!

혁신과 디자인적 사고를 가르치는 스탠퍼드대 티나 실리그 교수가 스탠퍼드 '창의성' 교육에 대해 말하는 책. 티나 실리그는 스탠퍼드 강의실에서 진행한 다양한 창의력 프로젝트를 소개하면서 상상력과 창의력은 후천적으로도 충분히 강화될 수 있다고 말한다. 평범한 사람들도 스티브 잡스, 일론 머스크, 래리 페이지 같은 혁신가로 탈바꿈할 수 있을까? 어떻게 창의적 인재를 만들고 키울 것인가? 이 같은 질문의 답을 찾는 이들에게 이 책을 권한다. 실리콘밸리의 혁신을 견인하는 세계 최고 창의력 학교 스탠퍼드의 교육법에서 큰 영감을 얻을 수 있을 것이다.

저자 티나 실리그 스탠퍼드대 하소 플래트너 디자인 연구소 및 경영학부 교수. 스탠퍼드대 의과 대학에서 신경 과학 박사 학위를 받았다. 주로 기업가 정신과 혁신 과정 강의를 진행해 왔다. 2009년에는 기업가 정신 교육 프로그램 개발과 전파에 공헌한 점을 인정받아 이 분야의 노벨상이라 불리는 '버나드 M. 고든상'을 수상했다. 다양한 분야의 기업 관리자들을 대상으로 강연 및 워크숍 프로그램을 운영하면서 15권 이상의 저서를 출간했다. 특히 《스무 살에 알았더라면 좋았을 것들》은 세계적인 베스트셀러가 되었다.

티나 실리그 지음 | 김소희 옮김 | 리더스북 | 2017년 1월 | 256쪽 | 14,000원(이북 9,800원)

누구나 창의성을 발전시킬 수 있다

'디스쿨D.School'은 스탠퍼드대 하소 플래트너 디자인 연구소Hasso Plattner Institute of Design의 애칭이다. 이곳에서는 문제를 창조적으로 해결하고 사업 기회를 만드는 데 필요한 기업가적 자질을 교육한다. 이곳의 모토는 '혁신을 가르치지 않는다. 혁신가를 만든다'이다. 교육 내용이 혁신적이어서 수강 경쟁이 매우 치열하며, 실리콘밸리 기업들이 이 프로그램을 수료한 학생들을 특별 채용할 정도로 명성이 높다.

디스쿨의 핵심은 디자인 사고다. 독일 소프트웨어 기업 SAP의 하소 플래트너 회장이 지원해 만든 디스쿨 프로그램은 대중의 필요와 잠재적 욕구를 발견하고 이에 대한 창의적 해법을 제시한다. 디스쿨에서는 교수가 학생들에게 문제를 내지 않는다. 그저 '문제가 무엇일까?'라고 질문한다. 학생들은 다양한 전공을 가진 동료들과 협력하며 스스로 생각하고 해답을 찾아야 한다. 이 과정에서 생각지도 못한 깜짝 놀랄 만한 결과들이 쏟아진다. 스티브 잡스로부터 '꼭 있어야 하는 앱'이라는 평가를 받은 뉴스 큐레이션 앱 '펄스'는 2010년 5월 석사 과정 학생들이 디스쿨 수업 중에 나온 아이디어를 실행에 옮겨 만든 것이다. 이 앱은 2013년 9000만 달러에 링크트인에 인수되었다.

티나 실리그는 이 책에서 리프레이밍, 브레인스토밍, 관찰력, 제약 이용, 공간 다루기 등 디스쿨에서 학생들의 창의성을 향상시키기 위해 다루는 11개 주제를 소개한다. 그리고 이 11개의 조건을 내재화할 수 있다면 누구나 창의적인 인재가 될 수 있다고 단언한다. 창조성은 타고난 재능일 뿐 후천적으로 습득할 수 없다는 일반적인 믿음에 정면으로 반하는 주장이다.

창의성 엔진의 내적 요소

창의성을 구성하는 본질적인 요소에 대해서는 살펴봐야 한다. 여기에는 내적 요소와 외적 요소가 있다. 내적 요소에는 지식, 상상력 그리고 태도가 포함되고, 외적 요소에는 자원, 환경, 문화가 해당된다.

창의성은 지식의 영향을 받는다. 얼마나 많이 알고 있는지가 창의성에서는 절대적으로 중요하다. 창의적인 사람이 되는 데 지식이 필요 없다고 주장하는 사람도 있지만 이는 명백히 틀린 주장이다. 보통 비전문가가 다른 분야에서 창의적인 행동을 할 때도 있다. 이때에도 비전문가들은 자신이 가진 다른 분야의 지식을 활용한다. 따라서 비전문가들도 다른 분야에서 창의성을 발휘할 수 있다. 만약 이들이 그 분야에서 시간을 더 보내면 더 뛰어난 창의성을 발휘하게 될 것이다. 지식은 본질적으로 상상력의 연료다.

상상력은 지식을 아이디어로 변형시키는 촉매제다. 기억할 때와 상상할 때 뇌의 활동 영역은 같다. 다시 말해 상상력은 곧 기억에 의존한다. 기억하는 게 없으면 상상할 것도 없다. 기억력은 사람들 대부분 있으므로 상상력 역시 누구에게나 있다.

창의성에 시동을 거는 것은 태도다. 지식과 상상력이 있더라도 이를 응용해 창의적인 성과로 바꾸겠다는 의지가 없다면 창의력은 발휘되지 않는다.

창의성 엔진의 외적 요소

외적 요소에는 자원, 환경, 문화가 해당된다. 자원은 각자가 속한 사회의 모든 자산을 의미한다. 지식이 많을수록 더 많은 자원을 얻는다. 이것은 지식의 외적 유형일 수 있

다. 그런데 자신이 가지고 있으면서도 그 자원을 보지 못하는 사람도 많다. 자원을 가지느냐 혹은 갖지 못하느냐는 각자 자신에게 달려 있다 해도 과언이 아니다.

환경은 집, 학교, 사무실 등 각자가 속한 곳을 의미한다. 우리는 사고방식을 반영하는 공간을 창조하고, 그 공간은 다시 우리의 상상력에 영향을 준다. 환경이 창의성에 영향을 준다는 것은 많은 연구와 조사를 통해 밝혀진 사실이기도 하다.

문화는 우리가 생각하는 방식, 믿는 것, 그리고 행동하는 방식에 영향을 준다. 실제로 우리가 문화를 부정하고 싶어도 쉽게 부정하지 못하는 것은 문화적 특성 때문인데, 창의력도 문화에 따라 달라진다.

창의성을 기르기 위한 원칙 1—관점을 바꿔라

창의성을 기르기 위한 원칙으로 저자가 가장 먼저 언급하는 것은 리프레이밍, 즉 관점 바꾸기다. 같은 사물이라도 관점을 바꾸면 다르게 보인다. 관점 바꾸기의 출발점은 우리가 늘 하던 방식이 항상 올바른 것은 아니라는 사실을 인정하는 것이다. 저자는 문제를 해결하는 데 주어진 시간이 1시간이라고 할 때 어떤 질문을 던질지 고민하는 데 55분을 사용해야 한다고 말한다. 즉 어떤 관점에서 바라봐야 할지를 고민하는 일이 문제를 직접 해결하는 것보다 훨씬 중요하다는 의미다. 디스쿨에서 리프레이밍을 가르칠 때 강조하는 것은 타인에 대한 공감이다. 여기에는 관찰하고 경청하고 인터뷰하는 것, 또 왜로 시작하는 질문을 끊임없이 던지는 것이 포함된다.

저자는 유명 바이올리니스트 조슈아 벨의 실험을 예로 든다. 그의 공연 입장권은 보통 수백 달러가 넘지만 늘 만원 관중을 기록한다. 2007년 그는 공연장이 아닌 곳에서 연주할 때 사람들의 반응을 보기 위해 출근 시간 지하철역에서 거리 공연을 했다. 평상복에 야구 모자를 쓰고 350만 달러짜리 스트라디바리우스 바이올린으로 장엄한 곡들을 연주했다. 연주 45분 동안 조슈아 벨을 스쳐 지나간 1097명 가운데 단 7명만이 연주를 듣기 위해 발길을 멈췄다. 그날 번 돈은 32.17달러. 그나마 20달러는 그를 알아본 누군가가 낸 것이다. 이런 새로운 프레임에서 행인들은 무대 위 화려한 조명 속의 조슈아 벨을 볼 때와는 전혀 다른 관점을 가지고 있던 것이다.

날마다 프레임 바꾸기 연습을 할 수 있다. 가령, 바위나 통나무를 전시장에 놓으면 예술품이 될까? 사무실 후배를 미래의 CEO로 바라보는 건 어떤가? 바닥에 앉아 아이들의 눈으로 세상을 보는 것도 한 방법이다. 리프레이밍을 하는 이유는 단순히 다른 사람들의 관점을 갖기 위해서가 아니다. 시장과 기술이 계속 변하는 상황에서 살아남기 위해서다. 리프레이밍에 실패한 코닥은 파산했고, 리프레이밍에 성공한 넷플릭스는 승승장구하고 있다.

창의성을 기르기 위한 원칙 2―전혀 상관없는 아이디어를 연결하라

두 번째는 아이디어 자극에 대한 것이다. 일본에는 쓸모없는 물건을 뜻하는 '진도구'라는 것이 있다. 진도구는 등 쪽에 모눈종이가 그려진 티셔츠, 젓가락으로 쓸 수 있는 안경다리처럼 전혀 관계없는 것들을 조합해 만든 기발한 발명품을 뜻한다. 상업적으로는 쓸모없는 상품일지 몰라도 아이디어를 연결하고 조합하면서 아이디어를 자극한다. 탁월한 아이디어는 외면을 받기도 한다. 하지만 새로운 아이디어들이 결합하고 서로 영향을 준다는 것은 이미 알려진 사실이다. 애너리 색서니언 교수 연구에 의하면 실리콘밸리의 혁신은 개인과 기업들 간의 아이디어 교환으로 가능했다고 한다.

창의성을 기르기 위한 원칙 3―관찰하고 실험하라

세 번째는 관찰하고 실험하는 것이다. 어른이 되면 더 이상 관찰하지 않고 이미 알고 있는 방식으로 세상을 본다. 뇌는 생각과 관찰의 차이를 자동적으로 메운다. 문장에 오류가 있더라도 뜻이 통하면 뇌는 오류가 없는 것처럼 인식하고 넘어가 버린다. 하지만 관찰을 하지 않으면 창의성은 늘지 않는다. 관찰하는 능력을 키우는 가장 좋은 방법은 여행이다. 여행은 뇌가 자동적으로 메울 수 없는 낯선 곳에 우리를 놓음으로써 어린아이 눈으로 관찰하게 만든다. 관찰 못지않게 실험도 중요하다. 창의성이 있는 사람치고 실험하지 않는 사람이 없다. 실험 정신은 전통적인 교수법과 작업 환경에서 만들어지지 않는다. 실패를 단지 데이터로 인식할 수 있는 마음은 실패를 권장하는 환경에서만 만들어진다.

창의성을 기르기 위한 원칙 4―창의적인 팀을 만들어라

네 번째는 팀플레이에 대한 것이다. 팀플레이는 창의적인 일에 맞지 않는다는 생각도 있지만 이 책에서는 다른 주장을 한다. 저자는 제빵 콘테스트를 예로 들었다. 두 전문가가 모인 팀, 한 리더가 있는 팀, 대규모 전문가가 모인 팀 등 세 팀을 구성해 6개월간 테스트를 했다. 테스트 전에는 대규모 전문가들이 모여 있는 팀이 가장 큰 관심을 받았다. 그러나 6개월간 테스트에서 월등한 실력을 인정받은 팀은 한 리더가 있는 팀이었다. 그만큼 팀플레이에서 리더의 중요성이 크다는 것을 의미한다.

팀플레이에서는 긍정적인 분위기가 중요하지만 무조건 긍정적일 필요는 없다. 어떤 연구에 따르면 최고 수준의 팀에는 긍정적인 것과 부정적인 것의 비율이 5 대 1로 존재한다고 한다. 100퍼센트 긍정적인 것은 존재할 수 없지만, 즐겁게 놀면서 최고의 해결책을 만들면 그런 팀이 최고의 팀이 된다는 것이다.

창의성을 기르기 위한 원칙 5—내가 창조적인 사람이라는 것을 믿어라

마지막은 생각을 바꿔야 한다는 것이다. 도저히 해결이 불가능한 문제를 만나도 무조건 문제에 해결책이 있다고 믿어야 한다. 해결책이 있다고 믿으면 그에 맞게 생각의 방향이 바뀐다. 또 자신을 창조적인 사람으로 믿어야 한다. 그런 믿음만으로도 혁신적인 아이디어를 만들어 낼 가능성이 커진다는 것이 여러 실험을 통해 증명되었다. 생각을 바꾸는 가장 간단한 방법은 언어를 바꾸는 것이다. 페이스북에서 '고객 마케팅'이라는 부서를 '창조적 마케팅'이라고 바꾼 적이 있다. 작은 변화 같지만, 그 팀의 구성원들은 자신들을 회사의 '창조적 허브'라고 재정의했다고 한다.

 좋아요! 스탠퍼드 디스쿨에서 무엇을 하는지를 엿볼 수 있다.

 아쉬워요! 브레인스토밍을 너무 맹신하는 것은 아닐까?

넘버 원을 넘어
온리 원이 되는 법

크리에이터 코드
–세상에서 가장 창조적인 기업가들의 6가지 생각 도구
The Creator's Code-The Six Essential Skills of Extraordinary Entrepreneurs

한마디로 이 책은!

온라인 결제 시스템을 만들어 300억 달러가 넘는 기업 가치를 자랑하는 공룡 기업 '페이팔'을 만든 사람들은 금융 전문가가 아니었다. 100억 달러의 가치가 있는 스타트업 '에어비앤비'를 시작한 사람도 숙박업과는 전혀 관계없던 가난한 디자이너들이었다. 또 전 세계 스포츠 의류 시장을 독식하던 나이키와 아디다스를 위협하고 있는 '언더아머'의 설립자 역시 의류 산업과는 전혀 상관없는 대학 미식축구 팀의 후보 선수였다. 이 책의 저자는 이들에게는 한 가지 공통점이 있다고 밝힌다. 이들은 모두 '크리에이터 코드'를 가진 사람들이었다는 것이다. 크리에이터, 즉 평범한 일상에서 아이디어를 발굴해 새로운 사업을 일구는 창조적 기업가들은 빈틈을 발견할 줄 알고, '우다 루프'라는 점진적 반복법을 사용할 줄 알며, 실패의 교훈을 축적할 수 있고, 협력의 중요성을 알며, 인간관계를 맺는 지혜를 아는 사람들이었다.

저자 에이미 윌킨슨 스탠퍼드대 경영 대학원에서 조직 행동과 기업가 정신 등에 관한 강의를 하고 있다. 스탠퍼드대에서 정치학과 영어학을 전공하고, 동 대학 대학원에서 사회학과 경영학 석사 학위를 받았다. 멕시코 주재 미국 대사관, JP모건 라틴 아메리카 지사, 매킨지앤드컴퍼니에서 일했다.

에이미 윌킨슨 지음 | 김고명 옮김 | 비즈니스북스 | 2015년 9월 | 352쪽 | 16,000원(이북 11,000원)

크리에이터의 세 가지 유형

크리에이터들은 1등을 차지하려고 아등바등하지 않는다. 대신 유일한 사람이 되려고 한다. 어떤 필요를 유일하게 알아본 사람, 기존 기술의 새로운 사용법을 유일하게 발견한 사람, 어떤 독창적인 해법을 유일하게 고안한 사람이 되고자 하는 것이다. 크리에이터의 무기는 자격증이 아니라 호기심이다. 그들에게 MBA 졸업장, 수백만 달러의 자금, 절묘한 타이밍, 허가증, 경험 따위는 필요 없다. 크리에이터들은 변화무쌍한 현대 경제에서 절대적인 성공의 방정식이란 존재하지 않는다는 사실을 잘 안다. 그러므로 새로운 길을 개척해 나간다.

크리에이터의 유형은 크게 세 가지가 있다. '태양새형'으로 분류되는 사람들은 한 분야에서 통하는 해법을 다른 분야에 적용한다. 보통 기존의 해법을 그대로 가져오지 않고 살짝 변형해서 적용한다. '건축가형'은 공백을 발견하고 거기에 빠진 것을 채운다. 문제를 알아보고 새로운 상품이나 서비스를 고안해 그간 방치돼 있던 사람들의 욕구를 충족시킨다. '통합자형'은 기존 개념들을 한데 아울러 전혀 다른 혼합물을 만들어 낸다.

생각은 정신의 근육을 단련시킨다. 기회를 포착하는 능력은 연습할수록 향상된다. 비슷한 점을 근거로 또 다른 진실을 발견해 내는 유추는 기회 포착에 큰 힘을 발휘한다. 유추에는 두 가지 종류가 있다. 하나는 표면적 유추로, 공통된 디자인이나 기능 같은 유사점을 밝히는 것이다. 다른 하나는 구조적 유추로, 근본적인 요소의 유사점을 밝히는 것이다. 스타벅스를 성공시킨 하워드 슐츠는 유럽의 커피 문화를 미국으로 들여올 때는 표면적 유추를 시도했다. 하지만 비아 인스턴트커피를 만들 때는 구조적 유추를 통해 적혈구 냉동 건조 기술을 원두 가공에 응용했다.

태양새형 크리에이터는 '이 바닥에서는 원래 이렇게 한다'라는 사회와 시장의 통념에 휘둘리지 않고 아이디어의 새로운 용도를 찾는다. 그들은 현재의 아이디어를 다른 데 이식할 기회를 모색할 뿐만 아니라 낡은 아이디어를 새롭게 살려 내기도 한다.

우다 루프—신속한 실행이 성공을 만든다

크리에이터들은 목표에 초점을 맞추고 순간순간에 집중하며 시장이 원하고 사람들의 필요를 채울 상품을 만들어 낸다. 그들은 경쟁자들과 위치를 비교하거나 업계의 규범에 연연하지 않는다. 지평선에 시선을 고정하고, 목표 지점을 유심히 살피며, 과거에 대한 향수를 멀리한다.

멕시코 음식 체인 치폴레의 설립자 스티브 엘스는 해마다 '세계 최고의 부리토'를 더 맛있게 만들기 위해 온 정성을 쏟는다. 그는 매장 벽에 '최고의 부리토'나 '최고의 레스토랑' 같은 문구가 쓰인 상패를 붙이지 못하게 한다.

"상을 받은 건 과거의 얘기잖아요. 어떤 사람은 우리 부리토가 최고라고 생각했겠죠. 하지만 지금은 그런 게 아무 의미 없어요. 우리는 그보다 더 좋은 부리토를 만들어야 하니까요."

크리에이터들은 현실에 안주하지 않고, 다음 것을 만들기 위해 날렵하게 움직인다.

상황 변화에 빠르고 유연하게 대응하는 태도는 재능보다 더 중요하다. 30년 경력의 미국 공군 조종사이자 전략가이던 보이드는 미국의 세이버 제트기가 소련의 미그기보다 상승 속도나 선회 속도가 느린데도 백전백승을 거두는 이유에 주목했다. 당시 많은 전문가가 미국의 훈련법이 더 우수하기 때문이라고 분석했으나 보이드는 이유가 그것만은 아닐 것이라고 믿었다. 양국 기체의 성능을 비교해 보니 미그기는 최고 속도가 더 빠르고 최고 상승 고도도 높았으나, 그 두 가지 강점 영역 사이에서 전환 속도가 떨어졌다. 미군 전투기는 미그기보다 능력은 조금 떨어졌으나 더 신속하게 전환이 가능했다.

결국 보이는 이 경험을 토대로 '우다 루프'라는 새로운 경영 이론을 만들었다. 우다 루프는 총 네 단계로 구성되어 있다. 먼저, 현재 상황을 관찰하고 최대한 많은 자원에서 최대한 많은 정보를 입수해 처리한다. 둘째, 정보 중에서 유의미한 것과 무의미한 것을 구별해 대응 방향을 잡는다. 셋째, 행동 방침을 결정하고 한 가지 경로를 선택한다. 마지막으로, 그 결정을 행동으로 옮긴다. 여기서 행동은 끝이 아니라 하나의 지점일 뿐이다. 우다 루프는 끊임없이 순환하기 때문이다.

성취도에 영향을 미치는 또 다른 요소는 일을 바라보는 관점이다. 시카고대의 심리학자 구민정과 아이옐렛 피시바흐의 연구 결과에 따르면 사람들이 자기 일의 진척도를 어떻게 보느냐에 따라 성취도가 크게 달라진다고 한다. 이들은 목표를 좇는 사람들이 앞으로 해야 할 일에 초점을 맞추거나 지금까지 이룬 것에 초점을 맞추는 태도 중 하나를 취한다는 사실을 밝혀냈다. 전자를 전진형 사고방식, 후자를 완료형 사고방식이라고 한다. 이 두 유형의 사고방식 모두 의욕을 증진하는 데 도움을 주지만, 목표에 매진하는 상황에서 전진형 사고방식을 하는 이들의 성취 속도가 빠르다고 주장한다. 앞으로 할 일을 지금까지 한 일보다 더 생각하는 사람이라면 다른 크리에이터들처럼 성공에 필요한 사고방식을 갖추고 있는 셈이다.

> **크리에이터는 실패를 두려워하지 않는다.**
> **그 대신 실패의 파괴력을 누그러뜨릴 길을 찾는다.**—187쪽

실패하지 않는다는 것은 적극적이지 않다는 것

크리에이터들은 실패를 두려워하지 않는다. 그 대신 실패의 파괴력을 누그러뜨릴 길을 찾는다. 그 방법 중 하나는 개별적인 실패 사례에 대한 미련을 버리고 좀 더 넓은 시야를 가지고 결과를 평가하는 것이다. 이베이 설립자 피에르 오미디아는 다음과 같이 충고했다.

"우리가 중요하게 여기는 평가법이 있어요. 실패를 충분히 하고 있는지 확인해 보는 거죠. 지금의 위치에 이르기 위해 한 일을 앞으로도 계속하겠다는 건 그냥 망하겠다는 겁니다."

최적의 실패 비율은 크리에이터마다 다르고 조직, 산업, 문화에 따라 다를 수 있다. 대략적으로 말하자면 실패의 대가가 작을수록 실패 비율을 높게 잡을 수 있다. 스텔라 앤드 닷의 설립자 제시카 헤린은 "대충 세 번에 한 번 정도는 실패하는 게 좋다고 마음속으로 늘 생각해요. 그 정도면 성공의 균형이 무너지지 않을 것 같거든요"라고 밝혔다. 그녀는 실패가 없다는 것은 십중팔구 적극성이 부족하다는 뜻이라고 했다.

훌륭한 사람들과 팀을 이루는 법

다양한 인재가 모여 특정한 목표를 달성하려면 구성원들이 신속하고 생산적으로 협

력할 수 있어야 한다. 크리에이터들은 무턱대고 팀을 결성하지 않는다. 그들은 팀의 역학 관계에 신경을 쓰며 보통은 구면과 초면인 사람들을 섞는다. 노스웨스턴대의 사회학자 브라이언 우지는 조직 내의 관계가 성공에 끼치는 영향을 깊이 알아보기 위해 창조와 협력에 대한 연구를 진행하면서 중요한 사실을 발견했다.

"다양한 프로젝트를 함께 진행하면서 관계를 꾸준히 유지해 온 팀원 두 사람을 구심점으로 두고 그 밖의 팀원들은 다른 팀에 있던 새로운 사람들로 계속 물갈이할 때 가장 효과가 좋습니다."

링크트인을 설립한 리드 호프먼은 리더십에 대한 인식의 변화를 감지했다.

"이전에는 다들 어떤 '큰 인물'을 따라가면 행복한 사람이라고 생각했어요. 그렇지만 지금은 나를 따라오는 사람들이 얼마나 건강한 사람들이냐가 더 중요하죠."

요즘처럼 경쟁이 심한 사회에서는 누구나 자신과 한편이 될 사람을 직원이나 투자가, 멘토로 끌어들여야 한다.

"그런 사람들에게 줄 돈이 많으면 도움이 되겠죠. 하지만 우수한 사람에게 큰돈을 줄 수 있는 사람은 수두룩해요. 그러니 프로젝트가 흥미로워야 하고 나란 사람이 흥미로워야 하죠."

크리에이터들은 이렇듯 사람들에게 기회를 제공하고 경력을 발전시킬 방안을 마련해 주면서 자기 곁에 뛰어난 사람들을 모은다.

크리에이터 코드는 소수의 사람들만 타고나는 희귀한 재능이 아니라 누구나 습득할 수 있는 능력이다. 각각의 기술을 누구나 계발할 수 있다. 크리에이터 코드를 알고 나면 뭔가를 시도할 때마다 그것을 적용할 수 있을 것이다.

 좋아요! 평범한 사람들도 크리에이터가 될 수 있다는 것을 알려 준다.

 아쉬워요! 수많은 사례를 제시하는데 특별히 와닿는 사례가 없다.

가장 좋은 아이디어는
언제나 마감 직전에 나온다

제약의 마법
-진정한 이노베이션을 끌어내는 역발상 성공 전략

A Beautiful Constraint-How to Transform Your Limitations into Advantages,
and Why It's Everyone's Business

BEST BOOK 13

한마디로 이 책은!

이 책은 나이키, 이케아, 유니레버, 구글 등 세계 최고 기업들의 인재들을 인터뷰해 그들이 가진 창의성의 DNA를 추적했다. 해답은 '제약'에 있었다. 그들은 모두 제약 속에서 새로운 기회를 봤고, 그것을 끈기 있게 밀어붙여 성장의 원천으로 바꾸어 놓았다. 그들 자신에게 까다로운 제약을 부과함으로써 돌파구를 창조하고 경쟁적 우위를 점유했다. 광고 냄새가 전혀 나지 않는 광고로 세계적인 브랜드가 된 나이키, 카페 라테 두 잔 가격의 멋진 탁자를 만드는 이케아, 제품 생산 과정에서 나오는 환경 오염은 줄이면서 2배의 성장을 이뤄 내겠다고 선언한 유니레버 등은 제약 속에서 기회를 찾고 창의적 원동력을 이끌어 낸 사례들이다. 이 책은 이런 '제약'이라는 키워드를 중심으로 우리 시대 최고 이노베이터들의 창의적 발상법을 담아냈다.

저자 애덤 모건 기업의 브랜드 전략과 마케팅 컨설팅을 제공하는 이트빅피시 설립자다. 국제적인 광고 대행사 TBWA의 플래닝 디렉터였으며, 이후 항공 및 비디오 게임을 포함한 다양한 시장에서 브랜드 론칭 작업을 수행했다. 저서로 《1등 브랜드와 싸워 이기는 전략》이 있다.

마크 바튼 이트빅피시 미국 서부 지사장. 직접 반응 마케팅으로 플래티넘상을 수상했다.

애덤 모건, 마크 바튼 지음 | 이종인 옮김 | 세종서적 | 2015년 10월 | 432쪽 | 17,000원(이북 10,200원)

가장 좋은 아이디어는 언제나 마감 직전에 나온다. —55쪽

혁신적인 기업들은 제약을 창조의 원천으로 삼는다

세계에서 가장 혁신적인 기업들의 성공 비법은 무엇일까? 애덤 모건과 마크 바든은 이에 대한 해답을 얻기 위해 나이키, 이케아, 유니레버, 구글, 애플, 버진 아메리카 항공사, 사우스웨스트 항공사 등 혁신의 아이콘이 된 기업들의 임직원들을 직접 인터뷰했다. 그리고 그들의 성공 비법은 '제약을 적극적으로 활용하는 데 있다'는 것을 밝혀냈다.

제약은 무엇을 하지 못하게 하거나 불리한 조건을 두거나 한계를 설정하는 것이다. 하지만 이 책에서는 제약을 새롭게 정의한다.

"제약은 일을 추진하고, 새로운 가능성을 자극하는 아주 비옥한 힘이다."

이 책에 따르면 제약은 더 이상 피해야 할 것이 아니다. 오히려 적극적으로 수용해 그 속에 담긴 혁신의 기회를 끌어내야 한다.

제약을 성공의 기회로 바꾼 기업의 사례는 다양하다. 이런 기업들은 모두 제약 속에서 기회를 발견하고 거기서 창의적 원동력을 끌어냈다. 심지어 이들은 '스스로에게 제약을 부과함'으로써 돌파구를 창조하고 경쟁적 우위를 점유했다.

이런 성공 사례들은 최근 폴크스바겐 자동차의 배기가스 저감 장치 조작 사태에 시사하는 바가 크다. 폴크스바겐의 실패는 환경 규제라는 제약을 제대로 수용하지 못한 채 무조건 피하려고만 했기 때문은 아닐까? 많은 기업이 다시 한 번 눈여겨봐야 할 대목이다.

결국 제약은 일반적인 생각과는 달리 일을 추진하고 새로운 가능성을 자극하는 힘이다. 실제로 우리는 대중문화나 기업 문화 등 주위에서 제약의 아름다운 효과들을 목격하고 있다. 비디오 게임 캐릭터인 마리오부터 좋은 부모 역할의 원칙에 이르기까지 그런 효과는 아주 다양하다. 그리고 어떤 사람들은 새로운 돌파구를 마련하기 위해 스스로에게 제약을 부과하기도 한다.

제약이 있을 때 우리는 더 창조적이 된다

처음부터 이케아는 아주 사소한 제품까지도 창립자의 가치를 반영해 만들었다. 창업자 잉바르 캄프라드는 '불가능한 질문'을 하는 습관이 있었다. 그는 비싼 제품을 만드는 것은 쉽지만, 지속 가능하고 값싼 제품을 만드는 것은 어렵다는 점을 이케아가 명심하도록 주지시켰다. 이케아는 제약에서 태어났고 그 후로도 계속 제약을 수용하고 있다. 이케아는 이런 창의성을 회사의 DNA 안에 가지고 있으며, 창업자의 영향이 여전히 강력하게 작동한다. 그들은 불가능한 혹은 황당무계한 질문을 던지고, 그에 대답하기 위해 끊임없이 새로운 길을 찾음으로써 노선 의존증을 타파한다. 이것이 그들이 보여 준 탁월함의 본질이다.

제약에서 잠재력을 발견하기 위해서는 마음가짐, 방법, 동기 부여 차원에서 개혁적 문턱에 도달해야 한다. 각 차원마다 높은 수준에 오를 때 비로소 개혁이 가능해진다. 따라서 먼저 취약한 부분이 무엇인지를 알아야 강력함으로 나아갈 수 있다. 창의적이고 전문적인 문제 해결사들은 일반인들과는 다른 방식으로 제약을 바라본다. 그들은 제약이 문제를 명확하게 정의해 주고 자신들의 에너지를 집중시켜 주므로 아름다운 것이라고 생각한다.

제약의 잠재력을 제대로 활용하지 못하게 하는 것 중 하나가 노선 의존증이다. 노선 의존증은 '관습적으로 일을 처리하는 방식'이다. 전제, 과정, 관계, 해결에 대한 사고 방식 등을 모두 포함한다. 주도적인 노선은 우리가 혹은 우리 회사가 도전에 접근하는 방식이고 거기에는 그럴듯한 이유가 있다. 그 노선은 전에 통하던 것이다. 그러나 제약을 변모시키는 여정에서 성공의 전제 조건은, 우리의 고성된 습관을 기꺼이 점검하려는 능력이다. 습관은 제약 속에 들어 있는 가능성을 발견하거나 실현하는 능력을 가로막는다.

제약을 유리하게 이용하기 위해 알아야 할 것들

제약을 이기는 방법은 우선 질문하는 것이다. 질문은 제약을 아름다운 것으로 만드는 데 중대한 역할을 한다. 왜냐하면 질문이 우리를 다른 방식으로 생각하고 행동하도록 강요하기 때문이다. 이런 종류의 질문을 '일을 추진시키는 질문'이라고 한다. 대담한 야망과 중대한 제약이 함께 연결된 질문이다. 두 가지 다른 요소가 같은 질문 안에 존재해 기존의 해결 방법으로는 대답할 수 없기 때문에 '일을 추진시키는 질문'이라고 부르는 것이다. 이런 질문은 우리가 그동안 쭉 의존해 오던 노선을 포기하라고 요구한다.

두 번째는 생각하는 방법을 바꾸는 것이다. 특히 문제 해결 과정에서 나타나는 대화의 시작 부분을 바꾸는 게 중요하다. '할 수 없어, 왜냐하면' 대신 '…… 한다면 …… 할 수 있어'로 시작하면 다른 결과를 만들 수 있다. 예를 들어 '그런 새로운 포장을 사용할 수는 없어, 왜냐하면 작업 라인이 느려질 테니까' 대신 '다른 곳의 작업 라인을 이용할 수 있다면 그런 새로운 포장도 쓸 수 있지'라고 말해야 한다. 이렇게 바꾸면 대화의 흐름이 유지되고, 다음 질문으로 넘어갈 수 있다.

세 번째는 자원을 활용하는 것이다. 자원에 관한 습관적인 사고방식은 우리 눈을 가려 손쉬운 곳에서만 기회를 찾도록 한다. 주위를 둘러보는 법을 배우고 실천한다면 이용 가능한 것은 어디에나 있다. 문제의 핵심은 자원을 우리가 통제하는 것이라고 생각하지 말고, 이용할 수 있는 것이라고 생각하는 것이다. 우리가 이용할 수 있는 자원의 원천은 우리에게 투자한 이해 당사자들, 외부 협력자들, 자원 소유자들, 경쟁자들 등 네 가지다.

네 번째는 두려움을 이용하는 것이다. 가브리엘 외팅겐 교수의 연구는 사람들에게 동기를 부여하는 최적의 영역이 긍정과 부정 사이의 긴장에 있다는 것을 보여 준다. 긴장을 해결하기 위해 그녀가 개발한 전략은 심리적 대조다. 일하는 도중에 어쩔 수 없이 생겨나는 부정적인 감정을 억누르면 안 된다. 오히려 그런 감정을 성공하기 위해 필요한 끈기를 촉진하는 데 생산적으로 활용해야 한다. 우리는 야망을 이루기 위해 모든 종류의 감정을 이용하는 법을 반드시 배워야 한다. 또한 그것을 몸에 익히는 개인적인 방법을 찾아내야 한다. 이는 상당한 끈기가 필요한 체중 감량, 싸움 중독 탈피, 학업 성취도 향상 등을 시도할 때 가장 효율적인 전략이라고 증명되었다.

제약은 문제를 다른 방식으로 바라보도록 자극한다. '어떻게 하면 나는 이 제약을 아름다운 것으로 만들 수 있는가?' 혹은 '이 제약의 아름다움은 어디에 있는가?'라는 질문은 우리가 피해자 마음가짐에서 벗어나 적응자 그리고 개혁자의 방향으로 나아가게 한다.

제약의 효과를 살펴보는 것만으로는 제약의 혜택을 누리지 못한다. 능숙한 리더십이 필요하다. 제약에서 아름다움을 찾아내는 사람들에게는 몇 가지 공통된 리더십 특징이 있다. 또한 미래에 나타날 결핍은 제약에서 아름다움을 찾아내는 지도자들을 더 많이 필요로 할 것이다. 계속해서 풍부함을 만들어 내는 제약 중심의 발명을 훨씬 더 많이 요구할 것이다. 이런 능력을 개발하는 일은 더 이상 창의적인 사람, 기술자, 디자이너에 국한된 것이 아니다. 이제 그런 일은 우리 모두가 해야 한다.

 좋아요! 제약이 오히려 긍정적인 작용을 한다는 사실을 알 수 있다.

 아쉬워요! 창조가 단지 제약으로부터 발현되는 것일까?

큰 성공은
무질서에서 탄생한다

메시

-혼돈에서 탄생하는 극적인 결과

Messy-The Power of Disorder to Transform Our Lives

한마디로 이 책은!

구체적인 목표와 계획, 질서 정연한 실행이 성공을 보장해 줄까? 사람들은 흔히 충동적인 판단이나 직감에 기대어 사업을 진행하는 것은 실패의 지름길이라고 믿는다. 꼼꼼하게 정리하고 흩어진 것을 바로잡고 깔끔하게 정돈해야만 안도감을 갖는다. 하지만 수량화된 목표는 취지에 맞지 않는 잡무를 유발한다. 깔끔한 사무실에서 일하는 사람들의 경우 쉽게 무기력과 의욕 저하를 느낀다. 버려진 공터에서 마구 뛰어노는 것이 놀이터에서 노는 것보다 훨씬 재미있을 뿐 아니라 사고가 날 확률도 낮다. 인간은 기본적으로 약간의 혼란과 무질서를 수용할 때 의욕과 혁신의 동기가 피어나는 존재이기 때문이다.

저자 팀 하포드 세계은행 국제 금융 공사 집필 자문. 경제학자이자 언론인으로 〈파이낸셜 타임스 매거진〉에 '안녕하세요, 경제학자 씨'라는 칼럼을 기고하고 있다. 경제 전문지 〈파이낸셜 타임스〉에서 경제 담당 논설위원으로 활동한 바 있다. 첫 책 《경제학 콘서트》는 대중 경제학 열풍을 일으키며 세계적인 베스트셀러가 되었다.

팀 하포드 지음 | 윤영삼 옮김 | 위즈덤하우스 | 2016년 12월 | 448쪽 | 16,800원(이북 11,760원)

계획과 정리가 성공을 방해한다

《메시》는 〈파이낸셜 타임스〉의 시니어 칼럼니스트이자 세계적 베스트셀러 《경제학 콘서트》의 저자인 팀 하포드가 '정말로 계획과 질서는 성공으로 이어지는가' 라는 단순한 물음에 답한 책이다. 그는 우리가 세우는 계획이 사실은 실행하기에 가장 좋은 타이밍을 방해하는 요소라고 주장한다. 또한 주변을 질서 정연하게 정리하고자 하는 욕망이 문제를 해결할 수 있는 원동력을 통제한다고 한다. 그러나 모든 계획과 질서를 파괴하라고 주장하지는 않는다. 왜 어떤 계획은 성공의 발판이 되고 어떤 질서는 진화의 도화선이 되는지 그 속성을 파헤친다. 오늘날처럼 하루가 다르게 새로운 것들이 탄생하는 시기에 숙련된 기술은 필요하지 않다. 변화 그 자체에 숙련되는 힘이 필요하다. 팀 하포드는 혼란스럽고 엉망진창인 상태를 뜻하는 '메시messy' 라는 개념을 통해, 혼돈의 시기에 놀라운 결과를 만들어 내는 혁신의 비밀을 설명한다. 지금 당신이 세우고 있는 완벽한 계획을 약간만 엉성하게 바꾸어 보라. 그것이 혁신의 시작이다.

> 컴퓨터가 인간을 흉내 낼 수 있게 된 것은,
> 컴퓨터의 대화하는 능력이 발전했기 때문이라기보다는
> 인간들이 갈수록 로봇처럼 말하기 때문이다.—52쪽

시간을 들여 서류를 깔끔하게 정리했다고 해서 필요한 서류를 찾는 데 걸리는 시간이 빨라지거나 바로 업무에 활용할 수 있는 상태가 될까? 실제로 많은 이가 단지 깔끔한 상태를 만들기 위해 정리 정돈에 많은 시간을 쏟는다. 폴더에 깔끔하게 정리된 파일을 찾는 것보다 아무렇게나 뒤섞인 파일을 검색으로 찾는 게 훨씬 빠르다는 실험 결과가 있다. 질서 정연함은 성공의 원인이라기보다는 단지 질서 정연함에 대한 의지의 표현일 뿐이다.

질서가 좋다는 것은 의심의 여지가 없는 당연한 생각이다. 모든 것을 기준대로 깔끔하게 정리한다는 것은 누구나 따라야 할 명령이나 다름없다. 뇌도 무의식적으로 정보와 감각들을 '범주화' 과정을 통해 정리한다. 범주화는 당연히 현대 사회에서는 없어서는 안 될 중요한 것으로 여겨진다. 즉 우리는 일상을 더 합리적인 시스템으로 체계화할 수 있기를 바라며, 이를 통해 삶이 더 나아지고 생산성이 높아지고 더 존경받을 것이라 믿는다.

미국 건국의 아버지 벤저민 프랭클린은 자기 계발의 결과를 체계적으로 기록하려고 했다. 그 결과물 중 지금까지 이어지고 있는 것이 '프랭클린 다이어리'다. 그는 평생 절약, 근면, 성실, 청결 등 열세 가지 덕목을 지키며 살았다. 그런 그가 실천하지 못한 것이 하나 있는데 그것이 바로 '질서'다. 초인적인 절제와 인내로 성공적인 인생을 살았지만 질서 있는 삶을 살지는 못했다는 것이다. 과연 삶에서 질서가 반드시 필요한 것일까 하는 의문이 생긴다.

질서와 단합이 좋은 것이라는 착각

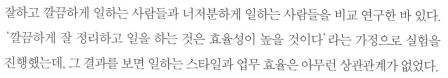

질서에 대한 믿음이 착각이라고 주장하는 심리학자가 많다. 무질서 속에서 좋은 것이 탄생하는 경우가 많으며, 무질서 자체가 좋은 것일 수도 있다는 점을 간과하고 있다는 것이다. 인지 과학자 데이비드 커시는 정리 정돈을 잘하고 깔끔하게 일하는 사람들과 너저분하게 일하는 사람들을 비교 연구한 바 있다. '깔끔하게 잘 정리하고 일을 하는 것은 효율성이 높을 것이다'라는 가정으로 실험을 진행했는데, 그 결과를 보면 일하는 스타일과 업무 효율은 아무런 상관관계가 없었다.

깔끔한 사람들은 일을 시작하기 전 할 일 목록과 일정을 확인한다. 책상이 깔끔하게 정리되어 있으니 해야 할 일부터 정하고 움직인다. 반면 너저분하게 일하는 사람들은 일을 벌여 놓고 퇴근하는 경우가 많아 다시 자리에 앉으면 하던 일에 집중할 수 있다. 지저분한 책은 집중할 수 있는 단서로 가득하기 때문에 앉자마자 일하는 것이 가능하다. 따라서 지저분하다고 일을 못하는 것은 아니라는 결론을 쉽게 납득할 수 있다.

서류 정리도 마찬가지다. 서류를 잘 정리하는 사람은 곧 일을 잘하는 사람이다. 서류를 일일이 평가하고 범주화하는 것은 고도의 지적 능력이 필요하며 그것을 정리해 놓으면 더 효율적으로 이용할 수 있다고 생각한다. 하지만 서류 정리가 언제나 효율적이지는 않다. 어떤 기준으로 분류하더라도 그 선택은 완벽할 수 없다. 그렇다고 분류를 세세하게 한다면 서류함 대부분은 비어 있을 것이다.

사회나 조직도 질서를 원한다. 사람들 대부분 일사불란한 조직력은 동질성과 단일성에서 나온다고 생각한다. 그렇게 확보한 조직력이 안전한 성장을 확보해 줄 것이라고 믿는다. 저자는 이것도 착각이라고 지적한다. 동질성을 향한 열망은 오래된 것이다. 역사를 보면 민족과 국가, 그리고 시대를 막론하고 동질성을 중요한 가치로 여겨왔다. 이런 믿음은 다양한 구성원이 존재하는 사회에 대한 잘못된 인식에서 비롯된 것이다. 다양한 인종과 문화가 뒤섞이면 사회 결속이 약해지고, 범죄율이 높아지며, 심각한 언어 장벽이 생길 것이라고 생각한다.

어지러운 것은 어지러운 대로 장점이 있다

하지만 실제는 그 반대다. 동질성은 생각만큼 높은 성과를 만들지 못한다. 마음이 잘맞으면서 높은 성과를 내는 팀은 찾아보기 어렵다. 연구 결과 동질성이 높은 팀은 전체적으로 성과가 낮았다. 단 하나의 장점이 있다면 만족도가 높다는 것이다. 반대로 다양성이 있는 팀은 높은 성과를 만든다. 여기에서 흥미로운 사실은 그들은 높은 성과를 만들어 내지만, 진행 과정에서 확신하지 못하고 내내 결과에 대한 의심을 한다는 점이다.

일사불란하게 움직이는 조직일수록 위기에 더 잘 대처하고 더 나은 성과를 올릴 수 있다고 믿는다. 단결력이 가장 중요한 군대라면 어떨까? 전쟁사를 통틀어 일사불란하게 움직이는 군대의 승률은 생각보다 높지 않았다. 전쟁에서의 승패는 적군이 예상하지 못한 전략, 전술에 의해 갈린다. 단결력이 승패의 필수 조건이 아닌 것이다.

협업을 증진시키는 팀 단합이 어느 정도는 효과가 있을지 모른다. 하지만 팀 단합으로 높은 성과를 기대할 수 없다는 것이 최근 경영학의 중론이기도 하다. 팀 단합은 역설적으로 집단 이기주의와 불필요한 사내 정치라는 부작용을 낳는다. 모든 사람이 같은 성향과 같은 의견을 가지고 있다는 것은 부자연스럽다. 민주주의 사회에서 모든 사람이 똑같은 생각을 한다는 것 자체가 이상한 일이다.

우리가 다양성에 거부감을 갖는 이유는 두 가지 강박 때문이다. 첫 번째, 인간은 인종, 계급, 민족, 소득 등으로 구분하고 분리하려는 본성이 있다. 두 번째, 인간은 모든 것을 깔끔히 정리하고 싶어 하는 관료주의적 욕구가 있다. 예컨대 도시 계획법이란 도시를 구획하고 분리해 다양성을 방지하기 위한 목적을 갖는다. 이는 질서와 통제를 중요하게 생각하는 관료주의적 생각에서 나온 것이다.

복잡함 혹은 산만함 그 자체가 가진 중요한 힘이 있다. 최근 연구 결과를 보면 산만함이 창의력의 원동력이라고 한다. 하버드대 셸리 카슨 연구 팀은 주변 소리와 빛에 민감하게 반응하는 사람들이 훨씬 창의적이라는 사실을 확인했다. 창의적인 학생들은 오히려 집중력이 떨어졌다는 사실도 확인했다. 또 다른 대학의 연구 결과에 의하면 주의력 결핍 및 과잉 행동 장애ADHD 증상을 보이는 사람이 창의적인 면이 뛰어나다는 것이 확인되었다. 복잡함과 산만함을 나쁜 것으로 단정할 이유가 없는 것이다.

오히려 완벽한 계획을 세우고 모든 것을 질서 있게 조성하려다 완벽한 실수로 이어지는 경우가 있다. 예컨대, 200년 전 독일은 산림을 통한 수익을 체계화하려는 목적으로 가문비나무만 대량으로 심어 산림을 조성했다. 하지만 지금 가문비나무로 인한 엄청난 피해를 보고 있다. 또 금융 위기를 해결하기 위한 바젤 협약은 완벽하게 만들기 위해 여러 차례 수정을 거쳤지만 여전히 치명적인 허점이 발견된다. 협약을 만들기 위해 투입한 인원과 비용, 시간만큼의 효과는 없었다. 오히려 '빚이 많은 은행을 조심하라'는 단 한 줄이 더 효과적이었을지도 모른다. 완벽한 계획은 애초에 불가능하다. 무엇인가를 완벽하게 통제하려 하면 할수록 문제는 더 많이 생겨난다.

결론은 다양성을 확보하라는 것이다. 우리의 예상과는 다르게 정리된 세상은 재앙에 가깝다. 인간은 깨끗하고 정리된 환경을 원하지만 그것은 자연스럽지 않다. 도시는 그 자체로 혼돈 상태 속에 존재해야만 성공적이다. 최근 현대 역사를 통해 다양성이 없는 도시는 결국 경쟁력이 없어진다는 사실이 확인되고 있다. 단일 산업으로 특화된 도시는 혁신의 중심으로 여겨지지만 세상의 수많은 특화 도시가 기대와 달리 활력과 경쟁력을 잃은 경우가 많다. 기업이나 조직도 마찬가지다. 다양성은 경쟁력을 강화하고 유연한 회복 탄력성을 만들어 준다. 규칙과 질서, 단합에 강박을 느낄 필요가 없다. 그런 것들이 좋다는 것은 단지 환상일 뿐이다.

 좋아요! 질서에 대한 강박에서 벗어날 수 있는 훌륭한 핑계를 제공한다.

 아쉬워요! 이 책을 다 읽고 나면 제목을 잘못 붙인 게 아닐까 하는 생각이 든다.

제7의 감각, 직감보다
더 강력한 순간의 통찰

성공하는 아이디어는 무엇이 다른가

-제7의 감각 실전편

The 7th Sense-How Flashes of Insight Change Your Life

한마디로 이 책은!

세계적 베스트셀러 《제7의 감각—전략적 직관》의 저자이자, 지난 20여 년간 전략 자문가 및 컨설턴트로 활동해 온 윌리엄 더건 컬럼비아대 교수가 신경 과학, 인지 심리학, 군사 전략, 동양 철학 등의 최신 연구를 통해 성공하는 아이디어 조건과 특별한 성취를 이뤄 낸 사람들의 비밀을 파헤친다. 아이디어 개발 단계에서 설득과 실행, 연습법을 비롯해 제7의 감각의 네 단계와, '스트레스 활용 전략', '개인 전략 지도', '아이디어 네트워킹' 등 세 가지 도구 활용법을 친절하게 안내한다.

저자 윌리엄 더건 컬럼비아대 경영 대학원 교수. 20여 년 동안 전략 자문가 및 컨설턴트로 활동해 왔고, 지난 10년 동안 전략적 직관을 연구해 왔다. 컬럼비아대에서 학사·석사·박사 학위를 받았다. 군사 전략에서 아이디어를 얻어 전략적 직권 이론을 만들었고 미 육군으로부터 전략 컨설팅을 의뢰받을 만큼 세계적인 전략의 대가 반열에 들어섰다. 컬럼비아대에서 진행하는 전략적 직관 수업은 학생들에게 가장 인기 있는 과목 중 하나다. 저서로는 《제7의 감각—전략적 직관》, 《위대한 전략가의 조건》, 《나폴레옹의 직관》 등이 있다.

윌리엄 더건 지음 | 박아람 옮김 | 비즈니스맵 | 2016년 7월 | 252쪽 | 13,000원

완벽하게 새로운 아이디어는 제7의 감각에서 나온다

성공한 사람들은 거의 예외 없이 머릿속에서 새로운 아이디어가 팍 하고 떠오르는 순간을 경험한다. 이것을 통찰, 유레카 모멘트, 에피파니 등으로 표현한다. 위대한 업적을 이룬 사람들 대다수가 이런 순간을 겪었다는 사실은 우리로 하여금 통찰을 향한 욕구를 불러일으키게 한다.

에릭 캔들은 2000년에 뇌의 학습 및 기억 방법에 관한 연구로 노벨상을 수상했다. 경험을 통해 새로운 아이디어를 떠올리는 능력은 학습과 기억으로 형성된 '직관'에 의해 이뤄진다. 순간적인 판단을 경험해 봤기에 가능하다는 말이다. 에릭 캔들뿐만 아니라 1978년 직관과 기억에 관한 연구로 노벨상을 수상한 허버트 사이먼이나 오늘날 이 분야의 선두 주자인 게리 클라인도 비슷한 의견을 말한 바 있다. 통찰은 인간의 감각으로는 쉽게 설명이 되지 않는다. 그래서 통찰을 제6감이라고 표현해 왔다.

> 창의적인 사람은 자신이 틀렸고 다른 사람이 옳다는 사실을 기꺼이 받아들인다.
> 이는 더 나은 아이디어를 찾았다는 의미이다. 자신의 아이디어를 개인적인 것으로 받아들이면
> 그 아이디어가 틀렸을 때 불쾌감을 느끼게 되고, 이러한 불쾌감은
> 분노나 질투, 자기 불신, 후회 등의 온갖 부정적 감정으로 이어진다.—75쪽

제6감은 어떻게 만들어지는가? 인간은 세상을 이해하고 발전시키기 위해 기억에 의존해 왔다. 복잡한 직무는 반복할수록 능숙해지고 빨라진다. 예컨대, 음악과 운동을 한 사람들은 반복의 경험으로 제6감을 경험한다. 제6감이 항상 옳은 것은 아니다. 직관이 틀린 경험, 직감을 따랐다가 잘못된 판단을 내린 경우도 우리는 주변에서 어렵지 않게 찾을 수 있다. 전문가나 역사적 인물들도 직관에 배신을 당한다. 직관이 이전에 겪은 상황과 유사한 상황에서만 효과를 발휘하기 때문이다.

우리가 늘 찾고 있는 것은 새로운 상황에 필요한 새로운 아이디어다. 그런데 인간의 모든 사고는 뇌가 흡수해 조합한 것이다. 따라서 경험해 보지 못한 새로운 상황에 대한 새로운 아이디어는 제6감으로 만들어지지 않는다. 직관은 동일한 아이디어를 매번 더 빠르고 수월하게 떠올리도록 도와줄 뿐이며, 여전히 새로운 상황에서는 새로운 아

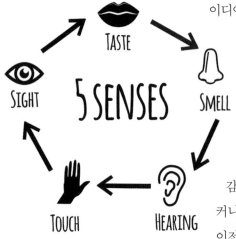

이디어가 필요하다.

결국 제6감은 새로운 아이디어를 내 주지 못한다. 직관은 동일한 아이디어를 매번 더 빠르고 수월하게 떠올리도록 도와준다. 새로운 상황, 새로운 아이디어를 위해서는 다른 무언가가 필요하다. 그것이 제7의 감각이 필요한 이유다. 제7의 감각은 새로운 아이디어를 만드는 정신적 메커니즘이다. 제7의 감각은 섬광 같은 통찰로 이전에 가져 보지 못한 아이디어를 만들어 낸다. 때로는 자신뿐만 아니라 다른 누구도 가져 보지 못한, 고차원적이고 보기 드문 아이디어를 만들어 내기도 한다. 단순히 새로운 아이디어가 아니라 새롭고 유용한 아이디어 말이다. 인류의 업적은 제7의 감각을 통해 진보한다.

제7의 감각은 새로운 아이디어를 어떻게 만드는가? 제7의 감각은 기존 요소들을 새로운 방식으로 조합한다. 이것이 제7의 감각의 기본적인 메커니즘이다. 요소들 자체는 새롭지 않다. 그 조합 방식이 새로운 것이다. 이런 조합은 느리게 일어난다. 우리의 뇌가 모든 기억을 뒤져 어울리는 요소들을 찾는 데 시간이 걸리기 때문이다. 요소들에는 개인적인 경험뿐만 아니라 그동안 읽고 듣고 보고 학습한 모든 것이 포함된다. 순간의 통찰, 즉 에피파니는 한순간에 일어나지만 뇌가 이 순간을 준비하는 데에는 훨씬 더 오랜 시간이 걸린다. 그래서 긴장을 풀고 편안하게 있을 때 최고의 아이디어가 떠오르는 것이다. 뇌가 자유롭게 기억을 훑어볼 수 있기 때문이다. 그러다 중요한 문제를 해결해 주는 조합이 찾아지는 순간이 온다. 그때가 유레카 모멘트다.

문제는 제7의 감각이 작동하는 방법의 사례를 찾기 어렵다는 점이다. 성공한 사람들의 성공 스토리에서 이 부분은 편집된다. 무엇을 성취했는지는 분명하지만, 어떻게 성취했는지는 본인도 잘 모르기 때문이다.

제7의 감각을 내 것으로 만드는 법 1—성공 사례를 많이 보라

저자는 제7의 감각을 얻기 위해서는 네 단계를 거쳐야 한다고 말한다. 첫 번째는 역사적 사례, 성공 사례가 필요하다. 제6감(직관)과 제7의 감각도 기억에서 만들어진다. 새로운 정보는 우리에게 새로운 인식을 하게 한다. 역사적 사례에서 성공담과 성취 사례를 찾는 것은 큰 도움이 된다. 예를 들어 신문이나 잡지에 누군가의 성공 스토리가 나오면 그 사람이 성공하기 위해 정확히 무엇을 했는지 분석해 보라. 잘 모르는 분야의 이야기라도 상관없다. 때때로 최고의 아이디어는 매우 동떨어진 분야의 요소들로 만들어지기도 한다.

가장 유명한 사례 가운데 하나는 자동차를 대중화한 헨리 포드다. 그는 도축장에 설치된 천장 설비를 보고 자동차의 이동식 조립 라인 아이디어를 얻었다. 노동자들은 자기 구역에 가만히 서 있고 가축들이 이 구역에서 저 구역으로 옮겨지는 방식이었다. 이를 보고 포드는 자동차들이 레일을 타고 공장 안을 이동하는 공정을 고안해 냈다. 자동차 대중화가 시작되는 순간이었다.

하지만 이런 이야기는 검증이 필요하다. 드러난 성공 스토리가 늘 진실이라는 보장은 없다. 정말 중요한 것은 잘 알려 주지 않기 때문이다. 주의할 것은 실패 사례는 도움이 되지 않는다는 점이다. 직관에서는 실패 사례가 매우 중요하지만 제7의 감각에서는 중요하지 않다. '기억할 가치가 있는 것'이 항상 '유용한 것'은 아니다. 실패한 역사적 사례는 그와 유사한 상황에서만 도움이 된다.

제7의 감각을 내 것으로 만드는 법 2—냉철함으로 마음을 비워라

두 번째는 냉철함을 유지하는 것이다. 냉철함은 아이디어를 비우는 것이다. 어떤 상황을 마주했을 때 그 이전에 갖고 있던 생각을 모두 비워야만 뇌는 새로운 연결을 시도한다. 제7의 감각이 작동하기까지는 비교적 긴 시간이 필요한 만큼 마음을 비우는 냉철함도 오랫동안 지속되어야 한다. 그런데 마음을 비우고 냉철한 상태를 오래 유지하기란 쉽지 않다. 특히 사회생활을 할 때는 더 그렇다. 좋은 아이디어가 실행에 옮겨지고 결과물로 이어지려면 수많은 사람을 거쳐야 한다. 그런데 좋은 아이디어일수록 사람들의 이해를 얻기가 어렵다. 상대방은 자신의 경험과 지식의 한계 속에서 다른 사람의 아이디어를 평가하기 때문이다.

아이디어를 개인적인 것으로 받아들이면 그 아이디어가 틀렸을 때 불쾌감을 갖는다. 불쾌감은 분노나 질투, 자기 불신, 후회 등의 부정적 감정으로 이어진다. 남들이 자신의 판단을 믿지 않았다는 점에 화가 날 것이다. 더 좋은 아이디어를 낸 사람에게 질투가 날 수도 있다. 자신의 가치를, 자신의 창의성을 의심하게 되기도 한다. 때로는 더 좋은 아이디어를 내지 못했다는 점이 후회되기도 한다. 하지만 창의적인 사람은 자신이 틀렸고 다른 사람이 옳을 수도 있다는 것을 염두에 둔다. 사람들의 의견을 듣고 그들을 설득하는 것을 더 나은 아이디어를 찾기 위한 과정이라고 생각한다.

제7의 감각을 내 것으로 만드는 법 3—통찰에 익숙해져라

세 번째는 통찰에 익숙해져야 한다는 점이다. 분석할 때의 뇌와 통찰할 때의 뇌는 다르게 작동한다. 신경 과학자 존 코니어스와 마크 비먼의 실험에 따르면 의식적으로 분석할 때는 전 과정에서 뇌가 집중하는 반면, 순간적으로 답을 떠올릴 때는 뇌가 순간적으로만 반응한다. 이 실험의 의미는 통찰을 과학적으로 규명할 수 있는 단서를 발견했다는 사실이다. 뇌 주사에서 분석과 통찰은 서로 다른 뇌 기능으로 나타났다. 통찰은 이완된 뇌에서 일어난다.

　전통적으로 통찰은 '자명하지 않은 새로운 해석으로 이어지는 개념의 재정립을 수반하기 때문에 종종 창의성의 일종'으로 분류된다. 대부분의 아이디어는 개인적인 경험을 뛰어넘지 못한다. 그래서 창의성에 대한 과학적 지식은 대부분 제6감에 관한 것이다. 그마저도 신뢰할 수 없다. 창의성을 객관적으로 평가할 수 없기 때문이다. 실험 대상자는 익숙한 퍼즐일수록 빨리 풀고, 평가자는 자신에게 생소한 것일수록 창의적이라고 평가한다. 지금까지 제7의 감각에 대해 밝혀진 바에 따르면, 창의적인 아이디어는 '자명한' 것도 아니고 '자명하지 않은' 것도 아니다. 그것은 보는 사람에 따라 다르다. 어떤 아이디어가 '자명하다'면 이전에 비슷한 경험이 있기 때문이고, '자명하지 않다'면 너무 낯설기 때문이다.

제7의 감각을 내 것으로 만드는 법 4—좋은 아이디어는 열정을 부른다

마지막 네 번째는 결의다. 통찰이 일어나는 것은 한순간이지만 그것을 행동으로 옮기는 데는 많은 시간이 걸린다. 아이디어가 강력할수록 열정도 함께 일어난다. 하지만 그런 열정으로 다른 사람들에게 '이 아이디어를 어떻게 생각하십니까?'라고 묻지 마라. 만약 누군가에게 묻는다면, 상대방은 익숙한 사례들로부터 얻은 제6감을 이용해 비평할 것이다. 당신의 아이디어가 새로운 것이라면 상대방은 평가할 수 없다. 아이디어가 성공할 수 없는 여러 가지 구실만 나열할 것이다.

제7의 감각 사례들 중에는 최초의 아이디어만으로 모든 것이 해결된 경우는 하나도 없었다. 진행 도중에 또 한 번 섬광 같은 통찰이 찾아와 최초의 아이디어를 바꿔 놓았다. 결의는 자신의 아이디이를 실행에 옮기는 열정을 제공한다. 아이디어를 성공시킨 역사적 사례들에 마음을 열어 두는 것도 실행의 일부다. 제7의 감각은 끊임없는 순환으로 이뤄진다. 먼저 역사적 사례들과 냉철함으로부터 섬광 같은 통찰이 찾아오고, 다음으로 그 아이디어를 실행에 옮기는 결의가 이어지며, 그러고 나면 다시 또 다른 역사적 사례들과 냉철함이 또 한 번 섬광 같은 통찰을 가져와 아이디어를 조정한다. 그런 다음에는 다시 결의와 실행이 이어진다. 이런 과정은 그 아이디어가 생을 마칠 때까지 끊임없이 반복된다.

👍 **좋아요!** 제7의 감각이라는 새로운 개념이 흥미롭다.

👎 **아쉬워요!** 구체적인 해법이 없다.

더 많이 느껴라,
창의적인 생각을 만드는 것은 감정이다

지금 그 느낌이 답이다
-직관은 어떻게 우리를 창의적으로 만드는가

Wie der Bauch dem Kopf beim Denken hilft-Die Kraft der Intuition

한마디로 이 책은!

창의성은 모든 인간이 가지고 있는 특징이다. 새롭고 창의적인 아이디어를 얻기 위해 끊임없이 고민한다. 그런데 창의성은 꼭 필요한 순간에 어디론가 사라져서 나타나지 않는다. 언제나 아이디어가 넘치는 사람들을 보면 주눅이 들기도 한다. 모든 사람에게 주어진 이 공통된 인간의 능력이 어째서 소수에게서만 더욱 돋보이는 것일까? 창의적인 사람과 그렇지 않은 사람의 차이는 무엇일까? 이 책의 저자는 창의적 사고는 결코 이성의 결과물이 아니라고 말한다. 이성은 우리의 새로운 이념과 사상을 점검하기 위해 존재할 뿐이며, 이념 자체는 우리 안의 비이성적 영역인 무의식에서 나온다고 한다. 일찍이 아인슈타인은 언어가 우리의 사고에 아무런 역할을 하지 못한다고 주장하면서, 직관의 손을 들어주었다.

"정말로 중요한 것은 직관이다. 직관은 신성한 선물이며 이성은 충직한 시종이다. 우리는 선물을 망각하고 시종을 예우하는 사회를 만들었다."

잃어버린 직관이라는 선물을 다시 찾아오자는 것이 이 책의 목적이다.

저자 바스 카스트 독일 베를린의 유력 일간지 〈타게스슈피겔〉의 과학부 기자. 독일 콘스탄츠대와 보훔대에서 심리학과 생물학을 전공했다. 의학 저널리즘 부문의 바머상과 젊은 저널리스트에게 주는 악셀슈프링어상을 수상했다. 저서로 《머릿속의 혁명—뇌의 미래, 21세기를 위한 사용설명서》, 《왜 사랑인 줄 몰랐을까》, 《선택의 조건》 등이 있다.

바스 카스트 지음 | 장혜경 옮김 | 갈매나무 | 2016년 11월 | 248쪽 | 14,000원

이성은 사물의 이치와 원리를 깨닫는 인간의 지적인 능력을 의미한다. 아리스토텔레스는 인간의 정신적 속성을 이성과 감정으로 나누고, 감정은 원시적이고 우둔하며 야만적이고 신뢰할 수 없다고 주장했다. 로마의 스토아학파 철학자 세네카는 열정을 악성 종기라고 불렀으며 '이성이 모든 생활 방식을 결정하는 사람이야말로 행복한 사람이다'라고 했다. 이성을 최고의 자리에 올려놓은 인물은 계몽주의 시대 최고의 철학자 칸트였다. 그는 인류가 자율적으로 이성을 사용할 수 있는 계몽된 시대를 꿈꾸며 이성의 역할을 강조했다.

이성은 언어를 만들었다. 언어는 내면의 욕구를 정교하게 표현하기 위해 만들어진 것이 아니다. 상징적이고 추상적인 언어를 통해 복잡한 세상의 규칙을 만들고 노동 분업을 통해 역할을 나누기 위해 만들어졌다. 우리가 부모의 언어로부터 배운 규칙의 대부분은 사회의 일원이 되기 위해 필요한 것들이었다. 자신의 욕구를 억누르는 것이 언어의 원래 목적이었다.

놀랍게도 모든 생각, 모든 인식, 모든 기억은 실질적으로 감정을 동반하는 것이었다.
두뇌 차원에서 사고와 인식과 기억은 감정과 전혀 분리될 수가 없다.—19쪽

인간의 뇌는 초당 1100만 비트가 넘는 정보를 처리하는 성능을 자랑한다. 독서할 때는 초당 40비트, 계산할 때는 초당 12비트로 속도가 확 떨어진다. 우리가 모르는 인간의 능력이 따로 있다는 것이다. 인간의 자아는 이성뿐만 아니라, 오성, 감정, 직관, 무의식의 복합체다. 지금까지는 비이성적인 측면이 철저히 무시당했지만 이제는 상황이 바뀌었다. 이성에 대한 반격이 시작되었다.

이성에 대한 공격이 시작되었다

1980년대만 해도 대부분의 학자들은 자아를 곧 이성이라고 생각했다. 흔히 뇌를 컴퓨터라고 비유한 것도 그런 이유에서다. 이성을 이해한다는 것은 곧 인간을 이해하는 것

이었다. 이성은 고도로 정교하고 논리적인 작업을 담당하고 있으므로 감정이나 감각, 직관 같은 비이성적인 면에 비해 쉽게 파악이 가능하다고 믿었다. 그런데 뇌를 들여다 볼 수 있는 방법이 등장하면서 이성의 지위가 흔들리기 시작했다.

1990년대 MRI 같은 뇌 스캐너가 나오면서 뇌가 일하는 모습을 눈으로 확인할 수 있 게 되었다. 그때부터 상황이 달라졌다. 학자들이 오랫동안 주장하던 것과는 전혀 다른 사실이 밝혀졌기 때문이다. 놀랍게도 모든 생각, 모든 인식, 모든 기억은 실질적으로 감정을 동반했다. 두뇌 차원에서 사고와 인식과 기억, 즉 '인지' 활동은 감정과 분리할 수 없었다. 생각하려면 느껴야 한다는 것이 밝혀졌다. 뇌는 컴퓨터가 아니었다. 인지 혁명이 '정서 혁명'에 자리를 내주는 순간이었다.

심리학자들은 이성의 오류를 찾아내 이성을 공격했다. 이성은 생각보다 멍청하다 는 것이다. 오랜 고민과 분석을 거쳐 하는 선택보다 별 고민 없이 마음 가는 대로 한 선 택이 더 좋았다는 것이 수많은 실험으로 확인되었다. 1990년대 초 미국 심리학자 팀 윌슨은 대학생들을 상대로 다음과 같은 실험을 했다. 학생들에게 5개의 포스터를 보 여 주고 이들을 두 집단으로 나누었다. 한쪽 학생들에게는 선택을 하기 전 각 포스터 의 장점과 단점이 무엇인지 짧게 적으라고 했고, 다른 쪽 학생들에게는 포스터를 즉흥 적으로 고르라고 했다. 학기가 끝날 무렵 팀 윌슨은 학생들에게 각자가 고른 포스터에 대해 어떻게 생각하는지 물었다. 심사숙고 끝에 고른 쪽 은 자신의 선택에 대한 만족도가 낮았다. 즉흥적으로 고른 쪽은 보다 긍정적인 평가를 내렸을 뿐 아니라 그것을 자기 집 벽에 붙여 두었다고 대답한 비율 도 높았다.

많은 학자가 말도 안 되는 결과라고 반박했다. 그래서 종류를 바꿔 가며 실험을 반복해 보았다. 선택 대상이 잼이든 보습제든 강의든 결론은 달라 지지 않았다. 더 많은 분석이 반드시 더 나은 선택으로 이어지지는 않은 것이다. 아니, 오히려 많은 경우에서 고민을 적게 하고 마음의 소리에 귀를 기울일수록 더 나은 결과가 나왔다. 이성은 생각보다 더 불완전하다.

1980년대에 미국 로스앤젤레스의 폴 게티 박물관에서는 다음과 같은 일이 있었다. 미술 거래상이 박물관 측에 그리스 조각상 하나를 보여 주었다. 키가 족히 2미터는 되는 벌거벗은 청년이 왼쪽 발을 살짝 앞으로 내민 조각상(쿠로스상)이었다. 거래상은 이 조각상에 1000만 달러라는 어마어마한 가격을 요구했다. 박물관 측은 작품의 진품 여부를 확인하는 작업에 착수했다. 1년이 넘는 동안 전자 현미경, 질량 분석기, 방사선 회절 조사, 방사선 형광 조사 등 첨단 장비들을 이용해 조각상을 꼼꼼히 분석했다. 작품은 진품이었다. 쿠로스상을 들여오기로 하고 계약서에 사인을 하기 직전이었다. 마침 뉴욕 메트로폴리탄 미술관의 전임 관장이 조각상을 볼 기회가 있었다. 그는 왠지 모를 불편한 느낌을 받았다. 수천 년 된 조각상치고는 너무 완벽하게 보존되어 있었다. 그의 예감은 틀리지 않았다. 추가 조사 결과 조각상은 로마의 공장에서 만든 위조품이었다. 결국 1년여에 걸친 과학자들의 분석이 소용없는 일이 되고 말았다. 미술 전문가는 아주 짧은 순간에 정확한 판단을 내렸다. 그가 이용한 것은 감각과 직관, 직감이었다.

무의식이 욕망하는 세 가지—성공, 사랑, 권력

프로이트 이후 심리학자들은 무의식에 접근하는 방법을 두고 골머리를 앓았다. 그러다 미국 하버드대 학자들이 오랜 연구 끝에 무의식의 욕망에 다가가는 사진 테스트를 개발했다. 무의식의 욕망은 성공, 사랑, 권력 등 세 가지로 요약된다.

성공을 지향하는 사람은 명령이나 지시를 싫어하고 모든 것을 자기 힘으로 하고 싶어 한다. 일을 완수하는 데 큰 쾌감을 갖는다. 따라서 스스로 목표를 세울 수 있는 직업을 선호한다. 사랑을 지향하는 사람은 타인과 친밀한 관계가 될 때 행복을 느낀다. 좋아하는 사람과는 특히 자주 눈을 맞추고 상대에게 외면당했을 때 큰 상처를 받는다. 이런 유형의 사람들은 서로를 잘 모르는 대규모 집단에는 별 매력을 못 느낀다. 둘이 있을 때, 혹은 개인적인 교류를 나눌 수 있는 소집단에서 훨씬 신이 나고 행복해진다. 권력을 지향하는 사람은 타인에게 영향을 주고 싶어 한다. 성공 지향적인 사람들은 자신이 세운 목표를 달성하기 위해서 노력하는 반면, 권력 지향적인 사람들은 주변 사람들에게 감동을 주는 것에 더 관심을 갖는다.

창의적인 생각은 감정이 만든다

감정은 오류를 조장하는 생각의 방해물이 아니라 필수 요소다. 생각, 인식, 기억은 실질적으로 감정을 동반해야 한다. 기계들이 창의적 사고를 할 수 없는 이유는 감정이 없기 때문이다. 창의적 사고는 이성이 아니라 감정이 만든 결과물이다. 감정과 이성은 적대적인 관계가 아니다. 감정은 위기 상황에서 이성을 돕는다. 불안과 공포가 없으면 인간은 제대로 된 판단을 할 수 없다. 감정은 상황에 따라 뇌를 조절하는데 공포 모드, 사랑 모드, 갈증 모드 등으로 뇌를 조절한다. 두뇌의 어떤 부위를 사용해야 하는지를 결정하는 것이다. 예컨대, 공포 모드에서는 쾌락을 추구하는 뇌 기능이 활성화되지 않는다. 인공 지능 전문가들도 감정을 인정하기 시작했다. 그들은 감정이 오류의 원인일 뿐이고 인지 과정에서 어떤 역할도 하지 않는다고 믿었다. 하지만 최근에는 창의적 사고가 감정에 의존한다는 것이 상식이 되었다.

남들보다 더 창의적인 사람들의 감정은 변화무쌍하고 더 격렬하며 더 강렬하다. 게다가 비이성적이라고 무시하는 세계와 자주 접촉한다. MIT의 천재 수학자 노버트 위너는 사이버네틱스 이론 제창자로서 1950년대 인공 지능 연구를 이끌었고, '피드백'이라는 개념을 만들었다. 하지만 그는 조증과 울증이 번갈아 찾아오는 양극성 우울증을 앓았다고 전해진다. 20세기 창의적인 인물 1000명을 분석한 결과 위대한 작가들도 감정 기복과 알코올 의존증, 자살 충동이 일상적이었다고 한다. 특히 천재들은 알코올 의존증과 자살 비율이 매우 높았다. 양극성 변화가 창의성의 촉진제이기 때문이다. 조증의 시기에는 아이디어가 활발해지고 울증의 시기에는 생산적인 상태가 활발해진다. 조증과 울증이 순간 반복되면 창의적 사고가 이루어진다.

이성은 중요한 것을 보지 못하게 만든다

효율성은 이성의 강점인 동시에 약점이기도 하다. 의식적인 목표가 있을 때 이성은 목표와 관련 없는 것들을 잘 보지 못한다. 영국의 심리학자 리처드 와이즈먼은 실험 참가자들에게 신문을 주면서 신문에 사진이 몇 장 실려 있는지 세어 보라고 했다. 대부분 2분 남짓한 시간에 사진 세기를 마쳤다. 그런데 이 과제는 단 1초 만에 끝날 수도 있는 작업이었다. 리처드 와이즈먼은 신문 2면에 다음과 같은 헤드라인을 적어 놓았던 것이다.

'사진을 그만 세세요. 이 신문에 실린 사진은 마흔세 장입니다.'

그 누구도 심리학자가 대문자로 크게 집어넣어 둔 이 제목은 보지 못했다. 사진을 세어야 한다는 목표에 사로잡힌 이성은 사진이 아닌 것을 보지 못하게 했다. 이성의 노력은 사소해 보이던 것이 갑자기 중요한 것으로 밝혀질 때 허사로 돌아간다. 하지만 그런 경우가 자주 일어나지는 않기 때문에 우리는 보통 효율적인 방법을 택한다. 하루 종일 마음을 열고 관망을 하고 모든 자극을 일일이 점검할 수는 없는 노릇이니까.

창의적이라는 말은 의식적 이성이 효율적인 방법, 빠른 해결책을 포기한다는 뜻이다. 당장 문제를 풀려고 달려드는 것이 아니라 무의식의 개방적 자세로 문제 안으로 '침투'한다는 뜻이다. 그런데 무의식에만 의존한다는 것은 에너지와 시간만 낭비하고 결국 아무 결실도 얻지 못할 위험이 항상 도사리고 있다는 의미다. 하지만 새로운 것, 창의적인 생각은 '실수'를 저지르고 목표로 가는 과정을 사랑할 때 탄생한다. 목표나 결과물, 해결책에만 관심을 둘 것이 아니라 생각하고 쓰고 연구하는 '과정'에도 관심을 두어야 한다.

 좋아요! 인간이 왜 이성을 중요하게 생각했는지, 그리고 거기에는 어떤 문제가 있었는지를 알게 해준다. 매우 중요한 책이다.

 아쉬워요! 감정만이 중요하고 이성이 중요하지 않다는 것은 너무 일방적이다.

예술적으로 생각한다는 것은
비즈니스적으로 생각한다는 것이다

아트씽킹
-창조적 습관을 만드는 예술적 생각법
Art Thinking-How to Carve Out Creative Space in a World of Schedules,
Budgets, and Bosses

한마디로 이 책은!

이 책은 예술과 비즈니스를 연결해서 독창적이고 창조적인 일을 만들어 내는 원리와 방법을 제시한다. '아트씽킹'은 성과와 평가, 환경, 재능, 실패, 위험이라는 비즈니스의 실질적 한계를 뛰어넘는 '예술적 생각법'을 의미한다. 이 책의 저자인 에이미 휘태커 교수는 예술가 과정과 예비 경영자 과정을 동시에 가르치고 있다. 그는 교육가이자 기업가, 예술가, 작가로 활동하면서 창조 행위인 '예술art'이 비즈니스뿐만 아니라 가정, 비영리 조직, 팀 등 경제에 소속된 모든 영역과 연결된다는 것을 보여 준다. '예술과 비즈니스가 하나로 합쳐질 때 누구나 탁월한 예술가이자 사업가가 될 수 있다'고 선언하며, 예술, 문학, 경제, 과학, 심리학, 의학, 교육, 스포츠, 법에 이르기까지 다양한 분야의 사례와 연구 결과로 이를 설득력 있게 증명한다. 고유한 창의성과 탐구 정신을 일깨우고, 작고 사소한 아이디어라도 성취와 창조에 이르는 단계로 도약할 수 있는 새로운 삶의 방식을 알려 준다.

저자 에이미 휘태커 작가이자 예술가, 교육가다. 윌리엄스대, 캘리포니아 예술대, 로드아일랜드 디자인스쿨, 뉴욕 시각예술대에서 경영학과 예술 교육 과정을 담당하고 있으며, 커리큘럼 개발 업체 에그셀나이트 교장을 맡고 있다. 윌리엄스대에서 정치학과 스튜디오 아트를 전공하고, 예일대 경영 대학원에서 경영학 석사 학위를, 런던대 미술 대학원에서 미술학 석사 학위를 받았다. 〈뉴욕 타임스〉와 〈패스트 컴퍼니〉에 창의성과 경영 컨설팅에 관한 칼럼을 쓰고 있다.

에이미 휘태커 지음 | 정지현 옮김 | 예문아카이브 | 2017년 3월 | 344쪽 | 15,000원(이북 12,000원)

예술적 사고가 곧 비즈니스적 사고다

세계적인 미래학자 대니얼 핑크는 〈하버드 비즈니스 리뷰〉에서 'MFA는 새로운 MBA' 라고 말했다. 미술학 석사 학위인 MFA^Master of Fine Arts가 '창조의 힘'을 바탕으로 새로운 경제를 이끌어 갈 것이라는 전망이었다. 세계적인 기업에서는 MFA를 취득한 인재를 우대하고, 최고 디자인 경영자인 CDO가 경영 전반에 큰 영향력을 발휘한다. 스탠퍼드대, 하버드대, 케임브리지대 등 유수 대학들은 예술을 융합한 교과 과정을 개발하고 있으며, 예술적 관점을 현업에 연결하려는 시도가 다양한 분야로 확산되고 있다.

아트씽킹은 '경영학과 예술을 연결해 창의적인 결과물을 도출하고자 하는 새로운 생각법'이다. 이 책에서 말하는 예술은 그림이나 조각 같은 예술 작품을 만드는 행위가 아니라 '세상을 바꾸는 새로운 무엇인가가 그 자체로서 존재하도록 허용하는 것'을 의미한다. 아트씽킹은 무엇이든 탐구 가능한 생각의 공간을 지키는 것이고, 불가능한 꿈을 꾸면서도 현실적 조건을 무시하지 않는 새로운 가치를 만드는 '창조적 습관'이다.

> 사람들이 예술가가 되는 것을 망설이는 이유는 빈 종이에서 출발해
> 곧바로 걸작을 만들어야 한다는 생각 때문이다.—59쪽

아트씽킹은 예술과 비즈니스의 통합적인 사고를 요구한다는 점에서 '디자인씽킹design thinking'과 비슷하지만 범위가 넓은 '전체적인 사고'를 지향한다는 점에서 다르다. 디자인씽킹은 문제를 해결하기 위한 '외부적 지침'에 의해 작동한다. 반면 아트씽킹은 개인의 필요나 욕구라는 '내부적 질문'으로 작동한다. 즉 아트씽킹은 수많은 실패를 거듭했음에도 여전히 하늘을 나는 것이 가능하다고 믿던 라이트 형제의 신념처럼 창조 과정을 중요시한다.

재능이 뛰어난 예술가나 과학자, CEO라 해도 혁신적인 아이디어를 만들기는 쉽지 않다. 게다가 성과와 평가라는 사회적 압박감 속에서는 더더욱 어렵다. 그럼에도 독보적인 발명이나 혁신적인 경영 모델은 어떻게 완성될 수 있었을까? 저자는 '예술'이 개

입했기에 가능했다고 말한다.

아트씽킹의 목표는 나만의 생각이 가능한 보호막을 만드는 것

아트씽킹의 첫 번째 목표는 창조적 과정을 위한 '공간'을 만드는 것이다. 이 공간은 실패 위험이 있는 예술과 일의 세계에서 무엇이든 탐구 가능한 개방적인 생각 영역이다. 말이 되든 안 되든, 남들이 뭐라고 하든 말든 오로지 자기의 명령에 따라 무엇이든 탐구하고 연구하는 나만의 연구 개발 부서인 셈이다. 보호된 공간 안에서는 중요한 질문을 거침없이 던질 수 있으므로 자신의 생각대로 앞으로 나아가는 원동력이 된다.

마이클 조든은 고등학교 농구 대표 팀 선발에서 탈락했고, 오프라 윈프리는 방송 초기에 텔레비전 앵커에서 해고됐다. 프레더릭 스미스는 대학에 다닐 때 페덱스의 사업 아이디어를 넣은 학기말 리포트로 C 학점을 받았다. 구글의 이메일 서비스 지메일을 개발한 엔지니어 폴 부케이트는 구글의 초창기를 떠올리며 이렇게 말했다.

"처음 구글은 아무도 모르는 작은 스타트업이었습니다. 사람들에게 야후랑 비슷하지만 검색을 빼면 별 특징은 없다고 설명했죠. 그랬더니 다들 진짜 직장에 취직한 게 맞느냐고 안쓰러운 표정을 짓던 게 기억나네요."

이들은 창조적 과정을 위한 공간에서 실패를 딛고 일어설 돌파구를 찾았다.

아트씽킹의 두 번째 목표는 창조적 과정에 수반되는 리스크를 관리해 새로운 가치를 확보하는 '습관'을 만드는 것이다. 공간을 만들고 탐구하는 것에서 나아가 창작물을 보호하기 위해 꼭 가져야 하는 비즈니스 장치이기도 하다. 예술가나 기업가가 그렇듯이 무언가를 시작할 때는 시간과 자원을 투자해야 한다. 그러나 경쟁적인 시장 환경은 불확실한 가능성과 시도에 대한 투자를 방해한다. 아직 가치를 알 수 없는 창조적 과정의 초기 단계를 보호하기 위해서는 '포트폴리오 사고portfolio thinking'와 '소유 지분 ownership stakes'이라는 구조적 지원이 필요하다. 포트폴리오 사고는 작업이 실패로 돌아가도 균형을 잃지 않게 보호해 주고, 소유 지분은 창작물에 대한 권리를 지켜 정당한 대가를 받을 수 있도록 돕는다.

또한 효과적인 리스크 관리는 성공 가능성에 대한 계획을 잘 세운다는 의미이기도 하다. 개인뿐만 아니라 조직에서 창조적 과정을 잘 관리하기 위해서는 가이드와 동료, 프로듀서 등의 역할과 협업이 중요하다. 이들이 사용하는 주된 도구는 '대화'다.

다음 일곱 단계를 거치면 아트씽킹에 한발 더 다가설 수 있다.

넓게 보기 '전체의 삶을 살아라.'

혁신으로 성공한 사람들은 일과 여가를 구분하지 않는다. 일상생활에서 겪는 경험들이 쌓이면서 자기도 모르게 새로운 질문, 즉 새로운 목표를 갖게 된다.

전체의 삶을 더 적극적으로 추구하기 위해서는 스튜디오 타임이 필요하다. 어떤 생각이나 계획을 탐구해 볼 수 있는 시간과 공간을 만드는 것이다. 이는 물리적 공간일 수도 있고, 의식이나 습관으로 유지되는 정신적 공간일 수도 있다. 구글은 업무 시간의 20퍼센트를 개인적인 연구 과제에 쓰도록 하는 '20퍼센트 타임제'라는 제도를 운영하는데, 이것도 스튜디오 타임의 하나다.

전체의 삶을 살기 위해서는 보고서나 숫자, 상품과 가치, 또는 성과와 순위처럼 구별하고 나누는 사고방식을 버려야 한다. 문제 해결책이 언제 어느 때 튀어나올지 모르기 때문이다.

과정 즐기기 창조적인 공간에서 가장 약해져 있을 때는 무엇인가가 '진행 중'일 때

다. 결과가 아닌 과정을 더 중요하게 생각해야 한다. 어떤 분야에서든 생산성을 발휘하려면 결과가 아니라 과정에 집중해야 한다는 것이다. 창조적인 일은 시작할 때는 늘 초라하다. 이때는 관찰자의 시각으로 자신을 바라보는 것이 별로 도움이 되지 않는다. 남이 만든 작품은 위대해 보이고 내가 하고 있는 일은 보잘것없어 보인다. 하지만 이는 '행위자와 관찰자의 편향'이 만들어 낸 일종의 오류다. 남들의 일은 고정적으로 보고 자신의 일은 상황에 따라 다르게 평가한다. 좋고 나쁜 것에 대한 판단과 평가를 바꿔야 한다. 그 작업과 사물을 그대로 바라보고 받아들여야 한다.

창조적인 과정에서는 평가가 아닌 분별이 필요하다. 평가는 작품을 이해하고 좋거나 나쁜 것으로 가치를 규정하는 행동이다. 평가는 행위자가 아니라 관찰자가 한다. 반면 분별은 잘되고 있는 것과 그렇지 않은 것을 헤아리는 과정이다. 분별은 평가가 아니라 배움에 더 가깝다. 현대의 직장이나 학교는 성과와 성적으로 평가한다. 이 때문에 과정을 통해 배우는 것이 어렵고 방어적이거나 무력해지기 쉽다.

등대 찾기 아트씽킹은 본질적으로 질문을 지향한다. 질문이야말로 창작에서 가장 중요한 부분이다. 세상에 없던 창조적인 일은 본보기가 없다. 그래서 질문을 생각해 내고 끊임없이 따라가는 것이 중요하다. 질문과 목표는 다르다. 기업에서는 주로 목표를 토대로 성과를 측정한다. 하지만 목표라는 것은 탁월한 성과를 창출하는 데 도움이 되지 않는다. 미래에 관한 질문의 가능성을 제한할 뿐이다.

보트 만들기 리스크를 분산해야 한다. 여기에서 필요한 것이 포트폴리오 사고다. 창의적인 일을 하기 위해 재정적 보호막이 필요하다. 어떤 일을 하더라도 실패하지 않는 포트폴리오적 사고가 필요하다는 것이다. 1990년 노벨 경제학상 수상자인 해리 마코위츠는 1950년대에 분산 투자된 포트폴리오를 수학적으로 증명한 사람이다. 계란을 한 바구니에 담지 말아야 한다는 이야기를 수학적으로 증명한 것인데, 창의적인 과정에 있다면 이런 사고를 가져야 한다는 것이다.

함께하기 구루 대신 가이드가 되어야 한다. 구루는 일의 방식을 알려 주지만, 가이드는 그 방법을 스스로 찾도록 해 준다. 그런데 가이드에게는 두 가지 어려운 점이 있다.

하나는 너무 많은 공감을 해서는 안 된다는 것이고, 또 하나는 그럼에도 불구하고 관찰자가 아니라 동료여야 한다는 것이다. 조직의 관리자들이 가이드가 되는 것은 결코 쉬운 일이 아니다. 그러나 포용적인 환경을 만들면서도 비전을 실행하게 하는 것은 관리자가 꼭 해야 하는 일이다.

집짓기 여기에서는 비즈니스의 기본에 대한 내용이 등장한다. 첫 번째는 변동비와 고정비를 파악해야 한다. 변동비와 고정비를 처음으로 구분한 사람은 회계사가 아니라 영국의 도예가이던 조사이어 웨지우드였다. 변동비와 고정비를 파악하고 손익 분기점을 계산할 수 있어야 지속적으로 일할 수 있는 힘이 생긴다. 두 번째는 거래비용과 기회비용을 파악해야 한다. 거래비용은 사람과 사건의 거래에 수반되는 비용이다. 반면 기회비용은 상상비용이다. 이 두 가지 비용을 이해할 수 있어야 이베이, 아마존과 같은 기술 플랫폼, 그리고 에어비앤비와 집카 같은 초과 생산 설비 플랫폼을 이해할 수 있다.

전체 그리기 레오나르도 다빈치가 지금 이 시대를 살아간다면 무엇을 하고 있을까? 그는 역사적으로 가장 창의적인 사람이었다. 그가 만약 지금 이 시대를 살고 있다면 어떤 질문을 던지고, 어떤 과정을 거치고 있을까? 즉 우리가 이 시대에 그와 같은 인재를 만들 수 있을까 하는 질문을 던져 보는 것이다.

 좋아요! 새로운 아이디어를 만드는 접근법이다. 특히 예술적 접근은 새롭다.

 아쉬워요! 여전히 이런 종류의 책들은 해법이 명확하지 않다.

기억을 줄여야
생각이 산다

생각은 죽지 않는다
-인터넷이 생각을 좀먹는다고 염려하는 이들에게

Smarter Than You Think-How Technology Is Changing Our Minds for the Better

한마디로 이 책은!

새로운 기술은 사고 패턴을 바꾼다. 그 방향이 좋은 쪽인지, 나쁜 쪽인지 당장은 알 수 없다. 저자는 좋은 쪽으로 변화하리라 확신한다. 글쓰기부터 인쇄술, 전신술에 이르기까지 모든 기술적 혁신은 언제나 다수에게 배척당했다. 소크라테스는 글쓰기가 그리스의 웅변술 전통을 파멸시킬 것이라 경고했고, 중세 시대 수많은 학자는 인쇄술이 지식의 가치를 훼손할 것이라 주장했다. 어떤 사실을 기억하지 않고 적으려고만 한다는 걱정은 수천 년 전부터 있어 왔다. 이에 대해 저자는 '마주치는 것들을 머릿속에 저장할 필요가 없어졌을 때 비로소 복잡한 생각을 할 수 있게 된다'고 반론한다. 따라서 디지털 기술은 인간을 더욱 창의적이고 영리하게 만들어 줄 것이라고 말한다.

저자 클라이브 톰슨 캐나다 출신으로 토론토대에서 정치학을 전공했다. 기술 과학 분야의 베테랑 저널리스트다. 〈뉴욕 타임스 매거진〉, 〈와이어드〉, 〈워싱턴 포스트〉, 〈패스트 컴퍼니〉를 비롯한 다수 매체에 지속적으로 칼럼을 게재하고 있다.

클라이브 톰슨 지음 | 이경남 옮김 | 알키 | 2015년 4월 | 456쪽 | 16,800원(이북 11,800원)

인터넷 때문에 우리는 정말 더 멍청해진 걸까?

2011년 출간된 니콜라스 카의 《생각하지 않는 사람들》은 인터넷이 우리가 생각하고 읽고 기억하는 방식에 심각한 악영향을 끼치고 있으며 심지어 뇌 구조까지 바꾼다고 주장했다. 이 책 이후 디지털 기술이 일종의 디지털 치매를 유발한다거나 인류의 생각하는 능력을 갉아먹는다는 이야기가 정설처럼 굳어져 버렸다.

그런데 《생각은 죽지 않는다》를 쓴 클라이브 톰슨은 이 생각에 반기를 들었다. 디지털 기술로 인해 생각의 종말이 올 거라 주장하는 이들이 이렇게 말하는 이유는 '첨단 기술이 문화의 기반을 흔든다고 투덜대면, 알맹이도 없는 소셜 네트워킹 유행에 현혹되지 않는 예리한 비평가라고 보일 것 같아서'라고 비아냥댄다. 이 책의 주장이 니콜라스 카의 주장보다 더 진실에 가깝다고 보장할 수는 없다. 여기서는 이 책에서 제기한 몇 가지 주요 논점들을 우리 관점에서 바라보고자 한다. 판단은 전적으로 독자 몫이다.

> 온라인 집단이 정말로 스마트해지기 위해 마지막으로 따라야 할 규칙이 한 가지 더 있다.
> 그리고 그것은 상식적으로 다소 이해가 가지 않는 규칙일 수 있다.
> 구성원들의 접촉이 너무 많지 않아야 한다는 점이다.
> 최고의 성과를 거두려면 집합적 집단의 구성원들은 독립적으로 생각하고 작업해야 한다.—239쪽

이 책에서는 디지털 도구가 만드는 몇 가지 편향에 대해 이야기하고 있다. 첫 번째는 '완전한 기억'이다. 생활의 대부분을 녹화해 디지털 기록으로 남기려는 사람들이 있다. 이른바 '라이프로거'라 불리는 이들은 완전한 기억을 실현한 덕분에 수십 년간의 사건과 그간 구상하던 아이디어를 즉석에서 되살려 낼 수 있다고 말한다. 하지만 완전한 기억이라는 것은 그렇게 좋은 것도 아니며, 완전한 기억을 할 수 있는 사람이 더 똑똑하다는 증거도 없다. 오히려 과도하게 기억하는 것은 정신 건강에 좋지 않다. 과잉 기억 증후군이라는 질병도 있다. 또 라이프로거들처럼 인생 전부를 데이터로 남겨 놓는다고 해서 필요할 때 원하는 자료를 쉽게 찾을 수 있는 것도 아니다.

두 번째는 '디지털 문해력'이다. 문해력은 전통적으로 읽을 수 있는 능력과 쓸 수 있

는 능력을 의미했다. 그러다 디지털 시대가 되면서 동영상이나 사진 등 새로운 매체를 제대로 활용할 줄 아는 능력으로 의미가 확장되었다. 영상 편집, 사진 편집, 프로그래밍 언어에 대한 지식이 점차 필수 지식으로 자리 잡고 있다. 생각하는 능력이 생각지도 못한 영역으로까지 확대된 것이다.

세 번째는 '생각의 공개'다. 이는 자신의 생각을 즉각적으로 온라인에 올려 널리 퍼뜨리는 현상이다. 대부분 온라인 글쓰기를 통해 생각을 정제하고, 타인과 의견을 교류하며 아이디어를 발전시켜 나가는 순기능이 두드러지지만, 평소 얼굴을 맞댄 상태에서는 쉽게 드러내지 않던 억제된 편견과 무례함을 적나라하게 드러내는 부작용을 낳기도 한다.

디지털 도구를 만든 것은 인간이 더 오랫동안 무엇인가를 기억하고 싶어 하는 노력 덕분이다. 망각은 자연스러운 것이고, 뇌가 효율적으로 작동하는 데 도움을 주며, 생존에도 꼭 필요하다. 인간이 모든 것을 생생하게 기억한다면 안 좋은 경험은 평생 우리를 따라다닐 것이다. 인류는 수많은 도구를 사용해 기억을 강화하려 애를 써 왔다. 그리고 이렇게 첨단 기술로 무장한 인류가 나타나자, 지금 우리가 사용하는 디지털 도구들이 우리를 더 '멍청하게' 만들고 있는 것은 아닌가 하는 의문을 던지는 것이다.

문자 때문에 인류가 파멸할 것이라고 믿은 소크라테스

새로운 기술은 우리의 사고 패턴을 바꾼다. 새로운 도구는 우리가 무엇을 생각할지, 또 어떻게 생각할지에 대한 결정을 새롭게 내릴 수 있도록 해 준다. 그것이 좋은가 나쁜가는 별개의 문제다. 저자는 이에 대해 낙관적이다. 역사적으로 모든 새로운 기술은 처음 등장했을 당시 우려의 대상이었다. 글쓰기부터 인쇄술, 전신술에 이르기까지 예외는 없었다. 소크라테스는 글쓰기가 처음 등장했을 때 그리스의 웅변술 전통을 파멸시킬 것이라 경고했다. 그는 사람들이 어떤 사실을 기억하지 않고 적으려고만 한다며, 글쓰기는 인류에게 건망증을 선사할 것이라고 했다. 소크라테스가 쓴 책이 없는 이유도 그가 글쓰기를 싫어했기 때문이다.

인쇄술이 처음 등장한 구텐베르크 시대에도 수많은 학자가 정보 과잉을 심각하게 걱정했다. 소크라테스의 우려는 오늘날 전자책이 종이책을 대체하고, 검색이 일상화되고, 스마트폰이 필수품이 되면서 갖게 된 두려움과 크게 다르지 않다. 디지털 도구가 인류를 더 멍청하게 만들 것이라고 생각하는 것이다. 그러나 인류는 새로운 기술이 나올 때마다 그것에 훌륭히 적응했고, 새로운 도구의 사용법을 터득했으며, 옛것의 장점은 또 그대로 유지했다.

인터넷은 우리를 더 똑똑하게 만들 것이다

그럴 수 있는 이유 중 하나는 '분산 기억' 덕분이다. 인지 심리학자 대니얼 웨그너는 지식은 개인 소유물이 아니라서 지극히 협력적으로 구축된다고 주장한다. 인간은 나와 다른 사람의 장점을 파악하고 다른 사람이 더 잘하는 분야라면 그 기억은 그에게 맡긴다는 것이다. 이것을 초기억이라고 한다. 검색 혹은 저장 장치도 초기억이 작동하는 방식 중 하나다. 검색 기술이 보편화되면서 기억을 상기하고 깊이 생각해 보기 전에 검색부터 하는 습성이 생겨났다고 여기지만, 인간은 예전부터 주변 사람이나 책 등을 통해 지식과 기억을 분산해 저장해 왔고, 최근에는 그 역할을 컴퓨터가 대행할 뿐이라고 말한다. 그렇다고 해서 인간의 기억 용량이 더 저하되는 것도 아니고, 창의력 또한 줄어들지 않는다는 점은 흥미롭다. 이것은 분명 니콜라스 카의 주장과는 대비되는 부분이다.

인터넷을 부정적으로 보는 사람들은 협업 지능을 간과했다. 인터넷은 '협업 지능'의 규모와 효과를 혁명적으로 변화시켰다. 온라인상에서 만난 낯선 사람들끼리 크고 작은 문제를 공론화하기도 하고 때로 해결도 한다. 공권력이 놓친 범인을 잡는 데 커뮤니티 회원들이 큰 역할을 하는 일이 종종 있다. 협업 지능이 힘을 발휘한 예다. 협업 지능은 온라인 게임에서 자주 발견된다. 게임이 계속 어려워지는 이유도 협업 지능 때문이라고 한다. 온라인 게이머들은 전 세계 그 누구를 막론하고 새로운 비밀 경로를 알게 되면 자기들끼리 그것을 공유한다. 최근에는 기술·보안 분야를 넘어 의학·디자인·예술 분야에 이르기까지 광범위하게 협업 지능이 효력을 발휘하고 있다.

집단적 사고가 제대로 힘을 발휘하려면 프로젝트가 어느 회사의 이익과 상관없이 인류의 인간성 회복을 위한 것이어야 한다. 그래야 프로젝트에 참여하는 구성원들이 더 적극적으로 움직인다. 가끔 어떤 회사에서는 집단적 사고를 발휘해 자사의 브랜드 혹은 상품에 대한 아이디어를 찾겠다며 회사 전체와 고객들을 대상으로 온라인 커뮤니티를 구성하기도 한다. 이런 경우에는 협업 지능이 의도대로 발현되지 않는다. 특정 회사의 이익에 고객이 발 벗고 참여하는 일은 거의 없기 때문이다.

마지막으로 디지털 도구를 회사에서 잘 활용하기 위한 팁을 몇 가지 공개한다. 우선 우리가 알고 있는 상식과는 크게 다른 부분인데, 온라인 집단이 스마트해지기 위해서는 오프라인에서의 접촉은 최대한 적게 해야 한다고 한다.

또 하나는 소셜 미디어에서도 굳이 수많은 사람을 만나기 위해 애쓸 필요가 없다는 것이다. 팔로워의 숫자와 리트윗 간에는 연관성이 없다는 것이 이미 여러 논문과 실험에서 확인되었기 때문이다.

 좋아요! '분산 기억'을 제시해 준 점이 새롭다.

 아쉬워요! 《유리 감옥》이라는 책을 반박하기 위해 쓴 책. 목적이 분명하기 때문에 가치는 있지만, 그래서 더 혼란스럽다.

산만한 사람들을 위한
집중력 강화 훈련

집중하는 힘
-단 하나에 완전히 몰입하는 기술

Konzentration-Wie wir lernen, wieder ganz bei der Sache zu sein

한마디로 이 책은!

현대 사회에서 무언가에 몰입할 수 있는 능력은 반드시 갖춰야 할 중요한 자질로 간주된다. 집중력이야말로 일의 효율, 더 나아가 성공의 결정적인 요소인 것이다. 그러나 인간의 뇌는 본디 집중보다는 산만함에 더 가까운 구조로 설계되어 있으며, 첨단 기술의 발달로 태어난 각종 스마트 기기는 우리의 산만함을 더욱 부추기고 있다. 만약 하루에 최소한 1시간씩만이라도 그 어떤 방해도 받지 않은 채 집중할 수 있다면 어떤 변화가 일어날까? 집중이란 메스를 들고 수술대 앞에 선 외과 의사의 눈과 같은 것이다. 이 책이 당신에게 그 방법을 알려 줄 것이다.

저자 마르코 폰 뮌히하우젠 변호사이자 작가. 베를린 슈타인바이스대에서 전문 강사 과정 교수로 일하고 있다. BMW와 IBM 등 다국적 기업에서 자기 계발 강사 겸 트레이너로도 활동한다. 뮌헨대, 제네바대, 피렌체대에서 법학과 심리학, 커뮤니케이션을 전공했고, 막스플랑크 연구소에서 법학 박사 학위를 받았다. 법학 교육 기관을 설립해 교육과 저술 활동을 했다. 수많은 베스트셀러를 썼으며, 국내에 소개된 저서로는 《내 안의 게으른 돼지》, 《네 영혼의 에너지를 충전하라》 등이 있다.

마르코 폰 뮌히하우젠 지음 | 강희진 옮김 | 미래의창 | 2017년 3월 | 232쪽 | 13,000원(이북 8,800원)

우리가 자꾸 산만해지는 진짜 이유

조사 결과에 의하면 직장인들의 80퍼센트가 집중에 어려움을 겪고 있다고 한다. 신경학자 리처드 데이비드슨은 주의력과 집중력은 성공에서 가장 중요한 요소라고 주장했다. 집중력이야말로 자기 관리의 열쇠이자 천연 자원이라는 것이다. 집중력 감퇴를 호소하는 사람이 많아지면서 주의력과 집중력의 가치가 더욱 올라가고 있다. 대부분의 사람이 분산 상태에 있기 때문에 집중할 줄 아는 사람은 남보다 우월한 성과를 올릴 수 있는 조건을 하나 더 갖추고 있는 셈이다.

그런데 공부를 하려고 책상 앞에 앉았는데 문득 책상 정리를 먼저 해야겠다는 생각을 해 본 적 없는가? 내일까지 마쳐야 하는 보고서를 쓰다가 다른 할 일이 떠올라 그 일을 먼저 하게 된 경험은? 본래 하려던 일이 있는데 자꾸만 다른 일이 머릿속에 끼어든 경험은 누구에게나 있다. 산만함은 의지가 부족한 탓이 아니다. 집중해야 하는 순간에 자꾸만 딴생각에 빠져드는 책임은 뇌에게 있다.

인간의 뇌는 애초에 집중보다 산만함에 특화되어 설계되었다. 먼 옛날 원시 인류는 살아남기 위해 주의력을 분산시켜야만 했다. 그래야 사방에 도사리고 있는 위험 요소를 예민하게 감지할 수 있었다. 뇌는 메시지 알림음 같은 아주 사소한 소리에도 주의력의 일부를 할당하도록 진화되었다. 뇌의 '흑질' 부위에서는 새로운 정보나 자극을 얻을 때마다 도파민을 분비한다. 도파민은 마약보다 강력한 쾌감을 주는 신경 전달 물질이다. 새로운 정보를 끊임없이 뇌에게 전해 주는 스마트폰은 그야말로 최고의 도구다. 집중을 하지 못하는 것은 의지가 약해서가 아니다.

> 다양한 미디어에서 전송되는 엄청난 정보들은
> 우리의 주의력을 완전히 와해시켜 버린다.
> 노벨 경제학상 수상자인 허버트 사이먼은 이미 수년 전에
> "모든 정보는 수신자의 주의력을 필요로 한다.
> 따라서 풍요로운 정보가 주의력의 빈곤을 야기한다"고 경고했다. —26쪽

업무 흐름을 방해받는 사람들과 마리화나를 피우는 사람들의 실적 대결

런던 킹스 칼리지에서는 업무 방해와 마약이 업무 실적에 미치는 영향을 비교한 적이

있다. 두 집단에게 난이도가 중상 정도인 업무를 맡기고 한 부류에게는 마리화나를 피우게 했고, 한 부류에게는 지속적으로 업무 흐름을 깨는 작업을 했다. 실험 결과 잦은 업무 방해가 마리화나보다 업무에 더 악영향이었다. 방해 요인을 제거하자 업무 실적이 마리화나를 피운 집단보다 좋아졌다. 하지만 직장인 대부분은 방해 요인들에 반응하는 것을 자신의 업무라 여긴다고 한다. 방해 요인이 없으면 무슨 일을 해야 할지 잘 모르겠다고 말한 사람이 많았다.

직장인들은 업무 도중에 방해를 받으면 다시 집중하기까지 대략 8분이 걸린다. 그리고 겨우 집중 상태에 들어서도 평균적으로 3분 후에는 다른 방해가 집중을 깬다. 이 집중과 방해의 주기를 선으로 연결하면 톱날처럼 보인다고 해서 이를 '톱날 효과'라고 한다. 결국 집중하는 시간보다 집중하지 않는 시간이 훨씬 더 많다는 뜻이다. 집중하지 못하는 직장인이 80퍼센트에 달하는 것도 이 때문이다.

멀티태스킹은 애초에 불가능한 것이다

산만함이 뇌의 속성이라면 산만함을 활용한 멀티태스킹으로 업무 성과를 올릴 수 있지 않겠느냐고 반문할 수도 있다. 실제로 그런 시도를 한 역사적인 인물이 있다. 현대 아동 교육의 사상적 기반을 마련한 18세기 교육 사상가 페스탈로치다. 그는 주의력을

직장인들은 평균 11분에 한 번꼴로 방해를 받는다.
직장인 85퍼센트가 2분에 한 번씩 답 메일을 보낸다.
6초에 한 번이라는 응답자도 무려 70퍼센트에 달했다.
한번 업무의 흐름이 끊기면 다시 원래 하던 일에 집중하기까지 약 8분이 소요된다.
그리고 다시 방해받기까지 주어지는 시간은 겨우 3분밖에 되지 않는다.
미국은 직장 내 방해 요인들로 인해 연간 5880억 달러의 손실을 보고 있다.

분할해 여러 가지 업무를 동시에 처리하는 능력을 키워 주려고 노력했다. 페스탈로치 외에도 이런 시도를 한 사람은 많았지만 결과적으로 누구도 성공하지 못했다.

1950년대 맨체스터 공대 에드워드 콜린 체리 교수는 칵테일파티에서 사람들에게 왼쪽 귀와 오른쪽 귀에 다른 정보를 들려주고 그 내용을 얼마나 받아들이는지에 대한 실험을 했다. 양쪽 귀에서 들리는 말을 모두 이해한 사람은 아무도 없었다. 대부분 한쪽 귀에서 들리는 말만 기억했고 다른 한쪽에서 나오는 소리는 여자인지, 남자인지, 어느 나라 말인지조차 파악하지 못했다.

멀티태스킹이 가능하다고 착각하는 이유는 주의력이 필요한 일과 주의력이 필요 없는 기계적인 일을 같은 종류의 행동이라고 생각하기 때문이다. 이를 닦으면서 신문을 볼 수 있고, 설거지를 하면서 텔레비전을 볼 수도 있다. 하지만 주의력이 필요한 두가지 일을 동시에 하기란 불가능하다. 유튜브 영상을 보면서 중요한 이메일을 쓸 수는 없다. 뇌가 감당할 수 있는 영역을 넘어서는 행동이기 때문이다. 전체 인구의 2.5퍼센트 정도는 멀티태스킹이 가능하다고 알려져 있다. 나머지 97.5퍼센트의 사람들은 멀티태스킹에 대한 환상을 당장 버려야 한다.

우리의 집중을 방해하는 것들

집중력을 방해하는 적은 외부에도 있고 내부에도 있다. 외부적 요인은 전화와 이메일, 말을 거는 동료들, 메신저, 소셜 미디어, 주변의 서류와 인터넷 뉴스 등이 있다. 외부의 자극에 대처하려면 아무도 방해하지 못하는 시간을 만들어야 한다. 독일의 심리학자 카를 퍼펠은 누구나 최소한 하루 1시간 이상 그 어떤 것으로부터도 방해받지 않는 시간을 가져야 한다고 주장했다. 그렇게 하면 상상을 초월하는 업무 능력을 발휘할 수 있다고 한다.

내부적 요인은 산만할수록 쾌감을 갖는 뇌다. 산만함 쪽으로 오랫동안 진화해 온 만큼 뇌는 탁월한 방식으로 주의력을 돌린다. 특히 감정적인 문제가 있을 때 뇌는 교묘하게 집중력을 방해한다. 고민거리가 있거나 심리 상태가 불안정할 때 집중하지 못하는 것은 자연스러운 일이다. 내부에서 일어나는 고민들에 대처하기 위해서는 다른 방법을 써야 한다.

우선, 해야 할 일의 목록을 작성해 보자. 해야 할 일들을 정리하면 뇌는 해당 업무를 처리한 것으로 인식하기 때문에 고민하지 않게 된다. 또 다른 방법으로는 100에서 계속 7을 빼는 암산하기다. 이는 저명한 심리학자 대니얼 골먼이 제시한 집중력 훈련법으로, 주의력을 강화시키고 내면의 훼방꾼들을 없애는 효과가 있다.

집중력을 강화하는 법

어렵게 얻은 집중력을 유지하는 방법은 무엇일까? 가장 쉬운 방법은 아무래도 보상과 채찍일 것이다. 보상이 있으면 동기가 부여되지만, 보상에 금방 적응하므로 계속 늘려 나가야 하는 문제가 있다. 채찍도 일정 수준까지는 효과를 발휘하지만, 심리적 압박감이 줄어들면 동기 부여의 강도도 줄어들게 마련이다. 그래서 궁극적으로 보면 다음 두 가지를 지키면 집중력을 유지할 수 있을 것이다.

첫 번째, 과제의 난이도와 자신의 능력을 맞춰야 한다. 과제가 너무 쉬워도 안 되고 너무 어려워도 집중이 안 된다. 자신의 능력으로 해결할 수 있는 수준의 일이어야 집중이 잘된다. 두 번째, 적절한 시간을 지켜야 한다. 집중할 수 있는 시간은 50분 남짓이다. 집중이 가능한 시간을 넘어서면 집중 강도가 크게 떨어진다. 적절한 시간에 휴식과 기분 전환으로 주의를 돌려야 지속적인 집중이 가능하다.

집중력은 타고나는 것이 아니라 훈련으로 강화할 수 있는 능력이다. 집중력도 근육처럼 자주 하면 할수록 점점 더 강해지고, 나이가 들어도 지속될 수 있다.

 좋아요! 최근에 집중력이 중요하다는 메시지를 가장 먼저 제시한 책.

 아쉬워요! 집중력을 다룬 다른 책들에 비해 내용이 조금 부족해 보인다.

Chapter 3

성공하는 사람들은 하루를 이렇게 산다

나를 변화시키는 인생의 기술 8권

집중할 줄 아는 사람만이 살아남는다

딥 워크
−일과 삶의 균형을 잡는 스마트한 업무법
Deep Work-Rules for Focused Success in a Distracted World

한마디로 이 책은!

칼 뉴포트는 다트머스대를 거쳐 MIT에서 인공 지능으로 박사 학위를 받았고 2011년부터 조지타운대 컴퓨터 공학과 종신 교수로 재직 중이다. 컴퓨터 공학 분야의 최고 전문가로 통하지만 대중적으로 학습법 전문가로 더 잘 알려져 있다. 최신 디지털 기술이 일에 미치는 영향에 대해 오랫동안 연구해 왔다. 그는 주의를 산만하게 하는 요소가 넘쳐 나는 현대 사회에서 '딥 워크' 능력은 필수라고 말한다. 이 책은 신경 과학 및 심리학적 근거를 바탕으로 딥 워크란 무엇인지, 우리에게 어떤 혜택을 주는지 설명하고, 빌 게이츠부터 조앤 롤링, 애덤 그랜트, 월터 아이작슨 등 위대한 업적을 쌓고 탁월한 성과를 올린 인물들의 사례를 통해 딥 워크를 중심으로 업무를 조직하는 구체적인 단계를 제시한다. 《딥 워크》는 집중력 결핍으로 힘든 시간을 보내고 있는 사람들에게 필요한 책이다.

저자 칼 뉴포트 조지타운대 컴퓨터 공학과 조교수. 학습법 분야 인기 블로그인 '스터디핵스'를 운영하고 있다. 다트머스대를 최우수 장학생으로 졸업하고, MIT에서 컴퓨터 공학으로 박사 학위를 받았다. 학습법 전문가로 다수의 유명 텔레비전과 라디오 프로그램에 출연했다. 저서로는 《성공하는 사람들의 대학생활 백서》, 《대학성적 올에이 지침서》 등이 있다.

칼 뉴포트 지음 | 김태훈 옮김 | 민음사 | 2017년 4월 | 268쪽 | 15,000원(이북 10,500원)

빌 게이츠는 1년에 두 차례 외부와의 접촉을 완전히 끊고 미래를 설계하는 '생각 주간'을 갖는다. 조앤 롤링은 해리 포터 시리즈의 마지막 이야기를 집필하기 위해 에든버러 시내 호텔 스위트룸을 빌렸다. 카를 융은 호숫가의 작은 마을에 별장을 짓고 자신만 들어갈 수 있는 방에서 분석 심리학의 기틀을 쌓는 논문을 써냈다.《오리지널스》로 유명한 와튼스쿨 교수 애덤 그랜트는 강의를 한 학기에 몰아서 한다. 강의 없이 연구에만 집중하는 학기에도 연구실을 개방하는 기간과 누구의 방문도 받지 않고 몰입하는 기간을 번갈아 둔다. 이들이 공통적으로 추구한 것은 방해받지 않고 최고의 집중력을 발휘할 수 있는 환경, 즉 '딥 워크'가 가능한 환경이었다. 오랜 시간 집중해서 일할 수 있을 때 탁월한 결과물이 나온다. 수시로 주의를 빼앗는 방해 요소가 출몰하는 환경에서는 깊은 생각이 필요한 큰 규모의 작업이 불가능하다. 얕고 질 낮은 작업들로 쪼개져 건성으로 처리하게 된다.

잭 도시(트위터 창업자)가 직원들에게 언제든 업무를 방해해도 된다고 말하고,
케리 트레이너(전 비메오 CEO)가 이메일을 항시 확인한다고 해서
그들을 따라 하는 것이 성공을 보장하지는 않는다.
그런 행동은 경영자라는 특정한 직위에만 해당되는 것이다.—48쪽

'딥 워크'란 자신이 진정 원하는 중요한 일에 집중할 수 있는 환경을 만들고 그것에 몰두하는 능력이다. 자동화와 인공 지능 시대에 딥 워크가 필요한 이유는 분명하다. 첫째, 급속히 변화하는 정보 사회에서 우리는 늘 초심자일 수밖에 없다. 가치 있는 일을 해내려면 '복잡한' 것을 '신속하게' 학습해야 한다. 둘째, 디지털 네트워크 혁명으로 전 세계가 연결되어 있어 어중간한 결과물은 바로 대체된다. 절대적으로 뛰어난 성과를 내려면 몰입은 필수다.

그러나 정보 홍수와 각종 디지털 기기, 상시 온라인 접속을 요구하는 사회 분위기속에서 일에 몰두하는 능력은 점점 더 희귀해지고 딥 워크의 가치는 점점 더 높아지고 있다. 빠르게 변하는 이 시대에 살아남으려면 어려운 기술을 신속하게 습득하고 최고

수준의 결과물을 만들어 내는 능력이 필요하다. 그런 능력을 습득하려면 딥 워크가 필요하다.

집중하기 위해 버려야 할 것들

딥 워크가 필요하지만 세상은 딥 워크를 방해하는 쪽으로 흐르고 있다. 여기에는 세 가지 트렌드가 존재한다. 첫째, 개방형 사무실이 집중력을 방해한다는 것이다. 개방형 사무실이 창의성을 북돋우고 협업에 유리하다는 이유로 급부상했다. 그중에서 가장 유명한 건 페이스북이다. 페이스북은 4000제곱미터가 넘는 단일 공간에서 3000여 명의 직원이 함께 일하는 것으로 화제가 되었다. 하지만 최근 연구 결과에 의하면 개방형 사무실은 창의성에 도움이 되지 않고 오히려 집중에 방해만 될 뿐이라고 한다.

둘째, 상시 접속 문화가 집중력을 방해한다. 상시 접속 문화는 이메일이 도착하면 빨리 읽고 답해야 한다는 압박감을 갖는 문화를 말한다. 하버드 경영 대학원 레슬리 펄로 교수는 보통 직장인들이 1시간 안에 이메일에 답해야 한다는 강박 때문에 주당 25시간 정도를 쓴다는 연구 결과를 발표했다. 보스턴 컨설팅 그룹에서는 이메일이 업무를 방해한다는 사실을 파악하고 이메일이 없어도 되는지를 실험한 적이 있다. 일주일에 하루를 회사 안팎으로 누구와도 연결되지 않도록 했다. 많은 팀원이 자칫 고객을 잃을까 봐 불안해했다. 그러나 실험 기간에 누구도 고객을 잃지 않았고, 오히려 내부의 의사소통이 개선되고 더 나은 결과물을 고객에게 제공할 수 있었다.

집중력을 방해하는 세 번째 트렌드는 바로 소셜 미디어다. 요즘에는 〈뉴욕 타임스〉 기자들도 트위터를 쓰라는 강요를 받는다. 취재를 하고 기사를 써야 하는 기자들이 소셜 미디어에 시간을 빼앗겨 업무에 집중하지 못하는 것이다. 이는 언론사뿐만 아니라 거의 모든 직종에서 일어나는 일이다. 이런 현상의 원인은 신기술이 가지는 효율성과 그에 따른 문제의 상쇄 관계를 생각하지 않은 데 있다. 문제가 있어도 거기서 얻는 이익이 더 크다고 생각하는 것이다. 직원들 입장에서 할 수 있는 유일한 방법은 바쁘게 일하는 것뿐이다. 생산성과 가치를 드러내기 위해, 또 일을 잘하고 있다는 인상을 심어 주기 위해 이메일에 빠르게 답장하고 중요한 사람들을 참조를 걸어 내가 열심히 일하고 있다는 것을 증명한다. 그러다 보면 업무는 피상적으로 돌아갈 수밖에 없다.

최고의 집중력을 발휘하기 위한 제안

그렇다면 집중력을 어떻게 지킬 것인가? 칼 뉴포트는 네 가지 방식을 제안한다. 먼저, 한 가지에 집중하기 위해 모든 것을 차단하는 수도승 방식이다. 수도승 유형에는 네 가지가 있는데, 가장 극단적인 것은 아예 모든 것을 차단하는 유형이다. 두 번째는 시간을 분명하게 나눠 집중하는 이원적 방식이다. 세 번째는 일정 시간 꾸준하게 집중하는 운율적 방식이다. 집중하는 시간을 정하고 이를 습관으로 만드는 것이다. 우리가 집중할 수 있는 시간은 초보자는 하루 1시간, 전문가는 하루 최대 4시간 정도다. 그렇기 때문에 이 방법은 대부분의 직장인에게 적합하다. 마지막으로, 자유 시간이 날 때마다 빠르게 딥 워크로 전환하는 방식이다. 이 방식은 그야말로 초집중력이 필요하기에 초보자들에게는 적합하지 않다.

이런 방식 중 하나를 선택했다면 이를 습관화해야 한다. 이를 위해서는 세 단계가 필요하다. 첫째, 중요한 목표를 수립하고 자신이 얼마나 많은 시간을 목표를 위해 투자하는지를 측정한다. 물론 여기에는 쓸데없는 일은 과감히 포기하는 것도 포함된다.

둘째, 지루함을 인정한다. 집중에서 벗어난 시간이라도 무료함을 잘 견디지 못하면 딥 워크를 할 때도 깊은 수준의 집중에 이를 수 없다. 예컨대 5분 동안 줄을 서거나 친구를 기다릴 때처럼 지루함을 느낄 때마다 스마트폰을 들여다보면 두뇌는 '정신적으로 망가진 상태'가 된다. 딥 워크에 성공하려면 산만한 자극제를 이겨 내도록 두뇌를 재설정해야 한다.

사실 우리 뇌는 산만함을 버리지 않으면 집중력을 기르기가 어렵다. 뇌가 산만해지면 깊이 집중할 수가 없다. 스탠퍼드대의 클리퍼드 나스 교수는 연구 결과 멀티태스킹을 하는 사람은 두뇌 기능이 특히 저하된다는 사실을 발견했다. 많은 사람이 의지만 있으면 산만한 상태에서 집중하는 상태로 곧바로 전환할 수 있다고 생각하지만, 인지과학 연구 결과 그건 착각이다. 수시로 이메일을 확인하고, 인터넷 검색을 하고, 스마트폰을 사용하는 등의 습관은 뇌를 집중하지 못하는 뇌로 만들어 버린다. 그것을 막는 유일한 방법은 지루함을 즐기는 것이다.

셋째, 소셜 미디어를 끊는다. SNS는 예측할 수 없는 간격으로 개인화된 정보를 제공해 엄청난 중독성을 지닌다. 그래서 집중하는 데 큰 지장을 초래한다. 행사, 대화, 공통의 문화적 경험 등 소셜 미디어에서 오가는 것들을 놓칠지 모른다는 두려움은 장롱에 산더미처럼 처박아 둔 물건들이 언젠가는 필요할지 모른다는 두려움과 비슷하다.

소셜 미디어의 혜택을 중시해 굳이 끊을 필요까지는 없다고 생각할 수도 있다. 그러나 이것은 네트워크 도구가 수반하는 모든 부정적인 요소를 간과한 것이다. 소셜 미디어는 중독성이 강하고 중요한 활동으로부터 시간과 주의를 빼앗는다. 이런 피해를 생각한다면 소셜 미디어를 계속 사용해야 하는 이유를 찾기가 더 어렵다.

당장 소셜 미디어를 끊기 어렵다면 일정 기간 차단해 보는 것은 어떨까? 우선 한 달만이라도 소셜 미디어를 차단해 보는 것이다. 그런 다음 두 가지 질문을 스스로에게 해 보자. 이 서비스를 사용했다면 지난 한 달이 더 나아졌을까? 내가 접속하지 않았다는 것을 사람들이 신경이나 썼을까? 만약 이 두 질문에 '아니요'라고 답할 수 있다면 충분히 소셜 미디어를 끊을 수 있다. 논리적으로 소셜 미디어를 차단하는 방법도 있다. 직업적·개인적 차원의 중요한 목표를 파악하고, 목표를 달성하는 데 도움이 되는 주요 활동을 나열하는 것이다. 그리고 현재 사용하는 네트워크 도구를 검토해 본다면 소셜 미디어를 사용해야 할지, 말아야 할지 그 답이 보일 것이다.

 좋아요! 왜 우리가 집중해야 하는지에 대해 이야기해 준다. 이 책을 읽고 나면 소셜 미디어가 달리 보인다.

 아쉬워요! 자본가, 최고의 전문가, 그리고 딥 워크를 하는 사람만 성공할 수 있는 것일까?

성공하는 사람들의
결정적인 차이점

그릿GRIT
-IQ, 재능, 환경을 뛰어넘는 열정적 끈기의 힘
Grit-The Power of Passion and Perseverance

한마디로 이 책은!

비슷한 환경에서 태어나 비슷한 교육을 받았는데도 어떤 사람은 뛰어난 성취를 이루고 어떤 사람은 그저 그런 삶을 산다. 열악한 환경과 특별할 것 없는 재능에도 놀라운 성공을 일군 사람들도 있다. 이런 차이는 왜 생기는 걸까? 그들은 어떻게 불리함을 극복하고 최고의 자리에 오를 수 있었을까? 좋은 대학과 경제력 있는 부모가 성공을 보장해 주지 않는 시대에 '성공의 진짜 열쇠'는 과연 무엇일까? 《그릿》의 저자 앤절라 더크워스는 뉴욕 공립 고등학교 교사 시절 인생의 성공에는 재능이나 성적보다 훨씬 더 중요한 요소가 작용한다는 것을 느끼고 의지와 자기 절제가 인생에 미치는 영향에 대해 오랜 기간 연구했다. 이 책은 실패와 역경, 슬럼프를 극복하고 뛰어난 성취를 이룬 사람들에게서 공통적으로 발견되는 '성공의 결정적 요인'에 대한 새로운 통찰을 제시한다.

저자 앤절라 더크워스 펜실베이니아대 심리학과 교수. 하버드대 신경 생물학과를 수석 졸업했고, 옥스퍼드대에서 신경 과학 석사 학위를, 펜실베이니아대에서 심리학 박사 학위를 받았다. 매킨지앤드컴퍼니 컨설턴트, 뉴욕 공립 고등학교 교사를 거쳐 현재 백악관, 세계은행, 미국 프로 농구 협회NBA와 미국 프로 풋볼 리그NFL 소속 팀들, 〈포천〉의 '글로벌 500대 기업' 등의 자문 위원으로 활동하고 있다. 인성 발달 연구와 실천을 임무로 하는 비영리 단체인 '캐릭터 랩'을 설립했다. 2013년 맥아더 재단이 창의적이고 잠재력이 큰 인물에게 수여하는 맥아더 펠로상을 수상했다.

앤절라 더크워스 지음 | 김미정 옮김 | 비즈니스북스 | 2016년 10월 | 416쪽 | 16,000원(이북 11,200원)

모든 성공의 중심에는 그릿이 있다

2007년 심리학계에 '그릿'이라는 개념을 처음 소개한 저자는 원래 심리학자가 아닌 신경 과학자였다. 그녀는 세계적인 경영 컨설팅 회사 매킨지앤드컴퍼니에서 컨설턴트로 사회생활을 시작했지만 적성에 맞지 않아 뉴욕 공립 고등학교의 수학 선생님이 되었다. 그곳에서 머리 좋은 학생들 중 일부가 예상 외로 그저 그런 성적을 거두고, 높은 학업 성적을 보이는 학생 중 많은 수가 사회 통념상 '머리 나쁜' 아이들이었다는 점에 의문을 품었다. 특히 수학 성적이 형편없던 학생이 로켓을 만드는 세계적인 공학자로 성공하는 모습을 보면서 인생의 진정한 성공에는 재능이나 성적보다 더 중요한 무언가가 작용한다는 사실에 주목했다.

그 '무언가'를 알아내기 위해 심리학 연구를 시작한 저자는 미국 육군 사관 학교 신입생들이 거쳐야 하는 혹독한 집중 훈련 기간에 누가 중도에 포기하고 누가 끝까지 훈련을 받는지, 문제아들만 있는 학교에 배정된 초임 교사들 중 누가 그만두지 않고 아이들을 끝까지 가르치는지, 거절이 일상인 영업직에서 어떤 영업 사원이 중도에 포기하지 않고 좋은 판매 실적을 내는지를 연구했고, 그 모든 성공의 한가운데에 '그릿'이 있음을 밝혀냈다.

> 중요한 점은 열의는 흔히 볼 수 있지만
> '지속적인 열의'는 드물다는 것이다.—89쪽

재능이나 지능보다 더 중요한 무엇인가가 있다

재능이 성공에 미치는 영향은 얼마나 될까? 책에는 어느 운동선수와의 인터뷰가 실려 있다.

"재능은 우리가 성공한 운동선수에게 붙이는 가장 흔한 비전문가적 설명일 것이다. 우리는 마치 재능이라는 눈에 보이지 않는 실체가 경기 성적이라는 표면적 현실 뒤에 존재하고 있어서 최고 선수와 나머지 선수들을 구별해 주는 것처럼 말한다. 그리고 위대한 선수들을 우리에게는 허락되지 않은 특별한 재능과 신체적·유전적·심리적·생리적 '인자'를 타고난 축복받은 존재처럼 바라본다. '재능'이 있는 선수도 있고 없는 선수도 있다. 재능을 타고난 선수도 있고 아닌 선수도 있다."

우리는 운동선수나 음악가 등이 입이 떡 벌어질 만큼 놀라운 성과를 냈을 때 재능 덕분이라고 치부한다. 경험과 훈련만으로 통상적인 범위를 훌쩍 넘는 탁월한 수준에 어떻게 도달할 수 있었는지 이해가 안 될 때 자동적으로 타고난 덕분이라고 생각한다. 그런데 재능이 눈부신 기량을 완벽히 설명할 수 있을까?

'왜 어떤 사람들은 성공하고 어떤 사람들은 실패하는가?'라는 질문은 인류가 오랫동안 품어 온 것이었다. 영국의 유전학자 프랜시스 골턴은 1869년 성취의 근원에 관한 논문을 발표했다. 그는 특출 난 업적을 이룬 사람들은 재능과 열의 그리고 노력을 지니고 있다고 주장했다.

보통 사람들은 대부분 재능보다 노력이 더 중요하다고 생각한다. 어떤 연구에 따르면 재능과 노력 중에서 노력이 더 중요하다고 말하는 사람이 2배 정도 많다. 신입 사원을 채용할 때 재능보다 근면성이 중요하다고 말하는 사람이 5배 정도 많다는 연구 결과도 있다. 그러나 실제로는 노력하는 사람보다 재능 있는 사람을 선호한다. 몇 년 전 매킨지에서 《인재전쟁》이라는 책을 펴낸 적이 있다. 기업의 흥망은 '최고의 인재를 확보하는 능력'에 있다고 주장하는 책이다. 성공은 비범한 재능에 의해 만들어진다는 사람들의 진짜 속마음을 뒷받침하는 내용이다. 하지만 재능에만 집중하면 다른 측면들을 가릴 위험이 있다.

신입생 20퍼센트가 중도 포기하는 7주간 집중 훈련의 의미

진짜 성공하는 사람은 어떤 사람일까? 미국 육군 사관 학교 웨스트포인트에는 매년 1만 4000명 이상이 지원한다. 이 중에서 추천서와 학업 및 체력 등 엄격한 선발 기준을 통과한 1200명이 입학 허가를 받는다. 입학생 거의 전원은 고등학교에서 대표 팀 선수이며 주장을 맡았다고 한다. 그런데 입학생 중 20퍼센트가 악명 높은 7주간의 집중 훈련 기간을 견디지 못하고 그만둔다고 한다. 여러 세대를 거치며 심리학자들은 웨스트포인트 중퇴생 문제의 원인을 찾아내려 했지만 실패했다. 이 문제의 해답을 찾은 사람은 이 책의 저자 앤절라 더크워스였다. 포기 이유는 능력이 부족해서도, 위기 대처 능력이 부족해서도 아니었다. 중퇴자와 생존자를 가르는 차이는 절대 포기하지 않는 태도였다. 저자는 노력이 탁월함의 실체라고 강조하며, 재능에서 성취에 이르는 두 가지 등식을 제시한다. 하나는 '재능×노력=기술', 또 하나는 '기술×노력=성취'다.

저자는 절대 포기하지 않고 노력하는 힘을 '그릿'이라는 개념으로 정리했다. 그릿의 사전적 의미는 투지, 끈기, 불굴의 의지를 아우르는 개념이다. 그릿 척도가 높은 사람은 웨스트포인트에서 중도 포기하지 않고, 신입 사원 중 그릿이 높은 사람은 쉽게 그만두지 않는다. 그릿은 포기하지 않고 노력하는 힘이며, 역경과 실패 앞에서 좌절하지 않고 끈질기게 견딜 수 있는 마음의 근력이다. 이 책은 누구나 중요하다고 생각은 했지만 어떻게 성공에 작용하는지 알지 못하던 '그릿의 힘'을 10년에 걸친 연구 결과와 사례, 각계각층 사람들과의 인터뷰를 통해 보여 주고, 어떻게 그릿을 기를 수 있는지 제시하고 있다.

	그릿 척도 체크리스트	전혀 그렇지 않다	그렇지 않다	그런 편이다	그렇다	매우 그렇다
1	나는 새로운 아이디어와 프로젝트 때문에 기존의 것에 소홀한 적이 있다	5	4	3	2	1
2	나는 실패해도 실망하지 않는다	1	2	3	4	5
3	나는 한 가지 목표를 세워 놓고 다른 목표를 추구한 적이 종종 있다	5	4	3	2	1
4	나는 노력가다	1	2	3	4	5
5	나는 몇 개월 이상 걸리는 일에 계속 집중하기 힘들다	5	4	3	2	1
6	나는 뭐든 시작한 일은 반드시 끝낸다	1	2	3	4	5
7	나의 관심사는 해마다 바뀐다	5	4	3	2	1
8	나는 성실하고 결코 포기하지 않는다	1	2	3	4	5
9	나는 어떤 아이디어나 프로젝트에 잠시 빠졌다가 곧 관심을 잃은 적이 있다	5	4	3	2	1
10	나는 좌절을 딛고 중요한 도전에 성공한 적이 있다	1	2	3	4	5

당신이 표시한 칸에 해당하는 점수를 합산한 뒤 10으로 나눠서 나온 점수가 당신의 전체 그릿 점수다. 이 척도의 최고 점수는 5점이며 최저점은 1점이다. 당신의 점수는 현재 스스로에 대한 평가임을 기억하라. 지금 이 순간 당신의 그릿은 이전의 그릿과 다를 수 있다. 그리고 훗날 그릿 척도로 다시 검사해 보면 점수가 다를 수 있다.

그릿을 구성하는 두 요소는 열정과 끈기다. 더 깊이 알아보고 싶다면 요소별 점수를 계산해 볼 수도 있다. 홀수 항목의 점수를 합산한 뒤 5로 나눈 값이 열정 점수, 짝수 항목의 점수를 더한 뒤 5로 나눈 값이 끈기 점수다.

열정에서 높은 점수를 받았다면 끈기 점수도 높을 것이다. 역으로도 같은 관계가 성립한다. 하지만 짐작하건대 끈기 점수가 열정 점수보다 아주 조금 높았을 것이다. 모든 사람이 그렇지는 않겠지만 내가 조사한 대부분이 그랬다. 나도 이 장을 쓰면서 검사했을 때 끈기 점수가 5.0점, 열정 점수가 4.2점, 전체 그릿 점수는 4.6점이었다. 이상하게 들릴지 모르겠지만 나에게는 오랫동안 같은 목표에 일관되게 집중하는 것이 열심히 노력하며 좌절을 딛고 일어서는 일보다 어렵다.

 좋아요! 성공하는 사람들을 '그릿'이라는 척도로 알아볼 수 있다는 것이 놀랍고 재미있다. 이 책을 보면 자신의 그릿 점수를 알 수 있다.

 아쉬워요! 번역이 매끄럽지 못하다. 수필 형식이 장점이자 단점.

자세를 바꾸면
인생이 바뀐다

자존감은 어떻게 시작되는가
-당신의 인생을 결정짓는 자세의 차이
Presence-Bringing Your Boldest Self to Your Biggest Challenges

한마디로 이 책은!

'프레즌스presence'란 '사람이나 사물이 특정한 곳에 있다'는 의미의 존재감, 실재감을 뜻한다. 하버드대 교수이자 심리학자인 에이미 커디는 '프레즌스'를 '자신의 진정한 생각, 느낌, 가치 그리고 잠재력을 최고로 이끌어 낼 수 있도록 조정된 심리 상태'로 정의한다. 과거를 곱씹거나 미래를 걱정하기보다 현재에 온전하게 몰입하며 최고의 나를 이끌어 낼 때 불안은 줄어들고 열린 마음으로 타인을 대할 수 있게 된다. 프레즌스는 영속적이며 초월적인 것이 아니라 수시로 생겼다가 사라졌다가 하는 현상이다. 프레즌스를 유지하기 위해서는 자신감, 평정심 그리고 몰입이 필요하다. 그렇다고 거창하고 대대적인 변화가 필요한 것은 아니다. 일상에서 자세나 태도 같은 신체 언어를 조금 바꾸는 것만으로도 심리 상태가 긍정적으로 변한다.

저자 에이미 커디 하버드대 경영 대학원 교수. 사회 심리학 권위자로, 고정 관념과 차별, 비언어적 행동과 성급한 판단이 사람들에게 미치는 영향에 대해 연구한다. 콜로라도대에서 심리학을 공부하고 프린스턴대에서 사회 심리학 석사 학위와 박사 학위를 받았다. 2012년 '신체 언어가 그 사람을 결정한다'라는 제목의 테드TED 강연은 3200만 조회를 돌파하며 테드 역사상 두 번째로 많은 조회 수를 기록했다. 미국 심리 학회가 선정한 '2011년 떠오르는 스타', 〈타임〉이 선정한 '2012년 세계에서 가장 영향력 있는 심리학자', 〈비즈니스 인사이더〉가 선정한 '2013년 세계를 바꾸는 50인의 여성'에 이름을 올렸다.

에이미 커디 지음 | 이경식 옮김 | 알에이치코리아 | 2017년 2월 | 418쪽 | 18,000원(이북 12,600원)

프레즌스—잠재력을 최대로 끌어낼 수 있는 상태

성공하는 사람들은 공통적으로 남다른 자신감과 평정심, 열정, 열망을 가지고 있다. 《자존감은 어떻게 시작되는가》는 예리한 관찰력으로 성공하는 사람들의 이면에 숨어 있는 본질을 설명한다. 그들은 나른 사람들이 자신을 어떻게 생각하는지 고려하지 않고 현재에 온전하게 집중하며 목소리, 몸짓, 표정 등을 일치시킨다는 것이다. 그들을 신뢰할 수밖에 없는 이유는 그들이 보이는 몸짓과 표정 등은 일부러 가장하기가 쉽지 않기 때문이다. 용감하고 자신감 넘친다고 느낄 때, 자신의 목소리는 상대에게 신뢰를 줄 수 있다.

'프레즌스presence'는 '사람이나 사물이 특정한 곳에 있다'는 의미의 존재감, 실재감을 뜻한다. 이 책에서 말하는 '프레즌스'는 '자신의 진정한 생각, 느낌, 가치 그리고 잠재력을 최고로 이끌어 낼 수 있도록 조정된 심리 상태'를 의미한다. 현재에 온전하게 몰입할 때 내가 가진 최고의 상태를 만날 수 있다. 프레즌스는 생겼다가 사라지기를 수시로 반복하는데 이를 유지하기 위해서는 일상에서 자세나 태도 같은 신체 언어를 조금씩 바꿔 스스로를 자극하는 것만으로도 충분하다.

> 강력함을 느끼는 사람은 자기와 관계를 맺는 사람을 보다 우호적으로 바라본다.
> 무력함을 느끼는 사람은 반대로 낯선 상대에게서 호의보다 위협을 먼저 본다.—197쪽

프레즌스의 가장 중요한 전제 조건은 자신에 대한 믿음이다. 자신의 감정, 믿음, 가치, 능력을 진심으로 믿을 때 평정심, 몰입 같은 긍정적인 심리 상태를 유지할 수 있다. 자신이 좋아하지 않는 제품을 다른 사람에게 소개하거나 팔아야 했던 경우, 혹은 자신이 불확실하다고 생각하는 아이디어를 누군가에게 설득해야 했던 경우를 생각해 보자. 이럴 때 우리는 답답하고 우울하고 주눅이 든다. 이런 느낌, 감정 상태는 숨기기 어렵다. 표정이나 말투, 태도로 나타나 정직하지 않다는 느낌을 준다. 자신이 진심으로 믿지 않는 것을 남들에게 설득하기 어려운 이유는 표정과 말투, 태도에서 이미 지고 들어가기 때문이다.

프레즌스는 유능하지 않지만 유능하게 보이는 위장술에 관한 것이 아니다. 자신이 진짜로 가지고 있는 능력을 신뢰하고 그것을 밖으로 드러내는 것과 관련된 것이다. 자신의 진정한 모습을 표현하는 걸 가로막는 일체의 장벽을 부수는 것이며, 자신이 진정으로 유능하다는 사실을 스스로 인정하도록 유도하는 개념이다.

상대방에게 좋은 인상을 심어 주기 위해 노력해야 하는 것일까? 이 책은 상대방에게 좋은 인상을 주려고 노력하지 말라고 말한다. 인상을 관리하거나 조작하는 것이 효과가 없다는 사실은 이미 밝혀졌다. 상대방에게 비칠 이미지가 아니라, 자기 자신에게 비칠 이미지에 초점을 맞춰야 한다. 그러려면 자신의 가치를 정확하게 아는 것이 중요하다. 책에서 제시한 가장 좋은 방법은 자신에게 중요한 것을 직접 글로 적는 것이다. 이 행동은 스트레스 호르몬인 코르티솔 수치를 낮춰 준다. 자신이 누구인지 아는 것만으로도 삶의 의미, 목적을 인식할 수 있다는 것이다.

몸은 거짓말을 하지 않는다

저자가 태도와 표정을 강조하는 이유는 '동시성synchrony'이라는 개념 때문이다. 표정, 행동, 말이 조화를 이루는 것이 프레즌스다. 그런데 말은 통제할 수 있지만 몸은 통제가 불가능하다. 몸은 거짓말을 하지 않는다. 표정이나 행동 등 비언어적 요소는 의지대로 관리할 수 없다. 모든 사람은 얼굴 표정이 뜻하는 내용을 매우 빠르고 정확하게 인식하기 때문에 진실하지 않은 것은 반드시 몸으로 표출된다. 남에게 어떻게 보일까에 집중해서는 안 된다는 것이다.

사람은 누군가를 처음 만났을 때 무의식적으로 '내가 이 사람을 믿어도 될까'와 '내가 이 사람을 존중할 수 있을까'를 빠르게 파악한다. 진화론적 관점에서 어떤 사람을 믿어도 될지 말지를 빨리 판단해야 생존에 더 유리하기 때문이다. 저자는 이것을 각각 '온정'에 대한 관심과 '역량'에 대한 관심이라고 정리한다. 우리는 어떤 사람을 처음 만났을 때 보통 그 사람이 유능하기보다는 마음이 따뜻하다거나, 마음이 따뜻하기보다는 유능하다는 식으로 생각한다. 두 가지 측면에서 모두 부정적이거나 긍정적으로는 바라보는 경우는 많지 않다고 한다. 사람은 자기가 내리는 판단과 구분이 분명한 걸 좋아하기 때문이다. 그리고 새로 만난 사람을 기존에 자기가 정리해 두었던 여러 유형 가운데 하나로 분류한다.

우리는 처음 만나는 사람을 신뢰할 수 있는지를 판단하려 하는 동시에, 자신이 상대방에게 유능한 사람으로 보이길 바란다. 유능하다고 인정받으면 자신에게 직접적 이익이 될 거라고 생각하기 때문이다. 하지만 유능하게 보이고 싶은 욕망이 크면 사회적인 교류에서 문제를 겪을 확률이 높다. 또 도움을 청하거나 어려운 일을 털어놓는 행위를 무능력한 것으로 여기기 때문에 타인과 교감 수준이 얕고 동료나 관리자와도 잘 어울리지 못한다. 5만 1836명의 리더를 조사한 결과 호감을 주지 않으면서 유능한 리더로 인정받는 사람은 2000명 중 1명에 불과했다.

가슴을 펴고 걸어라, 그러면 자신감이 생긴다

프레즌스를 유지하는 데 가장 크게 방해가 되는 것은 '불안'과 '무기력'이다. 간단한 신체 언어 조작을 통해 그 장애물에서 벗어나 '자신감'과 '평정심'을 되찾을 수 있다. 근대 심리학의 창시자 윌리엄 제임스가 '행복해서 노래하는 게 아니라, 노래를 불러서 행복한 것'이라고 주장한 이후 심리학은 '신체와 감정의 관계'를 밝히려는 작업을 진행해 왔다. 이제는 신체적인 표현이 여러 감정을 유발하며, 신체 언어를 조작함으로써 감정과 심리 상태를 조절할 수 있다는 것이 밝혀졌다. 이것을 심리학에서는 '신체 언어의 자기 충족적 힘'이라고 한다.

자세나 몸짓 같은 신체 언어는 나에 대한 다른 사람의 인식뿐 아니라 나 자신의 인식까지 바꾼다. 힘이 있고 자신감에 차 있는 사람들은 어깨를 쫙 펴고 허리를 세우는 강력한 자세를 취한다. 영화 속의 슈퍼 히어로들이나 서부극 속 존 웨인이 연기한 캐릭터들을 떠올려 보라. 그들은 몸이 왜소하고 근육질이 아니어도 당당하고 힘 있는 자세로, 큰 보폭으로 성큼성큼 걷는다. 이 자세는 의도적인 것이다. 이처럼 의도적으로 강력한 자세를 취하기만 해도 실제 힘이 더 세진 것처럼 느껴진다. 강력한 자세가 몸에서 분비되는 호르몬에 영향을 미치기 때문이다. 힘 있는 자세를 취하면 자신감을 높여 주는 테스토스테론 분비가 늘고, 스트레스를 유발하는 코르티솔 분비가 준다. 반면에 몸을 웅크리고 힘없는 자세를 취하면 테스토스테론이 감소하고 코르티솔이 증가한다.

자세뿐만 아니라 목소리 크기나 말하는 속도도 우리의 힘을 드러낸다. 스스로 강력하다고 느낄 때, 우리는 말을 더 천천히 하고 뜸을 더 많이 들이며 서두르지 않는다. 주어진 시간을 소비할 권리가 자신에게 있다고 느끼기 때문이다. 실험에 의하면 사람들은 무리 중에서 낮은 목소리로 이야기하는 사람을 지위가 높거나 권력을 가진 사람이라 판단한다고 한다. 사람의 목소리는 불안과 위협에 영향을 받는데, 불안과 위협은 고음으로 말하도록 유도한다. 스스로 강하고 안정적이라고 느낄 때 우리의 후두 근육은 느슨하게 확장되고 이에 따라 목소리 톤은 자동적으로 낮아진다. 말을 천천히 한다는 것은 다른 사람이 도중에 끼어들지도 모른다는 위험을 감수하는 것이다. 누군가 자신이 말하는 도중에 끼어드는 것을 전혀 두려워하지 않는다는 걸 과시하는 행위다.

프레즌스 최대의 적은 스마트폰

자세와 동작과 말을 통해 신체 언어를 확장하면 더 많은 힘과 자신감을 느낄 수 있고 불안이나 지나친 자기 몰두에 덜 시달린다. 그 결과 전체적으로 긍정적인 심리 상태를 유지할 수 있다. 외상 후 스트레스 장애에 시달리는 참전 군인들이나 우울증 환자들에게 호흡에 치중하는 요가를 처방하거나 걸음걸이를 바꾸게 하는 것만으로도 증상이 호전된 사례들이 이를 증명한다. 이런 자세를 직접 할 수 없는 장애인들은 당당한 자세를 상상하는 것만으로도 같은 효과를 냈다.

현대인들의 신체 언어에 가장 위협적인 존재는 바로 스마트폰이다. 저자는 우리가 스마트폰을 비롯한 각종 소형 전자 기기를 만지작거리면서 몇 시간씩 보낸다면, 무력한 자세를 취할 때 나타나는 것과 동일한 효과가 발생하지 않을까 하는 궁금증을 가지고 실험을 실시했다. 장시간 스마트폰 사용이 만든 '거북목' 현상은 결단력 및 과단성의 감소를 초래했다. 어쩌면 스마트폰의 가장 큰 해악은 현재에 집중할 수 있는 힘과 능력을 억압하는 '잘못된 자세'로 우리를 끊임없이 몰아가는 것일지도 모른다.

 좋아요! 저자가 어려움을 극복하며 배운 점을 전해 준다는 것이 느껴진다.

 아쉬워요! 왜 제목과 표지를 바꾸었는지 모르겠다.

내가 아침형 인간이
되지 못하는 이유

나는 오늘부터 달라지기로 결심했다
-어제보다 나은 내일을 꿈꾸는 맞춤형 습관 수업
Better Than Before-Mastering the Habits of Our Everyday Lives

한마디로 이 책은!

양치하기, 밥 먹기, 샤워하기, 텔레비전 보기, 잠자기 등 우리가 매일 하는 행동 중 약 40퍼센트가 반복적으로 일어난다. 저자 그레첸 루빈은 이런 습관을 조정해야 삶을 원하는 대로 이끌 수 있다고 말한다. 아침 일찍 일어나기, 규칙적으로 생활하기, 매일 운동하기 등 좋은 습관은 많지만 자신이 어떤 사람인지 파악하지 않은 채 무작정 남이 하는 대로 따라 해 봤자 습관으로 굳어지지 않는다고 말한다. 《나는 오늘부터 달라지기로 결심했다》는 자기 성향에 대한 이해를 바탕으로 좋은 습관을 들일 수 있는 방법, 나쁜 습관을 버리지 못할 때의 대처법 등을 소개한다.

저자 그레첸 루빈 예일대에서 영문학을 전공했고, 같은 대학 대학원에서 법학 석사 학위를 받았다. 〈예일 법률 저널〉 편집장으로 근무했다. 미국 최초의 연방 대법원 여성 대법관 샌드라 데이 오코너의 보좌관과 연방 통신 위원회 의장 수석 고문을 거쳐 전업 작가가 되었다. 저서로는 30여 개의 언어로 번역되어 전 세계적으로 200만 부 이상 판매된 《무조건 행복할 것》을 비롯해 《처칠을 읽는 40가지 방법》, 《집에서도 행복할 것》, 《지금부터 행복할 것》 등이 있다.

그레첸 루빈 지음 | 유혜인 옮김 | 비즈니스북스 | 2016년 11월 | 328쪽 | 14,800원(이북 10,360원)

> 습관을 시작하기에 가장 좋은 날은 언제일까? 바로 지금이다.
> 그런데 대개는 지금보다 나중이 더 쉽지 않을까 하고 생각한다.
> 미래의 나는 계획하고 노력하지 않아도 자연스럽게 좋은 습관을 시작할 것 같지 않은가.
> 그러나 미래의 '나'는 없다. 현재의 '나'만 있을 뿐이다.—132쪽

이젠 좀 달라지고 싶은데 나는 왜 바뀌지 않을까?

습관은 특정 상황에서 의식이나 자각 없이 자주 되풀이하는 반복 행동이다. 하지만 이 책의 저자는 습관을 '결정하지 않는 행동'이라고 정의한다. 어떤 행동이 습관으로 자리 잡으면 결정할 필요가 없이 행동할 수 있다. 저자는 변화를 원하지만 쉽게 달라지지 않는 자신에게 매번 실망하는 사람들에게 습관을 바꿔야 원하는 삶을 살 수 있다고 말한다. 그럼에도 왜 좋은 습관은 들이기가 어려운 걸까?

몇 년 전 아침형 인간 붐이 일면서 너나없이 새벽에 일어나기 위해 애쓰던 시기가 있었다. 그런데 그렇게 노력하던 사람들이 과연 모두 아침형 인간이 되었을까? 대다수의 사람들이 얼마 지나지 않아 원래 자신의 모습으로 돌아갔다. 자신의 성향은 고려하지 않고 남들이 좋다고 하는 습관을 억지로 나에게 맞추려고 했기 때문이다. 저자는 무작정 좋은 습관을 가지려고 하기보다는 자신이 어떤 사람인지 깨닫고 자신에게 맞는 방법을 찾는 것이 훨씬 더 현명한 길이라고 강조한다. 누구에게나 통용되는 습관은 없다는 것, 그래서 자신의 성향을 찾고 그에 맞는 습관을 고르는 일이 중요하다는 것이다.

자제력이 약한 사람에게는 습관이 답이다

자제력은 우리 삶에서 아주 중요한 역할을 한다. 자제력이 강한 사람은 남보다 행복하고 건강하며 배려심이 깊고 인간관계가 좋다. 갈등과 스트레스를 잘 다스리고 나쁜 습관을 멀리하며 자신과의 약속도 잘 지킨다. 그런데 한 연구에 따르면 자제력으로 유혹을 이겨 내려 한 사람 중 절반이 실패한다고 한다. 대규모로 이뤄진 다국적 조사 결과를 보더라도 자신의 결점을 자제력 부족으로 꼽는 사람이 가장 많다.

자제력의 본질을 놓고 의견이 분분하다. 한편에서는 자제력에는 한계가 있고 쓸수록 바닥난다고 주장한다. 다른 한편에서는 자제력에는 한계가 없기 때문에 행동을 바

꾸면 새로운 힘이 나온다고 반론한다. 플로리다 주립대 로이 F. 바우마이스터 교수가 쓴《의지력의 재발견》이라는 책에는 다음과 같은 구절이 있다.

"자제력이 강한 사람은 욕구를 참는 시간이 상대적으로 짧다. 이들은 강한 자제력을 비상시에 사용하기보다 일이나 공부에 도움을 줄 하루 일과를 정하고 습관을 들이는 데 쏟는다."

자제력에 한계가 있든 없든 습관을 들이면 자제력을 발휘할 필요가 없어진다는 말이다. 습관이 중요한 이유는 이 때문이다.

인간은 네 가지 유형으로 나뉜다

새로운 습관을 들일 때 우리는 스스로 기대치를 정한다. 따라서 습관을 이해하려면 사람이 기대를 받아들이는 방식을 먼저 알아야 한다. 기대는 외적 기대와 내적 기대로 나뉜다. 저자가 관찰한 바에 따르면 사람은 크게 네 가지 유형으로 나뉜다.

준수형 외적 기대와 내적 기대를 모두 충족시킨다. 이들은 '오늘 일정은 어떻게 되고 무슨 일을 해야 하지?'라고 생각한다. 자신이 어떤 기대에 부응해야 하는지 알고자 하고 그 기대를 충족시키려 노력한다. 실수를 하거나 누군가를 실망시키는 일을 싫어한다. 자신이 세운 기대치도 충족해야 하기에 자기 보호 본능이 강하다. 자기 주도적 성향이 강해 계획을 잘 따르고 약속을 지키며 마감 기한을 어기지 않는다.

의문형 모든 기대에 의문을 제기한 뒤 타당하다고 판단되는 기대만 충족시킨다. 외적 기대에 저항하고 내적 기대는 충족시키는 유형이다. 보통 '오늘 할 일은 무엇이고 왜 해야 하지?' 이런 생각을 하는 사람들이다. 심사숙고해서 스스로 결론을 내리기 때문에 머리를 많이 쓰고 근거를 철저히 조사한다. 근거가 충분하다고 판단하는 기대는 따르지만 근거가 부족한 기대는 거들떠보지도 않는다. 따라서 이들을 움직이는 힘은 이성과 논리, 타당성이다. 무엇이 옳은 행동인지 스스로 결정하고 목적이 타당해 보이지 않으면 절대로 하지 않는다.

강제형 외적 기대를 충족하고 내적 기대에 저항하는 유형이다. '오늘 반드시 해야 할 일이 뭐더라?'라고 생각한다. 이들은 외적 기대와 마감 기한을 잘 지키고 책임을 완수하려고 노력한다. 다만 내적 기대를 거부하는 유형이라 자기 의지로 행동하는 것에 서툴다. 자신에게 부과된 임무에 대해서는 어떻게든 책임을 완수하려 하기 때문에 훌륭한 동료, 가족 구성원, 친구로 인정받는다. 반면 자기 자신과의 약속은 어겨도 된다고 생각한다. 독서를 위해 북클럽에 가입하고 운동이 필요하다고 생각되면 헬스클럽에서 개인 강습을 받는다. 하지만 타인의 부탁을 거절하지 못해 외적 기대의 무게를 이기지 못하고 지쳐 버릴 수도 있다.

저항형 외적 기대와 내적 기대에 모두 저항하는 유형이다. 자유롭게 행동하는 이들은 아침에 일어나 '오늘 하고 싶은 일이 뭐지?'라고 생각한다. 외부와 내부를 가리지 않고 모든 기대에 저항하기 때문에 통제의 주체가 자신이어도 통제를 거부하고 규칙과 기대를 무시하는 경우가 많다.

어떻게 해야 습관을 바꿀 수 있을까?

모든 사람에게 통하는 한 가지 해법은 없다. 창의적인 사람이나 일을 잘하는 사람의 습관을 따라 하면 자신도 그렇게 될 것이라고 기대한다. 하지만 습관은 우리 각자의 몸에 맞아야 한다. 소소하게 시작할 때 성공하는 사람이 있는 반면, 처음부터 일을 크게 벌여야 하는 사람도 있다. 운동을 예로 들어 보면 준수형은 운동이 해야 할 목록에 있으면 실행한다. 의문형은 운동을 해야 하는 이유부터 찾는다. 강제형은 다른 사람과 운동하는 약속을 정하고, 저항형은 그저 하지 않으려고 한다.

사람의 성향은 바뀌지 않는다. 성향은 고정적이라 결점을 보완할 수는 있지만 바꿀 수는 없다. 모든 성향에는 장단점이 있다. 좋은 습관을 들이고 싶다면 무엇보다 자신이 어떤 유형인지 파악한 후 자기에게 맞는 방법을 택해야 한다.

 좋아요! 습관을 어떻게 만들 것인가에 대한 해법을 제시해 준다. 아무리 노력해도 변화가 일어나지 않는다고 생각하는 사람들은 많은 도움을 받을 것이다.

 아쉬워요! 사람은 네 가지 유형으로 나뉜다는데, 왜 그들이 그렇게 나뉘는지는 설명하지 않는다. 어쩌면 쉽게 해답을 제시할 수 없는 문제이기 때문은 아닐까?

가장 중요한 순간에
제 실력을 발휘하기 위해 알아야 할 것들

포텐셜
–결정적인 순간에 해내는 사람들의 1% 차이
The Pressure Principle-Handle Stress, Harness Energy, and Perform When It Counts

한마디로 이 책은!

2017년 은퇴를 선언한 일본의 피겨 스케이팅 스타 아사다 마오는 중요한 경기에서 심리적 압박감을 극복하지 못해 실수를 연발하는 일이 잦았다. 아사다 마오의 오랜 라이벌이던 김연아 선수는 오히려 중요한 경기일수록 심리적 압박감에 흔들리지 않고 탁월한 기량을 선보였다. 기대 이하의 결과가 나와도 평정심을 잃지 않는 강한 정신력을 보여 주었다. 심리적 압박감에 대처하는 방식이 무한한 잠재력을 지닌 두 사람의 운명을 갈라놓았다. 스포츠 세계에서만 이런 일이 벌어지는 것은 아니다. 중요한 프레젠테이션이나 시험에서 긴장한 탓에 잠재력에 비해 좋지 못한 결과를 내는 사람이 있는가 하면, 오히려 압박 상황에서도 자신의 잠재력을 끌어내 탁월한 성과를 보여 주는 사람도 있다. 많은 사람이 심리적 압박감으로 인해 자신의 잠재력을 제대로 활용하지 못한다. 성공한 사람들은 심리적 압박감을 성공의 원동력으로 삼았다. 최고의 능력을 발휘해야 할 결정적인 순간에 이 책은 든든한 힘이 되어 줄 것이다.

저자 데이브 알레드

축구, 유도, 럭비, 크리켓 등의 종목에서 세계 일류 스포츠 선수 및 스포츠 팀의 트레이너와 코치로 일하고 있다. 영국 러프버러대에서 '압박감을 갖는 상황에서의 수행'이라는 주제로 박사 학위를 받았다. 영국 스포츠 코치 명예의 전당 회원이며, 뛰어난 성과를 올린 스포츠 코치에게 수여하는 무사비니 메달과 대영 제국 훈장을 받았다. 축구 선수 조 콜, 럭비 선수 조니 윌킨슨, 골프 선수 파드리그 해링턴, 프란체스코 몰리나리, 데이비드 제임스, 남아프리카 공화국 럭비 국가 대표 팀 스프링복스, 영국 유도 국가 대표 팀, 프리미어리그 맨체스터시티 FC, 선덜랜드 AFC 등의 코치로 일한 바 있다.

데이브 알레드 지음 | 이은경 옮김 | 비즈니스북스 | 2017년 4월 | 280쪽 | 14,000원(이북 9,800원)

가장 중요한 순간 평소 실력을 발휘하지 못하는 사람들

압박감은 의식적 혹은 무의식적으로 어떤 과정에 집중하는 능력을 방해하고 이로써 기술 퇴보와 수행 수준 저하를 유발하는 감각이다. 압박감은 의식적 혹은 무의식적으로 큰 영향을 준다. 일단 압박감이 증가하면 시력과 청력이 떨어지고 사고가 좁아진다. 압박감의 초기 단계에서는 이 변화를 인지하기 어렵다. 그러다가 압박감이 극한에 이르면 사실상 감각의 기능이 정지된다. 이 정도가 되면 압박감에 대처하기란 사실상 불가능하다.

이런 현상이 누구에게나 일어나는 것은 아니다. 어떤 이들은 압박감의 상황에서도 훌륭하게 기량을 발휘한다. 오히려 압박을 받는 상황에서 더 뛰어난 집중력과 기량을 보여 주는 사람들도 있다. 그들은 그런 능력을 타고난 걸까? 압박을 받으면 수치심을 느끼는 사람도 있다. 다른 사람들은 느끼지 않는 불안과 긴장을 자신만 느낀다고 생각한다. 그러나 심리적 압박감은 누구나 갖는 자연스러운 현상이다.

압박감은 불안감을 부른다. 불안감은 특정한 자극 혹은 우려와 두려움이 존재하는 환경에서 보편적으로 나타나는 감정적이고 인지적인 반응이다. 불안에는 평소에도 불안함을 느끼는 '특성 불안'과 특정한 상황에서만 불안한 '상태 불안'이 있다. 특성 불안은 개인적인 성향에서 비롯된 것이고, 상태 불안은 특정한 조건이나 상황에서 생기는 불안이다. 상태 불안의 가장 큰 이유 중 하나는 실패에 대한 두려움이다. 이 두려움의 강도는 우리가 상황을 어떻게 지각하는지에 따라 달라진다. 면접에 대한 긴장감, 프레젠테이션에 대한 공포, 성과에 대한 부담감 등이 압박감을 만든다. 어떻게 해야 심리적 압박감을 이겨 내고 오롯이 자신의 잠재력을 성과로 연결시킬 수 있을까?

압박감을 이기려면 부정적인 말을 쓰지 마라

저자는 압박감을 통제하려면 언어를 지배하는 것이 가장 중요하다고 말한다. 언어는 압박감에 큰 영향을 미친다. 운동선수들은 코치가 언어를 어떻게 사용하느냐에 따라 기량을 제대로 발휘하기도 하고 어이없는 실수를 하기도 한다. 저자는 스포츠 코칭 세계에서 언어를 효율적으로 사용하는 기술을 간과하는 경우가 많다고 지적한다. 비즈니스 세계에서도 마찬가지다.

미국 심리학자 존 바그는 언어가 잠재의식, 태도 그리고 행동에 미치는 영향력을 연구한 적이 있다. 뉴욕대 학생들을 두 그룹으로 나누고 낱말이 여러 개 적힌 카드를 배열하는 연습을 시켰다. 이 실험은 사실 단어 배열과는 아무 관계가 없는 것이었다. 카드에 적힌 단어가 실험 참가자들에게 어떤 영향을 미치는지를 알아보기 위한 것이었다. 첫 번째 집단에게는 공격적, 내담한, 무례한, 괴롭히다, 강요하다, 침해하다와 같은 단어를 주었다. 두 번째 집단에게는 존경하다, 사려 깊은, 감사하다, 참을성 있는, 양보하다와 같은 단어를 주었다. 첫 번째 집단 학생들은 실험이 끝나고 열린 토론에서 목소리를 높이고 다른 사람들의 말을 끊는 등 공격적인 성향을 보였다. 언어가 인간에게 미치는 영향을 단적으로 보여 주는 실험이다.

어떤 언어를 선택하느냐에 따라 우리가 처한 상황을 유리하게 만들 수도 있다. 따라서 부정적인 말은 쓰지 말아야 한다. 부정적인 말을 쓰는 순간 부정적인 생각에 사로잡히게 된다. 부정적인 프레임에 갇히는 것이다. 하지 '말아야' 할 일을 생각하다 보면 계속 그것만 생각한다. 예컨대 운동선수들에게 '패스를 놓치지 마라', '집중력을 잃지 마라'라고 말하면 패스를 놓치고 집중력을 잃는 생각에 빠져 제 실력을 발휘하지 못하는 경우가 많다. 자신의 한계를 설정하는 단정 짓는 말이나 근거 없는 칭찬도 전혀 도움이 되지 않는다. '만약 내가 이렇게 하면 그렇게 될 것이다'와 같이 현재 시제의 강력하고 긍정적인 언어로 감정을 자극하는 말을 하는 습관을 들여야 한다.

정면 돌파로 압박감에 맞서라

데이브 알레드는 압박이 심한 상황에서는 정면으로 승부하는 선수들이 성과와 몰입도가 높다고 말한다. 회피하거나 도망치는 길을 선택한 선수들은 아무리 실력이 좋아도 결정적 순간에 압박감을 이겨 내지 못하고 실패하는 경우가 무수히 많았다고 한다. 평상시 실력도 중요하지만 압박감 속에서 제 실력을 제대로 발휘할 줄 알아야 한다. 심리적 압박감을 견디지 못하고 상황에 휘둘리는 사람은 평생 제자리걸음을 할 뿐이다.

저자가 만난 스포츠 선수, CEO, 직장인들 역시 어김없이 성장통을 겪었다. 심리적 압박감 때문에 최고의 자리에서 내려오기도 했다. 이들은 어떻게 심리적 압박감을 극복하고 지금의 자리에 다시 설 수 있었을까? 핵심은 압박감을 완전히 제거하지는 못한다 하더라도, 이를 다스릴 충분한 통제력을 확보하는 것이다.

저자는 자신의 '한계치'를 넘어서고 자신의 '최대치'를 발휘하는 것이 진짜 성공이라고 강조한다. 스포츠, 직장, 일상적인 업무, 회의 발표 등 어떤 경우에서든 심리 상태와 불안감을 효과적으로 통제하면 자신의 최대치를 이끌어 낼 수 있다. 이런 불안을 완화하기 위해서는 성공 추구 동기와 실패 추구 동기를 정확하게 파악하고, 그에 따른 신체적 반응을 다스려야 한다.

> 어떤 선수를 두고 특별하다거나 천부적인 재능을 지녔다고 표현할 때 간과하는 것이 있다.
> 기량을 최고 수준으로 끌어올리기 위해
> 그들이 특별한 기술을 배우고 연습하고 단련하느라 보낸 시간이다.
> 사람들은 이 점을 생각하지 않는다.—101쪽

뇌는 편안하고 안정적인 컴퍼트 존에 머무르기를 좋아하지만 성장을 위해서는 어글리 존에서 불안과 좌절, 시행착오를 극복하는 법을 훈련해야 한다. 극도의 스트레스 상황에서도 평정심을 유지하며 자신의 페이스대로 움직여야 한다. 연습 때는 잘하다가 실전에서 유독 약한 사람이 있다. 이를 극복하려면 실전과 같은 상황을 만들어 무수히 연습을 해야 한다. 압박 상황을 익숙한 것으로 만드는 것이다. 피아니스트가 리허설을 하거나 운동선수들이 연습 경기를 하는 이유가 다 여기에 있다. 이런 과정을 거치면 심리적 압박감을 이겨 내고 실전에 강해져 최고의 기량을 펼칠 수 있다.

　내일 당장 당신은 시험, 토론, 회의, 프레젠테이션에 참석해야 할지도 모른다. 당신의 잠재력을 얼마나 발휘할 수 있다고 보는가? 인생은 자주 스포츠에 비유되곤 한다. 세계적 선수와 팀을 배출한 저자의 현실직이고 구체직인 압박감 극복 기술들은 우리 인생에 적용해 봐도 손색이 없다. 최고 선수들과 함께한 다양한 사례에 귀 기울이다 보면 심리적 압박감을 통제하는 법을 자연스럽게 터득할 것이다. 결정적인 순간, 내가 가진 최고의 능력을 보여 줘야 할 때 이 책이 든든한 지원군이 될 것이다.

 좋아요! 최고 수준의 운동선수들도 긴장하고 떤다는 사실을 알게 된다.

 아쉬워요! 비즈니스에 적용할 수 있는 해법이 더 많아야 했다.

성공하고 싶다면
먼저 매일 7시간 이상 잠을 자라

수면 혁명
-매일 밤 조금씩 인생을 바꾸는 숙면의 힘
The Sleep Revolution-Transforming Your Life, One Night at a Time

한마디로 이 책은!

'적게 자야 성공한다.'

'부지런한 자가 성공한다.'

우리가 많이 듣던 말들이다. 성공하려면 잠을 줄이는 게 상식이 되어 버렸다. 하지만 역사를 거슬러 올라가 보면 수면에 대한 우리 인식이 틀렸다는 사실을 인정하게 된다. 또 수면에 대해 과학이 찾아낸 비밀들은 수면에 대한 우리 생각을 바꾸게 한다. 잠을 대체할 수 있는 물질이나 방법은 없다. 수면 부족을 해결하는 유일한 길은 잠을 잘 자는 것뿐이다. 맑고 생생하고 건강한 몸과 정신을 위해서는 매일 7시간 이상의 수면이 필요하다. 수면에 대한 우리의 생각을 뒤집어 놓는 책이다.

저자 아리아나 허핑턴 진보적 온라인 뉴스 매체 〈허핑턴 포스트〉의 공동 설립자이자 편집장. 2005년 설립된 〈허핑턴 포스트〉는 6년 만에 150배 성장하며 〈뉴욕 타임스〉, 〈월 스트리트 저널〉 등 전통 미디어의 아성을 무너뜨릴 매체로 자리 잡았다. 1950년 그리스 아테네에서 태어났고, 영국 케임브리지대에서 경제학 석사 학위를 받았다. 오랫동안 작가이자 언론인으로 활동했으며, 2003년 무소속으로 캘리포니아 주지사에 도전했다가 아널드 슈워제네거에게 패하기도 했다.

아리아나 허핑턴 지음 | 정준희 옮김 | 민음사 | 2016년 9월 | 444쪽 | 16,800원(이북 11,800원)

현대인 대부분은 수면 부족 상태에 빠져 있다. 영국 국민들을 대상으로 진행한 조사에서 수면 부족 현상을 겪는 인구가 2011년 32퍼센트에서 2014년 60퍼센트로 크게 늘어났다. 서울 시민의 평균은 수면 시간은 6시간 3분, 도쿄는 5시간 45분, 두바이는 6시간 13분, 싱가포르는 6시간 27분이다. 지난 50년간 수면 시간은 7시간 30분에서 7시간 이하로 떨어졌다. 어쩔 수 없는 상황 때문에 충분히 잘 수 없는 사람도 많고, 잠을 줄여 가며 공부하고 일하는 것을 성실함의 상징처럼 여기는 사람들도 있다. 하지만 잠은 인생의 모든 요소와 관련되어 있어 함부로 취급하기 어렵다.

현대 과학은 수면에 대한 고대인들의 생각이 옳다고 말한다. 고대인들에게 수면은 숭배의 대상이었다. 그리스에는 히프노스Hypnos, 로마인에게는 솜누스Somnus라는 잠의 신이 있었다. 수면은 부유한 사람들과 신의 은총을 받은 사람들만이 누릴 수 있는 사치였다. 아리스토텔레스 같은 고대 그리스 철학자들도 잠의 회복 기능을 강조하며 잠의 가치를 높이 평가했다. 중세와 르네상스 시대를 거쳐 17세기에 들어서면서 변화가 일기 시작했다. 1318년 파리에 처음으로 등장한 가로등은 1667년에 이르러 도시 전체에 대규모로 설치되었다. 인간이 드디어 어둠을 걷어 내기 시작한 것이다. 밤을 환히 밝히려는 이유는 밤에 대한 사람들의 생각이 바뀌었기 때문이다. 인류는 어둠을 위험하고 피해야 할 것으로 생각했던 것이다.

> 인공조명으로 밤이 정복되었고, 기계화로 야간 시간이 현금화되었으며,
> 자본주의로 수면이 쓸모없는 존재로 전락했다.—97쪽

18세기 산업혁명 시기에 접어들면서 수면을 극복의 대상으로 여기게 되었다. 공장은 24시간 교대 근무로 쉴 새 없이 돌아갔다. 1920년대 철강 산업 노동자들은 24시간을 2교대로 근무했다. 수면은 나약하고 게으른 것으로 인식되었다. 적자생존 이론의 영향으로 게으른 사람은 살아남을 수 없다는 인식이 팽배해지면서 잠에 대한 인식은 더욱 악화되었다. 에디슨은 '잠은 불필요한 것이며, 4~5시간 이상 잘 필요가 없다'고

말했고, 나폴레옹은 '남자는 6시간, 여자는 7시간, 바보는 8시간을 잔다'고 말했다. 성공하려면 수면을 극복해야 한다는 생각이 자리를 잡았다. 이때부터 점차 잠을 줄여 가며 일을 해야만 했다. 1969년보다 1987년에 연간 163시간 더 많이 일했다. 1978년 시티은행은 '시티는 결코 잠들지 않습니다'라는 광고 문구를 내세우기도 했다. 사회와 집단 전체가 수면에 대한 착각에 빠지기 시작했다.

6시간 수면도 부족하다

많은 사람이 4~6시간 자고도 7~8시간 잔 것만큼 일할 수 있다고 믿는다. 건강, 생산성 그리고 판단력에 심각한 지장을 받고 있음에도 자각하지 못한다. 잠을 자지 못해 피곤한 것은 개인의 문제이며 개인이 해결해야 할 과제라고 생각한다. 하지만 수면 부족은 개인의 문제가 아니라 산업화 사회가 만든 망령에 사로잡힌 집단 착각의 문제다. 바로 잡아야 할 심각한 문제임에도 이 상태를 바로잡으려는 노력을 하지 않는다. 성공은 번아웃과 스트레스를 통해 이룰 수 있다고 강조한다. 사회 전반적으로 수면 부족을 미화하고 찬양한다.

수면 부족 현상은 어떤 문제를 만들고 있을까? 17~19시간 깨어 있는 사람은 판단력, 반응 시간, 상황 인식, 기억력, 소통 능력이 50퍼센트까지 저하된다고 알려져 있다. 이는 혈중 알코올 농도 0.05일 때의 상태와 비슷하다. 졸음운전으로 인한 대형 참사는 잠을 자지 않았을 때 신체 기능이 얼마나 떨어지는지를 단적으로 증명한다.

수면 부족은 단지 졸음을 유발하는 것으로 그치지 않는다. 건강에 대한 거의 모든 문제와 관련된다. 당뇨병 발병률 증가, 암의 빠른 전이, 과체중, 우울증, 무력감, 스트레스 증가 등도 수면 부족에서 비롯된다.

당연히 업무에도 영향을 미친다. 어떤 실험에 의하면 2주 동안 매일 6시간만 자도록 한 사람들의 신체 상태는 2주 후 24시간 동안 잠을 자지 못한 사람과 비슷한 신체 상태를 보여 주었다. 4시간씩만 잔 사람들은 2주 후 48시간 동안 잠을 자지 않은 사람들과 비슷했다. 집중력 저하, 흥미 상실, 기억력과 인지력 저하 등 거의 모든 신체 능력이 감소했다.

조금만 자도 아무런 불편 없이 일상생활이 가능한 쇼트 슬리퍼short sleeper도 있다. 하지만 의학적인 연구에 의하면 이들은 전체 인구의 1퍼센트 미만에 불과하다. 이들

미국 국립 수면 재단의 권장 수면 시간
▶아동 및 학생
신생아(0~3개월) : 14~17시간
영아(4~11개월) : 12~15시간
유아(1~2세) : 11~14시간
미취학 아동(3~5세) : 10~13시간
취학 아동(6~13세) : 9~11시간
10대(14~17세) : 8~10시간
▶청년 이상
청년(18~25세) : 7~9시간
성인(26~64세) : 7~9시간
노인(65세 이상) : 7~8시간

은 훈련이나 의지로 이런 능력을 갖게 된 것이 아니다. 대부분 유전적 돌연변이의 결과다. 일반인들은 아무리 노력해도 쇼트 슬리퍼가 될 수 없다. 쇼트 슬리퍼가 되는 유일한 길은 수정란 단계에서 이들의 유전자를 이식하는 것이다.

잠을 대체할 수 있는 것은 없다

불면증에 시달리는 사람들은 잘 자기 위해 수면제를 사용하면 되지 않을까 생각한다. 하지만 수면제는 가장 위험한 약물 중 하나다. 미국인의 약 30퍼센트가 수면제(수면 유도제)를 이용하고 있는데, 수면제는 깨어 있지는 않지만 진짜 자고 있는 것도 아닌 위험한 상황을 만들어 낸다. 자신이 한 행동을 제대로 인지하지 못하는 경우도 생겨난다고 한다. 따라서 수면 장애는 생활 방식의 문제이며, 약으로는 절대 해결되지 않는다는 사실을 기억해야 한다.

수면과 휴식의 대체제로 널리 사용되는 커피나 고카페인 음료 역시 위험하다. 카페인은 졸음이 오게 하는 아데노신이라는 신경 물질의 흡수를 막는다. 잠깐의 각성 효과는 얻을 수 있으나 그렇게 얻은 시간은 결국 잠으로 갚아야 한다. 과도한 카페인 섭취는 숙면을 방해하고 충분히 회복하지 못한 뇌는 다시 카페인을 찾는 악순환에 빠지게 한다. 이런 일이 반복되면 만성 피로와 수면 장애에 빠진다.

미국 국립 수면 재단에서 발표한 권장 수면 시간은 참고할 만하다. 잠을 대신할 수 있는 것은 없다. 잠 외의 방법으로 수면 부족 현상을 해결할 수는 없다. 미 국방부는 오랫동안 잠을 대체할 수 있는 물질이나 훈련법에 대한 연구를 진행해 왔다. 병사들의 잠은 전투에서 심각한 위험 요인이 되기 때문이다. 하지만 오랜 연구 끝에 잠을 대체할 방법은 없다는 결론을 내렸다. 잠의 효과를 대체하기 위한 물질은 오히려 수많은 부작용으로 이어진다는 것이다. 성공하고 싶다면 잠을 자야 한다. 수면 부족의 시대, 잠을 충분히 자는 사람들은 오히려 성공에 한발 더 가까이 가 있다.

 좋아요! 수면에 대해 전 인류가 착각한 것이 무엇인지를 이야기하는 대목은 칭찬받아야 한다.

 아쉬워요! 〈허핑턴 포스트〉 창업자가 꼭 써야 했던 책일까?

시간과 마음을 비울수록
삶은 충만해진다

위즈덤 2.0
−실리콘밸리에 퇴근 시간을 만든 기적의 강의
Wisdom 2.0-The New Movement Toward Purposeful Engagement in Business

한마디로 이 책은!

실리콘밸리에 '주말'과 '퇴근 시간'을 강조하며 화제를 모은 연례 콘퍼런스 '위즈덤 2.0'은 수천 명의 리더와 직장인의 소진된 마음을 회복시킨 마음 처방 프로젝트다. 이 책은 성과에 대한 불안과 강박 속에서 짧은 휴식조차 허락받지 못하는 현대인들의 지친 뇌와 몸, 그리고 마음을 온전히 회복시켜 줄 새로운 지혜를 알려 준다. '위즈덤 1.0'이 고대의 현자들에게서 이어져 온 날것 그대로의 지혜라면, '위즈덤 2.0'은 디지털 문명에서 날마다 자기 자신을 소진하며 살아가는 현대인에게 맞춘 지혜다. '깜깜하다…… 도저히…… 더 이상은……' 이런 생각에 괴로워하는 사람들, 감정 조절에 매번 실패하고 늘 반응 대기 상태로 살아가는 사람들에게 삶의 균형과 잃어버린 여유 및 행복을 되찾아 주는 책이다.

저자 소렌 고드해머 실리콘밸리 최대 규모의 연례 콘퍼런스 '위즈덤 2.0'의 설립자이자 진행자. 2009년 샌프란시스코에서 시작된 위즈덤 2.0은 일에 파묻혀 살면서 마음과 몸이 지친 사람들로 하여금 잠재된 창의성과 집중력을 찾고 인생에 대한 통찰을 얻을 수 있도록 기획한 프로그램이다. 세계적인 기업가, 명상 전문가, 심리학자, 신경 과학자 등이 연사로 참여한다. 〈뉴욕 타임스〉, 〈허핑턴 포스트〉, 〈파이낸셜 타임스〉, 〈포브스〉 등 언론에 소개되면서 미국 전역에서 화제를 모았고, 유럽과 아시아로 확장해 나가고 있다. 현재 그는 위즈덤 2.0에서 소개하는 통찰의 기술을 세계 전역에 전파하기 위해 힘쓰고 있다.

소렌 고드해머 지음 | 정미나 옮김 | 쌤앤파커스 | 2016년 8월 | 256쪽 | 15,000원(이북 10,500원)

디지털 세상이 가져온 비극

어느 조사에 따르면 온종일 컴퓨터 앞에 앉아 일하는 직장인들은 통상 하루에 50회 이상 이메일을 확인하고 인스턴트 메신저 서비스를 77회 이용한다. 기술은 직장에서 뿐만 아니라 개인의 삶도 완전히 바꿔 놓았다. 직장 밖에서도 업무 이메일을 확인하고, 단톡방에 소환당해 시도 때도 없이 업무 지시를 받는다. 혁신 기술과 환경이 개인의 일상을 철저히 단속하고 옭아맨다. '최단 시간, 최대 성과'라는 명령에 개개인의 행복과 여유를 반납하게 만든다. 그 결과 스트레스와 불안, 공허와 결핍에 시달린다. 디지털 기기나 소셜 네트워크에 이런 경고문을 붙여야 하는 것은 아닌가.

'경고:기능을 활용하는 용도로만 이용할 것. 진정한 연결은 기대하지 마시오. 당신의 스트레스와 공허감에 대해 당사에는 책임이 없음.'

창의와 혁신의 산실이라 불리는 실리콘밸리도 사정은 별반 다르지 않은 것 같다. 실리콘밸리에서 엔지니어로 일하던 소렌 고드해머는 자신을 비롯해 많은 동료가 일에 찌들어 사는 모습을 발견했다. 꽉 막힌 아이디어로 고통받고 거듭되는 회의와 야근이 일상이 된 사람들의 상태가 얼마나 심각하던지 '이렇게 살다간 제명에 못 죽을 것 같다'고 생각했다. 이런 심각성은 수치로도 드러나고 있다. 미국의 직장인 중 75퍼센트는 심각한 업무 스트레스를 호소하고 있고, 직장인의 63퍼센트가 수면 부족, 조급함, 버거움, 정신 산만함을 느낀다고 한다.

> 기술을 나와 세상 사람들을 연결해 주는 매개로 여길 경우
> 기술을 사용하지 않을 때는 필연적으로 단절감을 느끼게 된다.
> 고독감에 빠져 버린다.—42쪽

나는 왜 집중하지 못하는 걸까?

우리는 집중력을 잃어 가고 있다. 우리의 의식은 정보의 홍수 속에서 허우적대고 있다. 아직도 많은 사람이 더 많은 정보가 있어야 성공할 가능성이 높다고 생각한다. 그런데 많은 정보는 논리적 문제 해결은 가능하지만 혁신의 측면에서는 별 쓸모가 없다. 스티브 잡스는 '나는 직관적 통찰과 의식이 논리적 분석보다 더 중요하다는 사실에

비로소 눈떴다'라고 말한 적이 있다. 내면의 지성에 대한 의존을 높이는 진정한 지혜가 중요하다는 말이다.

주의력 집중은 내 마음을 알아차리는 자세다. 무엇을 하든 지금 하는 일에 주의를 기울이는 것이다. 주의력이 초점을 잃는 데는 몇 가지 이유가 있다. 첫 번째, 우리는 늘 새로운 것만 찾기 때문이다. 이미 통화를 하고 있는데도 새로운 전화를 받고, 새로운 이메일이 오면 확인해야 한다는 강박에 시달린다. 소셜 미디어는 늘 새로운 정보와 뉴스를 제공하고, 신상품에 대한 관심과 구매 욕구를 떨쳐 내지 못하게 한다. 스트레스 주범은 대화나 업무, 이메일 자체가 아니라 여러 방식의 의사소통 사이를 무의식적으로 옮겨 다니는 행위다. 멀티태스킹 작업 환경은 생산성과 창의성을 둔화시키고 불만족을 유발한다. 새로운 이메일과 정보가 그 순간 하던 일보다 중요하다 생각하고 조급함에 내몰려 옮겨 다니는 동안 주의력은 사라져 버린다.

두 번째는 기술을 통해 서로 연결되어 있다는 믿음이 거짓이기 때문이다. 누군가와 늘 연결되어 있다는 것을 확인하면서 위안과 행복을 느끼지만, 이런 연결성은 본질적으로는 공허한 것이다. 여러 심리학자 실험 결과 온라인 교류 비율이 높은 사람들이 고독을 더 느낀다고 한다. 이것을 '단절된 연결'이라고 한다. 기술을 통해 연결되어 있으나 실질적으로는 타인들과 거의 단절되어 있는 상태를 뜻한다. 단절된 연결은 주의력을 방해하는 주범 중 하나다.

세 번째는 감정을 통제하지 못하기 때문이다. 고학력자들이 과거 어느 시대보다 많아졌지만 사회 지능과 감성 지능은 여전히 미숙하다. 미국의 유명한 야구 감독은 '야구는 95퍼센트가 정신력이고 나머지가 육체에 달려 있다'라고 말한 적이 있다. 정신을 어떻게 다스리는지가 중요하다는 것이다. 하지만 현대인은 마음의 여유를 잃어 내면세계를 제대로 살펴보지 못한다. 마음이 불편하면 평소에 하던 업무의 3분의 1 정도만 할 수 있다고 한다. 게다가 창의적으로 몰입하는 능력도 저하된다.

몸과 마음을 비워야 삶이 충만해진다

저자가 제시하는 해결책은 하나다. 여유를 찾아야 한다는 것이다. 여유를 찾으려면 마음의 자세를 바꿔야 한다. 스스로 얼마나 바쁜지 다그치고 그런 다그침에 주의를 기울이는 자세를 버려야 한다. 우리가 '바쁘다'고 생각하면 몸과 마음이 반응해 실제로 바쁘지 않은 상태일 때도 스트레스를 받는다.

따라서 한 번에 한 가지 일만 해야 하고, 시간을 관리해야 한다. 창의성을 발휘하는 데는 노력과 시간이 중요하지 않다는 사실이 밝혀지고 있다. 무의식 속 창의성에 접속할 수 있는 능력이 더 중요하다. 여유를 찾는다는 것이 쉬운 일은 아니다. 하지만 때로는 가득 채우는 것보다 비우려는 노력을 해야 한다. 시간과 마음을 비울수록 삶은 채워져 간다.

 좋아요! 실리콘밸리에서 왜 휴식을 강조하는지 알 수 있다.

 아쉬워요! 표면적으로는 휴식이 중요하다고 하는데, 이는 결국 기업들이 경쟁력을 올리기 위한 방편 아닌가?

진정한 휴식이란
아무것도 하지 않는 것

아무것도 하지 않는 시간의 힘

－독일 최고의 과학 저널리스트가 밝혀낸 휴식의 놀라운 효과

Musse-Vom Glueck des Nichtstuns

한마디로 이 책은!

우리는 그 어느 시대보다 풍요롭고 편리한 세상을 살고 있다. 하지만 기술의
발달은 편리함과 함께 우리를 과잉 정보, 과잉 커뮤니케이션, 과잉 경쟁 상황
으로 몰아넣었다. '더 빨리, 더 많이'라는 구호 아래 늘 무언가에 쫓기듯 살고
있다. 바쁘게 돌아가는 일상은 생각할 여유와 집중력을 빼앗고, 삶의 질을 크
게 떨어뜨린다. 하지만 이를 심각한 문제로 받아들이는 사람은 많지 않고, 알
더라도 손쓸 수 있는 방법이 없다. 일에서든 인생에서든 진정으로 성장하고
발전하기 위해서는 휴식이 반드시 필요하다. 이 책은 마음과 몸이 원하는 진
정한 휴식이 무엇인지 알려 준다.

저자 울리히 슈나벨 독일 시사 주간지 〈디 차이트〉의 학술 부문 편집인. 카를스루에대와 베를린대
에서 물리학과 출판학을 전공했다. 인식, 의학, 종교 등 인간의 삶과 직결된 진지한 과학적 질문들을
대중적으로 풀어내는 인문 과학 저널리스트로 손꼽힌다. 2006년 안드레아스 젠티커와 함께 쓴 《세
계는 머릿속으로 어떻게 들어오나?—의식 연구가의 작업장 순례기》로 최고의 과학 저널리스트에게
수여하는 '게오르크 폰 홀츠브링크 상'을 수상했고, 2009년 발표한 《믿음의 측정》은 '올해의 과학책'
에 선정됐다.

울리히 슈나벨 지음 | 김희상 옮김 | 가나출판사 | 2016년 7월 | 332쪽 | 15,000원(이북 10,500원)

제대로 쉬지 못한다는 것은 제대로 살지 않는다는 것

정신없이 바쁜 일상은 오늘날 우리 사회를 점령한 독감 바이러스와 같다. 넘쳐 나는 자극에 힘겨워하며, 과로로 지금 당장이라도 쓰러지는 것은 아닐까 걱정이 앞선다. 그러면서도 더욱 빠른 정보 처리 능력을 자랑하는 컴퓨터가 아쉽고, 훨씬 더 기능이 좋은 스마트폰을 갖지 못해 안달이다. 우리는 항상 온라인 상태여야 하고 언제 어디서라도 접속 가능해야만 한다. 무언가 놓치는 것은 아닐까, 이러다 뒤처지지 않을까 두려워한다. 갈수록 시간은 빠듯해지기만 하고, 속으로는 휴식을 갈망하면서도 아무것도 하지 않고 멍하니 있는 것을 괴로워한다.

1969년 경제학자 허버트 알렉산더 사이먼은 컴퓨터의 발달과 더불어 정보가 넘쳐 나는 세상이 출현할 것이며 이는 다른 분야의 빈곤을 야기할 것이라고 했다. 즉 새로운 정보에 대한 편향은 사용자의 주의력을 빼앗고 창의력을 고갈시킨다는 것이다. 인정하기 힘들겠지만, 사실이다. 언제 어디서나 이용할 수 있는 정보 채널은 우리가 해야 하는 일에 집중하지 못하게 만든다. 이것을 '단절의 저주'라고 한다. 경영자나 직장인들이 하루 중 온전히 집중하는 시간은 평균 11분 정도라는 연구 결과가 있다.

뇌에는 '작업 기억'이라는 것이 있다. 작업 기억의 수용 능력은 제한되어 있으므로 작업 중인 것과 무관한 정보가 떠오르면 작업 기억 내용은 사라진다. 프린스턴대 심리학과 조지 밀러 교수는 〈일곱이라는 마법의 수〉라는 논문에서 작업 기억은 대략 일곱 단위로 형성되어 있음을 지적했다. 일주일은 7일, 음계는 7개, 기본색은 7가지, 전 세계 7가지의 기적 등 세계 곳곳에서 7이 중요하게 발견되는 것을 증거로 들었다. 7이라는 숫자가 아무 이유 없이 튀어나온 게 아니라는 것이다. 작업 기억의 한계로 인해 우리는 새로운 정보를 제대로 받아들이지 못한다. 작업 기억의 작동 범위를 넘어서면 주의력은 방해를 받는다. 외부 자극에 휘둘리고 분명한 생각을 할 수 없는 산만한 상태가 되고 만다.

파킨슨의 법칙―시간이 늘 부족하다고 느낄 수밖에 없는 이유

교통, 통신, 기계 등이 발전하고 시간을 효율적으로 쓸 수 있게 되면 여가와 휴식 시간이 늘어날까? 영국의 경제학자 케인스를 비롯해 수많은 학자가 미래에는 여가와 휴식 시간이 늘어날 것이라고 예측했다. 하지만 경제학자들의 예측이 맞을 것이라는 생각은 들지 않는다. 미국의 경제학자 니콜라스 제오르제스쿠뢰겐은 '자동 면도기의 악순환'이라는 역설을 통해 시간 절약이 곧 풍족한 여가 시간으로 이어지지는 않는다는 것을 풍자했다.

"내가 빠르게 면도하는 것은 시간을 절약해 자동 면도기를 발명하기 위해서인데, 이로써 더욱 많은 시간이 생기면 그보다 더 성능 좋은 면도기를 발명할 것이고, 그럼 더 빨리 면도를 할 수 있을 테니 남은 시간을 이용해 더욱더 빠른 면도기를 발명하고⋯⋯."

어떤 일이든 작업량은 그것을 처리하는 데 주어진 시간만큼 늘어난다는 '파킨슨의 법칙'이라는 것이 있다. 공무원 수의 증가를 두고 영국의 역사학자이자 사회학자인 시릴 노스코트 파킨슨이 반농담으로 만든 법칙이다. 그런데 우리가 처한 상황과 절묘하게 들어맞는다. 온갖 기술의 발달로 근무 시간이 줄어든 것처럼 보이지만, 일하는 시간은 변하지 않았고 휴식 시간 역시 105년 전과 똑같다.

파킨슨의 법칙이 설득력 있는 이유는 기술로 시간을 절약한 만큼 욕구와 요구가 증가했기 때문이다. 100년 전만 하더라도 사치로 여겨지던 깨끗한 옷, 깔끔한 집, 화려한 코스 요리는 이제 누구에게나 허락된 표준이 되었다. 100여 년 전 우편으로 소통하던 사람들은 이제 이메일, 팩스, 전화로 소통한다. 속도는 비교할 수 없을 만큼 빨라졌지만 그 결과 우리는 빨라진 소통만큼 많은 커뮤니케이션에 시달린다. 본래 업무 단순화를 위해 고안된 이메일은 오늘날 시간을 잡아먹는 애물단지가 되고 말았다. 더 빨라지고 쾌적해지는 자동차, 기차, 비행기는 공간 이동 시간을 절약해 주지만 더 많이 더 자주 다니게 만든다. 우리가 이동하는 데 쓰는 시간은 100년 전이나 크게 다르지 않다. 만약 우리가 선조와 똑같은 음식, 여행, 오락에 만족한다면 우리는 시간의 파라다이스를 만끽하리라. 하지만 더 많은 욕구를 충족시키느라 우리는 차고 넘칠 정도로 시간을 얻으면서도 늘 시간 부족에 허덕이는 역설에 시달리고 있다.

진정한 휴식에 대한 몇 가지 오해

제대로 쉬지 못하는 이유는 우리가 휴식을 잘못 알고 있기 때문이다. 저자는 휴식에 대한 네 가지 오해가 있다고 정리한다. 첫 번째는 단순하게 살아야 한다는 생각이다. 이는 시간 부족 문제를 전적으로 개인의 문제로 보기 때문에 나온 말이다. 시간 부족은 엄연히 사회 문제다. 늘 허덕이고 서두르며 사는 사람들에게 둘러싸여 있으면서 홀로 빈둥거릴 수는 없는 노릇이다. 시간이 부족할 이유가 없는 사람들조차 시간이 부족한 사람과 똑같이 시달린다. 두 번째는 휴식은 일상으로부터 탈출이라는 생각이다. 소비 중심 사회에 익숙해진 사람들은 휴식도 소비할 수 있는 상품으로 생각한다. 하지만 이는 착각이다. 세 번째는 완벽한 휴식은 따로 있다는 생각이다. 완벽한 여행, 가족과의 평화로운 주말을 꿈꾸는 것이 필요하다고 생각하는데, 이는 휴식을 단순히 효율의 관점에서 생각한 단편적인 오류다. 네 번째는 충분한 시간이 해결책이라는 생각이다. 휴식은 오로지 충분한 시간이 있어야 가능하다고 생각한다. 하지만 시간이 많다고 해서 한가롭지는 않다. 명예퇴직이나 해고를 당해 자유 시간이 많아지면 더 큰 중압감에 시달린다.

휴식이야말로 모든 위대한 사상의 시초라고 역설하고 증명하는 작가, 음악가, 사상가는 이 밖에도 많다. 창조적 착상이라는 것은 강제로 끌어온다고 해서 얻어지는 게 아니라, 생각의 발길이 닿는 대로 자유롭게 따라가 보며 말 그대로 영감의 여신 뮤즈가 우리에게 입맞춤을 할 시간과 기회를 주어야만 얻어진다.—118쪽

휴식은 곧 여행이라고 생각하는 사람이 많다. 사람들은 여행에 대한 환상을 갖고 있다. 힘든 시간을 보낼 때 여행을 가면 많은 것이 해결된다고 생각한다. 아쉽게도 여행을 가는 것이 해결책은 아니다. 습관 때문이다. 아무리 먼 곳으로 여행을 가더라도 습관을 두고 갈 수는 없다. 여행지에 가서도 한가로운 상태로 전환하기 힘들다는 것을 깨닫게 된다. 1년 중 350일을 중압감에 시달리는 사람이 15일 동안의 여행으로 바뀌지는 않는다.

문제 해결책은 외부에 있지 않고 내 안에 있다. 예컨대 도시를 산책하는 사람보다 숲을 산책하는 사람의 집중력이 더 높다. 하지만 사진에 담긴 자연 풍광을 바라보는 것만으로도 숲을 산책하는 것과 비슷한 효과를 얻을 수 있다. 따라서 생각의 근본적인 변화를 꾀해야 하고, 균형을 맞춰야 한다.

TO DO LIST:

☑ *Nothing*

진정한 휴식은 아무것도 하지 않는 것

진정한 휴식은 무엇일까? 책에서 말하는 해결책은 아무것도 하지 말아야 한다는 것이다. 일체의 활동을 거부하는 것은 우리 가치관과 잘 맞지 않을 것이다. 하지만 아무것도 하지 않고 생각에 잠기는 동안 우리 머릿속은 정리가 된다. 머릿속을 비워 내는 일은 깨달음의 바탕이 된다. 워싱턴대 신경 생리학자 마커스 라이클은 두뇌는 정신적으로 아무것도 하지 않을 때 활동을 더 활발하게 한다는 것을 밝혀냈다. 그는 이것을 '디폴트 네트워크'라고 불렀다. 일과 중에 긴장을 풀고 몽상을 즐길 때 창의력이 나온다. 천재적인 착상은 고민한다고 되는 것이 아니다. 몇 시간 동안 고민하던 문제들이 뜬금없는 순간에 풀리는 현상을 경험해 본 적이 있을 것이다. 두뇌는 자신 안에서 산책을 즐기며 새로운 결합을 만든다.

온라인 시대를 살아가는 사람들은 정신적으로나 정서적으로 오프라인 상태를 만드는 능력을 잃어버렸다. 한마디로 신경을 끄지 못하는 것이다. 수많은 정보와 자극에 계속 노출된 뇌는 잠시도 쉬지 못하는 심각한 과부하 상태에 놓여 있다. 많은 사람이 중압감에 시달리며, 더는 흐름을 따라갈 수 없다는 느낌으로 괴로워한다. 결국 심신의 모든 질병 증상이 고개를 든다. 수면 장애, 식욕 감퇴, 소화 장애 등을 보이다 결국 번아웃 증후군에 빠져 버리기도 한다.

휴식은 종종 잃어버린 시간으로 여겨졌다. 그러나 사실은 그 정반대다. 늘 똑같이 되풀이되는 일상을 잠시 거리를 두고 떨어져서 바라보는 것은 우리 생존을 보장해 주는 필수 덕목이다. 그동안 두뇌 연구가들은 아무것도 하지 않는 휴식 시간이 두뇌 안정에 커다란 도움을 준다는 사실을 밝혀냈다. 잠시 머리를 비워 내고 아무런 생각도 하지 않아야 정신 건강이 안정을 회복한다는 것이다. 두뇌 역시 다른 모든 신체 기관과 마찬가지로 회복하는 데 시간이 필요하다. 아무것도 하지 않으며 멍 때리는 시간은 끊임없는 자극에 반응하느라 사라져 버린 집중력을 되찾게 하고 두뇌를 좀 더 창의적인 아이디어로 번쩍이게 해 준다.

 좋아요! 점점 더 바빠지는 현대 사회에서 무엇을 추가해야 하는지에 대한 답을 얻을 수 있다.

 아쉬워요! 이 책을 읽고 나서도 행동은 변하지 않는다. 왜 그럴까?

Chapter 4

생각만 바꿔도 고민의 90퍼센트가 해결된다

불안함과 두려움이 발목을 잡을 때 용기를 주는 책 9권

성공을 원한다면
열정을 버려라

에고라는 적
-인생의 전환점에서 버려야 할 한 가지

EGO is the Enemy-The Fight to Master Our Greatest Opponent

BEST BOOK 28

한마디로 이 책은!

독일 총리 앙겔라 메르켈, 미국의 정치가 벤저민 프랭클린, 〈워싱턴 포스트〉 발행인 캐서린 윌리엄스, 메이저리그 최초 흑인 선수 재키 로빈슨 같은 인물들은 인생의 전환점에서 어떻게 실패하지 않고 성공할 수 있었을까? 미디어 전략가이자 베스트셀러 작가로 유명한 라이언 홀리데이가 화려한 성공과 뼈아픈 실패를 경험한 후 발견한 인생 해답. 저자 본인이 인생의 전환점마다 이런 책이 있었으면 좋았을 거라는 아쉬움에서 출발한 책이다. 열아홉 살에 대학을 뛰쳐나와 마케팅 전략가, 베스트셀러 저자, 사업가로 승승장구하던 라이언 홀리데이는 모든 일에서 실패를 경험하고 방황했다. 이를 극복하는 과정에서 역사적으로 수많은 사람이 자기의 '에고'를 어떻게 통제하느냐에 따라 인생이 달라진다는 사실을 발견했다. 오랫동안 역사와 경영학을 공부해 온 저자는 스토아 철학과 고대 그리스·로마 사상가들로부터 영감을 받아 이 문제에 대한 해답을 찾아 이 책에 담았다.

저자 라이언 홀리데이 미디어 전략가이자 작가. 열아홉 살에 대학을 자퇴하고 《권력의 법칙》 저자인 로버트 그린의 제자가 되었으며, 당시 인기 브랜드이던 '아메리칸 어패럴' 마케팅 담당 책임자로 일했다. 그가 만든 광고가 유튜브, 구글 등에서 연구 사례로 활용되었다. 《나를 믿어라, 나는 거짓말쟁이다》, 《그로스 해킹》, 《이겨내는 용기》 등을 출간했다.

라이언 홀리데이 지음 | 이경식 옮김 | 흐름출판 | 2017년 4월 | 296쪽 | 14,800원(이북 11,840원)

> 우리는 이미 우리가 가진 것에 만족하지 못하고
> 다른 사람이 가진 것까지 원하며 그보다 더 많은 것을 가지길 바란다.
> 처음 시작할 때는 자기에게 중요한 것이 무엇인지 알고 있지만
> 일단 그것을 얻고 나면 무엇이 가장 중요하고 덜 중요한지 잊어버린다.—159쪽

에고는 자기 자신이 가장 중요한 존재라는 믿음

당신이 어떤 상황에 처해 있든 지금 무엇을 하고 있든 당신의 최악의 적은 당신 안에 있다. 그 적은 바로 당신의 '에고'다. 프로이트는 인간의 에고를 '말에 올라탄 사람'이라고 했다. 말은 인간의 무의식적인 충동을 뜻하고 이 충동을 제어하는 것이 에고라는 것이다.

이 책에서는 에고를 '자기 자신이 가장 중요한 존재라고 믿는 건강하지 못한 믿음' 또는 '다른 사람은 안중에 두지 않고 자기 자신에게만 초점을 맞추는 것'으로 해석한다. 거만함이 그렇고 자기중심적인 야망이 그렇다. 이것은 모든 사람의 내면에 자리 잡고 있는 성마른 어린아이와 같고 그 무엇보다 자기 생각을 우선하는 특성을 가진다. 합리적인 효용을 훌쩍 뛰어넘어 그 누구보다 잘해야 하고 많아야 하며 많이 인정받아야 하는 것, 이것이 에고다.

야망이나 재능, 충동 그리고 어떤 가능성을 가진 사람들에게 에고는 좋든 싫든 늘 따라다닌다. 어떤 사람을 사상가나 실천가로 이끌기 위해 혹은 창의적인 사람이나 유망한 기업가로 만들어 주기 위해, 또 누군가를 한 분야의 일인자 자리에 올라서게 하기 위해서는 내면의 힘이 반드시 필요하다. 그런데 그 힘 때문에 정신적으로 무너지기도 한다. 에고는 스스로 잘났다는 믿음을 만들고, 듣고 싶은 것만 듣게 하며, 다른 사람들과의 협력을 방해하고, 세상과의 단절을 불러온다. 그저 자기만의 환상 속에서 살게 한다.

에고가 강한 사람들은 자랑하고 싶어 한다

에고의 힘은 점점 강해지고 있다. 에고의 힘을 키우는 대표적인 것 중 하나가 소셜 미디어다. 소셜 미디어는 우리가 얼마나 괜찮은 사람인지, 또 일이 얼마나 잘되고 있는

지를 자랑하게 만드는 속성이 있다. 우리로 하여금 계속 말하게 한다. 이런 상황에 익숙해지다 보니 우리는 내면에서 위안을 찾는 것이 아니라 오로지 외부에서 오는 위안을 구한다. 강한 사람들은 침묵에 능숙하다. 그들은 침묵을 통해 휴식하고, 남들이 인정하지 않는다고 해서 자신의 능력을 의심하지 않는다. 그러나 소셜 미디어에 익숙한 보통 사람들은 필사적으로 말하고 또 말하면서 위안을 찾는다.

EGO 다른 하나는 마음만 먹으면 무엇이든 할 수 있다는 믿음이다. 우리가 가진 힘과 능력을 정확히 파악하기 전에는 이런 믿음은 환상이다. 남들로부터 인정받고 더 많이 가져야 한다는 열망이 만들어 낸 환상이다. 건강한 에고를 가진 사람은 자기가 실제 이룩한 성취에 따라 그 믿음도 천천히 커진다. 이들은 겸손하고 절제할 줄 안다. 크게 성공해도 잘난 척하지 않고 조심스럽게 행동한다.

하지만 자기 자신에 대한 근거 없는 믿음을 천성적으로 가진 사람들은 겉치레를 중요시한다. 이들도 큰 성공을 할 수 있다. 하지만 이들은 원하는 목표를 이루면 권위, 권력, 자만, 욕심 같은 것들로 인생을 채운다. 자신이 완벽하고 천재인 데다 창의적이며 특별하다고 여기기 때문에 더 이상 배우지 않는다.

에고라는 적을 이기려면 열정을 버려라

위대한 사람들의 생각은 품고 자기중심적인 생각은 버려야 한다. 자신이 세상의 중심이고 모든 것을 잘하고 인정받아야 한다는 생각을 버려야 한다. 남의 인정을 바라지 말고 스스로의 기준에 맞게 일해야 한다. 성공하는 사람들은 대체로 남이 제시한 기준으로 일하지 않는다. 자신이 만족할 만한 수준까지 일을 해낸다. 쉽지 않지만 그렇게 해야 계속 발전할 수 있다는 것을 안다.

에고를 배제하는 연습을 해야 한다. 일단 에고를 배제하면 외부 평가는 더 이상 중요하지 않다. 스스로를 객관적으로 바라보기 위해서는 다음 세 가지를 기억해야 한다.

열정을 버려라 열정은 당신의 힘과 영향력을 발휘하지 못하도록 가로막는 훼방꾼이다. 열정은 비판적 인지 기능을 무디게 만드는 정신 상태다. 실제로 열정 때문에 실패한 사례는 너무도 많다. 열정만으로 아무것도 완성되지 않는다. 바쁘게 일하지만 아무것도 이루지 못하는 것, 이것이 열정의 역설이다. 무엇인가를 해내기 위해서는 평정심을 갖고 꾸준히 노력해야 한다. 진부하지만 이것이 진리다.

자기중심주의를 버려라 노력하는 사람들에게 에고는 늘 따라다닌다. 노력이 성공으로 이어지면 자신감이 생긴다. 그리고 자신의 성과를 자랑하고 싶어 한다. 심리학자 데이비드 엘킨드는 우리가 이런 행동을 하는 이유는 '상상 속의 청중' 효과 때문이라고 한다. 세상 사람들이 자신을 지켜본다고 믿기에 하는 행동이다. 하지만 강한 자기중심주의는 실패했을 때 회복 능력을 마비시킨다. 훌훌 털고 일어나야 하는데 자기중심주의가 발목을 잡는다. 하는 일마다 성공할 수는 없다. 성공에 취하지 않고 실패에 좌절하지 않기 위해서는 자기중심주의를 버려야 한다.

위대한 계획을 세우지 마라 성공한 사람 모두 위대한 계획을 가지고 시작한 것은 아니다. 아마존의 제프 베저스는 아마존을 키우는 동안 명쾌한 해법이 떠오른 적은 없다고 말했다. 그리고 투자 전문가 폴 그레이엄은 창업자들에게 대담하고 포괄적인 비전을 세우지 말라고 했다. 위대한 계획을 세운다고 그대로 진행되는 경우는 없다는 것이다. 누구나 인정하는 것처럼 미래의 성공은 위대한 계획과 잘난 내가 만드는 것이 아니다. 꾸준한 노동과 창의성, 끈기와 행운이 만드는 것이다.

 좋아요! 현대 사회에서 자아가 어떻게 형성되고 우리는 어떤 착각에 빠져 있는지를 이야기한다.

 아쉬워요! '에고'라는 단어는 여전히 친숙해지지 않는다.

모든 사람을 만족시킬 수 있는 사람은 없다

미움받을 용기
-자유롭고 행복한 삶을 위한 아들러의 가르침
嫌われる勇氣─自己啓發の源流「アドラ-」の教え

BEST BOOK 29

한마디로 이 책은!

모든 이에게 좋은 사람이길 원하는 사람은 끊임없이 타인의 눈치를 보며 그의 기대에 부응하기 위해 살 수밖에 없다. 모든 사람을 만족시키는 방법은 없다. 자유도 행복도 모두 '용기'의 문제일 뿐 환경이나 능력의 문제는 아니다. 그저 우리 안에 변하고자 하는 용기, 앞으로 나아가려는 용기, 미움받을 수 있는 용기가 있다면 우리 인간관계는 한순간에 달라지고 행복해질 수 있을 것이다. 이것이 아들러가 말하는 자유롭고 행복한 삶의 핵심이다. 남들 이목 때문에 내 삶을 희생하는 바보 같은 짓이 어디 있느냐는 저자의 주장은 싸구려 인정에 목매어 사는 사람이라면 모두 귀담아들을 만하다.

저자 기시미 이치로 철학자. 교토대 대학원 문학 연구과에서 서양 고대 철학을 연구했고, 1989년부터 '아들러 심리학'을 연구했다. 아들러의 《개인 심리학 강의》와 《인간은 왜 신경증에 걸리는 걸까》를 번역했고, 《아들러 심리학 입문》 외 다수의 책을 썼다.

고가 후미타케 프리랜스 작가. 공동 집필을 전문으로 하는 작가로 베스트셀러를 다수 썼다. 인터뷰집 《열여섯 살의 교과서》 시리즈는 총 70만 부가 넘게 팔렸다. 플라톤의 《대화편》을 모티브로 삼아 이 책을 집필했다.

기시미 이치로, 고가 후미타케 지음 | 전경아 옮김 | 인플루엔셜 | 2014년 11월 | 336쪽 | 14,900원(이북 10,710원)

인간은 과거의 상처 때문이 아니라 현재의 목적을 위해 행동한다

아들러는 프로이트, 융과 함께 근대 심리학과 정신 분석학 토대를 세운 심리학자로 평가받는다. 오스트리아 출신의 정신 의학자이자 심리학자로, 긍정적 사고를 강조하는 '개인 심리학'을 창시해 현대 심리학에 큰 영향을 끼쳤다. 이 책은 아들러의 철학을 바탕으로 자유와 행복을 갈망하는 사람들에게 지혜와 위로를 전한다.

100년 전 아들러는 사람은 현재의 '목적'을 위해 행동한다는 '목적론'을 내놓았다. 어떤 경험도 그 자체가 성공이나 실패의 원인이 될 수 없다고 보았다. 예를 들어 은둔형 외톨이는 어린 시절 부모의 학대 때문에 사회에 적응하지 못하는 것이 아니라, '사람들과 관계를 맺고 싶지 않다'라는 목적이 있기 때문에 과거의 경험을 불안이나 공포로 만들어 낸다는 것이다. 그는 과거의 특정한 사건이 우리의 현재와 미래를 결정하지 않으며, 우리는 '목적'을 위해 행동을 바꿀 수 있고, 인간은 얼마든지 변할 수 있는 존재라고 주장한다.

> 먼저 '이것은 누구의 과제인가'를 생각하게. 그리고 과제를 분리하게.
> 어디까지가 내 과제이고, 어디서부터가 타인의 과제인가. 냉정하게 선을 긋는 걸세.
> 그리고 누구도 내 과제에 개입시키지 말고, 나도 타인의 과제에 개입하지 않는다.
> 이것이야말로 구체적이고도 대인 관계의 고민을 단숨에 해결할 수 있는,
> 아들러 심리학만의 획기적인 점이라고 할 수 있지.—171쪽

그럼에도 왜 당신은 변하지 않는가? 왜 당신은 열등감을 극복하지 못하는가? 왜 당신은 타인의 인생을 사는가? 왜 당신은 지금 행복을 실감하지 못하는가? 아들러는 '인간의 고민은 전부 인간관계에서 비롯된 것이다'라고 말한다. 어떤 종류의 고민이든 거기에는 반드시 타인과의 관계가 얽혀 있다. 따라서 행복해지기 위해서는 인간관계로부터 자유로워져야 한다. 타인에게 미움받는 것을 두려워해서는 안 된다.

인정받으려는 욕구를 포기하면 자유를 얻는다

아들러는 자유롭고 행복한 삶을 위해서는 타인의 '인정'을 얻으려는 '인정 욕구'를

과감히 포기해야 한다고 주장한다. 내가 아무리 잘 보이려고 애써도 나를 미워하고 싫어하는 사람은 반드시 있게 마련이다. 그는 우리는 타인의 기대를 충족시키기 위해 사는 것이 아니라고 지적한다. 설령 자식이라 할지라도 부모의 기대를 만족시키기 위해 사는 것이 아니기에 진학할 학교나 직장, 결혼 상대는 물론 일상의 사소한 언행도 강요하거나 지시하지 말아야 한다는 것이다. 아들러는 이를 '과제의 분리'라고 표현했다. '공부'는 아이가 해야 할 일이지 부모가 해야 할 일이 아니다. 그 선택의 최종 결과를 받아들여야 하는 사람은 부모가 아닌 아이이기 때문이다. 수많은 부모가 '너를 위해서'라고 말한다. 하지만 진짜 '너를 위해서'일까? 부모인 '나를 위해서'는 아닐까? 이런 '과제의 분리'는 단순히 부모와 자식 관계에만 해당되지 않는다. 예를 들어 부당하게 화를 내는 상사가 있다면 화를 내는 것은 상사의 과제이고, 그 상사의 행동에 어떻게 반응할지는 받아들이는 사람의 과제다.

아들러는 '이것이 누구의 과제인가'를 생각한 뒤 어디까지가 나의 과제이고 어디까지가 타인의 과제인지 구분해 선을 그을 줄 알아야 한다고 보았다. 그 누구도 나의 과제에 개입시키지 말고, 나 역시 타인의 과제에 개입하지 말아야 한다고 주장한다. 이렇게 '과제의 분리'가 가능해지면 타인의 시선으로부터 자유로워질 수 있고 모든 인간관계가 여유 있고 단순해지기 때문이다.

좋아요! 아들러라는 심리학자를 대한민국에서 가장 유명한 심리학자로 만든 책.

아쉬워요! 이 책은 왜 200만 부가 넘게 팔린 것일까?

성장은 나의 결함을
인정할 때 시작된다

인간의 품격
–삶은 성공이 아닌 성장의 이야기다

The Road to Character-The Humble Journey to an Excellent Life

한마디로 이 책은!

물질적 풍요와 개인의 능력을 최우선시하는 시대다. 능력주의 시스템에서는 자신을 부풀리고 스스로에 대한 확신을 가져야 한다고 강조한다. 자신의 주장을 내세우고 자신을 광고하라고 권한다. 이 문화는 자기중심주의를 극대화해 성취를 최고의 덕목으로 내세우며 더욱 약삭빠른 동물이 되라고 독려한다. 타인의 인정을 받는 데만 몰두하고, 외적인 찬사를 삶의 척도로 삼게 만든다. 그 결과 끊임없는 긍정적 강화 없이는 버티지 못하는 나약한 영혼들이 양산되었고 삶을 의미 있게 만드는 데 필요한 도덕적 능력은 위축되었다. 데이비드 브룩스의 《인간의 품격》은 그런 문제의식에서 출발한 책이다.

저자 데이비드 브룩스 〈뉴욕 타임스〉 칼럼니스트. 시카고대 역사학과 졸업 후 〈시티 뉴스〉에서 기자 생활을 시작해 〈월 스트리트 저널〉 수석 기자를 역임했다. 〈뉴스위크〉와 〈애틀랜틱 먼슬리〉 객원 편집 위원이자 NPR '뉴스 분석'과 PBS '짐 레러의 뉴스아워'에서 시사 해설자로도 활동하고 있다. 저서로 《퇴보와 향상—신보수주의의 문서》가 있다.

데이비드 브룩스 지음 | 김희정 옮김 | 부키 | 2015년 11월 | 496쪽 | 16,500원(이북 11,550원)

세상의 중심은 바로 나다

물질주의와 능력주의 시대다. 더 능력 있고 더 많이 갖는 것이 좋다고 말한다. 그것이 곧 성공의 척도이자 행복의 지표란다. 개인의 성공 신화를 끊임없이 조명하면서 능력을 연마하면 당신도 할 수 있다고 부추긴다. 자기 자신에게만 집중하기를 권하는 이른바 '빅 미' 시대인 것이다. 성공을 위해서라면 다른 어떤 가치도 묵살하고 마는, 혹은 오로지 자기 자신에게 이익이 되는 세속적 가치에만 방점을 두는 오늘날의 세태가 이미 그 도를 넘어섰다.

원래부터 인간이 그랬던 것은 아니다. 제2차 세계 대전이 끝나고 대공황과 전쟁이라는 인류 역사상 최악의 시대를 겪은 사람들은 휴식을 즐길 준비가 되어 있었다. 제2차 세계 대전을 극복한 세대에게는 '위대한 세대'라는 칭호가 붙었다. 소비와 광고가 늘어났으며, 자기 억제, 절제, 겸손을 버리고, 자기 자신의 결함과 싸우는 대신 내적 자아를 해방시켰다. 조슈아 리브먼의 《마음의 평화》, 해리 오버스트리트의 《성숙한 마음》 등은 인간은 무한한 잠재력을 가지고 있으며 해낼 수 없는 일도, 완성할 수 없는 기술도, 손에 넣지 못할 사랑도 없다는 메시지로 사람들의 마음을 사로잡았다. '나는 사랑스럽고 능력 있는 사람이다'라는 뜻의 IALAC I AM LOVABLE AND CAPABLE가 나타났다. 거의 모든 학교 벽에는 'IALAC'라는 포스터가 붙었고, 자신을 사랑하고, 자신을 칭찬하고, 자신을 받아들이는 것이 행복의 길이라고 믿었다. 현대의 도덕적 논의는 이 낭만적 비전 안에서 만들어지고 있다.

우리 안에 있는 두 모습의 나

저자는 인간 내면에는 두 모습이 있다고 말한다. 이것은 마치 다른 세상으로 향하는 2개의 문처럼 작동한다. 저자는 2개의 문에 '아담I'과 '아담II'라는 이름을 붙였다. 첫 번째 아담은 세상을 정복하고 싶어 한다. 성공을 좌우명으로 삼고 자신의 목표를 성취하는 것만이 인생의 목표라고 생각한다. 두 번째 아담은 세상을 섬기라는 소명에 순응하며 거룩한 목적을 위해 세속적인 성공을 포기할 줄 안다. 앞으로 나아가기보다는 자신의 뿌리를 찾고자 하며 겸손하고 자긍심이 강하다. 이 두 본성은 우리 안에 있지만, 어떤 본성을 따르느냐에 따라 다른 세상이 열린다는 것이다.

아담II는 자기 자신의 본성에 대해 겸손한 사람, 도덕적 실재론자다. 도덕적 실재론자들은 인간을 '뒤틀린 목재'로 만들어진 존재로 봤다. 계몽주의 시대 대표적인 철학자 칸트의 유명한 말을 빌리자면 '인간이라는 뒤틀린 목재에서 곧은 것이라고는 그어떤 것도 만들 수 없다'. 인류가 '뒤틀린 목재'라고 생각하는 사람들은 자신의 결점을 적나라하게 인식하고, 스스로의 약점을 극복하기 위한 투쟁 과정에서 인격 형성이 이루어진다고 믿는다. 토머스 머턴은 이를 다음과 같이 정리했다.

"영혼은 운동선수와 같아서 싸울 가치가 있는 상대가 필요하다. 시련을 겪고, 스스로를 확대하고, 잠재력을 완전히 발휘할 수 있는 방법은 그것뿐이다."

중요한 것은 삶이 우리에게 무엇을 기대하느냐다.
삶의 의미가 무엇인지 묻기를 멈추고, 대신 우리 스스로를 날마다,
시시각각 삶이 던지는 질문을 받는 존재로 생각해야 한다.—55쪽

자아도취에 빠진 사람들

그러나 우리 사회는 이미 '빅 미'의 시대로 접어들었다. 저자는 반세기 전 사람들에 비해 오늘의 우리는 지나치게 물질주의와 능력주의에 경도되어 있다고 지적한다. 남들보다 더 빨리 성공의 사다리를 오르기 위해 스펙 쌓기에 골몰하고, 소셜 미디어를 통해 자신을 광고하며 주목받는 데 집착하고, 부와 지위만 얻을 수 있다면 괜찮은 삶을 살고 있는 거라고 자위한다. 하지만 이 자기 과잉과 자기중심적 세태는 우리를 타인의 인정을 받는 데만 몰두하고 외적인 찬사를 삶의 척도로 삼게 만들었다. 저자 역시 예외는 아니어서 자신이 그동안 자기애에 빠진 떠버리가 되어 실제보다 더 권위 있고 영리한 척하는 것으로 돈을 벌어 왔다고 고백한다.

자신에 대한 평가가 현격히 높아진 것과 더불어 명성을 얻고자 하는 욕구도 크게 증가했다. 과거에는 대부분의 사람에게 삶에서 이루고자 하는 목표 중 명성은 우선순위가 상당히 낮은 편이었다. 1976년 사람들에게 인생의 목표를 나열하라는 질문을 했을 때 명성은 16개 항목 중 15위였다. 그러나 2007년 젊은이들은 51퍼센트가 유명해지는 것이 목표라고 답했다.

자신을 높이 평가하는 사람이 많아졌다는 것은 교육의 영향이 크다. 오늘날 부모들

은 자신감을 북돋워 준다는 이유로 아이들에게 끊임없는 칭찬 세례를 퍼붓는다. 이 세상에서 가장 잘난 아이가 우리 아이이길 바란다. 학교에서도 마찬가지다. 학생들에게 확신을 가지라고, 자기 자신은 유일무이한 존재이며 사랑받을 가치가 있다는 걸 의심하지 말라고 가르친다. 어린 시절부터 자신을 가장 귀하고 소중한 존재로 여기도록 배우는 것이다.

성공이 아닌 성장을 바랄 때 인생은 충만해진다

인간을 바라보는 서로 다른 이 두 가지 시각은 삶 전체를 관통하며 아주 결정적인 차이를 만들어 낸다. 삶을 '성공'의 이야기로 보느냐, '성장'의 이야기로 보느냐의 차이다. 삶이 성공을 위한 여정이라고 생각하는 사람들은 외적 성공만이 깊은 성취감을 가져다준다고 믿는다. 캘리포니아대 로스앤젤레스 캠퍼스에서는 매년 미국 전체 대학 신입생을 대상으로 그들의 가치관을 측정하는 표본 조사를 실시한다. 부유해지는 게 삶의 중요한 목표라고 답한 신입생 비율이 1966년 42퍼센트에서 1990년 74퍼센트로 증가했다. 한때는 평범한 가치이던 경제적 안정이 이제는 최고의 가치로 부상한 것이다.

그로 인해 세상의 인정과 시선을 받는 데 몰두하고 끊임없이 타인과 나를 비교하게 된다. 문제는 늘 나보다 더 성공한 사람이 있다는 것이다. 성공은 욕망의 이야기다. 욕망은 만족할 줄 모른다. 더 큰 욕망을 채우고 싶어 한다. 결국 성공 이야기에서 궁극적인 성취란 있을 수 없는 것이다.

반면 삶을 성장을 위한 분투로 보는 사람들은 외적인 성공에 집착하지 않는다. 그들에게 중요한 것은 내적인 성장이다. 자신이 결함을 지닌 존재라는 것을 알고 있다. 또한 그들은 자신의 문제를 혼자 힘으로 극복할 수 없다는 것도 알고 있다. 인간의 자아는 계속해서 스스로를 통제할 수 있다고 자신을 기만한다. 그래서 삶을 성공 이야기로 보는 사람들은 자신의 삶을 스스로 이끌어 갈 수 있다고 믿는다. 이것이 '빅 미'의 가치관이다. 그러나 내면의 결함을 인정하고 성장을 위해 싸우는 사람들은 더 큰 가치와 힘에 대한 복종, 타인과의 연대와 사랑, 조직과 제도에 대한 헌신을 통해서만 스스로를 단련하고 개선해 나갈 수 있다고 믿는다. 따라서 이들에게 가장 중요한 덕목은 겸손이다. 자기 자신을 낮춰야만 정신을 고양하고 성숙해질 수 있다는 '리틀 미'의 가치를 핵심으로 삼는다. 중요한 점은 삶을 성장을 위한 여정으로 보는 사람들이 결국에는 외적으로도 더 큰 성취를 이룬다는 것이다. 또한 이들이 이룬 성취는 단순한 개인의 성공이 아니라 타인과 세상을 위한 공헌으로 이어지는 경우가 많다.

결함을 인정하는 자만이 성장할 수 있다

능력주의 전통은 정상으로 전진하기 위해 '어떻게' 일할지는 가르쳐 주지만, '왜' 그 일을 하는지 묻도록 장려하지는 않는다. 서로 다른 커리어, 서로 다른 천직들 중 어떤 선택을 해야 하는지에 대한 지침이 없다. 어떤 것이 도덕적으로 고귀하며 훌륭한 것인지 알 수 있는 지침도 없다. 이 전통은 사람들로 하여금 타인의 인정을 받는 데만 몰두하도록 만들고, 외적인 찬사를 자신의 삶의 척도로 삼도록 만든다. 능력주의 시스템에는 문화적 모순이 깃들어 있다. 사람들에게 자신의 능력을 최대한 활용하라고 독려하면서도, 삶을 의미 있게 살기 위한 방향을 잡는 데 꼭 필요한 도덕적 능력은 위축시켜 버린다.

이런 변화가 딱히 잘못된 것은 아니지만 너무 지나치다는 것이 문제다. 인간 본성과 인간의 삶에 대한 기본적인 가정은 '빅 미'로의 전환과 함께 자기 내면에 '특별한 모습'이 있다고 믿는 쪽으로 변화했다. 이 특별한 자아는 신뢰할 수 있고, 조언을 구할 만하며, 우리가 직접 접촉할 수 있는, 선천적으로 선한 존재다. 개인적인 느낌이야말로 옳고 그름을 판단하는 데 가장 좋은 지침이 된다. 자아는 의심의 대상이 아니라 신뢰의 대상이다. 무슨 일을 할 때 좋은 느낌이 들면 옳은 일을 하고 있는 것이다. 정당한 삶의 규칙이란 내가 만들고, 받아들이고, 옳다고 느끼는 것들이다.

'인격'이라는 단어의 의미도 변했다. 자신을 돌보지 않는 이타심, 관대함, 자기희생을 비롯해 세속적으로 성공할 확률을 낮추는 특성들을 묘사하는 데 인격이라는 단어가 사용되는 빈도가 줄었다. 그 대신 극기, 투지, 탄력성, 끈기 등 세속적 성공 확률을 높이는 특성과 관련되어 쓰이는 경우가 늘었다.

이 책을 읽는 독자들에게 들려줄 좋은 소식이 하나 있다. 결함이 있어도 괜찮다는 것이다. 결함이 없는 사람은 없기 때문이다. 죄와 한계는 우리 삶에 올올이 스며들어 있다. 우리는 모두 발을 헛디디고 휘청거린다. 삶의 묘미와 의미는 발을 헛디디는 데 있다. 또한 발을 헛디뎠다는 것을 인식하고 휘청거리는 몸짓을 좀 더 우아하게 만들려고 노력하는 데 삶의 아름다움이 있다.

이제 겸손, 절제, 헌신으로 대변되는 '리틀 미'의 가치를 회복할 때다. 단지 부와 명예를 가져다주는 직업이 아니라 세상의 부름에 응답하는 소명으로서의 천직에 대한 헌신, 자기를 내세우기보다 대의를 중시할 줄 아는 겸손, 더 큰 목적을 위해 자신의 욕망과 본성을 억누를 줄 아는 절제의 미덕을 회복해야 한다. 저자는 '리틀 미'의 가치 회복을 위해 가장 필요한 것은 '내적 성장'이라고 말한다. 그리고 내적 성장을 위해 가장 먼저 직면해야 할 것은 자기 자신, 좀 더 정확히는 자기 자신의 결함이다.

 좋아요! 우리가 무엇을 하고 싶다는 생각, 무언가 되어야만 한다는 생각이 어디에서 비롯된 것인지를 알려 준다.

 아쉬워요! 중간 부분이 너무 지루하다. 바쁜 독자들은 맨 앞과 맨 뒤만 봐도 된다.

민감한 사람들이여, 단점을 고치려 하지 말고 장점에 집중하라

센서티브
–남들보다 민감한 사람을 위한 섬세한 심리학

Highly Sensitive People in an Insensitive World-How to Create a Happy Life

한마디로 이 책은!

남들보다 예민하고 민감한 성향은 가능성과 한계를 동시에 가지고 있다. 민감한 사람들은 달라져야 한다고 끊임없이 부추기는 세상에서 남들보다 민감한 자신을 사랑하는 방법을 배우지 못했을 것이다. 그리고 타인의 기대에 맞추기 위해 자신을 바꾸려고 끊임없이 노력했을 것이다. 하지만 민감한 사람일수록 자신을 있는 그대로 인정해야 한다. 생산적이거나 효율적이지는 못하지만, 질적으로 우수한 일을 해낼 수 있고 좁은 폭을 깊이로 상쇄할 수 있다. 민감한 사람은 자신의 부족한 면에 집착하는 것이 얼마나 고통스러운 일인지 잘 안다. 자신을 매우 민감한 사람이라고 말하는 일자 샌드는 오랜 시

간 끊임없이 자신을 남들과 비교하며 살았고, 결코 그들을 쫓아갈 수 없다는 사실을 깨닫고 좌절했다고 고백한다. 자신이 할 수 없는 것에서 갖고 있는 자원으로 시선을 옮기는 방법을 터득했을 때 스스로를 사랑할 수 있게 되었다고 한다.

저자 일자 샌드 덴마크 오르후스대에서 신학을 전공하고, 융과 키르케고르에 관한 석사 논문을 썼다. 덴마크 정신 요법 협회 공인 심리 치료사로 활동했다. 덴마크 국립 교회에서 교구 목사로 재직했으며, 현재는 상담 지도사, 연설가, 심리 치료사로 일하고 있다.

일자 샌드 지음 | 김유미 옮김 | 다산3.0 | 2017년 2월 | 244쪽 | 14,000원(이북 9,800원)

까다롭고 내성적이고 사회성 없는 문제아로 취급받던 사람들의 반전

"극도의 민감성은 인격을 풍요롭게 만든다. 단지 비정상적이고 어려운 상황에서만 이런 장점이 단점으로 바뀐다. 민감한 사람들의 침착하고 신중한 성향이 갑작스러운 상황으로 인해 혼란을 겪기 때문이다. 극도의 민감성을 병적인 성격으로 간주하는 것은 심각한 오류다. 그렇다면 인류의 4분의 1을 병적인 사람으로 규정해야 할지도 모른다."

분석 심리학 창시자 융의 말이다. 타인보다 민감한 사람은 '까다롭고, 비사교적이고, 자신의 속마음을 잘 드러내지 않는다'고 여겨진다. 에너지가 넘치고, 인간관계의 폭이 넓고, 다양한 활동을 하는 사람이 최고로 여겨지는 시대에 민감한 사람들의 이런 특징은 결함처럼 보인다.

하지만 이들은 누구보다 풍부한 자원을 가지고 있다. 보통 사람이 밤을 새워야 할 수 있는 일을 불과 2시간 만에 해낼 수 있고, 평온한 상태에서는 작은 일에서도 더 깊은 행복을 느낀다. 덴마크의 저명한 심리학자인 일자 샌드는 '민감함은 결함이 아니라 신이 주신 최고의 감각'이라고 말한다. 이 책은 민감함을 어떻게 탁월한 재능으로 바꿀 수 있는지 알려 준다.

민감한 사람들만 가진 슈퍼파워

민감한 사람들의 특징은 무엇일까? 임상 심리학자인 제롬 케이건은 2004년 생후 4개월 된 아기 500명 중 100명이 다른 반응을 보인다는 것을 발견했다. 처음에는 '내향적인 아기'로 규정하다가 '반응성 높은 아기'로 표현을 바꾸었다. 이들은 성장하면서도 고반응성을 유지하는데 밖으로는 잘 드러내지 않았다.

우리 사회가 높이 평가하는 창의력, 통찰력, 열정, 공감 능력 등은 민감함을 기반에 두고 있다. 민감한 사람들은 탁월한 성취를 이룰 만한 큰 잠재력을 지니고 있지만, 정작 본인은 자신이 얼마나 놀라운 능력을 가지고 있는지 모른다.

일자 샌드는 전 세계 수천 명의 민감한 사람을 상담한 결과를 바탕으로 뛰어난 창의력, 탁월한 감정 이입 능력, 풍부한 내면세계 등은 민감함에서 비롯된다는 사실을 밝혀 심리학계의 주목을 받았다.

새로운 것을 만들어 내는 능력, 즉 창의력은 기존의 것을 결합하고, 바꾸고, 비트는 과정에서 탄생한다. 민감한 사람들은 이를 무의식적으로 해내는 특별한 신경 시스템을 갖고 있다. 이들은 더 많은 것을 보고, 듣고, 느끼며 한 가지 현상에서 다양한 측면을 꿰뚫어 본다. 이런 정보들이 머릿속에서 무수한 연상과 사고로 이어진다. 창의적인 예술가, 자유로운 사상가들 중 민감한 사람이 많은 것은 우연이 아니다.

또 민감한 사람은 타인에 대한 감정 이입 능력이 탁월하다. 2014년, 임상 심리학자 일레인 아론은 성인이 된 민감한 사람들의 fMRI 뇌 촬영 결과를 발표했다. 이들은 거울 신경 세포를 비롯해 감정 이입에 관련된 뇌가 더 민감하게 반응하는 것으로 나타났다. 이런 사람들은 남을 돕거나 지지하는 직종에 종사하는 경우가 많다.

> 민감한 사람들은 어려움을 겪을 때 남들에게 숨기고 이야기하지 않는 경향이 있다.
> 한 가지 이유는 그들의 고통 한계점이 남들보다 낮기 때문이고,
> 또 다른 이유는 그들이 자신의 문제를 더 깊이 받아들이고
> 자신의 삶을 숙고하는 성향을 가지고 있기 때문이다.—221쪽

마지막으로, 민감한 사람은 누구보다 풍부한 내면세계를 갖고 있고 자신에게 집중할 줄 안다. 이는 자신에게 주어진 일에 애정을 갖고 최선을 다하는 태도인 열정으로 이어진다. 민감한 사람은 조직이나 모임에서 성과를 내고, 그 분야의 최고로 인정받는 경우가 많다. 자신에 대한 엄격한 기준과 높은 목표 의식을 갖고 모든 일에 최선을 다하는, 예민하지만 섬세한 성향 덕분이다.

민감함이 사회생활에서는 양날의 칼이 될 때도 있다. 배우자가 민감성을 이해하지 못하는 경우에는 갈등이 많아질 수밖에 없고, 자녀가 있는 경우라면 정상적인 부모 역할이 어려울 수도 있다. 민감한 사람들은 고통 임계점이 낮아 같은 상황에서도 다른 사람들보다 고통을 더 크게 느끼기도 한다. 이들은 상황이 좋을 때는 창의적일 수 있지만, 주변 환경이 나쁠 때는 쉽게 지쳐 버린다. 민감한 사람들이 혼자 사는 삶을 선택하는 것은 이 때문이다.

사랑받기 위한 노력을 지금 당장 멈춰라

민감한 사람들은 노력하지 않으면 모두가 자기를 버릴 것이라고 생각하는 성향이 있

다. 그래서 외톨이가 되지 않으려 최선을 다한다. 이들은 스스로를 누구의 사랑도 받을 수 없는 사람이라고 생각한다. 민감한 사람들은 자신에 대한 기준치가 너무 높다. 항상 최선을 다하고 타인을 배려해야 한다는 생각은 이런 높은 기준 때문이다. 이들은 또 낮은 자존감과 높은 자신감을 갖고 있다. 자존감은 자신의 본질을 이해하고 스스로의 가치를 아는 것이고, 자신감은 자신의 능력과 행동에 대한 믿음이다. 자신에 대한 높은 기준은 상대적으로 낮은 자존감을 보완하고자 하는 노력이다.

해결책은 의외로 단순하다. 위험을 감수하면 된다. 어떤 경우라도 자신이 좋아하는 일을 하고 싶은 만큼 하면 된다. 많은 사람이 타인에게 버림받을 위험을 감수할 용기를 내기까지 평생을 기다린다고 한다. 그런 용기가 생길 때까지 기다리기에는 인생이 너무 짧다.

사랑받기 위한 노력, 내면을 감추기 위한 노력을 당장 멈춰야 한다. 깊은 내면은 자신이 사랑받을 만한 자격이 있다는 걸 증명하지 않고도 있는 그대로 사랑받기를 갈망한다. 내면의 목소리에 응답하기 위해서는 용감하게 있는 그대로의 모습을 사람들에게 보여 줘야 한다.

한계를 인정하고 스스로에게 집중하는 시간을 가져라

민감한 사람들은 여러 사람이 모이는 자리에서는 에너지를 과도하게 소비하기 때문에 피곤을 더 심하게 느낀다. 그래서 즐거운 파티 같은 좋은 경험도 이들에게는 지나친 자극이 될 수 있다. 이들은 파티 분위기가 한창 무르익었을 때 그 자리를 벗어나 혼자 시간을 보내고 싶은 충동에 사로잡힌다. 하지만 남들처럼 오래 그 상황을 견딜 수 있기를 진심으로 바란다. 그곳에 오래 있기를 바라는 친구들을 실망시킬까 봐 두렵고, 파티를 끝까지 즐기지 못하는 것이 일종의 패배로 느껴지기 때문이다. 마음속에는 파티가 끝나기 전 그 자리를 떠나면, 남아 있는 사람들이 자신을 지루하고, 비사교적이며, 무례한 사람으로 여길지 모른다는 두려움이 깔려 있다.

민감한 사람들은 자신의 한계를 인정하고 스스로에게 집중하는 시간을 가져야 한다. 다른 사람들로부터 방해받지 않고 운동, 명상, 음악 감상, 독서 등을 하면서 조용한 시간을 보낼 필요가 있다. 자신의 민감성을 인정한다는 것이 쉬운 일은 아니다. 특히 다른 사람과 다르다는 것을 인정하고 주변 사람들의 요청에 '아니요'라고 말하기란 결코 쉽지 않다. 그러나 민감한 사람들은 그렇게 해야만 자신의 주의 집중력을 제대로 유지할 수 있다.

 좋아요! 최근 심리학계에서 찾아낸 '센서티브' 종족에 대한 변호. 자신이 센서티브 종족인지도 모르는 사람들에게 반드시 필요한 내용이다.

 아쉬워요! 깊이 있는 심리학적 풀이가 필요해 보인다.

이타심은
생존 본능에서 나온다

이타주의자의 은밀한 뇌구조
-뇌과학, 착한 사람의 본심을 말하다

한마디로 이 책은!

이타적 행동은 우리 상식처럼 그야말로 순수하게 타인을 위한 이타적 동기의 발로로 해석한다. 이타적인 선택의 신경학적 기제를 연구해 온 고려대 심리학과 김학진 교수는 《이타주의자의 은밀한 뇌구조》에서 이타적인 행위에 대한 흥미로운 관점을 소개한다. 흔히 선의에서 비롯된다고 여기던 이타적인 행동이 뇌의 '생존 전략'과 연결되어 있다는 것이다. 그는 사회 구성원들을 향한 이타적 행동은 개인의 생존 가치를 높여 주는 중요한 전략이 될 수도 있다고 말한다. 이 책은 뇌 과학을 통해 이타주의를 새롭게 해석하며, 인간의 도덕적 직관 능력이 가진 성장 가능성을 탐색하고자 한다.

저자 김학진 고려대 심리학과를 졸업하고 미국 보스턴대에서 석사 학위를, 위스콘신 주립대에서 심리학으로 박사 학위를 받았다. 미국 캘리포니아 공대에서 박사 후 연구원을 거쳐 현재 고려대 심리학과 교수로 재직 중이다. fMRI를 사용해 인간의 경제적·사회적 의사 결정과 관련된 뇌 메커니즘을 연구하고 있으며, '공정성 판단'과 '이타적 선택'의 신경학적 기제를 밝히는 연구를 진행하고 있다.

김학진 지음 | 갈매나무 | 2017년 5월 | 280쪽 | 16,000원(이북 9,600원)

이타적인 마음은 인간의 본성인가?

세계적인 부호들이 상상할 수 없을 정도의 큰 금액을 기부하는 행위는 어떻게 설명할 수 있을까? 지난 20년간 하루에 약 50억 원꼴로 기부했다는 빌 게이츠, 그의 기부 운동에 동참해 370억 달러를 기부하겠다고 한 워런 버핏, 첫아이가 태어나자 재산의 99퍼센트를 기부하겠다고 발표한 페이스북의 설립자 마크 저커버그. 이들의 이타적 행동은 정말로 불쌍한 이웃을 위한 선의에서 발현된 것일까, 아니면 자신의 사업 목표를 위해 발현된 것일까? 이렇게 거창한 기부가 아니더라도 우리 주변에서 쉽게 찾을 수 있는 사례는 많다. 많은 사람이 기꺼이 불우한 이웃을 도우려고 한다. 세상에는 이처럼 악한 사람보다 선하고 이타적인 사람이 훨씬 더 많다. 그저 인간의 본성이 그렇기 때문일까? 뇌 과학을 통해 지금껏 숭고한 가치로만 여겨지던 이타주의의 본질이 밝혀지고 있다.

《이타주의자의 은밀한 뇌구조》는 이타성은 타인으로부터 인정받으려는 욕구에서 나온다고 말한다. 뇌는 살아남기 위해 가장 유리한 가치를 선택하는 속성이 있는데, 이타성을 하나의 생존 전략으로 선택한 것이다.

왜 인간은 인정받으려는 욕구를 갖게 되었을까? 인간은 태어나는 순간부터 뚜렷한 가치를 추구한다. 따뜻함, 편안함, 안전함을 추구하고, 고통이나 괴로움은 회피하려 한다. 본능적인 욕구를 해결하려는 행동은 별다른 경험이나 학습이 필요 없다. 기본적 욕구를 충족하려는 본능이 사회와 환경을 만나면 복잡해진다. 인간은 사회생활을 하면서 타인으로부터의 인정을 추구하는 새로운 욕구 충족의 가치를 만들어 낸다. 생물학적 욕구가 아닌 새롭게 생겨난 가치들을 받아들이는 데는 학습 과정을 거쳐야 한다. 자신의 우수성을 인정받으려는 행동은 가치 학습 과정을 통해 내부의 원동력으로 자리 잡았다.

우리는 생각보다 더 타인을 의식한다. 이를 증명하는 심리 실험이 있다. 슈퍼마켓

계산대 옆에 기부금 상자 2개를 놓았다. 한 상자는 아무 그림이 그려져 있지 않고, 다른 상자에는 눈동자 그림을 넣었다. 눈 그림이 있던 상자에 더 많은 돈이 모였다. 무의식중에 타인의 시선을 의식한다는 증거다.

인정 욕구는 생존 본능이다

인정 욕구는 현실에서 다양한 모습으로 드러난다. 복잡하고 추상화된 옷들로 자신의 모습을 감추는 것이다. 타인을 위한 이타적인 행동으로 나타나기도 하고, 겸손한 태도로 나타나기도 한다. 인정 욕구를 제대로 파악하려면 뇌의 작동 원리를 이해해야 한다. 뇌는 우리 몸의 항상성을 지속적으로 유지하는 것을 중요한 목적으로 삼는다.

뇌는 정보를 받아들이면 먼저 범주화 과정을 거친다. 범주화를 통해 정보를 단순화하고 평균치를 계산하고 저장한다. 범주화는 에너지를 효율적으로 쓰기 위한 노력이다. 범주화로 단순환된 정보는 추상화라는 과정을 통해 가공된다. 예컨대 명품 가방과 고급 승용차보다는 그보다 더 높은 가치, 즉 돈이나 권력을 더 원하게 된다는 것이다. 그래서 추상화 과정은 삶의 목표와 가치를 세우는 데 중요한 원리가 되기도 한다.

범주화와 추상화는 뇌의 궁극적인 목표인 체내 항상성 유지에 딱 들어맞는다. 체내

항상성을 유지한다는 말은 쉽게 말해 생존한다는 뜻이다. 뇌는 생존을 위해 정보를 최대한 수집하고 활용할 수 있도록 변형하게 된다. 자기중심적 관점으로 모든 것을 받아들이고 해석한다. 생물학적 본능을 넘어선 높은 가치를 추구하고 추상적으로 상위 범주에 해당하는 그 무언가에 빠져드는 것도 결국에는 생존의 문제와 연결되어 있다.

뛰어난 사람들이 불행을 겪는 모습을 보면 뇌는 쾌감을 느낀다

우리 뇌는 스스로 생존하기 위해 평판을 관리한다. 타인에게 인정받는다는 것은 강력한 쾌감을 준다. 그리고 인정 중독은 다른 종류의 보상들로 인한 중독보다 강력하기 때문에 이를 대체할 만한 다른 보상을 찾기 어렵다. 그래서 인정 중독에 빠지기도 쉽다. 동일한 수준의 만족감을 얻기 위해 점차 강한 행동을 하게 되는 것이다. 그러다 나중에는 그 행동을 중지할 때 겪을 불만족감을 없애기 위해 지속하게 된다.

타인과의 관계에서 발생하는 여러 감정의 공통적인 원인은 인정 욕구다. 그리고 인정 욕구는 생존에 대한 본능에서 나온다. 우리는 나보다 뛰어난 사람의 불행을 바라기도 한다. 이런 부분에 동의하지 않을 수도 있을 것이다. 그러나 실험 결과를 보면 나에게 해를 가한 적은 없지만 나보다 뛰어난 사람이 불행한 사건에 빠질 때, 쾌락을 담당하는 뇌의 측핵이 활성화된다는 것이 밝혀졌다. 나보다 뛰어난 사람은 그 존재 자체만으로도 사회적 지위의 위협으로 인식되기 때문이다.

인간성을 부정하는 것이 이 책의 핵심은 아니다. 인간의 내면을 더욱 객관적으로 드러내고, 오래된 의문과 편견을 벗겨 인간 본성의 실체를 이해하려는 데 이 책의 목적이 있다. 이타성의 실체를 이해하면 더 합리적인 의사 결정을 내릴 수 있게 된다.

 좋아요! 이타주의자들이 왜 선행을 하는지에 대한 비밀을 알 수 있는 책.

 아쉬워요! 쉽게 읽히는 책은 아니다.

공학자의 시선으로 풀어낸
행복 방정식

행복을 풀다
– 구글X 공학자가 찾은 삶과 죽음 너머 진실
Solve for Happy-Engineer Your Path to Joy

한마디로 이 책은!

《행복을 풀다》는 세계적으로 유명한 공학자이자 '구글X'의 신규 사업 개발 총책임자인 저자가 행복에 대한 여러 허상을 격파하고 행복을 위한 해법을 제시한 책이다. 엄청난 성공을 거두었음에도 행복해지지 않는 이유를 공학자 관점에서 파고들었다. 2014년 의료 사고로 아들을 잃고 온 가족이 절망에 빠져 있을 때 그는 자신이 발견한 행복 방정식에 의지해 상실감을 이겨 냈다. 엔지니어 특유의 호기심과 분석적인 사고방식으로 수많은 행복 이론을 뒤엎는 새로운 공식과 이야기를 이 책에 담아냈다. 남다른 논리력과 문제 해결 능력을 행복이라는 문제에 적용함으로써, 우리 뇌가 즐거움과 슬픔을 받아들여 처리하는 방법을 근거로 삼아 행복을 위한 해법을 제시했다.

저자 모 가댓 구글의 혁신 부서인 '구글X'의 신규 사업 개발 총책임자. 네덜란드 마스트리흐트대에서 경영학 석사 학위를 받았다. IBM과 마이크로소프트를 거쳐 2007년 구글에 합류했다. 건강, 음료, 부동산 등 다양한 업종의 회사 20개를 공동으로 창업한 기업가이기도 하다.

모 가댓 지음 | 강주헌 옮김 | 한국경제신문 | 2017년 6월 | 484쪽 | 16,000원(이북 12,800원)

우리가 행복에 대해 오해하는 것들

저자는 공학자답게 행복이란 문제를 최소 구성단위로 분해해 공학적으로 분석하면서 행복에 쉽게 이르는 알고리즘을 만들어 행복을 전달할 수 있는 코드를 찾아내려고 시도한다. 이 책은 삶의 근본적인 문제들에 의문을 제기하고, 심리적 고통의 근원적인 이유를 파헤친다. 그리고 영구적인 행복과 지속적인 만족을 얻기 위한 방법을 단계별로 제시한다. 맑은 눈으로 삶을 관찰하는 방법을 증명해 보이며, 우리 생각을 흐릿하게 뒤덮는 환상들을 떨쳐 내는 방법, 뇌의 맹점을 극복하는 방법, 궁극적인 진실을 포용하는 방법 등을 가르쳐 준다.

저자는 우리가 행복에 대해 오해하는 것이 몇 가지 있다고 말한다. 행복은 노력의 대가로 주어지는 것도 아니고, 외적인 조건에 의해 결정되는 것도 아니다. 행복하기 위해 굳이 행복해야 할 이유가 필요하지 않다는 것이다. 인간은 애초부터 행복하게 살도록 설계되어 있기 때문이다. 인간의 초기 설정 값은 '행복'이다. 삶이 초기 설정 값을 자꾸 바꾸기 때문에 불행이 찾아온다. 바뀐 설정 값을 초기화하면 우리는 다시 행복해진다.

예컨대 어떤 자리에 오르고 나면, 혹은 무엇을 얻으면 행복해질 것이라는 것은 신화에 불과하다. 이런 믿음을 가지고 있다면 행복해질 수 없다. 성공 역시 행복의 필수 조건이 아니다. 돈을 많이 벌고 권력이나 명예를 가져야만 행복해진다는 생각은 산업 사회 시대가 우리에게 이식한 신화다. 어느 정도 돈을 버는 것은 이른바 '안녕감'을 증가시킨다고 하는데, 그것도 7만 달러를 넘어서면 얼마를 벌든 행복의 정도는 변하지 않는다.

> 현대 세계에서 행복은 온갖 허황된 신화로 둘러싸여 있다.
> 행복이 무엇이고 행복을 어디에서 찾을 수 있느냐에 대해
> 우리가 알고 있는 지식의 대부분은 왜곡된 것이다. —27쪽

행복해지기 위해서는 생각을 바꿔야 한다. 생각이야말로 우리를 불행하게 만드는 주범이다. 예컨대 어떤 사람이 당신에게 무례하게 행동했다면 기분이 어떤가. 상대방

의 무례한 행동은 사건이다. 특정한 사건 자체는 아무 의미도 없다. 정작 우리를 괴롭히는 건 저 사람이 나를 무시했다는 생각이다. 사건을 확대하고 부정적인 의미를 붙이려는 생각이 사라지면 마음의 괴로움도 사라진다.

하지만 우리를 괴롭히는 생각의 종류도 다양하고, 생각을 바꾸는 것도 쉽지는 않다. 특히 고독감, 불안감, 죄책감 그리고 수치심과 같은 생각들을 떨쳐 내기란 여간 어려운 일이 아니다. 이럴 때는 합리적으로 추론해 보자. 심리적 고통은 우리에게 어떤 이득도 없다. 심리적 고통에서 벗어나야 하고 그러려면 부정적인 생각들을 떨쳐 내야 한다.

행복을 위해 버려야 할 여섯 가지 환상

저자는 지속적으로 행복하게 살기 위해서는 반드시 떨쳐 내야 할 여섯 가지 환상이 있다고 말한다.

생각이라는 환상 머릿속에는 하루도 빠짐없이 부정적인 말을 중얼거리는 목소리가 있다. 이 목소리는 뇌가 작동하면서 만들어지는 것이지 우리 자신이 내는 소리가 아니다. 뇌가 우리에게 도움을 주려고 하는 행동이다. 여기에는 사회적인 요인들도 작용한다. 우리의 생각이 곧 우리 자신이라는 믿음은 환상이다. 생각을 통제해야 한다. 우선 머릿속 목소리가 어떤 말을 한다면 일단 모두 다 듣고 그보다 현실적이고 더 나은 대안을 제시해야 한다. 그래야만 머릿속 목소리가 멈춘다. 그리고 생각이 어떻게 감정으로 발전하는지를 살펴봐야 한다. 명상을 할 필요는 없다. 평소에 자신의 생각을 살펴보는 것으로 충분하다.

자아라는 환상 '나는 과연 누구인가'라는 질문을 던지고 이에 대한 답을 찾아야 한다. 우리는 거짓으로 꾸며진 나 자신의 욕구를 만족시키기 위한 행위를 한다. 사회적으로 인정받고 보여 주고 싶은 이미지를 만들고 가면을 쓴다. 이것이 페르소나다. 페르소나는 고대 그리스 연극에서 배우들이 쓰던 가면인데, 사람person, 성격personality 등의 어원이 되었다. 내면의 진정한 자아를 내버려 두고 사회에서 원하는 역할에 맞는 가면을 쓰고 살아간다는 것이다. 자신의 진짜 모습을 찾지 못하면 결코 행복해질 수 없다.

지식이라는 환상 우리는 궁금한 것이 있으면 언제든지 답을 찾을 수 있지만, 무엇을 모르는지 모를 때가 많다. 설령 그것을 알고 그 지식을 찾더라도 그것으로 모든 문제를 해결할 수는 없다. 왜냐하면 모든 지식은 불완전하기 때문이다. 지식은 행복의 전제 조건이 아니다. 우리가 믿고 있는 지식이 공격받으면 불쾌해진다. 지식을 곧 자신이라고 믿기 때문이다.

시간이라는 환상 시간에는 시계 시간과 뇌 시간 등 두 종류가 있다. 시계 시간은 복잡하지 않고 감정이 더해지지 않는다. 그런데 뇌 시간은 합리적 이유 없이 과거와 미래에 대한 생각에 사로잡힌다. 우리는 과거에 집착하지만 과거는 우리 뇌에 축적된 생각의 모음일 뿐이다. 그리고 미래의 일은 아직 일어나지 않았다. 그럼에도 불구하고 우리는 과거와 미래의 노예로 살고 있다. 인간의 결함은 이 지점에서 발견된다.

통제라는 환상 인간은 모든 것을 통제하고 싶어 한다. 산업 사회가 시작된 이후로 인간은 모든 것에 통제 시스템을 만들어 왔다. 하지만 우리가 통제할 수 있는 것은 단 두 가지뿐이다. 하나는 우리 행동이고, 다른 하나는 우리 마음가짐이다. 현실에서 일어나는 사건은 통제할 수 없다. 마음가짐과 행동을 통제해 사건에 대응해야 한다.

변화라는 환상 변화를 위해서는 무엇보다 두려움을 극복해야 한다. 저자는 '어떤 것도 두려워하지 않는 사람을 여태껏 만나 본 적이 없다'라고 말했다. 두려움은 우리 마음속에 깊고 넓게 자리 잡고 있다. 두려움에는 불안, 좌절, 혐오, 슬픔, 주눅, 시기, 질투, 비관 등 여러 종류가 있다. 두려움도 뇌의 작품이다. 뇌는 가능한 모든 시나리오를 반복해 끌어오는 속성이 있다. 그래서 고통스러운 기억도 과거로부터 되살려 낸다. 행복은 지금 이 순간에서 찾아야 한다. 대부분의 사람은 '그때 그곳'에 살고 있지만, 삶은

'지금 여기'가 전부다. 많은 연구 결과가 증명하듯이 행복한 사람들은 지금 이 순간을 산다.

지독한 시련 속에 놓여 있더라도, 사랑하는 아들을 잃은 슬픔을 극복한 저자처럼 《행복을 풀다》에서 현재 상황에 만족하며 미래를 낙관적으로 바라볼 수 있는 방법에 대한 힌트를 얻을 수 있을 것이다.

 좋아요! 행복에 대한 진지한 고민을 하게 된다.

 아쉬워요! 어쩌면 모든 것을 다 이룬 사람이 중요한 것을 잃어 가면서 느낀 소회는 아닐까? 그리고 뒤에 나오는 종교 이야기는 없어도 좋았을 것 같다.

골치 아픈 문제를 해결하는 스마트한 방법들

나는 왜 똑같은 생각만 할까
–문제의 함정에 빠진 사람들을 위한 창의력 처방

It's Not about the Shark-How to Solve Unsolvable Problems

한마디로 이 책은!

《나는 왜 똑같은 생각만 할까》는 제자리를 맴도는 똑같은 생각으로 삶이 피곤한 사람들을 위한 창의력 처방전이자, 해결 불가능한 문제 속에 갇혀 있는 사람들이 사소한 생각의 변화를 통해 삶의 악순환을 끊어 낸 사례집이다. 심리학자 데이비드 니븐의 문제 해결 심리학이다. 우리가 문제의 함정에 빠져드는 원인을 규명하고, 가슴 뛰는 삶을 위한 열 가지 생각 전환법을 소개한다. 저자는 우리가 문제에 집중하느라 인생의 중요한 시간을 낭비하고 있으며, 지나친 노력과 열정이 도리어 실패를 가져온다고 조언한다. 문제를 더 키우는 행동, 행복보다 불행에 끌리는 경향, 부질없는 노력과 의욕의 덫, 첫 번째 생각에 집착하는 사고 패턴, 삶을 풍부하게 해 주는 전환 관념, 정신의 수문을 활짝 열어젖혀 주는 반대 관념, 더 근사한 것을 얻을 수 있는 생각법 등 문제와 해결책에 대한 통찰이 엿보인다.

저자 데이비드 니븐 오하이오 주립대와 플로리다 애틀랜틱대에서 학생들을 가르친다. 심리학 학술 연구들을 대중화하는 작업으로 독자들의 사랑을 받아 왔다. 그가 쓴 '100가지 간단한 비밀' 시리즈는 미국에서만 100만 부가 넘게 팔렸고 세계 각국의 30여 개 언어로 번역 출간되었다. 국내에서 출간된 책으로는 《나이와 함께 행복을 초대하라》, 《잘했어를 모르는 아내, 미안해를 못하는 남편》, 《모두가 말하는 성공을 깨면 나만의 성공을 만들 수 있다》 등이 있다.

데이비드 니븐 지음 | 전미영 옮김 | 부키 | 2016년 5월 | 288쪽 | 13,800원(이북 9,660원)

생각만 바꿔도 고민의 90퍼센트가 해결된다

문제에 집착하는 것은 생존 본능 때문이다

문제의 함정에 빠진 사람들은 해결하지 못한 문제로 스트레스를 받고, 생각이 제자리를 맴돌고, 사소한 실수를 되풀이한다. 데이비드 니븐은 우리가 문제에 집중하느라 인생을 낭비하고 있으며, 이는 생존 본능 때문이라고 주장한다. 수십만 년 전의 인간은 행복에 빠질 틈이 없었다. 좋은 것에만 관심을 쏟다가는 당장 맹수의 점심거리가 될 터였다. 늘 신경을 곤두세우면서 위험과 문제에 집중해야 했다. 그런데 지금은 오히려 이런 생존 본능이 우리의 창의력을 억누르고 삶을 짓누른다.

따라서 지금 당장 삶을 풍부하게 해 주는 사소한 상상, 사소한 행동을 하라고 조언한다. 단지 일곱 살짜리 아이가 되었다는 상상만으로도 훨씬 창의적인 결과가 나타난다는 것이다. 속도를 늦추고, 고민을 덜하고, 일의 순서를 바꾸고, 몸을 흔들고, 스스로에게 작은 즐거움을 선사하고, 엉뚱한 친구를 만나고, 좁은 곳을 벗어나는 등 사소한 변화만으로도 기가 막힌 해결책을 얻을 수 있다. 자유로운 정신만 있다면 문제의 함정을 훌쩍 뛰어넘을 수 있다. 골치 아픈 문제 대신 근사한 선물을 얻을 수 있다.

> 나쁜 행동보다 좋은 행동을 따라 한다면 인생이 한결 편하겠지만
> 우리는 비우호적인 몸짓을 모방하는 경우가 5배나 많다.
> 비우호적인 행동을 한 번 할 때마다 우호적인 행동을 다섯 번 해야
> 겨우 균형을 맞출 수 있다는 뜻이다.—53쪽

코끼리를 생각하지 말라고 하면 계속 코끼리만 생각하게 된다

문제가 생각의 핵심에 놓여서는 안 된다. '코끼리에 대해 생각하지 말라'는 말을 들으면 코끼리만 생각하게 된다. 문제는 생각을 오염시킨다. 40년 넘게 다이어트를 한 테스라는 사람은 하루 종일 칼로리를 걱정하며 우울하게 지내다 결국 폭식을 하곤 했다. 그러다 어느 식습관 연구에 참여하면서 '문제가 문제다'라는 걸 깨달았다. 그녀는 식습관과 체중에 대한 접근법을 완전히 바꾸었다.

문제는 '너는 이것을 할 수 없어, 너는 저것도 할 수 없어'라고 인식하게 만든다. 우리는 문제라는 장애물을 치워야만 생각하고 행동할 수 있다고 인식한다. 따라서 문제

를 내버려 둬야 한다. 골프 선수는 실수하지 않으려고 애쓰면 오히려 더 실수를 하게 된다. 디자이너는 실패한 디자인을 보면 창의적인 디자인을 만들 수 없다. 우리가 싫어하는 것은 머릿속에서 더 떠나지 않는다. 하지만 우리는 중대한 문제에 직면하면 더 열심히 노력해야 한다고 배웠다. 앞에서 말했듯이 코끼리를 생각하지 말라는 메시지는 코끼리만 생각하게 한다. 애를 쓰면 쓸수록 하지 말아야 할 것을 더 하게 된다.

사람들은 불행보다 행복이 더 좋다고 생각하지만 심리학자들은 행복과 해법에 대한 연구보다는 불행과 문제에 관한 연구를 125퍼센트 더 많이 하고 있다. 인간관계에서도 나쁜 것의 영향력은 좋은 것의 영향력보다 5배나 강하다. 인간은 나쁜 것에 더 끌린다. 그 이유는 문제에 대한 두려움 때문이다. 나쁜 것이 삶의 중심이 되면 좋은 것은 사라진다. 두려움은 창의성을 낮추고, 스스로의 능력을 과소평가하며, 세상을 잘못된 관점에서 바라보게 한다.

세계적인 생활용품 기업 피앤지P&G에는 2개의 커피 사업부가 있었다. 폴저스는 인스턴트커피를 캔에 넣어 판매했고, 다른 사업부는 고급 커피콩을 이탈리아 시장에 판매했다. 하지만 CEO 존 페퍼는 매출이 높고 만족도가 낮은 사업 폴저스에 집중하기로 결정했다. 이는 최악의 결정으로 알려져 있다.

인간은 불확실함과 애매모호함을 못 견딘다. 불확실함은 무력감을 안겨 준다. 불확실함이 싫어서 잘못된 결정을 내리기도 한다. P&G의 최고 경영자 존 페퍼가 최대의 실수를 저지른 것은 '독특함'을 문제로 인식했기 때문이다. P&G는 스타벅스가 이탈리아에 발을 들여놓기 10년 전부터 이탈리아에서 고급 커피를 팔았다. 존 페퍼는 고급 커피 사업부를 '사치', '일탈', '문제'로 규정하고 매각해 버렸다. 친숙하지 않은 것에서 불리한 점만 발견하고 그 속에 담긴 미래는 보지 못했다. 이 '가난한 상상력' 때문에 P&G는 쉽게 차지할 수 있던 시장을 놓쳐 버렸고, 결국 커피 사업에서 완전히 손을 떼고 말았다.

노력한다고 문제가 풀리는 것은 아니다

성공과 실패를 가르는 것은 무엇인가? 우리는 그것이 노력이라고 배웠다. 하지만 노력과 의욕은 우리 관심을 눈앞의 문제에 집중시킨다. 문제에 집중한다고 해서 그 문제를 해결할 수는 없다.

노력이라는 가치의 민낯을 드러내는 가슴 아픈 일화가 있다. 1940년대 미국 몬태나주의 협곡에서 화재가 발생해 삼림 소방대가 출동했다. 순식간에 불길이 그들을 에워쌌다. 소방대의 리더이던 도지 대장은 급히 퇴각 명령을 내렸다. 하지만 무거운 장비를 짊어진 채 산을 기어오르려니 속도가 느릴 수밖에 없었다. 도지는 대원들에게 장비를 버리라고 명령했다. 하지만 대원들은 명령을 따르지 않았다. 그 명령은 신념에 어긋나는 것이었다.

도지는 필사적인 마음에서 다른 명령을 내렸다. 일부러 불을 내자는 것이었다. 좁은 지역을 태워 빈터를 만들어 산불의 먹잇감을 없앤 뒤 납작 엎드려 불길이 통과하기를 기다리자고 했다. 그러나 대원들은 대장의 제안을 믿지 못하고 장비를 움켜쥔 채 계속 달렸다. 도지는 홀로 남아 불을 놓았다. 불길은 태울 게 없는 빈터를 지나쳤고, 그는 살아남았다. 하지만 대원 15명 중 13명은 목숨을 잃었다.

노력이 오히려 해악이 될 수도 있다. 대원들은 산불을 전력으로 대처해야 할 문제로 보았고, 최후의 순간까지 무거운 장비들을 짊어진 채 불보다 빨리 달리기 위해 온몸의 힘을 짜냈다. 이렇듯 문제에 집중하는 것은 비생산적이다. 문제에 집중하면 심각한 위협을 격퇴하는 중이라는 기분이 들고 자신이 중요 인물이 된 듯한 느낌이 드는 것도 사실이다. 하지만 이를 통해 나오는 해결책은 진정한 해결책이 아니다.

지나친 자신감이 우리를 망친다

우리는 자신감을 능력이나 성공과 결부시키곤 한다. 하지만 자신감이 넘치는 사람은 밀어붙이기만 할 뿐 의문을 갖지 못한다. 미국 교육부의 2인자이던 다이앤 래비치는 교육 개혁을 추진했다. '성취도 검사'를 도입하면 상위 학생들에게 자극을 주고 하위 학생들의 의욕을 끌어올릴 수 있다는 강한 확신이 있었다. 하지만 이는 참담한 실패로 끝나고 말았다. 교사들이 성취도 검사에 나오는 내용만 가르친 것이다. 4개 중에서 정답을 골라내는 쓸모없는 능력에 엄청난 가치를 부여했다. 그녀는 잘못된 정책을 그토록

열심히 밀어붙인 이유가 회의주의를 상실한 데 있다고 봤다. 지금 그녀는 자신이 만든 교육 정책에 반대하는 운동을 이끌고 있다.

우리는 자신감이 있어야 만사를 잘할 수 있다고 생각한다. 자신감이 넘치는 사람들은 타당한 근거나 이유도 없이 모든 것을 해결할 수 있다고 믿는다. 실수와 실패를 경험해도 그 원인을 찾거나 도움을 청하려 하지 않는다. 자신감이 강하다는 것이 곧 자신의 결정이 옳았다는 뜻은 아니다. 그런 자신감 탓에 성공하기는 더 어려워진다. 자신감이 커질수록 잠재적 해결책과는 멀어진다는 말이다.

풀리지 않는 문제를 해결하는 법

문제가 풀리지 않을 때는 다음 네 가지를 실천해 본다.

떠오른 생각을 버린다 인간은 최초의 답에 집착하는 편향이 있다. 첫 번째 답은 빠르고 쉽게 떠오른다. 하지만 첫 번째 답은 최선의 답이 아니다. 초안을 버려야 기가 막힌 두 번째 안이 떠오른다. 1966년 게이 텔레스가 쓴 기사 '프랭크 시나트라, 감기에 걸리다'는 수십 년이 지난 지금도 읽히고 있으며 숭배의 대상이 되고 있다. 장면, 대화, 행동, 생생한 묘사 등 이 기사는 일종의 교과서와 같다. 처음에는 이 기사를 쓰는 게 불가능해 보였다. 프랭크 시나트라의 홍보 대행사가 인터뷰 요청을 거절했기 때문이다. 그를 만나지 않고 그에 관한 기사를 쓴다는 게 가능하기나 할까? 하지만 초안을 비틀자 관점과 깊이가 생겼다. 게이 텔레스는 프랭크 시나트라 주위의 공기 속에 몸을 담갔다. 향수의 대상이 될 만큼 늙지도, 새로운 성공을 추구할 만큼 젊지도 않은, 그래서 이러지도 저러지도 못하는 그의 감정을 사소한 다툼을 통해 완벽하게 전달했다. 한 발 한 발 공들여 나아가는 과정에서 단편적인 사실들을 재구성할 기회를 얻었고, 안이한 초기 발상에 안주하지 않을 수 있었다.

한눈을 판다 책상 앞에 앉아 있다고 해답이 나오는 건 아니다. 노벨 화학상과 노벨 평화상까지 수상한 라이너스 폴링은 '내려놓기'를 조언한다. 그가 뛰어난 생각을 떠올린 곳은 실험실도, 강의실도, 도서관도 아닌 침대였다. 복잡한 문제에서 떨어져 있을 때였다.

반대쪽을 용인한다 도저히 해결할 수 없는 문제라는 생각만 머릿속에 떠오른다면 문제 자체를 인정하고 전혀 반대되는 해결책을 향해 마음을 열어야 한다. 마약 문제를 해결하려면 어떻게 해야 할까? 경찰력을 동원해 마약 사범을 체포하고, 감옥에 집어넣고, 형량을 높이면 될까? 포르투갈 정부의 마약 방지 팀을 이끄는 주앙 골랑 의사는 왜 효과를 거두지 못하는 방식을 계속 고집해야 하느냐고 반문했다. 그는 마약과의 전쟁을 정반대 방향에서 추진했다. 마약 소지를 범죄로 처벌하지 않는다면 처벌에 쓰일 자원을 치료 쪽으로 돌릴 수 있다고 생각했다. 그로부터 10년 뒤, 포르투갈의 마약 관련 통계치는 엄청난 변화를 보였다. 마약 과용 사망자가 27퍼센트 줄었고, 마약 사용도 50퍼센트나 줄었다. 마약을 사용하지 않고 감옥에 갇혀 있지 않기 때문에 부모들이 자녀를 부양할 수 있게 되면서 사회도 한결 건강해졌다.

스스로 생각한다 우리는 모두 자신의 답을 갖고 있다. 사회 복지사 밀러는 고등학교를 중퇴하는 아이들이 50퍼센트나 된다는 말을 듣고, 나머지 50퍼센트 학생들은 어떻게 졸업을 했는지 알고 싶었다. 그는 가난한 사람들이 할 수 있는 일을 알고 싶었다. 또한 빈곤층에게는 뭔가 결여되어 있고 충고를 해 줘야 한다는 고정 관념을 깨고 싶었다. 밀러는 빈곤층 가족들에게 그저 '질문'을 던졌다. 꿈이 뭔지, 꿈을 실현시킬 계획이 무엇인지를 물었다. 효과는 놀라웠다. 가구 소득이 치솟고, 저축을 하기 시작했으며, 첫 '내 집'을 마련했다. 자포자기와 고립의 비극적 결합도 끊어졌다. 밀러가 참여 가정에 바란 것은 자신의 소리를 들으라는 것뿐이었다. 인생에 대한 답은 자신이 갖고 있기 때문이다.

 좋아요! 어떤 문제에 집착하는 사람들이 왜 그렇게 되는지를 설명한다.

 아쉬워요! 너무 많은 이야기를 하려다 중심을 잃어버렸다.

스트레스를 긍정적으로
이용하는 법

스트레스의 힘
-끊임없는 자극이 만드는 극적인 성장

The Upside of Stress-Why Stress Is Good for You, and How to Get Good at It

한마디로 이 책은!

스트레스에 대한 기존 상식을 완전히 뒤엎는 책이다. 실용 과학 분야의 차세대 심리학자로 평가받는 켈리 맥고니걸은 긴장과 압박이 어떻게 삶의 에너지가 되는지 과학적으로 증명하고 있다. 저자는 '스트레스는 독이 아니라 오히려 약'이라고 강조한다. 사고방식의 간단한 전환만으로 완전히 다른 결과를 이끌어 내는 인간의 뇌에 주목한다. 과학적으로 입증된 결과만을 내세워 생활에 적용할 수 있는 실질적인 가이드라인을 제시하고 있다는 점이 이 책의 큰 장점이다. 누구나 일상에서 겪는 다양한 스트레스 상황을 스마트하게 긍정의 촉매로 이용할 수 있는 방법을 설명하는 실용적인 책이다.

저자 켈리 맥고니걸 스탠퍼드대 심리학 강사. 스탠퍼드대에서 진행한 심리학 강좌들이 큰 인기를 끌고 있다. 보스턴대에서 심리학과 매스커뮤니케이션을 전공했고 스탠퍼드대에서 심리학 박사 학위를 받았다. TED에서 '스트레스와 친구가 되는 법'이라는 제목으로 진행한 강의는 전 세계 1000만 명 이상이 시청하기도 했다. 현재 미국의 심리학 전문지 〈사이콜로지 투데이〉에 '의지력의 과학'이라는 블로그를 운영하고 있다.

켈리 맥고니걸 지음 | 신예경 옮김 | 21세기북스 | 2015년 12월 | 356쪽 | 17,000원(이북 13,600원)

생각만 바꿔도 고민의 90퍼센트가 해결된다

스트레스를 받을 때 우리 몸에 생기는 일

스트레스를 받으면 간은 연료를 만들기 위해 지방과 당을 혈류로 보내고, 심장에 더 많은 산소가 공급될 수 있도록 호흡이 깊어지며, 심장 박동이 빨라지면서 산소와 지방과 당을 근육과 뇌로 전달한다. 이때 소화 기능을 비롯한 다른 일상적인 신체 기능은 느려지거나 정지한다. 우리 몸은 에너지 비축량을 늘리고 면역 체계를 끌어올림으로써 전투태세에 돌입한다. 이런 변화는 모두 어려움에 맞서기 위한 과정이다. 소위 스트레스 호르몬이라고 알려진 '코르티솔'과 '아드레날린'이 분비되는 이유도 뇌와 근육이 그 에너지를 흡수해 위험에 맞서기 위해서라고 한다. 스트레스 반응이 만성이 되면 고혈압, 당뇨, 소화 불량, 성욕 감퇴, 비만 등 우리 몸 전반에 악영향을 미친다. 스트레스 상태가 지속될 때 신체는 급격히 무너진다.

> 스트레스를 피하려고 노력하다 생기는 결과는 매우 역설적이다.
> 다시 말해 스트레스의 원천을 더 많이 만들어 내는 한편
> 용기를 북돋워 줄 만한 자원은 고갈시키고 만다.—134쪽

스트레스보다 더 위험한 것은

스트레스 없는 인생은 없다. 사람이라면 누구나 스트레스를 받으며 산다. 스트레스는 건강에 나쁘다는 것이 상식이지만 스트레스 자체는 인체에 무해하다고 한다. 그보다는 '스트레스는 해롭다'는 믿음이 몸에 더 큰 피해를 준다.

저자는 1998년부터 미국 성인 남녀 3만 명을 대상으로 1년 동안 얼마나 스트레스를 받았는지, 스트레스가 건강에 해롭다고 믿는지를 묻는 설문 조사를 8년 동안 실시했다. 조사 결과 스트레스 수치가 높은 사람들의 사망 위험률이 43퍼센트 증가해 있었다. 흥미로운 사실은 스트레스가 해롭다고 '믿은' 사람들만 사망 위험률이 증가했다는 점이다. 스트레스 수치는 무척 높았지만 스트레스가 해롭다고 '믿지 않은' 사람들은 사망 위험률이 높아지기는커녕 스트레스를 거의 받지 않는다고 응답한 사람들보다 낮아져 있었다.

이 연구 기간에 사망한 18만 2000명의 사망 원인도 스트레스가 건강을 해친다는

'믿음'이었음을 발견했다. 매년 2만 명에 이르는 사람이 이 '믿음' 때문에 사망한다. 이 수치는 미국 질병 통제 예방 센터에서 발표한 HIV/AIDS 및 피부암 사망자 수보다 높다. 건강을 위협하는 요소가 스트레스 그 자체라기보다는 그것이 스트레스는 해롭다는 '믿음'과 결합할 때 일어나는 무엇임을 말해 준다.

스트레스를 긍정적으로 이용하는 법

저자의 처방은 간단하다. 스트레스에 대한 사고방식을 바꾸면 한마디로 스트레스 받는 일이 없어진다는 것이다. 스트레스에 관해서라면 거의 모든 사람이 이미 자신만의 인식을 갖고 있다. 스트레스를 받을 때마다 우리는 스트레스에 대한 자신의 생각을 떠올린다. 스트레스를 많이 받던 때를 떠올려 보자. '아, 완전 스트레스 받아', '이거 너무 스트레스야' 같은 생각을 했을 것이다. 그런 순간순간들이 합쳐져 사고방식으로 고착된다. 뭔가 비슷한 압박이 느껴지면 바로 스트레스라고 인식하게 된다. 이런 믿음은 '사고방식 효과mindset effect'로 이어진다. 사고방식이란 마음가짐과 행동 방식, 감정에 선입견을 만들어 무엇을 보든 그 대상을 특정한 방향으로 생각하게끔 만든다. 가짜 약을 먹어도 효과가 있을 것이라는 믿음만으로 효능이 발휘되는 '플라세보 효과'는 구체적인 사안에 단기간에만 영향을 미친다. 하지만 사고방식 효과는 오랜 기간을 두고 눈덩이처럼 불어나 그 영향력이 점차 커지고 장기간에 걸쳐 작용한다.

켈리 맥고니걸의 '새로운 스트레스 과학'은 인간이 진화를 통해 획득한 생체 메커니즘의 재발견이기도 하다. 스트레스 호르몬들이 신체에 긍정적으로 작용한다는 사실들이 밝혀진 것이다. 뇌하수체에서 분비되는 신경 전달 물질인 옥시토신은 스트레스 호르몬의 일종으로 분류되지만, 연인과 사랑을 나누고 다른 사람들과 좋은 관계를 유지할 때 영향을 미치기 때문에 '사랑의 분자'와 '포옹 호르몬'이라는 별칭도 갖고 있다. 옥시토신 호르몬은 스트레스를 제대로 수용하게 해 주고 공감 능력을 높여 주며 타인과의 바람직한 관계 형성을 도와준다. 스트레스를 받을 때 주로 나타나는 '투쟁-도피 반응'을 '배려-친교 반응'으로 전환해 준다.

서른네 살부터 아흔세 살까지의 성인 남녀 1000명을 추적 조사한 연

구 결과에 따르면 사랑하는 사람과의 사별이나 경제적 붕괴와 같은 스트레스 요인은 사망 위험률을 30퍼센트 증가시켰다. 그러나 똑같은 스트레스 상황에서 타인과 좋은 관계를 맺는 데 시간을 보낸 사람들은 사망 위험률이 전혀 높아지지 않았다. 인간관계가 큰 회복력을 이끌어 낸 것이다. 저자는 '스트레스의 해로움을 최소화할 수 있는 핵심은 공감 능력'이라고 강조한다.

대표적인 스트레스 호르몬인 코르티솔은 심각한 트라우마를 겪은 사람들을 치료할 때 사용된다. 큰 사고를 당한 환자에게 3개월 동안 코르티솔 10밀리그램을 매일 투여한 결과 외상 후 스트레스 장애 증상이 경감돼 사고 당시를 떠올려도 더 이상 크게 괴로워하지 않을 정도였다. 의사들은 큰 수술을 앞둔 환자들에게도 스트레스 호르몬을 투여한다. 위험성이 높은 심장 수술 환자들에게 이 방법은 집중 치료 기간을 줄여 주고, 외상성 스트레스 증상을 경감시키며, 수술한 지 6개월 뒤에는 삶의 질을 향상시키는 것으로 드러났다. 치료 시간 직전에 스트레스 호르몬을 투여하면 불안증과 공포증 치료의 효과를 향상시키기도 한다.

저자는 '스트레스를 유익한 반응이라고 믿는 순간 스트레스 호르몬의 과다 분비가 억제되고 혈관이 이완되는 등 몸 상태도 긍정적으로 바뀐다'고 말한다. 심지어 '삶을 더 유쾌하고 행복하게 만들어 준다'고 강조한다.

 좋아요! 스트레스의 좋은 측면을 보게 해 준다.

 아쉬워요! '스트레스 과학'이 머리로는 이해가 되는데, 메시지가 약해서 마음이 움직여지지는 않는다.

슬럼프에 빠졌다면
이렇게 극복하라

플래토 이펙트
-멈춰 있는 나를 깨우는 힘
The Plateau Effect-Getting From Stuck to Success

한마디로 이 책은!

누구에게나 슬럼프는 찾아온다. 이 책은 노력하는 만큼 결과가 따라오지 않고 무기력한 상태에 빠졌을 때 빠르게 회복하는 법을 알려 준다. 정체 현상이 찾아오는 이유를 이해하면 더 이상 가치 없는 일에 시간을 낭비하지 않고 시간과 에너지를 지금보다 훨씬 효율적으로 사용할 수 있다. 언제 식사를 할지, 헬스장에서 어떻게 운동해야 할지, 어떻게 성공적인 사업을 꾸릴지, 심지어 보다 탄탄하고 폭넓은 인간관계를 어떻게 만들어 나갈지도 알려 줄 것이다. 정체 현상이 생활 전반에 어떤 영향을 미치는지 이해하면 최소의 시간으로 최대의 가치를 얻을 수 있으며, 목표에 도달하고 난 뒤에도 다시 앞으로 나아갈 수 있다. 또한 별로 중요하지 않은 일을 만족스러운 선에서 재빨리 해치우고 정말 중요한 일에 집중하는 데 도움이 될 것이다.

저자 밥 설리번 온라인에서 활동하는 독립 저널리스트. 페어필드대에서 역사와 수학을 전공했고, 미주리대 언론 대학원에서 석사 학위를 받았다. 《가처 캐피털리즘》, 《더 이상 속지 말자》 등 다수의 베스트셀러를 썼다.

휴 톰슨 컴퓨터 보안 전문가로 컬럼비아대 컴퓨터 과학과 교수이자, 글로벌 보안 소프트웨어 회사 시만텍 최고 기술 책임자. 연간 2만 5000명이 참가하는 세계 최대 규모 정보 보안 콘퍼런스인 RSA 콘퍼런스 회장을 맡고 있다. 플로리다 공대에서 박사 학위를 받았고, 정보 보안 업체 피플 시큐어러티를 설립하기도 했다.

밥 설리번, 휴 톰슨 지음 | 하윤숙 옮김 | 라이프맵 | 2015년 8월 | 384쪽 | 15,000원

고원 정체는 어디에나 있기 마련이다.
따라서 고원 효과가 존재한다는 사실을 아는 것만으로도 큰 위안이 된다.—10쪽

플래토 이펙트의 정의

'고원 정체'란 더 이상 성장하지 않는 상태를 말한다. 고원 정체에 빠지면 똑같은 일, 삶과 영혼을 잠식하는 반복적인 과정, 일을 더 많이 하는데도 성과는 점점 줄어드는 상태로 인해 의식과 감각이 무뎌진다. 이런 고원 정체의 힘에 떠밀려 잘못된 결정을 내리고 절망감에 사로잡힌다. 이것을 책에서는 '플래토 이펙트'라고 정의하고 있다. 흔히 쓰는 '슬럼프'라고 이해하면 된다. 중요한 것은 당신에게 찾아온 고원 정체를 이해하는 것. 현재 삶의 어느 지점에 어렴풋한 불만이 있는지 느끼고, 이를 성공적으로 극복하는 것이 가장 빠르게 균형 상태에 이르는 길이다.

고원 효과는 중력이나 마찰력처럼 실제로 존재하며 강력한 작용을 하는 자연의 힘이다. 이 힘은 우리 몸의 유전 암호 속에도, 우리가 살고 있는 행성에도 내재되어 있다. 성공 뒤에 고원 정체가 찾아온다는 것은 절망스럽지만 받아들여야 하는 법칙이다. 얼핏 끄떡도 하지 않을 장애처럼 보이는 이 벽의 영향력에서 자유로운 사람은 아무도 없다. 엄청난 파괴력을 지닌 버그를 잡기 위해 애쓰는 소프트웨어 회사들도 이 정체 현상 때문에 좌절감을 맛본다.

정체 현상은 약물에 대한 내성 반응과 비슷하다. 내성은 약물을 반복 복용해 약효가 저하되는 현상이다. 동일한 효과를 얻으려면 점점 더 많은 양을 투여해야 한다. 내성이 의학계에만 있는 것은 아니다. 다이어트를 하거나, 인간관계를 개선하거나, 사업을 하는 등 삶의 여러 문제에도 내성이 작용한다. 다이어트 프로그램이 효과를 발휘하다 어느 순간 효과가 없어지기도 한다. 새로운 마케팅 전략이 잘 먹히다 어느 순간 먹히지 않는다. 모두 내성을 겪는 것이다.

내성을 극복하기 위해서는 새로운 것을 시도해야 한다. 크로스핏 운동을 생각해 보자. 크로스핏은 다양한 운동을 조합해 신체 기능 향상을 목적으로 2000년 그레그 글래스먼이 창안한 프로그램이다. 미국은 물론 전 세계에서 선풍적인 인기를 끌고 있다.

크로스핏의 핵심은 '오늘의 운동'이라는 이름으로 매일 운동 프로그램이 바뀐다는 점이다. 똑같은 운동을 반복하면 근육이 운동에 적응해 더 이상 늘지 않는 고원 정체에 빠진다. 크로스핏은 매일 다른 운동을 하게 함으로써 고원 정체를 피한다.

나에게 맞는 타이밍을 찾아라

고원 정체를 해결하려면 지속적인 반복을 피해야 한다. 가장 대표적인 해독제는 시간 간격을 이용하는 것이다. 인지 심리학자들은 시간 간격을 둔 반복의 원리를 이미 알고 있었지만 충분히 활용하지 않았다. 반복 학습을 하더라도 시간 간격을 두면 고원 정체 현상은 크게 줄어든다. 하지 말아야 할 때 하지 않고 해야 할 때 하는 타이밍이 중요하다. 그런데 개인마다 사안마다 편차가 있기 때문에 적절한 타이밍을 알아내는 것은 쉽지 않다.

타이밍과 관련한 데이터를 수치화하고 이를 적용해 보는 것도 한 방법이다. 한 연구에 따르면 이스라엘의 가석방 심의 위원회에 가석방을 신청한 수감자가 아침 일찍 심리를 받으면 허가 가능성이 대폭 높아진다고 한다. 실제로 오전에 심리를 받은 신청자의 70퍼센트가 가석방 허가를 받은 반면, 늦은 시간에 심리를 받은 신청자의 허가 비율은 10퍼센트에 그쳤다. 이처럼 까다로운 대화를 하루 종일 미루거나 미적거리면 가

능성이 현저하게 저하된다.

구글은 타이밍을 가장 영리하게 이용하는 회사 중 하나다. 이용자들의 웹 서핑 시간, 방문 사이트, 이메일을 보내는 대상이나 내용 등 수십 억 개의 데이터를 분석해 이용자들이 관심을 가질 만한 내용을 딱 맞는 시간대에 눈앞에 떠운다. 언제 일이 가장 잘 되는지, 언제 집중이 흐트러지는지 내가 모을 수 있는 나 자신에 대한 데이터를 모으고 그것을 이용한다면 나에게 맞는 최적의 데이터를 찾을 수 있다. 즉 구글처럼 생각해야 한다. 이것이 물론 강박증처럼 보일 테지만, 타이밍에 대한 세부 사항을 파악하는 일은 궁극적으로 좋은 결과를 만들 것이다.

왜곡된 자료를 조심하라

우리는 거의 무한한 정보의 시대에 살고 있지만 이 때문에 사고 과정에 혼란을 겪는다. 무한 정보는 득보다 실이 되는 경우가 많다. 목표에 도달하기 위해서는 칼날 같은 집중력이 요구된다고 믿는다. 어마어마한 변수와 경우의 수가 존재하는 잠재적 미래를 생각할 능력이 우리에게는 없다. 게다가 우리는 알지 못하는 미래에 대한 두려움 때문에 기회비용과 매몰비용을 분석할 수도 없다. 엄청난 수의 잠재적 미래 결과를 생각할 능력이 없는 것이다. 그리고 우리는 통계 자료에 사로잡혀 편견을 갖기도 한다. 또 상대방에 대한 동조 현상으로 인해 판단을 못하기도 한다. 다시 말해 데이터 노예가 되어서는 안 된다는 뜻이다.

멀티태스킹의 함정

말을 기록할 수단이 없던 1000년 전의 뇌는 지금과 달랐다. 그때는 암기 능력이 무엇보다 중요했다. 문자가 등장하고 책이라는 매체가 만들어지면서 암기 능력의 중요성은 점점 줄어들었다. 그 자리를 생각하는 능력이 차지했다. 생각하는 능력은 오랜 시간 정신을 한군데에 집중하거나 긴 논쟁의 맥락을 놓치지 않고 따라가는 것이다. 생각하는 능력이 커지면서 과학, 기술, 예술, 의학, 정치, 사회 등 깊은 사고가 필요한 학문 체계가 이루어지고 대중에게 널리 퍼진 것도 사실이다.

요즘 시대의 뇌는 멀티태스킹을 강요당하고 있다. 런던대 정신 의학 연구소 연구에 따르면 창의적 작업을 하는 동안 이메일을 확인하면 그 순간 아이큐가 10점가량 떨어진다고 한다. 이 수치는 36시간 동안 잠을 자지 못했을 때와 비슷하며 마리화나를 피웠을 때보다 2배 정도 높다. 멀티태스킹은 정상적인 뇌 활동을 방해해 정체 현상을 일으키는 주범 중 하나다. 즉 우리 뇌는 조용히 앉아 사색하거나 오랜 시간 깊은 사고 과정을 따라가는 능력을 잃어 가고 있는 것이다. 따라서 대부분의 사람은 자신이 플래토 이펙트에 빠져드는 것도 파악하지 못하고 있다.

완벽주의는 존재하지 않는다

많은 심리학자가 현대인들이 심리적 유행병에 걸려 있다고 진단한다. 강박 장애, 고압적인 초자아, 디지털 시대의 자기도취적 악몽이 두루 섞인 자기 고문에 빠져 있다는 것이다. 성공의 노예로 살면서 신경은 온통 실패에 집중되어 있다. 완벽주의에 함몰되어 늘 불행의 언저리를 맴돌고 자기 회의와 우울증에 빠져 산다. 모든 면에서 완벽할 수는 없다. 고원 정체 현상이 길어진다면 지나친 완벽주의 때문은 아닌지 확인해 봐야 한다.

그래서 당신이 인정해야 하는 것은 삶은 고원 정체의 연속이라는 사실이다. 어떤 기법이라도 한동안 잘 작동할 것이다. 그러나 더 이상 유효하지 않을 때가 오게 마련이다. 완벽주의를 버려라. 완벽주의는 현대 유행병이며 자기 고문일 뿐이다. 당신은 성공의 노예이면서, 실패에만 집중되어 있다는 것을 깨달아야 한다. 모든 일을 완벽하게 해내려다 보면 고원 정체에 빠지게 된다.

우리는 사소한 문제에 집중하고 정작 중요한 문제는 보지 못하며 아무것도 선택하지 못한다는 사실을 인정해야 한다. 세상에 완벽한 아이디어는 없으며, 완벽한 논리적 데이터는 존재하지 않는다. 이런 상황을 인정하고 지금부터 유연해지도록 노력해야 한다.

 좋아요! 무언가가 지루해지고 정체되는 현상들이 왜 벌어지는지를 이해하게 해 준다. 무심히 살아갈 수 있는 일상에 일침을 당한 기분.

 아쉬워요! 플래토 이펙트를 줄일 수 있는 해결책이 약하다. 완벽주의를 버리는 것만이 해결책일까?

Chapter 5

세계적인 기업들은 지금 무엇을 고민하는가?

우리가 미처 몰랐던 1등 기업들의 비밀 8권

구글의 성공은
인재를 뽑을 때 이미 완성된다

구글의 아침은 자유가 시작된다
-구글 인사 책임자가 직접 공개하는 인재 등용의 비밀

Work Rules!-Insights from Inside Google That Will Transform How You Live and Lead

한마디로 이 책은!

구글 인사 책임자인 라즐로 복 수석 부사장이 인간 중심적인 조직 문화와 인재 등용의 비결을 공개한 책이다. 구글이 직원을 어떻게 대우하는지, 지난 15년간 무엇을 배웠는지, 일하고 살아가는 방식을 바꾸기 위해 우리가 무엇을 할 수 있는지 등을 실천적인 지침을 곁들여 명쾌한 문체로 풀어낸다. 직원 채용부터 역량 계발 지원, 동기 부여까지 모든 영역을 아우르는 사람 운영 People Operations 부문을 총괄하는 저자가 최신 경영 이론과 심리학, 행동 경제학을 접목해 구글이 어떤 식으로 운영되고 어떻게 인재를 길러 내는지 나름대로 해석한 업무 규칙을 설명한다.

저자 라즐로 복 전 세계에 5만 명이 넘는 직원을 거느린 세계 최대 인터넷 기업 구글의 인사 담당 수석 부사장이다. 그는 직원에게 자유와 재량권을 부여하고 자료에 입각해 의사 결정을 내리는 것이 일을 더욱 의미 있게 하고 직원을 행복하게 만드는 길이라 믿는다. 예일대에서 경영학 석사 학위를 받았으며, 제너럴 일렉트릭에서 인사 담당 부사장을 지냈다. 이후 경영 컨설팅 회사 매킨지 컨설턴트를 거쳐 2006년 구글에 합류했다.

라즐로 복 지음 | 이경식 옮김 | 알에이치코리아 | 2015년 5월 | 592쪽 | 18,000원(이북 12,600원)

대부분의 회사는 명령과 통제를 당연하게 여긴다. 기업들이 이런 방식을 선호하는 데는 이유가 있다. 이 방식이 수익성이 높고, 노력을 덜 들여도 되며, 대부분의 경영자가 다른 대안을 끔찍하게 여기기 때문이다. 솔직히 지시를 받은 대로 충실하게 따르는 팀을 운영하기는 쉽다. 그러나 어떤 팀의 구성원들에게 왜 그들이 그 업무를 해야 하는지 설명해야 한다면? 또 그것이 과연 올바른 선택인지 토론을 벌여야 한다면? 그 팀원들이 관리자의 지시 내용에 동의하지 않는다면? 그렇다면 어떻게 할 것인가?

자유를 많이 주는 기업을 생각해 볼 수 있다. 경영자가 쉽게 선택할 수 있는 방법은 아닐 것이다. 하지만 딱히 그 방법이 아니라면 요즘 같은 시대에는 대안이 없다. 재능이 뛰어난 사람들은 점점 더 쉽고 빠르게 직장을 옮길 수 있으며, 기술을 통해 점점 더 많이 연결되고, 이런 사람들은 점점 더 찾아내기 어려워지기 때문이다. 자유를 주는 기업을 만들기 위해서는 어떻게 해야 할까? 답은 직원을 제대로 뽑아야 한다는 것이다. 이것이 이 책의 주제다.

기업들은 인재를 잘 채용하고 제대로 교육하고 있을까? 저자는 그렇지 않다고 단호하게 말한다. 우선, 기업들이 채용을 잘하고 있다면 최고 수준의 성과를 내는 기업의 수가 지금보다 훨씬 더 많아야 한다는 것이다. 미국 프로 야구 팀인 뉴욕 양키스는 112회의 역대 월드 시리즈에 40회 진출해 27회 우승했다. 압도적인 최다 우승 팀이다(2위 세인트루이스 카디널스는 11회). 가장 큰 이유는 미국 역사에 남을 최고의 선수들을 뽑았기 때문이다. 기업들도 이 정도의 성과를 만들어 내야 하지만 현실은 그렇지 못하다는 지적이다.

또한 인재를 잘 채용하는 기업이 있다면 인재 채용 방식에 뭔가 특별한 게 있어야 하는데, 그렇지 않다는 것이다. 대부분의 기업은 인재 채용 공고를 내고 이력서를 검토해 지원자를 선별하고 면접을 하는 등 똑같은 과정을 거쳐 직원을 채용한다. 따라서 직원 채용 과정만 놓고 본다면 각 기업은 평균적인 능력을 갖춘 직원을 채용할 수밖에 없다.

세 번째 이유는 각 기업에서 지원자를 면접하는 사람은 대부분 면접에 능하지 않다는 것이다. 면접관이 지원자의 모든 것을 속속들이 파악해 판단을 내릴 수는 없다. 면접자들이 10초 만에 상대방을 결정한다는 톨레도대의 연구에서도 밝혀진 사실이다.

그리고 이렇게 선발한 직원이 몇 달 혹은 여러 해 뒤 거두는 성적을 그 직원이 면접 때 받은 점수와 대조해 보지도 않는다.

또 회사들은 기존 직원 대상의 교육 훈련 예산을 높게 책정하는데, 이는 회사가 사람에 많은 투자를 한다는 증거가 아니라 필요로 하는 인재를 제대로 채용하지 못했다는 증거일 뿐이라는 것이다. 그래서 구글은 직원을 채용할 때부터 다른 기업보다 많은 예산과 시간을 투자한다고 한다. 그래야 교육 비용을 줄일 수 있고 회사의 경쟁력도 제대로 갖출 수 있다는 것이다.

> 대부분의 회사는 높은 성과를 내는 최고의 직원들을 실제보다
> 낮게 평가하고 보상도 그들이 마땅히 받아야 할 몫보다 적게 한다.
> 게다가 이런 회사들은 자기들이 이렇게 하고 있는지도 모른다.—284쪽

구글의 황당한 인재 채용 원칙 세 가지

그렇다면 어떻게 해야 인재를 제대로 채용할 수 있을까? 라즐로 복 수석 부사장이 입사한 후 구글 직원은 6000명에서 5만 명 이상으로 늘었다. 구글은 경제 전문지 〈포천〉이 선정한 '일하기 좋은 100대 기업'에 6년 연속 1위에 올랐고, 전 세계 대학생이 뽑은 '가장 일하고 싶은 직장'에서도 1위를 차지했다. 현재 구글에는 매년 200만 명이 지원하고 있다. 그런데 구글에는 입사 시험이라는 것이 없다. 황당한 세 가지 채용 원칙만 있을 뿐이다.

첫째는 채용을 천천히 한다는 원칙이다. 지원자들 가운데 상위 10퍼센트만이 장차 최고의 성과를 낼 것이므로 보다 많은 지원자가 찾아오도록 유인해야 하고, 보다 많은 사람을 면접장으로 불러들여야 한다. 대부분의 업종에서 최고의 성과를 내는 사람들은 대개 새로운 일자리를 찾지 않는다. 지금 있는 곳에서 최고의 성과를 내면서 성공을 즐기고 있기 때문이다. 어떤 회사라도 한창 잘나가는 업계 최고의 인재를 채용하기란 쉽지 않다. 그래서 시간을 두고 천천히 채용해야 한다는 것이다.

둘째는 자기보다 더 나은 사람을 채용한다는 원칙이다. 이렇게 하기 위해서는 해당 부서 관리자는 채용에 관한 자기 권한을 포기해야 한다. 보통 사람들은 자기보다 능력

이 낮은 사람을 채용하려 하기 때문이다.

셋째는 똑똑하기만 한 사람은 채용하지 않는다는 원칙이다. 2007년 이전까지만 해도 구글의 채용 정책은 '똑똑한 사람을 될 수 있으면 많이 채용하자'였다. 그러나 규모가 커지고 1년에 수천 명씩 채용하면서 지능 지수만으로는 창의성이 높은 인재나 팀에 공헌하는 인재를 가려낼 수 없다는 사실을 발견했다. 이후 고난을 극복하는 능력과 끈기를 보여 주는 인재를 물색하기 시작했다. 구글이 원하는 인재는 똑똑한 사람보다 겸손하고 성실한 사람이다. 구글은 스탠퍼드대, 하버드대, MIT 등 명문대를 평균 이상 성적으로 졸업한 지원자보다 주립대를 수석으로 졸업한 학생을 선호한다. 몇몇 직책에서는 대학 교육을 전혀 고려하지 않기도 한다. 중요한 건 그 사람이 회사에 기여하는 정도, 다른 사람에 비해 뛰어난 부분이기 때문이다.

저자는 최고 인재를 채용한다는 건 단지 명성이 높은 사람이나 최고 실적의 매출을 기록한 사람 혹은 머리가 비상하게 좋은 사람을 채용하는 게 아니라고 말한다. 회사의 구체적인 맥락 속에서 성공을 거둘 사람, 주변 사람까지 성공하도록 끌어 줄 사람을 채용한다는 의미다. 맹목적으로 똑똑한 사람만 채용하고 이들에게 원하는 걸 마음대로 할 수 있도록 무제한에 가까운 권한을 주는 건 어떤 회사든 망하는 지름길이라고 강조한다.

이렇게 원칙 세 가지를 지킨다면 우수한 인재를 선발할 수 있다고 한다. 물론 구글의 채용 원칙이 정답은 아니다. 하지만 지금까지 구글이 만들어 놓은 성과를 본다면 이 원칙이 크게 틀렸다고 말하기도 어렵다.

혹독하고 독특한 구글의 채용 과정

구글의 채용 과정은 매우 천천히, 오랜 시간에 걸쳐 이뤄진다. 면접관 한 사람의 판단으로 우수한 인재를 놓치거나 형편없는 지원자를 뽑게 되는 실수를 막기 위해 여러 사람이 심사숙고한다. 구글이 진화를 거듭하는 까닭은 달팽이처럼 느린 속도로 인재를 거르고 또 거르는, 그래서 때로는 지원자를 지치게 만드는 우직한 방법을 고수하기 때문이다. 그들은 업무가 마비되는 한이 있어도 적임자를 찾을 때까지 수십 번의 면접을 마다하지 않는다.

구체적으로 살펴보면 구글은 서류 전형이 간단한 대신 다른 회사에 비해 면접 과정이 길다. 평균 열 차례에서 스무 차례까지 대면 면접을 한다. 면접 과정도 독특하다. 장차 함께 일할 상사와 동료를 비롯해 다른 부서 사람, 심지어 장차 부하 직원이 될 사람까지도 면접관으로 나선다. 각 면접관은 구글이 자체 개발한 예상 면접 질문 리스트에서 선별한 동일한 질문들을 갖고 개별적으로 지원자를 면담한 뒤 결과를 공유한다. 점검 항목은 종합적인 인지 능력, 리더십, 구글다움Googleyness이라는 문화적 적합성, 그리고 업무 지식 등 네 가지 소양이다. 면접 평가는 직속 상사가 아니라 채용 담당자가 진행하고 채용 위원회와 고위 간부 검토를 거쳐 최종적으로 CEO인 래리 페이지가 채용 여부를 결정한다.

빈자리가 생겼을 때 일반적인 회사는 최고의 인재를 뽑기보다 빨리 빈자리를 채우는 걸 더 중시한다. 저자는 잘못된 채용은 개인의 성과는 물론 주변 사람들의 성과와 사기 그리고 열정까지 함께 떨어뜨린다고 말한다. 반면에 회사가 필요로 하는 인재를 잘 뽑으면, 상위 10퍼센트에 속하는 인재는 최악의 경우라도 입사 이후 1년간 적어도 평균적인 성과를 낸다고 한다.

직원에게 자유를 주고 성공한 구글

거대한 회사를 세우는 데는 여러 가지 길이 있다. 직원을 자유롭게 해서 성공한 회사도 있고 직원을 통제해서 성공한 회사도 있다. 구글은 직원에게 자유를 많이 주고 성공한 회사다. 직원에게 업무와 회사의 전반적인 사항을 스스로 결정할 수 있는 재량권을 준다. 반면에 관리자가 갖고 있는 권한을 제한해 권력 남용을 방지한다.

인간은 태생적으로 권위를 좇고 위계를 찾는다. 이런 인간의 본성을 완화하기 위해 구글은 권력과 지위를 드러내는 상징물을 없애려고 노력한다. 예를 들어 구글에는 직급이 개별 기여자, 관리자, 감독자, 이사 등 네 가지밖에 없다. 꼭 필요한 직급만 구분해 놓았다. 관리자라 해도 함께 일할 부하 직원을 마음대로 채용할 수 없고, 다른 사람의 동의 없이는 성과 평가와 승진을 결정할 수 없다. 고위 간부도 신입 직원과 동일한 수준의 복지 혜택을 받는 건 당연한 일이다.

구글은 절대 추측하거나 예단하지 않는다. 모든 의사 결정은 가장 유용한 사실 관계를 토대로 이뤄진다. 새로운 인사 제도나 규정을 만들 때는 반드시 실험을 하고 그 결과를 따른다. 구글의 인사 실험법은 알고 보면 매우 간단하다. 여러 조건이 동일한 두

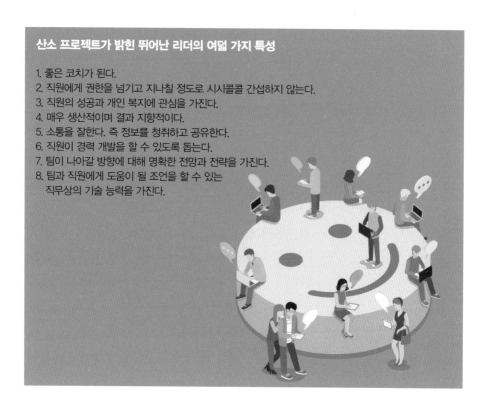

산소 프로젝트가 밝힌 뛰어난 리더의 여덟 가지 특성

1. 좋은 코치가 된다.
2. 직원에게 권한을 넘기고 지나칠 정도로 시시콜콜 간섭하지 않는다.
3. 직원의 성공과 개인 복지에 관심을 가진다.
4. 매우 생산적이며 결과 지향적이다.
5. 소통을 잘한다. 즉 정보를 청취하고 공유한다.
6. 직원이 경력 개발을 할 수 있도록 돕는다.
7. 팀이 나아갈 방향에 대해 명확한 전망과 전략을 가진다.
8. 팀과 직원에게 도움이 될 조언을 할 수 있는 직무상의 기술 능력을 가진다.

그룹을 선정한 다음 한쪽 그룹에는 아무런 조치를 취하지 않고 다른 쪽 그룹에는 특정한 조치를 취해 두 그룹 간의 차이를 살피는 것이다.

이렇게 나온 것이 훌륭한 리더의 자질을 밝힌 '산소 프로젝트'다. 이것은 '리더의 자질은 팀 성과에 아무런 영향을 미치지 않는다'라는, 직원들 사이에 널리 퍼진 미신을 깨뜨렸다. 최고의 관리자와 함께 일하는 직원들은 최악의 관리자를 모시는 직원들에 비해 좋은 성과를 거두고 이직률도 낮았기 때문이다. 어떤 직원이 사직서를 낸다면 그건 회사를 떠나는 게 아니라 나쁜 관리자를 떠나는 것임을 구글은 엄밀한 실험과 분석을 통해 규명했다.

최고의 성과를 올리는 인재 관리법

최고의 직원에게 평균보다 훨씬 많은 보상을 하는 기업과 모든 직원에게 동일한 수준의 보상을 하는 기업, 어느 쪽이 진정 공정하지 않은 걸까? 어떻게 하면 회사가 지키려는 가치를 훼손하지 않으면서 직원에게 공정하게 보상을 할까?

이 책에서는 대다수 기업이 '공정함'이란 개념을 잘못 해석한 나머지 최고 성과를 낸 직원과 회사를 떠날 가능성이 가장 높은 직원을 우선적으로 대우하는 보상 제도를 설계한다고 지적한다. 보상의 공정함이란 같은 일을 하는 사람에게 동일한 수준의 보상 혹은 추가 20퍼센트 한도를 벗어나지 않는 수준의 보상을 해야 한다는 의미가 아니라고 말한다. 공정성은 개인이 기여한 몫과 그 사람이 받는 보상 수준이 적절하게 일치함을 의미한다는 것. 따라서 개인별로 보상 수준에 엄청난 차이가 존재할 수밖에 없고 또 그렇게 돼야 한다고 주장한다.

구글에서는 같은 일을 하는 두 사람의 성과와 보상 차이가 100배씩 날 수도 있다. 예를 들면 어떤 직원은 1만 달러의 스톡옵션을 받는 데 비해 같은 일을 하는 다른 직원은 100만 달러의 스톡옵션을 받는다. 대다수 직급에서 보상의 범위는 3배에서 5배까지 차이가 날 수 있다. 통상적인 범위를 훌쩍 뛰어넘는 보상을 받는 직원도 있다. 저자는 구글에서는 직급이 낮은 직원이 높은 직급의 평균적인 직원보다 훨씬 큰 성과를 내는 경우가 비일비재하다고 말한다. 이는 자연스러운 현상이며 이런 비범한 직원의 성과를 인정하는 보상 체계 역시 당연하다고 강조한다.

저자는 최고의 직원은 회사가 주는 보상보다 더 큰 가치를 지닌다고 말한다. 하위 5퍼센트에 속하는 최악의 직원이 성과 개선의 가장 큰 기회를 갖고 있으며, 상위 5퍼센트에 속하는 최고의 직원이 그 기회를 실현할 방법을 전수해 줄 수 있다고 한다. 따라서 최고의 직원과 최악의 직원에게 투자하면 엄청난 성과 개선 효과를 얻을 수 있다는 것이다.

 좋아요! 구글 인사 담당자가 쓴 구글의 이야기. '구글은 대단한 회사구나'라는 생각을 하게 된다.

 아쉬워요! 구글 자랑만 하다 끝났다고 비판받을 수도 있는 책.

꿈꾸던 모든 것을 현실로 만든
일론 머스크의 힘

일론 머스크, 미래의 설계자

-지구상에서 가장 먼저 미래에 도착한 남자,
 일론 머스크가 제시하는 미래의 프레임

Elon Musk-How the Billionaire CEO of Spacex and Tesla Is Shaping Our Future

BEST BOOK 38

한마디로 이 책은!

천재적 재능으로 미래 과학의 판타지를 실현하는 일론 머스크의 삶과 실리 콘밸리에서의 성공 과정을 들여다본 첫 번째 공식 전기다. 남아프리카 공화 국에서 보낸 유년 시절, 세 번의 결혼과 이혼, 세계에서 가장 주목받는 혁신 가로 인정받기까지의 과정을 치밀하게 취재해 기록했다. Zip2, 페이팔을 거 쳐 테슬라 모터스, 스페이스엑스, 솔라시티의 성공까지 각기 다른 분야에서 모두 성공을 거두며 비즈니스의 지형을 바꿔 놓은 일론 머스크. 그가 만들어 가는 미래의 프레임을 확인할 수 있다.

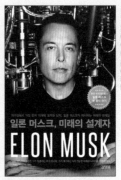

저자 애슐리 반스 〈뉴욕 타임스〉 칼럼니스트이자 〈블룸버그 비즈니스 위크〉의 과학 기술 기자. 과 학, 로봇, 프로그래밍 언어 등 기술적인 이슈에 대해 폭넓은 시각을 가지고 있으며, IBM, HP, 인텔 등 IT 기업들의 기사를 다루고 있다. 이 책을 위해 2년에 걸쳐, 24시간 쉬지 않고 일하는 일론 머스크 를 30시간 이상 인터뷰하고, 그의 가족과 친구, 동료 등 300명이 넘는 사람을 만났다. 일론 머스크 의 삶과 기업의 목표를 정확하고 자세히 밝힌 책으로, 머스크 역시 자신의 첫 번째 공식 전기에 대 한 배려와 지지를 보여 주며 마지막까지 참여했다. 저서로 실리콘밸리의 역사를 담은 《Geek Silicon Valley》가 있다.

애슐리 반스 지음 | 안기순 옮김 | 김영사 | 2015년 5월 | 584쪽 | 18,000원(이북 12,500원)

돈을 벌기 위해서가 아니라 꿈을 이루기 위해 사업을 한다

일론 머스크는 닷컴이 만든 거품의 일부가 아니었다. 1995년 대학을 졸업하자마자 원시적 형태의 구글 지도와 생활 정보 검색 서비스 앱인 옐프를 결합한 형태의 'Zip2'를 만들면서 닷컴 열풍에 뛰어들었다. 최초의 도전은 크고 빠른 성공을 거두었다. 1999년 Zip2를 컴팩에 3억 700만 달러에 매각해 2200만 달러를 벌었다. 이 돈은 신생 기업 페이팔에 전부 쏟아부었다. 2002년 이베이가 페이팔을 15억 달러에 인수하면서 최대 주주 중 한 사람이던 그는 큰 부자가 되었다.

하지만 일론 머스크는 동료들처럼 두려움에 떨며 실리콘밸리를 맴돌지 않고 활동 무대를 로스앤젤레스로 옮겼다. 당시 사람들은 그에게 적당한 때가 와서 큰 건을 터뜨릴 수 있을 때까지 기다리라고 조언했다. 하지만 머스크는 조언을 거부하고 스페이스엑스에 1억 달러, 테슬라에 7000만 달러, 솔라시티에 1000만 달러를 투자했다. 그는 엄청난 위험을 무릅쓰는 인물이 되었다. 그리고 세상에서 가장 비싼 지역인 로스앤젤레스와 실리콘밸리에 어마어마하게 복잡한 제품을 생산하기 위한 투자를 늘렸다. 머스크가 세운 기업은 무에서 제품을 생산하고, 항공 우주 산업, 자동차 산업, 태양 에너지 산업에서 생각하는 관례를 재고하게 만들고 있다.

'미래 과학의 판타지를 현실로 만든 미국 역사상 최고의 천재 사업가', '스티브 잡스를 뛰어넘어 미래를 이끌어 갈 혁신적 CEO', '잡스가 우리 삶의 방식을 바꿨다면, 머스크는 우리가 살고 있는 이 세상을 바꾸고 있다' 등은 오늘날 가장 주목받는 기업가이자 모험가인 일론 머스크를 수식하는 말들이다. 그는 Zip2, 페이팔을 거쳐 테슬라 모터스, 스페이스엑스, 솔라시티의 성공까지 각기 다른 분야에서 모두 성공을 거두며 비즈니스의 지형을 바꿔 놓았다.

페이팔은 전자 금융 시대를 열었고, 테슬라 모터스는 장난감 취급받던 전기차를 고급차로 변신시켰다. 스페이스엑스는 민간 우주 왕복선 시대를 탄생시켰으며, 머스크가 공동 창업한 솔라시티는 태양 에너지 시스템을 빠른 속도로 확산시키고 있다. 〈포천〉은 '2013년 비즈니스 분야 톱 인물' 1위로 머스크를 선정했다. 이에 앞서 〈타임〉도 '가장 영향력 있는 세계 100대 인사'를 선정하면서 그를 커버스토리로 내세웠다. 머스크는 차곡차곡 업적을 쌓아 가며 자신의 비전에 의문을 제기하는 사람들의 시선들을 잠재웠고, 이제 가장 위대한 사업가이자 존경받는 혁신가로 자리매김했다.

스페이스엑스와 테슬라

머스크 기업 중에서 가장 먼저 세워진 회사는 스페이스엑스다. 인류를 화성으로 이주시키는 꿈을 위해 2002년 10명의 직원을 데리고 이 사업을 시작했다. 항공 우주 산업의 관전 포인트 하나는 경쟁사들을 이길 수 있을 만큼의 기술력을 갖추고 주기적으로 발사할 수 있을지에 대한 것이고, 또 하나는 얼마만큼 비용을 절감할 수 있을 것인가 하는 점이다. 하지만 신생 기업이 발사 실패에 대한 재정적인 부담을 감당하기에는 비용이 너무 컸다.

그럼에도 불구하고 스페이스엑스의 도전은 시작된다. 2005년부터 실시한 발사 시험은 3차까지는 모두 실패를 맛보았다. 2008년 4차 발사에서야 비로소 성공을 거두었다. 그리고 나사와 16억 달러 규모의 계약을 체결하면서 스페이스엑스는 경쟁력 있는 회사가 되었다. 만약, 이 발사가 실패했다면 지금의 머스크 기업은 존재하지 않았을 가능성이 크다.

> 그가 추구하는 궁극적 목표는 인류가 다른 행성에 거주할 수 있는 환경을 조성하는 것이다.
> 어리석다고 생각하는 사람도 있을지 모르나
> 이것이 머스크의 존재 이유인 것만은 틀림없다.—476쪽

머스크가 세운 두 번째 회사는 테슬라다. 잘 알려진 대로 테슬라는 전기 자동차를 만드는 회사다. 앞으로 그가 만든 테슬라가 얼마나 세상을 바꿔 놓을지는 아무도 예상할 수 없다. 최근까지 테슬라의 가장 큰 도전 과제는 바로 리튬 이온 배터리 생산이었다. 그것마저도 머스크는 스스로 극복해 내고 있다. 2014년 테슬라는 네바다 주에 기가팩토리라는 세계 최대 리튬 이온 배터리 생산 시설을 만들기 시작했다.

전기 자동차는 리튬 이온 배터리를 에너지원으로 쓴다. 리튬 이온 배터리는 이미 전 세계 생산량이 부족한 상태인데, 머스크가 직접 배터리 생산 시설을 만들겠다고 선언한 것이다. 전기 자동차를 만드는 기업은 대부분 부피가 큰 기성 배터리를 사용하게 될 것이다. 테슬라의 경쟁사들이 배터리를 자체 제작하려면 앞으로 몇 해가 걸릴 수도 있고, 자사 차량에 장착할 배터리 물량을 충분히 확보하지 못할 가능성도 있다. 2014

년 테슬라는 자사 전기 자동차에 대한 특허를 공개하겠다고 선언했다. 전기차 시장을 키우는 것이 가장 중요한 목표이고, 시장이 지고 경쟁자가 많아져도 주도권을 빼앗기지 않을 거라는 확신이 있어서였다.

스티브 잡스와 일론 머스크, 차이점과 공통점

기술 산업 종사자들은 일론 머스크의 추진력과 원대한 야망을 빌 게이츠와 스티브 잡스의 그것에 비유하곤 한다. 일론 머스크는 스티브 잡스처럼 소비자 감성을 지녔고, 빌 게이츠처럼 자기 전문 영역 밖에서 훌륭한 인재를 발굴하는 능력을 지녔다는 것이다. 하지만 머스크는 이 둘을 합한 개량형이거나, 이 세 사람을 동급으로 묶어 내기는 어렵다고 하는 것이 정설이다. 잡스는 대기업 두 곳, 즉 애플과 픽사를 경영하며 업계의 판도를 바꾸었다. 하지만 두 사람의 실질적 유사점은 여기까지다. 잡스는 픽사보다 애플에 에너지를 훨씬 많이 쏟았지만 머스크는 테슬라와 스페이스엑스에 똑같이 에너지를 쏟았고 나머지를 솔라시티에 투자했다. 잡스도 상세한 부분까지 신경 쓰는 것으로 유명했지만 머스크만큼 기업의 일거수일투족을 매일 감독하지는 못했다. 머스크의 경영 방법에는 한계가 있어서 마케팅과 언론 전략을 구사할 때는 세련미가 떨어진다는 단점도 있다. 그래서 머스크를 비판하는 사람들은 솔라시티와 테슬라, 스페이스엑스가 해당 산업계에 진정한 혁신을 줄 수 없다고 주장하기도 한다. 반면 머스크가 미래의 기술 혁명을 이끌 가장 빛나는 별이라고 생각하는 부류도 있다. 당신의 생각은 어떤가?

 좋아요! 전기차에 대해 깊이 알 수 있다. 일론 머스크가 인정한 유일한 책.

 아쉬워요! 테슬라는 일론 머스크가 만든 회사는 아니다. 이 부분이 다소 애매하게 표현되어 있다.

코카콜라가 130년 간
성장할 수 있었던 비밀

규모와 민첩성을 연결하라
-1등 기업이 되는 성장의 조건
Design to Grow-How Coca-Cola Learned to Combine Scale and Agility

한마디로 이 책은!

코카콜라 사 글로벌 혁신·기업가 정신 부문 부사장이던 데이비드 버틀러가 린다 티슬러와 함께 지난 100년, 특히 창사 이래 최대 위기를 극복하고 다시 성장을 거듭한 최근 10년간의 전략을 공개한 책이다. 코카콜라 사가 어떻게 규모와 민첩성을 적재적소에 맞게 활용해 사업을 성장시켜 왔는지, 또 빠르게 변화하는 시장에서 어떻게 소비자와의 관계를 유지하고 비즈니스를 성장시켜 왔는지에 대한 비결이 자세하게 기록되어 있다. 저자들이 가장 핵심으로 꼽은 항목은 디자인이다. 여기서 디자인은 '문제를 해결하기 위해 의도적으로 요소들을 연결하는 것'으로 정의된다. 코카콜라 사의 지속적 성장 이면에는 '목적에 맞는 디자인 전략'이 있었음을 강조한다. 디자인을 시스템, 사업 전략과 긴밀하게 연관시키면 규모 확장과 민첩성 증대 모두 성공할 수 있음을 알 수 있다.

저자 데이비드 버틀러 코카콜라 사 글로벌 디자인 부문 부사장과 글로벌 혁신·기업가 정신 부문 부사장을 거쳐 현재 최고 성장 책임자를 맡고 있다. 디자이너 출신인 저자가 입사한 2004년 당시는 코카콜라 사가 단일 브랜드 탄산음료 기업에서 종합 음료 기업으로 전환하려던 계획이 지지부진하던 때였다. 그의 임무는 코카콜라 사 전체의 디자인 능력을 최대한 활용해 성장을 촉진할 수 있도록 하는 것. 그는 디자인 전략을 재설계해 비전과 전략을 이끌었고, 18분기 연속 성장에 기여하면서 5억 달러 이상의 비용을 절감했다. 그가 디자인 부문을 맡은 후 코카콜라 사는 칸 국제 광고제 최고상인 그랑프리를 포함해 주요 광고제에서 다수의 상을 받았다.

린다 티슬러 경영 전문지 〈패스트 컴퍼니〉 편집장. 디자인과 경영을 접목한 기사를 썼다. 2009년 전문 디자이너들을 블로거로 초대해 〈패스트 컴퍼니〉 디자인 웹사이트인 패스트코디자인(FastCoDesign. com)을 개설하고 초대 편집장을 역임했다. 패스트코디자인은 현재 인터넷 최대 디자인 사이트로 자리 잡았다.

데이비드 버틀러, 린다 티슬러 지음 | 윤태경 옮김 | 한국경제신문 | 2017년 5월 | 324쪽 | 16,000원(이북 12,800원)

규모와 민첩성을 가진 기업만이 성장한다

코카콜라는 전 세계에서 가장 비싼 브랜드다. 코카콜라 사는 1886년 약사 존 펨버턴이 설립한 회사로 콜라, 우유, 커피, 주스 등 3500여 개 상품을 하루 20억 개 이상 판매하고 있다. 코카콜라 사가 종합 음료 기업이 된 것은 오래되지 않았다. 2001년 종합 음료 기업으로의 변화를 선언했고, 우리는 지금 그 변화를 이루어 낸 세상에 살고 있다. 도대체 어떤 일이 있던 것일까?

모든 기업은 다음 단계로 성장하려고 노력하지만 규모를 키우는 데 어려움을 겪는다. 규모 성장이란 품질이나 이익을 떨어뜨리지 않은 채 양을 늘리는 것이다. 규모 성장 못지않게 민첩성도 중요하다. 빠르게 변화하는 세상에 유연하고 신속하게 대응해야 하기 때문이다. 규모와 민첩성은 기업이 성장하고 생존하는 데 필요한 조건이다. 대기업은 '규모'라는 조건을 달성한 효과를 바탕으로 보스턴에서 벵갈루루까지 쉽게 확장할 수 있다. 스타트업이 꿈도 못 꿀 강력한 자산, 즉 전문 지식, 브랜드, 소비자, 유통망, 관계 등을 오랜 세월 구축한 덕분이다. 대기업의 문제는 '민첩성'이다. 동종 업계에 진입한 스타트업에 밀리지 않으려면 더 영리하고 빠르고 효율적이어야 한다.

스타트업은 민첩성을 갖췄다. 스타트업 경영자는 날마다 시장의 요구에 대응해 제품을 수정하고 필요하면 제품을 전면 재검토해야 겨우 기업을 유지할 수 있다. 스타트업 경영자가 밤잠을 설쳐 가며 고민하는 문제는 규모다. 스타트업이 다음 단계로 진화해 기업으로서의 궤도에 오르려면 비즈니스 모델을 안정화해야 한다. 그러려면 자본, 직원, 고객을 비롯해 모든 것이 더 많이 필요하다. 중견 기업은 규모를 갖췄다. 사실 중견 기업 경영자가 그 자리에 앉아 있는 이유는 규모 있는 기업이 작동하는 방식을 알고 있기 때문이다. 성공한 중견 기업 경영자는 규모를 지렛대로 활용해 고도의 효율과 능률을 달성하는 방법을 안다. 현재 규모에 만족하지 않고 매출을 늘리거나 사업을 확장하려 할 수도 있지만, 중견 기업 경영자가 걱정하는 주요 문제는 갈수록 불확실성이 높아지고 급변하는 세계에서 뒤처지지 않고 경쟁력을 유지하는 것이다.

2년 동안 수익이 없던 코카콜라 사가 규모를 키운 방법

코카콜라 사는 어떻게 규모를 키웠을까? 먼저 규모에 대해 살펴보고 다음으로 민첩성에 대해 살펴보자. 코카콜라 사는 1886년 설립되어 첫 2년 동안 수익이 거의 없던, 동네 약국 수준의 스타트업이었다. 처음에는 유지조차 어려워 보이던 스타트업이 어떻게 수십 억 달러의 가치를 지닌 다국적 기업으로 성장했을까? 그리고 종합 음료 기업으로 규모가 커진 후에는 어떻게 전 세계 시장과 다양한 품목에 따른 변화에 민첩하게 대응했을까?

> 스타트업과 마찬가지로 코카콜라 사 또한 소비자 욕구, 시장 진화 방향을 알지 못한다.
> 어떤 기업도 완전히 알 수 없다. 코카콜라 사가 유일하게 아는 것은
> 시장이란 늘 변하기 마련이니 시장에 맞춰 변신할 방법을 찾아야 한다는 사실이다.—166쪽

모든 스타트업과 마찬가지로 초창기 코카콜라 사가 해결해야 하는 과제는 규모였다. 스타트업은 두 가지 규모를 키워야 한다. 하나는 '제품 판매량'이고, 다른 하나는 '비즈니스 모델'이다. 이는 간단해 보이지만 실제로는 굉장히 어려운 문제다. 대다수 스타트업이 이 난관을 넘지 못해 90퍼센트가 망한다. 규모를 달성하려면 기업 내의 모든 것을 단순화하고 표준화해야 한다. 1886년 설립 당시 코카콜라 사는 오늘날의 대다수 스타트업과 별반 다르지 않았다. 창업자는 성공 열망이 가득했지만 자본이 거의 없고 여러 가지 경영 문제를 안고 있었다. 코카콜라 사는 규모를 성장시키려는 목적을 위해 단순화, 표준화라는 통합 시스템을 디자인했다. 전 세계 어디에서든 코카콜라임을 알아볼 수 있고 똑같은 맛을 느낄 수 있도록 제조법, 로고, 병, 간판을 단순화하고 표준화한 것이다.

제조법 100여 년 전 애틀랜타에서 출시한 이래 코카콜라 제조법은 거의 바뀌지 않았다. 현재 애틀랜타 은행 비밀 금고에 보관 중인 코카콜라 성분 배합 공식 문서는 여전히 코카콜라 제품의 뿌리다. 코카콜라 사는 제품 제조법을 표준화하고 문서화한 덕분에 외국으로 쉽게 진출할 수 있었다. 오늘날에는 거의 모든 국가에서 같은 맛의 코카콜라를 마실 수 있다.

로고 1923년에 표준화한 로고는 90여 년이 지난 지금까지 바뀌지 않았다. 세계에서

가장 유명한 로고를 누구나 쉽게 제작할 수 있도록 브랜드 기준을 상세하게 정해 놓았다.

컨투어 병 1915년 코카콜라 사는 타사가 모방하기 어려운 유리병 디자인을 찾고자 보틀링 업체들과 손잡고 디자인 공모전을 열었다. 코코아콩 꼬투리 그림을 반영한 형태의 유리병은 200여 개국에서 유통되고, 가장 많은 세계인이 알아보는 명물이 됐다.

가장 맛있는 온도 코카콜라는 섭씨 2.2도 상태에서 마실 때 가장 맛이 좋도록 디자인됐다. 냉장고 이전 시대에도 직원들은 온도계를 들고 소매점과 가판대를 돌아다니면서 코카콜라를 보관해 둔 아이스박스 내부 온도를 쟀다. 소매상에도 '얼음처럼 차가운 상태'로 보관하라고 권장했다.

가격 고정 1886년 이래 제2차 세계 대전 이후까지 70년간 가격을 5센트로 고정한 가격 정책은 매우 혁신적인 브랜드 구축 전략이었다. 1959년이 돼서야 제품 원가를 반영해 가격을 인상하기 시작했다. 70년 동안 가격을 고정한 정책은 사업을 매우 단순화했을 뿐 아니라 전 세계로 확장하는 데 결정적으로 기여했다.

브랜드 마케팅 브랜드 마케팅이라는 말이 없던 시대부터 브랜드 마케팅을 했다. 코카콜라 로고를 새긴 쟁반, 달력, 유리컵, 시계, 주머니칼, 종이부채 등 다양한 홍보용 증정품을 제작해 사람들에게 나눠 줬다. 코카콜라의 브랜드 아이덴티티 확립을 위해서라면 음료수 사업과 무관해 보이는 증정품일지라도 배포했다. 마케팅 캠페인을 디자인할 때는 모든 장소, 모든 종류의 광고가 똑같은 메시지를 전달하도록 했다. 1895년 무렵 코카콜라 사 성장 속도는 21세기의 구글과도 같았다. 표준화 디자인은 코카콜라 브랜드와 기업 규모를 전국적으로 키우는 데 이바지했다.

프랜차이즈 비즈니스 모델 규모 확장이 가능한 비즈니스 모델을 구축하려면 다른 사고방식이 필요하다. 코카콜라 사의 프랜차이즈 비즈니스 모델은 미국 본사와 세계 각국의 250여 개 보틀링 업체 간의 상호 의존적 협력 관계에 기반을 둔다. 프랜차이즈 비즈니스 모델은 코카콜라 사 최고의 규모 확장 디자인이다. 프랜차이즈 모델 덕분에 코카콜라 사는 규모를 세계로 확장하는 동시에 지역 밀착형으로 사업을 영위할 수 있었다. 이후 코카콜라 사는 전 세계 보틀링 기업의 활동을 규정하는 가이드북을 발행했다. 보틀링 공장을 어떻게 건설해야 하는지, 광고 그림은 어떻게 그려야 하는지, 소매 상인은 가판대를 어떻게 만들어야 하는지 등을 구체적으로 지시했다.

창사 이래 최대 위기를 맞은 코카콜라 사 대응

그렇다면 코카콜라 사 같은 거대 기업은 어떻게 혁신할까? 코카콜라 사는 디자인 전략을 재설계해 회사 전체의 시스템을 개선하고 비전을 이끌었다. 기업 규모도 키우고 민첩성도 높이는 유용한 도구로 디자인을 십분 활용한 것이다. 코카콜라 사에서 말하는 디자인은 로고, 색상, 포장 용기 같은 전통적이고 가시적인 디자인 요소 이상을 의미한다. 코카콜라 음료수, 광고, 포장 용기, 음료수용 냉장고를 디자인할 뿐 아니라 이런 요소들이 매출 신장을 촉진하도록 서로 연결하는 방법을 디자인한다. 이것이 코카콜라 사가 '전략'을 디자인하는 방식이다.

거대 기업이 수십 년간 장악하던 시장에 스타트업이 성큼성큼 들어와 하루아침에 판을 뒤엎어 버리는 일이 현실에서 자주 발생한다. 대기업들은 스타트업의 속도에 경탄한다.

'어째서 스타트업은 저렇게 빨리 움직일 수 있는데 우리는 못할까?'

그것은 스타트업이 애초부터 빠르게 움직이도록 디자인됐기 때문이다. 스타트업은 태생적으로 속도 지향적 조직이다. 규모를 키우는 시스템으로 디자인된 회사는 변화하는 상황에 민첩하게 대응할 수 없다. 민첩성을 목표로 디자인할 때는 규모 성장을 목표로 디자인할 때와 목표도, 프로세스도, 나오는 제품 종류도 완전히 달라지기 때문이다. 민첩성을 지향하는 시스템으로 디자인된 회사는 빨리 실패하고, 빨리 배우고, 더 영리하게 적응해 자기 혁신을 이룬다.

코카콜라, 다이어트 코크, 스프라이트, 환타를 비롯해 세계에서 가장 유명한 브랜드들을 보유하고 있는 코카콜라 사를 보면 그들이 탄산음료 최강자 자리를 꾸준히 유지하고 있다고 생각하기 쉽다. 그러나 실상은 그렇지 않았다. 2000년대 초반 당시, 코카콜라 사 매출의 50퍼센트 이상을 차지하던 주력 브랜드 코카콜라는 쇠퇴 일로를 걷고

있었다. 또한 이때 코카콜라 사는 탄산음료 기업에서 생수와 커피, 주스를 포함하는 종합 음료 기업으로 전환하고자 했다. 이 결정이 모든 것을 바꾸었다. 이런 전략 변화는 경영진이 예상하지 못한 변수인 '극도의 복잡성'을 낳았다. 그동안 규모 성장을 목표로 하던 코카콜라 사의 전략과 시스템, 디자인은 이제 더 이상 필요 없어졌다. 과거 코카콜라 사를 세계 최고로 만들던 전략은 상호 연결되고 급변하는 세계에서 성장하는 데 필요한 민첩성을 더 이상 제공하지 못한 것이다. 코카콜라 사는 이번에도 디자인 접근법을 활용해 더 영리하고 빠르고 날렵한 조직으로 변신했다.

초대형 기업 코카콜라 사는 어떻게 민첩해졌는가

민첩성 지향 디자인 방식을 통해 기업은 더 빨리 학습하고 빨리 실패한 뒤, 더 영리해져서 위험을 줄일 수 있다. 코카콜라 사는 민첩성을 높이기 위해 레고를 조립하는 듯한 모듈 시스템을 디자인했다. 이는 매우 다양하고 항상 변화하는 조건에 잘 대응할 수 있는 탄력적 시스템이다. 통일성을 유지하면서도 지역별 조건을 반영한 다양한 종류의 보틀, 냉장고, 매대, 광고, 유통망 등 모든 것을 디자인해서 빠르게 적용할 수 있는 시스템을 구상했다. 민첩성의 세계에서는 옵션이 많을수록 좋다. 더 많은 요소, 더 많은 옵션을 가진 기업이 유연하게 적용할 수 있고, 상황 적응에 유리하기 때문이다.

빨리 실패하면 더 영리해진다 코카콜라 사는 브랜드가 증가함에 따라 좁은 가게가 빽빽하게 몰려 있는 중남미에서 상점 주인들이 비좁은 공간에 제품을 진열할 수 있는 방법을 강구해야 했다. 그러나 단번에 최종 버전의 모듈 시스템을 개발할 수 있을 것이라 생각하지 않았다. 시행착오를 반복해 제품을 개선해 나가는 과정이 시스템의 가장 중요한 측면이기 때문이다. 이렇게 설계한 가구 모듈을 각 상점에 설치한 뒤 판매량이 15퍼센트 증가했다.

더 신속하게 시작하라 비즈니스 모델이 시장에서 통하지 않는다는 사실을 확인하면 신속하게 방향을 전환해야 한다. 제품에 새 기능을 추가해야 할 수도 있고, 판매 경로나 마케팅 전략을 바꿔야 할 수도 있다. 절대로 건드려서 안 되는 부분은 없다. 살아남느냐, 죽느냐가 속도에 달려 있다. 코카콜라 사는 145개국에 100여 종의 주스 브랜드를 소유하고 있다. 각 나라에서 판매하는 주스 제품의 시장 점유율을 높이기 위해 다양한 브랜드와 제품을 유연하고 신속하게 추가하거나 삭제할 수 있는 모듈 시스템을 개발했다. 시제품을 테스트하고 피드백을 받아 개선에 반영하고 다시 시제품을 테스트하는 과정을 반복했다. 시제품은 더 신속한 학습을 돕기 위해 필요하다. 이렇게 코카콜라 사는 코카콜라 제품이라는 사실을 누구나 인식할 수 있도록 용기의 포장 요소를 고정하면서 지역 소비자 특성을 반영해 컬러나 언어를 선택해 바꿀 수 있는 시스템을 만들었다.

개방하면 더 날렵해진다 모듈 시스템은 개방성 덕분에 모든 사람이 시스템 디자인 과정에 쉽게 참여해 새 아이디어, 요소, 행동에 기여할 수 있다. 개방성은 더 많은 협업을 유도하고 훨씬 더 많은 다양성을 창조한다. 폐쇄형 시스템에서는 절대로 가능하지 않은 방식으로 개발할 수 있다. 크라우드 소싱, 크라우드 펀딩, 협업, 오픈 소스 개발이 이런 디자인 접근법에 기반을 둔 것이다. 코카콜라 사는 이를 위해 디자인 머신을 생각해 냈다. 디자인 머신은 쉽게 디자인을 창조하고 공유하고 디자인에 기여할 수 있는 웹 기반 커스터마이징 도구다. 전통적 방식으로 포장 용기를 현지화하려면 검토와 승인 절차를 거치는 데 몇 주일이 걸리지만, 디자인 머신을 이용하면 이 기간을 몇 분으로 단축할 수 있다. 지금까지 디자인 머신은 200여 개국에서 3만 5000명이 넘는 사용자가 참여해 1억 달러 이상의 비용 절감 효과를 거뒀다. 개방형 모듈 시스템이 되도록 프로그램을 디자인한 덕분에 코카콜라 사는 세계 각 지역 상황에 적응하는 데 필요한 유연성을 갖출 수 있었다. 개방형 모듈 시스템은 신선한 아이디어를 창출할 뿐 아니라 어떤 기업이든 더 날렵한 조직으로 만들어 준다. 날렵한 시스템은 비용은 물론 시간까지 줄여 경쟁력을 강화한다.

성장 없이는 혁신도 어렵다. 성장과 혁신은 서로 긴밀하게 연결된 개념이고, 연결돼야 하는 개념이다. 결국 성장이 세상을 돌아가게 하며, 우리 모두 성장할 필요가 있다. 기업이 성장할 때 디자인은 규모와 민첩성을 연결하는 강력한 도구다. 디자인이 어떻게 가치를 창조하는지 이해한 뒤 목적을 가지고 디자인하면, 디자인의 힘을 이용해 규모와 민첩성을 획득할 수 있다.

 좋아요! 코카콜라 사 디자인 부사장이 200여 개국에서 시행하는 마케팅, 광고, 상품 디자인 등을 디자인적 사고로 어떻게 통일했는지 재미있게 풀어놓았다.

 아쉬워요! 디자인적 사고가 모든 것을 해결해 준다는 생각은 자칫 위험할 수도 있지 않을까?

하루를 첫날처럼,
아마존의 성공을 이끈 원칙

Day 1
-18년째 지켜온 아마존 첫날의 서약

한마디로 이 책은!

이 책은 제프 베저스가 1997년 주식 공개 이후 해마다 주주들에게 보낸 '공개 서한'을 토대로, 아마존이 자신들의 원칙인 '고객 중심주의'와 '장기적 관점'을 어떻게 지켜 왔는지를 보여 준다. 저자들은 베저스에게 직접 편지를 보내 주주 공개서한을 번역 소개할 수 있도록 승인을 얻고, 다소 딱딱할 수 있는 서한의 핵심 메시지를 쉽게 전달하기 위해 대화 형식으로 풀어 썼다. 한국 기업들이 아마존의 성공에서 배워야 할 메시지가 무엇인지 차분히 전해 준다. 베저스의 편지는 장기적 관점에서 진정 고객을 위한다는 것이 어떤 의미인지에 대한 깨달음을 줄 것이다. 그리고 책을 읽어 가면서 스스로에게 '우리를 앞으로 나아가게 할 원칙이 있는가? 그 원칙을 굳건히 지키고 있는가?'라고 묻게 될 것이다.

저자 김지헌 KAIST 경영 대학원에서 마케팅 박사 학위를 취득했으며, KT 마케팅 연구소와 CJ제일제당에서 고객 분석 및 브랜드 전략 컨설팅 업무를 담당했다. 온라인 판촉, 브랜드 전략, 소비자 심리와 관련된 연구를 수행해 국내외 유명 마케팅 및 심리학 학술지에 논문들을 게재했으며, 수차례 우수 논문상과 우수 강의상을 수상했다. 주요 저서로 《소비자의 기억을 잡아라》가 있으며, 〈더피알〉에 '김지헌의 브랜딩 인사이트'라는 제목의 칼럼을 2년 동안 연재하는 등 일반인들에게 마케팅의 개념을 좀 더 쉽게 설명하고자 노력하고 있다.

이형일 SKT, KT, CJ, 위메프에서 서비스 기획, 마케팅 전략, CRM과 CEM 및 트렌드 분석 업무를 담당했으며, KT VIP 마케팅 팀장, CGV 고객 마케팅팀 부장, 위메프 기업 소통 팀장 등을 역임했다. SKT 근무 당시 최초로 '컬러링'과 '스팸 SMS 차단 모듈'을 개발했으며 KT, CJ, CGV에서 마케팅 컨설팅과 멤버십 서비스 개선 및 론칭, 운영을 담당했다. 〈소비자학연구〉와 〈상품학연구〉 등의 학술지에 온라인과 모바일 관련 소비자 행동 변화 논문을 게재했으며, 공저로 《Online Consumer Psychology—Understanding and Influencing Consumer Behavior》와 《아이패드 혁명》이 있다.

김지헌, 이형일 지음 | 북스톤 | 2015년 12월 | 260쪽 | 14,000원

아마존 첫날 원칙의 의미

'늘 그랬듯이, 제가 1997년 처음으로 주주들께 보내 드린 편지를 이번에도 첨부합니다. 지금도 여전히 우리에게는 첫날Day 1이기에 우리의 전략은 변함이 없습니다.'

아마존닷컴의 CEO 제프 베저스가 2014년 주주들에게 보낸 공개서한의 마지막 문장이다. 손대는 비즈니스마다 세계 1위에 오르며 승승장구하는 아마존은 과연 어떤 비결이 있기에 기적에 가까운 성과를 내는 것일까?

제프 베저스는 아마존이 기업 공개를 단행한 1997년부터 해마다 주주들에게 공개서한을 보내 그해의 실적을 보고하고 있다. 1997년 첫 편지에서 그는 고무적인 경영 성과를 보고하면서, '그럼에도 인터넷 비즈니스와 아마존 모두에게 오늘은 첫날일 뿐'이라고 말했다. 아마존은 진정한 고객 가치를 창출하기 위해 매 순간 '첫날'이라는 마음으로 노력하겠다는 다짐을 덧붙이면서. 그 후 매년 새로운 편지를 보낼 때마다 베저스는 1997년의 첫 편지를 첨부하고 있다. 아마존이 1997년에 정립한 경영 방침과 의사 결정 원칙을 한결같이 지켜 가고 있음을 보여 주기 위해서다.

그 경영 원칙은 한마디로 '모든 것을 고객 중심으로, 장기적 관점에서 바라보겠다'는 것이다. 그 뒤 진행된 아마존의 모든 사업이 이 원칙 아래 움직이고 있기에 온라인 쇼핑몰과 SI, 콘텐츠 제작과 클라우드 서비스를 넘나들며 사업 영역을 문어발처럼 확장하면서도 중구난방으로 어지러워지지 않고 무모한 시도로 끝나지 않을 수 있었다. 그리고 베저스는 이 원칙이 지켜지는 한, 앞으로 펼쳐질 아마존의 하루하루는 늘 새롭게 출발하는 첫날이 되리라 말한다.

....

이상적인 꿈의 비즈니스에는 적어도 네 가지 특성이 있습니다.
고객들에게 사랑받고, 매우 큰 규모로 성장할 가능성이 있으며, 자본 이익률이 높고,
수십 년이 지나도 지속될 수 있는 잠재력이 큰 사업이라는 점입니다.
—2014년 베저스의 편지 중에서, 31쪽

....

아마존 창업자 제프 베저스가 말하는 꿈의 비즈니스

지구상에서 '고객'을 가장 잘 아는 조직은 아마존이 아닐까? 아마존은 1994년에 창업하고 1997년에 주식을 공개한 이후 마켓플레이스, 아마존 프라임, 아마존 웹 서비스 등 매 순간 쉬지 않고 새로운 역사를 써 나가고 있다. 온라인 서점으로 시작해 종합 쇼핑몰로 발돋움하고, '책'이라는 실물 콘텐츠를 넘어 전자책, 영화, 앱, 게임 등 모든 콘텐츠를 판매하며, 이를 위해 자체 콘텐츠를 제작하기도 했다. 한편 본연의 비즈니스인 도서 판매 분야에서는 줄어드는 독서 인구를 한탄하는 대신 킨들을 제작해 사람들의 독서 습관을 바꿔 놓고, 무명작가들에게는 직접 출판의 길을 터 주기도 했다. 그뿐인가. 로보틱스 등의 물류 혁신으로 그 넓은 북미 대륙에서 당일 배송을 실현한 것을 넘어 주문을 예측해 선배송한 후 고객에게 구매 추천하는 수준에까지 이르렀다. 그리고 이 모든 비즈니스를 운영하며 쌓아 온 데이터베이스 운영 기술을 토대로 클라우드 컴퓨팅 서비스 분야에 진출해 또 한 번 세계 1위에 올랐다.

제프 베저스는 이상적인 꿈의 비즈니스에는 적어도 네 가지 특성이 있다고 말한다. 첫째, 고객들에게 사랑받고, 둘째 매우 큰 규모로 성장할 가능성이 있으며, 셋째 자본 이익률이 높고, 마지막으로 수십 년이 지나도 지속될 수 있는 잠재력이 큰 사업이라는 점이다. 만약 이런 비즈니스를 알게 된다면 이것저것 따지지 말고 뛰어들라고 강조한다. 그는 아마존을 이렇게 만들고 싶은 것이 아닐까 싶다.

아마존의 주력 비즈니스 모델은 마켓플레이스, 아마존 프라임, 아마존 웹 서비스 등이다. 이것들 모두 처음에는 대담한 도박처럼 보였고, 결코 성공할 수 없을 것이라고 걱정하는 사람도 많았다. 하지만 지금 모두 대성공을 거두고 있다. 결코 쉽지 않은 비즈니스를 잘 해낼 수 있는 경영 철학을 그는 크게 네 가지로 꼽는다. 경쟁자가 아닌 고객에 대한 집착, 발명에 대한 진심 어린 열정, 운영 최적화에 대한 몰입, 장기적 관점의 사고 등이다.

베저스는 시장 점유율과 관련된 지표들을 중심으로 장기적 관점의 투자 여부를 결정한 것으로 보인다. 예를 들면 고객 수, 수익의 성장성, 고객의 반복 구매 정도, 브랜드 강도, 독점적인 영업권이나 특허권, 기반 시설 등은 장기적 관점에서 좋은 지표일 것이다. 그는 '이를 위해 돈을 아끼지 않겠다, 하지만 이를 위한 것이 아니면 돈을 쓰지 않겠다'라고 편지에서 말한 적도 있다. 그래서 혹자는 베저스가 너무 무모하게 투자하고 너무 인색하게 군다고 비난하기도 했다. 하지만 그 이면에는 '시장 점유율 유지 및 확대'라는 엄격한 잣대가 있음을 이해할 필요가 있을 것이다.

한편 베저스는 닷컴 붐이 일면서 많은 기업이 온라인 사업에 뛰어들던 당시 상황을 정확하게 인식하고 있었다. 대기업들은 대개 이미 구축된 온라인 커머스 시장에 물량 공세를 퍼부어 인지도와 거래량을 늘리는 전략을 쓰는 데 반해, 베저스는 새로운 기회를 발견해야 한다고 생각했다. 한마디로 레드오션에서 경쟁력을 확보하기보다 미지의 블루오션에서 기회를 찾고자 한 것이다. 이를 위해 장기적 관점을 갖는 것이 중요하며, 그 중심에는 늘 고객이 있어야 한다고 강조했다.

까다롭기로 악명 높은 베저스가 직원을 챙기는 방법

제프 베저스는 직원들이 이상적으로 여기는 경영자가 아니다. 직원 채용에 대한 기준이 매우 높다. 그는 직원들이 장시간, 열심히 또 현명하게 일할 수 있어야 한다고 생각했고 이 세 가지를 모두 만족해야 한다고 여겼다. 따라서 악명 높은 경영자 중 단연코 1위였다.

베저스가 직원을 소모품으로만 여기는 것은 아니다. 그 증거 중 하나가 '경력 선택 프로그램'이다. 구성원들이 항공기 정비나 간호학 등 아마존의 업무와 관련 없는 분야라도 자유롭게 원하는 교육을 받을 수 있도록 95퍼센트의 수업료를 회사가 선지급하는 프로그램이다. 목표는 구성원의 직업 선택권을 보장해 주는 것이다. 물류 센터에 근무하는 대다수 직원들에게는 아마존이 좋은 직장일 것이다. 하지만 일부 직원들에게는 아마존이 새로운 기술 역량을 요구하는 다른 직업으로 가기 위한 디딤돌에 불과할지도 모른다. 따라서 아마존은 교육 훈련 기회를 제공함으로써 그들을 지원하고자 한다.

두 번째 프로그램은 이른바 '자진 퇴사 장려금'이다. 이는 자포스 사람들이 개발한 제도로, 아마존 고객 서비스 센터에 적용하고 있다. 이 제도는 매우 단순하다. 1년에 한 번, 직원들에게 회사를 그만두면 돈을 주겠다는 제안을 하는 것이다. 첫해에는 2000달러에서 시작한다. 그런 다음 매년 1000달러씩 올라가 최대 5000달러까지 제안하는데, 이 제안의 제목은 '제발 받아들이지 마세요'이다. 그들은 실제로 직원들이 이 제안을 거절하기를 바란다. 회사에 계속 다니길 바라는 것이다.

그렇다면 왜 이런 제안을 할까? 직원들 스스로 자신이 진정 원하는 것에 대해 생각할 기회를 주기 위해서다. 장기적으로 볼 때 직원들은 그들이 있어야 할 곳에 있어야 한다.

그렇지 않다면 직원들 자신을 위해서나 회사를 위해서나 바람직하지 않기 때문이다.

무엇보다 고객에 집중한다

고객 지향적 관점의 장점 중 하나는 선제적 행동이 가능하다는 것이다. 정상에 있을 때조차 무언가 해야 한다는 외부의 압력을 느끼기 전에, 서비스를 개선하겠다는 내적 동기에 의해 선제적 행동을 하게 되는 것이다. 경쟁자에 떠밀려 어쩔 수 없이 움직이는 것이 아니라 선제적으로 고객을 위해 가격을 낮추고 가치를 높이며 새로운 것을 발명하려고 노력하는 것이 고객 지향적 관점이다. 이런 투자 활동은 경쟁자에 대한 반응이 아니라 고객 중심적 사고가 있기에 가능한 것이다. 이를 통해 고객의 더 큰 신뢰를 얻을 수 있다.

"아마존 서비스를 결제할 때마다 비용 대비 혜택이 크다는 것을 믿어요. 처음에는 배송 서비스 때문에 프라임에 가입했는데 이제는 영화와 텔레비전, 책을 즐겨 보고 있습니다. 혜택은 늘어나는데 비용은 추가되지 않네요. 그래서 새로운 혜택이 생길 때마다 고마울 뿐입니다."

아마존이 가지고 있는 장기적 관점은 고객에 대한 집착과 선순환한다. 고객의 욕구를 발견하고 그 욕구가 의미 있으며 오래 지속되리라는 확신만 있다면, 장기적 관점의 사고를 바탕으로 몇 년이라도 인내심을 가지고 이를 충족시키고자 노력한다는 것이다.

이처럼 고객 욕구 해결에 초점을 둔 접근법은 내부의 기술과 역량으로 해결할 수 있는 비즈니스 기회만을 찾아가는 기존의 기술 역량 지향적 접근법과는 확연히 다르다. 기술 역량 지향적 접근법에서는 '우리는 X를 잘할 수 있어. X로 또 무엇을 할 수 있을까?'라는 식으로 생각하게 된다. 이 또한 유용한 방법일 수 있다. 하지만 이 방식으로만 생각하다 보면 새로운 기술 역량을 개발할 동기를 찾지 못해 결국 시대에 뒤처지게된다. 반면 고객 욕구에 초점을 둔 접근법은 처음에는 불편하고 어색하게 느껴지더라도 문제 해결에 필요한 새로운 기술 역량을 확보하고 새로운 근육을 키우도록 우리를 자극한다.

잘할 수 있는 것보다 잘해야 하는 것을 하자

아마존은 론칭 초기 온라인 서점에 오프라인 서점의 모든 특성을 집어넣으려고 했다.

하지만 아마존은 이제 더 이상 오프라인 서점을 모방하려 하지 않는다. 대신 그들에게서 영감을 얻고, 과거에는 불가능했으나 새로운 방식으로는 가능한 것들을 발견하려 노력하고 있다. 아마존은 수백만 권의 책을 보유하고 있으며, 독자 리뷰를 통해 구매의사 결정을 돕고, 고객들이 특정 도서와 함께 구매한 책 리스트를 추천하는 등 소비자의 검색을 지원하고 있다. 온라인 서점에서만 가능한 것이 매우 많다는 것이다.

'잘할 수 있는 것보다 잘해야 하는 것을 이해하고자 노력하는 것', 참으로 어려운 전략이지만 전자책 독서 전용 기기인 킨들을 통해 이것이 어떻게 가능한지 구체적으로 보여 주었다. 킨들은 물리적인 책과 유사한 형태로 독자들이 책의 내용에 집중할 수 있으며 전자 기기를 다루고 있다는 사실을 잊게 하고자 한 고민의 결과물이다. 아마존은 책이 가진 모든 특성을 그대로 복사할 필요는 없다는 것도 알았고, 오히려 전통적인 책에서는 결코 구현할 수 없는 새로운 기능을 추가해야 한다고 생각했다. 사실 아마존은 이미 2004년 이전부터 모든 책과 출판물을 60초 이내에 이용하도록 하겠다는 원대한 포부를 밝힌 바 있다. 오랜 기간 고객 욕구 해결에 초점을 맞춘 결과 탄생한 것이 킨들이다.

게다가 이미 만들어진 킨들로 어떤 서비스를 더 할 수 있는지 찾기보다는 고객이 언제든 60초 이내에 모든 책과 출판물을 이용하는 데 필요한 기술 역량을 갖추고자 노력했다. 그래서 등장한 것이 와이파이에 이동 통신 기능을 추가한 킨들이었다. 만약 기존의 킨들 기능 내에서만 활용 방안을 고민했다면, 사용 가능 영역의 제약을 없애기 위해 비용을 부담하면서까지 이동 통신 기능을 넣는 시도는 하지 않았을 것이다. 킨들 3G는 고객이 별도의 비용을 지불할 필요 없이 전 세계 대부분의 나라에서 사용할 수 있다. 심지어 아마존이 진출하지 않은 우리나라에서도 무료다.

아마존의 진짜 목표는 고객의 신뢰를 얻는 것
베저스가 사용한 '집착'이란 표현은 고객들을 불편하게 할 만큼 과도한 관심을 보이는 스토커가 되어야 한다는 의미가 아니라, 고객들이 사랑받는다고 느끼게 하려면 그만큼 많은 노력이 필요함을 역설적으로 표현한 것이라 할

수 있다. 기업으로부터 큰 사랑을 받고 있다고 느낀 고객들은 그 사랑을 돌려주려는 마음을 갖게 된다. 브랜드 전략 전문가인 케빈 켈러 교수는 이를 '브랜드 공명'이라 했다. 브랜드와 고객이 시계추가 움직이듯이 끊임없이 사랑을 주고받는다는 의미다. 프라임 회원이 온라인으로 구매하는 제품의 99퍼센트를 아마존에서 사는 현상이 바로 이것이다.

브랜드 공명을 달성하려면 고객의 가치 인식 구조를 분석해 경쟁사보다 더 나은 가치를 제공해야 한다. '가치=혜택/비용'이라는 가치 함수를 떠올린다면, 분모에 있는 비용을 줄이고 분자에 있는 혜택을 키우는 전략을 생각해 보는 것이 효과적이다.

'우리 기업이 경쟁사보다 소비자의 각종 비용을 줄여 주고 더 많은 혜택을 제공하고 있는가?'라는 질문을 스스로에게 던져야 한다. 만약 그렇다고 확답하지 못한다면 지금의 비즈니스 모델을 재설계해야 한다.

 좋아요! 제프 베저스가 주주들에게 보낸 편지를 책으로 엮었다. 의외로 재미있다.

 아쉬워요! 제프 베저스는 전 세계적으로 악명 높은 경영자다. 그 이야기는 자세히 다루지 않는다.

위대한 회사는
최고의 리더가 떠나도 흔들리지 않는다

스티브 잡스 이후의 애플
Haunted Empire-Apple After Steve Jobs

한마디로 이 책은!

팀 쿡의 애플은 크고 작은 부침이 있지만 순항하고 있다. 매출 면에서 오히려 스티브 잡스 시절을 능가한다. 매 분기 사상 최대의 실적을 기록했다는 뉴스가 들려오고, 특히 세계 최대 소비 시장인 중국에 성공적으로 진출하면서 매년 판매 기록을 경신하고 있다. 자칭 '재고 관리의 제왕'이라는 팀 쿡은 애플의 효율성을 그 최대치까지 끌어올린 듯 보인다. 하지만 과연 그것으로 충분한 걸까? 이 책은 스티브 잡스의 임기 마지막 3년과 팀 쿡 취임 초반을 다룬 기록으로, 거대한 변화와 도전에 마주한 애플을 세밀하게 들여다본다. 저자는 애플의 현재와 미래에 관련된 거의 모든 이슈를 짚으며 핵심적인 질문을 던진다. 그 질문이 단지 애플에게만 해당하는 것은 아니다.

저자 유카리 이와타니 케인 IT 산업 부문 기사를 써 온 베테랑 저널리스트다. 〈U.S. 뉴스 & 월드 리포트〉와 〈로이터〉, 〈월 스트리트 저널〉에서 기자로 일했다. 〈월 스트리트 저널〉 시절 케인은 스티브 잡스의 임기 마지막 3년 동안 애플을 담당했다. 2011년 인터넷 프라이버시 문제를 다룬 〈월 스트리트 저널〉의 탐사 보도 취재 팀의 일원으로 제럴드 러브 상 최종 후보에 올랐다.

유카리 이와타니 케인 지음 | 이민아 옮김 | 알마 | 2016년 1월 | 552쪽 | 22,000원

> 잡스와 쿡은 대조의 완벽한 예였다. 누군가의 제안이 마땅치 않을 경우,
> 잡스는 '헛소리'라고 직설한다면 쿡은 질문하고 또 질문해서
> 그 아이디어의 약점을 찾아내는 스타일이었다.
> 잡스에게는 사람들의 이목을 모으는 강한 존재감이 있었다.
> 쿡은 화려하게 드러나는 사람이 아니었다.―59쪽

잡스 없이 애플의 혁신은 지속될 수 있을 것인가?

팀 쿡의 애플은 여전히 세계 최고의 기업이다. 하지만 앞날이 밝은 것만은 아니다. 애플의 사업이 다각화하고 글로벌화하면서 전에 없이 철저한 감시와 비판의 대상이 되고 있다. 또한 세계 무대의 치열한 경쟁 속에서 대표 주자의 지위를 고수해야 하는 한편, 신흥 시장을 평정해야 하며, 아울러 '말도 안 되게 굉장한' 제품을 갈구하는 대중의 취향을 만족시켜야 한다.

스티브 잡스는 늘 화가 난 리더였다.

"그게 무슨 개소리야."

그는 맘에 들지 않는 것이 눈에 들어오면 이런 식으로 물었다. 잡스에게 중단당해 한바탕 연설을 듣지 않고 발표를 마치는 개발자는 극히 드물었다. 그의 강렬한 갈색 눈동자가 쏘아보는 가운데, 연사들은 무대에 서서 대사를 연습했다. 잡스가 지켜보는 리허설에서 자기 차례를 기다리는 시간은 고문과도 같았다고 한다. 하지만 그의 불같은 성격은 애플을 혁신의 바로미터로 만들어 버렸다. 애플은 아이폰을 내놓은 후 시장에서 연속 홈런을 날렸다. 잡스가 죽기 전까지는 말이다.

왜 스티브 잡스는 팀 쿡을 선택했는가?

"우리는 위대한 제품을 만들기 위해 지구상에 존재하며, 그 사실은 변하지 않습니다. 우리는 끊임없이 혁신에 집중할 것입니다. 우리는 복잡한 것이 아닌 단순한 것의 가치를 추구합니다. 우리는 우리가 만드는 제품을 뒷받침하는 핵심 기술을 소유하고 통제해야 하며, 우리의 기여가 의미를 남길 수 있는 시장에만 참여해야 한다고 믿습니다. 우리는 믿습니다. 수천 가지 프로젝트를 거부해야만 우리에게 진정으로 중요하고 의

미 있는 소수에 집중할 수 있습니다."

팀 쿡이 이사회에서 자신의 의견을 처음 피력한 말이다. 잡스가 CEO에서 물러나면서 후계자를 팀 쿡으로 지정했기 때문에 그가 CEO로 선임될 수 있었다. 하지만 잡스는 자신이 없는 애플은 상상도 하지 못했다. 그래서 스스로를 없어서는 안 될 존재로 여기던 잡스는 쿡에게 쏟아지는 찬사를 견딜 수 없었다. 그는 세간의 이목이 자신의 병에 집중되는 것을 질색했지만 어느 정도는 그것으로 자신의 안녕이 그만큼 애플의 성패에 결정적임을 느낄 수 있었다. 2004년 수술 사실을 발표했을 때 주가가 고작 2퍼센트만 하락하자 깊이 실망하기도 했다.

"그게 다야?"

이 말은 자신의 공백이 이 정도밖에 안 되느냐는 뜻이다.

그러나 후계자를 잡스가 직접 뽑았다는 사실을 기억해야 한다. 잡스는 쿡을 훈련시키고 철학을 주입하고 오랜 세월 혹독한 시험으로 그의 능력을 평가하고 검증했다. 잡스는 쿡이 혁신가나 비전을 지닌 지도자가 아니라 헌신적인 관리자라는 사실을 잘 알았다. '애플의 영혼'이라고 추어올리던 조너선 아이브를 택하지 않고 재고 관리의 제왕을 택했다. 왜 그랬을까? 밀려오는 폭풍이 수평선에 보이는 시기에는 숫자에 능한 사람이 최적이라고 생각했을까? 아니면 다른 이의 비전이 자신의 비전을 대신하는 것을 원치 않았을까?

잡스가 쿡을 신뢰한 것은 그가 남 앞에 자기를 내세우려 들지 않는 사람이기 때문이었다. 쿡은 잡스에게 동의하지 않는 경우에도 대개 은근하고 영리하게 대처했다. 직접 반대하는 일도 드물었지만, 그럴 때면 사근사근한 말투로 가능한 대안과 함께 자신의 견해를 뒷받침하는 통계를 제시했다.

"스티브 다루는 데는 정말 똑소리 났죠."

1990년대 말에 쿡의 참모로 일한 마이크 슬레이드의 말이다. 하지만 잡스가 가고 없는 지금, 누가 쿡의 고집스러운 실용주의에 균형추가 되어 줄 것이요, 누가 창조의 불꽃을 지필 것인가.

잡스가 없는 애플은 무엇을 하고 있는가?

잡스가 사망한 후 애플의 첫 번째 실패는 시리 프로젝트에서 드러난다. 시리는 원래

미 국방부에서 가상 비서를 만들기 위해 시작한 프로젝트였다. 이것을 애플이 인수하고 말할 수 있는 프로그램을 넣으면서 시리가 된 것이다. 하지만 시장에 내놓은 시리는 참담한 실패를 가져왔다. 제대로 된 테스트를 거치지 않아 사용자들의 불만이 하늘을 찌른 것이다.

그 후 나온 애플의 지도 서비스도 마찬가지다. 애플은 원래 구글 지도를 사용하고 있었다. 전문가들은 애플이 비밀주의를 지키기 위해 적은 인원을 개발 인력으로 투입한 것이 큰 실패 요인이라고 생각한다. 구글의 지도 작업에는 전 세계의 수많은 인력이 투입되었다. 하지만 애플에서는 100명도 안 되는 인원으로 지도를 개발한 것이다. 시리가 그랬듯이 이 사업도 비밀리에 개발되었고, 따라서 애플은 개발 팀을 작게 유지해야 했다. 그러다 보니 충분한 테스트를 통해 신뢰성과 안정성을 다질 수 없었다. 애플의 오만과 비밀주의가 또 한 번 상식을 누른 것이다.

하드웨어 측면에서도 위기 요인은 있었다. 애플은 자체 생산 시설이 없고, 대부분 폭스콘의 설비에서 생산을 맡는다. 애플에는 자체 생산 노동력이 없다. 폭스콘에서는 푼돈도 마다하지 않고 일하려는 노동자 약 100만 명이 하루 24시간을 쉬지 않고 제품을 만들어 내고 있다. 애플은 결정권을 잃어 가고 있고, 폭스콘은 애플이 제시하는 조건을 예전처럼 기꺼이 받아들이려 하지 않는다. 애플의 미래가 이제 폭스콘의 손안에 들어간 것이다. 그것도 심란할 정도로 말이다.

애플의 미래, 과연 괜찮은 걸까?

10억 인구가 넘는 나라 중국에서 애플 브랜드가 이미 빛을 잃고 있다. 소득이 미국 노동자에 비해 한참 뒤지는 중국 소비자들이 훨씬 저렴한 안드로이드 스마트폰으로 돌아서고 있는 것이다. 삼성과 HTC 제품뿐만 아니라 레노버, 화웨이, 샤오미 등 전도유망한 중국 기업들 제품까지 이들의 손에 쥐어 있다. 샤오미의 부상은 베끼기를 공격한다는 것이 얼마나 소용없는 일인지 잘 보여 준다. 샤오미는 아이폰처럼 생긴 기기를 애플 제품가와는 비교도 안 되는 초저가에 판다.

중국에서의 위기는 이뿐만이 아니다. 중국에서는 외국 기업이 자기 나라에서 돈을 얼마만큼 긁어모으는지 공개하는 것은 금기 조항이었다. 그런데 애플은 선을 넘었다. 그들은 중화권 사업에 관한 정보를 상세하고 자세하게 분기별로 발표했다. 쿡은 지난

분기에 이 지역에서 아이폰 매상이 세 자릿수로 성장하면서 총매출이 60퍼센트 이상 상승해 73억 달러를 기록했다고 보고했다. 이 보고는 미국에서 특히 애플의 주주들에게 환호를 받았다. 그러나 중국에서는 아무도 어떤 외국 회사가 자기네 나라에서 얼마나 큰돈을 벌어 가는지 듣고 싶어 하지 않았다.

게다가 애플은 미국 월 스트리트와 정부로부터도 비난의 목소리를 들어야 하는 상황이다. 월 스트리트에서는 더 이상 혁신을 만들어 내지 못하는 평범한 기업이라는 이야기를 들어야 하고, 정부로부터는 생산 기지를 왜 미국 본토에 설치하지 않느냐는 핀잔을 들어야 한다.

이런 상화에서 팀 쿡은 제대로 된 혁신을 만들어 낼 수 있을까? 전형적인 기업 성적표 면에서는 합격점이다. 쿡은 최근 몇 년 애플의 매출 신장에 뚜렷한 기여를 했다. 잡스 스타일의 오만함을 버리고 중국이라는 거대 시장에 친화적으로 접근해 괄목할 만한 성과를 이끌어 낸 것이다.

하지만 저자는 애플의 존재 이유와 미래 비전인 '혁신' 측면에서는 의구심을 제기한다. 팀 쿡 체제 이래 수년이 지났지만, 이렇다 할 차세대 혁신 제품은 제시되지 못하고 있는 실정이다. 텔레비전도 아니었고, 시계도 아니었다. 애플은 테슬라 인수에 관심을 보이며 혁신을 '구매'하려 하고 있다. 저자는 2013년의 한 IT 콘퍼런스의 대담 장면을 상세히 소개하며, 팀 쿡이 혁신을 그저 '상투적인 말'로 대신하려는 게 아닌지 지적한다. 아이폰 8과 아이폰X에 대해서도 예전만큼의 폭발적인 반응은 없었다.

문제는 잡스가 남겨 놓은 기존 제품의 토대마저 그리 단단하지만은 않다는 데 있다. 이와 관련해 저자는 '리스크'의 측면에서 두 가지 이슈를 제기한다. 첫째, 중화권 외주 생산 업체와의 갈등이다. 애플은 잡스 시절 제품 생산을 적극 외주화했고, 폭스콘이라는 파트너를 만나 좋은 시절을 보냈다. 하지만 외주 생산을 하나의 기업에 지나치게 의존하면서 그만큼 독립성이 침해당할 여지가 커졌다. 가격 협상이나 생산 일정 등에서 협상력이 약해지는 결과를 낳은 것이다.

둘째, 외주 노동 환경의 열악함이다. 애플은 자사 노동자에 대한 처우에 공을 들이면서 '윤리적'인 기업 이미지를 쌓아 왔다. 그러나 외주 노동에 대해서는 가혹하게 관리함으로써 수많은 노동자에게 모욕과 멸시를 겪게 하고, 심지어는 그들을 자살로까지 내몰았다. 이는 애플의 입지를 좁게 해 기업 운영의 커다란 리스크로 잠재해 있는 상황이다.

그러나 이런 리스크들은 어쩌면 사소한 것일지도 모른다. 샤오미와 화웨이 등 중국 기업들의 거센 도전에 비하면 말이다. 갈수록 기존 제품군들은 '혁신의 유통 기한'이 다 되어 가고 있다. 혁신이 멈출 때 기업도 멈춘다는 것을 지난 역사가 말해 주고 있다. 이 책은 애플의 사례를 통해 경영과 혁신, 그리고 글로벌 경제에 대한 진지한 성찰을 시도한다. 이는 애플과 마찬가지로 새로운 혁신을 요구받고 있는 한국 기업들에도 강한 시사점을 줄 것이다.

 좋아요! 기자가 취재한 애플, 그 무한한 이야기 속으로 들어가는 책이다. 두껍지만 흥미로워서 페이지가 빠르게 넘어간다.

 아쉬워요! 스티브 잡스와 팀 쿡을 비교한 내용은 흥미로운데 부각되지 않아 아쉽다.

승리가 아니면 죽음을,
늑대 군단 화웨이의 거침없는 도전

위기를 경영하라
-위기를 넘어 삼분천하로, 대륙의 승부사 화웨이의 전략
华为靠什么－任正非创业史与华为成长揭秘

한마디로 이 책은!

파산 위기에서 모든 인력과 자금을 기술 개발에 집중하고 IT 버블 붕괴의 시련 속에서 5년에 걸친 시스템 혁신을 추진하는 등 화웨이는 위기가 심각할수록 꼼수를 부리지 않고 혁신을 통해 위기에 정면으로 맞서 왔다. '세계의 하청 공장', '짝퉁의 나라'라는 오명에서 스스로 벗어나 세계에서 가장 많은 국제 특허를 보유한 하이테크 기업으로 거듭났다. 또한 가장 선진적인 경영 시스템을 도입해 뼛속까지 환골탈태한 혁신 기업이자 최고의 솔루션을 제공하는 서비스 기업이 되었다. 그리고 이제, 그들은 B2B 시장을 넘어 세계 3대 스마트폰 제조 업체로서 한국 진출을 본격화하고 있다. 중국 기업들이 턱밑까지 추격하고 있는 오늘, 한국 기업의 현실은 어떤가? 매일같이 '위기'를 말하는 이때, '어떻게든 살린다'는 리더의 책임감과 '반드시 성공시킨다'는 구성원의 근성은 과연 위기를 돌파할 만큼 강한가? 잃어버린 혁신 정신을 되찾기 위해 우리는 무엇을 해야 하는가? 발 빠른 추격자에게 배울 것이 있다면 무엇인가? 이 책은 저자가 5년에 걸쳐 화웨이 발전사에 담긴 위기 극복 철학을 연구하고 정리한 결과물이다. 저자는 화웨이에 대한 자료와 본인이 직접 경험하고 관찰한 내용을 토대로, 27년 넘게 이어지고 있는 화웨이의 위기 극복과 성장의 동력을 낱낱이 밝히고 있다.

저자 양사오룽 1965년 중국 칭다오 출생. 화웨이, 델 등의 여러 기업에서 재무, 마케팅, 경영 관리 분야의 일을 했다. 현재 화웨이의 기업 문화, 마케팅 및 연구 개발 전략, 프로세스 혁신, 글로벌화, 그리고 런정페이의 경영 관리 이념, 경영 철학 등을 연구하고 전파하는 데 힘쓰고 있다.

양사오룽 지음 | 송은진 옮김 | 북스톤 | 2015년 8월 | 312쪽 | 16,000원

화웨이 창업자 런정페이, 그는 누구인가?

"순탄한 일생은 재앙이다. 잘 생각해 보면 여러분이 겪은 좌절은 결코 불운이 아니며 오히려 행운이라는 사실을 곧 알게 될 것이다."

화웨이 창업자 런정페이가 자주 하는 말이다. 그의 인생은 결코 순탄하지 않았다. 중학교 교장이던 아버지 덕에 비교적 평탄하게 살던 런정페이는 문화 대혁명 당시 10년 동안 수감 생활을 하면서 사고방식이 많이 바뀌었다. 사사로운 이익을 좇지 않고 외로움을 잘 견디며 자신을 외부에 잘 드러내지 않게 된 것이다. 이런 이유로 때문에 그는 아직까지도 방송과 인터뷰에 모습을 잘 드러내지 않는다.

런정페이가 사업을 시작한 것은 1984년이다. 군대에서 복무를 하고 직업 군인 생활을 하다 1984년에 퇴역했다. 그리고 들어간 회사에서 부사장까지 승진을 하지만 외부 업체로부터 사기를 당하는 바람에 해고된다. 그가 선택할 길은 회사를 창업하는 것뿐이었다. 같이 일하던 동료들과 만든 회사가 바로 화웨이다.

화웨이의 시작은 순탄하지 않았다. 처음에는 무역업으로 시작했으나 나중에는 소형 전화 교환기 시장으로 눈을 돌려 제품을 직접 생산하기도 했다. 런정페이는 연구원들에게 '작은 못이 강한 물체를 뚫는다'는 말을 자주 한다. 못질을 할 때 생기는 충격파가 못 끝부분에 모여서 큰 압력을 만든다는 것이다. 소형 전화 교환기는 그가 모든 것을 쏟아부은 결과물이었다.

하지만 1993년 화웨이는 여러 가지 이유로 자금 사정이 크게 악화되었다. 곧 파산할지도 모르는 상황이었지만 런정페이는 모든 역량을 전자 교환기 개발에 그야말로 '올인'했다. 그 결과, 화웨이는 고유의 핵심 기술을 담은 'C&C08' 전자 교환기를 출시해 큰 성공을 거두었다. 이것이 화웨이만의 연구 개발 전략인 '압박 전술'이다.

경쟁자를 압도하는 압박 전술

1996년, 중국 인민대 교수 6명이 화웨이기본법의 초안을 작성하면서 화웨이의 연구 개발 정책에 관해 다음과 같이 설명했다.

"화웨이는 무슨 일이든 처음부터 경쟁 기업보다 훨씬 많은 자원을 집중 투입했다. 그들은 안 하면 안 했지, 일단 하기로 했으면 언제나 모든 인력과 자금을 집중해서 반드시 돌파구를 찾아냈다."

제한된 자원을 집중 배치해서 핵심 기술을 개발한다는 의미다. '압박 전술'은 런정페이의 머릿속에서 나온 전략이라기보다는 궁지에 몰린 상황에서 저절로 나온 지혜였다. 그는 C&C08을 개발할 때 '실패하면 건물에서 뛰어내릴 작정'이라고 했다. 말 그대로 죽기 살기로 개발에 매달린 것이다. 용기야 가상하지만 사실 이처럼 승부수를 던지고 올인하는 것은 일종의 도박과 같아서 우연성이 크다. 하지만 압박 전술을 자세히 살펴보면 우연성 속에서도 어떤 필연성을 찾을 수 있다.

자금 사정이 좋지 않을 때 다른 중국 기업이라면 되도록 비용이 적게 들고 시장 진입이 쉬운 방법을 찾았을 것이다. 그러나 런정페이는 C&C08의 개발을 추진하면서 이와 정반대로 했다. 그는 대담하게도 세계 최고 수준인 AT&T의 기술을 따라잡는 것을 목표로 삼았다. 당시에는 무모해 보였지만 돌이켜 보면 처음부터 이렇게 높은 목표를 설정했기에 나중에 치열한 기술 전쟁에서 도태되지 않을 수 있었다. 또한 어려울 때에도 기술 개발을 포기하지 않았기에 국내 경쟁 업체들과 수준 차이를 내고, 외국 경쟁 업체들과 격차를 좁힐 수 있었다. 그 결과 화웨이는 군웅할거 시대를 헤치고 빠른 속도로 발전할 수 있었다.

핵심 기술을 확보해 성공을 거둔 후에도 런정페이는 매년 총매출의 10퍼센트 이상을 연구 개발에 투입한다는 엄격한 규정을 만들고 이를 실행했다. 세계 통신 업계가 위축된 2000년에도 연구 개발 투자를 줄이지 않고 오히려 5퍼센트포인트 높여 30억 위안을 투입했다. 2008년 하반기에 글로벌 금융 위기가 발생했을 때에도 경쟁 업체들과 달리 화웨이는 100억 위안이 넘는 돈을 투자했다. 세계 통신 업계의 발전이 정체된 2011년에도 역시 200억 위안 이상을 투입했다.

....

> 화웨이는 무슨 일이든 처음부터 경쟁 기업보다 훨씬 많은 자원을 집중 투입했다.
> 그들은 안 하면 안 했지, 일단 하기로 했으면
> 언제나 모든 인력과 자금을 집중해서 반드시 돌파구를 찾아냈다.—64쪽

....

승리도 죽음도 함께한다는 화웨이의 늑대 문화

화웨이는 특유의 '늑대 군단' 문화로 잘 알려져 있다. 무리를 이루어 공동의 적에 적

개심을 드러내며 승리가 아니면 죽음도 불사한다는 화웨이의 '늑대 군단'은 경쟁 기업들을 두려움에 떨게 했다. 이들에게는 '승리하면 함께 축배를 들고, 패하면 목숨을 걸고 서로를 구한다', '힘들지만 용기를 내 마침내 승리를 거둔다'는 식의 구호가 전혀 어색하지 않다. 밖에서 보기에 살벌할 수도 있는 이런 분위기가 화웨이 내부에서만큼은 매우 자연스럽다. 그들은 이런 정신을 바탕으로 규모가 몇 배나 큰 경쟁자들에게 과감하게 도전장을 던졌다.

늑대 군단은 앞이 보이지 않는 상황에서도 결코 물러서지 않았다. 그들은 어떻게 전진할지 함께 고민하고, 길을 막고 있는 거대 글로벌 기업들을 하나부터 열까지 분석해 반드시 약점을 찾아냈다. 그리고 어떻게 해서든 적을 시장에서 내쫓아 최종 승리를 거두었다.

1997년, 런정페이는 화웨이의 기업 문화를 늑대의 세 가지 특징, 즉 '예민한 후각', '불굴의 투쟁심', '팀플레이 정신'으로 설명했다. 이 '늑대 문화' 덕분에 화웨이는 자원이 부족한 상황에서도 오로지 정신력으로 버텨 가며 어려움을 이겨 내고 기적을 일구었다. 사람들은 화웨이의 성공을 보며 '가진 것이 없다고 걱정하지 말고 노력하지 않는 것을 걱정하라!'는 말의 의미가 무엇인지 알게 되었다.

화웨이 임직원 15만 명의 평균 연령은 스물아홉 살이다. 세계에서 가장 젊은 기업 중하나다. 중국 IT 기업 하면 '짝퉁' 혹은 '가성비' 같은 단어가 떠오르지만 화웨이는 세계에서 가장 많은 국제 특허를 보유한 '하이테크 기업'이다. 연구 개발 인력은 약 7만명으로, 삼성의 개발 인력보다 많다. 세계 최대 이동 통신사 다수가 이 기업의 하드웨어를 사용해 전화 서비스를 제공한다. 세계 인구 6명 중 1명은 이들의 서비스를 이용하는 셈이다. 최근 삼성, 애플에 이어 세계 3대 스마트폰 제조 업체로 부상했다. 또한 톰슨 로이터가 선정한 '세계 100대 혁신 기업', 인터브랜드가 선정한 '100대 글로벌 브랜드'에 꼽히기도 했다. 더 이상 무명의 B2B 기업이 아니라는 뜻이다.

창업 초기, 많은 월급을 줄 수 없던 런정페이 회장은 인재를 모으고 동기 부여를 하기 위해 자신은 1퍼센트 남짓한 주식만 보유한 채 직원들과 모든 주식을 나누는 전면적인 종업원 지주제를 실천했다. 회사는 인력의 절반을 연구 개발에 투자하며 기술 개발에 목숨을 걸었고, 직원들은 야전 침대에서 쪽잠을 자며 회사의 비전을 위해 헌신했다. 이로써 화웨이는 특유의 '늑대 문화'와 '압박 전술'을 기업의 DNA로 갖게 되었다. 그뿐인가. 주주의 입김에서 자유로워지기 위해 지금도 〈포천〉 선정 '글로벌 500대 기업'으로서는 드물게 비상장을 고집한 채 매출의 10퍼센트 이상을 연구 개발에 쏟아붓고 있다. 런정페이 회장은 자식에게 회사를 물려주기는커녕 부회장 3명이 6개월씩 돌아가며 회사를 경영하는 사상 초유의 '순환 CEO 제도'를 몇 년째 시행 중이다.

화웨이는 원래 런정페이와 극소수의 의사 결정에 따라 움직이는 회사였다. 회사 규모가 커지면서 더 효율적인 의사 결정과 경영 관리를 위해 조직 개편을 단행했다. 그는 즉시 조직을 판매 및 서비스, 전략 및 마케팅, 제품 및 솔루션, 운영 및 지불, 전략 및 합작, 재무, HR의 7개 부문으로 재편했다. 또 오랫동안 유지해 온 상무 부회장 직위를 없애고, 대신 7개 사업 부문의 총괄 책임자들로 구성된 EMT Executive Management Team를 만들었다. 어찌 보면 자신의 권한이 줄어들 수도 있지만 혼자 정책을 결정할 때 불러올 수 있는 위험을 피할 수 있는 조치였다.

그런데 EMT 구성원들이 그동안 런정페이의 뜻을 따라 집행하던 틀에서 벗어나지 못한다는 문제점이 있었다. 형식적으로는 집단 결정 과정을 거치지만 실제로는 여전히 런정페이 의견을 따르는 수준이었다. 이를 해결하기 위해 2004년부터 순환 CEO

제도를 도입했다. EMT 구성원들이 6개월씩 돌아가면서 CEO
를 맡는 제도다. 조직 전체의 균형적인 발전과 공동의
책임 의식을 끌어내기 위해 회장의 경영권마저 내
놓은 상징적인 조치였다.

어디에서도 보기 힘든 이 제도가 실시된 후
화웨이 내부에 감독과 경쟁이 강화되고 각 사
업 부문이 균형적으로 발전하기 시작했다.
순환 CEO들은 자신의 임기 동안 이사회의 감독 아래
회사 운영과 위기관리를 책임지게 된다. 자기 분야 본연의
업무뿐 아니라 EMT 회의 주제, 문건 발표 등 CEO로서 여러
가지 일을 해야 하고, 이 모든 것이 회사의 발전 방향 및 구체적인 계획과 관련된 일들
이어서 한시도 긴장을 늦출 수 없었다. 이런 실전 훈련 덕분에 그들의 경영 관리 수준
과 정책 결정 능력이 크게 향상되었다. 또한 순환 CEO로서 정책 결정에 대한 지지를
얻기 위해 다른 구성원들이 총괄하는 부문에 대한 지지와 배려, 합작, 타협 등을 아끼
지 않았다. 그 결과 부서 간의 고질적인 장벽이 서서히 사라지기 시작했다.

 좋아요! 우리나라에는 잘 알려지지 않은 기업, 화웨이의 실체를 밝히는 책.

 아쉬워요! 이런 종류의 책들이 그렇듯, 늘 좋은 점만 이야기한다.

도요타는 왜 최고 실적을 냈을 때
조직을 완전히 개편했을까?

왜 다시 도요타인가
-위기의 한국기업에 해법 내미는 도요타 제2창업 스토리

한마디로 이 책은!

지금처럼 우리나라 주력 업종 대부분이 동시에 침체의 늪에 빠지게 된 것은 산업화 50년 만에 처음 있는 일이다. 우리나라 산업의 핵심이던 조선과 해운의 약세, 기간산업들의 구조 조정, 품질 논란으로 초유의 위기에 직면한 삼성과 현대차, 그리고 성장률 둔화와 리더십 부재……. 이렇게 가다가는 성장은커녕 생존이나 가능할지 불안해하는 이가 많다.

이 같은 문제를 우리보다 먼저 겪은 글로벌 기업이 있다. 바로 도요타 자동차 회사다. 2010년, 렉서스 차량 결함으로 인한 1000만 대 리콜이라는 사상 초유의 사태 전후로 도요타에는 인재와 천재가 끊이지 않는 위기 상황이 지속됐다. 미국의 리먼 쇼크와 리콜 등으로 인한 실적 급락 외에도, 동일본 대지진과 태국 대홍수로 생산 시설까지 무너졌다. 이런 전시 상황에 사장으로 취임한 이가 창업자 가문의 손자 도요다 아키오 사장이다. 그는 바닥부터 다시 시작하겠다고 결의하면서 '원점으로 돌아가자'고 선언하며 사상 최대의 위기를 정면으로 돌파했다. 도요타의 끊임없는 진화의 힘은 어디에서 나오는 걸까?

저자 최원석 1997년 성균관대를 졸업하고 조선일보에 입사, 사회부·문화부·산업부 등을 거쳐 국제부 차장으로 일하고 있다. 이후 일본 호세이대 경영 대학원에서 MBA를 취득했다. 산업부에서 7년간 자동차를 담당했는데 당시 현대자동차 수출·내수 차량의 차이를 보도해 현대차가 내수 차량에 6개의 에어백을 기본 장착하도록 하는 데 영향을 미쳤다. 2013년부터 2년간 〈조선일보〉 경영 섹션 '위클리비즈'에서 전 세계 성공 기업을 취재하고 내로라하는 CEO·석학 등을 인터뷰했다. 이때 도요타의 아키오 사장을 직접 인터뷰하는 등 도요타 본사를 심층 취재해 도요타라는 기업을 더 많이 알게 되었다.

최원석 지음 | 더퀘스트 | 2016년 10월 | 368쪽 | 16,000원(이북 11,200원)

"대실패도 있고 위기도 많았다. 그런데 끝나면 이상하게 더 힘이 붙는 게 도요타다. 위기에서 배워 더 강해지는 것, 그런 진화 능력이야말로 도요타의 가장 큰 자산이라 할 수 있다."

후지모토 다카히로 도쿄대 경영 대학원 교수의 말이다.

도요타가 위기 이후 더 강해지는 것은 위기의 원인과 해결책을 깊이 성찰한 뒤 장기적 관점의 해결책을 준비해 고통을 감내하고서라도 그 해법을 뚝심 있게 추진하는 힘 덕분이다. 리콜 사태 때만 해도 차량 결함의 직접적 원인 규명뿐 아니라, 의사소통 부족, 초기 대응 실패, 본사와 현장의 통합 위기 대책 부재 등 '규모의 불경제와 복잡성의 폭발'을 본질적 문제로 규정하고 전방위 대책을 강구했다. 이 모든 일을 CEO가 전면에 나서서 진두지휘했다.

바닥 찍고 다시 최고가 되기까지 도요타 7년의 투쟁, 그 면면을 살펴보면 도요타의 처절한 자기반성과 회복력, 세계 1위를 유지하는 비결이 모두 들어 있다. 게다가 도요타는 가장 잘나가는 순간에 대대적인 개혁이라는, 힘들고 어려운 길을 선택했다. 위기에 빠지거나 성장이 멈췄을 때 제대로 원인을 분석하고 근본적인 대책을 마련하지 않으면 두 번 다시 기회가 없을지도 모른다. 가장 힘든 순간에 '원점으로 돌아가자'고 선언하며 환골탈태한 도요타를 지금 다시 생각해 본다.

도요타는 2000년대 중반, 생산량 세계 1위를 목표로 물량 확대주의를 선언했다. 연간 생산 능력 700만 대에서 3년 만에 1000만 대 생산을 목표로 설정한 것이다. 그리고 2007년 연간 판매 1000만 대 체제를 이루고 사상 최대 실적을 달성해 냈다. 하지만 늘 승승장구만 한 것은 아니었다. 2008년 리먼 쇼크로 300만 대가 재고로 쌓이게 되었고, 2010년에는 미국에서 도요타 차량에 탄 일가족이 사망하는 사건이 발생했다. 이때 도요타는 차량 결함으로 1000만 대 리콜 사태를 겪어야만 했다.

2011년 2월 24일, 도요타는 재출발의 날을 선언하며 다시 한 번 재기에 도전했다. 그로부터 4년 후인 2015년, 도요타는 마침내 세계 최초 연간 판매 1000만 대 돌파를 이루게 된다. 드디어 사상 최대 실적을 경신하고 자동차 세계 1위 기업으로 등극하게 되었다. 그러나 도요타는 여기에 만족하지 않았다. 2016년 전격적인 조직 개편을 단행한 것이다.

사상 최고 실적 이후 대규모 조직 개편

최고의 실적을 올리고 있을 때 조직을 개편한 가장 중요한 이유는 대기업병을 없애기 위해서였다. 도요타는 창사 이래 역사적인 성공을 거두었지만, 34만 명이나 되는 거대한 조직으로는 미래를 개척하기 어렵다고 생각했다. 그리고 1000만 대 판매 시대에 접어들면서 복잡하게 전개될 앞으로의 상황을 미리 준비하려 했다.

도요타는 34만 명의 거대한 회사를 비즈니스 유닛과 헤드 오피스 등 2개의 큰 조직으로 나누고 독립적으로 움직이는 7개의 소회사를 만들었다. 회사를 이렇게 나눈 이유는 효율의 극대화를 추구하되 그 효율에 기간의 개념을 부여해 최적화하기 위해서다. 효율을 단기와 장기적 관점으로 분리한 것이다. 7개 컴퍼니는 단기적인 수익과 가치를 만들어 내는데, 여기서 추구하는 효율이란 늦어도 2~3년 내에 결과가 나오는 것이다. 따라서 컴퍼니 차원에서 10년 단위 장기 계획을 세워 회사의 지속적인 성장 기반을 마련하는 것은 불가능하다. 이를 보완하기 위해 헤드 오피스를 따로 둔 것이다.

도요타는 신체제를 시행하면서 자동차 제조와 개발의 현업 조직을 뜯어고쳤다. 기능에 따라 구성돼 있던 본부 개념을 제품 중심의 조직인 컴퍼니로 바꿨다. 자동차 회사의 조직을 기능 중심에서 제품 중심으로 바꾼다는 것은 혁명적인 시도다.

자동차 회사는 각각의 기능 조직이 매우 강한 곳이다. 기능 조직에는 자동차를 만드는 데 필요한 기획 부서, 설계 부서, 디자인 부서, 생산 부서, 자재 부서, 재무 부서 등이 포함된다. 도요타는 전 세계 자동차 회사 가운데에서도 매우 뛰어난 기능 조직을 보유한 곳이다. 특히 생산 기술과 생산성은 세계 최강이다. 그런데 기능 조직이 너무 강해지면서 자동차 회사의 최대 목표인 더 좋은 차를 만들기가 오히려 어려워지는 상황에 빠진다. 조직이 비대해지면서 막강한 기능 조직들이 자기들만의 성을 쌓기 시작한 것이다. 이 때문에 기능 조직끼리 이해가 충돌할 때 조정하기가 어려워졌다. 도요타는 생산 쪽의 입김이 워낙 세서 소비자 요구를 반영하는 것보다 생산 효율을 우선시하는 경향까지 생겨났다. 이런 문제를 줄이기 위해 도요타는 기능별 조직을 해체했다. 해체 이유는 일을 기능 축이 아니라 제품 축으로 바꾸기 위해서였다. 기능의 벽을 무너뜨리고 조정의 일을 줄여서, 모든 일이 더 좋은 차 만들기와 그것을 뒷받침하는 인재 육성에 연결되도록 하려는 것이었다. 완성차를 만드는 4개의 작은 컴퍼니를 살펴보자. 먼저 경소형차를 만드는 도요타 컴팩트카, 중대형차 담당의 미드 사이즈 비클, 고급차 담당의 렉서스 인터내셔널, 상용차를 담당하는 CV가 있다. 이 회사들은 차량 종류별로 기획, 개발, 생산을 독립적으로 추진한다.

첨단 기술 개발은 3개의 작은 컴퍼니가 담당한다. 자율 주행 차량 등을 개발하는 첨단 기술 개발 컴퍼니, 엔진과 변속기 등을 개발하는 파워 트레인 컴퍼니, 차량용 통신 기술을 개발하는 커넥티드 컴퍼니 등이 있다. 그리고 미래 창생 센터와 코퍼럿 전략부로 구성된 헤드 오피스가 있다. 미래 창생 센터가 30년 앞을 내다보고 기술의 방향성을 다루는 등 미래 연구소 같은 기능을 담당한다면, 코퍼럿 전략부는 중기 전략과 기획을 담당하는 일종의 미래 전략 부서 같은 곳이라고 할 수 있다.

도요타가 신체제 개편을 통해 컴퍼니제를 단행한 것도
매뉴얼대로만 하려고 하는 분위기, 도전하는 것보다 문제를 일으키지 않는 것을
더 중시하는 조직 문화를 무너뜨리기 위해서라고 할 수 있다.—63쪽

도요타 조직 개편에서 배우는 세 가지 교훈

도요타 조직 개편에서 배울 점은 무엇일까? 먼저 도요타는 조직 개편을 통해 미래 리더를 찾고자 한다. 기능 중심 조직에서는 책임과 권한이 부여되지 않기 때문에 새로운 직원은 경험을 갖기가 어렵고 결과적으로 새로운 리더를 찾기가 어렵다. 하지만 컴퍼니제에서는 능력을 발휘할 수 있으므로 미래의 리더를 찾을 수 있다. 컴퍼니제에 대한 우려가 없던 것은 아니다. 컴퍼니제는 전자 업종에서 시도하는 방법이기 때문에 자동차 회사와는 맞지 않는다는 의견도 있었다. 또 컴퍼니제가 오용되면 과거 소니처럼 부서 간 경쟁이 일어날 수 있다. 하지만 도요타는 독립 채산제를 선택하지 않고 사내 컴퍼니 형식으로 개편했다.

조직 개편에서 찾을 수 있는 도요타의 장점 두 번째는 설계 전략이다. 도요타는 TNGA Toyota New Global Architecture라는 설계 전략을 세운 바 있다. 흔히 도요타의 미래 설계 전략이라고 일컬어진다. 2012년에 발표된 더 좋은 차를 만들기 위한 도요타의 미래 전략인 셈이다. 좋은 차를 만들기 위해서는 한정된 비용으로 최대의 효과를 발휘해야 하는데, 차량의 각 부분을 레고 블록처럼 개발해 블록들을 조합하는 방법을 말한다.

도요타의 설명에 따르면 300만, 600만 대 생산과 1000만 대 생산은 복잡성이 다르다는 것이다. 단순히 생산 시설을 늘린다고 해결될 문제가 아니라는 말이다. 제너럴 모터스와 폴크스바겐도 1000만 대 생산을 앞두고 큰 위기에 빠졌다는 것은 시사하는 바가 크다. 도요타가 사용하는 엔진은 16개지만, 차량에 따라 800개로 세분화한다. 이 복잡성을 생각한다면 설계 전략이 필수적이라는 말이다. 플랫폼 공용화를 생각할 수도 있겠지만, 도요타는 플랫폼 공용화가 아닌 레고 블록처럼 자동차 만들기를 선택한 것이다.

세 번째는 일할 수 있는 환경을 만들어야 한다는 것이다. 최근 밀레니얼 세대에 대한 관심이 높다. 뭔가 다른 분위기의 젊은이들은 통제도 안 되고 열정도 없다고 보는 의견이 많다. 하지만 신입 사원들의 열정은 부족하지 않다고 한다. 회사가 주는 혜택이 많아질수록 그 혜택만 보고 입사하는 사람이 많아지고 대우가 좋아 들어왔을 뿐 자동차 자체에 별 관심이 없는 구성원이 늘어나면서 그들이 리더가 되는 현실은 암담하기만 하다. 그러나 그들이 열정이 없는 것은 아니고, 열정의 대상과 회사의 목표가 다를 수 있다는 것이다. 일할 수 있는 환경을 잘 만들어 주면 된다는 말이다. 도요타는 지금 이 작업을 하고 있다.

 좋아요! 도요타가 자동차를 매년 1000만 대씩 판매할 수 있던 전략이 어떻게 만들어졌는지를 이해할 수 있다.

 아쉬워요! 우리나라 자동차 기업들을 위한 대안 제시가 조금 부족해 보인다.

구글은 왜 사망한 직원 배우자에게 월급을 줄까?

구글의 미래
–디지털 시대 너머 그들이 꿈꾸는 세계
What Google Really Wants

한마디로 이 책은!

《구글의 미래》는 구글이 꿈꾸는 미래와 그 실현을 위해 진행 중인 연구와 사업, 전략을 이야기하는 책이다. 구글은 미래를 어떻게 예측하며 사업 전략을 세우고 있는지, 그 실현을 가능하게 하는 구글의 힘은 무엇인지 설명하면서, 나아가 우리가 미래를 위해 무엇을 준비해야 하는지까지 시사한다. 창업한 지 20년도 채 지나지 않아 우리 삶에 이토록 깊숙이 들어온 기업은 구글이 유일하다. 우리는 구글과 마주치지 않고는 단 하루도 살 수 없다. 한 달 평균 100억 개 이상의 질문이 검색창에 입력된다. 지메일은 전 세계에서 가장 많이 사용하는 이메일 서비스로 자리 잡았으며, 안드로이드는 가장 널리 쓰이는 스마트폰 운영 체계가 되었다. 이제 구글은 인터넷 검색 서비스 업체 이미지를 넘어 세계에서 가장 성공한 기업 중 하나이자 우리 삶에 가장 큰 영향력을 발휘하는 기업으로 인식되고 있다. 그러나 이것마저도 '구글'이라는 기업을 설명하기에는 턱없이 부족하다. 가까이에서 들여다본 구글은 훨씬 야망이 크고 스마트하다. 구글은 그들을 움직이는 프레임이 '문명과 인류 전체'임을 공공연하게 드러내 왔다. 세상을 바꾸겠다는 목표 말이다. 실제로도 구글이 움직이면 전 세계가 진동하고, 그것은 곧 미래가 되었다. 그러므로 우리는 묻지 않을 수 없다. 구글은 어디로 가는 것일까? 그것은 우리에게 어떤 의미일까?

저자 토마스 슐츠 독일을 대표하는 시사 주간지 〈슈피겔〉의 실리콘밸리 지사 편집장. 프랑크푸르트대에서 정치학을 전공했고, 전 세계 우수 인재를 선발하는 풀브라이트 장학 제도를 통해 마이애미대에서 커뮤니케이션학을 공부하고 하버드대에서 연구 활동을 했다. 2001년 〈슈피겔〉에서 기자 생활을 시작, 2008년부터 미국 특파원으로 활동하기 시작했다. 2012년 거점을 샌프란시스코로 옮겨 컴퓨터 공학과 생명 공학 기술을 비롯한 첨단 기술 발전과 디지털 혁명이 사회, 정치, 문화에 미치는 영향에 대한 취재 활동을 해 오고 있다. 최고의 르포와 보도에 수여하는 헨리난넨상, 최고의 전문 기자에게 주는 홀츠브링크상 경제 부문과 올해의 기자상을 수상하기도 했다.

토마스 슐츠 지음 | 이덕임 옮김 | 비즈니스북스 | 2016년 5월 | 376쪽 | 15,000원(이북 10,500원)

구글을 두려워하는 사람들

구글은 1998년 9월 7일 창업했다. 1998년 9월 7일 구글은 드디어 회사 등록을 마쳤고 두 사람은 버거킹에서 창업 축하 파티를 했다. 그리고 얼마 후 신생 기업에 어울리는 차고를 찾아 입주했다. 이 차고의 소유자는 인텔 경영진 중 한 사람인 수전 워치츠키였는데 몇 달 후 구글 최초의 직원이 된 그녀는 현재 유튜브 사장이 되었다.

20년도 채 지나지 않은 기업이 이처럼 우리 삶에 깊숙이 들어온 전례는 없다. 사람들은 구글에 대해 경탄과 존경, 분노와 불안 등 모순되는 감정을 동시에 가지고 있다. 구글이 19세기에 록펠러가 이룬 무자비한 석유 제국 스탠더드 오일과 다를 바 없는 기업으로 성장하고 있다고 지적하는 사람도 있다. 구글은 석유 대신 데이터와 정보를 독점하고 있다고 말한다. 한편에서는 구글이 전기 시대를 연 발명가 에디슨이 세운 제너럴 일렉트릭과 비슷한 행보를 보인다고 말하는 이들도 있다. 광범위한 복합 기업 제너럴 일렉트릭은 다른 기업과 달리 발명으로 개발한 제품들이 전 세계와 문명의 발전을 위해 쓰이도록 했다.

어떤 태도로 접근하든 기본적인 논점은 그대로 남는다. 세계를 바꾸는 것이 목표인 이 기업의 정체성은 대체 무엇인가? 갈수록 증가하는 정보 수집 활동과 과거에 보여준 구글의 느긋하고 거만해 보이는 태도는 이런 의심을 더욱 짙게 만든다. 그렇다고 우리가 두려움에 떨어야 하는 걸까? 구글이 온 힘을 다해 추구하는 가치가 다른 기업들은 절대 할 수 없는 미래를 발명하는 것이라면 오히려 박수를 쳐야 하는 게 아닐까? 사실 구글에 대한 공포는 실리콘밸리의 기업들이 지금까지 자신의 미래 비전을 일사천리로 실현해 온 것에서 비롯된 게 아닌가. 구글을 이해하는 것은 어쩌면 미래를 이해하는 것일지도 모른다.

구글이 알파벳으로 회사 구조를 바꾼 이유

구글의 조직 구조와 야망은 다른 기업들이 좀 더 대담하게 기술적 비전을 실현하도록 영감과 자극을 주는 모델이 아닐까? 2011년 1월, 한동안 회사를 떠나 있던 래리 페이지가 경영진으로 복귀했다. 그는 성공한 다른 기업들을 자세히 관찰하고 분석했다. 이들의 기업 구조는 어떠하고 어떤 과정을 거치며 어떤 문제점이 있는가? 페이지는 워런 버핏이 세운 다국적 지주회사 버크셔 해서웨이를 모델로 2015년 구조 조성을 단행했다. 핵심 사업인 검색 엔진과 유튜브, 구글 맵, 안드로이드를 다른 모든 조직에서 분리했다. 그리고 무인 자동차처럼 미래 가능성이 있지만 연구 개발이 집중적으로 필요한 프로젝트들은 구글X 아래 재편하고, 핵심 사업과 거리가 먼 주제를 다루는 여러 사업체 단위는 독립시켰다. 모든 기업을 커다란 우산 격인 지주 회사 알파벳 아래로 모았다는 것이 이 개편의 핵심이다. 페이지는 회사 이름을 '알파벳'으로 바꾼 이유를 다음과 같이 설명했다.

"알파벳은 인류의 중요한 혁신적 발명 중 하나인 동시에 구글 검색의 기본으로 그 나름대로 상징적 가치를 지닌다."

페이지는 구글이 큰 덩치에도 불구하고 유연성을 유지하도록 전력을 다하고 있는데, 독립적으로 운영하는 사업체 단위의 실험이 점점 증가하는 것은 이 때문이다. 그는 구글이 성공에 안주하다가 평범한 기업으로 전락한 다른 수많은 업체의 운명을 따르지 않도록 온갖 노력을 기울이고 있다.

....

> 당시 많은 과학자는 기계가 의미 있는 문장과 쓰레기 같은 문장을 구별하려면 복잡한 인공 지능이 필요하며 자동 온라인 검색 기능은 불가능하다고 믿었다. 그런데 스탠퍼드대 학생 2명이 그 해결책을 찾아낸 것이다.—54쪽

....

구글을 움직이는 10배의 철학

대부분의 기업은 10퍼센트 성장을 기록하면 만족한다. 하지만 구글은 10퍼센트가 아닌 10배 더 훌륭한 제품과 서비스를 만들라고 독려한다. 이것은 이미 구글의 세계관이자 비전이며 경영 접근 방식인 동시에 행동 가이드라인이다. 래리 페이지를 비롯한 구글의 많은 리더가 새로운 프로젝트를 개발할 때 소위 '제1원리'라는 사고 모델을 차용한다. 제1원리는 다른 추정에 바탕을 두지 않은 근본적인 추정 및 상태를 말한다. 물리학이나 다른 자연 과학에서는 경험적 자료가 아닌 가장 기본적인 과학 지식에 근거를 둔 정보를 제1원리라고 부른다. 제1원리 사고 모델을 구글과 실리콘밸리의 언어로 풀이하면, 모든 낡은 관습을 벗어던지고 문제를 새롭고 독립적인 방식으로 사고한다는 의미가 된다. 세르게이 브린과 래리 페이지가 기존의 검색 엔진이 아닌 완전히 새

로운 수학적 접근 방식으로 검색 엔진을 개발한 것처럼 말이다.

예를 들면 스마트폰이 더 쉽게 작동하도록 기존의 이메일 프로그램에 한두 가지를 보완하는 대신 제1원리를 바탕으로 휴대 전화 통신 방식을 어떻게 변화시킬지 새롭게 사고하고 그에 필요한 앱을 개발하는 게 더 낫다는 이야기다. 그러나 모든 프로젝트를 이 같은 방식으로 처리하자면 엄청난 노력이 필요하다. 페이지는 기본으로 돌아가는 것을 '자신의 직관을 따르지 않는 방식'으로 본다. 사업 결정을 내릴 때 직관은 도움을 주지만 기술에서는 그것이 '대부분 매우 나쁜 생각'에 불과하다는 입장이다.

"사람들에게 무인 자동차가 가능하겠느냐고 물어보면 대부분 '아니요'라고 말할 것입니다. 불가능한 일이라고 생각하기 때문이죠."

사실 이 질문에 답하려면 원리 속으로 깊이 들어가야 한다. 기술이 점점 더 정교해지고 있기 때문이다. 페이지는 "정보 기술의 미래를 예언하려면 자신이 그 이면의 물리학을 이해하고 있는지 자문해 봐야 하는데 아마도 대개는 완전히 이해하지 못할 겁니다"라고 말한다.

대부분의 기업체는 어떤 시점이 되면 주요 제품에 주력하고 이윤 창출에 몰두한다. 거친 아이디어를 내세우고 기존의 사업 모델 혹은 산업 구조를 공격하는 일은 아무것도 잃을 게 없는 젊은 사업가에게 어울린다. 이들은 관료 조직이나 내분이 없기 때문에 수천 명의 직원을 거느린 기업체보다 훨씬 더 빠르고 민첩하며 혁신적이다. 그런 의미에서 페이지는 구글이 항상 신생 기업의 심장을 유지하기를 바란다. 구글에서는 '공세적이고 효율적이며 실용적인'이라는 표현을 자주 사용한다.

구글이 사망한 직원 배우자에게 10년 동안 연봉을 주는 이유

지금은 많은 기업이 좀 더 과학적인 방법으로 최적화된 작업 환경을 개발하기 위해 노력하고 있다. 그러나 구글만큼 엄격하게 분석적인 방식을 적극 추구하는 기업은 드물다.

구글은 데이터에 기반을 둔 '인재 분석'을 위해 '사람과 혁신 연구소People & Innovation Lab'라는 내부 연구소를 설립했다. 이를 줄여서 피랩PiLab이라 부른다. 수십 명의 사회학자와 심리학자를 비롯해 여러 분야의 과학자로 이루어진 이 연구소에서는 인간 행동과 관련된 모든 분야의 연구 결과를 분석하고 인력 관리 계획을 수립한다. 어떻게 하면 결정에 대한 피로감을 예방할 수 있을까? 어떻게 하면 부서끼리의 마찰을 잘 막을 수 있을까?

연구소 직원들은 6개월마다 전 직원을 대상으로 '심리 프로파일'을 작성한다. 이를 통해 각 직원의 가치관·취미·취향 등을 파악하고 이들에게 적합한 작업 환경 등에 관한 정보를 제공한다. 또한 생산적인 작업 환경을 제공하는 가장 효율적인 접근 방식을 알아내기 위해 기업 내부를 대상으로 끊임없이 실험을 한다.

피랩을 이끄는 수석 부사장 라즐로 복은 이런 노력을 인간 행동에 대한 일종의 대규모 연구 프로젝트로 이해한다.

"언제 어디서든 통하는 유일한 방법은 직원에게 자유를 보장하는 것입니다. 이를 현실에 적용하자면 독자적으로 팀을 꾸리고 목표나 생산량을 스스로 설정하게 하는 것이죠."

구글은 상관의 일방적인 편애를 가능한 한 배제하고 직원들의 자율적 동기를 키우려 노력한다. 라즐로 복은 멕시코에 있는 2개의 나이키 공장을 예로 들어 그것을 설명했다. 한 공장은 자율적인 관리 체제 아래 하루 140장의 티셔츠를 생산하는 데 반해, 엄격한 규칙을 적용하는 다른 공장은 하루에 70장의 티셔츠를 생산한다는 것이다.

"자율적인 관리 체제에서 일하는 직원들은 더 높은 임금을 받지만 티셔츠 하나를 만드는 데 드는 비용이 더 적습니다. 높은 생산성에 따른 이익이 인력에 대한 비용보다 높기 때문이지요."

라즐로 복이 거듭해서 강조하는 또 다른 중요한 요소는 분명하게 설정한 거대한 목표다. 연구 결과는 직원들이 자신이 하는 일의 의미를 깊이 깨달을수록 더 많은 성취를 거두고 그 회사에 오래 머문다는 것을 보여 준다. 페이지와 그의 경영 팀이 새로운 야망과 더 큰 계획을 준비하고 발표하는 데 많은 시간을 보내는 이유가 여기에 있다.

사람과 혁신 연구소 직원들의 야심은 구글 내 다른 부서의 과학자나 공학자의 그것과 그리 다르지 않다. 10배 원칙은 컴퓨터 공학 분야뿐 아니라 인력 자원 담당 부서에도 마찬가지로 적용된다. 피랩의 연구원들은 2013년 구글의 작업 환경을 놓고 장기적인 연구에 돌입했다. 구글 DNA^{gDNA}라고 부르는 이 프로젝트는 생산성 극대화와 직원들의 만족도 증가 그리고 팀을 효율적으로 꾸리는 방법을 찾는 연구였다. 처음에는 4000여 명의 구글 직원을 대상으로 1년에 두 번 인생 전반과 직장 생활에 대해 광범위하게 조사했다. 라즐로 복은 이 연구가 전체적으로 100년 이상 이어지기를 바란다.

구글 DNA 프로젝트는 벌써부터 초기 성과를 내고 있다. 구글은 무엇보다 직원을 장기적으로 만족시키는 것은 매우 어렵다는 결론을 얻었다. 그런데 어떤 직원들의 만족도는 전혀 감소하지 않았는데 그 이유를 알아보니 그들은 회사에 감사하는 마음이 컸다. 이에 따라 구글의 인사 관리자들은 어떻게 하면 직원들이 회사에 감사하는 마음을 유지할 수 있을지 더 깊이 고심하고 있다. 이를 위한 정책 중 하나가 직원이 사망하면 그 배우자에게 10년 동안 연봉의 절반을 계속 지급하는 것이다. 구글이 이런 프로그램을 진행하는 이유는 순수하게 도덕적인 생각에서라기보다 그것이 '분명한 사업적 이익'을 안겨 주기 때문이다. 연구 결과 두뇌가 뛰어난 인재는 작업 환경에 만족하고 자신이 하는 일이 의미 없이 쳇바퀴를 돌리는 것이 아니라고 확신할 때 훨씬 더 높은 생산성을 보인다.

구글은 혁신 기업의 딜레마를 겪을까?

1997년 크리스텐슨은《혁신 기업의 딜레마》라는 책에서 기반이 탄탄한 기업들이 획기적인 혁신이라는 경쟁에서 뒤지는 이유를 다루었다. 그는 대기업의 내부 구조로는 우발적인 주요 기술 변화를 따라잡을 수 없다고 말한다. 기업의 구조는 늘 발생하는 문제를 해결하는 데 초점이 맞춰져 있기 때문이다.

실리콘밸리의 리더들은 계속해서 크리스텐슨의 이론에 집착하고 있다. 그가 변변찮고 아직 무른 산업체가 아니라 '소비자의 기호를 잘 파악해 새로운 기술에 공격적으로 투자하는 잘나가는 기업이지만 점점 시장 장악력을 잃어 가는 기업'을 분석했기 때문이다. 특히 크리스텐슨은 커다란 본체 컴퓨터에서 휴대용 저장 장치로 분화하며 세대 발전을 거친 하드디스크를 통해 자신의 논점을 설명한다. 10년이라는 발전 과정 중 기술 발전의 한 단계에서 다음 단계까지 살아남아 시장을 주도한 기업은 단 두 곳뿐이다. 그리고 한 단계의 붕괴는 거의 언제나 자동적으로 새로운 기업 등장이라는 결과를 낳는다.

크리스텐슨은 기술 산업의 역사에 등장하는 다양한 예를 통해 최고의 기업도 기존의 소비자에

게 집착하고 현재 필요로 하는 것만 충족시키려 한다고 지적한다. 5년 혹은 10년 후의 미래에 필요한 것을 내다보지 못한다는 이야기다. 이것이 혁신 기업의 딜레마다. 새로운 기술 발전은 현재의 소비자에게 도움이 되지 않아 초기에는 거의 주목받지 못한다.

파괴적인 발전 방향은 어떻게 해야 감지할 수 있을까? 거대한 기술 기업도 간혹 혁명적인 성공과 처절한 실패를 구분하지 못하지 않는가? 아직 존재하지도 않는 시장을 우리가 어떻게 분석할 수 있단 말인가? 구글에게는 앞으로 이것이 가장 중요한 이슈가 될 전망이다. 어떤 새로운 사업 영역을 계속 추구하고 또 어떤 부서를 해체할 것인가? 지금 개발하고 있는 새로운 기술은 파괴적인 것인가, 아니면 시기상조인가?

기본적으로 구글은 크리스텐슨이 《혁신 기업의 딜레마》에서 가장 확실한 방법이라고 제안한 접근 방식을 정확히 따라가고 있다. 기업의 다른 구조와 상관없이 독립적이고 완전히 새로운 아이디어에 기반을 둔 사업 영역, 독단적이지 않은 부서 조직을 통해 기존의 핵심 제품을 고려하지 않고 실수로부터 신속하게 교훈을 얻는 운영 방식이 그것이다. 구글엑스 프로젝트는 궁극적으로 이런 측면을 종합적으로 반영한 것이다.

 좋아요! 토마스 슐츠라는 〈슈피겔〉 편집장이 구글의 허락을 받고 종횡무진 취재하며 쓴 책.

 아쉬워요! 기대를 많이 한 책인데 사례들의 단순한 나열에 그쳤다. 토마스 슐츠의 날카로운 시각은 보이지 않는다.

Chapter 6

혁신은 5퍼센트의 분석과
95퍼센트의 실행으로 완성된다

성공하는 혁신은
이렇게 다르다

혁신의 설계자
-어떻게 하면 혁신을 거듭하는 조직을 만들 수 있는가
Collective Genius-The Art and Practice of Leading Innovation

한마디로 이 책은!

조직 행동 분야의 세계적 석학 린다 힐 하버드대 교수는 10여 년간 '혁신 리더십'에 관해 연구해 왔다. 혁신과 리더십에 관한 연구는 많지만, '혁신 리더십' 영역은 의외로 많이 연구되지 않았다. 일반적인 리더십 이론에서 강조하는 '이상적인 리더'와 혁신에 성공하는 리더의 모습은 많이 달랐다. 사람들이 말하는 '훌륭한 리더'들은 정작 혁신에 그다지 뛰어나지 않았다. 과연 어떤 리더가 혁신을 성공시키는가? 린다 힐 교수 연구 팀은 한 번 하기도 어려운 혁신을 몇 번씩 거듭하는 조직을 찾아 그들만의 독특한 조직 운영 방식을 연구했다. 미국 실리콘밸리에서부터 유럽, 아랍 에미리트, 인도, 한국 등 전 세계의 다양한 산업 부문을 훑어, 최종적으로 7개국에서 각기 다른 조직과 부서에서 일하는 리더 12명에 대한 심층 연구를 진행했다. 그리고 저자들이 각자 몸담은 조직에서 수천 명의 리더를 관찰하며 축적한 경험적 자료를 바탕으로 이론을 정립했다.

저자 린다 힐 하버드대 경영 대학원 교수. 조직 행동 분야의 세계적 석학. 하버드 경영 대학원이 주관하는 고위 관리자 훈련 프로그램을 다수 이끌고 있다.

그레그 브랜도 메이커미디어 사장. 픽사 수석 부사장, 넥스트 운영 책임자 등 실리콘밸리에 있는 다수 기업에서 고위 관리직을 거쳤다. MIT에서 전자 공학 학사 및 석사 학위를, 듀크대 경영 대학원에서 경영학 석사 학위를 받았다.

에밀리 트루러브 리더십, 혁신, 조직 변화 분야의 전문 연구자. 두바이 국제 디자인 포럼과 런던대 경영 대학원, MIT 경영 대학원 고위 경영자 과정의 교육을 담당했고, 〈하버드 비즈니스 리뷰〉와 〈비즈니스 스트래터지 리뷰〉 등 다수 매체에 논문을 발표했다.

켄트 라인백 경영 코치이자 집필가. 30년 가까이 민간, 공공, 비영리 기구, 정부 기관 등 다양한 조직에서 관리자로 일했다. 린다 힐과 함께 《보스의 탄생》, 《승려와 수수께끼》 등을 썼다. 〈하버드 비즈니스 리뷰〉, 〈유러피언 비즈니스 리뷰〉 등의 비즈니스 저널에 논문을 다수 게재했다.

린다 힐, 그레그 브랜도, 에밀리 트루러브, 켄트 라인백 지음 | 이은주 옮김 | 북스톤 | 2016년 3월 | 304쪽 | 16,000원

당신은 리더십을 가진 사람인가? 당신이 생각하는 리더의 모습은 어떤 것인가? 혹시 '비전 제시자'는 아니었는가? 지난 수십 년 동안 리더는 조직의 비전을 제시하고 이를 실현하도록 구성원을 이끌어 가는 사람이었다. 그런 리더의 모습은 어느 조직이든 반복적으로 겪는 문제의 해법으로 통했다. 구체적 목표, 세부 계획, 진행 보고서, 위계 구조, 절차, 정책 등 대부분 조직들은 수많은 관리 체계를 따랐다. 10년 전 파괴적 혁신이 등장했을 때에도 리더십은 이 체계에 의존하려 했다.

그런데 이런 리더는 혁신을 방해한다. 세부 계획이나 확실한 목적은 자유를 침해하고, 엄격한 위계질서, 시스템과 구조, 전문 지식이나 경험은 사고와 상상력을 방해한다. 혁신은 즉흥성과 자유로운 환경에서만 가능한 것이다.

픽사는 1995년 '토이 스토리'를 세상에 공개한 이후 20여 년 동안 열여덟 편의 디지털 애니메이션을 발표했다. 그동안 상업적으로 실패한 영화는 단 한 편도 없다. 지금의 픽사는 끊임없이 이어진 혁신의 결과물이다. 픽사가 제작한 영화 중 혁신이 아닌 작품은 없다. 이 모든 것이 창업자 존 래시터나 에드윈 캣멀, 스티브 잡스가 발휘한 영감의 결과물일까? 일반적 의미의 '혁신'으로는 이런 업적이 불가능하다. 픽사의 오늘은 한 사람의 천재가 아닌 수많은 인재가 많은 시간과 비용을 들여 노력한 결과물이다. 컴퓨터 애니메이션의 선구자이자 픽사의 공동 설립자인 캣멀은 이렇게 말했다.

"나는 지난 20년 동안 최초의 컴퓨터 애니메이션 영화를 만들겠다는 목표를 향해 매진했다. 그런데 '토이 스토리'의 완성과 함께 그 오랜 꿈이 실현되고 나자 목표를 잃은 상실감에 허탈한 기분이 들었다. 생각해 보니 나를 가장 흥분시킨 것은 그 영화를 만들었다는 사실보다는 그런 영화가 나올 수 있는 새로운 환경을 창조했다는 것이었다. 그런 마법을 창조하려면 수많은 인재가 참여하는 집단적 논의와 협업이 필수적이다. 나는 이런 집단 천재성 시스템을 근간으로 성숙한 조직을 만들고 싶었다. 이것이 내 새로운 목표가 됐다."

'토이 스토리'를 만드는 과정에서 캣멀은 혁신이 가능한 조직이나 환경을 만드는 데는 리더십의 역할이 필수적이라는 사실을 깨달았다. 혁신은 명령이나 강요로 완성되는 것이 아니다. 혁신은 자발적 속성을 지닌 활동이므로, 누군가 혁신을 가능케 할 수는 있어도 강제할 수는 없다. 유능한 인재만으로는 혁신이 불가능하다. 새로운 아이디어를 만들어 내는 것은 어려운 일이 아니다. 아이디어들을 문제 해결에 적용하는 것이 어렵다. 유능한 인재들의 협업을 이끌어 내기도 어렵다. 혁신은 '팀 스포츠'다. 다수의 노력이 모여 개인의 합 이상을 이루어 내려면 저마다의 특별한 역량을 발휘하게 하고 개별적 능력을 하나로 모아 집단 천재성을 만들어야 한다.

> 오늘날의 픽사는 창업 이후 끊임없이 이어진 혁신의 결과물이다.
> 픽사가 제작한 영화 중 혁신이 아닌 작품은 없다.
> 이 모든 것이 캣멀 혹은 스티브 잡스가 발휘한 영감의 결과물일까? 그렇다고 보기는 어렵다.
> 일반적 의미의 '혁신'으로는 이 놀라운 업적이 가능하지 않다.
> 픽사의 오늘은 한 사람의 천재가 아닌 수많은 인재가
> 많은 시간과 비용을 들여 노력한 결과물이다.—18쪽

진정한 혁신의 조건

저자들은 진정한 혁신의 성격을 세 가지로 정리한다. 첫 번째, 혁신은 천재 한 사람의 창의적 아이디어로 만들어지지 않는다. 두 번째, 혁신은 한 번에 완성되지 않는다. 일단 시도해 보고 실패에서 배우고 고쳐서 다시 시도해야 한다. 세 번째, 의견 충돌은 반드시 일어나며, 이를 최적의 방식으로 해결해야 한다.

혁신은 모순을 해결하는 과정이다. 또한 혁신은 개인의 능력을 최대한 발휘하도록 자유를 부여하면서도 집단 천재성의 형태로 활용하도록 규칙과 규범을 만들어야 한다. 성공적인 혁신에는 자유와 규칙 및 규범 같은 서로 모순돼 보이는 이 두 가지 기질이 모두 필요하다.

혁신을 위해서는 구성원들 간의 창의적 협업을 일으키는 충돌이 있어야 한다. 개인이 자유롭게 의견을 내놓기 위해서는 소속감과 안정감이 필요하다. 대립적인 관계에서는 아이디어를 만드는 욕구가 떨어지고 지지하는 관계에서는 아이디어를 내놓을 만한 자극이 없다. 결국 리더가 이런 문제를 조율해야 한다.

반면 충돌만 해서는 안 된다. 시행착오를 통해 성과를 내야만 한다. 쉽게 말해 조직은 성과를 내야 한다. 목표를 설정하고 실행 계획으로 목표를 달성해야 하는 것이다. 문제는 혁신을 만드는 즉흥성과 조직의 기본적인 체계와의 조율을 어떻게 하느냐이다.

목적과 가치—성공적인 혁신을 이끄는 2개의 엔진

혁신을 가능하게 하는 2개의 엔진이 있다. 하나는 목적이고, 다른 하나는 가치다. 혁신을 위해서는 공동의 목적을 가진 공동체를 만들어야 한다. 수많은 회사가 고객의 요구에 부응하겠다는 의지를 천명한다. 이것은 리더의 명령과 지시로 되는 것이 아니다. 문제의 본질은 '무엇을 하느냐'가 아니라, '왜 하느냐'다. 그래서 구성원들에게는 왜 하는지에 대한 충분한 납득이 필요하다. 필요하다면 조직의 피라미드 구조를 뒤집어야 할 때도 있다.

글로벌 IT 회사 HCL은 '직원 우선, 고객은 그다음'이라는 캐치프레이즈를 내세웠다. 고객 우선이라는 상식적인 가치를 뒤집어 버렸다. 고객과의 접점인 직원 지원 부서를 설치함으로써 조직의 피라미드 구조를 바꾸었다. 이 회사는 이 철학으로 대박을 냈다.

새로운 구조를 불편해하고 이탈하는 사람들도 있었을 것이다. 기존 체제를 송두리째 바꾸는 데 문제가 없을 수는 없고, 불만이 없을 수도 없다. 이런 문제는 리더의 리더십으로 해결해야 한다. 구성원들이 적당한 체계와 기회만 마련되면 집단 천재성을 발휘할 수 있다는 것을 리더가 알아야 한다. 이런 창의력을 이끌어 내는 것이야말로 리더의 역할이다. 리더 자신이 모든 것을 알 수도 없고, 할 수도 없다. '나를 따르라'고 외쳐도 구성원들은 따르지 않는다. 리더는 혁신을 만들어 내는 환경을 만들어야 한다.

또 하나의 엔진인 가치 역시 목적만큼 중요하다. 글로벌 디자인 그룹 펜타그램은 1970년대 세계적인 디자이너들이 각자의 자율과 독립을 포기하고 설립한 실험적인 기업이다. 펜타그램은 공동 사업체 형태로 평등과 관대함, 전원 합의체를 기본으로 운영된다. 실적과 관계없이 모든 파트너는 동일 수준의 급여와 인센티브를 받는다.

펜타그램 파트너들은 하나같이 업계 최고의 인재들이다. 뛰어난 사람들이 모이면 조직은 통제되지 않는다. 펜타그램이 40년째 잘 굴러가고 있다는 것은 기적에 가깝다. 그들은 무엇이 다른 걸까? 펜타그램에 속한 디자이너들은 글로벌 거대 기업들을 상대로 일을 해야 했고 고객의 문제에 대해 빠르게 대응할 수 있는 조직이 필요했다. 이런 공통의 필요성과 가치를 공유했기 때문에 승승장구할 수 있었다.

규칙과 창조적 마찰—혁신의 필수 조건

이 책에서는 혁신을 위한 구체적인 조건들을 제시한다. 먼저, 행동 규칙을 만들어야 한다. '혁신'과 '규칙'은 서로 어울리지 않는 조합처럼 느껴진다. 창의성과 즉흥성을 이끌어 내는 데 규칙이 왜 필요한가? 혁신가는 규칙 파괴자들 아닌가? 하지만 아무리 혁신적인 공동체라도 상호 작용과 공동 작업에 임하는 방식에 관한 기본적 규칙이나 규범은 있어야 한다. 예를 들어 서로 의견이 다를 때 그것을 표현하는 방식을 미리 정해 두면 불필요한 갈등을 막을 수 있다. 규칙은 목적과 가치를 실현하는 중요한 방법이다. 또 협업, 발견적 학습, 통합적 의사 결정 등의 혁신 과정을 실현하는 핵심 방안이기도 하다. 공동 목적과 공유 가치가 구성원을 하나로 묶어 결속력이 강한 공동체로 만들어 주는 '접착제'라면, 행동 규칙은 구성원 간의 상호 작용을 원활하게 해 주는 '윤활제'다.

펜타그램의 파트너인 그래픽 디자이너 키트 힌리치는 펜타그램의 규칙과 책임에 대해 이렇게 말했다.

"펜타그램의 일원이 되려면 반드시 지켜야 할 규칙이 있다. 이 조직의 일원이 된 이상 서로에게 책임이 있다."

펜타그램에는 합류, 탈퇴, 협업, 소득 공유 및 각자의 성과를 점검하는 방법 등 모든 파트너에게 적용되는 기본적 행동 규칙이 있다. 그 덕분에 지금껏 혁신적 공동체 모습을 유지해 올 수 있었다.

두 번째는 마찰을 즐겨야 한다. 구성원들을 끊임없이 마찰하게 해야 한다. 그러기 위해서는 인내가 필요하다. 인간은 가능한 한 문제를 단순화해 신속하게 해결하려는 속성을 가지고 있다. 긴급한 상황에서는 더 그렇다. 하지만 서두르지 말고, 더 이상 견딜 수 없는 상황까지 기다려야 한다. 혁신은 처음부터 완벽한 형태로 나타나는 것이 아니라 여러 단계를 거쳐 서서히 완성된다. 또한 서로 다른 의견과 관점, 정보 처리 방식 간의 충돌에서 비롯되는 경우가 대부분이다. 결정적인 아이디어를 찾아내려면 픽사처럼 조직 구성원들이 되도록 자유롭게 많은 아이디어를 낼 수 있도록 도출된 아이디어 하나하나에 귀 기울이는 환경이 조성되어야 한다. 에디슨이 입버릇처럼 한 말처럼 '가장 좋은 아이디어를 얻으려면 가능한 한 많은 아이디어를 생각해 내야' 한다.

단어 자체가 암시하듯 창조적 마찰 과정에는 토론, 아이디어에 대한 평가, 비평이 모두 포함돼 있다. 창조적 마찰에는 지지와 대립이 공존한다. 되도록 많은 아이디어가 나올 수 있도록 비판적 발언을 금지하고 오로지 지지만 가능한 브레인스토밍과는

다르다. 창조적 마찰이 목적, 가치, 행동 규칙에 기반을 둔 공동체에서만 작동하는 이유가 여기에 있다. 공동체의 목적을 실현할 가장 좋은 방법을 찾는 과정이라는 공감대가 있을 때에만 의견을 말하는 데 부담을 느끼지 않고 비판을 들어도 불쾌감을 갖지 않는다.

창조적 마찰은 의도적으로 촉진할 수 있고, 학습할 수 있으며, 훈련을 통해 향상시킬 수 있는 '기술'이다. 그리고 핵심 요소는 '다양성'과 '충돌'이다. 여기서 '다양성'이란 사람들이 각기 다르게 생각하는 것을 의미하고, '충돌'은 개별적 인간에 대한 것이 아니라 생각이나 접근법에 관한 '인지적 충돌'을 의미한다. 따라서 충돌은 승부를 가리는 것이 아닌, 학습과 개선에 목적을 둔다.

혁신은 반대되는 의견을 통합할 때 완성된다

혁신적 해결책을 찾은 사람들은 '순간적으로 떠올랐다'고 말한다. 하지만 이것은 진실이 아니다. 해결책은 한순간에 만들어지지 않는다. 창조적 민첩성으로 수많은 아이디어를 시도하고 배워야 한다. 여기에는 두 가지 모순이 있다. 학습과 발전도 중요하지만 결국 성과를 내야 한다는 점, 지나친 위계질서는 혁신을 억제하고 느슨한 체계는 혼란을 야기한다는 점이다. 두 가지 모순의 균형점을 찾는 것이 리더의 역할이다.

균형점을 찾는 것보다 더 어려운 일은 아이디어를 통합하는 것이다. 리더는 아이디어를 버릴지 말지를 선택하려 하면 안 된다. 다양한 대안을 다 염두에 둘 수 있고 또 그렇게 할 의지가 있어야 최상의 해결책을 얻을 수 있다. 이를 위해 혁신 리더는 통합적 의사 결정을 조장하는 행동 규칙, 공동체 의식, 공유 가치가 존재하는지 확인해야 한다.

다양한 대안이 공존할 수 있으려면 정반대되는 두 가지 의견을 동시에 품을 수 있어야 한다. 엄지와 나머지 손가락이 마주 봄으로써 도구를 사용할 수 있듯이, 대립되는 사고가 창의적 의사 결정을 가능케 한다. 책에서는 이를 '마주 보는 사고opposable mind' 라고 표현한다. 한 가지를 선택해야 한다는 강박에서 벗어나 두 가지를 통합해 이전보다 더 좋은 아이디어를 만들어 내는 것이다.

창의적 통합이 쉽지 않은 이유는 복잡한 문제를 풀어야 하는 극도의 긴장과 불안 상태에서 아이디어를 계속 검토하고 저울질하는 것이 버겁기 때문이다. 이런 상태에서 복잡한 것은 단순하고 분명한 것으로 손쉽게 대체된다. 각 대안은 따로따로 검토되고, 재빨리 지워진다. 혼란스러운 상황이 지속되면 리더가 나서서 분명하게 지시해 주기를 바란다. 리더가 선택을 미루고 모든 대안을 검토하라고 하면 구성원들은 '우리에겐 진정한 리더가 필요해' 라고 생각하며 반발한다.

대다수 리더가 이런 기대감에 자신을 가둬 버린다. 대단한 예측력과 통찰력을 바탕으로 과감하게 행동에 나설 준비가 돼 있는 전문가 역할에 더 큰 만족을 느낀다. 반면 통합적 의사 결정을 추구하는 리더에게는 승리의 전율이 없다. 통합적 의사 결정이 성공적 결과를 가져왔을 때에도 누구의 공인지 애매하니 개인적 영광이나 성취감도 기대할 수 없다. 어쩌면 혁신이 어려운 가장 큰 이유는 이 때문일지도 모른다.

 좋아요! 창발적 시스템의 근본이 무엇인지를 다시 보게 한다.

 아쉬워요! 스티브 잡스가 픽사 스튜디오를 만들었을 때와 폴크스바겐 그룹의 공간 디자인에 대한 건축가들의 설명이 더 필요해 보인다.

혁신은 5퍼센트의 분석과
95퍼센트의 실행으로 완성된다

혁신의 대가들
–전 세계 2000여 기업에서 뽑힌 21개 혁신 기업들의 비밀!
Masters of Innovation-Building the Perpetually Innovative Company

한마디로 이 책은!

글로벌 경영 컨설팅 업체 AT커니는 2003년부터 매년 전 세계 2000여 기업을 대상으로 가장 혁신적인 기업들의 사례를 조사했다. 우월한 혁신 관리 역량을 갖춘 기업만이 점점 더 치열해지는 경쟁 사회에서 오랫동안 살아남을 수 있다는 사실을 알고 있었기 때문이다. 그들은 그렇게 선정된 혁신 기업들에게 '최고 혁신 기업'이라는 명칭을 부여했다. 이 책은 그 내용을 더 많은 경영자 및 관리자와 공유하기 위해 만들어진 것이다. 지난 10년간 선정된 최고의 혁신 기업 사례들을 통해 혁신 관리 역량과 지속적인 수익 성장 사이에 밀접한 상관관계가 있다는 사실을 보여 주고, 이런 혁신이 학습하고 완성할 수 있는 프로세스임을 알려 준다.

저자 카이 엥겔 글로벌 경영 컨설팅 업체 AT커니의 파트너이자 유럽 지역 혁신 연구 부서장. 하노버대에서 기계 공학 박사 학위를, 브라운슈바이크대에서 경영학 학위를 받았다. 2003년 AT커니에서 최초로 최고 혁신 기업을 선정하고 최고 혁신 기업 클럽을 만들었다.

비올레카 딜레아 AT커니의 파트너이자 아메리카 지역 혁신 연구 부서장. 아메리칸대 국제 경영 대학원에서 국제 경영학 박사 학위를, 애리조나 주립대에서 경영학 박사 학위를 받았다.

스티븐 다이어 AT커니의 파트너이자 아시아·태평양 지역 혁신 연구 부서장. 브리검영대에서 기계 공학 석사 학위를, 미시간대에서 기계 공학 박사 학위와 MBA를 취득했다. 첨단 제조업 분야에서 20년 이상 컨설팅 경력을 쌓았다.

요헨 그라프 AT커니 경영 연구 부서의 수석 연구원. 네덜란드 로테르담 에라스뮈스대에서 경영학 학위를 받고, 해외 활동을 인정받아 런던 정경대에서 CEMS 학위를 받았다. AT커니가 해마다 각국에서 진행하는 최고 혁신 기업 선정 작업을 조율하는 역할도 담당한다.

카이 엥겔, 비올레카 딜레아, 스티븐 다이어, 요헨 그라프 지음 | 윤태경 옮김
비즈니스북스 | 2015년 12월 | 248쪽 | 14,000원(이북 9,800원)

혁신에 대한 개념을 바꾸다

오랜 시간 가장 혁신적이고 또 혁신 관리에 성공한 기업들을 관찰한 결과 흥미로운 사실이 발견되었다. 바로 탁월한 혁신 관리 역량과 지속적인 수익 성장 사이에 밀접한 상관관계가 존재한다는 것이었다. 최고 혁신 기업에 선정된 기업들은 하나같이 그 상관관계를 생생하게 증언하고 있었다. 또 모든 혁신 기업은 아이디어에서 출발해 그것을 시장에서 현실화했다는 공통점이 있었다. 혁신은 결국 실행이라는 것이다. 예컨대, 3M은 최근 5년간 출시한 제품의 매출 비율을 알려 주는 신제품 활력 지수라는 지표를 이용한다. 명칭만 놓고 본다면 회계 도구인 듯하지만, 이는 회계 도구가 아니다. 새로운 혁신 제품을 더 만들기 위한 분석에 불과하다는 것이다. 또한 혁신은 돈으로 만들 수 없다는 것도 밝혀졌다. 혁신 기업들을 살펴보면 연구 개발과 혁신 사이에는 의외로 상관관계가 없었다. 수익성은 그저 기업이 필요한 일을 적절히 해냈을 때 만들어지는 보상이라는 것이다.

....

앞으로도 세계는 계속해서 심한 변동성을 보일 가능성이 크다.
한마디로 불확실성이 표준이 될 전망이다. 불확실한 세계에서 기업이 비용 절감이나
아웃소싱만으로 성장하는 것은 불가능하다.—242쪽

....

최고 혁신 기업들의 몇 가지 공통점

혁신 기업을 조사하다 보면 그들에게 회사가 혁신 문화와 최적의 프로세스를 갖추고 있는지 묻게 된다. 그런 경우 대부분 '그렇다'고 답한다. 하지만 자세히 들여다보면 대부분은 그렇지 않다는 것을 알 수 있다. 기업들은 서로 비슷한 용어로 자신의 조직을 설명하는데, 이는 그만큼 다른 기업과 차별화되지 않았음을 의미한다. 혁신 기업들을 살펴보더라도 마찬가지다. 최고 혁신 기업과 다른 기업의 차이는 조직 디자인의 직접적인 결과가 아니라는 사실도 알 수 있다. 더불어 혁신 습관은 조직 디자인 자체의 결과물이 아니라는 사실도 알게 된다. 한마디로 혁신 기업의 구조는 기업 조직도로 나타낼 수 없는 것이다.

최고 혁신 기업에는 몇 가지 공통점이 있다. 첫 번째는 혁신 문화가 깊이 뿌리내려

그것이 기업 프로세스와 통합되어 있다는 점이다. 또한 늘 미래 지향적이면서도 변화에 정신이 팔려 시야가 좁아지는 우를 범하지 않는다. 롤프 홀랜더 체베 회장은 다음과 같이 설명한다.

"혁신의 성패를 가르는 요인의 5퍼센트는 분석이고, 나머지 95퍼센트는 신속하면서도 집중적인 실행입니다. 우리 회사가 보유한 자원은 비교적 제한적이기 때문에 수익성이 높은 성장 분야를 찾아 투자해야 합니다. 핵심 성장 분야에 집중하고 혁신 추구 분야를 정확히 규정할 필요가 있습니다."

혁신 기업의 문화는 조직 구성원이 공유하는 가치이자 그들의 행동 방식까지 지시하는 규범으로 정의할 수 있다. 문화는 조직 에너지의 흐름에 관한 무언의 합의인 동시에 조직 구성원이 일하는 방식에 관한 불문율 같은 것이다. 그런데 조직 구성원은 문화의 부정적인 측면을 잘 언급하지 않기 때문에 일그러진 문화가 조직을 파괴하고 혁신을 방해할 때가 많다. 반면 의식적으로 관리하고 적극적으로 지도한 문화는 지속적인 혁신의 토대가 된다.

우리 회사가 혁신을 하는 회사인지를 파악하는 방법은 간단하다. 임원들을 비롯한 최고 경영자가 혁신의 중요성을 말하지 못하거나 핵심 사업의 수익성만 보호하려 한다면 혁신과 거리가 먼 회사인 것이다.

두 번째 공통점은 협업이다. 한 세기 이상 혁신을 해 온 기업이 미래에도 계속 진화할 수 있을까? 이는 2012년 3M의 최고 경영자로 취임한 인게 툴린이 직면한 과제다. 3M에서 30년간 경력을 쌓은 그는 3M의 기업 문화에 정통한 인물로 CEO가 되자마자 '모든 경쟁사를 앞지르는 기술, 모든 집에 도움을 주는 제품, 모든 이의 삶을 개선하는 혁신'이라는 비전을 내놓았다. 협업은 3M이 혁신을 이루는 데 필수적인 요소라고 믿는 핵심 가치 중 하나다. 여기서 말하는 협업에는 3M과 고객 간의 협업은 물론 직원들 간의 협업도 포함된다. 이 협업의 목표는 혁신을 시장에서 응용하는 데 있다.

혁신 기업은 무엇을 알아야 하는가?

모든 것을 뒤바꾸는 거대한 아이디어를 뜻하는 '파괴적 혁신'이라는 말은 이제 진부한 문구가 됐다. 혁신 포트폴리오의 아이디어가 파괴적이어야 할 필요는 없다. 이제는 점진적 혁신도 혁신 포트폴리오에 들어갈 때가 된 것이다.

브라질의 전력 회사 코엘세는 좋은 사례다. 브라질 정부는 코엘세에 독점 사업권을 주었고 이 회사는 저개발 지역인 세아라 주에 전력을 공급했다. 사실 이곳에서는 오랫동안 혁신이 무의미해 보였다. 그런데 11년 전 세아라 주의 개발 가능성을 내다본 코엘세는 운전 비용을 절감하고 사고율을 낮추며 품질을 높이는 점진적 혁신 프로그램에 착수했다. 덕분에 코엘세는 2008년부터 2013년까지 5년간 304개의 혁신 아이디어로 이뤄진 포트폴리오를 개발했다. 이 회사가 점진적 혁신으로 만든 가치는 지금까지 1043만 달러로 추산된다.

파괴는 조직의 생애 주기에서 변혁의 순간에 해당된다. 이 격동의 시기에 해당 조직은 순식간에 일류 기업으로 부상하기도 하고 완전히 새로운 산업 부문에 진출하기도 한다. 그러나 점진적 혁신이 없으면 장기 수익성을 개선하지 못한다. 최고 혁신 기업들을 조사해 보면 조직 규모에 따라 급진적 혁신과 점진적 혁신에 집중하는 정도가 다르다는 것을 알 수 있다. 20인 이하 소기업 중 20퍼센트는 급진적 혁신을 목표로 삼는다. 하지만 100인 이상 기업 중에서는 이 비율이 14퍼센트뿐이었다. 경쟁적인 환경을 개선하고자 점진적 혁신을 꾀한다고 답한 기업의 비율은 20인 이하 소기업 중에서는 42퍼센트, 100인 이상 기업 중에서는 49퍼센트로 나왔다.

이는 이제 경쟁 환경이 완전히 달라졌음을 의미한다. 지금까지 혁신에 관한 많은 책이 마치 사회 격변과 기술 혁명만 기업 혁신 전략의 유일한 목표인 것처럼 파괴적 혁신에 초점을 맞췄다. 그러나 큰 것 한 방을 노리고 투자하는 기업은 성장하지 못한다. 성장은 고사하고 무너지지 않는 것만으로도 다행일 것이다.

중요한 포인트는 개방형 혁신을 추구해야 한다는 점이다. 최고 혁신 기업들의 혁신 프로세스에서는 각 대목마다 인상적인 협업을 습관적으로 실천하는 모습을 볼 수 있다. 그렇게 실천하는 이유는 당사자들이 잘 알고 있을 것이다. 최고 혁신 기업은 보유 자원의 한계를 알고 있기에 가장 잘할 수 있는 일에 집중한다. 썬 마이크로시스템즈의 공동 창업자 빌 조이는 유명한 말을 남겼다.

"당신이 누구든 가장 똑똑한 사람들은 대부분 당신 외의 사람들과 일하고 있다."

'조이의 법칙'으로 유명한 이 말의 속뜻은 다음과 같다. 직원들은 최적의 능력을 갖춘 사람과 함께 일하는 게 아니라 조직이 채용할 수 있는 사람과 일한다. 조직에 맞는 사람들을 채용하다 보면 가장 똑똑한 사람들은 제외된다. 똑똑한 사람은 외부에 다수 존재하고 그들은 경쟁자가 될 수 있다. 이것이 외부의 인재들과 협업하는 개방형 혁신이 필요한 이유다. 최고 혁신 기업들은 조직 외부에서 더 많은 상업적 기회를 찾아냈다고 말한다.

리더는 무엇을 해야 하는가?

우선 이상적인 최고 경영자에게는 실험과 탐구 성향이 있어야 하고 그것을 스스로 기업 전체로 전달해야 한다. 하지만 기업이 아이디어와 제품 혁신의 상업적 잠재력을 실현하려면 공정을 엄격히 관리해야 한다. 아이디어는 고객이 구매하기 전에는 혁신이 아니다. 그러므로 아이디어가 혁신으로 발전하는 과정을 누군가 적극 나서서 관리해야 한다. 이것은 전적으로 리더의 몫이다. 최고 경영자는 창의성을 갖추는 동시에 공정의 규율도 관리해야 한다. 창의성과 공정 관리를 반대 개념으로 생각하는 경우가 많지만 사실은 그렇지 않다.

리더와 관련해서 흥미로운 조사 결과가 있다. AT커니와 인디애나대 경영 대학원이 S&P 500 지수에 포함된 비금융 기업들을 조사한 결과, 1988년부터 2007년까지 20년 사이에 내부 승진만으로 최고 경영자를 선출한 기업이 외부 인사를 채용한 기업보다 더 나은 성과를 거뒀다. 자사 직원 중에서만 최고 경영자를 선출한 서른여섯 곳의 회사는 자산 수익률, 주가 상승률, 매출 증가율, 순이익 성장률, 주당 순이익 증가율, 시가 총액 등 다양한 지표에서 경쟁사들을 앞질렀다. 이것을 조사한 연구진은 너무 많은 기업의 이사회가 후임 최고 경영자 선정 과정에서 부적절한 선택을 한다는 결론을 내렸다. 우선 내부에서 임원 후보를 육성하는 데 주력하지 않고 스타 경영자를 찾아 나서는 기업이 굉장히 많았다. 더구나 외부에서 영입한 경영자에게 첫해부터 과도한 연봉을 주는 기업도 많았다. 외부에서 영입한 경영자는 내부 승진으로 발탁된 경영자보다 평균 65퍼센트나 높은 연봉을 받았다.

1988년부터 2007년까지 20년간 장기 실적을 살펴보면 최고 경영자를 외부에서 영입한 비금융 기업 중 내부 승진으로 발탁한 서른여섯 곳의 회사보다 더 나은 실적을 올린 기업은 단 한 곳도 없었다. 이는 혁신이란 내부의 시스템적 사고에서 만들어진다는 것을 의미하는 결과이기도 하다.

 좋아요! 혁신을 만드는 기업들이 어떻게 일하고 있는지에 대한 풍부한 사례.

 아쉬워요! 주제를 풀어내는 방식이 좀 무겁다. 성격 급한 독자들은 읽다가 포기할 수도 있다.

계획도 회의도 없이 17년 동안 플러스 성장을 거듭한 회사가 일하는 법

리워크
–지금까지 일한 방식은 틀렸다
Rework-Change the Way You Work Forever

한마디로 이 책은!

무조건 일을 많이 하면 성과가 날까? 이 책은 남들보다 더 많이 쉬고 조금 덜 일하면서 더 큰 성과를 내는 방법을 담고 있다. 사업을 시작하는 사람이라면 누구나 부딪히는 문제에 대해 경험에서 나온 실질적인 해법도 들려준다. 저자들은 웹 기반 소프트웨어 기업 베이스캠프 전신인 '37시그널스'를 창업하고 17년 동안 플러스 성장을 거듭하며 경험한 것을 회사 블로그에 솔직하게 올렸다. 도발적인 그들의 성공 법칙은 수많은 사람을 열광시켰다. 그중 가장 핵심적인 내용만 엮은 이 책은 이제까지 보지 못한 '일에 관한 모든 상식의 반격'이다. 두 저자는 '세상이 변했는데 왜 일하는 방식은 바꾸지 않는가?', '과거와 타인, 현실 세계로 무장한 전통적인 일의 개념을 버려라!', '모든 틀을 깨고 다시 시작하래'라고 말한다. 스타트업을 계획하고 있다면, 죽어라 일하는데 결과가 만족스럽지 않다면, 미래를 위해 무엇이라도 하고 싶은데 망설이고 있다면, 이 책에서 도움을 받을 수 있을 것이다.

저자 제이슨 프라이드 베이스캠프 공동 창업자이자 대표. 직원들에게 덜 일하고 푹 자고 세계 여행을 떠나라고 외치는 괴짜 CEO다. 웹 기반 소프트웨어 기업 37시그널스는 전 세계 수백만 명이 사용하는 제품을 다수 만들었다. 이 책의 두 저자가 경영에 관한 솔직한 생각을 연재하는 37시그널스 블로그는 하루 10만 명 이상이 구독하는 인기 블로그가 됐다. 이 블로그의 인기를 토대로 데이비드 하이네마이어 핸슨과 함께 《리모트》,《방어형 웹사이트 기획》,《실제로 보여줘》 등을 썼다.

데이비드 하이네마이어 핸슨 베이스캠프 공동 창업자이자 파트너. 37시그널스 제품 개발을 주도했다. 트위터, 훌루, 옐로우페이지를 비롯해 수천 개에 달하는 인기 웹 앱을 만든 프로그래밍 프레임워크인 '루비 온 레일즈' 개발자로도 유명하다. 2005년 OSCON 주관 베스트 해커로 뽑혔고, 2006년 졸트 어워드를 수상하기도 했다.

제이슨 프라이드, 데이비드 하이네마이어 핸슨 지음 | 정성묵 옮김
21세기북스 | 2016년 5월 | 288쪽 | 16,000원(이북 12,800원)

야근하지 마라, 회의하지 마라, 사업 계획 세우지 마라

모두가 불가능하다, 말도 안 된다고 하던 그 모든 혁신적인 아이디어를 현실화하고도 수천 만 달러의 순익을 내며 지난 17년 동안 꾸준히 플러스 성장을 이뤄 온 37시그널스와 그 후신인 베이스캠프의 성공은 제이슨 프라이드와 데이비드 하이네마이어 핸슨의 독특한 경영 철학이 있었기에 가능했다. 그들이 늘 강조하는 말이 있다.

"일할 때 일하고, 쉴 때 쉬고, 잠 좀 자라고!"

이처럼 두 사람은 일에 관한 전통적인 개념을 과감히 뒤집었다. 성공하고 싶고 성과를 높이고 싶다면 오히려 일을 '하지 말'라고 외친다. '야근하지 마라', '회의하지 마라', '고객에게 끌려다니지 마라', '중장기 사업 계획 세우느라 시간을 허비하지 마라', '외부 자금과 직원은 최후에 고려하라', '열심히만 하지 말고 제대로 일하라!'라고 말이다.

이와 같은 새로운 철학은 우리가 흔히 아는 '일의 법칙'과는 다르다. 하루 종일 회의에 시달리고, 야근도 모자라 일을 집에 싸 들고 가고, 사업 계획 세우느라 주말 반납을 당연하게 여기던 사람들에게 두 사람은 독설을 날린다. 그들은 무조건 많이 하고, 오래 하고, 복잡하고 어려워 보이는 것을 해야 성과가 난다고 생각하며 뿌듯해하는 사람들 생각이 잘못되었음을 조목조목 따지며, 똑똑하게 일하면서 진짜 성과를 내는 방법을 알려 준다.

37시그널스는 이제까지의 경영 서적들이 '해야 한다'고 주장한 모든 것을 뒤집었다. 그들은 고객을 분석해 제품을 개발하지 않고 자신들에게 필요한 상품을 만들었다. 크고 넓은 사무실을 마련하고 직원들을 불러들이는 대신 시카고의 작은 사무실에서 전 세계에 흩어져 있는 직원들과 원격으로 일했다. 출퇴근 시간을 맞춰 놓고 같은 시간에 집결하는 일도 없었다. 커뮤니케이션을 위해 필요한 최소한의 시간만 맞춰 놓고 나머지는 직원들이 각자의 장소에서 자신에게 가장 잘 맞는 시간대를 정해서 일했다. 보통의 회사들처럼 회의나 대면 대화를 통한 적극적 커뮤니케이션을 지양하고 이메일과 화상 미팅 같은 소극적 커뮤니케이션을 추구했다.

세상은 빛의 속도로 바뀌고 전 세계 각지에서 날마다 새로운 기술이 쏟아져 나오고 있다. 스마트폰, 태블릿 PC, 3D 프린터, AI 등 신기술은 비즈니스 업무 효율을 높여 10명이나 한 부서가 할 일을 한 사람이 해낼 수 있도록 만들었다. 그런데 왜 사람들은 여전히 일을 벌이고, 오래도록 사무실을 지키며 죽도록 일하려 들까? 저자들은 외친다.

"이제 그만하라! 덜 일하고 더 많은 성과를 거둬라."

'일'에 대한 기존 개념을 뒤집어라

성과를 '양'으로 승부하는 시대는 끝났다. 진짜 성과를 올리는 사람들은 '질'로 승부한다. 불필요한 계획이나 회의, 불필요한 이력·경력·학력을 버리고, 불필요한 걱정과 불필요한 자본을 끌어들이지 말아야 한다. 불필요한 완성도에 집착하느라 발전할 기회를 놓쳐서는 안 된다. 이제 우리가 아는 일에 대한 기존 개념을 완전히 분해해 재조립해야 한다.

그들의 생각은 고정 관념을 파괴하는 데서 시작된다. 보통 사람들은 참신한 아이디어를 내놓을 때 주위 사람들이 '현실에서는 불가능해'라고 말하는 것에 좌절하고 아무런 시도도 하지 않는다. 하지만 중요한 것은 실패하지 않는 것이 아니라 무엇을 해야 할까를 고민하는 것이다.

여기에는 중요한 원칙이 하나 있다. 계획을 세우지 말아야 한다는 것이다. 사업 계획이라는 말 자체가 어불성설이다. 추측이 아닌 계획은 위험한 습관이다. 또한 계획을 세우면 그것에 끌려다녀야 한다. 먼 미래까지 추측하고 애쓸 필요가 없는 것이다. 사실 장기적인 사업 계획을 세우는 것은 불가능하다. 시장 조건과 경쟁사, 고객, 경기 등 우리 힘으로 어쩔 수 없는 요인이 너무도 많기 때문이다. 사업 계획을 세우면 이런 요인을 통제할 수 있을 것 같지만, 착각일 뿐이다. 미래에 관해 생각하지 말라는 뜻은 아니다. 다가올 장애물을 어떻게 다룰지 고민하는 것은 매우 중요하다. 단지 장기 계획까지는 세우지 말라는 것이다. 애써 몇 쪽에 달하는 장기 계획서를 써 봐야 어차피 구

닥다리가 되어 서류함에 처박힐 게 뻔하다.

규모 있는 회사가 성공한다는 생각도 이제는 통하지 않는다. 일을 많이 해야 성공할 수 있다는 생각, 그리고 실패한 사람이 성공한다는 생각도 버려야 한다. 조사에 의하면 성공한 사람이 다시 성공할 확률이 높다. 우리는 새로운 상품과 서비스를 만들 때 시장 조사를 한다. 하지만 시장 조사는 필요 없다. 위대한 제품이나 서비스를 만들고 싶다면, 그저 자신이 사용하고 싶은 것을 만들면 된다. 회사를 운영하는 가치관은 중요하지만 공허한 사훈도 사실 필요 없다. 위대한 기업에는 위대한 가치관이 있다. 소신이 없으면 흔들리기 때문이다. 지켜지지 않을 공허한 사훈 대신 버팀목이 되어 줄 가치관이나 소신이 있으면 된다.

가장 중요한 것만 남기고 다 버려라

사람들은 일이 잘 풀리지 않을 때 더 많은 시간과 인력 및 자원을 투자하려 한다. 하지만 일이 잘 안 될 때는 줄여야 한다. 그리고 최신 트렌드와 기술을 찾지 말고 오래도록 변치 않는 가치를 찾아야 한다. 고객의 욕구는 늘 변하게 마련이다. 그 욕구에 항상 맞춘다는 것은 불가능한 일이다. 진정으로 변하지 않는 가치를 찾아야 한다.

일에 있어서 중요한 철학은 실제로 도움이 되는 일을 해야 한다는 것이다. 말 그대로 쓸데없는 것을 버려야 한다. 실제로 비즈니스 세계에서는 아무도 보지 않는 보고서, 도표, 사양 설명서 등 시간만 잡아먹는 문서가 많다. 이런 문서들은 만들기는 어려운데 만들어 놓고 나면 실제 쓰임새는 적다. 당신에게 실제로 필요한 것은 '왜 이 일을 하는가' 라는 질문이다.

회의는 독이라는 생각을 가져야 한다. 대부분 회사는 하루 종일 회의로 시간을 보내는 경우가 많다. 하지만 회의는 절대 길게 해서는 안 된다. 쓸데없이 시간을 낭비하지 말아야 한다.

한편 어떤 인재를 채용할 것인가는 매우 중요한 문제다. 인재 채용에 대한 정답은 인재를 포기해야 한다는 것이다. 많은 기업이 인재 사냥에 중독되어 있다. 하지만 학력과 학점으로 그들의 능력을 판가름할 수 없으며, 경력도 숫자에 불과하다는 사실을 인정해야 한다. 중요한 것은 '사람들을 어떻게 움직이게 하는가' 이다.

인재를 채용하려면 뛰어난 작가를 채용해야 한다. 기업에서 하는 모든 일, 즉 마케팅, 판매, 디자인, 프로그램 등 어떤 일에서든 글 쓰는 기술은 빛을 발한다. 글을 명쾌하게 쓴다는 것은 사고가 명료하다는 뜻인데, 조직에서는 이런 인재가 꼭 필요하다.

마지막으로, 기업 문화를 살펴보자. 좋은 기업 문화를 만들어야 한다는 것은 모두 알고 있지만, 조직의 강령과 선언, 규칙을 통해 만들어진 문화는 거추장스럽고 인간미가 없다. 인위적인 허식에 불과하다. 문화는 창출하는 것이 아니라 그냥 생기는 것이다. 단합 대회나 행사 등으로 문화가 만들어지지 않는다. 문화는 말이 아니라 행동이라는 점을 명심해야 한다.

 좋아요! 최근 경영에서 일어나는 현상들을 조목조목 파헤친다. 경영자들은 깜짝 놀랄 이야기가 많다.

 아쉬워요! 주제에 비해 이야기를 풀어 가는 방식이 좀 가볍다.

왜 좋은 영향력은 잘 퍼지지 않을까?

성공을 퍼트려라
-탁월한 인재를 만드는 확산의 경영
Scaling Up Excellence-Getting to More Without Settling for Less

한마디로 이 책은!

요즘에는 2~3명으로 시작한 기업이 2~3년 안에 수천 명 규모로 성장하는 경우가 심심찮게 일어난다. 규모가 커지면 글로벌 기업에 엄청난 금액으로 팔기도 하고, 투자를 받아 더 키우기도 한다. 그런데 독점적인 콘텐츠와 기술력으로 승승장구하던 기업이 어느 정도 성장한 후에는 성공을 감당하지 못하고 무너지는 경우도 비일비재하다. 그 원인은 무엇일까? 저자들은 왜 조직이 성장하면서 좋은 점을 전파하지 못할까, 또 어떻게 하면 소규모 조직에서 시작된 좋은 점을 널리 퍼트릴 수 있을까 하는 문제를 파고들었다. 좋은 것은 왜 퍼트리기가 어려울까? 그 이유는 무엇이고, 어떻게 그 문제를 해결할 수 있을까? 《성공을 퍼트려라》는 기업의 성공을 결정짓는 문제, 즉 어떻게 성공을 소수에서 다수로 퍼트려 조직을 성장시킬 수 있는가에 관해 다룬다. 평범한 사람을 핵심 인재로 키울 수 있고, 적은 것에 안주하지 않고 더 많은 것을 얻을 수 있다면, 불황에도 절대 실패하지 않는 성장을 이룰 수 있다. 이는 현재 기업과 조직이 성장하는 데 가장 중요한 열쇠다.

저자 로버트 서튼 하소 플래트너 디자인 연구소와 스탠퍼드대 기술 벤처 프로그램 공동 설립자다. 미시간대에서 조직 심리학 박사 학위를 받았다. '일, 기술, 조직 센터' 소장을 맡고 있으며, 1983년부터 스탠퍼드대 공과 대학 경영 과학 교수로 재직 중이다.

허기 라오 스탠퍼드대 경영 대학원 조직 행동학 교수. 혁신 프로그램 연구소 및 아시아-아메리카 기업가 리더십 센터 공동 소장이기도 하다. 기업 혁신에 대한 연구 및 이와 관련된 활동을 하고 있다.

로버트 서튼, 허기 라오 지음 | 김태훈 옮김 | 한국경제신문 | 2015년 9월 | 384쪽 | 17,000원(이북 13,600원)

왜 좋은 것을 퍼트리는 일은 어려울까?

누군가 탁월한 성과를 내고 어떤 조직에서 모범적인 사례가 발견될 때, 아니면 조직에서 참신함이나 탁월성이 사라지고 활력을 잃어 갈 때 리더들은 어떻게 좋은 가치를 널리 퍼트려 사람들에게 좋은 영향을 미칠 수 있을까를 고민한다.

이 책의 저자들은 2006년부터 스탠퍼드대에서 '고객 중심 혁신'이라는 일주일짜리 임원 교육 프로그램을 진행해 오고 있다. 이 프로그램은 고객의 요구를 파악하고 충족시키는 조직을 구축하는 방법을 교육하는 것이다. 그런데 많은 참가자가 조직에서 탁월한 팀이나 부서가 있는데 아무리 노력해도 그들의 좋은 점이 잘 퍼지지 않아 고민하고 있었다. 그 탁월성을 '더 많은' 직원과 '더 많은' 부문으로 퍼트리기만 하면 자연스럽게 '고객 중심 조직'을 구축할 수 있을 터였다. 모범을 퍼트리는 문제는 단지 고객 중심 조직을 구축하는 일에만 국한되는 것이 아니었다. 어떤 사안을 다루든 어느 시점이 되면 항상 가장 중요한 과제로 떠오르곤 했다.

저자들은 이를 규모의 확대와 탁월성의 확산, 마음가짐의 전파에 대한 문제라고 불렀다. 그리고 7년여에 걸친 연구 끝에 이 책을 썼다. 저자들은 직원들에게 며칠에 걸친 교육을 실시하거나 사기를 북돋우는 강연을 반복하는 것만으로는 탁월성이 퍼지지 않는다고 지적한다. 이 책에서 말하는 '탁월성'은 우수한 성과를 내는 신념이나 행동을 의미한다. 단지 로고와 모토를 널리 퍼트리는 것만으로는 직원과 고객이 생각하고 행동하고 느끼고 정보를 거르는 방식에 큰 영향을 끼칠 수 없다. 탁월성은 이를 추진하는 사람들이 옳은 것과 틀린 것, 주목할 것과 무시할 것이 무엇인지 공유할 때 제대로 퍼진다.

좋은 것을 널리 퍼트리는 데 성공한 페이스북의 부트 캠프

페이스북의 사례를 생각해 보자. 페이스북에서는 사람을 키우고 보살피는 일을 비공식적으로 진행했다. 초기에 마크 저커버그는 비좁은 사무실에서 직원들과 함께 부대꼈다. 그는 자신의 확신과 그에 따라 페이스북의 전략이 동력을 얻는 이유를 계속 이야기했다. 직원들은 저커버그가 신념을 따르는 모습을 가까이에서 지켜보며 함께 일했다. 그러다 회사가 너무 커져 그가 모든 직원에게 개인적으로 영향을 미치기가 어려워지자 보다 체계적인 수단이 필요해졌다. 그래서 탄생한 것이 '부트 캠프'다.

부트 캠프는 일종의 신입 사원 인큐베이터 시스템이다. 페이스북의 엔지니어나 제품 개발자들은 수차례에 걸친 면접을 통해 기술적 역량과 문화적 적합성을 평가받은 후 채용된다. 그러고도 6주 동안은 구체적인 직책 없이 부트 캠프 체제에서 생활한다. 부트 캠프는 인사 담당이 아니라 엔지니어들이 거의 전적으로 기획하고 이끈다. 그 기간에 관리자들은 신입 사원이 맡을 역할에 대해 감을 얻는다. 쉽게 말하면 페이스북은 신입 사원이 채용되는 단계에서 탁월성을 미리 확산시키는 것이다.

탁월성을 확산하는 전략 가운데 대표적인 두 가지가 복제와 적응이다. 예컨대 인앤아웃 버거와 시즈 캔디 각 매장에서는 제품 구성, 직원 유니폼, 교육, 절차 그리고 그 외 거의 모든 것이 충실하게 복제된다. 이것은 대부분의 프랜차이즈 매장에서 동일하게 일어난다. 이것을 복제 전략이라고 부른다.

....

리더와 동료들의 평가는 팀이 클수록 각 구성원의 성과가 나빠진다는 사실을 드러냈다. 큰 팀의 구성원들은 매우 많은 사회적 관계를 유지하고 매우 많은 사람과 조율해야 하는데, 그렇게 하기가 어렵기 때문에 서로를 덜 지원하고 덜 도와주었다.—133쪽

....

반대로 현지에 적응해야 하는 경우가 있다. 예를 들어 홈디포가 중국에서 실패한 이유는 고객 스스로 하는 미국식 접근법을 고객들을 위해 회사가 해 주는 중국식 문화로 바꾸지 못한 데 있다. 이케아가 중국에 매장을 열었을 때도 비슷한 문제에 직면했다. 이케아 가구는 조립하기 어렵기로 유명했으며, 제품들이 큰 편이어서 집으로 가져가기도 불편했다. 중국 사람들은 차를 가진 이가 드물었고, 갖고 있더라도 소형차가 대부분이었다. 이케아는 검증된 사업 전략을 유지하되 현지 문화에 맞지 않는 요소 일부를 새롭게 만들었다. 홈디포의 실패와 이케아의 성공을 비교해 보면 현지에 맞는 전략을 새로 짜는 접근법이 필수적이라는 것을 알 수 있다.

탁월성을 확산시키기 위해서는 신념이나 행동 등 무엇을 바꾸든 상관없다. 둘 중 어떤 경로가 최선인지를 놓고 오랫동안 논쟁이 이어져 왔다. 19세기 미국 작가인 에머슨은 '모든 행동의 조상은 생각'이라 말했고, 동시대 영국 총리이던 디즈레일리는 '생각은 행동의 자녀'라고 했다. 하지만 저자들은 이런 논쟁에 종지부를 찍었다. 확산 활동을 시작할 최선의 지점은 어디든 가능하다는 것이다. 중요한 것은 선순환 구조를 만드는 것이지, 신념이나 행동 중 어느 것을 먼저 바꾸든 상관없다고 말한다.

좋은 것을 널리 퍼트릴 때 주의해야 할 것들

탁월성을 확산할 때는 '인지 과부하'를 줄이는 데 주의를 기울여야 한다. '인지 부하'는 학습이나 과제 해결 과정에서의 인지적 요구량을 말한다. 처리해 낼 수 있는 정보의 양보다 처리해야 할 정보가 많으면 문제가 생기는데, 이를 '인지 과부하'라 한다. '더, 더, 더'를 외치는 성장은 부서나 기업을 큰 함정에 빠뜨릴 수 있다. 성장은 사람들을 낯설고 어렵고 힘든 상황으로 몰아넣는다. 이런 복잡함은 개인의 업무 능력을 훨씬 뛰어넘어, 잘못된 결정을 내리거나 의지를 무너뜨리기도 한다.

업무량이 증가해 인지 과부하가 일어나면 사람들은 최선의 목적을 무시하고 엉뚱한 일을 하며 산만해진다. 개개인의 성과뿐만 아니라 팀 전반적인 성과도 떨어진다. 사업 규모가 커지면서 직원이 늘어나면 1인당 업무량은 잠시 줄어들지 몰라도 다양한 부작용이 나타날 수 있다. 오피스디포의 경우 2010년 '미스터리 쇼퍼' 평가는 최고치였지만 매출은 떨어지는 기이한 일이 벌어졌다. 회장이 15개 주의 70개 상점을 직접 방문해 보니 점원과 매니저가 바닥 청소나 재고 정리 등의 업무에 집중한 나머지 고객 응대를 소홀히 하고 있었다. 미스터리 쇼퍼의 평가가 고객 입장과는 달랐던 것이다.

또 하나 주의할 점은 악은 선보다 강하다는 사실이다. 이는 일반적인 인간의 행동에도 적용된다. 나쁜 행동은 전염병처럼 빨리 퍼진다. 나쁜 행동은 책임감을 희석시키고, 결과적으로 조직의 성장에 악영향을 미친다. 파괴적인 생각과 행동을 제거하고 방지하는 것도 리더의 과제다.

뛰어난 능력보다 다양한 능력이 더 중요하다

뛰어난 인재에게는 더 많은 책임을 줄 수도 있다. 미국 15대 운송 회사인 한 항공사에서 혼자 비행기에 탑승하는 아홉 살 여자아이를 잃어버린 사건이 있었다. 마중 나오기로 한 업체에서 시간을 착각한 것이다. 이 항공사 직원 중 누구도 나서서 이 아이를 도와주지 않았다. 심지어 아이가 전화를 쓸 수 있느냐고 물어보았을 때도 거절했다. 결국 아이 엄마가 항공사 직원에게 부탁해 15분 만에 아이를 찾을 수 있었다. 항공사 직원 개개인은 모두 능력이 뛰어난 사람들이었지만 책임감이 부족했다. 성공하려면 건강한 책임감과 능력, 두 요소 모두 필수적이다. 어느 것도 덜 중요하지 않다.

넷플릭스는 업계 최고 수준의 직원을 뽑아 최고 수준의 급여를 주는 방식으로 뛰어난 성과를 유지한다. 하지만 대부분의 조직은 잠재력 있는 사람을 뽑아 교육시키는 데 집중한다. 일본 도시락 가게인 다마고야는 도쿄 직장인들에게 도시락을 배달한다. 매일 6만 개에서 7만 5000개의 도시락을 시간 맞춰 배달한다. 이 회사의 시장 조사는 도시락 배달부들이 담당하는데, 이들 대부분은 고등학교 중퇴생이거나 전과자였다. 이들은 자기 구역 고객들을 직접 만나 주문을 받는데, 제시간에 도시락을 배달하기 어려운 경우 주문을 받지 않았다. 도시락 용기도 직접 수거해서 남은 음식을 분석해 고객의 기호를 파악했다. 고등학교 중퇴인 다마고야 창립자는 도시락 배달부들에게 동기 부여를 하면서 책임감을 부여했다.

문제는 뛰어난 사람들에게 책임감을 부여하는 방법이다. 결국 모든 문제는 사람에게서 답을 찾아야 하지만, 새로운 인재를 채용한다고 해결되는 것은 아니다. 조직이

성장하려면 개개인의 탁월성을 파악해 이들의 전문적인 기술과 아이디어를 적절히 엮을 줄 알아야 한다. 그러면 한 사람 혹은 한 조직의 탁월성이 도미노처럼 연쇄 반응을 일으켜 다른 사람 혹은 다른 조직으로 유입된다. 앞에서 살펴본 대부분의 사례가 이런 연쇄 반응을 통해 이루어 낸 성공이다. 이런 연쇄 반응이 일어나려면 애초에 조직 안에 탁월성이 있어야 한다.

능력이 제한된 팀을 이끌 때는 필요한 능력에만 집중해 탁월성을 키우는 것이 더 좋은 결과를 낳기도 한다. HP 프린터 유통을 관리하던 한 협력 업체는 처음에 유통에 대한 전문적인 지식이 부족했다. 그러나 전문가들과 협업하면서 이 기업은 점차 유통에 대한 노하우를 얻었고 몇 년 뒤에는 HP 프린터 사업의 주요 파트너가 되었다. 이 기업은 전문 지식 습득에 집중해 성공을 거두었다.

중요한 것은 능력을 갖춘 사람의 숫자가 아니라 능력의 다양성이다. 다양한 능력을 갖춘 사람들로 팀을 꾸리면 더 빠른 성장을 일궈 낼 수 있다. 또 멀티플라이어를 고용해야 한다. 멀티플라이어는 다른 사람의 탁월성을 자극해 그의 능력을 극대화하도록 돕는 사람이다.

 좋아요! 조직을 어떻게 확장시킬 것인지를 제시해 주는 책이다. 경영자라면 읽어야 한다.

 아쉬워요! 최근 트렌드는 제대로 반영되어 있지 않다. 큰 조직에만 해당되는 이야기다.

혁신과 창의성에 대한 인문학의 날카로운 비판

우리는 무엇을 하는 회사인가

-철학과 인문학으로부터 업의 본질을 묻고 답하다

The Moment of Clarity-Using the Human Sciences to Solve Your Toughest Business Problems

한마디로 이 책은!

요즘처럼 기업들이 패닉 상태에 빠진 것은 유례를 찾기 힘들다. 분기 단위로 전략을 세우고 시장의 흐름을 면밀히 주시하지만 무엇으로 지속적인 경쟁력을 유지할 수 있을지 눈앞이 캄캄하다. 무엇보다 지금 상황이 어렵게 느껴지는 이유는 현상을 관찰하고 가설을 세우고 데이터를 검증해 솔루션을 만들어 내는 비용 중심, 효율화 중심의 경영이 그 약효를 잃어버렸기 때문이다. 뭔가 새로운 대안이 필요한데, 마땅치가 않다. 이에 대안으로 '인문 경제학'을 내세운 저작을 소개한다. '인간에 대한 깊은 이해'를 통해 오늘날 회사들이 무엇을 해야 하는지를 근본부터 다시 짚어 준다. 인텔, 아디다스, 삼성, 레고, 콜로플라스트 등 업계를 망라한 현장의 사례도 흥미진진하다. 무엇보다 유려한 필체로 철학과 인류학, 심리학 등 인문학의 세계를 넘나들며 경영의 해법을 탐구하는 것 자체가 읽는 재미를 배가시킨다.

저자 크리스티안 마두스베르그 레드 어소시에이츠 공동 창립자이자 핵심 컨설턴트. 특히 인문학적 접근법을 통해 미국 주요 기업들이 직면한 비즈니스 과제를 해결해 왔다. 코펜하겐과 런던에서 철학과 정치학을 공부했으며, 런던대에서 박사 학위를 취득했다.

미켈 B. 라스무센 레드 어소시에이츠 공동 창립자이자 혁신과 비즈니스 창의성 분야 전문가. 유럽의 여러 기업과 인문학을 통해 혁신적인 제품과 서비스를 창출하는 다양한 방법론을 모색했다. 네덜란드 마스트리흐트대에서 혁신 관리 석사 학위를, 덴마크 로스킬레대에서 경영학과 경제학 박사 학위를 받았다.

크리스티안 마두스베르그, 미켈 B. 라스무센 지음 | 박수철 옮김
타임비즈 | 2014년 8월 | 272쪽 | 16,000원(이북 11,200원)

지금의 경영학으로는 위기를 벗어날 수 없다

이 책은 혼란 속에 살고 있는 기업들 이야기로 시작된다.

"타임 워너 케이블의 한 임원은 최근 신규 가입자 수와 텔레비전을 한 대도 보유하지 않는 가구에 대한 통계 수치를 보고는 모골이 송연한 느낌을 받았다. 주변의 동료들은 그저 일시적인 수치 변화일 뿐이라고 말하지만 그는 속에서 욕지기가 올라오는 것 같은 느낌을 지울 수가 없다. 뭔가가 오고 있다는 것은 알겠다. 하지만 뭘 어떻게 해야 할지는 전혀 모르겠다."

아마도 거의 모든 기업의 상황이 이와 크게 다르지 않을 것이다. 모든 기업은 마치 안개 속에서 항해하는 배와 같을 것이다. 사람, 세상, 흐름, 미래를 읽는 데 한계를 느끼고 있다. 원가를 낮추고 비용을 줄이고 사양을 덧붙이고 신상품을 줄지어 선보이고 마케팅에 열을 올리며 열심히 달려왔는데, 이제는 그 어떤 것으로도 지속적인 승부수를 만들 수 없는 상황이다. 저자들은 이런 우리에게 답을 제시하고자 한다.

저자들은 이런 현상이 이미 1990년대 후반부터 감지되었다고 말한다. 기업들의 태도는 달라지지 않았으나 소비자들은 변화하고 있었다. 소비자들의 행동 양태가 달라지고 예측 가능한 패턴에서 벗어나기 시작했다. 그 당시는 인터넷이 활성화된 시기였고, 정보가 공유되기 시작한 시점이었다. 이런 변화에 적절하게 대응할 수 있는 시스템을 가진 기업은 없었다. 기업들은 위기에 몰리면 합리적으로 움직이기 위해 노력한다. 조금 더 숫자 위주로 경영을 하고 보수적으로 운영을 한다. 저자들은 여기에 문제가 있다고 말한다. 기업들이 가진 분석, 데이터, 로직은 나름대로 한계를 가지고 있는데, 이런 도구로는 위기를 돌파할 수 없다는 말이다.

경영학은 왜 한계에 부딪혔는가

경영학은 실증주의에서 출발했다. 보편적인 인간을 규정하고 인간이 합리적으로 행동할 것을 대전제로 한다. 이 대전제에 오류가 있다. 사람들은 합리적이지도 않고 충분한 정보를 바탕으로 의사 결정을 하지도 않는다. 우리가 마트에 가기 전 생각해 둔 상품을 정확하게 구매하고 돌아오는가를 떠올려 보면 명확히 알 수 있다. 눈에 보이는 유혹 때문에 예산 범위를 벗어나는 구매 행위를 하는 게 한두 번이 아니다. 옷을 사거나 자동차를 살 때도 마찬가지다. 그래서 기업들은 수많은 소비자 조사 행위를 하지만, 사람들은 자신들의 욕망만 드러낼 뿐 생각은 이야기하지 않는다.

또 기업들은 어제와 오늘, 그리고 내일의 상황이 크게 달라지지 않을 것이라고 가정해 버리곤 한다. 마케팅 활동으로 본다면 지난달에 이렇게 했으니, 다음 달에도 이렇게 하면 비슷한 결과가 나올 것이라고 생각해 버린다. 하지만 시장은 그렇게 움직이지 않는다. 그리고 기업들이 자기들이 정한 가설에 따라 모든 계획을 맞춰 버린다는 데에도 문제가 있다. 모든 생각은 오픈되어 있다고 주장하지만 실제로 일을 해 보면 그들은 오픈된 마인드를 가지고 있지 않다. 이런 문제들은 기업들이 태생적으로 지닌 논리의 한계라고 할 수 있다.

브레인스토밍은 빅아이디어를 얻는 툴이 아니다

기업들은 나름대로의 전략을 찾기 위해 노력한다. 창의적인 아이디어를 만들어 내기 위해 수많은 비용과 시간을 투자한다. 그러나 과연 그렇게 해서 얼마나 많은 성과가 있었는가? 이 책에는 창의적인 아이디어 구하기에 대한 맹렬한 질책이 담겨 있다. 창의적인 것은 유별나고 신기하고 낯선 것이라 생각하지만, 현실은 그렇지 않다. 기업들은 창의적인 활동을 위해 상자 밖에서 생각하기를 강요하지만, 상자 안과 밖은 규정되어 있지 않고 무작정 상자 밖에서 생각하기를 강요하다 보니 대부분의 아이디어는 쓸모없는 경우가 많다.

대표적인 아이디어 도출 방법인 브레인스토밍에 대해 저자들은 매우 비판적이다. 브레인스토밍은 1950년대 알렉스 오즈번에 의해 만들어진 생각을 만들어 내는 프로세스다. 브레인스토밍은 아주 협소한 문제의 해결을 위해 만들어진 것이다. 브레인스토밍이 효과를 발휘하는 것은 프로젝트 이름 정하기, 신상품 이름 정하기 등 작은 문제들에서다. 우리 회사가 앞으로 해야 할 신규 사업은 무엇일까 하는 거대한 문제들은 브레인스토밍으로 해결되는 것이 아니라는 말이다.

업무 공간이 창의적이면 창의적인 생각이 잘 날까?

창의적 아이디어 발굴에 관한 큰 오류 중 하나는 재미있는 작업 공간을 만들어 놓으면 좋은 아이디어가 발현될 것이라는 생각이다. 구글 같은 회사가 재미있는 공간에서 일을 하고 있으니 그렇게 해야 하는 것인가라는 생각은 해 볼 수 있다. 하지만 저자들은 그런 공간은 절대 아이디어를 만들어 내지 못한다고 말한다.

저자들은 비판적인 접근을 이어 간다. 기업들이 이 모든 어려움을 극복하기 위해 빅 데이터 전략, 스티브 잡스 인재 만들기 전략, 고객의 소리 듣기 전략 등 수많은 전략을 내놓고 있지만, 이는 지금 일어나고 있는 기업들의 고민을 해결해 줄 수 없을 것이라고 말한다. 그렇다면 과연 어떻게 하라는 것인가? 그것이 인문학을 공부해야 하는 출발점이다. 인문학에서만 답을 찾을 수 있고, 숫자나 합리적인 도구가 아닌 진정으로 사람을 이해할 수 있는 마음이 있어야 한다는 것이다.

이 책의 원제는 'The moment of clarity' 다. '명료함의 순간' 정도로 해석할 수 있다. '명료함의 순간'이라는 측면에서 본다면 쉽게 이해가 된다. 지금 기업들이 많이 힘들어 하는 이유는 고객을 이해하지 못하는 도구적 합리주의에 빠져 있기 때문인데, 도구적 합리주의를 벗어나 사람들을 이해하기 위한 노력을 할 때 고객을 진정으로 이해하는 순간을 만나게 된다는 것이다. 그때 비로소 우리는 무엇을 하는 회사인가를 알게 된다고 설명한다면, 한국어판 제목도 수긍이 된다.

저자들의 비판은 독하다. 기업이 도구적 합리주의에 빠져 있다는 점을 설명하는 부분에서 특히 그렇다. 현재 변화해 가는 고객 정서에 제대로 대응할 수 있는 회사는 전혀 없다고 단언할 정도다. 창의력에 대한 비판 역시 마찬가지다. 창의적인 아이디어를 만들기 위해 수많은 노력을 하고 있지만 대부분은 비난받을 것이라고 말한다. 이 책은 비판적인 지식들이 포진되어 있기는 하지만, 그 내용들이 눈에 거슬리지는 않는다.

 좋아요! 강한 메시지를 전달한다. 예컨대 브레인스토밍은 하지 말아야 한다는 식이다. 명쾌해서 좋다.

 아쉬워요! 컨설팅적 접근보다는 인문학적으로 풀었으면 어땠을까 하는 생각이 든다.

자포스는 왜 신규 입사자들에게 돈을 주면서 퇴직을 제안할까?

데이비드 버커스 경영의 이동
-지금까지 세상에 없던 성공의 방식

Under New Management-How Leading Organizations Are Upending Business as Usual

BEST BOOK 50

한마디로 이 책은!

차세대 경영 사상가로 주목받는 경영학 교수 데이비드 버커스는 《경영의 이동》을 통해 기존의 통상적 기업 운영 원칙들에 정면으로 도전한다. 그는 최신 연구 결과들을 바탕으로, 전통적 경영 방식 상당수가 근본적으로 잘못되었을 뿐만 아니라 오히려 생산성에 방해가 될 수도 있다는 사실을 지적한다. 요즘 최고의 기업들은 낡고 오래된 원칙들을 깨고, 그 자리에 새로운 원칙을 세워 나가고 있다. 예를 들어 이메일을 금지하거나 제한된 시간에만 사용하게 함으로써 생산성을 크게 높인 기업도 있고, 관리자 직급을 없애고 직원들이 스스로 자신을 관리하게 함으로써 극적인 동기 부여와 책임감 강화 효과를 거둔 기업도 있다.

저자 데이비드 버커스 미국 오클라호마 오럴로버츠대 경영학 교수다. 2015년 유럽의 권위 있는 경영지 〈싱커스 50〉에서 선정한 '차세대 경영 사상가', 미국의 개인 재정 정보 서비스 웹사이트인 '너드월넷NerdWallet'이 선정한 '40세 미만 최고 교수 40인'에 뽑혔다. 〈하버드 비즈니스 리뷰〉, 〈포브스〉, 〈패스트 컴퍼니〉, 〈잉크〉, 〈블룸버그 비즈니스 위크〉, 〈파이낸셜 타임스〉 등에 정기적으로 글을 기고하고 있다. 마이크로소프트, 구글, 스트라이커 등 조직 및 기업의 리더들에게 리더십과 혁신 그리고 전략에 관한 수많은 강연과 기조연설을 했다.

데이비드 버커스 지음 | 장진원 옮김 | 한국경제신문 | 2016년 9월 | 352쪽 | 15,000원(이북 12,000원)

기존의 경영 방식은 이제 바뀌어야 한다

경영학의 아버지로 불리는 프레더릭 테일러는 20세기 초반에 과학적 경영을 창시했다. 그는 과학적 관리론을 세상에 선포하고, 합리적이고 과학적인 관리를 통해 생산성을 올리는 데 주력하는 테일러리즘 관리 기법을 산업에 접목시켰다. 테일러의 과학적 관리 개념은 생산의 속도와 효율을 극적으로 증대시켰고 많은 회사가 성장하는 데 큰 도움이 됐다. 하지만 100년이 훌쩍 지난 지금까지도 그 경영 방식이 여전히 활용되고 있다는 것이 이상하지 않은가? 1950년대에 이미 테일러리즘이라는 전통적 경영 도구는 새로운 업무 환경에서 더 이상 효과를 내지 못하리라는 것이 명백해졌는데 말이다. 이제는 오늘날 가장 근본적이고 통상적으로 쓰이는 경영 개념의 일부를 재평가할 시점이다.

테일러 시대가 지난 뒤 대부분 기업에서 업무의 본질이 바뀌었다. 뛰어난 경영자들은 일찍이 이를 예견하고 변화를 이끌고 있다. 그들은 자신들의 회사를 혁신하고 있으며, 혁신 방법은 이 책에 나와 있는 것들 외에도 무수히 많다. 이런 아이디어들에 대해 이야기할 때마다 나는 종종 그런 '미래'가 이미 도래했으며, 다만 그것이 고르게 퍼지지 않았을 뿐이라고 말한다.

이메일이 생산성을 방해한다

현재 전 세계에서 매일 1000억 건이 넘는 이메일이 전송되고 있다. 직장인들은 업무 시간의 23퍼센트를 이메일을 쓰고 읽는 데 사용한다는 연구 결과가 있다. 사람들 대부분 이메일이 생산성을 높여 준다고 믿는데, 최근의 여러 연구를 보면 오히려 생산성을 방해한다고 한다. 최근 이메일을 금지하는 회사가 등장하고 있다. 프랑스 기술 회사 아토스는 이메일을 금지시켰고, 폴크스바겐은 정규 근무 시간 외에는 이메일을 서버에서 차단하고 있다. 독일 노동부와 프랑스의 기술 및 컨설팅 업계도 이에 동참하고 있다.

단지 이메일을 확인하는 시간만 줄이더라도 효과가 나타난다. 설문 조사 결과 이메일을 제한하자 스트레스를 덜 겪는 것으로 나타났다. 또한 이메일을 통제하면 덜 산만해지고 집중을 잘할 수 있다고 느꼈다. 스트레스가 낮아진 것은 사회적 유대감이나 수면의 질, 나아가 삶의 의미 같은 다른 부분에도 긍정적인 영향을 주었다. 흥미롭게도 스트레스를 낮추는 데 이메일 제한이 보여 준 효과는 천천히 숨 쉬기와 평온하게 상상하기처럼 일반적으로 행해지는 다양한 이완 훈련 효과에 버금갔다. 이메일을 제한하면 사람들은 행복한 곳에 있다고 느낄 뿐만 아니라 행복한 장소에 있는 것처럼 스트레스가 낮아졌다.

전통적으로 관리자의 업무는 계획, 조율, 명령, 통제, 보고, 평가를 포함했다.
하지만 이제는 전통적인 관리 체계를 버리고 직원들에게
관리 활동의 상당 부분을 맡기는 것이 득이 된다는 것을 알게 됐다.—279쪽

얻는 것보다 잃는 게 많은 실적 평가 제도

실적 평가를 폐기하는 회사들도 등장하고 있다. 업무 실적 관리 창시자는 프레더릭 테일러이고, 이를 보다 발전시킨 인물은 1930년대 엘턴 메이오다. 그러다 1950년 미국에서 업무 실적 평가법이 통과되었고, 잭 웰치가 이를 일반화했다.

사실 실적 평가는 누구나 좋아하지 않는다. 관리자들은 실적 평가를 위해 상당히 많은 시간을 투자해야 하는데, 기업 전체로 보면 이 시간은 엄청나다. 그동안 업무 실적 평가는 개인의 목표 성향과 성장에 자극제가 된다고 생각해 왔다. 하지만 연구 조사 결과 이는 사실과 다른 것으로 드러났다. 학습 목표 성향을 가진 사람들도 평가 과정에 불만을 느낀다는 것이다. 그러므로 실적 평가는 조직의 실적 향상에 도움이 되지 않으며, 시간만 잡아먹는 쓸모없는 제도라는 것이다.

그래서 평가 시스템을 바꾸는 회사가 등장하기 시작했다. 마이크로소프트도 상대 평가를 폐기했고, 대다수 기업이 현재의 실적 평가 시스템에 불만을 느끼는 것으로 보인다. 그럼에도 기존의 평가 체계를 통째로 버리고 실적 향상에 초점을 맞춘 새로운 평가 방법을 적용한 기업은 소수에 불과하다. 많은 경영자에게 연례 평가와 업무 실적 관리는 대단히 친숙한 개념이기 때문이다. 그러나 마이크로소프트, 모토로라, 익스피디아가 보여 주었듯이 번거로운 평가나 순위 매김 없이도 실적에 집중할 수 있

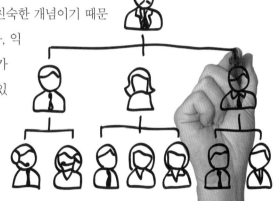

혁신은 5퍼센트의 분석과 95퍼센트의 실행으로 완성된다

다. 이 모든 회사의 경험 사례들은 실적 향상을 위한 최선의 길은 각 조직과 직원의 독특한 니즈를 충족시키는 시스템을 만드는 것임을 보여 준다. 이는 대부분의 기업에서 평가 시스템 자체를 평가하는 데서 시작된다.

조직도와 개방형 사무 공간의 변화

조직도와 관련해서도 새로운 혁신이 일고 있다. 즉 새로운 조직도가 필요하다는 것이다. 조직도는 1855년 철도 회사 뉴욕앤이리의 총감독 대니얼 매칼럼이 5000명의 직원을 효율적으로 관리하고 연락을 취하기 위해 만든 것이라고 알려져 있다. 그런데 이 조직도는 업무 속성이 변하지 않고 직원들이 매일 똑같은 작업을 한다는 전제 아래 만들어진 도구다. 인원은 몇 명이 필요한지, 감독은 몇 명인지 파악하기 위한 도구였다. 작업 환경이나 조건이 달라진 지금은 유연한 조직도가 필요해졌고, 이를 갖춘 기업들이 등장하고 있다. 조직도 없이 60년 동안 혁신을 만들고 있는 고어텍스나 자생적으로 조직도가 만들어지도록 한 아이데오 같은 회사들이 대표적이라 할 수 있다.

개방형 사무 공간과 관리자에 대한 생각을 바꾸는 회사들도 등장하고 있다. 개방형 사무 공간은 최근 경영 이슈에서 비교적 주목받던 것이다. 최근 미국의 사무실 70퍼센트가 개방형으로 만들어지고 있다는 것은 이와 같은 열풍을 짐작하게 한다. 개방형 사무실이 직원들 간의 협업과 소통을 강화하고 생산성을 높여 준다고 생각하기에 인기를 끌고 있는 것이다.

하지만 개방형 사무 공간에도 문제점이 있다. 개방형 구조는 직원들에게 부정적인 영향을 끼치는 것으로 조사되고 있다. 업무 환경에 대한 불만, 관계 악화, 업무 성과 저하를 느끼고 있다는 것이다. 청각적 프라이버시를 지킬 수 없다는 점이 가장 큰 문제이고, 질병 유발률이 높아져 더 많은 병가가 이뤄지기도 한다. 공간에 대한 해법은 자율성을 인정하는 관리자가 필요하다는 것으로 결론이 맺어진다. 개방형 사무 공간의 핵심은 자율성이라는 점을 다시 생각해 봐야 한다는 것이다. 관리자는 구성원들의 자율성을 인정해야 하는데, 사실 관리자가 자율성을 인정하기란 쉬운 일이 아니다.

입사하자마자 퇴직을 권유하는 자포스의 진짜 의도

자포스의 신규 입사자들은 기본 교육 기간에 회사를 그만두는 게 어떻겠느냐는 제안을 받는다. 그만두면 2000달러를 받는다. 2000달러는 회사에 남아서 받는 월급보다 많은 액수다. 이 제도는 한마디로 입사한 직원들에게 '돈이 좋으냐, 우리 문화 또는 회사가 더 좋으냐'고 묻는 것이다. 적합한 사람을 찾고자 하는 자포스의 노력인 셈이다.

이 제도는 어떻게 성공할 수 있었을까? 인간은 어떤 결정을 하고 나면 그 결정의 정당성을 강화하기 위해 기존의 생각을 바꾼다고 한다. 입사한 직원은 자신의 노력에 정당성을 부여해 싫더라도 계속 다니게 된다. 이런 현상을 심리학에서는 결정 후 인지 부조화라고 한다. 자포스에서 퇴사 보너스를 받아들이는 사람은 2~3퍼센트에 불과하다. 그런데 만약 그들이 회사에 들어와 일을 하게 된다면, 생산성이 떨어지고 횡령 및 실수 가능성이 높고, 동료에게 부정적인 영향을 주게 될 것이다. 그렇게 본다면 회사는 여전히 남는 장사를 하는 셈이다.

경쟁 금지 조항을 삭제하라

저자는 경쟁 금지 조항을 삭제하라고 조언한다. 경쟁 금지 조항은 회사를 떠날 경우 일정 기간 경쟁 회사로 옮기거나 경쟁 업체를 만들지 않겠다고 약속하는 것이다. 이 조항이 만들어진 것은 600여 년 전이다. 1414년 영국의 한 세탁업자가 직원들이 6개월 동안 경쟁하지 못하게 소송한 사건에서 유래했는데, 당시 사건은 기각되었지만 이 조항은 생존해 왔다. 그리고 현재 90퍼센트의 직장인이 경쟁 금지 조항에 서명한다.

직원들이 회사를 떠나 자유롭게 경쟁 회사로 갈 수 있다면 회사는 직원을 육성하는 데 시간과 돈을 투자할 이유가 없을 것이다. 따라서 경쟁 금지 조항은 모두에게 이익이라는 생각이 타당한 것처럼 보인다. 하지만 그것도 사실은 아니라고 한다. 경쟁 금지 조항이 존재하면 이해관계자들이 오히려 손해를 본다고 한다. 실리콘밸리가 성공한 것은 이 조항이 없기 때문이라는 점도 생각해 볼 필요가 있다. 회사도 마찬가지다. 이 조항을 삭제해야 더 발전할 수 있다.

 좋아요! 기업들이 현재 안고 있는 문제를 진단하고 그에 대한 해법을 제시한다. 고민하는 부분들을 찾아보는 용도로는 매우 좋은 책이다.

 아쉬워요! 세로로 긴 책 판형. 길쭉한 판형은 읽는 데는 불편하다.

일하는 공간이
일 잘하는 직원을 만든다

공간의 재발견
-나는 언제 최고의 능력을 발휘하는가

The Best Place to Work-The Art and Science of Creating an Extraordinary Workplace

한마디로 이 책은!

론 프리드먼은 산업 경제에서 지식 경제로 변화한 지금은 낡은 직장 모델 또한 바뀌어야 한다고 주장한다. 이 책에서는 효율성만 강조하던 과거에서 벗어나 지성과 창의성 그리고 대인 관계 기술을 활용하는 환경의 필요성을 설득력 있게 보여 준다. 내 안의 최고의 능력을 끌어내고 싶은 사람부터 시대를 통찰하고 조직을 성공적으로 이끌어야 할 리더까지, 한 사람의 탁월한 사고방식이 전체의 생산성을 좌우하는 시대에 꼭 필요한 조언들이 돋보인다.

저자 론 프리드먼 사회 심리학자. 경영 컨설팅 업체 '이그나이트80' 설립자. 로체스터대와 나사렛대, 호바트앤드윌리엄스미스대에서 인간의 행동 동기를 가르쳤다. 생산성. 창의성, 몰입력을 장려하는 과학적 연구 결과들을 기업 현장에 적용하기 위해 노력하고 있다. 기업의 채용부터 리더의 동기 부여, 오피스 공간 배치와 디자인까지 '가장 일하기 좋은 곳'을 만드는 컨설팅 활동을 하고 있다.

론 프리드먼 지음 | 정지현 옮김 | 토네이도 | 2015년 7월 | 368쪽 | 15,000원(이북 10,500원)

직장이 좋아야 돈을 더 잘 벌 수 있다

좋은 일터는 성공과 재미라는 두 마리 토끼를 잡을 수 있어야 한다. 지난 10년 동안 뇌 과학과 행동 과학은 효율적인 업무 조건에 대한 놀라운 정보들을 쏟아 냈다. 창의성이 증대되는 공간의 비밀, 직장 동료를 친구로 만들어 주는 비결, 어떤 직종의 일이든 의미를 찾게 해 주는 방법 등이 밝혀졌다. 또 생산성에 도움이 되도록 사무실을 꾸미고, 잠깐의 산책이 현명한 의사 결정을 도와주며, 실패를 인정하면 오히려 성공에 도움이 된다는 사실 등도 증명되었다. 하지만 이런 최신 연구 자료는 대학 도서관 책장에 처박혀 먼지만 쌓여 가는 형편이다.

미국의 종합 경제지 〈포천〉은 매년 '세계에서 가장 일하기 좋은 직장' 리스트를 발표한다. 이 리스트에 늘 이름을 올리는 구글, 페이스북, SAS, 웨그먼스 등은 직원들에게 아낌없이 투자한다는 공통점이 있다. 이들 기업은 세계 최고의 셰프를 채용한 레스토랑, 헬스 시설뿐만 아니라 요가, 스파, 마사지까지 함께 제공하는 웰니스 센터, 외국어 강의, 병원 진료 서비스 등을 두루 갖추면서 직원들의 편의를 보장한다. 직원이 행복해야 회사 수익이 올라간다는 것을 알고 있기 때문이다.

> 훌륭한 기업은 직원들을 편안하게 해 주는 데서 그치지 않는다.
> 사무실을 특별하게 만들어 주는 경험을 창조한다. 사무실 디자인은 기업의 우선순위를 전달하고
> 경영자의 유능함을 보여 주며 직원들의 참여를 높여 줄 수 있다.—84쪽

직원들이 업무에 열정을 보이고 시간과 노력을 투자할수록 기업이 성공한다는 사실은 다양한 지표가 증명한다. 연구에 따르면 행복한 직원일수록 생산성과 창의성이 뛰어나고 고객 서비스 업무도 훌륭히 해낸다. 직장을 그만두거나 아프다고 결근할 가능성도 낮다. 회사의 홍보 대사를 자처해 긍정적인 이미지를 전파하고 팀에 뛰어난 인재들을 끌어들인다. 세계에서 돈을 가장 많이 버는 기업들은 이 원리를 잘 이해하고 있다. 직원의 행복에 대한 투자는 절대로 손실을 초래하지 않으며 회사가 최고의 자리를 지킬 수 있도록 해 준다. 실제로 〈포천〉의 '세계에서 가장 일하기 좋은 직장'에 드는 기업들은 주가 지수 측면에서도 2배나 뛰어난 성과를 보인다.

이 모든 과학적 정보에도 불구하고 예산이 없어 편의 시설을 설치할 수 없는 회사라면 어떻게 해야 할까? 사내 웰니스 센터는커녕 대형 복사기 놓을 공간도 부족한 회사라면? 고급 레스토랑 대신 복도 끝에 놓인 커피 자판기가 전부라면?

론 프리드먼은 지난 10년간 발표된 뇌 과학과 행동 과학의 결과들을 비즈니스 현장에 접목해 효율적으로 일할 수 있는 방법을 소개한다. 오피스 디자인, 사내 인간관계와 조직 문화만 바꿔도 놀라운 결과를 얻을 수 있다.

최고의 일터로 꼽히는 회사들의 세 가지 공통점

론 프리드먼은 '전 세계 직장인의 80퍼센트가 대충 일한다'는 갤럽의 한 조사를 인용하면서, 현대의 직장이 적극적으로 힘차게 일하는 것이 불가능한 구조임을 강조한다. 더 나은 직장을 만들고, 직원들의 생산성과 창의성, 몰입력을 키워 주는 방법은 무수히 많이 소개되었는데 왜 아직 제대로 적용되지 않을까? 최고의 성과를 올리는 조직을 원한다면 다음 세 가지 요소를 고심해 봐야 한다.

최고의 경험을 디자인하라 상식과 달리 실패를 장려할수록 창의성과 수익이 증대된다. 모험과 도전을 꺼리지 않기 때문에 놀라운 기회를 포착하게 되는 것이다. 천장이 높고 전망이 확보되고 자연 친화적인 공간에서 일하면 심리적으로 안정되어 성취도가 올라가고, 초등학교 아이들처럼 자신의 사고와 행동에 한계를 두지 않아야 창의성이 증대되며, 퇴근한 뒤에는 업무로부터 완전히 단절되어야 오히려 업무 효과가 높아진다. 카지노 게임장에서처럼 행복감이 강화될 때 더 효율적으로 일하게 되고, 친구처럼 마음이 잘 맞고 사적인 생활을 공유할 수 있는 동료와 함께 일할 때 생산성이 증대된다. 즉 생산성, 창의성, 몰입력은 심리적 안정을 취할 수 있는 공간에서 자율적으로 모든 것을 시도해 볼 수 있는 조건이 마련될 때 가장 극대화된다.

개인의 공간을 허락하라 우리는 일터에서 최고의 능력을 어떻게 끌어내는가? 제조업이 주된 산업 분야일 때는 조직 관리와 통제가 생산성의 첫째 조건이었지만, 이제는 개인의 뛰어난 통찰이 업계 전반을 리드해 나갈 수 있다. 이런 조건에서는 강압적인 지시나 미시적 경영보다는 구성원들로 하여금 자율적으로 일하게 해야 생산성과 창의성이 증대된다. 인간은 영역 동물이기 때문에 개인화를 강화해 주면 스트레스가 줄고 자신감이 올라간다. 재택근무가 더 효과적인 경우가 많은 것도 이런 이유 때문이다.

직원들이 직접 인재를 구하게 하라 구글은 직원을 채용할 때 온라인 구직 사이트에 구인 광고를 내지 않는다. 지하철역에 수수께끼 같은 광고판을 걸어 두고 거기 적힌 문제를 직접 풀고 제 발로 찾아오는 인재들을 기다린다. 괴짜 구글은 괴짜 인재들이 필요하기 때문이다. 훌륭한 인재를 찾는 방법은 두 가지다. 구글처럼 후보들을 잘 선택하거나 후보들의 질을 개선하는 것이다. 후보들의 질을 개선하려면 조직 내 직원들을 헤드헌터로 만드는 것도 한 방법이다. 즉 직원들로 하여금 후보자를 추천하게 하는 것이다. 동료와의 유대감은 조직에 대한 충성심과 업무 몰입도로 곧장 연결된다. 따라서 직원들로 하여금 탁월한 인재를 추천하게 하려면 조직에 대한 자부심을 느끼게 하는 것이 최우선 과제다. 미래의 비전을 보여 주고 조직의 개성을 뚜렷이 드러내며 공익을 지향하는 조직의 정체성을 갖출 때 구성원들은 조직에 자발적으로 헌신하게 된다.

 좋아요! 우리가 일하는 공간이 어떻게 변해야 하는지를 이야기하고 있다.

 아쉬워요! 실제 공간에 대한 이야기는 많지 않다.

관리자를 없애라!
그래야 살아남는다

홀라크라시
-4차 산업혁명 시대, 스스로 진화하는 자율경영 시스템
Holacracy-The New Management System for a Rapidly Changing World

BEST BOOK 52

한마디로 이 책은!

최근 비즈니스 환경의 변화에 따라 조직원이 주도적으로 문제를 해결하는 창의적이고 유연한 경영 체계, 자율 경영 시스템이 새로운 대안으로 떠오르고 있다. 자포스를 비롯해 전 세계 1000여 개의 영리·비영리 조직이 선택한 '홀라크라시'는 주목받는 자율 경영 시스템이다. 《홀라크라시》는 전통적인 조직이 인간의 잠재력, 창의력을 충분히 끌어내지 못한다고 주장하면서 기업의 창의력, 역동성, 문제 해결 능력을 높이기 위해서는 관리자를 없애고 모든 구성원이 명확한 권한과 책임을 갖고 자율적으로 회사 운영에 참여해야 한다고 말한다. 이를 통해 소수의 손에 권한과 책임이 집중되고 사내 정치를 피할 수 없으며 조직의 피라미드 아래로 내려갈수록 동기 부여가 결여되는 전통적인 계층 구조를 근본적으로 혁신할 수 있다는 것이다.

저자 브라이언 로버트슨 홀라크라시 경영론의 창시자. 홀라크라시원 대표를 맡고 있다. 어린 시절 뛰어난 재능으로 과학 영재 학교에 들어갔으나 획일적인 교육 과정에 실망해 자퇴했고 독학으로 진학한 대학도 중퇴했다. 열여덟 살에 천재적인 프로그래머로 명성을 얻었다. 2001년 영웅적인 리더가 아니라 모든 구성원이 조직 발전의 원동력이 되어야 한다는 '홀라크라시 헌장'을 발표했다. 2007년 홀라크라시원이라는 회사를 세우고 전 세계에 홀라크라시 시스템을 소개하고 있다.

브라이언 로버트슨 지음 | 홍승현 옮김 | 흐름출판 | 2017년 5월 | 312쪽 | 16,000원(이북 12,800원)

세계적인 기업들이 채택한 완전히 새로운 경영 시스템

홀라크라시는 새로운 자율 경영 시스템이다. 저자 브라이언 로버트슨이 2001년 소프트웨어 회사에서 CEO로 있을 때 고안했고, 2007년 홀라크라시를 널리 알리기 위해 홀라크라시원을 설립하면서 세상에 알려졌다. 〈하버드 비즈니스 리뷰〉는 홀라크라시를 가장 널리 알려지고 가장 구체화된 자율 경영 시스템이라고 평가했다. 최근에는 모닝스타, 넷플릭스, 밸브, 고어텍스, 하이얼, 자포스 등 홀라크라시를 도입한 기업이 늘고 있다.

조직 구성원들이 주도적으로 문제를 해결하는 창의적이고 유연한 경영 체계를 뜻하는 자율 경영은 사실 새로운 개념이 아니다. 이미 경영 이론의 대가 피터 드러커와 프레데릭 라루가 기업의 창의성, 자율성, 문제 해결 능력을 극대화하는 방법으로 자율 경영의 필요성을 이야기했다. 형태는 조금씩 다르지만 구글, 토마토 가공 회사 모닝스타, 넷플릭스, 밸브, 파타고니아 등 세계적인 기업들이 자율 경영 플랫폼을 도입해 성과를 내고 있다.

IT와 자동화 생산 시스템으로 상징되는 3차 산업혁명 시대의 기업 경영은 예측과 통제 방식으로 이뤄졌다. 카리스마 넘치는 CEO와 전문 경영진이 계획을 수립하면 수직적인 조직이 일사불란하게 실행하는 경영 방식이었다. 관리의 삼성, 불도저 현대로 대표되는 방식으로 우리나라에서 가장 효과적인 경영 플랫폼으로 여겨졌다. 그러나 앞으로 세계 시장은 예측과 통제가 불가능할 만큼 기술 발전과 융합의 속도가 빨라지고 시장 환경이 역동적으로 변화할 것으로 예상된다. 안타깝게도 우리는 4차 산업혁명의 '기술'에 주목할 뿐 경영 플랫폼의 혁신에는 무감각하다.

자율 경영 시스템이 필요해진 이유

자율 경영 시스템, 즉 홀라크라시가 필요한 이유도 같은 맥락에서 찾아볼 수 있다. 전통적인 경영 방식으로는 빠르게 변화에 대처할 수 없기 때문이다. 따라서 이제는 조직의 플랫폼을 바꿔야만 한다. 홀라크라시는 프로세스로 움직인다. 우리 몸이 움직이는 시스템과 비슷하다. 인간의 몸은 몸 전체에 분산된 자율적이며 자기 조직화된 독립체들의 네트워크를 통해 효율적으로 작동한다. 그런데 만약 뇌가 모든 정보를 중앙 집중적으로 처리한다면 몸이 제대로 작동할 수 있을까? 예를 들어, 질병을 감지한 백혈구가 뇌에 정보를 보내고 항체 생성 과정을 공식적으로 승인받기 위해 기다려야 한다면 어떤 결과가 나타날까? 이런 방식이라면 몸이 제대로 기능하지 못할 것이다.

이처럼 홀라크라시는 구성원에게 권한을 분배하고 스스로 진화하는 능력을 갖춘 조직을 만드는 자율적인 프로세스다. 전통적인 피라미드식 관리 구조가 사람을 조직화한다면 홀라크라시는 업무를 조직화한다. 사람들에게 자신이 어떤 역할을 담당할지 스스로 조직화할 수 있는 자유가 부여된다. 전통적인 조직에 팀이 있다면 홀라크라시에는 서클이 있다. 서클은 사람들의 그룹이 아니라 역할들의 그룹이다. 예컨대 마케팅 서클이라 하면 소셜 미디어, 광고, 웹 마케팅, 브랜드 개발 등이 있다. 그리고 각각의 영역에서 역할이 많아진다면 그 역할은 다시 또 다른 서클로 분화된다. 수직적 계층 구조 아래에서 단일한 역할들로 조직화되는 대신 프리랜서처럼 조직의 이곳저곳을 탐색한 뒤 자신에게 맞는 역할을 찾는 것이다.

홀라크라시가 도입되면 구성원과 관리자의 역할도 변한다. 구성원들은 더 이상 상사의 명령을 따라야 하는 부하가 아니다. 권력과 권한만큼 책임 또한 커진다. 관리자들은 부담에서 해방되지만 자신의 가치를 새롭게 찾아야 한다. 홀라크라시는 구성원 각자가 자신을 관리하기 때문에 전통적인 관리자가 할 일은 없다.

조직의 권력은 홀라크라시 헌장으로부터 나온다

홀라크라시의 포괄적 규칙은 '홀라크라시 헌장'으로 정리되어 있다. 국가의 헌법과 같은 것이다. 전통적 리더의 권력은 홀라크라시 헌장의 규정대로 프로세스 자체로 이동한다. 홀라크라시는 리더에게서 권력을 빼앗는 것이 아니다. 조직의 상부에서 프로세스 자체로 권력을 이양하는 것이다. 홀라크라시에는 관리자와 독재자가 없다. 프로세스를 통해 권력이 배분되면 구성원들은 자율적이고 협력적으로 일할 수 있게 된다. 더불어 CEO들은 전통적인 구조에서 느끼는 부담을 갖지 않아도 된다. CEO들에게서 권력과 권한을 빼앗으면 거부감을 가질 것이라 생각할 수도 있지만 CEO들은 오히려 결정에 대한 스트레스를 더 부담스러워한다. 권한이 분배되는 데 대한 거부감을 가질 이유가 없다.

권력이나 권한 배정은 구성원 모두가 참여하는 거버넌스 회의를 통해 결정된다. 거버넌스는 조직에서 권력이나 권한을 배정하는 과정 또는 절차를 의미한다. 거버넌스 회의에서 결정하는 사안은 조직 업무 구조, 이에 따른 권한과 기대치다. 만약 누군가 거버넌스 회의를 통해 역할을 맡게 됐다면, 다른 영역을 침범하지 않는 한 자신의 목적, 책무 및 권한을 실천할 수 있다. 조직은 거버넌스 회의에서 정한 구조대로 움직인다. 그래서 거버넌스 회의 프로세스는 정교하게 짜여 있다. 여기에는 개시 단계, 공지 사항, 의제 형성, 통합 의사 결정 프로세스, 그리고 마무리가 있다.

거버넌스에서 정의한 구조에서 자신의 역할을 담당하고 업무를 수행하는 활동을 오퍼레이션이라고 한다. 이 활동은 누군가의 지시를 기다려야 한다거나 동의 또는 합의를 구할 필요가 없다. 다른 구성원들과 업무를 조정하는 일에만 집중하면 된다. 특이한 점은 홀라크라시에는 마감 시한이 없다는 사실이다. 개인의 권한과 책임을 강조하는 만큼 마감 시한 대신 자기 관리 책임을 강조한다. 따라서 자신의 업무를 정확히 파악하고 실천할 수 있는 업무 시스템을 만들어야 한다.

홀라크라시, 급진적인 실험이 아닌 성장을 위한 도전

《홀라크라시》의 주장은 명확하다. 기업의 창의력, 역동성, 문제 해결 능력을 높이기 위해서는 관리자를 없애야 한다는 것이다. 모든 구성원이 명확한 권한과 책임을 갖고 자율적으로 회사 운영에 참여하는 방식으로 탈바꿈할 것을 주장한다. 경영자가 독점하던 권한과 책임은 국가의 헌법에 해당하는 '홀라크라시 헌장'에 명문화된 규약에 이양하고, 모든 구성원은 이 규약이 명시한 규칙과 시스템에 의해 권한과 책임을 분배받아 조직을 운영하는 것이 홀라크라시의 핵심이다. 홀라크라시 헌장은 변화하는 환경에 맞춰 모든 구성원의 집단 지성을 활용해 수정, 보완, 진화된다.

먼 길을 날아가야 하는 철새들의 편대 비행을 떠올려 보자. 편대 비행을 하는 새에게는 일일이 간섭하는 지도자가 없다. 아주 단순한 규칙 몇 가지를 지키면서 상호 작용하는 것만으로 수만 킬로미터에 달하는 거리를 질서 정연하게 비행할 수 있다. 이는 기업이 구성원들의 자율적인 상호 작용을 통해서도 복잡한 일을 해낼 수 있다는 가능성을 보여 준다. 저자가 이 책에서 예로 든 것처럼, 우리가 사는 도시나 경제 시스템은 이미 독재자의 위압적인 명령 대신 각 구성원의 자율적 판단을 통해 운영되고 있다.

홀라크라시를 도입하면 어떤 변화가 찾아올까? 기업은 상명하복으로 움직이는 기계에서 벗어나 내외부의 변화에 상호 작용하면서도 독립적으로 활동하는 유기적인 개체로 진화한다. 또한 CEO와 관리자는 과중한 업무와 책임에서 벗어나 조직의 미래를 위해 창조적 에너지를 사용할 수 있다. 현장의 직원들은 실제적 권한을 갖고 업무를 능동적으로 처리할 수 있다.

중간 관리자를 모두 없애라는 홀라크라시의 주장이 다소 급진적으로 보일 수 있다. 내일 당장 회사의 위계 구조를 없애 버리고 직원들에게 권한을 나눠 주면 걷잡을 수 없는 무질서로 조직이 붕괴되지 않을까? 실제로 자율성을 내세우는 스타트업이 무질서와 혼란 속에 허우적거리다 무너지는 경우도 많다. 조정되지 않은 자율성이 무질서를 초래하고, 그 무질서를 해결하기 위해 끊임없이 회의가 이어지는 비효율적인 운영은 끔찍하다. 홀라크라시는 헌장에 모든 규약을 명심함으로써 이런 무질서를 방지한다.

자포스가 홀라크라시를 경영 시스템으로 채택하자 많은 주류 경영학계는 자포스의 실험이 실패로 돌아갈 것이라고 예측했다. 하지만 자포스의 과감한 도전은 큰 성공을 거두었다. 이후 다수의 선도적인 기업이 홀라크라시를 채택하고 있다. 변화하지 않으면 살아남을 수 없다는 것을 남들보다 먼저 알아챘기 때문이다.

 좋아요! 몇몇 책에서 언급되던 홀라크라시를 이해하기에 좋은 책이다.

 아쉬워요! 홀라크라시를 홍보하기 위해 만든 책은 아닐까? 조직 문화에 대한 보편적인 해법이 필요해 보인다.

쓸데없는 것은 버리고 중요한 것에만 집중하라

심플을 생각한다
シンプルに考える

한마디로 이 책은!

너무나 빠르게 격변하는 상황 속에서 기업들은 매일 생사를 건 싸움을 하고 있다. '이렇게 경영하면 성공한다'는 전략을 담은 비즈니스 서적을 좀 읽어본 독자라면 '빠른 속도', '브랜드 전략', '차별화', '사람' 등이 중요하다는 이야기에 익숙할 것이다. 그런데 여기 MBA를 취득하고 미국식 경영 방식을 모두 배웠음에도 기존의 상식과 완전히 다른 주장을 하는 사람이 있다. 모바일 메신저 '라인'을 일본 1위로 만든 모리카와 아키라 전 라인 주식회사 대표다. 그는 라인의 전략이 '어느 곳보다 빨리, 최고의 품질을 가진 상품을 내놓는' 것이라고 정의하면서 경쟁 업체와의 경쟁이나 팀 내 매출 경쟁을 모두 금지했

다. 고객들은 상품의 '차별점'에는 관심이 없고 어떤 '가치'가 있는지에만 관심이 있기 때문이다. 사람들이 줄 서는 식당은 경영 지표나 분석 결과를 연구하는 셰프보다 음식을 맛있게 만드는 셰프가 있는 곳이다.

저자 모리카와 아키라 영상 미디어 회사 'C채널 주식회사' 설립자. 2007년 한게임 재팬(현재 라인 주식회사) 대표로 취임해 일본 최대의 모바일 메신저 '라인'을 성공시킨 주역 중 한 사람이다. 쓰쿠바대를 졸업하고 니혼테레비와 소니를 거쳐 2004년 한게임 재팬에 입사했으며 2015년 회사를 떠났다. 아오야마 가쿠인대에서 경영학 석사 학위를 받았다.

모리카와 아키라 지음 | 김윤수 옮김 | 다산북스 | 2015년 11월 | 264쪽 | 14,000원(이북 9,800원)

오로지 고객이 원하는 것에 집중하라

기업이든 개인이든 성공하기 위해서는 할 일이 너무 많다. 경쟁 업체의 상품과 싸워야 하고, 매출이 떨어지지 않게 언제든 즉각적으로 대응해야 하며, 윗사람이 원하는 것은 무엇이든 완벽하게 수행해야 한다. 그러면서도 동료들과 원만하게 지내야 하고, 모든 회의에 참석해야 하며, 방대한 보고서도 막힘없이 척척 준비해야 한다. 그러나 라인에서는 정작 고객들은 그런 것들에 전혀 관심이 없다고 일침을 놓는다. 저자는 라인 사장으로 취임했을 때 한 가지를 결심했다.

"나이, 직장 경력, 직무와 상관없이 고객의 니즈에 부응할 수 있는 열정과 능력을 지닌 사람이 주도권을 잡는다. 그리고 품질 높은 상품을 가장 빨리 생산한다. 규칙은 이것 하나뿐이다."

이 결심을 이루기 위해 그는 여기에 알맞은 환경을 조성하는 데 방해가 되는 생각은 철저하게 배제했다. '높은 사람은 필요 없다', '동기 부여를 향상시키지 않는다' 등의 독특한 라인의 경영 방침은 오로지 '실질'만을 추구하기 위해 탄생됐다. 또 격변하는 시장 속에서는 몸이 가볍지 않으면 빠르게 대처하기가 쉽지 않다. 그가 세운 경영 방침의 주된 메시지는 오직 '고객'이 필요로 하는 '가치'를 전달하기 위해 온 힘을 쏟으라는 것이다.

일을 잘하는 사람들은 상사의 요구가 아니라 고객들이 원하는 것에서 1밀리미터도 벗어날까 두려워하는 사람들이고 이들이야말로 진정한 프로페셔널이다. 이들은 '고객들이 원하는 것은 무엇인가?'에 확신이 들 때까지 생각하고, 결론을 내리면 절대 타협하지 않는다. 작업 과정 중에는 여러 사람의 의견에 귀를 기울이며, 자신의 상품 이미지를 다듬어 발전시킨다. 하지만 그 과정에서 아니라고 생각하면서도 회사 분위기에 자신의 생각을 맞추는 모호한 행동은 하지 않는다. 회사에서 상사나 동료들에게 비판받는 것보다는 고객들의 니즈에서 벗어나는 것이 더 두렵기 때문이다. 이것이야말로 진정한 프로페셔널의 모습이다.

라인에서 경영은 관리가 아니다. 관리와 통제는 지난 100년 이상 기업 경영의 화두였지만, 그것은 오히려 혁신을 가로막았다. 관리의 고정 관념에서 빠져나와야 한다. 회사가 사원들의 활동을 일일이 관리하면 개개인의 강점을 살리지 못한다. 직원들을 관리하는 대신 그들이 가치를 창출할 수 있도록 자유를 줘야 한다. 엔지니어들 스스로가 보기에 '이거다!' 싶은 기술을 개발하면 다양한 부서와 그룹 계열사에 가서 프레젠테이션을 할 수 있다. 그렇게 의기투합해 상품화가 결정되면 본인이 직접 그 부서로 이동하거나 회사를 새로 세우기도 하면서 새로운 상품이나 서비스를 자유롭게 창출한다. 그 구조에는 '관리'가 없다. 우수한 사원들이 자유롭게 활동하고 공감을 바탕으로 서로 연대하는 훌륭한 생태계다. 이 생태계야말로 혁신의 근원이다.

'무엇이 본질인가?'를 철저하게 생각해야 한다. 그렇게 가장 소중한 것을 찾아내고 나머지는 모두 버린다. 심플하게 생각하지 않는다면 아무것도 해낼 수 없을 것이다.—7쪽

버려야 할 것과 지켜야 할 것

심플을 생각하는 자세에서는 버려야 할 것이 너무 많다. 우선 동기 부여를 버려야 한다. 흔히 부하 직원에게 동기를 부여하는 것이 상사의 중요한 역할이라고 말한다. 그러나 기업은 프로페셔널을 채용한다. 동기 부여를 향상시키기 위해 회사나 상사의 도움이 필요하다면 그 사람은 프로가 아니다. 오히려 그것이 상식인 양 말하는 것은 사회 전체가 점점 유치해지고 있다는 증거가 아닐까.

두 번째는 연공서열을 버려야 한다. '높은 사람'은 어떤 인물일까? 권한, 권력, 권위 등의 힘을 등에 업고 아랫사람을 움직이게 하는 인물이다. 하지만 본질적인 의미에서 그것은 리더십이 아니다. 부하 직원은 하는 수 없이 따르고 있기 때문이다. 그러면 팀의 능력을 끌어내지 못한다. 모두에게 변명거리만 제공할 뿐이다. '사장님이 그렇게 말씀하셔서', '임원 회의에서 그렇게 결정되어서' 같은 생각을 가지고는 프로답게 일할 수 없다.

세 번째는 비전을 버려야 한다. 사람들은 왜 비전을 추구할까? 누군가 미래에 대한 '전망'을 제시해 주기를 바라기 때문이다. '앞으로 어떻게 될지 모른다'는 불안감을 누군가 해결해 주었으면 한다. 회사에서 제시해 주는 비전으로 안심하고 싶은 것이다. 하지만 그것은 정말 위험하다. 왜냐하면 위기감을 잃게 되기 때문이다. 사람은 불안하기 때문에 예민해진다. 그래서 고객들의 변화에 민감하게 반응할 수 있고, 문제가 생

길 때 빨리 대응할 수 있다.

　네 번째는 차별화를 버려야 한다. 우리는 차별화를 생각할 때 타깃으로 하는 상품과 경쟁 기업을 먼저 본다. 거기에 고객들은 포함되지 않는다. 따라서 차별화를 추구할수록 고객들이 원하는 것에서 멀어진다. 고객들은 '차이'가 아니라 '가치'를 원한다. 자신에게 가치가 없으면 아무리 차이가 눈에 띄어도 돌아보지 않는다.

　하지만 버리지 말아야 할 것도 있다. 불안감은 버려서는 안 된다. 실제로 내일 무슨 일이 있을지 모르는 상황에서는 불안감을 지우려고 아무리 노력해도 지워지지 않는다. 그보다 '그게 현실이야', '그게 자연스러운 거야' 하고 받아들이는 자세가 중요하다. 왜냐하면 불안할수록 나름대로 앞날을 내다보려는 노력을 해서 어떤 변화가 감지될 때 재빨리 대응할 수 있게끔 준비를 하기 때문이다. 이것이 불안감이 갖는 효능이다. 오히려 막연하게 안정적인 것을 추구하는 것이 더 위험하다.

비즈니스 속도를 올리는 간단한 방법

고민이란 막연히 '이것도 중요하고, 저것도 중요하다'며 망설이는 것이다. 결국은 아무 결정도 내리지 못하고 행동으로 옮기지도 못한다. 모든 선택 사항 사이에서 갈팡질 팡하며 힘을 분산시킨다. 사람은 한 번에 한 가지 일밖에 못한다. 결과를 내려면 한 가지 일에 온 힘을 집중시켜야 한다. 고민하고 있을 시간이 없다는 말이다. 일도 마찬가지다. 고민하지 말고 자기가 좋아하는 일을 해야 한다. 좋아하는 일을 하는 사람들은 남들보다 완벽하게 해내고 자기 자신에 대한 욕구가 높기 때문에 스스로 학습하려고 한다. 또 고객의 마음을 진정 이해할 수 있기 때문에 소위 말하는 대박 상품을 만들어 낼 수 있다.

비즈니스 속도를 올리려면 어떻게 해야 할까? 간단하다. 쓸데없는 일을 그만두면 된다. 이것이 심플한 혁신의 방법이다. 모두 심플하게 하면 된다. 쓸데없는 회의, 쓸데없는 신청서, 시간이 걸리는 결재, 상사에게 하는 일과 보고……. '정말 필요할까?'라는 시점에서 검증하면 얼마든지 쓸데없는 규정을 찾을 수 있다. 그것들을 모두 제거하면 중요한 업무를 할 시간만 남는다. 당연히 속도는 최대치로 오른다.

 좋아요! 일본에서 일어나는 경영의 변화를 볼 수 있다. 도발적인 내용인데, 일단 쉽게 쓰여 있다.

 아쉬워요! 너무 쉽게 쓰여 있어서 자칫 진지함을 잃기 쉽다.

Chapter 7

큰 위기는 예상하지 못한 곳에서 터진다

너무 늦기 전에 위기를 포착하는 법 9권

모든 성공은 행운에 불과하다

행운에 속지 마라
–불확실한 시대에 살아남는 투자 생존법
Fooled by Randomness-The Hidden Role of Chance in Life and in the Markets

한마디로 이 책은!

나심 니콜라스 탈레브는 월 스트리트의 괴짜이자 현자로 통한다. 그는 전혀 예상치 못한 사건이 일어나는 현상을 말하는 '블랙 스완' 이론으로 세계적 스타가 됐다. 이후 이 이론을 탄생하게 만든 밑거름인 그의 초기작, 《행운에 속지 마라》가 더욱더 주목을 받고 있다. 혹자는 '이 책이야말로 단연코 탈레브의 대표작'이라고 말한다. 2016년 영국 브렉시트, 트럼프 미국 대통령 당선 등 시간이 지날수록 '불확실성'과 '운'에 대한 두려움은 커진다. 개인도, 회사도, 사회도 마찬가지다. 그만큼 21세기는 짐작할 수 없는 시대이기 때문이다. 이때 우리가 할 수 있는 것은 단 하나다. 어쩔 수 없는 '불운'이 갑자기 습격해 와도 괜찮을 수 있는 '위기관리'를 해야 한다는 것. 저자는 행운을 바라볼 때도 마찬가지의 관점을 갖는다. 로또 당첨, 주식 대박, 승진 등 갑자기 예상치 못한 행운이 와도 이를 자신의 실력으로 믿으면 안 된다는 것이다. 자칫 방심하는 순간, 불운의 탈을 쓴 검은 백조가 슬며시 다가와 당신을 습격할지도 모른다.

저자 나심 니콜라스 탈레브 1960년 레바논에서 태어나 미국 펜실베이니아대 경영 대학원에서 경영학 석사 학위를 받았고, 프랑스 파리 제9대학에서 금융 공학으로 박사 학위를 취득했다. 이후 월 스트리트에서 10여 년간 증권 분석가이자 투자 전문가로 일하며 파생 금융 상품을 주로 다루었다. 현재 탈레브는 '월 스트리트의 새로운 현자'로 불리며 독자적인 투자 회사를 운영하는 한편, 뉴욕대 폴리테크닉 연구소의 리스크 공학 특훈 교수로 재직하며 운, 불확실성, 가능성에 대한 연구와 실험을 독자적으로 진행하고 있다. 〈월 스트리트〉, 〈포천〉, 〈네이처〉 등 유수의 언론과 대니얼 카너먼, 말콤 글래드웰, 맷 리들리 등 세계적인 석학들까지 탈레브의 놀라운 통찰력과 거침없는 필치에 극찬을 아끼지 않았다. 영국 〈타임스〉는 그를 '세상에서 가장 유명한 사상가'로 꼽기도 했다. 저서로는 《블랙 스완》, 《안티프래질》 등이 있다.

나심 니콜라스 탈레브 지음 | 이건 옮김 | 중앙북스 | 2016년 12월 | 352쪽 | 18,000원

'우리는 미래를 예측할 수 없다.'

이 책이 전하고 싶은 가장 중요한 메시지다. 왜 우리는 미래를 예측할 수 없는지에 대한 설명이 필요할 것이다.

'어떤 사람이 성공하는가?'

쉽게 대답할 수 있을 것 같은 질문이다. 누구라도 끈기와 인내 등 전통적 가치와 사회적 통념을 따르면 성공할 수 있다고 생각한다. 하지만 성공하는 것은 그리 단순하지 않다. 때론 운이 필요하기도 때문이다. 운은 준비된 사람에게 유리하게 작용하지만, 반드시 성공을 보장하지는 않는다. 따라서 우리는 성공의 필요조건과 충분조건을 혼동하고 있는 것인지도 모른다.

우리는 인과 관계를 거꾸로 파악하기도 한다. 예컨대, 성공한 사람들은 똑똑하고 근면하며 인내심이 있다고 생각한다. 하지만 거꾸로 생각해 보자. 똑똑하고 근면하며 인내심이 있다고 해서 모두 성공하는가? 끈기 있고 근면한 사업가들 가운데 실패한 사람은 부지기수다.

미래를 예측하지 못하고 인과 관계를 잘 모른다고 해서 슬퍼할 일은 아니다. 전문가들도 미래를 예측하지 못하기 때문이다. 전문가들은 자신이 과거에 저지른 실패를 깨닫지 못한다. 사람들은 예측할 때마다 틀렸는데도 다음에는 정확하게 예측할 수 있다고 생각한다. 이 또한 전문가들의 생각이다.

> 누군가 과거에 뛰어난 실적을 올렸다면,
> 나는 그가 미래에도 뛰어난 실적을 올릴 가능성이 있음을 부인하지 않는다.
> 그러나 가능성은 너무도 미미해서 의사 결정에 아무 소용이 없을 정도다.—184쪽

무식하고 오류로 가득한 인간의 비극

인간을 바라보는 현대 사상은 두 가지로 나뉜다. 첫 번째는 인간은 이성적 존재라는 관점이다. 인간은 이성과 합리성을 믿으며 문화적 장애를 극복하고 더 나은 인류를 꿈꾼다. 그래서 명령만으로도 본성을 마음대로 통제하고 변경할 수 있다고 생각한다. 여기에는 유토피아 관점을 지닌 루소, 고드윈, 페인 등이 속한다. 규범 경제학자들이나

서점에서 쉽게 찾을 수 있는 자기 계발서들도 이런 철학의 부류라고 할 수 있다.

두 번째는 인간은 비극적 존재라는 관점이다. 인간이 생각하고 행동하는 방식에는 한계와 결함이 있다고 여기는 것이다. 모든 개인과 집단은 행동에 앞서 결함을 인정해야 한다는 철학이다. 여기에는 포퍼, 하이에크, 프리드먼, 스미스 등이 속한다.

이 책은 두 번째 철학에 바탕을 두고 있다. 인간은 결함을 가지고 있다는 전제에서 시작하는 것이다. 대부분의 사람은 행운도 실력이며 우연히 일어난 일에도 인과 관계가 있다고 믿는다. 또 신념을 위해 용기를 부리는 것이 아니라 운의 비중을 과소평가한 무모한 행동이 용기라고 여긴다.

우리가 모르고 있는 것은 무엇일까? 첫 번째는 대체 역사를 모른다는 것이다. 대체 역사는 '실제 역사가 다르게 전개되었다면 어떻게 되었을까?'라고 생각해 보는 것이다. 경우의 수가 일어나지 않고 잠재된 상태로 있던 상황이다. 대체 역사 개념은 철학, 물리학, 경제학에서도 사용되었는데, 이 기법을 경제학에서 단순화한 것이 '시나리오 분석'이다.

그런데 인간이 대체 역사를 모른다는 말은 도대체 무슨 뜻일까? 예컨대, 누군가

1000만 달러를 벌게 되면 대중은 겉으로 드러나는 재산만 볼 뿐 그가 어떻게 돈을 벌었는지 관심을 갖지 않는다. 그가 실패했을 경우, 즉 대체 역사를 생각하지 않는 것이다. 우리가 이렇게 생각하는 것은 어떻게 보면 당연한 일인지도 모른다. 현실은 다르기 때문이다. 현실에서는 희귀한 사건이 잘 일어나지 않는다. 과정을 보지 않기 때문에 위험을 간과하고 실패를 생각하지 않는다. 추상적인 위험을 경고해도 사람들은 고마워하지 않는다.

두 번째는 우리가 확률을 모른다는 것이다. 원칙적으로는 확률적인 사고방식이 바람직하다. 이는 실제로 일어날 수도 있던 일을 고려하고, 일어난 일에 대해 특정 관점을 유지하는 것이다. 하지만 인간은 그렇게 과학적이지 않다. 우리는 확률을 이해하려하지 않는다. 평범한 사람들은 수학적 진리를 거의 이해하지 못해서 위험과 확률 문제를 만나면 생각이나 감정에 따라 판단한다. 따라서 인간은 합리적 사고를 통해 위험 회피를 하기가 매우 어렵다. 이렇게 보면 기업과 금융 회사들의 위험 관리자는 사실 이상한 직책인 셈이다.

무엇이 우리를 오류로부터 구해 줄 것인가

우리가 그렇게 똑똑하지도 않고 오류가 많다면 어떻게 해야 할까? 역사에서 배우면 되지 않을까? 하지만 우리는 역사에서 배우지 못한다는 사실도 인정해야 한다. 이는 인간의 천성이다. 원래 역사는 감각을 높여 주고, 과거 사건을 고려하도록 해 주며, 다른 사람들의 사상을 활용하게 해 준다. 하지만 인간은 천성적으로 역사로부터 배우지 못한다. 특히 자신의 경험으로부터 배우지 못한다. 재미있는 것은 파산한 트레이더들의 특징이다. 이들은 늘 자신이 시장을 잘 파악하고 있으므로 불리한 사건을 피할 수 있다고 믿는다. '이번에는 다르다' 혹은 '우리 시장은 다르다'라고 말하기도 한다. 하지만 이들은 역사에서도 배우지 못하고 자신의 실수에서도 배우지 못한다.

우리는 역사를 제대로 파악하지도 못한다. 역사 결정론이라는 것이 있다. 역사가 주는 교훈을 무시하는 것을 의미한다. 예컨대, 1929년 주식 대폭락 사건을 알고 있다면 이런 사건이 반복되는 경우에도 역시 그 사실을 알 것이라 생각한다. 하지만 역사는 그렇게 쉽게 파악할 수 있는 것이 아니다.

단기적으로 보면 누구나 훌륭한 트레이더, 돈을 많이 버는 트레이더일 수 있다. 불

량한 트레이더도 단기적으로는 훌륭하다고 할 수 있다. 하지만 길게 본다면 그가 훌륭한지 아닌지 알 수 있다. 실력이 좋으면 결국 성공할 것이고 그렇지 않다면 결국 실패할 것이기 때문이다. 문제는 결국 운이다. 짧은 기간에 운이 좋다면 그는 훌륭한 사람으로 기억될 수도 있다. 하지만 표본 경로가 길어지면 결국 서로 비슷해진다. 이는 편차에 속지 않는 방법으로, 능력이 있는 사람은 불운을 겪더라도 다시 일어나게 된다는 사실을 증명해 줄 수 있다. 운 좋은 바보는 어느 시점에서 운의 덕을 보더라도 장기적으로는 불운한 바보가 될 것이다.

그렇다면 인간이 만든 계량 경제학은 문제를 해결할 수 있을까? 계량 경제학이라는 '과학'에서는 다양한 시점에 수집된 표본에 통계 기법을 적용한다. 경제적 변수, 데이터, 기타 문제에 대해 시계열 분석을 시행하고 정확한 답을 찾아내는 것이다. 하지만 계량 경제학에는 적지 않은 문제가 있다. 과거 역사를 동질적인 표본으로 간주하는 것이다. 한마디로 과거 표본 관찰로 미래에 대한 지식이 크게 늘었다고 보는 것이다. 1995년 노벨 경제학상을 받은 로버트 루커스는 과거의 정보가 미래 예측에 전혀 쓸모없다는 주장을 하기도 했다.

흔히 사람들은 정보가 문제를 해결할 수 있다고 믿지만, 그리 믿을 만한 상대는 아니다. 정보를 대할 때 소음과 의미를 구분하는 것이 쉽지 않기 때문이다. 예컨대, 다음 주 시장이 상승할 확률 70퍼센트, 하락할 확률 30퍼센트라고 가정해 보자. 그리고 만약 시장이 상승한다면 평균 1퍼센트, 하락한다면 평균 10퍼센트라고 가정하자. 당신은 낙관적인가, 비관적인가? 어떻게 해야 할까? 여전히 해결책은 찾아지지 않는다.

완벽한 사람도, 완벽한 이론도 없다는 것을 인정해야 할지 모른다. 인간은 귀납적인 존재라고 한다. 귀납법은 수많은 개별 사항으로부터 일반론을 도출하는 방법을 말하는데, 인간의 기억은 귀납적 추론을 수행하는 커다란 기계와 같다는 말이다. 하지만 추론의 함정은 조심해야만 한다. 데이터로부터 결론을 도출하는 전문가들이 더 빠르고 확실하게 함정에 빠진다. '누군가 지속적으로 좋은 실적을 올린다면, 순전히 우연은 아닐 거야. 실력이 있으니까 실적이 뛰어나겠지'라고 생각하는 것은 당연한 일이다. 하지만 진짜 검증할 수 있는 것일까?

수많은 사람이 성공하고 수많은 사람이 실패한다. 그런데 성공한 사람들 중 운이 좋았다고 믿는 사람은 많지 않다. 우리가 하는 일의 대부분에 운이 작용한다는 사실을 인정해야 함에도 불구하고 그들은 운을 믿지 않는다. 그만큼 인간은 제한적으로 합리적이다.

대니얼 카너먼과 아모스 트버스키는 지난 200년 동안 경제학적 사고에 가장 큰 영향을 미친 경제학자로 통한다. 대부분 경제학자들은 자신이 불확실성을 전혀 모른다는 사실조차 파악하지 못했다. 그러나 그들은 불확실한 상황 속에서 인간은 확률적 사고와 최적화된 행동을 하지 못한다는 사실을 입증했다. 그들의 말처럼 인간은 제한적으로 합리적이다. 인간의 두뇌는 작용할 때 항상 지름길을 찾아내곤 한다. 그리고 충족에 가까운 답을 얻으면 최적화를 중단한다. 확률적 사고를 못하지만 휴어리스틱에 빠지는 것이다. 현상이 일어나도 원인과 현실의 인과 관계를 모른다는 말이다.

 좋아요! 월 스트리트에서 가장 유명한 투자가이자 사상가의 깊이 있는 고민을 볼 수 있는 책.

 아쉬워요! 정리되지 않은 문장, 혹은 독백과 같은 글이 때로는 이해가 안 된다.

모든 위기에는
경고 신호가 있다

회색 코뿔소가 온다
-보이지 않는 위기를 포착하는 힘
The Gray Rhino-How to Recognize and Act on the Obvious Dangers We Ignore

한마디로 이 책은!

지금 세계는 빅데이터, 사물 인터넷 등 정보 통신 기술 융합으로 이루어지는 4차 산업혁명으로 엄청난 변화를 겪고 있다. 전문가들은 사회, 경제, 문화 등 모든 면에서 인류가 앞서 일어난 세 번의 산업혁명보다 더 큰 변화를 겪게 될 것이라고 경고하고 있다. 이는 세계 각 분야의 리더들이 새로운 기회와 위기를 빈번하게 맞이할 것을 의미한다. 우리는 이미 노키아, 야후 등 세계 굴지의 기업들이 변화를 제대로 알아차리지 못하거나 위기에 대응하지 못해 시장에서 사라지는 결과를 지켜봤다. 세계 최고의 위기관리 전문가인 미셸 부커는 이렇게 불확실한 상황에서 어떻게 위기를 발견하고 그것에 대응하느냐에 따라 그 결과가 판이하게 달라진다고 강조한다. 저자는 지난 수십 년 동안 세계에서 일어나는 사회적·경제적 사건을 분석하고 글로벌 리더들과의 심도 있는 인터뷰를 토대로, 엄청난 재앙을 초래할 수 있는 위기를 사전에 인지하고 그것에 전략적으로 대응할 수 있는 방법을 고안해 냈다.

저자 미셸 부커 금융 전문지 〈인터내셔널 파이낸싱 리뷰〉의 라틴 아메리카 지국장이자 세계적인 싱크탱크 세계 정책 연구소 창립자. 〈뉴욕 타임스〉, 〈CNN〉, 〈워싱턴 포스트〉, 〈월 스트리트 저널〉과 글로벌 인재 포럼, 다보스 포럼 등 여러 국제 포럼에서 사회·정치를 넘나들며 다양한 이슈를 논하는 필자로도 유명하다. 2009년 세계 경제 포럼에서 선정하는 '젊은 글로벌 리더'로 뽑히기도 했다. 지은 책으로는 《폐쇄 정책》과 《수탉들은 왜 싸우는가?》 등이 있다.

미셸 부커 지음 | 이주만 옮김 | 비즈니스북스 | 2016년 9월 | 440쪽 | 18,000원(이북 12,600원)

왜 우리는 위험 신호를 보지 못하는가?

'회색 코뿔소'는 일어날 확률이 크고, 그 충격이 엄청난 위험 또는 위기 신호를 상징한다. 중량 2톤의 거대한 코뿔소가 우리 쪽으로 돌진하려 한다면 우리는 마땅히 그 존재를 알아차려야 한다. 사촌 격인 '방 안의 코끼리(누구나 알면서도 못 본 체하는 껄끄러운 문제)'와 마찬가지로 회색 코뿔소는 그 덩치 때문에라도 알아볼 수밖에 없는 존재다. 그런데 거대한 코뿔소처럼 문제가 너무나 극명해서 모두가 주목한다는 사실 때문에 문제에 잘못 대처하는 경우도 있다. 사람들은 문제를 문제로 인정하려 들지 않는다. 그 결과 미연에 방지할 수도 있는 엄청난 위기를 예방하는 데 실패하기도 한다. 국가 정상이나 기업과 조직의 최고 수장이라 해도 예기치 못한 위기 상황에 처하면 보통 사람과 마찬가지로 신속하게 대응하지 못하고 미흡한 모습을 보일 때가 많다. 특히 다가오는 위험 요인을 미리 파악하고 적시에 대응해야 할 리더들이 이에 취약하다는 사실은 그에 따른 결과를 고려할 때 함의하는 바가 무척 크다.

이 책의 저자는 우리 주변에서 일어나는 대다수 사건 사고가 어느 날 갑자기 무작위로 발생하는 것이 아니라 사전에 일련의 경고 신호를 끊임없이 보낸다는 점을 밝혀내며, 이를 '회색 코뿔소'라고 정의 내렸다.

2008년 금융 위기 이후 예측이 불가능하며 엄청난 충격을 동반하는 사건을 뜻하는 블랙 스완이 인간의 예측 능력을 벗어난 위기를 의미한다면, 회색 코뿔소는 인간이 자주 놓치는 위험 혹은 보고서도 못 본 척하는 위기를 가리킨다. 2013년 1월 다보스 포럼에서 처음 저자가 소개한 회색 코뿔소 이론은 단숨에 전 세계 리더들의 주목을 끌며 세계 경제에서 가장 중요한 키워드로 자리 잡았다. 극심한 변화로 한 치 앞도 내다볼 수 없는 상황 속에서도 기업을 이끌고 생존을 책임지는 리더들은 언제나 위기를 미리 감지하고 이를 분석해 적절하게 대응해야 하기 때문이다. 하지만 많은 기업의 수장이 위기를 강조하면서도 강렬한 위험 신호를 내뿜는 현실 속 위기를 제대로 감지하지 못하는 이유는 무엇일까?

저자는 사람들이 뻔히 보이는 위기 신호를 외면하는 데는 심리적인 요인과 외부적인 요인이 모두 작용한다고 지적한다. 인간의 본성이나 조직 및 사회 제도가 현상을 유지하고 장밋빛 미래를 선호하도록 설계되어 있기 때문이다. 일상에서 어려운 문제를 만나면 사람들은 본능적으로 미적거리며 문제를 회피한다. 전 세계 경제를 응급 상황에 빠트릴 금융 위기나 기업의 사활이 걸린 위기 앞에서도 인간의 본능은 달라지지 않는다.

또한 위기를 인지하면서도 적시에 효과적으로 대처하지 못하는 데에는 사회 시스템도 한몫한다. 단기적인 성과만을 부추기는 경제적 유인책이 경제와 정치 제도를 지탱하고 있기 때문이다. 위협 요소가 몸집을 키우기 전에 장기적인 관점으로 시간과 자원을 투자해야 하는데, 단기적인 성과에만 열을 올리다 보니 결정을 내리기가 쉽지 않다. 삐뚤어진 유인책과 사람들의 의도적인 낙관이 결합되면 위기를 전면 부정하고 싶은 충동이 증폭되기도 한다. 이런 이유 때문에 사람들은 회색 코뿔소를 발견하지 못한다.

회색 코뿔소가 앞에 있다는 것을 인지하는 능력과 코뿔소를 피해
안전한 곳으로 대피하거나 위기를 기회로 변화시키는 능력은 별개다.—397쪽

2008년 미국발 금융 위기는 그 전에 수차례 사전 경고가 있었다. 국제 통화 기금과 국제 결제 은행은 2008년 미국 금융 위기를 사전에 경고했고, FBI는 2004년 보고서를 통해 모기지 관련 사기가 만연하다고 지적했으며, 실제로 2008년 주택 압류 건수는 최고치를 기록했다. 게다가 2008년 G7 정상 회담, 세계 경제 포럼에서도 이 경고는 계속되고 있었다. 그러나 미국 연방 준비 제도 이사회 앨런 그린스펀 의장은 '사실상 모든 경제학자들과 정책 입안자들이 파국을 전혀 예상하지 못했다'라고 말한 적이 있다. 하지만 이것은 사실이 아니다. 대부분 사전의 경고를 무시하거나 외면했다.

분명해 보이는 위험 신호들이 무시되는 이유는 위험 신호를 보내는 경보 시스템이 잘못되었거나 경보를 듣고 대응하는 우리 역량에 문제가 있기 때문이다. 앨런 그린스펀은 2013년 2008년의 위기를 아무도 보지 못한 이유를 설명하며 위험 신호가 약한 것이 문제였다고 지적했다. 그러면서 리스크 회피, 군집 행동 같은 인간의 성향을 반영해 더 정확한 예측 모델을 개발하는 것이 해결책이라고 주장했다.

하지만 2008년 금융 위기의 원인은 위험 신호가 약해서가 아니라, 위험 신호에 주의를 기울이고 기꺼이 대응하려는 의지가 없었다는 데 있다. 이 말은 더 나은 예측 시스

템만으로는 부족하다는 말이다. 위험 신호를 보고 사람들이 행동하도록 만들 방법이 필요하다. 그 첫 번째 단계는 현실을 부정하는 태도를 깨뜨릴 수 있는 방법을 찾는 것이다. 그 위기가 얼마나 심각한지 알려면 신호의 상태나 강도 못지않게 그 신호를 기꺼이 받아들이는 자세, 즉 위기를 인정하는 문화가 뒷받침되어야 한다.

그래서 이런 사태를 개인의 잘못으로만 돌려서는 안 된다. 위기를 보고서도 대응하지 않는 것은 효과적으로 대처하지 못하는 사회 시스템에 문제가 있기 때문이다. 즉 단기적인 성과를 부추기는 경제적·사회적 유인책이 존재하기 때문이며, 장기적인 관점에서 시간과 자원을 투자하지 못하는 현실 때문이다.

회색 코뿔소를 보지 못하는 세 가지 이유

사람들이 회색 코뿔소를 보지 못하는 이유에는 몇 가지가 있다. 첫 번째, 인간은 현실을 부정한다. 보통 '이번에는 다를 것이다' 혹은 '이런 일이 생길 거라고 예측한 사람은 없었다'와 같은 이야기는 전형적으로 현실을 부정하는 패턴이다. 전자는 희망 사항에 불과한 예측이고, 후자는 뒤늦은 변명인 것이다.

위기 경고에 대한 기본적인 인간의 심리가 그렇다. 인간은 새로운 정보가 맞든 틀리든 본능적으로 반발심이 생긴다. 감당하기 힘든 정보에 대한 방어 기제이기도 하지만 불길한 예측은 더 싫어하는 것이 인간의 성향이기 때문이다. 원래 인간은 장밋빛 안경을 쓰고 세상을 바라보도록 설계되었다. 알아도 의도적으로 인정하지 않으려고 하는 것이다.

그리고 이런 현실 부정 패턴은 집단 사고가 만드는 집단 심리에도 적용된다. 집단 사고는 집단 내에서 발생하는 비합리적인 역학인데, 이는 사회 통념을 벗어나는 구성원들의 생각을 차단한다. 우리는 오래도록 문제를 부정함으로써 마음의 짐을 덜어 낸다. 게다가 전문가들의 의견을 비판 없이 받아들이거나 자신의 마음에 들면 무조건 받아들인다.

두 번째는 예방하지 않는다는 것이다. 익숙하지 않은 리스크를 경험한 사람은 위험의 재발 가능성을 과대평가하는 경향이 크다. 반면 익숙한 리스크를 경험한 사람은 발생 가능성을 과소평가하곤 한다. 수많은 불황의 경험 때문에 2008년 금융 위기를 과소평가한 것이다.

현실을 부정하려는 인간의 본성은 이렇게 예방하지 않는 데 있다. 새로운 정책을 수립하는 것은 감정이 아니라 논리의 영역이며 현실 부정을 극복하는 것은 감정의 영역이기 때문에 못했을 수도 있다. 그러나 인지 편향, 집단 사고 혹은 의도적인 현실 왜곡으로 진실을 보지 못하는 것은 분명하다.

세 번째는 대응하지 않는다는 것이다. 대표적으로 시간 끌기 작전이 있다. 시간 끌기는 최종 결정을 내려야 하는 곤란한 상황을 벗어나는 것이다. 대표적 핑곗거리로 '예산이 없다' 혹은 '실현성이 없다' 등이 있다. 이렇게 대부분의 리더는 미적거리며 시간을 허비한다. 인간에게는 '변화 면역', 즉 익숙한 습관에 매달리며 새로운 변화에 저항하는 성향이 있다. 습관을 바꾸지 않으면 죽을 수도 있다는 의사의 경고를 무시하는 등 생존과 관련한 심각한 문제에서도 변화 면역이 작동한다. 잘못된 결정에 대한 두려움도 느낀다. 이것도 늑장 대응을 하는 이유 중 하나인데, 잘못된 결정을 내렸을 때 피해가 더 클 것이라고 생각하는 것이다. 결정을 유예하는 동안에는 스트레스에서 벗어나지만, 더 복잡하고 큰 비용을 치러야 한다.

회색 코뿔소에 얻어맞지 않으려면

위기를 인지하고 나면 리더에게는 세 가지 선택이 주어진다. 올바른 선택, 잘못된 선택, 혹은 이것도 저것도 하지 않는 선택이다. 인간의 타고난 성향과 구조적인 유인책도 그렇고, 위기를 제때 피하기 어렵게 만드는 암초가 한둘이 아니다. 이런 암초를 만날 때마다 의욕이 꺾인다. 현실 부정과 유예 단계를 벗어났다고 해서 앞으로 해야 할 일이 또렷이 보이는 것은 아니다. 현실 부정에서 벗어나 결단을 내리고 대응하려면 눈앞에 나타난 코뿔소가 어떤 코뿔소이며 문제의 근원이 무엇인지 파악해 해결책을 찾아야 한다.

당신이 상대해야 하는 코뿔소의 종류를 알아야 한다. 다음과 같은 기준에 따라 몇 가지로 나눌 수 있겠다. 인지하는 위기이고 해결책도 분명하지만, 사람들이 미온적인 태도를 보이는가? 진짜 위기인가, 아니면 더 근원적인 문제를 감추려는 의도인가? 모두가 인지하는 위기지만, 해결책이 분명하지 않고 제시되는 해결책도 마땅치 않은가? 지금까지 상상도 하지 못하던 문제가 차츰 그 모습을 드러내고 있는가? 손을 떼는 것밖에 달리 해결책이 없다고 생각되는 문제인가? 해결이 불가능하거나 이미 용도가 폐기된 문제를 풀려고 애쓰다 더 큰 코뿔소에게 피해를 입을 가능성이 있는가?

 좋아요! 위기가 다가오고 있다는 것을 이야기해 줘도 사람들이 그것을 인정하지 않으려 하는 현실을 이해할 수 있다.

 아쉬워요! 원서 제목 때문에 한글 제목이 이렇게 달렸을 것 같다. 그러나 미국적인 사고방식이라 와닿지 않는다. 외국 도서들은 자주 동물들을 인용하는데, 우리에게는 큰 감응이 없다.

숫자로 사람을
평가하지 마라

왜 우리는 집단에서 바보가 되었는가
-조직의 모든 어리석음에 대한 고찰
Schwarmdumm-So blöd sind wir nur gemeinsam

BEST BOOK 56

한마디로 이 책은!

독일 빌레펠트대 수학과 교수와 IBM 최고 기술 경영자를 역임한 저자는《왜 우리는 집단에서 바보가 되었는가》에서 세계가 집단 어리석음의 시대로 향하고 있다고 경고한다. 달성 불가능한 목표와 만연한 성과주의, 그로 인한 스트레스 등으로 똑똑하던 개인이 도전 의식과 주체성을 잃고 근시안적이고 기회주의적인 개인으로 변질되는 현상을 '집단 어리석음'이라 정의하고, 오늘날의 집단을 날카롭게 분석한다. 특히 모든 공정과 업무에 과학적 통계 기법을 적용해 업무 효율과 비용 절감 효과를 극대화하려던 경영 혁신 기법이 얼마나 많은 논리적 허점을 가졌는지, 그로 인해 조직은 얼마나 많은 물리적·심적 비용을 떠안아야 했는지를 파헤치는 부분에서는 수학자로서의 냉철한 분석 능력이 돋보인다. IBM이라는 거대 조직에서 저자가 실제로 경험한 풍부한 사례와 폭넓은 지식을 활용한 절묘한 비유가 인상적이다.

저자 군터 뒤크 빌레펠트대 수학과 교수를 거쳐 독일 IBM 최고 기술 책임자를 역임했다. 독일 괴팅겐대에서 수학과 경영학을 공부하고 빌레펠트대에서 수학 박사 학위를 받았다. 응용 수학 분야의 석학 루돌프 알스베데와 공동으로 진행한 〈메시지 식별의 새로운 정보 이론 연구〉로 국제 전기 전자 기술자 협회에서 주는 최고 논문상을 받았다. 정년퇴직 후 현재 신생 기업과 벤처 기업에 경영 자문을 제공하며 집필 활동에도 힘을 쏟고 있다. 저서로는 《새로운 것과 그 적들》, 《바벨탑의 의사소통》, 《강박 이상의 광기》 등이 있다.

군터 뒤크 지음 | 김희상 옮김 | 비즈페이퍼 | 2016년 3월 | 464쪽 | 20,000원(이북 14,000원)

똑똑한 개인이 모여 멍청한 집단을 만드는 이유

불확실성과 예측 불가능성이 커지면서 협력을 통해 새로운 통찰력을 이끌어 낸다는 '집단 지성'이 각광받고 있다. 더욱이 클라우드 컴퓨팅, 빅데이터 등 첨단 기술 발달로 각 개인의 능력을 긴밀하게 결합할 수 있는 여건이 조성되면서 집단 지성 프로세스는 사회 전 분야에 넓게 확산되는 중이다. 그런데 집단은 정말 개인 지성의 총합을 뛰어넘는 천재성을 발휘하며 개인보다 현명한 선택과 결정을 하는 걸까?

저자는 집단 지성이 생각만큼 위력을 발휘하지 못하고 있다고 진단한다. 특히 기업에서는 집단 지성이 오히려 조직을 멍청하게 만든다고 경고한다. 능력 있고 똑똑한 개인이 모인 집단도 기대한 만큼의 성과를 내지 못하는 경우가 많다. 똑똑한 개인들이 모여 있는 집단은 왜 바보 같은 선택을 반복할까? 구성원들이 죽을 듯이 노력하는데 집단은 왜 훌륭한 결과를 내지 못하는 걸까? 성과 없이 반복되는 회의, 보고를 위한 보고, 누구도 만족하지 않는 평가, 불가능한 목표 설정, 무기력한 분위기……. 어쩌다 조직은 이 지경에 이르게 된 것일까?

각 개인의 능력이 전체적으로 조화를 이루지 못하기 때문이다. 개인과 조직의 업무는 다르다. 개인은 자유롭게 자신의 업무 방식을 선택할 수 있지만, 조직은 사소한 사안조차 쉽게 바꾸지 못한다. 개인이 못하는 것을 집단 지성은 할 수 있다고 생각할 수 있지만, 제대로 된 집단 지성을 발현하는 기업은 극소수다. 조직과 팀은 온갖 이해관계로 변화를 이끌어 낼 힘을 갖기 어렵다. 개인은 무엇이 어떻게 돌아가는지 정확히 알고 있지만, 집단은 이에 대해 무지하다. 저마다 자신이 속한 부분에만 집착하기에 협력이 어렵다. 경영자는 구성원들에게 목표 달성을 재촉하지만 구성원들은 그 목표가 왜 중요한지 관심이 없다. 사업 전반의 흐름과 핵심을 이해하지 못한 채 불만을 삼키고 있다.

실력은 없으면서 꿈만 꾸는 사람들

이 책의 첫 번째 타깃은 경영자다. 수많은 오디션 프로그램에는 재능이 없어 보이는 사람들이 몰려든다. 그런데 그들은 자신이 진정 재능이 있는가 하는 의문은 품지 않는다. 유토피아 증후군은 원하는 만큼 성공할 수 없다는 사실을 인정하지 않고 집요하게 높은 이상을 추구하는 증상을 말한다.

그런데 유토피아 증후군에 걸린 사람들이 오디션 프로그램에만 있는 게 아니다. 자녀에게 과도한 기대를 품은 부모, 회사의 역량을 무시하고 무턱대고 높은 목표만을 강요하는 경영자도 여기에 해당한다. 유토피아 증후군에 사로잡힌 사람은 타인과 자신에게 적대적이고, 성과에 대한 구체적인 그림이 없으며, 주변의 충고도 받아들이지 않는다.

지금까지 경영자는 대량 생산을 선호했고, 효율성을 목표로 삼았다. 대량 생산을 통해 비용을 크게 절감시킬 수 있지만, 규모가 커지면 수치로 표현된 생산 관계가 왜곡된다. 똑똑한 사람을 채용해 높은 목표를 부여하면 조직이 성공할 것이라 생각했고, 과학적 관리법을 도입하고 비용을 절감하면 지속 가능한 기업이 될 것이라 믿었다. 직원들이 더 노력하고 속도를 높이면 그만큼 다른 요구도 늘어난다. 효율성으로 얻는 이익보다 부작용이 더 클 수도 있다. 이런 경영자들은 늘 '누구나 실적에 따라 공정한 보상을 받는다', '더 많은 실적을 올리도록 동기를 부여한다', '최고 성과를 거둔 직원을 가려 승진 기회를 준다' 등의 보상 규칙을 정해 놓는다.

....

개인으로서 우리는 무엇이 어떻게 돌아가야 하는지 정확하고 분명히 알고 있다.
그러나 팀, 부서, 제도, 조직, 기업, 정당 등 집단으로 함께 일하게 되면
우리는 혼란에 빠진다. 개인으로서는 충분히 스마트하다.—47쪽

....

경영자들이 비용 절감과 업무 속도를 강조할 때 과학자들은 과부하를 경고하는 연구 결과를 발표해 왔다. 하지만 이런 과학적인 결과들은 무시되어 왔다. 경영자들은 직원의 성과와 역량을 측정하고 확인하려 하지만, 평범한 사람은 과중한 업무를 받으면 비난을 면할 정도만큼의 성과에 만족한다. 업무 성과를 측정하는 수많은 항목은 실효성이 없다. 평가를 위한 객관적인 체계가 마련되더라도 대부분의 직원은 일의 본래 목표를 잊고 업무 성과 수치에만 주의를 기울이게 된다. '책임을 다하는 직원'에서 점수만으로 평가받는 '점수 인간'이 되는 것이다.

그리고 여기에서 불신이 생겨난다. 숫자로 표현되는 것 외에는 믿지 않는다. 혁신을

외치면서 혁신 과정에서 필수적으로 겪어야 할 실패에는 가혹하다. 상사 의견에 반기를 들면 아무리 좋은 의견이라도 보복을 당한다. '레몬 시장' 이론으로 2001년 노벨 경제학상을 수상한 미국의 경제학자 조지 애컬로프는 상품의 품질을 제대로 확인할 수 없는 중고차 시장의 거래 행태를 연구한 논문에서, 고객이 정보가 불투명한 시장을 불신하면 시장은 결국 붕괴에 이른다는 것을 설파했다. 구성원들의 신뢰가 깨진 기업의 미래 역시 같은 운명을 맞이할 것이다.

'120퍼센트 성장', '15퍼센트 비용 절감'은 아무 의미 없는 목표다

어떻게 잃어버린 집단 지성을 회복할 것인가? 단 하나의 완벽한 해결책은 없다. 단 하나의 원인에만 매달려 그것을 없애려는 태도는 집단의 어리석음을 더 키운다. 조직의 분위기, 문화, 태도를 바꿔야 한다. 무조건적인 축소나 제거가 아닌 단계적인 방법으로 말이다. '성장률 120퍼센트 달성'이나 '15퍼센트 비용 절감' 등 오로지 수치로만 제시되는 목표는 동기와 열정을 주지 않는다. 이런 목표는 구성원들을 정량적 성과에만 매달리게 만들고, 의지도 열정도 없는 일개 부품으로 전락시킨다.

빌 게이츠는 윈도 운영 체제를 공개하면서 '누구나 이용할 수 있는 컴퓨터 운영 체제를 만들어 사람들이 컴퓨터를 완전한 멀티미디어로 활용할 수 있도록 하겠다'라고 말했다. 케네디 대통령은 우주 개발 계획을 발표하면서 '10년 뒤 우리는 달에 착륙할 것이다'라고 말했고, 1960년대 독일 교통부 장관이던 게오르크 레버는 도로 확충 계획을 설명하면서 "독일 국민 누구도 아우토반 진입로에서 20킬로미터 이상 떨어져 살게 하지 않겠다'라고 말했다. 머릿속에 그림을 그리듯 쉽고 구체적이다. 원대한 가치가 이해하기 쉽고 공감할 수 있는 표현으로 드러난다면 구성원 모두 같은 가치를 공유하고 목표를 향해 달려갈 수 있다. 경영자는 더 이상 유토피아적인 목표를 강요하지

큰 위기는 예상하지 못한 곳에서 터진다

않을 것이고, 직원들은 겉치레를 멈추고 업무의 내실에 집중할 것이다.

이 책에서는 이상적인 경영 방식으로 자원봉사 단체형 경영법을 제시한다. 자원봉사자들은 보상(임금)을 받지 않고 자발적으로 무언가 의미 있는 일을 하기 위해 모인 이들이다. 이들에게 실적이나 목표를 강제하면 집단은 아무런 성과를 내지 못하고 금방 해체되고 만다. 그렇다면 어떻게 해야 주체성을 가진 구성원들의 의지와 열정을 한데 모아 생산적인 결과를 도출해 낼 수 있을까? 경영자가 자원봉사자 단체를 이끌듯 직원을 대하며 경영 전략을 고민할 때, 조직은 집단 어리석음으로부터 벗어나는 첫걸음을 뗄 수 있다. 결국 집단에 소속된 개인이 저마다 '자신이 원하는 방식대로 주체적으로 일하며 구체적이고 분명한 공동 목표를 향해 전진할' 때, 집단 지성은 자연스레 회복될 것이라고 저자는 확신한다. 오랜 시간 잘못되어 온 흐름을 바꿔 놓으려는 똑똑한 개인들의 시도가 집단 어리석음에 휩쓸리지 않기를 진정 바라면서.

인센티브 제도와 평가 제도를 없애고 승승장구하는 기업들

변화는 이미 국내외 곳곳에서 일어나고 있다. 직원 평가 시스템이 직원 간 협력을 해치고 창의적인 문화를 저해한다고 판단한 마이크로소프트는 2013년 직원들의 성과에 서열을 매겨 평가하는 '스택 랭킹' 제도를 폐지했다. 국내 게임 업체 블루홀은 직원들을 평가하고 감시하는 인사 팀을 없애고 개인들의 특성을 파악해 최선의 업무 환경을 제공함으로써 개인의 장점을 극대화하고 지속적이고 원활한 커뮤니케이션이 이루어질 수 있도록 돕는 '피플 팀'을 신설했다. 블루홀은 최근 '배틀그라운드'라는 게임으로 세계적인 성공을 거두었다. 배달의민족 앱 개발사인 우아한형제들도 성과가 숫자로만 평가되는 인센티브 제도를 폐지했다. 실적에 매달리는 태도만 키울 뿐 직원들의 동기 부여에 큰 도움이 되지 않는다고 판단한 것이다. 이런 실험들은 모두 성공적인 결과를 얻었다. 저자의 말처럼 문제의 원인과 해결책을 빤히 알고 있는데도 '업계에서 다 그렇게 하는 것을 우리만 예외적으로 굴 수는 없어서' 해결을 미룬다면 파국을 맞을 뿐이다.

진정으로 집단 지성의 회복을 원하는 경영자라면 저자의 조언대로 리스크에 대한 두려움을 떨쳐 내고 '집단 어리석음'을 줄여야 한다. 그렇지 않으면 집단의 모두를 어리석게 만드는 죽음의 소용돌이는 절대 멈추지 않을 것이다. 소모적인 달리기를 멈추고 뒤로 돌아 잘못 걸어온 길을 직시하면서 조금씩 방향을 틀어야 할 때다.

명령은 문제를 근본적으로 해결해 주지 않는다. 관리 감독에 치중하면 그 부분의 실적 수치만 얻는다. 일을 잘하는 사람은 생동감 넘치는 기업에서 만들어진다. '둘 중 하나'라는 사고방식보다는 '둘 다 가능하다'라는 포용적 사고방식에서 가장 좋은 해결책이 나온다. 다양한 대안을 받아들이겠다는 의지가 있어야 변화가 시작된다. 이를 위해 혁신 리더는 통합적 의사 결정을 돕는 행동 규칙, 공동체 의식, 공유 가치가 존재하는지 확인해야 한다.

 좋아요! 왜 조직이 바보로 전락하는지를 속 시원하게 알려 준다. 조직에서 일하는 사람들의 필독서.

 아쉬워요! 이런 책이 왜 이제야 등장하게 된 걸까? 진작에 미리 공유하고 준비했으면 조직들이 바보가 되는 일은 없지 않았을까?

돌이킬 수 없는
위기를 불러오는 '사일로'의 덫

사일로 이펙트
–무엇이 우리를 눈멀게 하는가
The Silo Effect-Why Every Organisation Need to Disrupt Itself to Survive

한마디로 이 책은!

9·11 테러가 발생한 지 442일, 미국은 테러 진상을 조사하기 위한 대규모 위원회를 구성한다. 250만 쪽의 관련 서류를 분석하고, 1200명을 인터뷰하고, 19일간의 청문회와 160명의 공개 진술을 들은 끝에 사건의 전말을 밝힌 567쪽의 보고서가 발표되었다. 이 보고서에서 강조한 대목은 수많은 경고가 있었음에도 그 의미를 제대로 파악하지 못한 국가 시스템이었다. 9·11 사태의 비극은 테러를 예고한 정보의 조각들을 제대로 연결하지 못하고 관련 부처 간의 칸막이를 깨지 못해 발생한 참사라는 것이다. 그런데 이런 현상이 9·11 테러 사건에만 적용되는 것은 아니다. 이와 비슷한 일들이 우리 주변에서도 자주 일어난다. 때로는 걷잡을 수 없는 대형 참사로 이어지기도 한다. 《사일로 이펙트》의 저자 질리언 테트는 이런 일이 일어나는 이유는 우리를 눈멀게 하고 조직의 변화와 혁신을 가로막는 '사일로' 때문이라고 말한다. 사일로는 곡물을 저장하는 탑 모양의 창고로, 비즈니스에서는 부서 이기주의를 뜻한다. 생각과 행동을 가로막는 편협한 사고의 틀이나 심리 상태를 가리키기도 한다. 너무 늦기 전에 분명히 우리 주변에도 있을 '사일로'의 정체를 파헤쳐 보자.

저자 질리언 테트 케임브리지대에서 사회 인류학 박사 학위를 받았고, 〈파이낸셜 타임스〉에서 세계 시장 분석을 담당했다. 2008년 금융 위기를 다룬 기사로 '올해의 영국 경제 기자상'을, 2007년에는 경제 뉴스 보도 기자에게 수여하는 최고의 영예인 해럴드 윈콧 상을 받았다. 〈파이낸셜 타임스〉 도쿄 지국장을 역임한 그녀는 일본의 은행 위기에 대한 독창적인 분석을 담은 《일본 구하기》로 언론의 주목과 경제계 리더들의 격찬을 받았다.

질리언 테트 지음 | 신예경 옮김 | 어크로스 | 2016년 9월 | 384쪽 | 15,000원(이북 10,500원)

대형 참사를 불러오는 사일로 이펙트의 치명적인 위력

워크맨, 플레이스테이션 등 혁신적 제품과 아이디어로 소비자 생활 양식을 바꾼 소니의 위기는 어디서부터 시작됐을까? 스위스에서 가장 보수적이고 안정적인 금융 기업으로 알려진 UBS는 왜 서브 프라임 모기지 사태에 속수무책이었을까? 런던 정경대 최고 석학들이 2008년 세계 경제 위기 앞에서 '똑똑한 바보들'로 전락한 이유는 무엇일까? 반면 블룸버그 시장이 이끈 뉴욕 시청과 시카고 경찰국이 데이터 전문가들을 고용해 관료제의 사각지대를 점검하고 시민의 삶과 안전을 증진한 사례는 우리에게 어떤 메시지를 던지는가? 양쪽 사례에 공통된 키워드는 '사일로'다. 한쪽은 사일로에 갇혔고, 다른 쪽은 사일로를 넘어섰다.

사일로는 고대 그리스어 '시로스siros'에서 파생된 단어로, 원래는 곡물 보관용 구덩이를 의미하는 말이다. 곡물을 저장하는 탑 모양의 창고를 의미하기도 하고, 군사 분야에서는 유도 미사일을 보관하는 지하 저장고를 뜻하기도 했는데, 경영 분야에서는 다른 곳과 고립된 채 운영되는 집단, 과정, 부서 등을 의미한다.

> **현대 사회는 사일로 없이 살아갈 수는 없지만**
> **사일로로 인해 생긴 문제에 굴복하지 않을 수는 있다.—358쪽**

'사일로'는 주로 비즈니스 용어로 부서 이기주의를 의미한다. 생각과 행동을 가로막는 편협한 사고의 틀이나 심리 상태를 가리키기도 한다. 그러나 21세기가 연결의 시대라는 것을 생각해 볼 때, 사일로는 적절한 표현이 아닐 수도 있다. 실제로 또 이론적으로 전 세계는 인터넷 하나로 연결된 세계다. 시장과 경제, 사람이 그 어느 때보다 더긴밀한 관계를 맺고 있다. 하지만 시스템은 연결되어 있으나 우리는 분열되어 있는 상태다.

사일로 이펙트를 발견할 수 있는 사례는 주변에 너무나 많다. 우선 2001년 알카에다의 위협을 예측하지 못한 미국 정보기관, 2008년 미국발 금융 위기도 있다. 또 2010년 브리티시 퍼트롤리엄 석유시추선 폭발과 2014년 제너럴 모터스 점화 스위치 결함 등 사일로가 만들어 낸 사건은 너무나 많다.

그런데 문제는 사일로 이펙트가 개인과 조직의 문제에 모두 적용이 가능하다는 것이다. 사일로에 갇힌 이들은 무엇이 문제인지 파악하지 못하거나 버젓이 드러난 문제를 문제로 인지하지 못한다. 스스로 만들어 놓은 관료제 및 분류 체계 안에 생각과 행동이 갇혀 버리기 때문이다. 사일로에 갇히느냐 넘어서느냐에 따라, 팀이나 조직 사이의 경계를 얼마나 유연하게 관리하고 협력의 시너지를 키우느냐에 따라, 현대 기업과 정부, 국가의 운명이 갈린다고 해도 과언이 아니다.

천하의 소니를 위기로 빠트린 사일로 이펙트

사일로 이펙트는 왜 발생하는 걸까? 이 책은 인간 본성에 대한 근본적인 접근을 시도한다. 인간은 본능적으로 세상을 분류하고 싶어 한다. 날마다 복잡한 환경에 둘러싸여 살기에 세상을 다루기 쉬운 조각들로 나누는 게 훨씬 편리하기 때문이다. 사회가 제 기능을 발휘하기 위해서도 공통의 분류법이 필요하다. 분류란 원래 언어가 가진 핵심이기도 하다. 문제는 누구나 자신의 분류가 정상이라고 믿는다는 것이다. 자기 행동 방식을 '자연스럽고 정상이며 불가피하다'고 생각한다. 따라서 분류는 규범이라기보다는 문화적 '습관'에 해당되는 것이고, 물리적·사회적 환경의 산물이지만 극복할 수 있는 것이다. 다시 말해 사일로 이펙트가 생기는 이유는 인간의 분류 본능 때문으로 어쩔 수 없는 것이지만, 충분히 극복 가능하다는 이야기다.

책에서는 사일로가 비즈니스 세계에 진입하게 된 사례로 소니를 이야기하고 있다. 원래 소니는 혁신의 메카로 알려져 왔다. 소니의 역사를 돌이켜 보면 쉽게 이해할 수 있는 대목이다. 소니는 1960~1970년대에는 라디오와 텔레비전을 생산했고, 1980년대에는 캠코더와 디지털카메라, 비디오리코더를 만들었다. 또 1990년대에는 컴퓨터 업계와 음악 및 영화 산업에 진출하기도 했다. 소니처럼 혁신적인 회사는 보이지 않던 것도 사실이다.

하지만 이 무렵, 즉 1990년대에 새로운 경영 방식이 등장하기 시작했다. 독립적인 단위나 사일로를 조직하면 투명성, 책임성, 효율성이 증가한다는 주장이 서양의 경영대학원에서 제기된 것이다. 쉽게 말해 대기업은 하나의 운영 체계가 아니라 독립적 사업 부문으로 나뉘어야 한다는 것이다. 이때 네슬레는 각 사업 부문에 별개의 손익 계정을 설정해 개별 사업체처럼 운영되도록 했다고 알려져 있다.

소니도 이 대열에 합류했다. 소니는 19개의 사업부로 분할되었다가 1994년 8개, 1998년 10개의 독립 회사로 나뉘었다. 1999년에는 10개의 회사가 25개의 하위 회사를 둔 3개의 주요 사업 부문으로 재조직되었다. 이 개혁은 비용을 절감하고 이윤을 신장시켰지만, 각 사업부는 서로 협력하지 않았고 자신들의 사업 부문만 보호하려고 노력했다. 결국 소니는 완전히 따로 운영되는 회사처럼 서로 협력하지 않게 된 것이다.

사일로 이펙트의 위험을 간파한 페이스북 대처법

사일로 이펙트는 거의 모든 거대 집단에서 발견된다. 창의적이던 엔지니어들이 끝없는 세력 다툼에 휘말린 끝에 협동할 능력을 잃어버리곤 한다. 사일로 이펙트를 피할 방법은 없는 걸까?

세계적인 회사들이 페이스북에서 개발한 사일로 소탕 전략을 변형해서 활용했다는 기록을 찾아볼 수 있다. 페이스북은 도대체 어떤 방법으로 다른 기업들에게 영감을 줬을까? 페이스북은 사일로 이펙트에 빠지지 않았을까? 그들은 어떻게 사일로를 피할 수 있었을까? 과연 페이스북에 또 다른 사일로는 없을까?

페이스북은 사회적 소통의 새로운 방식을 불러일으킨 회사다. 그들은 회사 내부에서도 직원들의 의사소통 방식에 영향을 주는 사회 공학 실험을 하고 있다. 페이스북은 직원들의 인지도와 사회 구조 및 집단 역학에 대한 실험을 하고 있는데, 그 시작은 2008년 직원 수가 150명을 넘어서면서였다.

페이스북이 이런 실험을 하게 된 배경에는 던바 숫자라는 것이 있다. 던바 숫자는 영국 진화 심리학자 로빈 던바가 개발한 것이다. 현대 사회에서 150명 미만으로 구성된 집단은 더 큰 단위의 집단보다 한층 더 효율적으로 움직인다는 것을 주장한 이론이다. 페이스북은 로빈 던바를 초청해 컨설팅을 받기도 했을 만큼 던바 숫자를 신뢰했다.

사회 공학 실험으로 사일로를 극복하는 페이스북의 사례를 몇 가지 살펴보자. 우선 부트 캠프가 있다. 신입 사원이 직급과 상관없이 참여해야 하는 6주간의 오리엔테이션인 부트 캠프는 프로젝트별로 구성된 팀에 맞는 인력을 배치하는 것과 팀 구분 없이 전 직원에게 비공식적인 연대감을 심어 주는 것이 목표다.

두 번째는 해커먼스다. 12~18개월 동안 동일한 프로젝트를 진행한 뒤 담당 프로젝트를 바꾸는 것이다. 기존의 자리를 메우는 데 시간이 걸린다는 단점이 있지만, 이는 회사를 유연하고 통합적으로 운영하는 데 필요한 작은 대가라고 생각한다.

세 번째는 해커 광장과 해커톤이다. 해커톤은 '해커'와 '마라톤'의 합성어로 컴퓨터 전문가들이 한 장소에 모여 마라톤을 하듯 오랜 시간 쉬지 않고 특정 문제를 해결하는 과정을 의미한다. 페이스북 캠퍼스 중앙에 위치한 공개 회의실, 곧 해커 광장에서는 밤을 지새우며 해커톤이 실시된다. 이들은 또 자신들이 만든 페이스북을 통해 수평적 의사소통을 구현하기도 한다.

페이스북의 이런 시도는 다른 혁신적인 기업들에게 자극을 줬다. 구글과 애플은 해

커톤을 개최하고 직원들에게 순환 근무를 지시했다. 신입 사원들을 대상으로 공동 오리엔테이션과 교육 프로그램을 진행하자는 생각도 널리 번져 나갔다. 사옥을 하나의 도구로 활용해 직원들이 서로 부딪히고 협동하도록 만들자는 개념 역시 IT 업계 안팎으로 널리 보급되었다. 가령 제조 기업인 3M은 여러 분야에서 신중하게 선별된 전문가들로 구성된 연구 실험실을 운영하는 것에서 자부심을 느꼈다. 또한 구글은 직원들이 서로 자주 부딪히게 만드는 시설들을 창의적으로 설계했다.

사일로가 나쁜 것만은 아니다. 우리는 사일로로 구성된 현대 사회에서 살 수 밖에 없다. 사일로를 극복하려면 외부인의 시각이 필요하다. 사회 집단이나 제도의 각 부분들이 어떻게 서로 연결되는지를 봐야 하고, 서로 다른 사회와 문화 및 체계를 비교해야 하며, 사회 집단의 근원적인 패턴을 찾아야 한다.

열린 마음을 갖는 것도 중요하다. 인간은 다양한 방식으로 살아가는 존재라는 점도 인정해야 한다. 어느 사회든 사람들은 자신의 문화가 자연스럽다고 여긴다. 하지만 고정 관념을 파괴하고 기존의 분류 체계가 아닌 더 나은 방법이 있을 수 있다는 사실을 인정해야 한다.

 좋아요! 사일로 이펙트에 대해 이해할 수 있다.

 아쉬워요! 소니가 망가진 이유가 단지 사일로 이펙트 때문이었을까? 페이스북이 성공한 것이 단지 사일로 이펙트를 방지한 덕분일까? 이분법적 접근이 아쉽다.

똑똑한 사람들을 모아 놓은 회사가 망하는 이유

와이저
-똑똑한 조직은 어떻게 움직이는가
Wiser-Getting Beyond Groupthink to Make Groups Smarter

한마디로 이 책은!

왜 굴지의 대기업들은 실패할 것이 뻔한 제품에 사운을 걸고, 형편없는 마케팅 전략을 세우는 걸까? 왜 내로라하는 인재들만 모인 정부 조직은 멍청한 정책만을 고집하는 것일까? 세계적인 베스트셀러 《넛지》 공동 저자인 캐스 선스타인이 똑똑한 조직을 만들고자 노력하는 리더들을 위해 조직 행동에 대한 연구서를 썼다. 《와이저》는 똑똑한 사람들이 유독 회의에서 침묵하는 이유, 후광 효과로 인한 사회적 압력이 조직에 미치는 영향력, 비현실적 낙관주의 해피토크의 부정적 파급력 등 조직이 논의를 거듭할수록 실패할 수밖에 없는 이유를 규명한 다음, 비판적 사고의 점화, 조직 성공에 따른 보상, 악마의 변호인과 레드 팀 구성, 델파이 기법 등 직관적인 해결책을 제시해 조직 내 숨어 있는 정보를 끌어내고 현명한 조직 사고력을 높일 수 있도록 돕는다.

저자 캐스 선스타인 시카고대 로스쿨 및 정치학부 법학 교수를 거쳐, 현재 하버드대 로스쿨 교수로 재직 중이며, 공공 정책과 행동 경제학 프로그램을 운영하고 있다. 헌법, 정부 조직법, 환경법, 행동 경제학 분야에서 독자적인 업적을 쌓았다. 오바마 정부 시절 백악관 직속 기구인 정보 규제국 실장을 역임했다. 미국에서 가장 많이 인용되는 학자 중 한 사람이다. 하버드대에서 법학 박사 학위를 받았다. 국내에서는 《넛지》 공동 저자로 잘 알려져 있다.

리드 헤이스티 집단 의사 결정 심리학 분야 전문가로, 《불확실한 세계에서의 합리적 선택》을 비롯한 여러 전문서를 집필했다. 시카고 부스대 경영 대학원의 특훈 교수로 있다.

캐스 선스타인, 리드 헤이스티 지음 | 이시은 옮김 | 위즈덤하우스 | 2015년 6월 | 312쪽 | 15,000원(이북 10,500원)

인간은 왜 오류에 빠지는가

사람들은 장기적인 측면을 간과하고, 지나치게 손실을 두려워하며, 비현실적인 낙관
주의를 드러내고, 이기적으로 판단하며, 위험에 형편없이 대처하는 경향이 있다. 지난
수십 년간 사람들이 어떻게 생각하고 행동하며, 어떻게 실수를 저지르는가에 대한 연
구가 수행되어 왔다. 행동 심리학자들은 인간은 실수를 저지를 수밖에 없는 존재라는
사실을 입증했다. 이와 관련해 몇 가지만 살펴보자.

인간은 무엇인가를 판단할 때 모든 정보와 조건을 살펴볼 수 없기 때문에 몇 가지
단편적인 단서만으로 결론을 내린다. 이런 사고방식을 휴어리스틱이라고 한다. 휴어
리스틱에는 몇 가지 종류가 있는데, 대표적인 것이 가용성 휴어리스틱이다. 몇몇 사례
만으로 전체를 짐작하는 사고방식이다. 만약 누군가 사업에 큰돈을 투자했다가 실패
했다면, 앞으로는 그 사업과 조금이라도 비슷해 보이는 사업은 아무리 유망하더라도
피하려 할 것이다. 당연히 합리적인 방식이 아니지만 매우 자주 보이는 오류다.

대표성 휴어리스틱이라는 것도 있다. 닮은 점과 유사한 점을 근거로 판단하는 방식
이다. 정치인들이 외모와 옷차림에 신경 쓰는 이유가 바로 대표성 휴어리스틱 때문이
다. 사실 여부와 상관없이 많은 사람이 단지 '신뢰를 줄 것 같은 외모'를 보고 정치인
의 자질을 판단한다.

프레이밍이 일으키는 오류 또한 강력하다. 프레임이 바뀌면 실질적인 변화가 없어
도 의사 결정이 바뀐다. 수술을 앞둔 환자에게 사망률이 10퍼센트라고 설명하는 것보
다 생존율이 90퍼센트라고 설명하면 수술에 동의할 확률이 크게 높아진다.

또 하나 빼놓을 수 없는 것은 자기중심적 편향이다. 대다수의 사람들은 남들도 자신
과 똑같이 생각하고 행동한다고 믿는 자기중심적 편향을 가지고 있다. 이 역시 잘못된
판단을 유발한다.

개인보다 심각한 집단의 오류

집단은 개인들이 저지르는 오류를 피할 수 있을까? 집단의 의사 결정에서도 개개인의 오류는 반복될 뿐 아니라 심지어 확대되기도 한다. 특히 기업 및 정치 조직의 집단 행동과 관련된 충격적인 연구 결과가 있다. 집단은 실패하는 행동 방침에 매달리며 더 많은 자원을 쏟아부을 가능성이 개인보다 크다고 한다. 구성원들이 자신들이 속한 집단에 강한 소속감을 갖는다면 더더욱 그렇다는 것이다. 우리는 상황이 예측에서 빗나가기 시작했는데도 본래의 계획에 대한 강한 정서적 애착 때문에 그 계획을 실현하는 데 온 힘을 기울이는 사람을 쉽게 볼 수 있다. 그리고 구성원들이 오류를 저지르는 성향이 있다면 집단은 더욱 심한 편향을 드러낸다. 조직 내부에서는 상호 교류를 통해 오류를 오류가 아닌 것처럼 인식하기 때문이다.

조직에서 내리는 결정이 틀린 방향으로 흘러가는 또 다른 이유는 경영자와 리더들이 조직의 판단에 대해 긍정적으로 평가하는 경우가 많기 때문이다. 그 첫 번째 이유는 정보 신호 때문이다. 이것은 다른 구성원이 공개적으로 말하는 정보를 존중하다 보니 자신이 아는 바를 밝히지 못하는 상황을 말한다. 예를 들어, 직원들은 자신과 의견이 같지는 않아도 나름의 정보를 가진 리더가 있으면 그가 분명히 옳을 것이라고 생각해 굳이 본인의 의사를 개진하지 않는다. 그리고 그보다 더 높은 관리자가 개입해 적극 찬성하고 나서면 그 밑에서 일하는 직원들은 그의 의견에 동의해서가 아니라 그가 어련히 자신의 일을 잘 알고 있을까 해서 입을 다무는 것이다.

조직의 리더들은 적지 않은 후광 효과를 누리고 있기 때문에 실제보다 더 예리해 보이거나 명석해 보이기도 한다. 후광 효과는 경험하는 개인에게 기분 좋을 수도 있고, 자아가 강한 사람이라면 특히 그렇겠지만, 집단에는 심각한 문제가 된다. 서로 듣기 좋은 소리만 하게 만들어, 집단이 잘못을 저지를 위험성을 높이기 때문이다.

두 번째는 사회적 압력 때문이다. 사람들은 사회적 압력을 느끼면 그로 인한 불이익을 피하기 위해 자연히 침묵을 택하게 된다. 이것은 자신이 아는 바가 중요하지 않아서가 아니다. 남들에게 어리석거나 불쾌한 사람으로 비치고 싶지 않아서다. 상관의 입장에서는 무엇이든 배울 수 있기 때문에 오히려 다른 의견이 반가울 수 있다. 하지만 모든 상관이 그렇게 생각하리라는 보장이 없으므로 대부분의 직원은 그냥 침묵을 지키는 쪽을 택한다. 이런 두 가지 영향력이 작용한 결과, 집단은 다음과 같은 네 가지 개별적인 문제에 직면하게 된다.

첫째, 집단은 구성원의 오류를 바로잡는 데 실패할 뿐 아니라 오히려 오류를 확대한다.

둘째, 집단 구성원들은 먼저 말을 꺼내고 행동을 시작한 사람을 그대로 따르려는 경향이 있어 폭포 효과가 나타나기 쉽다. 설령 그런 말과 행동이 집단을 불행하고 심각한 비극에 몰아넣더라도 말이다.

셋째, 집단은 논의를 거친 후에 더욱더 극단화되어, 논의 전 구성원들의 성향 중 가장 극단적인 입장을 결론으로 도출하게 된다. 이를 테면 지나치게 낙관적인 사람들이 모여 논의한 결과 한층 더 낙관적으로 변하는 식이다.

넷째, 집단은 공유된 정보, 즉 모든 사람이 이미 아는 내용에 초점을 맞추느라 공유되지 않은 정보를 간과하여, 1~2명이 가지고 있는 결정적인 정보의 혜택을 누리지 못한다.

정확한 판단을 내리는 조직은 이렇게 다르다

조직의 의사 결정이 늘 나쁜 것만은 아니다. 특히 집단 구성원이 서로에게 호의적인 경우, 즉 서로 존중하고 친절하며 업무적으로뿐 아니라 인간적으로도 관계를 맺고 있는 경우라면 기대감은 더욱 높아질 것이다. 다음 세 가지 경우는 이상적인 의사 결정이다.

첫째, 집단이 최고 구성원의 의견에 따른다. 집단의 의견이 가장 현명하거나 가장 정확한 구성원의 판단에 수렴하는 방식으로 논의가 진행된다면, 개개인의 오류를 확대하기보다는 바로잡을 가능성이 높아진다. 둘째, 정보 종합이다. 사람들이 논의를 통해 기존 정보를 공유하면 집단 전체는 한 개인보다 더 많이 알 수 있다. 셋째, 집단적 논의에서 의견을 교환하다 보면 정보와 관점이 걸러지면서 집단이 문제에 대한 혁신적인 해결책을 발견하는 방향으로 나아가기도 한다.

하지만 이런 의사 결정은 현실에서 잘 일어나지 않는다. 오히려 집단적 판단이 집단 내부의 의견을 굳어지게 만들며, 다양성을 감소시키고, 또 구성원들은 의견이 거짓이고 심지어 그렇게 판단할 나름의 근거가 있더라도 집단의 의견에 따르는 경향을 보인다. 의견이 일치된 것처럼 보이더라도 의견은 줄어들고 더 극단화되어 원하지 않는 결론에 이르게 된다.

대안은 없을까? 우선 모든 것은 리더에게 달렸다는 사실을 인식해야 한다. 가장 중요한 것은 리더가 침묵을 지키는 것이다. 조직에서는 특히 교육 수준이 낮은 구성원은 중요한 정보를 아낀다. 만약 리더가 침묵을 지킨다면 다양성을 회복할 수 있다. 이것은 적극적으로 의견을 수렴해야 하는 경우에도 마찬가지다. 의견을 수렴할 때는 다른 사람들의 의견을 차단한 상태에서 해야 효과적이다. 상대방의 영향을 받으면 오류 유발자들이 힘을 발휘하기 때문이다.

 좋아요! 조직에서 반드시 봐야 하는 리더십 책이다. 어려운 내용을 쉽게 풀었다.

 아쉬워요! 문제에 대한 접근은 잘했으나 여전히 해법은 제시하지 못한다.

우리가 후회와 반성을
반복하는 이유

사고의 오류
-독일을 대표하는 경제전문가 11인이 행동경제학으로 풀어본 선택의 심리학

Denkfehler, die uns Geld kosten-Warum wir immer das Falsche tun
und andere sich ins Fäustchen lachen

한마디로 이 책은!

지난 20년간 전통 경제학의 그늘 아래 행동 경제학이 발전을 거듭했다. 행동 경제학은 전통 경제학과 달리 인간의 완전한 합리성을 인정하지 않는다. 인간이 실제로 어떻게 선택하고 행동하는지를 고찰한다. 경제적 선택 상황에 놓인 사람들의 행동을 규명함으로써, 때때로 사람들이 보여 주는 불합리한 행동의 배경에는 어떤 논리가 숨어 있는지를 살핀다. 한마디로 인간의 선택과 판단에 대한 인지 심리학의 연구 성과를 경제학에 융합시킨 신생 학문이다. 행동 경제학 덕분에 인간의 비합리적인 측면이 잇따라 밝혀지기 시작했다.

저자 비난트 폰 페터스도르프 〈프랑크푸르터 알게마이네 차이퉁〉 일요일판 편집 위원이자 경제 편집부 부장. 젊은 세대를 대상으로 경제를 설명하는 저서 《돈은 결코 충분치 않다》(카르스텐 슈로이어스와 공저)는 2008년 '올해의 경제 도서'로 선정되기도 했다.

파트릭 베르나우 〈프랑크푸르터 알게마이네 차이퉁〉 온라인의 경제 및 금융 부장. 2006년에 입사해 처음 5년간 일요일판에 정보 기술, 증시, 경제 분야의 기사를 썼다. 쾰른대에서 경제학과 정치학을 공부했고, 쾰른대 정치 경제 대학원에서 저널리즘을 전공했다. 최근에 펴낸 저서로 《유로 쓰나미, 통화에 익사하는 유럽》이 있다.

그 외 하노 베크, 발터 크레머, 코르스텐 헨스, 루츠 요하닝, 틸만 노이셀러, 디르크 슈미트, 크리스티안 지덴비델, 막시밀리안 트로스바흐, 요아힘 바이만 등 공동 집필.

비난트 폰 페터스도르프, 파트릭 베르나우 외 9인 지음 | 박병화 옮김
율리시즈 | 2015년 2월 | 340쪽 | 16,000원(이북 9,600원)

BEST BOOK 59

연봉 7만 달러 지루한 일 vs 연봉 6만 달러 재미있는 일, 당신의 선택은?

우리는 자본주의 삶 속에서 늘 선택을 해야만 한다. 선택 폭이 너무 넓으면 선택 자체가 고통스러운 일이 된다. 선택 폭이 넓을 때 추가로 발생하는 유용성은 투자한 노력의 비용을 보상해 주지 못한다고 말한다. 배리 슈워츠는 이것을 '선택의 역설'이라고 했다. 선택의 폭은 넓어졌지만 이것이 소비자를 더 만족시키지는 못한다는 것이다. 슈워츠는 특히 인간은 지나친 선택에 짓눌려 있다고 진단하면서 사람은 자기 선택이 기본적으로 최악이 아닐 때도 결정에 대한 의혹 때문에 괴로워한다고 주장한다.

그렇다고 선택의 폭이 줄어든다고 해서 결정이 쉬운 것은 아니다. 시카고대의 행동경제학자인 크리스토퍼 치와 지아오 장은 선택의 기준에 관한 두 가지 실험을 했다. 먼저, 구직자들에게 연봉 7만 달러의 지루한 일과 연봉 6만 달러의 재미있는 일 중 무엇을 선택할지 물었다. 구직자는 과연 어떤 일자리를 선택할까? 두 번째 질문은 미국인들의 평균 주거 면적 이상인 280제곱미터짜리 집에서 가족과 함께 살며 도보로 출퇴근하는 사람을 대상으로 하는 것이었다. 지금 사는 집과 월세가 같은 대신 출근하는데 1시간이 걸리는 370제곱미터짜리 집으로 이사를 갈 것인지 물었다. 사람들은 과연이사를 한다고 했을까?

**최근의 연구를 보면 유난히 자신감이 넘치는 사람은
사회적으로 높은 지위에 오를 가능성이 더 많다. 이런 사람은 자기선전을 잘하고 동시에
다른 사람보다 출세욕도 강하다. 다른 사람보다 능력이 떨어지더라도 사회적인 명성을 얻는다.
간단히 말해 자신감은 지나쳐서는 안 되지만 그만한 가치가 있다.—123쪽**

실험 결과 사람들은 더 많은 급여와 더 넓은 집을 선호하는 것으로 나타났다. 불분명한 장점보다는 수치로 확실하게 드러나는 차이를 선호했다. 더 많은 보수와 더 큰 규모에서 오는 행복감을 높이 평가한 것이다. 사람들이 행동할 때 저지르는 사고의 오류를 파악한 연구진은 이른바 '차별성의 편향', 즉 비교의 왜곡된 효과가 그 이유라고 설명한다. 연구진은 수많은 선택 대상을 비교하는 데서 잘못이 일어날 수 있다는 것을 입증했다. 예컨대 어떤 일을 시작할 때는 거기서 벌어들일 소득이 결정적 역할을 한

다. 하지만 사람들은 보수가 낮은 일보다는 힘든 일을 할 때 더 불행을 느낀다.

즐겁지 않은 일에서 오는 부담은 일상적으로 느낀다. 월급을 많이 받는다는 사실은 평상시에 잘 인식하지 못한다. 쉽게 알 수 있고 합리적으로 평가할 수 있는 대상의 특징에 더 큰 비중을 두고, 행복에 영향을 줄 수 있는 잠재적인 요인은 과소평가한다. 이를 '소박한 합리주의'라고 한다. 결과적으로 많은 보수를 받는 지루한 일을 선택한 사람은 급여 차이를 과대평가한 것이다. 인생 전체의 관점에서 보수가 많고 지루한 일을 선택한 것은 잘못된 결정일 수 있다.

인간을 오류로 이끄는 수많은 편향

이 책은 이렇게 우리 마음에서 일어나는 알 수 없는 현상들에 대해 설명하고 있다. 이런 사례들은 대부분 행동 경제학이 등장하고 나서 약 20년간 밝혀진 것들이다. 인간의 인식에는 세 가지 종류가 있다고 한다. 우리가 안다는 것을 아는 것, 우리가 모른다는 것을 아는 것 그리고 우리가 모른다는 것을 모르는 것이다. 지식과 무지에 대한 올바른 지적이다. 1999년 코넬대 교수인 저스틴 크루거와 데이비드 더닝은 실험을 통해 '사람들은 자신이 아무것도 모른다는 사실을 모른다'는 것을 밝혀냈다. 이것을 '더닝-크루거 효과'라고 부른다. 두 사람은 연구 과정에서 학생들에게 자신의 능력을 스스로 얼마나 높이 평가하는지를 물었다. 학생들 대답을 보면 자기 평가와 실제 능력 사이에는 아무런 관계가 없음이 드러났다. 최하위권 성적을 받은 학생들은 유난히 자신을 과대평가했다. 이런 내용은 기업에서도 한 번은 고민해 볼 만하다. 기업에서는 직무 평가와 관련해 스스로 평가하는 경우가 있는데, 적어도 '더닝-크루거 효과'는 이런 경우에 유용하게 사용할 수 있다.

인간은 생각하고 판단하고 결정할 때 객관적인 사실과 합리적인 추론을 하기보다는 보고 싶은 대로 보고 생각하고 싶은 대로 생각하는 경향이 있다. 이처럼 오류에 이끌리는 생각의 성향을 '편향'이라고 한다. 생존 편향, 행동 편향, 정보 편향, 현상 유지 편향 등 편향의 종류도 많다. 성공에 눈멀기도 하고, 위급 상황에서 더 위험한 행동을 하며, 때로는 어설픈 광고 문구마저 믿곤 한다. 한마디로 인간은 종잡을 수 없는 비합리적인 존재다.

그럼에도 우리에게는 희망이 있다

하지만 인간에게는 자신의 오류에 대한 학습 능력이 있다. 이런 오류들이 있다는 것을 발견한 것도 인간이다. 과거의 경제학자들은 인간을 합리적인 존재라고 가정해 왔다. 행동 경제학은 인간을 오류와 편향으로 가득한 비합리적인 존재라는 것을 밝혔다. 하지만 행동 경제학도 완전하지는 않다. 실험을 통해 밝혀낸 사고의 오류는 매끄러운 새 이론으로 구축할 만큼 통일된 형태를 갖추지 못했다.

결국 우리는 탐욕과 불안 사이에서 흔들리기도 하고 극단에 치우치는가 하면, 종종 자신을 과대평가하면서 동시에 남의 말을 쉽게 믿기도 한다. 눈앞에 놓인 명백한 증거를 무시하고, 깊이 생각하지도 않으며, 뒤돌아서 후회할 어리석은 선택을 한다. 그러나 이런 것이 인간의 운명이라고 믿고 싶지는 않다. 우리가 완벽하지 않다는 것을 알고 있기 때문이다. 완벽하지는 않더라도 객관적인 관점에서 합리적으로 생각해 보려고 노력해 볼 수 있다. 이제는 우리의 학습 능력을 믿어 볼 때다.

 좋아요! 우리가 오류에 빠지는 수많은 이유를 잘 정리해 놓았다.

 아쉬워요! 오류에 빠지지 않으려면 어떻게 해야 하는지에 대해서는 여전히 오리무중.

중요한 결정을 앞둔 사람들이
꼭 알아야 할 심리학

난센스
-불확실한 미래를 통제하는 법
Nonsense-The Power of Not Knowing

한마디로 이 책은!

현대 사회의 역설은 교통, 통신, 생산 기술의 발전으로 인해 자유 시간이 늘
어나야 함에도 불구하고 오히려 수많은 옵션이 생겨나고 있다는 사실이다.
우리가 삶의 속도를 아무리 높여도 홍수처럼 쏟아지는 정보와 옵션의 속도
를 따라갈 수는 없다. 세상을 보다 효율적으로 접할 수 있게 되었음에도 불
구하고 우리가 점유하는 세상은 계속해서 줄어들고 있는 것처럼 느껴진다.
한편, 기계가 인간을 대체하면서 불평등과 불확실한 미래에 대한 불안감에
시달리고 있다. 이런 때일수록 불확실성을 통제하는 능력이 필요하다. 불확
실성을 어떻게 통제할 수 있을까? 답은 종결 욕구에 숨어 있다.

저자 제이미 홈스 디지털 시대의 새로운 세상을 제안하는 싱크탱크 '뉴 아메리카'의 연구원. 전에는
하버드대 경제학부 연구 코디네이터로 일했다. 컬럼비아대 국제 정책 대학원에서 국제 관계학 석사
학위를 받았다. 〈슬레이트〉, 〈폴리티코〉, 〈크리스천 사이언스 모니터〉, 〈포린 폴리시〉 등 주요 언론에
기고하고 있다.

제이미 홈스 지음 | 구계원 옮김 | 문학동네 | 2017년 3월 | 404쪽 | 16,800원(이북 12,600원)

선입견—복잡한 세상을 단순하게 만드는 능력

《난센스》는 우리가 세상을 어떤 방식으로 인지하고 그로부터 어떤 일들이 생기는지에 대한 이야기다. 이 책은 선입견으로 이야기를 시작한다. 선입견은 세상을 쉽게 이해하는 프레임이다. 1949년 하버드대 심리학자 제롬 브루너와 리오 포스트먼은 심리 실험을 통해 인간이 세상을 있는 그대로 이해하지 않는다는 사실을 밝혔다. 당시 실험 참가자들은 정상과는 조금씩 다른 카드를 보여 줘도 정상적인 카드로 인식했다. 누구나 알아볼 수 있는 정도의 차이를 무시하고 자신이 보고 싶은 대로 본 것이다.

선입견이 나쁜 것만은 아니다. 사물을 이해하고, 계획을 세우고, 조치를 취하는 데 필수적이다. 우리는 매일같이 너무 많은 정보를 접하기 때문에 정보의 세부 사항까지 모두 흡수할 수 없다. 일상적인 일이라면 자동적으로 판단하고 행동한다. 예를 들어 자동차를 운전할 때 빨간불이 켜지면 차들이 정지할 것이라 기대한다. 부엌의 수도꼭지를 틀면 맥주가 아니라 물이 흘러나올 것이라 예상하는 것은 당연한 일이다. 심리학자 조든 피터슨은 '삶의 근본적인 문제는 존재의 압도적인 복잡함이다'라고 말했다. 우리는 이런 상황에서 살아가기 위해 끊임없이 쏟아져 들어오는 정보를 저지하며, 피터슨의 말에 따르면, 우리의 목표와 관련 없는 방대한 정보를 제거한다. 피터슨은 이런 능력을 '단순화의 기적'이라며 높이 평가한다. 선입견이 없다면 삶이 너무 피곤해진다. 홍수처럼 쏟아지는 지각에 대처하는 유일한 방법은 우리가 만날 대상에 적용되는 이론을 만들고 그에 따르는 것이다. 이것이 가장 넓은 의미의 세상에 대한 믿음이다. 플래너리 오코너는 '믿음은 지각을 작동하게 하는 엔진이다'라고 말한다. 우리는 끊임없이 모호성을 줄이고 확실성을 늘려 간다.

굳게 믿은 사실이 거짓으로 드러났을 때

문제는 이런 단순화 욕구가 강해질 때 생긴다. 우리에게는 충분히 생각하고 비교하고 고민해야 할 때도 심사숙고 과정을 피하거나 차단해 버리는 성향이 있다. 이런 성향을 갖게 된 이유는 단순화에 대한 강한 본능 때문이고, 이런 본능 덕분에 불확실한 상황에서 균형을 유지할 수 있기 때문이다. 무질서 상황에 처하게 되면 인간은 전혀 다른 행위를 하도록 자극 받는다. 이것은 우리가 스스로의 균형을 찾아가는 과정이다. 뭔가 불안할 때 확실한 것을 찾는 경향은 이런 측면에서 설명할 수 있다.

이런 현상을 대표하는 것이 인지 부조화다. 1950년대 심리학자 레온 페스팅거가 발표한 인지 부조화 이론은 자신의 의견을 과거의 행동과 일치하도록 바꾸면서 불일치의 불안감을 제거하는 행위다. 페스팅거가 외계인들이 지구에 곧 올 것이라 믿은 추종자들이 외계인이 오지 않은 것을 확인하고 자신의 신념과 행동을 어떻게 일치시키는지를 살펴보고 만든 이론이다. 부조화를 줄이려는 행동은 무질서한 상황을 감지한 뒤 질서를 되찾으려는 노력이다. 우리가 하는 행동의 60퍼센트는 부조화를 줄이기 위한 것이다.

> 우리의 머릿속에는 세상에 대한 한정된 지도가 들어 있으며
> 이 지도의 한계를 벗어날 수 있는 사람은 없다.
> 하지만 최소한 다른 문화나 하위문화를 참고해
> 새롭게 사물을 바라보는 방식을 발견할 수는 있다.
> 이는 마치 삼각 측량처럼 진실을 서로 다른 두 가지 관점에서 보는 것과 같다.—313쪽

종결 욕구, 복잡한 생각을 하지 않으려는 본능

인지 부조화를 줄이는 행동 중 대표적인 것이 종결 욕구다. 이 책의 가장 큰 주제이기도 하다. '종결 욕구'란 어떤 주제에 대한 확실한 대답, 즉 혼란과 모호성을 없애 주는 답변을 원하는 욕구를 뜻하는 심리학 용어다. 쉽게 말해 복잡하고 모호한 상황에 부닥쳤을 때 그 상황을 빨리 끝내 버리고 싶은 욕구를 말한다. 심리학자 아르네 루츠와 알랭 판 힐은 종결 욕구를 '편견을 가진 마음'으로 설명한 적이 있다. 그들은 종결 욕구를 '확실함에 대한 갈망을 특징으로 하는 인지적 관점'이라고 정의했다. 신속하고 확정적인 해답에 대한 욕구라는 것이다.

우리는 혼란스러운 상태에서는 성급하게 판단하고 마음을 닫아 버리는 경향이 있

다. 스트레스가 심한 상황에서는 이런 성향이 더욱 심해진다. 인간은 모순을 빠르게 해결하고 비정상적인 것을 배제해 버리는 특징을 가지고 있다.

그런데 이런 종결 욕구에는 나름대로의 위험이 도사리고 있다. 종결 욕구가 강하면 반드시 최선이라고는 할 수 없는 첫 번째 해답을 고수하게 되고, 그로 인해 잘못된 곳에서 의미를 찾게 된다. 예를 들어 직장에서 해결하기 어려운 문제에 처했을 때 가장 간단하고 빠른 선택인 '퇴사'를 결정한다거나, 연인과의 관계에서 다툼이 반복될 때 대화와 화해보다는 '이별'을 선택해 버리는 것이다.

종결 욕구는 편견이나 선입견과도 긴밀한 연관을 맺고 있다. '쟤는 원래 저래', '이건 잘될 수 없는 일이야' 같은 생각은, 그에 대해 고민하는 불필요한 수고를 덜어 준다. 쉽고 빠르게 손에 넣을 수 있는 진실을 추구하다 보면 새로운 것을 배우거나, 까다로운 문제를 해결하거나, 세상을 색다른 관점에서 바라볼 소중한 기회를 놓치고 만다.

종결 욕구는 일종의 트라우마를 겪게 되는 상황에서 만들어진다고 알려져 있다. 생명의 위협을 느끼거나 큰 위기에 빠졌을 때처럼 신체적으로 나약한 존재라는 감정을 갖게 되면 종결 욕구가 증가한다. 9·11 테러 같은 대형 참사를 상기하는 것만으로도 종결 욕구가 상승한다고 알려져 있다. 이런 것은 자연스럽게 만들어지는 현상이자 욕구다.

종결 욕구는 자연재해를 겪으면서도 발생할 수 있다. 1989년 미국에 허리케인 휴고가 상륙했을 때나 2011년 일본에서 지진 해일이 일어났을 때처럼 자연재해가 일어나면 감정이 불편해진다. 이때 불안한 상황을 빠르게 확정하려는 종결 욕구가 만들어진다.

종결 욕구의 단점을 극복하기 위해서는

종결 욕구는 자연스러운 현상이지만 극복해야 할 대상이기도 하다. 종결 욕구가 긍정적으로 작용하는 경우보다는 부정적으로 작용하는 경우가 많기 때문이다. 종결 욕구를 극복하는 첫 번째 방법은 소극적 수용력을 갖는 것이다. 무엇인가를 받아들일 때 소극적인 자세를 갖는 것이다. 불확실성의 감정에 대처하는 가장 좋은 방법은 침착함을 유지하고 명확한 판단을 추구하는 것이다. 참고 버티는 자제력이 필요하다는 말이다. 소극적 수용력을 갖게 되면 스트레스가 심한 상황에서도 종결 욕구가 낮아진다. 성급하게 결정하지 않고 충분히 생각할 여유가 생긴다.

두 번째는 한 단계 더 나아가 불확실성을 즐기는 것이다. 듀크대 벤저민 헤이든이 주도한 실험은 원숭이도 불확실한 상황을 싫어한다는 것을 보여 준다. 인간은 말할 것도 없다. 하지만 미래는 불확실하다. 아무리 기술이 발전하고 많은 데이터를 가지고 있어도 미래를 예측할 수는 없다. 따라서 인정할 것은 인정하고 버티고 그리고 즐겨야 한다.

우리는 편견과 종결 욕구로 복잡한 것을 단순하게 이해하며 살아왔다. 그러나 세상은 우리가 생각하는 것보다 훨씬 더 복잡하고 모호하다. 종결 욕구를 낮추려는 노력이 더 나은 판단과 선택으로 우리를 이끌 것이다.

 좋아요! 쏟아지는 정보 속에서 우리가 왜 그렇게 행동할 수밖에 없었는지를 이해하게 해 준다.

 아쉬워요! 이 책 제목은 그야말로 '난센스'.

케이스 스터디로 배우는
정보의 맥락을 파악하는 법

왜 케이스 스터디인가
–복잡한 현상을 꿰뚫는 관찰의 힘, 분석의 기술
ブラックスワンの經營學—通說をくつがえした世界最優秀ケ-ススタディ

CASE 왜 STUDY
케이스
스터디인가

한마디로 이 책은!

와세다대 상학 학술원의 이노우에 다쓰히코 교수는 맥락을 읽는 훈련의 실천적 방법론으로서 '케이스 스터디'에 주목한다. 케이스 스터디는 세계 톱클래스 경영 대학원에서 일반적인 학습법 또는 조사 도구로 여겨진다. 특정한 사례를 선택해 깊이 파고들어 가 차별성과 시사점을 발견하는 데 최적화된 방법이다. 저자는 미국 경영 학회에서 최우수 논문상을 받은 다섯 편의 논문을 재료로 케이스 스터디의 방법과 매력을 소개한다. 조직 혁신, 위기관리, 인재 채용, 혁신 전파, 기업 인수 합병 등 경영에서 빼놓을 수 없는 핵심 이슈들을 다룬 완성도 높은 케이스 스터디 논문들이다. 연구 방법이 탁월할 뿐만 아니라 통념을 뒤엎는 새로운 사실들이 발견된다. 흥미로운 사례들을 읽어 나가다 보면 자연스럽게 비즈니스 리더들의 실천적 방법론인 케이스 스터디를 배울 수 있다. 시장 조사의 첫발을 내딛는 신입 사원, 새로운 프로그램의 유효성을 빠르게 검토해야 하는 실무진, 혁신의 조짐을 한발 먼저 읽어 내야 하는 기업의 경영자 등에게 남다른 안목을 키워 줄 케이스 스터디 입문서가 될 것이다.

저자 이노우에 다쓰히코 현재 와세다대 상학 학술원 교수. 1997년 고베대 대학원 경영학 연구소에서 박사 학위를 받았다. 히로시마대 사회인 대학원 매니지먼트 전공 조교수와 와세다대 상학부 조교수를 거쳐, 현재 경제 산업 연구소 교수 연구원과 펜실베이니아대 와튼스쿨 선임 연구원을 겸하고 있다. 경쟁 전략과 비즈니스 시스템을 주제로 많은 논문과 저서를 집필했으며, 2003년 경영 정보 학회 논문상을 수상했다.

이노우에 다쓰히코 지음 | 송경원 옮김 | 어크로스 | 2015년 4월 | 276쪽 | 14,000원(이북 9,000원)

> 조직이 지금까지 경험한 적이 없는 변화에 직면하더라도
> 그것을 위기로 느끼지 않으면 아무 일도 일어나지 않는다.
> 또한 위기로 감지하더라도 행동을 취하지 않으면 아무것도 변하지 않는다. —102쪽

한순간에 모든 것을 바꾸어 버리는 블랙 스완의 정체

이 책의 원서 제목은 '블랙 스완의 경영학'이다. 오스트레일리아 대륙에서 검은 백조가 발견되기 전까지 모든 백조는 흰색이며 검은 백조는 있을 수 없다고 믿었다. 하지만 검은 백조가 발견되면서 기존에 알던 지식 체계가 한 번에 무너져 버렸다. 이와 관련해서 미국 뉴욕대 나심 탈레브 교수가 단 하나의 예외적 사례로 모든 기존 질서를 무너뜨릴 수 있는 현상을 '블랙 스완'이라 이름 붙였다.

블랙 스완은 기업에서는 조금 더 특별하게 다룰 필요가 있다. 불가능하다고 생각하던 일을 마주하면 사람들은 자기도 모르게 '말도 안 된다'는 말을 하게 된다. 하지만 새로운 현상이 나타날 가능성은 언제나 열려 있다. 그 가능성을 인정함으로써 배울 수 있는 기회를 늘려야 한다. 그러나 블랙 스완은 다른 요인이 아닌 불확실성이나 무작위성에 의해 발생하기 때문에 예측이 불가능하다. 따라서 있을 수 있는 일에 대한 시각을 넓히고 준비해 두는 것이 최선이다.

케이스 스터디와 통계학의 다른 점

무지로 인해 나타나는 블랙 스완도 있다. 있을 수 없는 일이란 때로는 모르던 일이기 때문이다. 기업에게 블랙 스완이라는 개념은 매우 중요하다. 블랙 스완은 어떻게 찾을 수 있을까? 경영학에서 주로 사용하는 방법 두 가지가 있다. 하나는 통계학을 활용한 연구이고, 다른 하나는 케이스 스터디다.

통계학을 살펴보자. 직원이 행복하면 실적이 올라간다는 이른바 해피워커 모델을 검증한다고 해 보자. 만족도 조사로 행복을 정확하게 측정할 수는 없지만 일반적인 법칙을 유도

할 수 있다는 장점은 있다. 그래서 경영학은 통계학을 좋아한다. 숫자로 표현되기 때문에 피해 나갈 여지도 많다. 일기 예보에서는 비가 온다 혹은 안 온다로 말하지 않고, 비 올 확률이 50퍼센트라고 말한다. 이럴 때는 비가 오는 것일까, 안 오는 것일까? 숫자로 표현된다는 것은 이런 것이다.

케이스 스터디는 통계학과는 전혀 다르다. 케이스 스터디는 개별 사례에 대한 연구인 만큼 해당 사례에서 성립하는 것이 다른 사례에서도 성립한다고 쉽게 단정할 수 없다. 상황과 맥락에 따라 다르다. 하지만 케이스 스터디는 통설을 뒤집거나 미래를 예측하는 데 큰 도움이 된다. 통계학적 연구가 평균적인 화이트 스완의 모습을 보여 주는 것이라면, 케이스 스터디는 블랙 스완을 발견하게 해 준다.

빅데이터 시대를 돌파할 경쟁력 있는 인재는 '더 많은 정보를 가진 사람'이 아니라 '정보의 맥락을 읽어 낼 수 있는 사람'이다. 쏟아지는 정보들 사이에서 주목할 만한 가치가 있는 사례를 선별하고 그 맥락과 인과 관계를 빠르게 파악하는 능력, 사례를 다각도로 관찰해 가장 유용한 메시지를 이끌어 내는 분석력이 없다면 쌓여 있는 데이터에서 발견할 수 있는 것은 아무것도 없다.

비전을 제시하는 리더가 좋은 리더라는 상식에 반론을 제기하다

이 책의 눈에 띄는 장점은 새로운 논문들, 그것도 보통의 의견을 뒤집는 사례들이 등장한다는 것이다. 우선 새로운 리더십 발견에 대한 내용을 살펴보자. 마이클 투시먼은 '급진적 변화는 비연속적으로 일어날 수밖에 없다'는 단속 평형 모델을 제창하고 조직 변화 이론의 권위자가 되었다. 그 후 많은 연구자가 이 이론을 발전시켜, 계획과 비전을 갖춘 리더의 능동적 행동이야말로 급진적 변화를 이끌어 낸다는 주장이 지지를 받게 되었다. 이 모델에 의하면 리더가 비전을 제시하고 새로운 구조를 만들어야만 급진적 변혁이 일어난다는 것이다. 당연히 리더의 역할은 중요할 수밖에 없다.

하지만 텍사스대 돈데 플로먼 교수는 이 통설에 의문을 제기한다. 그가 밝혀낸 리더십은 새로운 리더십이었다. 우선 조직 변화는 환경이 불안정적일 때 작은 변화들이 다른 작은 변화를 낳게 되고 서로 증폭되면서 상황을 반전시킨다는 것이다. 여기서 리더는 새로운 비전을 제시하고 상황을 역전시켜 나가는 것이 아니라, 작은 변화를 응원하고 새로운 의미와 상징을 부여하는 일을 해야 한다는 것이다.

하버드대 클라크 길버트 교수가 발표한 조직의 관성 논문도 흥미롭다. 관성이란 외부의 힘이 작용하지 않는 이상 물체가 원래의 운동 상태를 유지하려는 성질을 가리킨다. 조직은 이렇게 움직인다는 것이다. 그리고 조직의 규모가 클수록 관성은 더 강해진다. 조직은 의사를 지닌 인간의 집합이기에 인간의 인식과 행위를 거치지 않으면 조직의 운동은 변하지 않는다. 조직이 지금까지 경험한 적이 없는 변화에 직면하더라도 그것을 위기로 느끼지 않으면 아무 일도 일어나지 않는다. 또한 위기로 감지하더라도 행동을 취하지 않으면 아무것도 변하지 않는다.

이 관성 이론으로는 관성 완화설과 관성 강화설을 생각해 볼 수 있다. 관성 완화설을 지지하는 연구자들은 위기를 인지함으로써 전략이나 조직에 대한 재검토가 촉진된다고 말한다. 실적이 악화되면 전략을 변경하려는 경향이 강해지기 때문이다. 이에 비해 관성 강화설을 주장하는 연구자들은 위기를 인지함으로써 관리가 강화된다고 주장한다. 권력의 집권화가 진행되고 모든 절차가 형식화, 표준화되어 실험적 행동은 억제된다. 한 연구에 따르면 위기에 몰릴 경우 손실을 두려워해 새로운 기회를 포착하지 못하고 기존의 강점을 고집하게 된다고 한다.

이런 견해 차이가 발생하는 이유는 무엇일까? 클라크 길버트는 무엇에 대한 관성인가를 명확히 정의하지 않은 데서 차이가 발생한다고 말한다. 어떤 종류의 관성은 위기를 맞아 완화되지만, 어떤 종류의 관성은 강화된다. 어느 쪽에 주목하느냐에 따라 견해가 달라진다. 어떤 측면에서는 완화되고 또 다른 측면에서는 강화된다면 견해가 나뉘는 것이 당연하다. 그래서 실제로는 불균형 현상이 벌어지는 것이다. 즉 위기를 감지하면 자원 배분 쪽에서는 관성이 완화되지만, 다른 쪽에서는 관성이 강화되면서 절차가 경직화되는 것이다. 당연히 직원들은 헷갈릴 수밖에 없다.

케이스 스터디에 관심을 기울인다면 이런 사례들을 찾아낼 수 있다. 위기는 곧 다가올 것이다. 그때를 대비해 케이스 스터디를 준비해 두는 것이 필요하다.

 좋아요! 중요한 논문을 다루고 있다. 각각의 이야기에 심도 있게 접근할 수 있다.

 아쉬워요! 재미있는 책은 아니다. 공부한다는 자세로 읽어야 한다.

풀리지 않는 문제는 없다,
뭔가를 놓치고 있을 뿐이다

괴짜처럼 생각하라
–상식에만 머무는 세상을 바꾸는 천재 경제학자의 사고 혁명

Think Like a Freak-The Authors of Freakonomics Offer to Retain Your Brain

한마디로 이 책은!

괴짜처럼 생각하면 누구나 자기 앞에 놓인 복잡한 문제를 스스로 해결할 수 있다. 엉뚱하거나 특이하거나 괴이한 행동을 하라는 것이 아니다. 객관적인 데이터와 사실을 바탕으로 합리적이고 자유롭게 생각하라는 것이다. 괴짜처럼 생각하기의 힘은 강력하다. 페널티 킥 성공률을 높이는 방법을 찾아냈고, 은행 이용 데이터만으로 영국에 사는 테러리스트를 색출해 냈다.

《괴짜경제학》과 《슈퍼 괴짜경제학》으로 전 세계적인 사랑을 받은 스티븐 레빗과 스티븐 더브너가 쓴 이 책은 편견에 사로잡히지 않고, 엉뚱한 숫자들에 헷갈리지 않으며, 어리석은 인센티브에 현혹되지 않는 괴짜들의 생각법을 단계별로 정리한 것이다.

저자 스티븐 레빗 시카고대 석좌 교수이자 〈정치 경제학 저널〉의 편집인. 하버드대 경제학과에서 학사 학위와 석사 학위를, MIT에서 경제학 박사 학위를 받았다. 2005년 출간된 《괴짜경제학》은 세계적인 베스트셀러가 되었다. 2006년 〈타임〉이 선정한 '세상을 바꾼 100인' 중 한 사람으로 뽑혔고, 2011년에는 '경제학과 교수들이 가장 좋아하는 60세 이하 경제학자' 4위에 이름을 올렸다.

스티븐 더브너 컬럼비아대 인문 대학원에서 글쓰기를 강의하고 있다. 컬럼비아대에서 영문학으로 석사 학위를 받았다. 〈뉴욕 타임스〉와 〈뉴요커〉에 글을 기고하고 있다. 저서로는 《거친 영혼들》, 《영웅숭배자의 고백》, 《두 개의 배꼽을 가진 소년》 등이 있다.

스티븐 레빗, 스티븐 더브너 지음 | 안진환 옮김 | 웅진지식하우스 | 2015년 8월 | 304쪽 | 15,000원(이북 10,500원)

괴짜가 되는 것을 두려워하는 이유

페널티 킥을 앞둔 축구 선수. 공이 놓인 곳에서 골대까지의 거리는 11미터, 골대의 높이는 2.44미터, 너비는 7.32미터다. 오른발잡이라면 왼쪽을 노려야 강점을 살릴 수 있다. 그래야 더 강하고 정확하게 찰 수 있다. 그런데 골키퍼들이 오른쪽으로 몸을 날릴 확률은 57퍼센트, 왼쪽으로 몸을 날리는 경우는 41퍼센트다. 골키퍼가 그 자리에 서 있는 경우는 백 번 가운데 고작 두 번뿐이다. 그렇다면 골문 한가운데를 노리는 것이 성공 확률이 가장 높다. 하지만 모든 페널티 킥 중 한가운데로 차는 경우는 17퍼센트에 불과하다. 왜 그럴까? 실패했을 경우 치욕에 대한 두려움 때문이다.

사람들 대부분 괴짜처럼 생각하지 않는 이유도 이 때문이다. 사적인 이익과 공적인 이익이 충돌할 때 어떤 선택을 할지 물으면 사익을 추구하겠다고 선뜻 답하지 못한다. 그러나 역사는 대부분의 사람들이 다른 사람들의 이익보다는 자신의 이익을 우선시한다는 것을 증명한다. 그들이 나빠서가 아니다. 사람이라면 누구나 자신의 이익을 먼저 챙긴다.

> '괴짜처럼 생각하라'는 '크게'가 아니라 '작게' 생각하자는 의미다.
> 왜? 우선 모든 큰 문제는 우리보다 훨씬 더 똑똑한 사람들에 의해
> 끊임없이 재고되어 왔지만 여전히 해결되지 못했다.—117쪽

생각하는 방식에 대해 생각해 본 적 있는가

괴짜처럼 생각하는 것은 단순하다. 누구라도 할 수 있다. 하지만 그렇게 하는 사람은 거의 없다. 편견이 세상을 보는 시야를 왜곡하기 때문이다. 저자들은 다음과 같이 설명한다.

"가장 똑똑한 사람들조차 실체에 대한 보다 확실한 견해를 갖는 데 도움이 되는 새로운 정보를 찾기보다는 이미 생각하고 있는 바를 확증해 주는 증거만 애써 찾는 경향이 있다."

괴짜처럼 생각하지 못하는 또 다른 이유는 무리에 속하고 싶기 때문이다. 우리는 중요한 문제에 대해 친구나 가족, 동료의 의견을 구한다. 가족이나 친구들 생각을 따르

는 것이 가족이나 친구를 새로 구하는 것보다 훨씬 쉬운 일이다. 하지만 무리에 속한다는 것은 현상을 수용하는 데는 잽싸고, 생각을 바꾸는 데는 느리며, 자신의 생각을 남에게 위임하는 데 만족한다는 의미다. 괴짜처럼 생각하지 못하는 가장 중요한 이유는 생각하는 방식에 대해 생각하지 않기 때문이다. 단 1시간이라도 가만히 앉아 생각에 집중한 적이 언제였는지 떠올려 보라. 아마 거의 없을 것이다.

괴짜처럼 생각한다는 것은 가장 정확하게 생각한다는 것이다

2009년 아마존이 12억 달러에 인수한 자포스는 1999년 설립된 온라인 신발 판매 회사다. 자포스는 인습을 깬 혁신적인 경영 방식으로 신발 유통 시장을 장악했다. 고객 서비스를 담당하는 직원들의 시간당 임금은 11달러 정도다. 그럼에도 불구하고 자포스는 신입 직원이 회사의 목표와 사명에 100퍼센트 헌신할 마음가짐이 있는지 파악하는 것을 매우 중요하게 생각한다. 그래서 '퇴사 권유' 제도를 만들었다. 신입 직원들의 조직 적응 기간에 자포스는 그들에게 퇴사할 수 있는 기회를 준다. 퇴사를 선택한 직원은 교육 받은 시간에 대한 임금은 물론이고 한 달 치 월급에 해당하는 보너스까지 받는다. 그만두기로 결정한 직원은 퇴사 면담과 앞으로 자포스에 다시 채용될 자격을 포기하는 서류에 서명만 하면 된다. 세상에 어떤 회사가 그만두는 신입 직원에게 2000달러를 준단 말인가.

이 제도는 엉뚱해 보이지만 사실은 합리적이고 영리한 판단에서 나온 결과다. 직원에게 돈을 택할지, 회사와 기업 문화를 택할지를 진지하게 묻는 것이다. 쉽게 얻는 돈을 더 중요하게 생각하는 사람은 자포스와 맞지 않는다는 철학 때문이다.

자포스는 2000달러를 택하는 직원이라면 장기적으로 그 직원 때문에 더 많은 비용을 감수할 확률이 크다고 판단한다. 어느 업계의 추산에 따르면 직원 한 사람을 교체하는 데 평균 4000달러의 비용이 들어간다고 한다. 또 2500 개 기업을 대상으로 한 최근 설문 조사에서 한 사람의 직원을 잘못 채용했을 경우 생산성 감소, 사기 저하 등 2만 5000달러 이상의 비용을 초래한다는 사실이 드러났다. 자포스는 미리 2000달러를 지불하고 부적절한 직원이 조직에 뿌리를 내리기 전에 제 발로 나가게 하는 것이다. 자포스의 신입 직원들 가운데 퇴사 권유 제안을 받아들이는 비율은 3퍼센트 미만이다.

괴짜처럼 생각하기 위한 아홉 단계

이것이 괴짜처럼 생각하기의 힘이다. 언뜻 보면 엉뚱하고 특이하고 괴이한 생각 같지만 사실은 가장 합리적이고 이성적인 생각이다. 편견을 배제하고, 불필요한 숫자에 얽매이지 않고, 손해와 이익을 정확하게 판단하는 사고방식이다.

스티븐 레빗과 스티븐 더브너는 괴짜처럼 생각하기의 아홉 단계를 공개했다. 누구나 쉽게 시도해 볼 수 있는 구체적인 방법이다. 먼저, 괴짜처럼 생각하기의 필요성을 인식하고 두뇌를 재부팅한 다음, 자신이 잘 모르고 있다는 사실을 알아야 한다. 잘못된 질문을 바로잡고, 문제의 증상이 아닌 근본 원인을 찾아내며, 아이 시각으로 문제를 바라보는 것도 중요하다. 또 인센티브의 기본 원칙을 이해하고, 적절히 설계해야 하며, 괴짜 사고법에 의해 도출된 결과에 대해 반대하는 사람도 설득할 수 있어야 한다. 마지막으로, 포기해야 할 때는 과감히 포기하는 용기도 필요하다.

 좋아요! 결국 괴짜가 성공한다는 이야기. 공감할 수밖에 없다.

 아쉬워요! 모두가 괴짜가 될 수는 없는 법. 뒤에서 제시하는 아홉 단계는 와닿지 않는다.

Chapter 8

빅 비즈니스는 이렇게 탄생한다

한발 먼저 성공의 기회를 잡은 사람들 8권

기업의 가치는
언제나 위기에 만들어진다

창업자 정신

– 베인앤드컴퍼니가 30년의 추적을 통해 밝혀낸 기업 성장의 비밀!

The Founder's Mentality-How to Overcome the Predictable Crises of Growth

BEST BOOK 63

한마디로 이 책은!

지속적으로 성장하는 기업 대부분은 공통된 동기 부여 방식과 태도를 보여 준다. 그런 기업들은 직원 모두 사명과 초점에 대한 명확한 인식을 보유하고, 복잡성과 관료주의는 전략의 명확한 실행을 방해하는 것이라면 무엇이든 혐오한다. 이런 태도와 행동 방식은 대개 창업 초기에 방향을 제대로 잡은 대담하고 야심 찬 창업자가 뿌리를 내린 것이다. 창업 초기는 창업자 정신이 사업 성공에서 가장 중요하면서도 가장 저평가되는 지점이며, 위기 없이 지속 가능한 성장을 이루게 해 주는 경쟁력의 근원을 형성하는 시기다. 《창업자 정신》은 세상의 모든 리더와 위기에 직면한 기업에게 창업자 정신을 불어넣고, 불확실한 미래의 행보를 통제해 이기는 전략을 알려 준다.

저자 크리스 주크 세계적인 경영 전략 컨설팅 회사인 베인앤드컴퍼니 글로벌 전략 부문 대표. 베인앤드컴퍼니에서 20여 년간 근무하면서 신규 성장 동력 발굴을 최우선 전략 과제로 삼고 있는 기업들과 함께 일해 왔다. 옥스퍼드대 엑서터 칼리지에서 경제학 석사 학위를 받았고, 하버드대에서 공공 정책학 석사, 경제학 박사 학위를 받았다. 저서로 베스트셀러 《핵심에 집중하라》, 《핵심을 확장하라》, 《멈추지 않는 기업》 등이 있다.

제임스 앨런 베인앤드컴퍼니 런던 지사 파트너로서 전략 부문 공동 대표로 일하고 있다. 1989년 베인에 입사한 뒤 1991년부터 1995년까지 베인 모스크바 지사장을 지냈으며, 베인의 경영 위원회와 운영 위원회 위원직을 맡아 왔다. 하버드대 경영 대학원을 졸업했으며, 저서로 《핵심에 집중하라》가 있다.

크리스 주크, 제임스 앨런 지음 | 안진환 옮김 | 한국경제신문 | 2016년 7월 | 296쪽 | 16,000원(이북 12,800원)

창업자 정신으로 분류한 기업 성장의 네 단계

오늘날 신생 기업이 〈포천〉선정 '글로벌 500대 기업'에 합류하는 시간은 20년 전보다 평균 2배 이상 단축됐다. 기업의 생애 주기와 전체 산업의 흐름이 극적으로 빨라지고 있기 때문이다. 이제 더 이상 가장 규모가 큰 기업이 가장 강력한 기업이라는 공식은 성립하지 않는다. 그런데 이 스토리에는 하나의 반전이 숨어 있다. 빠른 속도로 성장한 신생 기업이 일단 지배 세력이 되고 나면, 이전 기업들보다 더 맥없이 그리고 더 급작스럽게 위기에 빠진다는 것이다.

〈타임스〉에서 선정한 '세계에서 가장 영향력 있는 비즈니스 사상가'인 크리스 주크는 기업들이 겪게 되는 위기 형태를 감지했고, 그 위기를 이겨 내는 방법까지 찾아냈다. 성장하는 기업이 길을 잃는 루트는 어떤 양상을 보일까?

우선 기업의 발달 단계 모델을 살펴보자. 첫 번째는 반역자 단계다. 사업 초기 규모는 작지만 남다른 아이디어와 창업자 정신을 보유한 단계를 말한다. 업계의 표준을 바꾸겠다는 사명적 열의, 사람과 일에 대한 집중 및 주인 의식이 강력한 상태다. 이 반역성은 내부적으로 그리고 외부적으로 기업에 초점과 목적의식을 제공한다. 사명 의식은 인사 시스템과 광고, 제품 특성, 대고객 관점 등에 실제로 스며들 때 가장 강력해진다. 누구를 고용하고 승진시킬지, 어떤 공급 업체를 선택할지, 어떤 투자를 감행할지 등 기업의 중요한 결정에서 실질적인 기준으로 작용할 때 가장 강력해지는 것이다. 위대한 반역적 사명은 다가가야 할 사람들에게 파고들어 가 공명을 일으키기 마련이다. 야심찬 단순성으로 사람들을 즉시 사로잡은 구글의 사명은 '세계의 모든 정보를 조직한다'이다.

두 번째 단계는 반역적 대기업이다. 대부분의 기업 리더들이 도달하려고 노력하는 단계다. 시장 지배력과 영향력을 구축한 애플, 구글, 하이얼, 빅토리아 시크릿, 이케아 등이 이에 속하는데, 성공한 기업으로 생각하면 된다.

세 번째는 안정적 대기업 단계다. 이미 창업자 정신의 창조적 에너지와 유연성을 상실한 상태를 말한다. 보유한 자산과 능력 덕분에 살아가는 기업들인데, 여기에는 마이크로소프트, 유니레버, SAP 등이 포함된다.

네 번째는 관료적 조직 단계다. 이미 오래전에 창업자 정신을 잃은 회사들을 말한다. 제너럴 모터스, 코닥, 소니, 케이마트 등이 여기에 해당된다.

> **기업은 성장하면 필연적으로 더 복잡해지고 집중력이 떨어지면 성장을 멈추게 된다.
> 이것이 성장의 역설이다.—263쪽**

성장의 역설, 규모가 큰 기업은 망하기도 쉽다

기업이 성장하면 조직과 체계가 복잡해진다. 이 복잡성은 기업 성장을 이끌지만, 어느 시기에 이르면 소리 없이 성장을 죽이는 요인이 되기도 한다. 이것을 '성장의 역설'이라 한다. 유의미한 흑자 성장을 이끌어 내는 회사는 9개 중 1개에 불과하다. 그렇다면 성장의 역설은 왜 발생하는가? 이 부분에 대해 기업 경영진의 85퍼센트는 그 원인이 외부가 아니라 내부에 있다고 진단한다. 대부분의 기업 성과 보고서나 분석은 외부적 결과에만 주목하고 있으므로 기업 내부의 문제를 파악하거나 파급력을 인식하지 못한다는 설명이다.

1990년대 휴대 전화 절대 강자, 노키아를 생각해 보자. 노키아가 실패한 것은 자원이나 기회의 문제가 아니었다. 그들은 이미 가질 수 있는 것은 모두 가지고 있었다. 시장 지위, 브랜드 파워, 기술, 고객, 자금 등 모든 것을 가졌지만 내부의 게임을 제대로 해내지 못해 실패한 것이다.

그렇다면 기업들에게 위기는 어떻게 찾아오는 것일까? 반역자 단계에서 안정적 대

기업 위치에 이르는 데 어떤 위험이 도사리고 있는 것일까? 그 주인공은 첫 번째로 물러서지 않는 창업자다. 기업이 성장하면서 자신의 역량을 넘어섰는데도 그저 열성을 다하는 창업자 유형은 흔하다. 이렇게 되면 현장 목소리가 실종되고 조직은 결과에 대해 책임을 지지 않는 의사 결정을 한다. 또 이런 문제를 바로잡기 위해 외부 경영진을 들이면 창업자는 더 큰 문제를 만든다.

두 번째 위험은 복잡성이다. 기업이 성장하기 시작하면 새로운 기회, 고객층, 시장, 제품 라인이 등장하게 된다. 복잡성은 효과적으로 관리하면 경쟁 우위가 되지만 대부분은 파멸 고리를 만들어 낸다. 그래서 애플로 복귀한 스티브 잡스는 전략과 상품을 간략하게 만들었다. 세 번째는 규모가 크고 성숙한 대기업들에게서 나타나는 문제다. 각 담당 관리자에게 책임을 부여한 매트릭스 조직은 조직 전체의 목적의식을 흐리게 한다. 여기서는 고객 경험이 무시되고 사명 의식마저 상실된다.

성장하는 기업이 반드시 겪는 문제 1―과부하

기업의 위기는 몇 가지 현상으로 정리해 볼 수 있다. 기업이 겪는 첫 번째 위기는 '과부하'다. 매출을 1억 달러에서 10억 달러로 키우거나 5억 달러에서 50억 달러로 키우려면 일하는 방식을 바꿔야 한다. 항상 해 오던 대로 하면서, 또는 똑같은 일을 단지 10배 더 하면서 그런 성장을 이룰 수는 없다. 과부하는 기업이 공격적으로 규모를 키울 때 발생하는 위기다. 기업의 규모가 커지면 시스템과 프로세스는 복잡해지는데, 이는 지금까지 기업의 성장을 가능케 했던 민첩성과 유연성 등 성장을 지속하는 데 필요한 요인들을 점차 상실하게 하는 결과를 가져온다. 규모와 복잡성의 폐해에 대해 적절히 대비하지 못하면 성장하는 기업은 과부하의 피해를 입을 수밖에 없다.

해결 방법은 반역성을 고취하는 것이다. 기업의 존재 이유, 반역성, 사명 의식을 다시 찾아야 하고, 조직 내부의 개방성을 확대하며, 계급 구조를 최소화해야 한다. 반역성을 재정의하는 작업도 필요하다.

성장하는 기업이 반드시 겪는 문제 2―속도 저하

두 번째 위기는 '속도 저하'다. 이는 성공적으로 규모를 키운 기업이 복잡성의 난제들과 씨름하는 가운데 발생한다. 관료주의가 팽배해지고 내부적 기능 장애가 심해지면 기업은 추진력을 잃고 쓰러지게 된다.

세계적으로 8000여 개 기업의 데이터를 분석한 결과 다음과 같은 결론이 나왔다. 지난 15년 사이에 반역적 단계에서 안정적 단계로 넘어간 기업은 5개 가운데 1개꼴이었다. 그중 3분의 2가 속도 저하에 직면했다. 여기에는 파나소닉, 소니, 타임워너, 샤프, 브리스톨-마이어스 스퀴브, 필립스, 마쓰다 등 유명 기업들도 포함된다. 더욱 중요한 점은 속도 저하에 직면한 대기업이 시장 지배력을 되찾고 이전의 추진력을 회복할 확률은 약 14퍼센트, 즉 7개 중 1개가 채 안 된다는 사실이다.

회생에 성공하는 기업은 대개 핵심 사업을 좁히거나 단순화하거나 재건하고, 기업이 가장 잘나갈 때 보유하던 몇몇 특성을 회복함으로써 목적을 달성한다. 속도 저하 사례의 3분의 2 이상에 해당하는 문제는 새로운 사업 모델 등장이나 게임 규칙에 구조적 변화를 일으키는 새로운 기술의 부상과는 그다지 관계가 없다.

속도 저하를 초래하는 가장 흔한 원인은 복잡성이다. 내부의 각 부분이 조화를 이루지 못하고 불화를 일으키며 복잡한 시스템의 붕괴를 가속화하는 것이다. 이것은 어느 정도 성장한 기존 대기업이 겪는 문제다. 시스코가 위기를 겪은 것은 복잡성때문이었다. 빠르고 젊은 반역적 기업은 전보다 더 빠르게 시장 지분을 늘려 가기 때문에 속도 저하에 걸리지 않는다. 주요 기업들의 임원 중 절반 이상은 자신들의 주요 경쟁자가 5년 후에는 다른 업체로 바뀌어 있을 것이라고 믿는다. 참신한 신기술로 무장한, 더 단순하고 더 어리고 더 빠른 업체가 경쟁자로 부상할 것이라는 이야기다.

성장하는 기업이 반드시 겪는 문제 3—자유 낙하

세 번째 위기는 기업의 생애 주기 어느 시점에서든 일어날 수 있는 '자유 낙하'다. 성숙한 기업이 새로운 반역자 등장으로 사업 모델에서 공격을 받는 경우에는 자유 낙하가 시작된다고 봐야 한다. 예컨대, 신생 아마존닷컴의 공격을 받던 서점이나 콘텐츠 다운로드가 시작되던 시기 비디오 대여점, 전기 자동차 등장으로 어려움을 겪는 가솔린 내연 기관을 탑재한 자동차 회사들이 있을 것이다.

자유 낙하는 속도 저하와는 다르다. 자유 낙하는 이익 성장률이나 시장 가치가 충격적으로 감소하는 것이다. 시장의 혼란이나 경쟁력 있는 사업 모델이 등장하면서 촉발된다. 하지만 속도 저하는 대부분 내부적인 것에서 기인한다.

자유 낙하에서 살아남는 방법은 무엇일까? 딱 한 가지 방법이 있다. 사업을 전면적으로 재정의하는 것이다. 자유 낙하를 경험하는 기업 중 10~15퍼센트만이 급강하에서 벗어나고, 그들 중 절반 이상은 핵심 사업을 근본적으로 재정의한다. 자유 낙하의 원인이 외부에 있는 것 같지만 근원은 사실 내부에 있는 셈이다.

자유 낙하에서는 기업 가치가 변동한다. 자유 낙하를 경험한 기업들은 30퍼센트 이상의 가치 변동을 겪는다. 자유 낙하 발생 빈도가 갈수록 증가하고 있다는 것을 생각할 때, 이 부분에 대해서는 준비를 해야 한다.

위기 속에는 희망도 있다는 사실을 명심할 필요가 있다. 과부하, 속도 저하, 자유 낙하는 기업에 불안정한 시기를 만든다. 하지만 위기는 기회를 부른다. 특히 자유 낙하는 기업의 가치 변동을 촉발하는 가장 큰 위기다. 베인앤드컴퍼니가 20개 기업을 30년간 조사한 연구에 의하면 기업은 안정적으로 성장할 때는 큰 가치를 만들어 내지 못하지만, 세 가지 위기 중 한 가지를 겪는 도중 큰 가치를 창출한 80퍼센트가 만들어졌다.

 좋아요! 기업 유형별로 어떤 리더십을 가져야 하는지를 명확하게 이해할 수 있다.

 아쉬워요! 내용은 좋은데, 전달 방식은 불친절하다.

회사를 다니며 창업하는 사람들이
성공할 확률이 높은 이유

오리지널스
−어떻게 순응하지 않는 사람들이 세상을 움직이는가
Originals-How Non-Conformists Move the World

한마디로 이 책은!

사람이라면 누구나 현재 상태에서 벗어나고자 하는 욕구가 있다. 정체 상태를 벗어나 발전하고 싶다면 규칙에 도전하고, 새로운 아이디어를 선보이며, 새로운 아이디어를 수용할 수 있어야 한다. 저자는 이른바 대세에 순응하지 않고, 시류를 거스르며, 구태의연한 전통을 거부하는 독창적인 사람들을 '오리지널스'라고 칭한다. 상황을 바꾸고 싶다면 닫혀 있던 입을 열고 용기를 내 독창적인 아이디어를 제시해야 한다. 그렇다면 우리는 왜 망설이는가? 어떻게 하면 자신의 경력을 무너뜨리지 않고, 인간관계를 해치지 않으며, 자신의 평판을 훼손하지 않고도 새로운 아이디어와 정책을 주장하고 관철시킬 수 있을까? 저자는 독창성을 발휘하고 지속시키는 방법을 모색하면서, 어떻게 하면 다른 사람들이 자신의 아이디어를 지지하게 만들지, 지도자들은 어떻게 하면 집단 사고를 타파할지 등에 대한 현실적인 대안을 제시한다.

저자 애덤 그랜트 펜실베이니아대 와튼스쿨 조직 심리학 교수. 하버드대 심리학과를 수석으로 졸업하고, 미시간대 대학원에서 조직 심리학 박사 학위를 받았다. 주제에 대한 심층 분석, 창의적이고 도발적인 연구 활동, 독창적인 개념과 방법론을 제시한 업적으로 서른한 살이라는 젊은 나이에 와튼스쿨 최연소 종신 교수로 임명되었다. 그의 강의는 학생들 사이에서 '새롭고, 적용 가능하며, 무엇보다 재미있다'고 정평이 나 있다. 덕분에 그는 3년 연속 '최우수 강의 평가상'을 수상했다. 그 밖에 〈비즈니스 위크〉가 선정한 '2012년 올해의 인기 교수', 〈포천〉이 선정한 '40세 이하 세계 탑 비즈니스 교수 40인'의 명단에도 이름을 올렸다.

애덤 그랜트 지음 | 홍지수 옮김 | 한국경제신문 | 2016년 2월 | 464쪽 | 16,000원(이북 12,800원)

성공한 기업가들은 회사를 섣불리 그만두지 않는다

수년 전 심리학자들은 무엇인가를 성취하는 데는 두 가지 길이 있다는 사실을 발견했다. 순응하는 길과 독창성을 발휘하는 길이다. 순응이란 이미 잘 닦인 길에서 앞선 무리를 따라가며 현상을 유지하는 것이고, 독창성이란 인적이 드문 길을 선택해 시류를 거스르지만, 참신한 아이디어나 가치를 추구해 결국 더 나은 상황을 만드는 것이다.

창업을 할 때 다니던 직장을 계속 다니는 게 나을까, 아니면 그만두는 게 나을까? 이 질문에 대해 뜻밖의 답을 제시하는 연구 결과가 있다. 흔히 위험을 무릅쓰고 창업에 전념한 사람들이 유리할 것이라 생각하기 쉽다. 하지만 실제로는 그 반대다. 직장을 계속 다닌 창업자들이 실패할 확률은 직장을 그만둔 창업자들이 실패할 확률보다 33퍼센트 낮았다.

2015년 〈패스트 컴퍼니〉가 선정한 '세계에서 가장 혁신적인 기업' 목록 1위를 차지한 와비파커가 그 예다. 대학생 넷이서 온라인으로 안경을 판매하겠다는 사업 구상을 했다. 이들은 다른 유명한 창업자들과는 달리 창업을 준비하면서도 다른 회사의 인턴으로 일했고, 졸업 후에 일할 직장을 구해 놓았다. 저자는 이 점을 그들의 성공 비결로 꼽는다.

흔히 우리는 성공적인 기업가에게는 목표를 달성하기 위해 위험을 감수하는 의지가 필수적이라고 믿는다. 하지만 와비파커 창업자들은 그 반대였기에 성공했다. 가진 것을 다 걸기는커녕 실패할 경우의 대안까지 마련해 놓았던 것이다. 이와 같은 사례는 더 많다.

나이키 창업자 필 나이트는 사업을 시작한 뒤에도 본업인 회계사 일을 한동안 계속했다. 애플 컴퓨터를 발명한 스티브 워즈니악은 스티브 잡스와 함께 애플을 창업했지만 그 뒤로도 본래 직장인 휴렛팩커드에서 계속 일했다. 구글 창립자 래리 페이지와 세르게이 브린도 마찬가지다. 인터넷 검색 기능을 향상시키는 방법을 알아내고 한참 지나서야 대학원을 휴학했다.

저자는 이들의 선택을 투자가들이 주식 포트폴리오를 관리하는 방식을 일상생활에 적용한 것으로 설명했다. 한 분야에서 위험을 감수하면 다른 분야에서는 신중하게 처신함으로써 전체적인 위험 수준을 관리한다. 한 분야에서 안정감을 확보하면 다른 분야에서는 자유롭게 독창성을 발휘할 수 있다. 그런 면에서 최고의 기업가들은 실제로는 위험을 무릅쓰기보다는 위험 요소를 아예 제거해 버리는 사람들에 더 가깝다.

독창적인 사람들의 특징

첫 번째, 파이어폭스나 크롬을 쓰는 사람들이다. 웹브라우저로 파이어폭스나 크롬을 사용한 직원들이 인터넷 익스플로러나 사파리를 사용한 사람들보다 재직 기간이 15퍼센트 더 길었다. 이 조사 결과가 우연이라고 생각한 하우스먼은 직원들의 결근 자료를 가지고 똑같은 분석을 했다. 그런데 마찬가지 결과가 나왔다. 파이어폭스나 크롬 이용자가 인터넷 익스플로러나 사파리 이용자보다 결근 확률이 19퍼센트 낮았다.

그 직원들을 차별화한 요인은 그들이 브라우저를 획득한 방법이었다. 인터넷 익스플로러나 사파리는 컴퓨터를 샀을 때 기본으로 설치되어 있는 브라우저다. 고객 상담 직원들 가운데 3분의 2가 내장된 브라우저를 사용했다. 그들은 더 나은 브라우저가 있지 않을까 의문조차 품지 않았다. 파이어폭스나 크롬을 사용하려면 다른 브라우저를 다운로드해야 한다. 내장된 기능을 그대로 쓰지 않고 주도적으로 여러 설정을 사용 습관에 맞게 만져야 한다. 있는 그대로 수용하지 않고 주도력을 발휘해 더 나은 선택 사항을 찾는 것이다. 아무리 미미한 일이라 해도 주도력이 작업 수행 능력을 예측할 수 있는 단서가 된다.

두 번째는 일을 미루는 사람들이다. 할 일을 미룬다는 것은 일을 하는 사람들에게는 최악의 습관이다. 그런데 미루는 행위가 생산성에는 독일지 몰라도 독창성에는 약이 된다는 연구가 있다. 꾸물거리는 것이 장점이 될 수 있는 것이다. 독창성은 서두른다고 생기는 것이 아니다. 마틴 루서 킹은 기념비적인 워싱턴 대행진 당일 전날 밤에야 연설문을 작성하기 시작했다. 링컨은 게티즈버그로 출발하기 전날 밤까지도 연설문을 작성하지 못했다. 레오나르도 다빈치는 '모나리자'를 15년 동안 그리다 말다를 반복하다가 죽기 직전에 완성했다. '최후의 만찬'은 구상하는 데만 15년을 보냈다.

사람들은 작업이 마무리되면 더 이상 그 작업에 대해 생각하지 않는다. 그러나 일을 중단한 채로 내버려 둘 경우, 그 일에 대한 생각이 머릿속을 계속 맴돈다. 빨리 끝내 버리고 싶은 유혹에서 벗어나 잠시 미뤄 둘 경우 참신한 아이디어를 생각해 내고 아이디어가 숙성될 시간을 벌 수 있게 된다.

세 번째는 서열이 낮은 형제들이다. 야구 선수들을 조사해 보니 동생들이 반드시 더

홀륭한 선수가 된 것은 아니다. 그런데 위험을 감수하는 성향에서는 동생들이 월등히 강한 모습을 보여 주었다. 동생들은 형들보다 도루를 시도할 가능성이 10.6배 높았고, 몸에 맞는 공으로 걸어 나갈 확률이 4.7배 높았다. 베이스를 훔치다가 아웃되거나 홈 플레이트 가까이에 서는 것을 두려워하지 않았다. 성공 확률도 형들보다 높았다. 동생들이 도루에 성공할 확률은 형들보다 3.2배 더 높았다. 정치와 과학에서도 이런 현상이 나타난다. 과학사가 프랭크 설로웨이의 연구에 따르면 손위 형제가 있는 과학자들은 코페르니쿠스의 지동설, 다윈의 진화론, 뉴턴의 역학, 아인슈타인의 상대성 이론 등 당대의 급진적인 과학 이론을 지지하는 경우가 맏이보다 적게는 3배에서 많게는 9.7배 높았다.

천재 소리를 듣던 신동들이 어른이 되어 세상을 바꾸는 일은 드물다.
심리학자들이 역사상 가장 영향력이 컸던 인물들을 연구한 결과
어린 시절 특별히 재능이 있던 사람은 거의 없었다.
그리고 신동 집단의 일생을 추적해 본 결과
평범한 아이들보다 뛰어난 삶을 살지도 않았다.—31쪽

신동들이 성공하지 못하는 이유

심리학자들이 역사상 가장 뛰어나고 영향력이 컸던 인물들을 연구한 결과 어린 시절 특별히 재능이 있던 사람은 거의 없었다. 어릴 적에 천재 소리를 듣던 신동들이 어른이 되어 세상을 바꾸는 일은 드물다. 그리고 신동 집단의 일생을 추적해 보면 경제 사정이 비슷한 집안에서 자란 평범한 아이들보다 뛰어난 삶을 살지도 않는다. 재능이 있는 아이들이 실패하는 이유는 세상 물정을 모르기 때문일까? 재능이 뛰어난 아이들 가운데 사회성이나 공감 능력이 부족한 아이들은 4분의 1도 안 된다. 대다수는 잘 적응한다.

그들이 성인이 되어 성공하지 못하는 가장 큰 이유는 독창성을 발휘하는 법을 배우지 못했기 때문이다. 신동들은 카네기 홀에서 연주를 하고 과학 올림픽에서 메달을 따고 체스 챔피언이 되지만, 그러는 동안 독창성이 생기지는 않는다. 반복 연습을 통해

하던 일에 능숙해질 뿐이다. 신동들은 모차르트와 베토벤의 음악을 완벽하게 연주하지만, 독창적인 곡을 작곡하지는 않는다. 그들은 이미 존재하는 과학적 지식을 소화하는 데 에너지를 쏟아붓지 새로운 개념을 생각해 내지는 않는다. 그들은 기존 게임의 정해진 규정을 따르기만 할 뿐 스스로 게임을 만들거나 그 게임에 맞는 규정을 만들 생각을 하지는 않는다. 그들은 평생 부모로부터 인정을 받고 선생님들에게 칭찬을 받으려고 애쓴다.

성공과 실패는 타이밍이 결정한다

독창적인 혁신가에는 크게 두 가지 유형이 있다. 개념적 혁신가들은 대단한 아이디어를 생각해 내고 그 개념을 실행하는 데 착수한다. 실험적 혁신가들은 시행착오를 통해 문제를 해결하면서 지식을 축적하고 진화해 간다. 그들은 특정 문제를 다루면서도 처음부터 특정 해결책을 염두에 두지는 않는다.

개념적 혁신가들은 단거리 주자인 반면, 실험적 혁신가들은 마라톤 주자다. 노벨상을 수상한 경제학자들을 연구한 결과, 개념적 혁신가들은 가장 큰 영향을 미친 연구를 평균 마흔세 살 전에 한 반면, 실험적 혁신가들은 평균 예순한 살에 한 것으로 나타났다. 또 유명 시인들의 작품 가운데 가장 자주 인용된 시들을 분석했더니, 개념적 혁신가들은 최고의 작품을 스물여덟 살에 지은 반면, 실험적 혁신가들은 서른아홉 살에 지었다. 그리고 노벨상을 수상한 물리학자들을 분석한 연구를 살펴보면 서른 살 이하의 천재들 가운데 정확히 절반이 이론적인 연구를 한 개념적 혁신가였다. 한편 마흔다섯 살 이상의 노련한 거장들 중에 92퍼센트가 실험적인 연구를 한 실험적 혁신가인 것으로 나타났다.

100여 개의 기업을 창립하는 데 관여한 아이디어 랩 창립자 빌 그로스는 무엇이 성공과 실패를 가르는지 분석해 보았다. 가장 중요한 요인은 아이디어의 독창성도, 팀의 재능과 실행 능력도, 사업 모델의 질도, 가용 자금이 있는지 여부도 아니었다. 가장 중요한 요소는 시기 포착이었다. 적절한 시기 포착이 성공과 실패를 결정하는 데 42퍼센트의 비중을 차지했다.

미국인들은 선발 주자가 유리하다고 믿는다. 신상품이나 새로운 서비스, 기술을 먼저 출시하면 남들보다 먼저 배우고, 가장 좋은 공간을 점유하고, 고객을 독점할 수 있다. 하지만 언제나 선발 주자가 유리한 것은 아니다. 후발 주자들은 보통 '모방꾼'이라는 비웃음을 사지만 더 크게 성공하는 경우도 있다. 후발 주자들은 충분히 준비한 후 새로운 것을 제시한다. 가정용 비디오 게임 콘솔 분야의 개척자는 1972년에 출시된 마그나복스 오디세이였지만, 닌텐도는 1975년에 진출해 '슈퍼마리오 브라더스', '젤다의 전설'과 같은 히트작들을 출시하며 단순한 게임만 가지고 있던 마그나복스를 시장에서 퇴출시켰다. 독창적이기 위해 반드시 선발 주자일 필요는 없다. 뒤늦게 시작한다 해도 그저 색다르고 더 나으면 그만이다.

아이디어에 대한 의견은 동료들에게 물어라

좋은 아이디어가 있다면 스스로 판단하거나 경영진의 평가를 구하는 것보다 자신과 같은 분야에 종사하는 동료들에게 의견을 구해야 한다. 그들은 생소한 아이디어에 열린 자세를 지니고 있고, 따라서 부정 오류(실패할 것으로 예상했지만 실제로는 성공하는 경우)를 저지를 가능성이 낮다.

공연자들은 관중의 호응 못지않게 동료들의 찬사를 갈망한다. 코미디언들은 동료 코미디언을 웃게 만드는 일이 가장 큰 영예라고 종종 말한다. 마술사들은 관객을 속이면서 희열을 느끼지만 동료 마술사들을 어리둥절하게 만드는 게 인생의 목표다. 이는 일종의 지위 추구 행위로 자신과 비슷한 동료 집단의 인정이 관계없는 사람들의 인정보다 중요하다고 생각하는 것이다. 동료 집단의 평가에 신경을 쓰는 또 한 가지 이유는 동료 집단이 가장 믿을 만한 평가를 하기 때문이다. 사람들은 동료의 아이디어를 평가할 때 아이디어를 낸 당사자와 비슷한 사고를 하기 때문에 비교적 정확하게 평가할 수 있다.

스탠퍼드대 저스틴 버그 교수는 1000여 명의 성인에게 여러 가지 참신한 상품의 시장성을 예측하도록 했다. 이 가운데에는 실용적인 아이디어도 있고, 실용성이 덜한 제품도 있으며, 평범한 제품들도 있었다. 한 집단에게는 경영진처럼 성공하는 상품의 조건 세 가지를 생각해 보라고 했고, 한 집단에게는 아예 새로운 제품 아이디어를 내 보라고 했다. 6분이 흐른 뒤 두 집단에게 상품의 성공 가능성을 물어봤다. 경영진처럼 생각한 집단의 정확도는 51퍼센트였고, 스스로 아이디어를 생각한 집단의 정확도는 77퍼센트였다. 같은 종류의 생각을 한 사람들은 아이디어의 참신함이나 성공 확률을 더 객관적으로 파악할 수 있었다. 성공과 실패를 잘 예측하려면 스스로 생각하는 경험이 절대적으로 필요하다는 뜻도 된다.

 좋아요! 애덤 그랜트라는 유명하고 능력 있는 저자가 성공한 사람들의 비밀을 설득력 있는 근거로 밝힌다.

 아쉬워요! 독창적이고 유능한 사람들의 특징은 알겠는데, 그렇지 않은 사람들은 어떻게 하라는 말인가? 맏이로 태어난 사람들은 창의적인 인재가 되는 것을 포기해야 할까? 번역 오류가 많은 편이다.

세상을 바꾼 사람은 모두 또라이였다

또라이들의 시대
–세상에 없던 나만의 방식으로 어떻게든 성공하는

The Misfit Economy-Lessons in Creativity from Pirates, Hackers,
Gangsters and Other Informal Entrepreneurs

BEST BOOK 65

한마디로 이 책은!

해적, 해커, 갱스터 등 목숨 걸고 일하는 지하 세계 기업가들이 세상에 없던 창조적이고 파괴적인 방식으로 이뤄 낸 성공을 분석한 책이다. 저자들은 미국, 영국을 비롯해 중국, 인도, 브라질, 케냐, 소말리아 등 세계 각지를 다니며 수많은 사람을 인터뷰했고 5000여 건의 사례를 분석했다. 그중에서 가장 주목할 만한 사례들을 책으로 정리했다. 단돈 100만 원의 제작비로 50억원을 번 영화 제작자의 창의적인 꼼수, 짝퉁 이베이를 오픈한 지 100일 만에 진짜 이베이에 500억 원에 팔아넘긴 독일 삼형제, 판매도 불법이고 사겠다는 사람도 없는 낙타유 사업을 성공시킨 미국 명문 MBA 졸업생 등 이 책에는 어려운 조건 속에서도 사업을 키우고 운영하며 세계로 확산시킨 사람들이 등장한다. 그리고 우리가 현실에서 적용할 수 있는 그들만의 성공 기술 세 가지를 자세하게 풀어놓았다.

저자 **알렉사 클레이** 브라운대에서 과학사와 국제 개발학을 전공했으며, 영국 옥스퍼드대에서 경제사로 석사 학위를 받았다. MIT 미래 금융 연구 팀에서 연구원으로 일했다. 혁신적인 아이디어로 사회 문제를 해결하는 사회 혁신 기업가들을 지원하는 글로벌 단체 '아쇼카'에서 수석 디렉터로도 일했다. **키라 마야 필립스** 네트워크 기반의 컨설팅 업체 '포인트 피플'을 설립하고 이사로 재직 중이다. 이스라엘 IDC 헤르츨리야대에서 외교학과 국제 분쟁 해결을 전공했으며, 런던 정경대에서 국제 정치학으로 석사 학위를 받았다. 영국 〈가디언〉에서 환경 전문 기자로 일한 바 있다.

알렉사 클레이, 키라 마야 필립스 지음 | 최규민 옮김 | 알프레드 | 2016년 3월 | 280쪽 | 15,000원(이북 10,500원)

세상을 바꾼 사람은 모두 또라이였다

이 책은 '위대한 기업에게 배우는 시대는 끝났다'고 주장한다. 대신 '또라이들'에게 배워야 한다고 말한다. '또라이'는 문제아, 악동, 미친 사람, 사고뭉치 등을 뜻하는 비속어로, 사전에 나오지 않는 말이다. 신뢰할 수 없는 일탈자(사기꾼, 미친놈, 양아치, 괴짜, 이상한 사람)로 여겨지는 것이 보통이다. 누군가를 욕되게 일컫는 일종의 욕이지만 요즘에는 좋은 의미로 쓰일 때가 많다. 권위에 주눅 들지 않고 관습에 굴복하지 않으며 자기가 하고 싶은 것, 자기가 옳다고 믿는 것을 어떤 어려움 속에서도 밀어붙이는 사람을 의미한다. 좋은 의미로만 본다면 새로운 것을 창조하고 기회를 최대한 활용하려는 인간 본연의 욕구에 따라 행동하는 혁신가다. 아인슈타인, 피카소, 에디슨, 라이트 형제, 잡스 등 세상에 큰 변화를 몰고 온 사람은 모두 그 시대의 또라이였다. 창조적 또라이들은 주류 경제의 스타 기업가와 비슷하다. 그들은 규칙을 좋아하지도, 따르지도 않는다. 그리고 그런 정신으로 세상을 바꿀 아이디어를 내고 실행에 옮긴다. 또라이들과 실리콘밸리 기업가들의 공통점은 '혁신'이다. 본질적으로 두 집단에 차이는 없다.

요즘에는 주류 경영학자 중에서도 비주류의 혁신에 관심을 갖는 학자가 늘고 있다. 가령, 궁벽한 상황에서 독창적인 방식으로 난관을 돌파하는 인도식 혁신을 일컫는 '주가드 혁신'을 다루는 논문과 언론 보도가 크게 늘었다. 기존에 있는 부품들을 짜깁기해 만든 자동차, 전기를 쓰지 않는 진흙으로 만든 냉장고, 방수천 안에 온수를 넣어 만든 값싼 인큐베이터 같은 물건 등이 주가드 혁신의 대표적인 산물이다.

....

**창조적 또라이들은 주류 경제의 스타 기업가들과 비슷한 점이 많다.
스스로 정한 기준을 철저히 따르고, 그걸 위해서 큰 리스크를 감수하며,
열정과 도전으로 자유와 독립, 성공을 추구한다는 점에서 그렇다.—61쪽**

....

근면과 절제로 성공하는 시대는 끝났다

왜 또라이들의 시대를 알아야 하는가? 첫 번째, 근면과 절제로 성공하는 시대가 끝났기 때문이다. 지금 주류 경제를 지배하는 원리는 250여 년 전 산업혁명 때 나온 것들이다. 효율성, 표준화, 전문화를 중요시하는 시스템은 프레더릭 테일러가 만들기 시작해

산업혁명 때 완성된 것이다. 그리고 여기에는 적절한 타협점이 만들어져 왔다. 근면, 절제, 온건, 권위에 대한 복종은 시대적 황금률이었다.

두 번째, 창조적 파괴가 필요한 시점이기 때문이다. 1935년 기업 평균 수명은 90년이었다. 하지만 2012년에는 15년으로 줄었다. 제약 회사들도 특허 보호 기간이 끝나면 복제약과 경쟁해야 한다. 이런 현상들은 계속 드러나고 있다.

세 번째는 기업들의 인재관이 바뀌고 있기 때문이다. 기업들은 점차 조직적 인간에서 비조직적 인간으로 대체하려 한다. 과거 균형 잡힌 인간이 차지한 고위직 자리를 또라이들로 대체하려 한다. 하지만 기존 형식과 질서를 파괴하고 자율성을 확보하는 것은 어려운 일이다.

영국 경제 주간지 〈이코노미스트〉는 특집 기사를 통해 요즘 최고의 회사들이 과거와는 완전히 다른 기준으로 사람을 뽑는다고 보도했다. 소프트웨어 회사들은 사회성이 없는 괴짜들을 싹쓸이해 가고, 헤지펀드는 숫자밖에 모르는 별종들을 끌어모으며, 할리우드는 변덕스럽고 괴팍한 창조가들을 앞다투어 모셔 간다는 것이다. 해당 업계의 발전을 위해서는 위험을 감수하고서라도 이들의 특별한 능력이 꼭 필요해서다. 페이스북의 마크 저커버그가 회사를 해커 조직처럼 만들고 싶다고 한 것도 이 때문이다.

또라이들의 세 가지 성공 법칙

또라이들이 잘 사용하는 전술과 전략적인 방법에는 어떤 것이 있을까? 먼저 '허슬'이다. 허슬은 원래 '폭력, 사기, 위조 등으로 무언가를 획득하는 것'을 뜻하는 말이었다. 이 책에서 말하는 허슬은 무에서 유를 창조하는 것, 어떻게든 일을 되게 만드는 마음가짐, 가지지 않은 것에 화내느라 시간 낭비하지 않고 가진 것을 최대한 활용하는 자세 등을 의미한다. 허슬을 가진 사람, 허슬러들은 기회가 찾아오기를 기다리는 게 아니라, 기회를 찾아 움직이고, 스스로 기회를 만든다. 현재는 기업에서 큰 포부를 지닌 지원자들이 지녀야 할 덕목으로 자주 등장한다.

놀라운 것은 허슬러 기질은 전과자들과 유명한 창업자들도 갖고 있는 성향이라는 점이다. 교도소 재소자들을 대상으로 하는 창업 지원 프로그램을 보면 전과자 상당수가 훌륭한 사업가 기질을 보인다. 조용하고 관찰력이 날카로우며 트렌드나 패턴을 포착하는 능력이 뛰어나다. 또 어떤 비즈니스에서도 사용할 수 있는 승부사 기질을 갖고 있다. 유명한 창업자들도 비행 청소년, 무단결석, 싸움, 음주와 흡연, 기물 파손 행위 등의 기록이 있으며, 청소년기에는 마약, 도박, 절도, 무단 침입 등 불법적인 행동을 했다. 그들은 또 기존 규칙에 대한 반감이 강하고 스스로 정한 룰을 중요시했다.

두 번째는 복제다. 중국의 짝퉁 산업 산자이는 원래 '산적의 소굴'이라는 뜻으로 국가의 지배나 법의 통제를 벗어난 지역을 뜻하는 말이었으나 지금은 모조품이나 가짜를 일컫는 말로 쓰인다. 중국 사람들은 산자이에 당당하다. 스마트폰, 자동차, 방송 프로그램, 건물 디자인, 심지어 도시 전체를 도용하면서도 부끄러워하지 않는다. 산자이를 단순한 복제가 아니라 소비자의 욕구나 필요에 따라 저렴한 가격으로 개량한 것으로 보기 때문이다. 그들에게 산자이는 독창적인 신상품을 만드는 것은 아니지만 범주를 초월한 상품을 만드는 것이다.

산업 발전 초기에는 모든 나라가 이와 비슷한 과정을 거쳤다. 미국도 산업화 초기에는 유럽의 특허 기술을 무단으로 사용했다. 독일에는 에어비앤비를 카피한 윔두, 유튜브를 카피한 마이비디오 등이 있다. 정보의 접근이 쉬워진 인터넷 시대에는 제품, 서비스, 비즈니스 전체를 복제하고 모방할 수 있다. 이쯤 되면 복제를 전략적 모방이라고 표현할 수도 있을 것이다. 전략적 모방자들을 주목해야 하는 이유는 이들의 생존 확률이 혁신가와 선도자들보다 높기 때문이다. 혁신가들의 사업 영역은 제한되어 있고 성공에 안주해 잠복한 위험들을 과소평가할 가능성이 크다. 전략적 모방자는 이런 자만에 빠질 가능성이 낮고 시장의 변화에 민감하므로 적의 공격 방어에 능하다는 것이다. 한국·미국·일본 기업을 모방해 오던 중국 기업들의 눈부신 성장을 보라. 이제 오히려 그들의 기술이 산업 선진국들을 앞지르고 있다.

세 번째는 해커다. 해커들이 해킹에 빠지는 동기는 복잡한 퍼즐이나 수수께끼를 풀 때 맛보는 쾌감, 권력에 대한 반항, 정보는 자유여야 한다는 신념 등이다. 그래서 해커들은 사물을 이해하기 위해 열광적으로 분해한다. 하지만 이제 해킹의 의미가 확장되고 있다. 나이팅게일과 마틴 루서 킹은 투쟁으로 각 분야를 해킹한 사람들이다. 해적들의 동등한 임금 체계와 수평적 조직 문화도 해킹으로 발전한 것이다. 조직 문화에서도 해킹을 사용하면서 '해커톤'이라는 신조어가 생겼다. 페이스북의 경영 방식 또한 해커 방식이다. 해킹은 뭔가를 새롭게 만들고 가능성의 한계를 시험하는 일이다.

또라이는 남들의 시선을 의식하지 않는다

이 책에는 원하기만 하면 어떻게든 방법을 찾아낼 수 있다는 것을 증명하는 사람들이 등장한다. 클레이와 필립스는 여러 단체와 기업에서 일하는 동안 사회 변화의 수천 가지 모델을 접했고, 자유롭고 유연한 비주류 경제권의 힘을 확인했다. 미국, 중국, 영국, 인도, 브라질, 남아프리카 공화국, 케냐 등 세계 곳곳을 방문해 해적, 갱단, 예술가, 복제품 생산자, 사회적 기업가 등 수많은 창조적인 또라이들을 심층 취재했다.

짝퉁 이베이를 오픈한 지 100일 만에 진짜 이베이에 500억 원에 팔아넘긴 독일 삼형제, 판매도 불법이고 사겠다는 사람도 없는 낙타유 사업을 성공시킨 청년 사업가, 파리 지하수로를 다니며 문화재를 복원하는 그룹, 어떤 일을 하든 돈을 벌 수 있다고 자신하는 전과자 출신 사업가, 거대 조직 포드에서 왕따를 당하며 나 홀로 프로젝트를 진행하면서도 포드의 미래가 자신에게 달려 있다고 말하는 연구원 등 언론의 주목을 받은 적은 없지만 인생의 기회를 만든 사람들을 직접 만났다. 전 세계 창조적 또라이들이 어려운 조건 속에서 어떻게 사업을 어떻게 키웠고, 어떻게 운영했으며, 어떻게 확산시켰는지, 그리고 그들의 방식을 우리가 어떻게 적용할 것인지를 밝히고 있다.

지금 이 시대에는 체제에 순응하고 기존 방식을 따르는 사람보다는 기존 제도와 관습, 직종에 얽매이지 않고 당당하게 자신을 드러내고 새로운 아이디어를 과감하게 실행하는 사람이 성공한다는 것을 증명한다. 시대가 빠르게 변하고 사람들이 비슷해지고 있기 때문에 자신에게 솔직한 사람이 오히려 유리하다는 것이다. 성공하는 또라이가 많아지면 우리 사회도 남들과 조금 다른 길을 걷는 사람들을 너그러운 시선으로 보게 될 것이다. 저자들은 그런 과정을 통해 세상이 더욱 긍정적으로 변할 것이라 믿는다. 어쩌면 자신에게 솔직해지는 것이야말로 가장 확실한 성공의 길일지도 모른다.

 좋아요! 범죄자들에게도 배울 게 있다는 관점이 새롭다.

 아쉬워요! 어떻게 하면 또라이가 될 수 있는지는 알려 주지 않는다.

3조 원 자산가 링크트인 창업자가 말하는 인맥 관리의 중요성

연결하는 인간
-그들은 왜 공유와 경쟁을 즐기는가

The Start-Up of You-Adapt to the Future, Invest in Yourself, and Transform Your Career

한마디로 이 책은!

리드 호프먼은 개인이 진로를 계획하고 경력을 만들어 가는 전략을 실리콘밸리 창업자들의 성공 비법에서 찾는다. 그는 실리콘밸리 창업자들은 '자기 자신'이라는 스타트업을 경영하는 것에서 출발해 직업적 인맥을 확장하고 합리적으로 리스크를 감수했다고 말한다. 피터 틸, 일론 머스크, 스티브 천 등 페이팔 출신 창업자들 모임인 페이팔 마피아를 비롯해 애플 공동 창업자 스티브 워즈니악이 소속돼 있던 홈브루 컴퓨터 클럽, 벤저민 프랭클린이 주축이 됐던 런던 커피 하우스 모임까지 두루 살피며, 공통의 관심사를 가진 소규모 모임이 개인이나 조직에 어떤 영향력을 행사했는지를 흥미롭게 보여 준다.

저자 리드 호프먼 약 2억 명의 가입자를 보유한 인맥 관리 사이트 링크트인 공동 창업자. 2016년 링크트인이 마이크로소프트에 인수됨에 따라 마이크로소프트 이사로 재직하고 있다. 스탠퍼드대에서 인지 과학을 공부하고 옥스퍼드대에서 철학 석사 학위를 받았다. 애플에서 사회생활을 시작해 1997년 온라인 데이팅 사이트인 소셜넷을 창업했고, 이후 페이팔에 최고 운영 책임자로 합류했다. 2003년 링크트인을 창업해 최고 경영자를 지냈다. 자산 규모는 31억 달러에 이르는 것으로 알려져 있다.

벤 카스노카 실리콘밸리에서 인사 전문가로 활동하며 인재 개발 컨설팅 회사 와사비벤처스 자문 위원과 얼라이드탤런트 파트너를 지냈다. 10대 시절 전자 정부 소프트웨어 회사인 콤케이트를 창업했고, 이후 벤처 업계에서 크고 작은 성공을 거두며 이름을 알렸다. 2006년 〈비즈니스 위크〉가 뽑은 '미국에서 가장 뛰어난 청년 사업가'로 선정된 바 있다. 저서로 《디 얼라이언스》, 《마이 스타트업 라이프》 등이 있다.

리드 호프먼, 벤 카스노카 지음 | 차백만 옮김 | 알에이치코리아 | 2015년 10월 | 316쪽 | 15,000원(이북 10,500원)

자신을 기업이라고 생각하라

기존의 전통적인 진로 체계가 무너지면서 이전 세대들이 기업에서 누린 직원 육성의 교육 과정도 함께 사라지고 있다. 회사는 당신에게 투자할 의사가 조금도 없다. 당신이 얼마나 오래 회사에 헌신할지 회사가 확신하지 못하기 때문이다.

대학 졸업자들과 전문직 종사자들이 경쟁에서 살아남기 위해서는 새로운 사고방식과 기술이 필요하다. 빠르게 변화하는 환경에서 회사를 세우고 경영하는 실리콘밸리 기업가들처럼 개인들도 네트워크를 활용해 정보를 모으고 성장의 기회를 발굴해야 한다. 그리고 그 기회를 활용할 수 있도록 기술을 연마하는 데 시간을 투자해야 한다.

오늘날 직업 세계에서 직면하는 수많은 도전에 적절하게 대응하려면, 우리는 기업가 본성을 재발견하고 이를 활용해 새로운 형태의 진로를 만들어 내야 한다. 당신이 무슨 일을 하든 스타트업을 경영하는 기업가라는 점을 인식해야 한다. 당신이라는 스타트업이 어떻게 성장하느냐에 따라 당신의 진로도 달라진다.

당신이 하는 일은 100만 명이 할 수 있다

캘리포니아 실리콘밸리 101번 고속도로의 광고판에는 '100만 명이 당신이 하는 일을 할 수 있다. 당신이 그들보다 특별한 이유는 무엇인가?'라는 글이 쓰여 있다.

100만 명이란 숫자가 과장일지 모르지만, 당신의 일을 대신할 수 있는 사람이 수없이 많다는 것은 결코 과장이 아니다. 사람들이 원하는 모든 것에는 경쟁이 존재하기 마련이다. 기업이나 개인이나 마찬가지다. '최초이거나 유일하거나 더 빠르거나 더 낫거나 더 저렴한 제품'이 아니라면 그 제품은 절대로 고객의 시선을 끌지 못한다.

진로는 어떻게 만들어야 하는가? 좋은 진로 계획은 경쟁 자산, 포부, 시장 현실 등 세 가지 퍼즐 조각의 상호 작용으로 이루어진다. 따라서 세 퍼즐 조각은 서로 잘 들어맞아야 한다. 핵심 기술을 익힌다고 해서 저절로 경쟁 우위를 갖게 되는 것은 아니다. 자신이 열정을 느끼는 특정한 일(포부)에 뛰어나다(경쟁 자산)고 해서 반드시 누군가 돈을 주고 당신을 고용(시장 현실)하고 일할 기회를 주는 것도 아니다.

만약 다른 사람이 당신과 똑같은 일을 더 낮은 보수에 할 수 있거나 더 믿음직하게 해낸다면 어떡하겠는가? 만약 당신이 보유한 기술에 대한 시장 수요가 존재하지 않는다면 어떡하겠는가? 그렇다면 결코 경쟁 우위가 될 수 없다. 자신의 포부를 따라간다고 해서 저절로 좋은 진로가 열리는 것도 아니다. 열정은 있지만 다른 사람들과 비교해 능력이 뛰어나지 않다면 어떡하겠는가? 지나치게 시장 현실에 맞추는 것 또한 지속 가능한 경쟁 우위가 될 수 없다.

> 다른 사람들이 어려워하는 문제에 대해 스스로 쉽다고 느낄 때,
> 그것이 바로 자신이 가지고 있는 소중한 무형 자산이다.—56쪽

인맥에 투자하라

과거 수세기 동안 사회에서 영향력을 행사한 이들은 글을 읽고 쓸 수 있는 사람들이었다. 인터넷 시대가 도래하면서 사회적 영향력은 글을 읽고 쓰는 능력으로부터 방대한 정보 속에서 가장 좋은 정보를 찾아낼 수 있는 능력으로 옮겨 갔다. 작가 존 배텔은 방대한 검색 결과 속에서 가장 좋은 정보의 링크를 클릭하는 능력을 이른바 '검색 지능'이라 명명했다. 그런데 오늘날에는 검색 지능보다 더 큰 경쟁 우위를 제공하는 것이 있다. 바로 네트워크 지능이다. 이제 자신의 사회적 네트워크에서 흘러나오는 정보에 접속해 이를 개념화하고, 그로부터 도움을 받을 수 있는 방법을 찾아야 한다.

썬 마이크로시스템즈의 공동 창업자이자 실리콘밸리 벤처 투자가인 비노드 코슬라는 '당신이 구성한 팀이 곧 당신의 회사'라고 말한다. 마크 저커버그 역시 인재 영입에 자신의 시간 중 절반을 할애한다고 한다. 기업가들이 늘 뛰어난 인재를 영입하고 훌륭한 팀을 구성하는 데 시간을 보내는 것처럼, 당신 또한 스스로의 진로를 정하고 성장하려면 직업적 네트워크를 구축하는 데 늘 투자해야 한다. 만약 당신이 빠른 속도로 커리어를 쌓길 원한다면 다른 사람의 도움과 후원이 필요하다. 기업 창업자처럼 부하 직원을 고용하거나 이사회에 보고해야 할 의무 같은 것은 없다. 당신이 해야 할 일은 함께 성장할 수 있는 다양한 지지자와 조언을 해 줄 사람으로 팀을 구성하는 것이다.

우연한 모임을 만들어라

저자들이 소속돼 있는 실리콘밸리 회사 동창 모임은 수많은 기회를 제공했다. 페이팔

이 이베이에 인수된 뒤 페이팔 경영진은 새로운 무대로 옮겨 갔지만 여전히 긴밀한 관계를 유지하면서 서로의 회사에 투자하고, 서로를 고용하고, 사무 공간을 공유했다. 이 모임에는 회원의 의무, 회원끼리만 통하는 비밀 암호, 정기적인 월례 모임 같은 것은 없다. 그저 자유롭게 서로 협력할 뿐이다. 하지만 이런 친분 관계로부터 실리콘밸리에서 가장 성공적인 사업들이 생겨났다. 이 모임이 그 유명한 '페이팔 마피아'다.

호프먼은 네트워크 구축을 위한 인맥을 자신이 직접 알고 있는 1단계 인맥, 지인의 지인인 2단계 인맥, 그리고 지인의 지인의 지인인 3단계 인맥으로 나눈다. 1단계 인맥에는 직업적 협력자와 '약한 연대'를 맺는 사람들이 있다. 직업적 협력자들은 페이팔 마피아들처럼 서로의 진로에 직접적인 영향을 주는 관계로, 서로 적극적으로 조언을 구하고 기회를 공유하며 강한 연대감을 조성하는 사이다. 반면 약한 연대의 사람들은 협력자들에 비해 함께하는 시간은 적지만 우호적인 관계를 유지하는 사람들이다.

약한 연대의 중요성

약한 연대의 중요성은 이들이 다른 세계로 통하는 가교 역할을 함으로써 잘 모르는 정보나 생각지 못한 기회를 소개해 줄 가능성이 높기 때문이다. 사회학자 마크 그라노베터의 연구에 의하면 일자리를 소개해 준 사람과 만나는 빈도수를 묻는 질문에 '자주 만난다(일주일에 2회)'는 16퍼센트에 불과했고, '가끔씩 만난다(일주일에 2회는 아니지만

적어도 1년에 1회 이상)'는 55퍼센트, '드물게 만난다(많아야 1년에 1회)'는 27퍼센트로 나타났다. 일자리를 소개해 준 대부분의 사람이 약한 연대에 속했다. 그는 '약한 연대의 힘'이라는 보고서에서 잘 모르는 지인들이야말로 좋은 일자리를 소개해 주는 사람들이라고 했다.

호프먼은 1단계 인맥뿐 아니라 2단계, 3단계 인맥을 영리하게 활용하는 능력을 키울 것을 강조한다. 심리학자 스탠리 밀그램과 사회학자 던컨 와치의 연구에 의하면 지구의 모든 사람은 6명의 주선자를 통하고 통하면 서로 연결되어 있다. 이런 연결성은 스스로의 진로 기회를 모색하고 발전시켜 나가는 데 매우 중요하게 활용된다.

1단계 인맥이 3단계 인맥보다 필요한 정보를 더 자세히 제공해 줄 가능성이 크다. 하지만 자신만의 사회적 네트워크 도면을 가지고 이를 구체적으로 도식화해 둔 사람과 그렇지 않은 사람 사이에는 상당한 차이가 발생한다. 신뢰하는 인맥의 영향력과 다양성, 네트워크를 통해 유입되는 정보의 신선도, 약한 연대의 범위, 그리고 2단계와 3단계에 도달할 수 있는 용이성을 파악한 사람만이 급변하는 직업 환경에서 진로를 전환하고자 할 때 이를 적절하게 활용할 수 있다.

그러나 모든 사람에게 모든 네트워크가 중요한 것은 아니다. 아직 젊고 여러 진로 기회를 탐색하는 과정에 있다면, 다양한 분야에 속해 있는 여러 약한 연대가 더 중요하다. 오래도록 직업을 갖고 일을 해 왔다면 협력자 관계를 더 강화하고 특정 분야에서 깊은 인맥을 쌓는 편이 더 바람직하다.

 좋아요! 링크트인 창업자가 쓴 책이다. 우리가 소셜 미디어를 왜 이용해야 하는지에 대한 이야기가 가득하다.

 아쉬워요! 링크트인 창업자이기에 소셜 미디어를 찬양할 수밖에 없다. 그러나 대안이 늘 하나만 존재하는 것은 아니다.

거대한 변화를
최고의 기회로 만드는 법

볼드
–새로운 풍요의 시대가 온다
Bold-How to Go Big, Create Wealth and Impact the World

한마디로 이 책은!

구글의 창립자 래리 페이지는 2012년 한 강연에서 이렇게 말했다. "우리가 만들어 낸 많은 것이 처음에는 미친 생각처럼 보였죠. 크롬처럼 말이에요."

하지만 지난 10년간 우리는 이런 '미친 생각'들이 산업의 판도를 뒤바꾸고 '미친 사람들'이 시장의 새로운 지배자가 되는 현상을 목격해 왔다. 그런 변화의 저변에는 우리의 예상을 뛰어넘어 훨씬 빠른 속도로 발전하는 첨단 기술이 있었다. 이른바 '기하급수 기술'의 등장이다. 기하급수 기술이란 기하급수적 성장 곡선을 따르는 모든 기술, 즉 주기적으로 그 능력이 2배가 되는 모든 기술을 가리킨다. 하나가 둘로 되는 점진적 발전이 아니라 둘이 넷으로, 넷이 여덟으로 발전하는 기술로, 컴퓨터 기술이 가장 대표적인 기하급수 기술이다. 분명한 사실은 지난 10년 동안 이룬 발전보다 앞으로 5년간 이루어질 변화가 더 크고 인류 미래에 더 큰 영향을 미칠 것이라는 점이다. 그리고 이런 '급격한 변화'는 누군가에게는 곧 '거대한 기회'를 뜻한다. 반대로 누군가에는 위협이 될 것이다. 당신은 어느 쪽인가?

저자 피터 디아만디스 실리콘밸리 소재 창업 교육 기관인 싱귤래러티대 학장. 싱귤래러티대는 미래를 바꿀 기술과 기업을 양성하기 위해 구글과 미국 항공 우주국 등이 후원하는 교육 기관이다. MIT에서 분자 유전학과 항공 우주 공학 학위를, 하버드대에서 의학 박사 학위를 받았다. 우주 소행성에서 고가의 희귀 광물을 채굴해 지구의 자원으로 활용하기 위한 우주 광산 채굴 프로젝트 플래너테리 리소시스 공동 회장이고, 인간의 DNA를 분석해 맞춤화된 치료법을 제공함으로써 수명 연장에 기여하는 기업 휴먼 롱제버티 공동 설립자이기도 하다. 10여 개의 우주 및 첨단 기술 기업을 창업했다.

스티븐 코틀러 베스트셀러 작가이자 저널리스트. 플로 게놈 프로젝트 공동 설립자이기도 하다. 저서로 피터 디아만디스와 함께 쓴 《어번던스》를 비롯해 《슈퍼맨의 부상》, 《예수의 서쪽》 등이 있다. 〈타임〉, 〈뉴욕 타임스〉, 〈와이어드〉 등 70여 개 신문과 잡지에 글을 기고하고 있다.

피터 디아만디스, 스티븐 코틀러 지음 | 이지연 옮김 | 비즈니스북스 | 2016년 2월 | 420쪽 | 16,800원(이북 11,760원)

망하지 않으려면 기하급수적 사고방식에 익숙해져라

1976년 코닥의 기술자 스티븐 새슨은 세계 최초로 디지털카메라 기술을 시연해 보였다. 사람들은 언제쯤 제대로 된 제품이 출시되겠느냐고 물었다. 새슨은 15년에서 20년 후라고 대답했다. 15년에서 20년이라는 수치는 그가 몇 가지 요소를 어림짐작해 단순하게 도출한 숫자였다. 우선 평균적인 소비자를 만족시키려면 해상도가 적어도 200만 화소는 되어야 할 것이라고 추정했다. 그리고 200만 화소가 상업적으로 가능해지는 시기는 무어의 법칙을 사용해 계산했는데 이것이 모든 문제의 발단이었다.

1965년 인텔 설립자 고든 무어는 그동안 IC에 들어가는 트랜지스터 수가 12개월에서 24개월마다 2배로 늘어났다는 사실을 눈치챘다. 그는 이런 추세가 거의 10년간 이어져 왔으니 앞으로도 이 추세가 최소한 10년은 유지되리라 예상했다. 하지만 그의 예상은 다소 빗나갔다. 무어의 법칙은 거의 60년째 유지되고 있다. 반도체는 성능과 가격 면에서 부단한 발전을 거듭했고, 그 결과 당신의 주머니 속에 있는 스마트폰은 1970년대의 슈퍼컴퓨터보다 1000배 더 빠르면서도 100만 배 더 저렴하다. 반도체 분야 발전은 기하급수적 성장의 전형 그 자체다.

숫자를 하나씩 더해 가는 산술급수적 성장과 달리, 1이 2가 되고, 2는 4가 되고, 4는 다시 8이 되는 기하급수적 성장은 한 번에 2배씩 성장을 거듭한다. 무언가 곱절씩 커지면 그 결과는 우리의 예상을 벗어나기 일쑤다. 코닥이 결국 파산하게 된 것은 무어의 법칙을 과소평가했기 때문이다.

디지털이 가져오는 변화는 대체로 다섯 단계를 거친다. 첫 번째 단계는 디지털화다. 특정 상품이나 카테고리가 디지털화되기 시작하는 시점을 말한다. 코닥에 근무하던 새슨이 디지털카메라를 개발한 시점을 의미한다. 두 번째 단계는 잠복기다. 디지털화한 모든 상품은 잠복기를 거친다. 코닥은 디지털카메라가 위협적이지 않을 것이라고 생각했다. 초기에 만들어지는 상품은 모두 부족해 보이기 때문이다. 세 번째 단계는 파괴적 혁신이다. 기존의 조건을 모두 바꿔 버린다. 필름 소비가 줄어들면서 코닥은 1990년대부터 고전하기 시작했다. 네 번째는 무료화다. 비즈니스 거래에서 돈이 사라지는 단계를 말한다. 디지털카메라 등장으로 필름은 필요 없게 되었다. 다섯 번째는 소멸화다. 해당 비즈니스는 소멸하고 스마트폰이 등장하면서 디지털카메라도 소멸되었다. 마지막은 대중화다. 누구나 누릴 수 있는 상품으로 진화한다. 스마트폰을 살 수 있는 사람들은 더 이상 디지털카메라를 살 필요가 없다.

인간이라면 기하급수의 힘을 과소평가하기 나름이다. 인류는 그동안 지역 중심적이고 산술급수적인 세상에서 진화해 왔기 때문이다. 지역 중심적이라는 말은 보통 걸어서 하루 범위 내에서 생활의 모든 것이 해결된다는 뜻이다. 우리 조상들은 지구 반대편에서 무슨 일이 일어나는지 전혀 알지 못했다. 하지만 오늘날의 우리는 조상들과는 정반대로 글로벌하고 기하급수적인 세상에 살고 있다. 문제는 우리의 두뇌나 지각 능력이 이런 규모와 속도에 맞게 만들어져 있지 않다는 점이다. 따라서 향후 우리가 코닥과 같은 실수를 반복하지 않으려면 기하급수적 사고에 익숙해져야 한다.

> 오늘날의 우리는 조상들과는 정반대로 글로벌하고 기하급수적인 세상에 살고 있다.
> 그리고 문제는 우리의 두뇌나 지각 능력이
> 이런 규모와 속도에 맞게 만들어져 있지 않다는 점이다.—35쪽

기하급수 기업을 만드는 몇 가지 요소

기하급수 기업이란 직원 수에 비해 큰 영향력을 발휘하는 기업들을 말한다. 예컨대, 인스타그램, 에어비앤비, 우버가 등장했고, 곧 3D 프린팅 기술을 앞세운 회사들이 등장할 것이다. 기하급수 기업을 만드는 데는 몇 가지 요인이 필요하다. 먼저 네트워크와 센서의 발달이다. 네트워크란 어떤 형태든 신호나 정보를 상호 연결하는 것이고, 센서는 외부의 정보나 데이터 변화를 감지하는 장치다. 우리는 이미 충분한 센서들로 둘러싸여 있다. 현재 보급된 스마트폰과 태블릿 PC만 해도 70억 대가 넘는다. 인간의 상상력이 허락하는 한 얼마든지 사업화가 가능하다. 실제로 제너럴 일렉트릭은 5000대의 제트 엔진에 최대 250개의 센서를 부착했고, 실시간으로 모니터링하고 있다. 세계 주요 도시에는 총성을 감지하는 숏 스포터가 있는데, 이는 응급 전화보다 빠르다고 한다. 또 자율 주행 자동차에는 라이더라는 센서가 부착되어 있다.

그렇다면 네트워크와 센서는 얼마나 발달하게 될까? 2023년에는 전 세계적으로 센서가 수조 개에 이를 것이며, 현재 4G 네트워크에서는 초당 8메가바이트를 전송할 수 있지만, 휴대 전화로 초당 60메가바이트까지 전송할 수 있는 시대가 올 것이라고 한다.

두 번째는 무한 컴퓨팅이다. 희귀하고 값비싼 자원이던 컴퓨팅이 넉넉하고 무료인 자원으로 이행하는 과정을 말한다. 컴퓨팅 가격은 계속 떨어지고, 이용성은 계속 증가하며 강력해지고 유연해지고 있다. 전 세계 무한 컴퓨팅을 주도하는 회사는 구글, 아마존, 랙스페이스 같은 회사들이다. 이런 회사를 만드는 게 중요한 것이 아니다. 무한 컴퓨팅을 이용해 가능한 모든 방법을 컴퓨팅으로 찾고 대입해 아무리 어려운 문제라도 해결할 수 있는 새로운 능력을 갖게 된다는 것이다. 또한 무한 컴퓨팅은 실수를 무료화하고 실험을 대중화시킨다. 그동안 기업가들은 실수를 저지를 경우 치러야 할 비용이 너무 컸다. 하지만 무한 컴퓨팅은 자원을 무제한으로 사용할 수 있도록 해 준다. 이제는 어떤 아이디어도 더 이상 시간 낭비, 자원 낭비라는 이유로 버릴 필요가 없다.

세 번째는 인공 지능이다. 인공 지능이 중요한 것은 서비스 산업이 인공 지능으로 대체될 가능성이 높기 때문이다. 서비스 산업에는 보기, 읽기, 쓰기, 지식 통합 등 네 가지 능력이 중요하다. 그런데 컴퓨터의 보기 능력은 1995년에 인간과 비슷해졌고, 읽기도 2011년에 완성되었다. 쓰기 능력과 지식 통합 능력도 이미 완성된 상태다. 인공 지능은 언제쯤 완벽하게 사업화할 수 있을까? 토대는 이미 충분하다. IBM은 슈퍼컴퓨터 왓슨을 API 형태로 공유해서 활용할 수 있도록 했고, 구글은 2013년 딥러닝 알고리즘을 개발한 제프리 힌턴을 영입했으며 512큐비트 컴퓨터를 구입해 인공 지능을 개발하고 있다.

마지막은 로봇과 합성 생물학이다. 이미 로봇은 잠복기를 벗어난 것으로 봐야 한다. 2013년 말 구글이 8개의 로봇 기업 인수를 발표하면서 움직임이 분주하다. 문제는 로봇이 등장하면 세상이 바뀐다는 것이다. 구체적으로 보면 미국 내 일자리의 45퍼센트는 20년 내에 컴퓨터로 대체될 것이다. 애플의 제조 회사로 잘 알려진 폭스콘은 3년 내에 100만 노동자를 로봇으로 대체할 계획이다. 합성 생물학은 유전 공학을 디지털화한 것이다. DNA가 기본적으로 소프트웨어라는 생각에서 출발했는데, 지금 공업적으로 제조하는 모든 것을 생물학적으로 제조하게 될 것이다. 문제는 생명 공학이 무어의 법칙보다 5배나 빠르게 가속화하고 있다는 점이다.

불가능한 목표를 가능하게 만드는 스컹크 워크스

스컹크 워크스는 1943년 갑자기 등장한 독일군 제트 전투기에 대항하기 위해 급하게 만든 미군의 프로젝트였다. 불가능해 보였지만 록히드 마틴은 스컹크 워크스를 통해 143일 만에 첫 군용 제트기를 생산했고, 이후 수십 년간 U-2, SR-71, 나이트호크, 랩터 등을 개발했다. 1943년 미 국방부로부터 전화를 받은 록히드 마틴 개발 팀은 이 프로젝트를 하기 위해 임시로 빌린 천막에 묵었다. 참견하기 좋아하는 사람들을 떼어 놓으려고 일부러 아주 고약한 냄새가 나는 플라스틱 공장 옆에 자리를 잡았다. 그곳에 모인 엔지니어 중 한 사람이 앨 캡의 만화에 나오는 공장의 이름을 따서 이곳을 '스컹크 워크스'라고 부르기 시작했다.

스컹크 워크스는 몇 가지 장점이 있다. 첫 번째는 어려운 목표가 동기를 부여한다는 것이다. 동기 부여를 하는 가장 쉬운 방법은 어려운 목표가 제시되는 것이다. 목표에 자신의 헌신이 부과되면 높은 성과를 낼 수 있다. 우리가 익히 알고 있는 20세기 동기 부여 과학은 보상이 중요하다고 여겼지만, 이는 효과가 없었다. 특히 복잡한 문제에 있어서는 더욱 효과가 없었다. 두 번째는 주변으로부터 차단하는 것이다. 인간은 단절되었을 때 더 쉽게 위험을 감수하고, 괴상하고 과격한 아이디어를 만들 수 있다. 실패를 두려워하지 않고 조직 내부의 타성에서 벗어날 수 있는 것이다. 세 번째는 일찍 실패하고, 자주 실패하고, 진취적으로 실패하는 것이다. 대부분의 실험은 실패하기 때문에 진정한 발전을 이룰 수 있다.

스컹크 워크스는 최근 여러 회사에서 도입되고 있다. 비슷한 개념으로 구글에는 구글엑스 프로젝트가 있다. 하지만 구글엑스가 전통적인 스컹크 워크스와 다른 점은 목표의 '크기'다. 10퍼센트의 이익이 아니라 10배의 개선을 노리는 것이다. 성과로 따지면 1000퍼센트의 실적이다. 10배의 개선은 엄청난 목표지만 텔러가 그런 목표를 세우는 데는 그만한 이유가 있다.

"10배 더 큰 목표는 10배 더 어려울 것이라고 생각하지만 때로는 목표를 더 크게 잡는 편이 말 그대로 더 쉬울 때도 있습니다. 왜일까요? 직관적으로는 그렇지 않을 것 같은데 말이죠. 10퍼센트를 개선하겠다고 마음먹으면 처음부터 현 상태를 지키려 들게 됩니다. 그러면서 조금만 더 잘해 보려고 애쓰죠. 현 상태에서 출발해 기존의 가정과 툴, 기술, 프로세스를 그대로 유지하면서 약간만 더 개선해 보려고 하는 거예요. 이건 곧 전 세계인들보다 우리 직원이 더 똑똑한지를 겨뤄 보겠다는 이야기나 다름없습니다. 아무리 자원이 있다고 해도 확률적으로 그런 게임에서는 이길 수가 없어요. 그렇지만 10배를 개선하겠다고 생각하면, 기존의 가정을 그대로 유지할 방법은 없어집니다. 기존의 법칙 따위는 다 집어던져야 해요. 관점 자체를 바꿔서, 똑똑하다거나 자원이 많다거나의 문제가 아니라, 용기와 창의성으로 무장해야 합니다."

기업의 또 다른 무기는 크라우드 소싱이다. 크라우드 소싱은 회사나 기관에서 불특정인들의 네트워크에 공개해 아웃소싱을 하는 것이다. 작업을 공유하는 크라우드 소싱과 자금을 이용할 수 있는 크라우드 펀딩이 있다. 그런데 최근 크라우드 소싱으로 발전하는 새로운 기업들이 등장하고 있다. 예컨대, 인력을 동원할 수 있는 '프리랜서 닷컴', 텔레비전 광고 제작을 10배 싼 가격에 10배 빠르게 하는 '통걸', 외국어 학습앱 '듀오링고' 등이다. 크라우드 소싱은 왜 중요할까? 최근 인공 지능이 비즈니스계에서 본격적으로 활약하기까지는 불과 몇 년밖에 남지 않았다는 주장이 제기되고 있다. 이제부터 10년 동안은 크라우드 소싱으로 대비해야 한다는 것이다. 하지만 이것도 그렇게 오래가는 효과는 아니다. 문제는 기하급수적 세계가 크라우드를 앞지르기 시작했고, 결국에는 크라우드조차 소멸화되고 무료화될 것이다.

 좋아요! 말로만 듣던 싱귤래러티대 피터 디아만디스가 쓴 책이다. 기술 발전에 대한 생각을 한 차원 깊이 풀어낸다.

 아쉬워요! 그래서 인공 지능이 오기 전에 인간은 '경연 대회'만 해야 한다는 건가?

폭발적으로 성장하는 기업은 어떻게 만들어지는가

기하급수 시대가 온다

-한계비용 0, 수익은 10배 많은 실리콘밸리의 비밀

Exponential Organizations-Why New Organizations Are Ten Times Better Faster and Cheaper Than Yours (and what to Do about it)

한마디로 이 책은!

《기하급수 시대가 온다》는 '기업가에게 새로운 영감을 줄 혁신서'로 미국 주요 언론에서 여러 번 추천서 목록에 포함한 책이다. 기하급수 시대에는 기업이 가지고 있는 역사, 규모, 명성, 심지어 현재의 매출까지도 미래에 대해 아무것도 보장해 주지 않는다. 한편, 충분히 확장 가능하고, 빠르게 움직이고, 똑똑하게 대처하는 기업을 세울 수 있다면, 지금까지 한 번도 가능하지 않던 수준의 성공, 즉 기하급수적 성공을 만끽할 수도 있다. 정말 얼마 안 되는 자원으로 극히 짧은 시간 내에 말이다. 기하급수 기업의 특징과 성격을 알면 지금 우리가 무엇에 집중해야 하는지 답을 찾을 수 있다. 폭발적인 성장 가능성이 있는 미래 기술 개발자와 리더를 교육하는 싱귤래러티대 관련자들이 쓴 이 책에서 실리콘밸리의 가장 '핫'한 소식과 혜안을 들여다볼 수 있을 것이다.

저자 살림 이스마일 싱귤래러티대의 초대 상임 이사다. 대부분의 학과 프로그램을 조율하며, 현재 싱귤래러티대 글로벌 대사이기도 하다. 펍섭을 비롯한 7개의 인터넷 기업을 설립했고, 야후 부사장 시절에는 내부 인큐베이터 조직 브릭하우스를 만들고 운영했다.

마이클 말론 세계적으로 유명한 기술 분야 저술가다. 〈월 스트리트 저널〉, 〈새너제이 머큐리 뉴스〉 등 여러 매체에 30년 이상 실리콘밸리와 첨단 기술에 관한 글을 써 왔다.

유리 반 헤이스트 국제적인 기조연설가이자 이사회 컨설턴트이며, 싱귤래러티대 유럽 정상 회의 전담 디렉터, 싱귤래러티대 네덜란드 대사로서 싱귤래러티대 프로그램을 두 차례나 이수했다. 로테르담 에라스뮈스대에서 전략 경영 및 마케팅 석사 학위를 받았다.

살림 이스마일, 마이클 말론, 유리 반 헤이스트 지음 | 이지연 옮김
청림출판 | 2016년 9월 | 412쪽 | 18,000원(이북 12,600원)

동네 카페에서 세상을 바꿀 기술이 탄생하는 시대

신용 평가 기관 스탠더드앤푸어스는 500대 기업의 평균 수명이 1920년대에는 67년이었지만 지금은 15년으로 줄었다고 발표했다. 이마저도 앞으로는 점점 더 짧아질 전망이다. 대기업의 운명과 반대로 설립된 지 10년도 안 된 신생 기업들은 기하급수적 실적 성장을 거듭하고 있다. 대기업들은 단순히 경쟁에 내몰리는 정도가 아니라 치고 올라오는 신생 기업들에 의해 순식간에 전멸당할 위기에 처한 것이다.

규모가 커진다는 말은 곧 유연성을 잃는다는 뜻이기 때문이다. 수만 명의 직원으로 채워진 광범위한 설비를 갖춘 대기업들은 아무리 노력해 봤자 빠르게 변화하는 세상의 속도를 따라갈 수 없다. 기하급수적인 파괴적 혁신을 분석한 헤이글은 이렇게 지적했다.

"기하급수적 세상에서 가장 중요한 이슈 중 하나는 …… 지금 당신이 알고 있는 상식은 그것이 뭐였건 급속도로 용도 폐기될 것이라는 점이다. 그러니 기술이나 조직 역량에 관해 알고 있는 사항을 끊임없이 업데이트해야 한다. 아주 어려운 과제가 될 것이다."

성공 가도를 달리는 신생 기업과 불안한 미래의 대기업, 이 둘의 결정적 차이는 '조직'에 있다. 기술 혁신이 일상화된 세상에서는 파괴적 변화의 속도만큼 빠르게 움직일 수 있는 조직이 필요하다. 하지만 대기업의 상명 하달식 조직은 너무 느리다. 수많은 보고 절차, 복잡한 사내 정치 등의 장애 요소가 조직의 의사 결정을 굼뜨게 만든다.

이제 혁신 기술의 발견은 일상화되었다. 인터넷 덕분에 사무실 없이 카페를 전전하는 프리랜스 엔지니어도 혁신 기술을 개발할 수 있다. 인터넷 오픈 소스 커뮤니티에서는 전 세계 엔지니어들이 자신이 발견한 혁신 기술을 무료로 제공해 주고 있다. 무료로 제공되는 혁신 기술들을 조합해 또 다른 혁신을 만들어 내는 건 이제 일도 아니다. 성패는 이제 '기술' 그 자체에 있는 게 아니라 기술을 가장 빠르게 비즈니스 기회로 전환해 낼 '조직'에 달려 있다.

1980년대 말, 모토로라가 만든 전 세계 어디에서도 통화가 가능한 위성 전화 이리듐이라는 서비스가 있었다. 이리듐은 '지구 저궤도에 77개의 인공위성을 띄우고 이동 전화 서비스를 제공하겠다'는 슬로건을 들고 나타났다. 하지만 50억 달러를 날려 버린 최악의 실패를 경험하고 말았다. 과거의 산술급수적 도구와 트렌드로 더 빨라지는 미래의 변화를 예측하는 건 불가능하다는 교훈을 남기고 말이다.

이렇듯 대기업들이 직면하는 문제점들은 세 가지로 일반화할 수 있다. 첫 번째는 대부분의 관심과 초점은 외부가 아니라 내부를 향한다는 것이고, 두 번째는 기존의 전문성을 갖고 있는 기술을 강조하게 된다는 것이다. 융합되는 기술이나 인접 기술은 무시되고, 획기적 사고는 벌을 받는다. 세 번째는 외부보다는 내부로부터의 혁신에 의존한다는 사실이다. 그래서 조직 이론 전문가 존 실리 브라운은 다음과 같은 결론에 도달했다.

"기업들이 아무리 새로운 사업 창조에 관한 아이디어를 홍보해도, 결국 그들은 다 똑같은 사업에 매진한다. 리스크를 줄이고 규모를 확장하는 것 말이다. 이것은 기업가 정신이나 새로운 모험과는 정반대되는 행보다."

기하급수 기업은 무엇이 다른가

이제는 기하급수 기업의 정체를 제대로 알아야 한다. 기하급수 기업이란 새로운 조직 구성 기법을 이용해 첨단 기술들을 활용함으로써 기업의 영향력이 동종 업계 다른 기업에 비해 현저히 큰 기업을 말한다. 과거에는 상상도 못할 속도로 산업계 전체를 좌지우지할 기업이 탄생하고, 아무리 규모가 큰 글로벌 기업이라도 하루아침에 무너지는 시대가 되었다. 기하급수 기업은 무어의 법칙에 기반을 둔 '수확 가속의 법칙'이 가능해지면서 그 길이 열렸다. 어떤 것이든 정보화되면 가격 대비 성능이 배가된다는 법칙 말이다. 그런데 중요한 것은 기하급수 기업의 배가 법칙이 성립하면, 멈추지 않는다는 것이고, 여기에 인공 지능, 로봇, 데이터 과학 등이 모두 정보화되고 있으므로 기하급수 기업은 따라잡기가 힘들어진다.

그런데 우리는 기하급수보다는 산술급수적 사고에 더 익숙하다. 산술급수적 사고는 무엇인가? 예컨대, 비용 절감, 매출 증가, 재무 성과 개선을 달성하기 위해 해외 아웃소싱 및 사업 확장, 대규모 합병을 해 온 것은 모두 산술급수적 사고들이다. 하지만 이런 사고는 규모가 커지면서 유연성을 잃고 만다. 산술급수적 사고로는 양적 성장의 한계에 부딪히기 마련이다. 역사에서 공동체의 생산성은 공동체가 지닌 인적 자원의 함수였으며, 점차 기계의 수 및 투여된 자본의 양으로 바뀌었다. 이런 식의 성장에는 한계가 있다.

게다가 전문가들도 산술급수적 사고를 해 왔다. 한 예로 매킨지는 1980년대 AT&T에게 휴대 전화 사업에 진출하지 말라고 했다. 지난 10년간 휴대 전화 시장이 기하급수적으로 성장할 때 전문가들은 산술급수적 변화를 예상한 것이다. 하지만 이런 예측은 맞기도 하고 틀리기도 하다. 과거의 기준으로 본다면 정확했지만, 더 이상 맞지 않는 패러다임이라는 말이다.

보통 기업(산술급수적 기업)의 신제품 개발 프로세스를 살펴보자. 보통 회사들은 아이디어 창출, 아이디어 검토, 콘셉트 개발 및 테스트, 사업성 분석, 베타 테스트 및 시장 테스트, 기술적 구현, 상업화, 신제품 가격 결정 등의 과정을 거친다. 그래서 산술급수적 기업은 물리적 자산과 계층 구조를 갖고 있고, 상명 하달과 위계 서열을 중시하며, 수치로 된 결과에 연연한다. 따라서 혁신이 주로 내부로부터 일어나고, 과거의 정보를 기반으로 계획을 수립하는 것이다. 당연히 직원 수가 많고, 프로세스에 유연성이 없다.

> 중요한 교훈은 지난 10년간 휴대 전화 시장이 '기하급수적' 성장을 기록할 때마다 전 세계 최고의 예측가들은 거의 '산술급수적' 변화를 예상했다는 점이다.—37쪽

기하급수 기업의 특징

전문가들은 2006년 3월 아마존이 중소 업체를 위한 저비용의 클라우드 웹 서비스를 만든 시기부터 기하급수 기업이 생겨나기 시작했다고 말한다. 다음은 기하급수 기업의 특징을 정리한 것이다.

주문형 직원 기하급수 기업이 대규모 인력을 보유하는 것은 더 이상 차별화 요소가 아니다. 기하급수 기업은 기업의 속도, 기능성, 유연성을 위해 주문형 직원을 써야 한다.

커뮤니티, 크라우드, 참여 기하급수 기업은 모든 것을 아웃소싱한다. 아이디어 창출, 자금 조달, 디자인, 유통, 마케팅 및 세일즈까지 거의 모든 것을 커뮤니티와 소통하고

크라우드를 통해 아이디어를 구해야 한다.

알고리즘 딥러닝과 기계 학습을 통해 기업에 맞는 알고리즘을 찾는다. 리더의 직관적인 추측에 의존하는 것은 위험하다.

외부 자산 소유 가치보다 이용 가치에 중점을 둔다. 자산이 극도로 희소한 것이라면 소유하는 편이 낫지만, 대부분은 이용하는 것으로 충분하다. 자산을 소유하지 않는 것이 미래를 소유하는 지름길이다.

대시보드 대시보드는 기업의 모든 사람이 이용할 수 있는 회사와 직원에 관한 핵심 평가 지표를 의미한다. 인텔 CEO 앤디 그로브가 발명한 OKR^{Objectives and Key Results}는 대시보드 중에서 유행을 끌고 있는 서비스다. 중요한 것은 인텔과 구글, 링크트인, 징가, 오라클, 트위터, 페이스북 등이 이미 이런 도구를 사용하고 있다는 것이다.

소셜 네트워크 기술 기업 내 소셜 네트워크 활용은 이메일보다 훌륭한 선택이다. 마이크로소프트의 기업용 소셜 네트워크 야머가 있는데, 이것을 사용하는 기업들은 투명성과 연결성이 생기고, 정보 지연 현상이 줄어든다.

핵심 문화 기하급수 기업의 핵심 문화는 자율과 권한 분산이다. 구성원들이 주도적으로 문제를 해결할 수 있도록 자유를 보장하고, 강력한 권한을 위임하며, 유연하게 관리한다.

인터페이스 알고리즘이자 자동화된 업무 흐름을 말한다. 인터페이스의 가장 극적인 사례는 애플의 앱스토어를 들 수 있다. 인터페이스가 없으면 기하급수 기업으로 성장할 수 없다는 것은 이제 정설이다.

실험 일본에서는 오랫동안 '가이젠(개선)'이라는 방식이 있었다. 최근 알려진 스컹크 워크스도 실험을 위한 기업의 방법론으로 유명해졌다. 기하급수 기업은 이런 실험 정신이 뛰어나다.

기하급수 기업은 정보를 이용해 모든 것의 속도를 높이고 있다. 어떤 자원을 정보화함으로써 얻을 수 있는 가장 중요한 결과는 한계 비용이 '0'까지 떨어진다는 점이다. 정보를 기반으로 한 기하급수 기업의 할아버지 격이라 할 수 있는 구글은 검색한 페이지를 '소유'하지 않는다. 구글의 수익 모델은 10년 전에는 농담의 소재에 불과했지만 결과적으로 구글을 4000억 달러짜리 회사로 만들어 주었다. 순전히 텍스트 정보(그리고 지금은 영상 정보까지)를 가지고 획기적인 사건을 만들어 낸 것이다. 링크트인과 페이스북의 가치를 합한 2000억 달러라는 금액은 그저 사람들의 인간관계를 디지털화 및 정보화한 결과다. 앞으로 새로 등장할 가장 위대한 기업들은 새로운 정보 자원을 활용하는 사업을 하거나, 이전에는 아날로그 환경이던 것을 정보로 바꾸는 사업을 하는 기업일 것이다. 그러니까 이제 기하급수 기업들이 기존의 정보를 디지털 혹은 자동화해서 만들어 나가는 비즈니스 패턴에 주목해야 한다.

 좋아요! '기하급수 기업'이라는 새로운 개념에 대해 충분히 이해할 수 있다.

 아쉬워요! '기하급수'와 '산술급수'라는 비교는 여전히 어색하다.

비즈니스 세계에 폭풍을 몰고 올
플랫폼 혁명에 대비하라

플랫폼 레볼루션
-4차 산업혁명 시대를 지배할 플랫폼 비즈니스의 모든 것

Platform Revolution-How Networked Markets Are Transforming the Economy,
And How to Make Them Work for you

한마디로 이 책은!

우버, 에어비앤비, 아마존, 애플, 페이팔로 상징되는 플랫폼 기반의 혁신 기업이 출현하고 나서 기존 시장이 단기간에 파괴되었다. 운전자와 승객을 연결해 주는 플랫폼이든, 집주인과 숙박객을 연결해 주는 플랫폼이든, 판매자와 구매자를 연결해 주는 플랫폼이든 초연결 시대에 플랫폼이 가져온 혁명적인 변화는 무엇인지, 그런 혁명이 왜 일어났고 앞으로 어떻게 진행될 것인지 상세히 밝히고 있다. 한편 성공적인 플랫폼 비즈니스를 위해 어떻게 설계하고 구축해야 하는지, 수익 창출은 어떻게 해야 하는지 등 플랫폼 사용자 매뉴얼도 제시한다.

저자 마셜 밴 앨스타인 보스턴대 교수이며, MIT 디지털 경제 이니셔티브 방문 교수이자 연구원. 예일대에서 학사 학위를, MIT에서 석사 및 박사 학위를 받았다. 정보 경제학의 세계적인 전문가이며, 정보 기술의 생산성과 네트워크 효과 이론 정립에 기여했다. 전 세계 경영 대학원에서 양면 네트워크에 대한 그의 연구를 가르치고 있다.

상지트 폴 초더리 플랫폼 싱킹 랩스 설립자로 전 세계 주요 기업의 임원들을 대상으로 플랫폼 비즈니스 모델에 관한 컨설팅을 하고 있다. 인시아드 경영 대학원 초빙 기업가이자 글로벌 엔터프라이즈 센터 연구원이다. 2016년 세계적인 경영 사상가 순위인 '싱커스 50 레이더'에 선정되었다. 저서로 《플랫폼 스케일》이 있다.

제프리 파커 다트머스대 교수이며, MIT 디지털 경제 이니셔티브 방문 교수이자 연구원. 프린스턴대에서 학사 학위를, MIT에서 석사 및 박사 학위를 받았다.

마셜 밴 앨스타인, 상지트 폴 초더리, 제프리 파커 지음 | 이현경 옮김
부키 | 2017년 6월 | 512쪽 | 22,000원(이북 16,000원)

플랫폼, 신기술이 비즈니스 열차에 올라타는 승강장

'플랫폼'은 원래 승강장(타는 곳)을 뜻하며, 생산자와 소비자를 연결하는 거점 및 공동체를 의미하는 말로 폭넓게 쓰인다. 10여 년 전 애플의 IOS와 구글의 안드로이드 같은 모바일 플랫폼이 탄생하면서 쓰이던 플랫폼이라는 용어가 최근 급부상한 배경에는 4차 산업혁명과 관련이 있다. 플랫폼이 사물 인터넷, 빅데이터 등 신기술을 비즈니스와 연결하는 핵심 기반으로 떠올랐기 때문이다.

현재 시가 총액 기준 세계 5대 기업 중 세 곳(애플, 구글, 마이크로소프트)이 플랫폼 모델을 따르고 있다. 경제뿐 아니라 교육, 의료, 정부 등 사회 전반에서 플랫폼은 혁신을 불러일으키고 있으며 점차 일상까지 파고들고 있다. 휴대폰으로 프리랜서 플랫폼 업워크에 접촉해 일거리를 구해 우버 택시를 타고 출근하고, 에어비앤비로 숙소를 검색해 결제 플랫폼 페이팔로 계산한다. 이처럼 이 책은 플랫폼 모델로 급성장한 혁신 기업의 출현 과정과 작동 방식, 플랫폼 개발과 운영 방법 등에 대해 최고의 전문가들이 사실을 토대로 저술한 안내서라 할 수 있다.

플랫폼을 장악하는 기업이 가장 빠르게 성장한다

플랫폼 모델은 오늘날 가장 빠른 성장세로 가장 강력하게 기존 질서를 파괴한 기업들이 거둔 성공의 토대였다. 즉 구글, 아마존, 마이크로소프트부터 우버, 에어비앤비, 이베이까지 모두 플랫폼으로 성공했다. 플랫폼은 경제와 사회의 전반적인 영역, 의료와 교육, 에너지와 행정 분야에까지 변화를 가져오기 시작했다. 이제 누가 무슨 일을 하든 플랫폼이 직원, 사업가, 전문가, 소비자, 또는 시민으로서의 삶에 큰 변화를 일으켰을 가능성이 높다. 앞으로 더 큰 변화의 바람이 우리 일상에 불어닥칠 것이다.

스마트폰 기반 차량 서비스 기업 우버는 2009년 3월, 샌프란시스코에서 서비스를 시작했다. 5년도 안 되어 투자가들은 우버의 기업 가치를 500억 달러 이상이라고 평가했다. 게다가 우버는 전 세계 200개 이상 도시에서 전통적인 택시 산업에 도전장을 내밀었다. 단 한 대의 차량도 소유하지 않고서 택시 산업을 대체할 기세로 성장했다. 이런 패턴은 에어비앤비, 유튜브 등 수많은 플랫폼에 적용되는 현상이기도 하다.

일각에서는 이런 현상을 두고 파괴적인 혁신이라고 말한다. 파괴적인 혁신이 새로운 단계에 이르렀다는 증거는 우리 주변 곳곳에 있다. 택시 회사와 규제 기관들은 우버가 지역 운송을 세계적으로 지배하기 위해 전진 중이라는 사실을 깨닫고 있다. 한때 호텔 산업으로부터 비웃음을 산 에어비앤비는 빠르게 세계적인 숙박 제공 업체로 발을 넓히고 있다. 이제는 에어비앤비에서 매일 밤 예약되는 방의 개수가 세계 최대 호텔 체인보다 더 많다. 업워크는 구인 시장에서 원격으로 프리랜서들을 연결해 물리적인 공간과 거기에 관련된 비용 없이 함께 일할 수 있는 인프라로 변모해 가고 있다. 아마존은 지속적으로 전통적인 출판업에 대해 영향력을 확대하면서 동시에 다수의 소매 산업을 공략하고 있다. 전통적인 파이프라인 기업인 노키아와 블랙베리가 지난 10년간 시장 가치의 90퍼센트를 잃는 동안, 플랫폼 거대 기업인 애플과 구글이 주식 시장의 새로운 주인으로 부상했다.

> 플랫폼의 가장 중요한 목적은 사용자들끼리 꼭 맞는 상대를 만나서 상품이나 서비스, 또는 사회적 통화를 서로 교환할 수 있게 해 주어 모든 참여자가 가치를 창출하게 하는 데 있다.—28쪽

우리도 모르게 플랫폼이 우리를 지배하기 시작했다

문제는 이런 플랫폼이 우리 생활 깊숙이 자리 잡고 있다는 데 있다. 그리고 어느 순간이 되면 거부하기도 힘들 것이다. 〈뉴욕 타임스〉 기자인 찰스 두히그가 쓴 《습관의 힘》에는 10대 딸을 둔 어떤 아버지가 대형 마트 타깃에 왜 딸에게 아기 용품 할인 쿠폰을 보냈느냐고 따지는 장면이 나온다.

"아니, 내 딸이 임신을 하기라도 바라는 거요?"

아버지가 따지자 상점 매니저가 사과했다. 매니저가 며칠 뒤 전화해 해당 문제에 대해 의논하려 하자, 그 아버지가 미안한 목소리로 이렇게 말했다.

"딸애하고 얘기했는데, 8월에 출산 예정이라는군요."

타깃은 어떻게 그 소녀의 가족이 알기도 전에 임신 사실을 알고 있던 것일까? 두히그는 타깃의 고객 행동 분석 시스템이 고객의 미래 요구와 구매 행위를 예측한 것이라 설명했다. 어느 여성 고객이 어떤 지역에 있는 타깃을 방문해 코코아 버터 로션과 기저귀를 넣을 만한 가방, 아연과 마그네슘 보충제, 파란색 깔개를 구입하면, 타깃의 알

고리즘은 그 여성 고객이 임신했을 확률이 83퍼센트라고 계산한다. 그리고 아기 옷 할인 쿠폰을 발행하라는 신호가 떨어진다.

플랫폼은 우리가 알고 있는 우버와 에어비앤비, 유튜브 같은 서비스 제공 기업에만 머물지 않는다. 현재 교육 플랫폼 시장이 급속도로 성장하고 있다. 스킬셰어, 유데미, 코세라, 에드엑스, 칸 아카데미 등의 기업들을 보면 알 수 있다. 교육 혁명의 기회를 신생 플랫폼 기업들에게 빼앗기지 않기 위해 세계 최고의 대학들도 적극적으로 움직이고 있다. 하버드대, 프린스턴대, 스탠퍼드대, 펜실베이니아대 등 여러 명문대가 가장 인기 있는 강의를 온라인 공개강좌MOOC 형태로 제공한다. 교육 플랫폼은 오랜 기간 종이 학위 증명서와 한묶음이던 학습 과정을 분리하기 시작했다. 학과 성적이나 학위 증명서와 같이 전통적인 성취의 상징물을 얻는 것보다는 현실 세계에서 쓰이는 역량을 갈고닦는 데 더 관심이 많은 학생들은 MOOC에 매력을 느낀다. 특히 구체적인 업무 기술, 예컨대 소프트웨어 공학, 디자인, 마케팅, 영화 편집 등의 온라인 강좌에 대한 관심이 뜨겁다. 플랫폼 기반의 학생들 중 전통적인 학위가 중요한 학생은 특약을 맺고 학위를 취득할 수도 있다. 예컨대 코세라에서는 추가로 비용을 지급하고 프리미엄 서비스를 받으면 학점을 딸 수도 있다.

플랫폼이 가져오는 문제들

플랫폼 확장으로 인한 문제가 없는 것은 아니다. 모든 혁명적 변화에는 위험이 뒤따르며, 사회와 경제가 크게 붕괴할 때마다 승자와 패자가 나뉜다. 플랫폼 혁명도 예외가 아니다. 우리는 오래전부터 존재해 온 몇몇 산업이 플랫폼 출현으로 비즈니스 모델이 무너져 고통받는 모습을 목도해 왔다. 신문사, 음반 제작사, 택시 회사, 호텔 체인, 여행사, 백화점에 이르기까지 수많은 기업이 시장 점유율, 수입과 수익률 측면에서 플랫폼과 경쟁하면서 나락으로 떨어졌다. 그 결과 개인과 지역 사회는 불확실성과 손실로 고통받고 있다.

우리 사회는 반드시 플랫폼 혁명이 창출한 구조적 변화에 대응해야 한다. 우리는 이런 구조적 변화의 움직임을 읽고 준비해야 한다. 대형 플랫폼 기업들의 전례 없는 개인과 기업 정보로의 접근, 전통적인 고용 형태보다 안정적이지 않은 임시 프리랜서로의 전환, 예측 불가능한 긍정적 또는 부정적 외부 효과, 그리고 강력한 플랫폼에 의해 개인의 행동과 전체 시장이 조작될 가능성 등이 이에 포함될 것이다. 모든 것이 불안하고 보이지 않는 안갯속 같을지도 모른다. 하지만 변화는 결코 멈추지 않을 것이다.

 좋아요! 플랫폼 비즈니스를 시작하고 성장시키기 위해 무엇을 해야 하는지 알려 준다.

 아쉬워요! 일반 독자들은 다소 어렵게 느낄 수도 있다. 미래 기업은 플랫폼만 장악하면 되는 것일까? 산업의 다양성 측면을 놓친 부분은 아쉽다.

제로 시대에도
성장하는 방법은 얼마든지 있다

제로시대
-살아남는 기업은 무엇이 다른가

한마디로 이 책은!

경영 전문 매거진 〈동아 비즈니스 리뷰〉 편집장 김남국은 오늘날과 같은 제로 금리, 제로 성장이 일상화된 시대를 '제로 시대'라고 규정하고, 극한의 경영 생태계를 돌파할 수 있는 새로운 경영 해법을 제시한다. 저자는 학계에서 논의되던 광범위한 생존 전략들을 재논의하고, 최근 어려운 환경에서도 트렌드를 선도하고 새로운 비즈니스 모델을 개척한 기업들의 다양한 사례를 살펴본다. 이를 기반으로 '생산자 가치에서 고객 가치로의 전환', '이성에서 감정으로의 전환', '표준화에서 개성으로의 전환'이라는, 위기 시대에도 생존을 보장해 줄 세 가지 키워드를 제시한다.

저자 김남국 경영 전문 매거진 〈동아 비즈니스 리뷰〉 편집장 겸 〈하버드 비즈니스 리뷰〉 한국판 〈HBR 코리아〉 편집장. 한양대 겸임 교수로도 재직하고 있다. 고려대 철학과를 졸업하고 헬싱키대(현 알토대) 경제 경영 대학원에서 경영학 석사 과정을 졸업했으며, 연세대 국제학 대학원에서 국제 경영학으로 박사 학위를 받았다. 13년간 〈한국경제신문〉 기자로 일하며 정치, 사회, 금융, 산업 등 다양한 분야를 취재했다. 저서로는 《지금 당장 경영전략 공부하라》, 《파괴하고 혁신하라》, 《모방의 힘》 등이 있으며, 국내외 저명 저널에 다수의 연구 논문도 게재했다.

김남국 지음 | 비즈니스북스 | 2016년 4월 | 272쪽 | 14,500원(이북 10,150원)

저성장, 저소비, 고실업, 고위험—이 시대의 새로운 표준

한국 기업들 중에는 수익성이 급감해서 구조 조정에 나선 기업이 많다. 위기 상황에 대한 진단 없이 무작정 대책을 마련하고 있다. 현 상황을 단순히 경기 순환에 따른 불황으로 보고 있다는 뜻이다. 호황이 찾아오면 문제가 해결될 것이라고 믿는 것이다. 지금은 불황이 아니고, 호황은 다시 찾아오지 않을 것이다. 설령 경기 순환에 따른 호황이 찾아오더라도 경제 성장률은 2~3퍼센트 수준에 머물 확률이 높다. 고령화와 저출산으로 인한 인구 구조의 변화, 중국 등 신흥 시장의 침체, 저가 경쟁력으로 무장한 신흥국 기업들의 공세 강화 등으로 과거처럼 5퍼센트 이상 성장하는 활황 국면은 다시는 찾아오지 않을 것이다. 미국처럼 3퍼센트 정도의 성장이면 대단히 좋은 경기 상황이라는 인식을 갖게 될 것이다.

글로벌 상황도 유사하다. 중국 등 신흥국의 성장률 둔화로 인해 저성장 기조가 장기적으로 고착될 확률이 매우 높다. 그런 점에서 현재 위기 상황의 원인은 '불황'보다는 '저성장' 혹은 '뉴노멀(저성장, 저소비, 고실업, 고위험 등 시대 변화에 따라 새롭게 나타나는 새로운 표준)' 때문이라는 진단이 보다 현실적이다.

바야흐로 제로 시대가 온 것이다. 제로 시대는 세 가지 측면에서 해석할 수 있다. 일본에 이어 유럽 중앙은행도 제로 금리 시대를 선언했듯이 제로 성장률 시대다. 두 번째, 기업의 성장을 보장해 주던 자산과 가치가 제로가 되었다. 세 번째, 시장 신규 진입자들은 한계 생산 비용 제로를 이용해 제로의 비용으로 서비스를 제공하고 있다.

기존의 모든 법칙이 무너졌다

제로 시대는 무엇이 다른가? 첫 번째, 승자가 독식하는 세상이 되었다. 과거에는 기업의 생산 3요소, 즉 토지와 노동, 자본을 매우 중요하게 생각했지만 지금 경제에서는 중요하지 않다. 인터넷 기술은 평등한 세상을 추구한다고 믿고 있지만, 인터넷은 오히려 승자 독식이 더 강화된 공간이다. 하위 80퍼센트가 전체의 20퍼센트를 차지한다는 '롱테일 법칙'도 통하지 않는다. 인터넷 시대에는 승자 독식 구조가 뒤집힌다는 게 롱테일 법칙의 핵심이다. 즉 하위 80퍼센트가 상위 20퍼센트보다 더 큰 가치를 창출할 수 있다는 설명이었다.

모든 산업의 경계도 무너지고 있다. 구글과 애플은 카테고리를 파괴하며 시장을 석

권하고 있으며, 제품을 돈을 받지 않고 제공하는 기업도 많다. 마지막으로, 핵심 자산이 부채로 바뀌고 있다. 예를 들어 기존 증권사들이 온라인 증권사와 경쟁에서 밀리는이유는 많은 지점이 핵심 경쟁력에서 핵심 경직성으로 변하고 있기 때문이다. 변화에대응하려면 새로운 업태로 진출해야 하는데, 기존 자산은 이것을 방해하고 있다.

제로 시대는 또 다른 의미도 함축합니다.
기업의 성장과 번영을 보장해 줬던 기존 역량들이 한순간에
무위로 돌아간다는 의미도 담고 있습니다.—44쪽

잘나가던 사업을 죽이더라도 가격 대비 가치를 추구하라

성능이 뛰어나다고 고객들이 느끼는 가치가 높아지는 것은 아니다. 어떤 시계가 수심100미터까지 방수가 되는 탁월한 성능을 갖고 있다고 해서 고객 가치까지 높아지는것은 아니다. 평생 한 번이라도 수심 100미터까지 내려가 시계를 볼 일이 있는 사람이몇이나 있을까? 성능보다는 가격 대비 가치가 더 중요하다. 저성장이 고착화되면서고객들은 가격 대비 가치가 높은 제품에 대해 민감하게 반응하고 정보를 공유하며 입소문을 만들어 내고 있다.

그러나 기업 입장에서 선뜻 가격 대비 가치를 선택하기란 쉽지 않다. 자사 제품의경쟁력을 스스로 없애는 것이기 때문이다. 애플은 아이팟으로 성공한 후 가격 대비 가치가 월등한 아이팟 나노를 출시했다. 넷플릭스는 DVD 배달 사업을 접고 스트리밍 서비스를 시도했다. 미래를 위해 가격 대비 가치를 선택하면서 기존 상품과 서비스를 과감하게 포기한 셈이다. 새로운 경쟁사가 등장하면서 어쩔 수 없이 자기 파괴 전략을채택하는 경우도 있다. 외부적 요인으로 인해 혁신을 강요받았지만 오히려 생존 가능성이 더 높아지기도 한다. 이케아가 한국에 진출했을 때 기존 가구 업체들은 큰 위기를 느꼈지만 브랜드에 맞는 혁신 전략으로 오히려 좋은 성과를 내고 있다.

바꿀 수 있는 것은 모두 바꿔야 한다. 고객이 원하는 가격에 맞도록 공급망을 바꾸고 고객이 원하는 가치를 찾아야 한다. 가치 선택은 시장 조사로 해결되지 않는다. 업에 대한 본질적인 사고만이 해답을 구해 줄 수 있다. 마지막으로 기존 상품을 더 높은

가격에 구매할 수 있는 고객을 찾아야 한다.

전자 상거래 비즈니스 모델의 5단계 변화

비즈니스 모델의 전환 또한 생각해 볼 만하다. 유통업은 닷컴 형태, 오픈 마켓, 소셜 커머스, 알리바바의 무료 정책, 제트닷컴 형태로 발달했다. 이 부분은 자세히 살펴봐야 한다. 1단계는 롯데닷컴, 신세계닷컴 등 초기 닷컴 형태의 모델로, 자체적으로 웹 사이트를 만들고 배송망도 구축해 고객 가치를 충족시키던 단계다. 2단계는 오픈 마켓이다. 기존 유통 업체와는 달리 오픈 마켓은 누구라도 들어와 가게를 낼 수 있었다. 3단계는 소셜 네트워크가 등장해 인류가 경험해 보지 못한 연결성을 확보하게 되자, 이를 활용해 상거래에 적용하는 기업들이 등장한 것이다. 쿠팡, 티켓몬스터, 위메프 같은 회사들이다. 4단계는 수수료를 받지 않는 것이다. 경쟁 업체에 비해 더 많은 판매자를 유인하기 위해서다. 판매가 많아지면 당연히 고객 가치가 높아지고 고객도 많아지는 선순환이 생겨난다. 배달 서비스를 제공하는 배달의민족은 수수료를 없앰으로써 치열한 경쟁에서 우위를 차지했다. 수수료를 없애도 수익은 나온다. 고객이 제품을 구매하기 위해 검색어를 입력할 때 특정 검색어 입력 시 상위 사이트로 보이도

록 하려면 입점 업체가 자발적으로 돈을 지불해야 하기 때문이다. 5단계는 제트닷컴과 같은 채널이다. 제트닷컴은 판매자에게 돈을 받지 않는다. 대신 최저 가격에 물건을 팔아 달라고 요구한다. 대신 코스트코처럼 고객들에게 연회비를 받는다. 그것이 수익의 전부다.

제로 시대에도 성장할 수 있는 길은 있다

중요한 것은 고객의 성공이 최우선이어야 한다는 점이다. 가격 대비 가치는 고객의 성공을 목표로 움직여야 한다. 과거에는 고객의 성공이 중요한 목표가 아니었다. 그러나 투명한 정보 공개와 기술 발달로 고객은 모든 것을 알기 시작했다. 따라서 소비자가 얻는 가치에서 가격을 뺀 '소비자 잉여'를 키워야 한다.

그리고 기업의 사회적 책임과 공유 가치 창출을 내세운 마이클 포터 교수의 주장대로 고객 성공 관리 부서를 만들어야 한다. 고객 성공 관리 부서는 물건을 판매하고 난 뒤 업무를 수행하는데, 제품을 어떻게 사용하고 있는지 확인하고 고객이 우리 제품과 서비스로 성공을 거두도록 지원하는 것이다. 가격 대비 가치, 고객 성공이라는 패러다임을 받아들이기는 쉽지 않다. 특히 비즈니스 모델이나 가치 창출 방식을 바꾸는 것이 어렵고, 고객이 좋아하는 가치가 무엇인지를 파악하는 것도 어렵다. 게다가 외부인을 영입하거나 내부 인력을 훈련시켜야 하는 번거로움도 있다. 하지만 살아남는 기업들은 모두 이렇게 움직이고 있다.

소비자 중심으로 생각한다는 것은 소비자들의 감정을 중요하게 생각한다는 것이다. 비즈니스가 어려운 이유도 기업이 소비자의 감정을 제대로 파악하지 못하기 때문이다. 기업은 이성적으로 판단해서 최고의 제품을 만들면 성공할 것 같지만, 소비자들은 감정에 기초해서 구매를 결정한다. 예컨대, 우리나라 스포츠 브랜드의 품질이나 기능은 결코 아디다스나 나이키 같은 글로벌 브랜드에 뒤지지 않지만, 브랜드 가치는 비교할 수가 없다.

감정을 다루려면 변해야 할 것과 변하지 말아야 할 것을 알아야 한다. 라면 시장의 부동의 1위 신라면은 불황기에는 매운맛의 강도를 높인다. 명품 브랜드 에르메스는 최고급 가죽과 수작업을 고집하지만 어떤 제품을 어떤 방식으로 만들지에 대해서는 끊임없이 변화를 준다.

마지막으로 돌아봐야 할 것은 개성이다. 20세기는 효율성 지상주의 시대였다. 대부분 기업들은 유사한 제품과 서비스를 만들었다. 개성과 다양성보다는 획일성과 보편성이 강조되었다. 하지만 지금은 남과 비슷한 점을 모두 버려야 한다. 보통의 역량과 기술력으로는 모방만이 살길이다. 하지만 글로벌 시장에서 한 단계 도약하려면 반드시 '개성'이 필요하다. 매출과 이익만 추구하면 기업의 개성은 사라진다.

개성과 차별화는 다르다. 개성은 내부에서 발현해 진심으로 바라는 것이므로 일관성이 있다. 차별화는 경쟁자와 비교하기 위해 만들어지기 때문에 환경에 따라 변한다. 그러나 개성을 확보하더라도 성공이 보장되는 것은 아니다.

해답은 기업 문화에 있다. 잘나가는 기업은 문화가 다르다. 채찍보다는 당근, 당근보다는 비전이 사람을 움직일 수 있다. 조직 문화를 빼놓고 지속 가능한 경쟁력을 가질 수는 없다. 안타까운 사실은 조직 문화를 만들 수 있는 경영학적 툴은 존재하지 않는다는 것이다. 애플은 흔한 기업 선언문조차 없다. 보통 기업에서 멋진 선언문을 만들더라도 효과가 없다. 일상적인 말과 행동에서 답을 찾아야 한다.

 좋아요! 거의 모든 가치가 떨어지고 있다는 전망을 해 준다. 시원하다. 물론 인정하기 싫은 내용이지만.

 아쉬워요! 왜 존댓말로 썼을까? 읽는 내내 불편했다.

Chapter 9

비즈니스는 결국 사람들의 마음을 움직이는 것이다

히트 상품을 만드는 마케팅 트렌드 7권

모두가 아니라고 할 때
나는 정답을 이야기할 수 있을까?

타인의 영향력
-그들의 생각과 행동은 어떻게 나에게 스며드는가

The Power of Others-Peer Pressure, Groupthink, and How the People
Around Us Shape Everything We Do

BEST BOOK 71

한마디로 이 책은!

이 책은 감정 전염과 군중 심리부터 동조 심리, 집단 사고, 이타주의, 카멜레온 효과, 루시퍼 이펙트, 방관자 효과, 고독의 사회학까지 과학과 심리학의 최신 연구 및 다양한 사례를 조사하며 인간 본성을 밝힌다. 내 안에서 작용하는 타인의 영향을 바로 보게 하고, 나를 둘러싼 타인들의 움직임과 그 속에 내포된 의미를 포착하게 한다. 사람들과 더 많이 연결되고 소통하면서 타인에게 좋은 영향을 끼치고 싶은 욕망과, 타인을 의식하며 살아가는 현실에 피로를 느끼고 혼자가 되고 싶은 욕망, 그 사이에서 갈등하고 고민해 본 사람이라면 이 책을 통해 양극단의 편향에서 균형 감각을 찾고 타인과 적절한 거리를 설정할 단초를 발견할 것이다.

저자 마이클 본드 영국 대중 과학지 〈뉴사이언티스트〉 수석 에디터를 역임했고 현재는 자문으로 일하고 있다. 20년간 〈네이처〉, 〈프로스펙트〉, 〈옵서버〉, 〈데일리 텔레그래프〉, 〈파이낸셜 타임스〉 등 유수 언론에 심리학과 행동 경제학, 사회 문제 관련 글을 기고해 온 베테랑 저널리스트다.

마이클 본드 지음 | 문희경 옮김 | 어크로스 | 2015년 6월 | 384쪽 | 17,000원(이북 11,000원)

> 우리는 일상에서 직접 운전석에 앉아 자율적으로 의사 결정을 내리고
> 스스로 끌어낸 감정을 느끼고 우리가 믿는 대로 선택한다고 여긴다. 대부분 착각이다.—27쪽

사회적 영향력에서 자유로운 사람은 없다

이 책은 타인이 나에게 끼치는 영향을 다층적으로 파고든다. 저자는 역사적 사건 및 사회적 이슈와 심리학의 최신 연구 성과를 접목하고 다양한 인물을 인터뷰해 타인의 힘이 얼마나 강력하게 작용하는지를 흥미롭게 풀어낸다. 그는 우리가 '사회적 소집단' 시대를 살고 있다고 말한다. 개인은 여러 집단에 다양한 방식으로 속해 있으며, 타인들과 촘촘하고 광범하게 연결되어 있다는 것이다. 우리는 그 관계망 속에서 타인들과 크고 작은 영향을 주고받으며 생각하고 판단하고 행동한다.

지난 40여 년간 인간이 어떻게 자기 행동을 결정하는지를 살펴본 연구에 따르면 우리는 사회적 영향력에 휩쓸리기 쉬운 존재다. 인간은 역사적으로 은둔자처럼 혼자 살아 본 경험이 없어서 사회적 영향을 피하기란 불가능하다. 그래서 군중에 휩쓸리고 타인에게 상처받고 집단의 압력에 무력해지기도 한다. 타인의 존재가 우리를 잘못된 길로 이끄는 사례는 금연 집단 치료 참가자들의 흡연 증가(집단 사고)나, 견실한 은행이 거짓 소문으로 하루아침에 파산한 사건(감정 전염), 정부와 미디어의 공포 전략으로 집단 간 반목이 극심해진 사회(권위주의 증후군과 터틀링 현상), 타인을 따라 흰 것을 검다고 말하면서도 자신의 생각과 판단으로 대답했다고 주장하는 실험 참가자들(동조 심리) 등 이 책에서도 어렵지 않게 목격할 수 있다.

기분과 감정에 동조하는 현상이 집단 전체로 확산될 수 있다. 심리학에서는 이것을 '감정 전염'이라고 부른다. 모두가 자기 주도 아래 선택을 한다고 믿지만 대부분 착각이다. 우리는 대부분 어떤 조직이나 집단에 속해 있다. 늘 타인의 영향력에 노출되어 있다. 조직이나 집단은 다양성을 확보하고 구성원들의 자유로운 의사소통을 위해 노력한다. 그런데 모두가 '예'라고 할 때 '아니요' 할 수 있는가? 주위 사람들이 흰 것을 검다고 할 때 희다고 반박할 수 있는가? 동료의 압력을 뿌리칠 수 있다고 자신하는가? 심리학자 솔로몬 아시의 동조 실험을 보면 답은 그리 긍정적이지 않다.

모두가 틀린 답을 고를 때 우리의 반응

솔로몬 아시는 실험 참가자 6~8명을 한방에 두었다. 참가자 외의 사람은 모두 아시의 팀원이었다. 진행자가 사람들 앞에 카드 두 장을 놓았다. 한 장에는 검은색 세로 선 하나가 있고, 다른 한 장에는 길이가 다른 세로 선 3개가 있었다. 그 선 3개 중 하나는 첫 번째 카드의 검은색 선과 같은 것이고, 나머지 두 선은 명백하게 짧거나 길었다. 진행자는 참가자들에게 검은색 세로 선과 같은 것을 3개 중에서 골라 달라고 요청했다.

팀원들은 일부러 틀린 답을 골랐다. 아시는 참가자가 어떻게 반응하는지를 보고 싶었다. 참가자가 계속 자기 눈에 보이는 증거를 믿을 것인가, 아니면 틀린 다수의 의견을 따를 것인가. 아주 쉬운 과제인데도 참가자의 76퍼센트가 적어도 한 번은 다수의 의견을 따랐으며, 고작 4분의 1만이 정답을 고수했다. 평균 매회 3분의 1 정도가 명백히 틀린 다수의 의견을 따랐다.

아시는 실험 결과에 담긴 사회적 의미를 진지하게 우려했다.

"비교적 똑똑하고 호의적인 젊은이들이 흰 것을 검다고 우긴다면 걱정이다. 이런 현상은 우리의 교육 방식과 행동을 이끌어 주는 가치관에 의문을 제기하게 한다."

흔히 우리는 동료의 압력을 뿌리칠 수 있다고 자신한다. 그러나 다수 앞에 혼자 있으면 생각보다 훨씬 더 어렵다. 동조하는 데는 대체로 타당한 이유가 있다. 혼자 떨어져 있으면 조롱당하거나 배척당할 수 있는데, 사람은 누구나 이런 상황을 피하고 싶어 하기 때문이다. 비웃음을 사거나 무시당하는 것보다는 신념을 숨기는 편이 낫다는 것이다.

아시는 동조에 작용하는 사회적 요인을 더욱 정확하게 파악하기 위해 세부 내용을 조금 바꾼 실험을 해 보았다. 실험의 실제 목적을 모르는 사람, 또는 틀린 답이 아니라 정답을 말하도록 지시 받은 연구자를 실험에 투입한 것이다. 이때는 실험 참가자가 오답을 말하는 횟수가 4분의 3이나 줄어들었다. 옳은 답을 말하는 사람이 2명만 있어도 반대파가 결성되는 듯하다. 뿐만 아니라 연구자들이 의도적으로 틀린 답을 말하지만 그것이 다수의 답과 다르면 참가자가 오답을 말할 가능성이 줄어들었다. 이와 같은 결과에서 어떤 식의 반대든 그것이 사람들에게 더 독립적으로 생각하도록 만든다는 사실을 알 수 있다.

타인의 영향력이 꼭 나쁜 것만은 아니다

아시의 실험이 지난 반세기 동안 여러 번 반복되고 결과의 편차가 크자, 학계에서는 집단에 이끌리는 동조 현상은 문화와 역사적 맥락에 따라 크게 좌우된다고 주장했다. 예를 들어 일본과 중국, 브라질처럼 가족과 사회의 목표를 개인의 야망보다 우위에 두고, 가족과 사회에 소속되는 것을 중요시하는 집단주의적인 문화권 사람들은 유럽과 미국처럼 개인주의가 팽배한 문화권 사람들보다 다수의 의견에 동조하는 경향을 보였다는 것이다.

　타인의 영향을 받는다는 것이 꼭 나쁜 것만은 아니다. 타인의 영향이 미치지 않을 때의 우리는 더욱 험한 길로 내몰린다. 눈을 가린 채 방음실 안에 홀로 있다면 우리는 얼마나 버틸 수 있을까? 사회적 고립과 감각의 차단을 연구한 실험에서 참가자들은 대부분 만 하루를 버티지 못했다. 이 짧은 시간에 생생한 환각을 보고하고 심각한 망상증을 보이며 자아 감각을 상실했다. 우리는 타인으로부터 자신의 감각과 생각을 검증하고 정체성을 확립해 나가는 존재다. 저자는 '우리 행동을 결정하는 힘은 매우 강하고 종종 우리 통제를 넘어선다. 그러나 타인은 분명 우리를 특별하게 만들어 주는 요인이자, 사회성은 우리를 인간이라는 종으로 정의하는 기준'이라고 역설한다.

 좋아요! 우리가 다른 사람들에게 어떻게 영향을 받는지 쉽게 설명한다.

 아쉬워요! 영향을 받는다는 게 좋은 것인지, 나쁜 것인지에 대한 고민은 여전히 남는다.

눈길을 끌고 마음을 움직이는
특별한 방법들

주목의 심리학
-생각의 틀을 깨고 주의를 끌어당기는 7가지 법칙
Captivology-The Science of Capturing People's Attention

BEST BOOK 72

한마디로 이 책은!

소셜 미디어를 하는 사람들은 '좋아요'를 더 많이 받기 위해 고민한다. 누군가를 짝사랑하는 사람이라면 어떻게 해야 그 사람의 관심을 받을 수 있을까를 고민하고, 블로그를 하는 사람이라면 내 블로그가 메인 화면에 오르기를 바란다. 중요한 비즈니스 미팅을 앞둔 사람은 프레젠테이션에서 참석자들의 마음을 사로잡기 위해 아이디어를 짜낸다. 신제품을 개발하는 사람은 어떻게 하면 신제품이 사람들 눈에 띄게 할 수 있을까를 위해 밤잠을 설친다. '어떻게 하면 내 말을 귀담아듣게 할 수 있을까?', '어떻게 하면 내 아이디어를 잘 전달할 수 있을까?', '어떻게 하면 한 표를 더 얻을 수 있을까?' 등등 우리는 늘 누군가의 마음을 사로잡기 위해 고민한다.

언론인이자 벤처 투자가로 활동하는 벤 파는 《주목의 심리학》에서 생각의 틀을 깨고 사람들의 주목을 끄는 일곱 가지 법칙을 흥미로운 사례와 다양한 심리학 연구 결과를 통해 보여 준다. 또한 셰릴 샌드버그, 스티븐 소더버그 감독 등 주목을 끄는 데 성공한 사람들과의 인터뷰를 통해 생생하고도 특별한 조언을 전달한다.

저자 벤 파 언론인, 기업가, 벤처 투자가. 첨단 기술을 다루는 〈매셔블〉 편집장이자 IT 전문 매체인 CNET 칼럼니스트. 스타트업 기업에 투자하는 벤처 캐피털 업체 도미네이트 펀드 공동 창립자이기도 하다. 〈세미미디어〉가 선정한 '세계 10대 IT 저널리스트', 〈포브스〉가 선정한 '30세 이하 주요 인물 30인'에 이름을 올린 바 있다.

벤 파 지음 | 이창희 옮김 | 세종서적 | 2015년 6월 | 336쪽 | 15,000원(이북 9,000원)

멀티태스킹은 집중력의 적

인간은 누구나 타인의 관심을 필요로 한다. 그러나 타인의 관심을 얻기란 여간 어려운 일이 아니다. 특히 컴퓨터 스크린에 5~6개의 창을 띄워 놓고 수시로 뉴스와 메일을 열어 보고, 스마트폰을 통해 계속해서 메시지를 확인하며, 페이스북과 트위터를 체크하는 소셜 미디어 시대에 나의 생각을, 프로젝트를, 제품을, 브랜드를 드러내는 일은 이제 큰 도전이 되었다.

우리는 늘 고민한다. '어떻게 하면 사진과 글에 좋아요를 받을 수 있을까?', '어떻게 하면 호감이 가는 그 사람의 관심을 받을 수 있을까?', '어떻게 하면 내 블로그가 메인을 장식할 수 있을까?', '어떻게 하면 프레젠테이션을 성공적으로 할 수 있을까?', '어떻게 하면 우리 제품을 눈에 띄게 할 수 있을까?', '어떻게 하면 내 말을 귀담아듣게 할 수 있을까?', '어떻게 하면 내 아이디어를 잘 전달할 수 있을까?', '어떻게 하면 한 표를 더 얻을 수 있을까?'……

현대인들은 엄청난 양의 데이터를 수집하기도 하고 원하지 않아도 수많은 정보를 받으면서 살아가야 한다. 하지만 사람이 이렇게 방대한 정보를 거의 즉시 입수하는 데에는 대가가 따른다. 집중력의 일부를 잃을 수밖에 없는 것이다. 그리하여 사람들은 여기에 대처하는 수단과 새로운 습관을 얻었다. 이를테면 이메일 관리 툴, 캘린더 앱, 쉴 새 없는 멀티태스킹을 통해 매일 홍수처럼 쏟아져 들어오는 정보를 관리하는 것이다.

주의력은 희소한 자원이 되었다. 인간은 수천 년 전이나 지금이나 하루 24시간, 1440분을 산다. 사람이 주의를 지속하는 강도와 시간은 한정되어 있다. 정보는 늘어나는데 사람의 뇌에는 한계가 있기 때문에 생활 습관을 바꾸는 수밖에 없다. 이것이 꼭 좋은 방향으로 바뀌는 것은 아니다. 쏟아지는 정보를 쫓아가는 것에서도 멀티태스킹을 해야 한다.

멀티태스킹은 집중력의 적이다. 캘리포니아 주립대 어바인 캠퍼스에서 정보학을 강의하는 글로리아 마크 박사에 따르면, 일단 주의가 다른 곳으로 쏠리면 당초 하던 작업으로 돌아가는 데 최대 23분이 걸린다. 일반적인 사람은 주의력이 평균 3분마다 분산된다. 멀티태스킹은 끊임없이 집중을 방해한다. 스탠퍼드대의 아이얼 오퍼 교수 연구에 따르면, 대량의 미디어 콘텐츠를 소비하는 이른바 헤비 멀티태스커들은 쓸데없는 정보에 쉽게 눈을 돌릴 뿐만 아니라, 원래의 작업으로 돌아오는 데에도 보통 사람들보다 느린 모습을 보였다. 유타대에서 실시한 연구 역시 멀티태스킹 달인이라 자처하는 사람들이 사실은 310명의 연구 대상 중 가장 서투른 멀티태스커임을 보여 줬다. 헤비 멀티태스커들은 비교적 가벼운 멀티태스커보다 주의 분산을 차단하는 능력이 현저하게 떨어졌다.

순간 주의, 단기 주의, 장기 주의

주의력은 희소 자원이 되었을 뿐만 아니라, 우리의 습관 또한 주의를 집중하는 능력을 떨어뜨리는 쪽으로 변해 가고 있다. 또 주의력은 끊임없이 방향을 바꾸기도 한다. 그러므로 누군가의 주의를 끌려면 주의력이 어떤 식으로 돌아가는지, 사람들이 저절로 주의를 기울이는 대상은 무엇인지, 그리고 그 이유는 무엇인지를 알아야 한다.

주의력은 항상 세 단계를 거친다. 첫 번째 불 피우기 단계에서는 '순간 주의'를 끌어당겨야 한다. 순간 주의란 주변 사물에 대한 즉각적이고 무의식적인 반응을 뜻한다. 누군가 이름을 부르면 본능적으로 이에 반응한다. 큼직한 거미를 침대에서 발견하거나 초콜릿 쿠키 냄새가 코에 와 닿을 때 보이는 자동 반응 같은 것이다. 하지만 이런 주의력은 오래가지 않는다.

두 번째 불쏘시개 단계에서는 '단기 주의'라는 것을 얻어야 한다. 어떤 사건이나 자극에 대해 사람들이 짧은 시간 집중하는 것이다. 어떤 책이나 영화에 집중할 수 있는 것을 말한다.

마지막은 장기 주의다. 장기 주의가 작동하면 사람들은 자신이 좋아하는 가수가 노래를 할 때 라디오 볼륨을 높이는 차원을 넘어 음원을 구입하고 콘서트에 참석하는 단계까지 간다.

주의를 순간 주의, 단기 주의, 장기 주의의 세 단계로 나누어 생각하는 것은 필요하다. 사람들의 관심을 집중시키고 영향력을 발휘하기 위해서는 즉각적인 주의 끌기에서 시작해 결국 장기 주의를 이끌어 내야 한다.

사람들의 주목을 사로잡기 위한 일곱 가지 열쇠

이를 위해 '감각을 이용하라', '세계관을 읽어라', '예상을 뒤집어라', '욕망하게 하라', '신뢰를 주어라', '추리하게 하라', '관계를 확장하라'라는 일곱 가지 법칙을 효율적으로 이용해야 한다. 일곱 가지에 대한 간략한 설명은 다음과 같다.

자동 반응 열쇠 색이나 기호, 소리 같은 감각적 신호를 이용해 특정한 자극에 대해 일어나는 자동 반응을 촉발시켜 주목을 끄는 것이다. 하지만 이것은 그리 오래가지 못한다.

가치관 열쇠 다른 사람의 세계관에 나의 세계관을 일치시키거나, 아니면 그의 것을 변화시켜 나를 주목하도록 하는 것이다. 하지만 상대방의 가치를 바꾸는 것은 매우 어려운 일이며, 생각의 관성을 알아야 한다.

돌발 열쇠 사람들의 예측을 깨뜨려 주목의 대상을 전환시키는 것이다. 이것은 스티브 잡스가 가장 잘했다. 프레젠테이션에서 항상 '한 가지 더!'를 외쳤다. 그러나 돌발 열쇠는 항상 청중들과 관련이 있는 것이어야 한다.

보상 열쇠 내적 및 외적 보상을 향한 사람들의 욕구를 이용하는 것이다.

명성 열쇠 전문가와 권위자의 명성과 대중의 평판을 이용해 대상에게 신뢰와 주목을 얻는다.

미스터리 열쇠 불확실성, 서스펜스를 만들어 대상의 호기심을 끝까지 끌고 가는 방법이다. 이 방법에서는 자이가르닉 효과와 클리프 행어를 잘 기억해야 한다.

연대감 열쇠 청중과 깊이 있는 연대를 형성하는 것이다. 사람들은 보통 자신을 인정하고 이해해 주는 사람을 주목하기 때문이다.

 좋아요! 주의력이 희소 자원이 되었다는 사실을 명확하게 이해할 수 있다.

 아쉬워요! 마케팅 책이라기보다는 심리학 책. 뒤로 가면서 집중력이 떨어진다.

우리가 하는 선택의 99.9퍼센트는 타인에 의해 이루어진다

보이지 않는 영향력
-대중은 왜 그런 선택을 했는가
Invisible Influence-The Hidden Forces that Shape Behavior

BEST BOOK 73

한마디로 이 책은!

타인은 미처 의식할 겨를도 없이 우리 행동에 엄청난 영향력을 행사한다. 사람들은 누구나 투표를 하면 같이 투표를 하고, 다른 사람이 먹으면 덩달아서 많이 먹고, 최근에 이웃이 그랬듯 새 차를 산다. 사회적 영향력은 사람들이 구매하는 상품, 의료 보험 선택, 학교 성적, 그리고 직업에까지 영향을 미친다. 또한 은퇴를 대비해 저축을 할지 주식 투자를 할지에 대한 선택, 기부금 내기, 조합 가입, 에너지 절약, 그리고 새로운 혁신안 도입 등에도 작용한다. 심지어 범죄 가담이나 직업 만족도 평가에도 사회적 영향력이 작용한다. 우리가 내리는 모든 결정의 99.9퍼센트는 타인에 의해 이뤄진다. 타인의 영향을 받지 않은 결정이나 행동은 찾기 힘들다. 삶의 거의 모든 부분을 통틀어 우리가 사회적 영향력을 받지 않는다고 생각하는 영역은 딱 하나뿐이다. 바로 우리 자신이다.

저자 조나 버거 펜실베이니아대 와튼스쿨 교수. 와튼스쿨 'MBA 교직 헌신 및 교육 과정 혁신상' 수상, 교수들의 연구 과제 경연 대회인 '아이언 프로프 컴페티션' 우승, 미국 소비자 심리 학회와 소비자 연구 협회가 수여하는 '젊은 연구자상' 수상 등 화려한 경력을 자랑하는 스타 교수. 최고 권위의 학술지에 수십 편의 논문을 발표했고, 〈뉴욕 타임스〉, 〈월 스트리트 저널〉, 〈워싱턴 포스트〉 등 주요 언론의 단골 기고자다. 마이크로소프트, 구글, 페이스북, 글락소스미스클라인 등 세계적 기업에서 강연과 자문 활동을 해 왔으며, 현재 심리학과 사회학을 바탕으로 트렌드 분석과 마케팅 전략 연구에 힘쓰고 있다.

조나 버거 지음 | 김보미 옮김 | 문학동네 | 2017년 3월 | 328쪽 | 16,500원(이북 12,400원)

비즈니스는 결국 사람들의 마음을 움직이는 것이다

423

나는 타인의 영향을 받지 않는다는 믿음은 착각이다

우리는 하루에도 수십 가지의 결정을 내린다. 무엇을 입을지 혹은 무엇을 먹을지 같은 소소한 결정부터 어떤 회사에 지원할지, 누구와 결혼할지, 어떤 후보를 지지할지 같은 중요한 결정까지 하루에도 수없이 결정하며 살아간다. 만약 누군가 왜 그런 선택을 했느냐고 묻는다면 우리는 당연히 개인적인 취향과 선호, 호불호 때문이라고 답할 것이다. 그러나 과연 그럴까? 예컨대, 자동차를 산다고 해 보자. 대부분은 가격이나 연비가 구매를 결정하는 데 중요한 요소라고 생각한다. 그러나 한 걸음 더 들어가면, 사람들은 사회적 영향력이 자동차 구매에 작용했다는 것을 알고 있다. 그럼에도 자신은 타인의 영향을 받지 않는 사람이라고 생각한다는 것이다.

이 책은 우리가 내리는 모든 결정의 99.9퍼센트는 타인에 의해 이뤄진다고 주장한다. '나는 다르다'라고 생각할 수도 있다. 사람들은 유독 자기 자신만 사회적 영향력을 받지 않는 사람이라고 여기기 때문이다. 이렇게 생각하는 데는 두 가지 이유가 있다. 사회적 영향력을 인지할 수 없기 때문이거나, 타인에게 영향을 받는다는 것을 바람직하지 않게 여기기 때문이다.

이 책은 남을 모방하기도 하고, 남과는 차별되고자 하기도 하며, 때로는 비슷하지만 다르게 행동하기도 하는 인간의 행동 양상을 다양한 사례를 통해 소개하고 있다. 인간의 모방 습성과 차별화 욕구를 중심으로 다른 사람과 똑같아지는 것도, 달라지는 것도 원치 않는 사람들의 미묘한 심리를 분석한다.

....

우리는 다른 사람들이 어떤 행동을 하는가, 또는 얼마나 많은 사람들이 그렇게 행동하는가를 신경 쓸 뿐만 아니라, 그 사람들이 누구인지도 신경 쓴다.—159쪽

....

나도 모르게 나를 조종하는 모방 본능의 강력함

우리는 종종 주변 사람들을 모방하거나 그들을 따른다. 하지만 어떤 경우에는 남들이 그렇게 행동하기 때문에 그런 일을 피하거나 방향을 달리하기도 한다. 손위 형제가 똑똑하다면 자신은 재미있는 사람이 된다. 또한 다른 사람들이 운전 중에 경적을 요란하

게 울리더라도 그런 부류의 사람이 되고 싶지 않아서 경적을 울리지 않는다. 어떤 경우에 남을 모방하고, 또 어떤 경우에 다르게 행동하는 걸까? 동료들은 언제 우리가 더 열심히 일하게끔 동기 부여를 하고 언제 포기하게 만들까? 그리고 이 모든 것이 가정 혹은 직장에서의 행복, 건강, 성공에 어떤 의미가 있을까?

어둠 속에서 빛이 얼마나 움직였는지를 파악하는 식의 불확실한 상황에서뿐 아니라 같은 길이의 선만 고르면 되는 답이 명확한 상황에서도 사람들은 너나없이 다른 사람들 눈치를 보고 그들의 선택과 행동에 동조한다. 답을 알든 모르든 우리는 계속해서 다른 사람의 행동에 영향을 받는 것이다. 결정을 내릴 때만이 아니다. 우리는 무의식적으로 주변 사람의 표정과 몸짓, 행동 그리고 심지어 언어까지 흉내 낸다. 스스로 내린 선택의 중심에 자기 자신이 있다고 생각하지만, 결국 우리는 사소한 것부터 중대한 것까지 타인의 영향을 받는다.

'해리 포터'의 엄청난 성공은 우연이었다?

이런 모방 습성은 줄 서서 먹을 정도로 인기 있는 식당이나 블록버스터의 흥행과도 관계된다. 엄청나게 흥행한 상품(혹은 인물)이 생각보다 무작위로, 우연히 성공했을 수도 있음은 바로 이런 사실을 증명한다. 《해리 포터와 마법사의 돌》은 출판사에서 여러 차례 거절당한 뒤 가까스로 출간돼 모두의 예상을 뒤집고 흥행한다. 하지만 이런 흥행이 단순히 '해리 포터' 시리즈가 다른 경쟁작보다 더 뛰어나서였을까? 조앤 롤링은 로버트 갤브레이스라는 필명으로 《쿠쿠스 롤링》을 출간하며 본의 아니게 이런 의문을 실험한다. 《쿠쿠스 롤링》을 읽은 독자들은 호평을 보냈으나 이 책은 고작 수천 권이 팔릴 정도로 흥행하지는 못했다. 하지만 이 책의 진짜 작가가 롤링이라는 사실이 밝혀지자 단 몇 주 만에 수십만 부가 팔려 나갔다. 롤링의 이름이 붙지 않았을 때 《쿠쿠스 롤링》은 대중의 관심을 놓고 경쟁하는 수천 권의 잘 쓰인 추리 소설 중 하나였으나 롤링이라는 이름이 붙자 잠재적 독자들의 관심을 끌었다.

이처럼 다른 사람이 무언가를 좋아한다거나 많은 사람이 어떤 상품을 구매했다면 우리는 분명 그게 좋은 것이라며 그 선택을 신뢰한다. 타인을 따라 하는 경향 때문에 한 사람의 선택은 수천 명의 선택으로 이어지고, 이 격차는 눈덩이처럼 불어나 전혀 다른 결과를 낳는다.

사회적 영향력이 그렇게 대단하다면 그걸 역으로 이용하면 되잖아?

사회적 영향력은 우리 행동에 엄청난 영향을 미친다. 하지만 이것이 어떻게 작용하는지를 이해하면 이 힘을 활용할 수 있다. 사회적 영향력의 단점은 피하고 이로운 점만 취하는 것이다. 그러면 각자의 개성을 유지하면서 대중에게 휩쓸리지 않을 수 있다. 사회적 상호 작용에 더 만족할 수 있으며, 더 성공할 수 있고, 더 합당한 결정을 내리는 데 다른 사람들을 활용할 수도 있다. 또한 사회적 영향력이 언제 유익한지를 이해함으로써 언제 이런 영향력을 거부하고 언제 이를 받아들일지 결정할 수 있다. 사회적 영향력이 어떻게 작용하는지에 대한 통찰력을 가진다면, 이를 활용해 자기 자신과 다른 사람들의 삶을 향상시킬 수 있다.

영향력은 다른 것들과 마찬가지로 일종의 도구다. 이를 이해하면, 그저 가만히 수동적으로 그 발생 과정을 보지 않아도 되고 오히려 이를 활용할 수 있다. 사회적 영향력의 힘으로 세상을 더 좋은 곳으로 변화시킬 환경을 설계하고, 상황을 만들어 나갈 수 있으며, 사업을 시작할 수 있다.

당신은 어디서 영향력을 보는가? 주변 사람들은 어떻게 당신의 삶을 형성하며, 당신은 어떻게 그들의 삶을 형성하는가?

다른 사람과 똑같아지는 것도 싫고, 그렇다고 너무 달라지는 것도 싫다

두 번째는 남들과 달라야 한다는 것이다. 우리는 모두와 똑같아지기를 원하는 것이 아니라 남과 다르고 개성 넘치고자 한다. 비슷해지고 싶으면서도 다르고 싶다. 다른 사람들과 똑같이 행동하고 싶지만 특별해지고도 싶다. 이 두 가지 동기는 상반되는 듯하다. 하지만 우리는 이런 상반된 욕구를 충족하며 살아간다. 이 책에서는 왜 기본 디자인에 가까운 외관의 자동차가 더 잘 팔리는지, 미국 30대 대통령과 수탉이 무슨 관계인지, 피카소의 작품을 몇 번 접하고 나면 칸딘스키의 작품이 왜 훨씬 만족스럽게 느껴지는지 등을 살핌으로써 익숙함과 새로움 사이의 갈등, 그리고 남들과 적당한 차이를 유지하며 행동하는 것이 어떤 가치를 지니는지 짚어 본다.

사실, 우리는 완벽히 똑같아지기도, 완벽히 달라지기도 원하지 않는다. 대신 유사성과 차이성을 엮어 가면서, 자신을 최적으로 구분 짓는 방식을 선택해 그에 따라 행동한다. 너무 뜨겁지도, 너무 차갑지도 않은 수프를 고른 영국 동화 속 금발 소녀 골디락스처럼 극단적인 선택은 잘 하지 않는다. 적당히 비슷한 대상을 좋아해서, 딱 적당하다 싶을 정도로 신선함의 매력을 익숙한 편안함과 조화시킨다.

결국 주변 사람들은 무조건 우리의 선택에 영향을 미치는 게 아니라, 우리의 행동에 동기를 부여한다. 다른 사람의 존재 때문에 우리는 더 빠르게 자전거를 타게 되고, 에너지를 더 절약하게 되며, 지고 있는 경기를 뒤집기도 한다. 그러나 우리가 너무 뒤처졌다면 다른 사람의 존재가 오히려 우리를 포기하게 만들 수 있다. 격차가 도저히 만회할 수 없다고 느껴질 만큼 크면 포기해 버린다. 하지만 이렇게 다른 사람이 거의 모든 것을 형성함에도 우리는 보통 이런 영향력의 발생을 인식하지 못한다. 다른 사람들이 사회적 영향력의 먹잇감이 되는 예시는 집어내면서 자기 자신에게 미치는 영향력은 잘 파악하지 못한다.

 좋아요! 사회적 압력에 대해 잘 풀어냈다. 무척 재미있는 사례가 많다.

 아쉬워요! 《타인의 영향력》, 《와이저》에서 다 나온 이야기들.

소비자들은 더 이상 설득당하지 않는다

절대 가치

-완벽한 정보의 시대, 무엇이 소비자를 움직이는가

Absolute Value-What Really Influences Customers
in the Age of (Nearly) Perfect Information

한마디로 이 책은!

소비자들은 상품을 선택할 때 브랜드, 가격, 과거의 사용 경험 등에 따라 결정을 내렸다. 하지만 최근 연구 결과 기존 마케팅 상식들이 더 이상 통하지 않는다는 사실이 드러났다. 이에 스탠퍼드대 마케팅 교수인 이타마르 시몬슨과 엠마누엘 로젠은 새로운 시대의 소비자들에게 영향을 미치는 것이 무엇인지 밝히며, 과거 브랜드 중심 마케팅 전략에서 벗어나 기업들이 소비자 소통 전략, 시장 조사, 고객 세분화 전략 등을 어떻게 바꾸어야 하는지 구체적으로 설명한다. 소비자들은 이제 마케터들이 제시하는 '상대 가치'가 아닌 '절대 가치'에 의존해 상품을 선택한다. 이것이 바로 이 책의 시작이자 핵심이다. 절대 가치란 상품의 보편적 가치가 아니라 소비자가 제품을 사용할 때 경험하게 되는 품질 또는 가치다. 브랜드보다 제품의 가치에 의존해 지갑을 여는 소비자들의 실제 사례를 풍부하게 제시하며, 기술 발달이 마케팅에 미치는 영향을 분석한다.

저자 이타마르 시몬슨 스탠퍼드대 경영 대학원 마케팅 교수. 행동 의사 결정 이론 분야에서 손꼽히는 학자로 행동 경제학 이론을 마케팅에 접목한 선구자다. 약 30년 동안 행동 의사 결정과 소비자 선택 이론 등 수십 편의 논문을 발표했다. 그가 발견한 '타협 효과'는 소비자 선택 이론의 핵심 개념 중 하나다.

엠마누엘 로젠 샌프란시스코대에서 MBA 학위를 받았다. 카피라이터로 광고계에 입문해 푸조 자동차와 코닥 카메라 등 다양한 제품의 홍보와 마케팅 작업을 통해 현장 경험을 쌓았다.

이타마르 시몬슨, 엠마누엘 로젠 지음 | 고영태 옮김 | 청림출판 | 2015년 5월 | 280쪽 | 15,000원(이북 10,500원)

더 이상 통하지 않는 마케팅 불변의 진리

기업의 마케팅 환경에서는 흔히 불변의 진리로 통하는 것들이 있다. 그 불변의 진리는 대체로 '오늘날 기업의 브랜드는 과거 어느 때보다 중요하다', '브랜드에 대한 고객 충성도 향상은 마케팅의 최대 관심사이자 최우선 과제다', '모든 고객은 비합리적이다', '고객은 선택할 것이 너무 많으면 어떤 것을 골라야 할지 잘 모른다', '포지셔닝은 마케팅에서 가장 중요하다' 같은 것들이다.

하지만 이런 마케팅 불변의 법칙은 이미 변해 버렸다. 우선 다양한 의사소통을 통해 제품의 품질을 완벽히 파악하게 된 소비자는 자신에게 진짜 가치가 있는 제품을 구입하게 되었다. 그 결과 브랜드 영향력은 미미해졌다. 또 정보를 쉽게 얻을 수 있는 상황에서 과거 경험은 선택 행위에 큰 역할을 하지 않는다. 이는 소비자들이 같은 브랜드의 다른 상품에 대한 좋은 경험이 있다 하더라도 새로운 구매 결정은 상품의 실제 성능을 기준으로 매번 다르게 내린다는 의미다.

소비자들은 새로운 정보 환경 덕분에 절대 가치에 의존해 더 현명한 선택을 할 수 있게 되었다. 또한 다양한 정보 검색 도구를 사용하면서 활용 가능한 정보를 효과적으로 취사선택할 수 있게 되었다. 소비자들은 더 이상 기업이 제공하는 정보에 휘둘리지도 않는다. 예전 소비자들은 상품을 선택할 때 브랜드, 가격, 과거의 사용 경험 등에 따라 결정을 내렸다. 하지만 소비자들은 이제 '상대 가치'가 아닌 '절대 가치'를 기준으로 상품을 선택한다. 절대 가치란 상품의 보편적 가치가 아니라 소비자가 제품을 사용할 때 경험하는 품질 또는 가치다.

소비자는 어떻게 바뀌었는가?

상대 가치에서 절대 가치로의 변화는 인간의 뇌가 아닌 기술의 발달이 소비자 의사 결정에 미치는 영향력을 분석하면서 시작되었다. 최근에는 마케팅 전략에 영향을 덜 받는 의심 많고 똑똑한 '새로운 소비자'에 대한 논의가 활발하다. 하지만 새로운 소비자가 등장한 것은 아니다. 인간은 50년 전이나 지금이나 본질적으로 똑같다. 또한 50년 후에도 똑같을 것이다. 소비자들이 마케팅 전략에 영향을 덜 받는 것은 더 똑똑하거나 논리적이어서가 아니다. 검색 엔진의 발전, 다른 사용자들의 평가, 전문가와 지인들에 대한 전례 없는 접근성 등 여러 가지 도구 때문이다. 이런 도구들이 없었다면 상대적 사고가 여전히 소비자들을 지배했을 것이다.

예컨대, 30년 전 카메라를 구매할 때 소비자들은 가족과의 귀중한 순간을 보존하라는 광고의 영향을 받았다. 하지만 오늘날 각종 평가에 등장하는 언어들은 보다 구체적이며 사실 지향적이다. 카메라의 품질과 활용에 더 집중한다. 소비자들은 전문가나 친구들로부터 정보를 얻을 경우 과장 광고에 덜 노출된다. 하지만 좋은 점만 부각시켜 소비자들 정서에 호소하는 광고들의 영향력은 아직도 만만치 않다. 단지 이성적 정보들을 중요시하는 매체들의 도전에 직면함으로써 그 영향력이 조금 줄었을 뿐이다.

우리는 새로운 소비자의 등장을 믿지 않는다. 인간은 50년 전이나 지금이나 본질적으로 똑같다. 또한 50년 후에도 똑같을 것이다.—62쪽

이와 같은 소비자 인식에 변화를 준 것은 세 가지 행동에 기인한다. 우선, 카우치 트래킹이다. 이는 소파에 누워 스포츠 경기를 탐색하는 것처럼 상품에 대한 정보를 검색하고 추적하는 행위를 말한다. 그런데 카우치 트래킹이 중요한 것은 소비자가 구매를 결정하기로 했다면 이미 어떤 물건을 살지를 결정했다는 것과 다르지 않다는 점이다. 이는 과거의 소비자 행동 이론과 정면으로 대비되는 것이다. 두 번째는 빠른 의사결정이다. 소비자들이 상품이나 서비스를 구매하기 전에 검색하는 것은 그 양이나 질, 출처, 비용 면에서 과거와는 큰 차이를 보인다. 마지막은 이성적 결정이다. 상품과 서비스에 대한 평가를 많이 볼수록 우리는 이성적 정보를 더 얻게 될 가능성이 커진다. 이는 소비자는 감성으로 움직인다는 이론과 대비되는 것이다. 결국 이런 변화들로 인해 지금까지 대세를 이루던 수많은 마케팅 이론이 사라지거나 효과를 잃어 가고 있다.

효과적인 마케팅을 위해 알아야 할 것들

이 책의 저자들은 소비자들이 의존하는 영향력 있는 변수들을 조합해 효과적인 마케팅 전략을 수립하려면 과거와는 다른 새로운 사고의 틀이 필요하다고 주장한다. 저자들은 이런 새로운 사고 분석의 틀을 '인플루언스 믹스' 라고 부른다.

구매 의사 결정은 개인의 이전 선호, 믿음 그리고 경험 P, 다른 사람들과의 정보 서비스$_O$, 마케팅 담당자^{M}의 조합에 영향을 받는데, 어떤 결정이든 한 가지 요소에 대한 의존도가 높아질수록 다른 요소에 대한 필요성은 그만큼 줄어든다. 완벽한 정보의 시대에는 O의 영향력이 증가하고 M의 영향력이 감소하게 된다. 일반적으로 개인의 선호가 반영되는 상품에는 O나 M보다는 P의 영향력이 더 크다. 예를 들어 치약 등 일상생활용품은 P의 영향이 강하고 O의 영향이 약한 반면, PC나 카메라 같은 경우는 사용자 후기나 평점 등에 더욱 민감하다. 즉 O의 영향력이 크다 할 수 있다. 그러므로 각 상품이 무엇이냐에 따라 시장 세분화나 마케팅 전략이 달라져야 한다. 또 브랜드가 사람들에게 얼마나 영향을 줄 것인가도 관건이라 할 수 있다. 정보화 기술 발전이 세계적으로 빠른 우리나라에서는 이미 일부 상품을 중심으로 상대 가치에서 절대 가치로의 변화가 일어나고 있다. 또한 일부 소비자들은 훨씬 빠르게 변화하고 있다.

정확한 정보를 얻기 힘들었을 때는 과거 경험에 의존하는 선택이 의미 있었다. 하지만 정보를 쉽게 얻을 수 있는 상황에서는 과거 경험이 선택 행위에 큰 역할을 하지 못한다. 따라서 기업들은 이제 소비자들의 선호를 바꾸려는 시도에 대한 의존도를 줄여야 한다. 당신 회사가 만든 태블릿 PC가 경쟁사 태블릿 PC보다 더 좋다고 말하는 것은 이제 큰 의미가 없다. 차라리 주요 특징을 설명하고 당신 회사 제품의 디자인이 경쟁사 제품의 디자인보다 더 좋다고 말하는 것이 낫다는 말이다.

결국 마케팅 담당자들은 맹목적으로 트렌드를 따라가기보다는 현실에 맞는 전략을 채택해야 한다. 특정 상황에서 소비자들이 의사 결정을 내리는 방식에 마케팅 활동을 맞추면 된다. 그러나 특정 상황에서 소비자들이 의사 결정을 내리는 방식도 언제든 변할 수 있다. 마케팅 담당자들은 새로운 형태의 정보 원천과 O의 영향력 변화로 이어질 수 있는 혁신적인 기술 변화를 늘 주의 깊게 살펴봐야 한다.

 좋아요! 이타마르 시몬슨 교수가 30년 동안 가르쳐 온 마케팅의 모든 것을 뒤집는 책이다. 그 용기가 좋다.

 아쉬워요! 마케팅적 시각으로만 구성되어 있다. 이제는 보다 넓게 볼 수 있는 시각도 필요하다.

습관을 지배하는 자가
시장을 지배한다

훅
-습관을 만드는 신상품 개발 모델
Hooked-How to Build Habit-Forming Products

한마디로 이 책은!

스마트폰, 페이스북, 구글, 아마존과 같은 서비스들은 끊을 수 없는 습관으로 자리 잡았다. 이 상품들은 어떻게 '습관'으로 자리 잡게 되었을까? 습관처럼 사용하는 상품은 과연 어떻게 만들 수 있을까? 첨단 기술 기업을 운영하고 있는 저자 니르 이얄은 수년간 습관 형성 상품에 숨어 있는 비밀을 연구해 왔다. 행동 경제학, 소비자 심리학, 인간과 컴퓨터의 상호 작용 등 관련된 다양한 분야의 이론을 적용하고, 행동 설계 방면에 두각을 나타내는 업체들의 패턴을 연구한 내용을 토대로 '훅' 모델을 정립했다. 이 책은 우리가 반복적으로 행동하도록 유도하는 상품에서 공통적으로 찾아낸 패턴을 설명한 지침서이자, 니르 이얄이 수년간 '어떻게 하면 고객들이 습관처럼 사용하는 상품을 만들 수 있을까'에 대한 조사 및 연구의 결정체라 할 수 있다.

저자 니르 이얄 스탠퍼드대 경영 대학원에서 경영학 석사 학위를 취득하고 광고 회사와 비디오 게임 회사 등에서 일했다. 2003년 이후부터 현재까지 스탠퍼드대 경영 대학원, 하소 플래트너 디자인 연구소에서 강의하고 있다. 여러 주요 기업에서 훅 모델에 관한 이론을 강의하는 한편, 〈하버드 비즈니스 리뷰〉, 〈디 애틀랜틱〉, 〈테크크런치〉 등에 첨단 기술 및 심리학, 경영과 관련된 글을 기고하고 있다.

니르 이얄 지음 | 조자현 옮김 | 리더스북 | 2014년 12월 | 304쪽 | 15,000원(이북 10,500원)

아무도 원하지 않는 상품을 만들고 있지는 않은가?

서로 다른 분야에서 전 세계인의 습관을 지배하는 대표적인 상품들은 첨단 기술 발전과 함께 등장해 국경도 없이 빠르게 퍼져 나갔다. 우리 일상 속에서 무의식적 습관으로 자리 잡은 상품들의 이면에는 어떤 첨단 기술이 작동하고 있을까? 이런 상품을 만드는 기업은 어떤 전략으로 우리의 마음과 지갑을 반복적으로 열게 하는 것일까?

대부분의 상품 개발 역사를 보면, 피고용자들은 리더가 만들고 싶어 하는 것들을 만들어 왔다. 회사의 리더가 상명 하달로 주문을 내리면 각 팀들이 그 비전을 현실로 바꾸는 식이었다. 그 방향이 적절해 혁신이 성공하는 경우도 있지만 실패하는 때가 훨씬 많았다.

이와 같은 분위기가 바뀌고 있다. 사업가에서 저자로 변신한 스티브 블랭크나 에릭 리스 같은 사람들이 상품 개발은 고객들과 함께 아이디어의 타당성을 검증하고 점차적인 테스트를 통해 성능 향상을 꾀하는 방향으로 이루어져야 한다는 사실을 설파하고 있다. 그들은 고객의 피드백을 경청함으로써 기업은 아무도 원하지 않는 무언가를 만드는 노고를 줄이고 성공 가능성을 높일 수 있다고 강조한다.

문제는 앞으로는 이와 같은 특성을 노리는 상품과 서비스가 더 많이 등장할 것이라는 점이다. 기업들이 확대된 연결 고리를 과거보다 빨라진 고객 데이터 수집, 조사, 처리 능력과 결합시키면서 우리는 모든 것이 잠재적으로 습관이 될 수 있는 세상에 살게되었다. 실리콘밸리의 유명한 투자가 폴 그레이엄은 40년 후에는 지난 40년보다 훨씬 더 중독성 강한 세상이 올 것이라 예견하고 있다. 기업들이 앞으로 무엇을 어떻게 준비해야 하는지를 알려 주는 대목이다.

한번 만들어지면 절대 바뀌지 않는 습관의 강력함

습관은 두뇌가 복잡한 행동들을 터득하는 하나의 방법이다. 신경학자들에 따르면 습관을 통해 인간의 무의식적 행동을 관장하는 두뇌의 기저 신경절 안에 자동 반응들을 저장해 두기 때문에 우리가 다른 무언가에 집중할 수 있는 것이라고 한다. 습관은 두뇌가 손쉬운 방법을 택해 다음 할 일에 대해 더 이상 활발한 사고가 일어나지 않을 때 만들어진다. 자기가 맞닥뜨린 상황을 해결해 주는 행동들을 두뇌가 재빨리 익히고 체계화해 버린 것이다. 특히 어떤 결정이 과거에 효과적이었고 그래서 이번에도 확실한

선택이 될 것이라고 두뇌가 자동 추론하면 그 행동은 하나의 습관으로 굳어진다.

대부분의 영어 자판은 쿼티 배열이다. 자판 맨 왼쪽 윗줄이 알파벳 QWERTY로 시작하는 것을 그대로 읽은 것이다. 쿼티 배열은 타자기에 사용할 목적으로 1868년 처음 개발되었다. 초기 타자기의 금속 활자판이 서로 엉키는 것을 막기 위해 자주 사용하는 알파벳들을 가급적 멀리 배치했다. 어거스트 드보락 교수는 쿼티의 단점을 개선하고자 모음을 가운데 열에 배치해서 타이핑 속도와 정확도를 크게 신장시켰다. 하지만 1932년에 특허까지 출원한 이 드보락 간소화 자판을 쓰는 사람은 거의 없다. 쿼티가 이미 습관이 되어 버렸기 때문이다. 자판 배열을 바꾼다는 것은 거의 불가능에 가까운 일이다.

쿼티 자판이 오늘날까지 살아남을 수 있던 이유는 (이미 습관으로 굳어진) 사용자 행동을 바꾸는 데 너무 많은 비용이 들기 때문이다. 자판이라는 물건을 처음 접할 때 우리는 닭이 모이를 쪼듯 한 손가락이나 두 손가락으로 한 번에 하나씩 키를 누른다. 하지만 몇 달 동안 꾸준히 연습을 하고 나면 사고 작용 반응으로 모든 손가락을 자유롭게 사용하는 법을 익히게 된다. 그러면서 머릿속에서 화면으로 자연스럽게 단어가 흐르기 시작한다. 그러나 아무리 효율적이라 하더라도 전혀 익숙하지 않은 자판으로 바꾸려면 타자 치는 법을 처음부터 다시 배워야 한다. 누가 그런 수고를 감수하면서까지 자판을 바꾸려 하겠는가?

그래도 혹시 습관을 바꿀 수 있다고 생각하는가? 오랜 사용자 습관을 바꾸는 데 성공한 사례는 극히 드물다. 사용자들의 행동 변화를 일으키는 것은 어떤 행동을 하도록 설득하는 방법을 알고 있다고 해서 가능한 일이 아니기 때문이다.

사람들이 습관처럼 사용하는 상품을 만들고 싶다면

이 책에서 소개하는 '훅hook'은 '갈고리', '갈고리로 걸다'라는 영어 단어에서 유래한 표현이다. 저자는 사람들이 습관처럼 사용하는 상품이 만들어지는 원리와 과정에 대한 연구 결과를 정리해 '훅 모델'이라는 이론을 만들었다. 계기, 행동, 가변적 보상, 투자의 네 단계로 이어지는 훅 모델은, 저자가 수년간 행동 경제학, 소비자 심리학, 인간과 컴퓨터의 상호 작용 등 서로 다른 관련 분야의 이론을 연구하고 실제 실험을 거쳐 개발해 낸 신상품 개발 및 마케팅 기획 모델이다.

행동을 일으키는 계기는 외부 계기와 내부 계기로 나뉜다. 감정과 연관된 내부 계기가 훨씬 강한 동력으로 작용한다. 계기가 마련되면 고객은 행동에 나선다. 이 행동은 보상을 기대하면서 수행하는 아주 간단한 행동을 의미한다. 스탠퍼드대 설득 기술학 연구소 포그 박사는 인간의 행동을 유발하기 위해서는 첫째, 사용자에게 충분한 동기가 있어야 하고, 둘째 의도된 행동을 완수할 수 있는 능력이 있어야 하며, 마지막으로 행동이 일어날 수 있는 계기가 있어야 한다고 말한다. 이 세 가지가 충분한 수준으로 존재해야만 특정 행동이 일어난다는 것이다.

....

사람들이 밝힌 선호도, 즉 자신이 좋아한다고 말한 것들은 '겉으로 드러난 선호도',
즉 그들이 실제로 하는 행동들과 상당한 차이가 있음을 우리는 자주 발견하게 된다.—85쪽

....

상품을 개발하려면 사용자들을 조사하게 마련이다. 그런데 시장 조사와 소비자 선호도 조사 결과는 다른 경우가 많다. 사람들은 어떤 감정이 자신을 자극하는지 잘 모르기 때문이다. 사람들이 밝힌 선호도는 그들이 실제로 하는 행동들과 상당한 차이가 있다. 사용자들에게 이런 욕구들을 알려 달라고 요구하는 것은 효과적이지 않다.

에리카 홀이 《충분한 연구》에서 주장한 것처럼 사람들이 하고 싶어 하는 행동에 연구의 초점을 맞추면 더 많은 것을 발견하게 된다. 일치되지 않는 부분을 찾아가다 보면 가려져 있던 많은 것이 드러난다는 뜻이다. 사람들이 문자 메시지를 보내는 진짜 이유는 무엇일까? 사람들은 왜 그렇게 사진을 찍어 대는 것일까? 텔레비전을 시청하거나 스포츠 중계를 보는 것은 그들의 삶에서 어떤 의미를 가질까? 이런 습관들이 어떤 불편함을 해결해 주는지, 그리고 사용자들이 이런 행동을 하기 직전에 느끼는 감정은 무엇인지에 대해 생각해 보기 바란다.

당신의 상품을 사용하는 사람들은 당신이 제시한 해결책을 통해 무엇을 얻으려는 것일까? 그들은 언제, 어디에서 당신의 상품을 사용할까? 그들이 그런 상품을 사용하도록 유도하는 감정은 무엇이고 그들이 그런 행동에 나서도록 자극한 감정은 무엇일까? 일반적인 시장 조사는 이런 질문에 대한 답을 얻는 데 도움을 주지 않는다.

저자도 훅 모델의 기본 전제가 '습관'이기 때문에 기업이 고객, 즉 사용자를 조종하는 데 윤리적인 측면의 문제가 발생할 소지가 있다는 점을 경고한다. 기업이 훅 모델을 통해 좋은 습관을 형성하는 상품을 개발한다면 다행이지만, 그렇지 않은 경우도 있을 수 있다. 따라서 저자는 '내가 만드는 상품이 사용자에게 긍정적 영향을 미치는가?'에 대해 깊이 고민해야 한다고 말한다. 이를 위해 저자는 조종 매트릭스를 소개하며 상품의 영향력을 판별하는 두 가지 기준, 즉 '사용자의 생활을 개선시키는가?', '상품 개발자가 해당 상품을 사용하는가?'를 제시한다. 성공하고 싶은 사람이라면 반드시 해답을 찾아야 하는 질문들이다.

 좋아요! 사용자의 습관을 지배할 수 있는 제품을 만들어야 한다는 이야기는 매우 설득력 있어 보인다.

 아쉬워요! 제품을 잘 만들어야 성공한다는 생각이 늘 정답인 것은 아니다.

결정 장애 시대,
새로운 사업의 기회가 열린다

큐레이션
-과감히 덜어내는 힘
Curation-The Power of Selection in a World of Excess

한마디로 이 책은!

미니멀리즘으로 대표되는 '단순함'을 추구하는 경향이 비즈니스의 새로운 기회가 되었다. 그러나 사람들의 취향을 사로잡을 수 있는 '단순함을 어떻게 만들어 낼 것인가?'에 대한 해법은 찾아보기 어렵다. 큐레이션은 선별과 배치, 정제, 전시, 설명, 보호 등 일련의 과정을 거쳐서 사람들이 진짜로 원하는 '최고'만을 남기는 기술이다. 이 과정에 '단순함'은 필수적으로 수반된다.

이 책은 현대 경제를 이끄는 주요한 흐름으로서의 큐레이션을 조명하고 개인과 비즈니스에 새로운 관점을 부여함으로써, 앞으로 더욱 확대될 것으로 예상되는 개인 맞춤형 및 개인 취향형 시장에 대한 효과적인 접근 방법을 알려 준다. 특히 인터넷 발달로 급격한 시장 축소 현상을 겪고 있는 출판, 뉴스, 방송 산업에서는 전문 지식과 취향 그리고 통찰을 바탕으로 하는 큐레이션이야말로 유일한 돌파구가 될 것이다.

저자 마이클 바스카 경제학 연구자, 작가, 저널리스트이자 디지털 퍼블리싱 콘텐츠 기업 카넬로의 발행인. 미디어와 콘텐츠 산업 전문가로 옥스퍼드대 출판부의 '옥스퍼드 핸드북' 시리즈 프로젝트 진행을 주도하고 있다. 영국 문화원이 선정하는 '미래를 이끄는 젊은 창조 기업가'로 뽑혔다. 〈파이낸셜 타임스〉, 〈가디언〉, 〈와이어드〉 등 주요 매체의 칼럼니스트로 활동 중이며, 저서로는 디지털 시대 콘텐츠 산업의 미래와 해법을 다룬 《콘텐츠 머신》이 있다.

마이클 바스카 지음 | 최윤영 옮김 | 예문아카이브 | 2016년 11월 | 432쪽 | 18,000원(이북 14,400원)

우리는 모두 큐레이터다

'큐레이션curation'이라는 단어는 '보살피다'라는 뜻을 가진 라틴어 큐라레curare에서 유래했다. 큐레이터는 오랫동안 사회 기반 시설의 책임 관리를 뜻하는 단어로 사용되었다. 한편 기독교에서는 목사가 신도를 '영적으로 큐레이션한다'라는 표현을 쓰기도 한다. 현대적 의미의 큐레이터가 본격적으로 등장한 것은 16세기와 17세기였다. 부유한 수집가들은 '호기심의 방'이라는 공간을 만들어 놓고 과학 기기와 고대 유물 조각을 보관했는데, 이때 방 안에서 중요한 물건들을 정리하고 보살펴 줄 사람이 필요했다. 18세기에 이르러 개인의 수집 규모가 커지면서 이를 한데 모아 놓을 필요가 생겼다. 그렇게 생겨난 것이 영국 박물관이었다. 이때부터 큐레이터 신분이 상승했다. 1860~1870년대를 거치면서 개념 미술이 시작되고, 작품이 무엇을 의미하고 왜 그런 의미를 지니는지에 대해 설명해 줄 사람이 필요했다. 이에 따라 미술품 전문가는 중간 계층으로 신분 상승을 이루게 된다.

> 오늘날 가치의 중심은 선택의 폭이 너무 넓은 데서 비롯되는 복잡한 문제를 해결하는 데 있다.
> 결국 큐레이션은 보다 적은 선택의 폭 위에서
> 어떤 식으로 기업과 경제를 만들어 나갈지에 대한 내용이다.—13쪽

오늘날 큐레이션은 미술관에만 머무르지 않는다. 어느 곳에나 있다. '우리 모두가 큐레이터'라고도 할 수 있다. 옷차림이나 스타일은 물론 짧은 휴가, 한밤에 방영되는 텔레비전 프로그램까지 각자 큐레이션을 하고 있다. 뉴스가 너무 많아 진실을 알 수 없을 때, 회사가 더 이상 성장하지 않을 때, 아무리 열심히 일해도 모든 역할을 소화하기 힘들 때, 딸기잼 하나도 고르기 어려울 때, 어떤 보험이나 연금 상품을 들어야 할지 모를 때, 내 취향에 맞는 드라마나 영화를 보고 싶을 때, 내가 원하는 곳으로 여행하고 싶을 때, 와인이나 커피를 내 취향대로 즐기고 싶을 때, SNS에서 내가 좋아하는 글과 사람들을 보고 싶을 때 등등 언제 어디서나 큐레이션은 적용되고 있다.

우리가 잘 알고 있는 애플도 본질은 큐레이터다. 애플은 앱스토어에 등록되는 앱을 철저하게 검증한다. 앱스토어의 성공은 정확한 큐레이션 역량 덕분이었다. 애플은 여

전혀 큐레이션의 중요성을 알고 있고 영리하게 사업화하고 있다. 2014년 전자책 큐레이션 북램프, 라디오 큐레이션 스웰, 음악 큐레이션 비츠일렉트로닉스를 인수한 것이 그 증거다. 넷플릭스의 성공 비결도 큐레이션이다. 넷플릭스는 고객이 원하는 콘텐츠에 집중했다. 이것이야말로 큐레이션의 본질이었다. 넷플릭스는 소비자 선호도를 파악하고자 '시네매치'라는 알고리즘을 개발했다. 현재 넷플릭스에는 7만 6897개의 카테고리가 있다.

큐레이션, 10억 달러 이상의 새로운 사업 기회

유명 저널리스트이자 투자가인 로버트 스코블은 큐레이션을 '10억 달러 규모의 새로운 기회'라고 전망했다. 큐레이션이 엄청난 기회라는 이유는 무엇일까? 과거에는 무조건 더 많은 것을 확보하는 게 좋은 것이었다. 하지만 인간이 평생 소비해도 다 소비하지 못할 만큼 수많은 상품과 콘텐츠, 정보가 존재하는 지금은 얼마나 많은 콘텐츠를 제외하고 중요한 것만 남겼는지가 중요한 가치가 되고 있다. 모든 것이 너무 많아졌기 때문에 뭔가 새로운 방식이 필요한 상황이 되었다. 우선 삶과 일에 대한 접근 방식부터 변화가 필요하다. '더하는' 것이 아닌 '덜어 내는' 연습을 해야 하는 것이다. 큐레이션이 큰돈이 되는 사업으로 연결되는 지점이다. 하지만 이를 알아채고 제대로 움직이는 기업은 아직 많지 않다.

앨빈 토플러는 45년 전 《미래의 충격》에서 각종 정보뿐만 아니라 물리적 제품에 이르기까지 거의 모든 재화가 넘쳐 날 것이라고 예측한 바 있다. 그의 전망은 이미 현실이 된 지 오래다. 미디어는 물론 전력이나 물과 같은 공공 서비스, 직업, 연금, 교육, 심지어 배우자까지 우리는 얼마든지 원하는 대로 선택할 수 있으며, 때로는 '지극히 개인적인 감정 상태까지 선택의 문제로 취급된다'고 그는 설명한다.

선택의 폭이 넓을 때 우리 마음에서 일어나는 일

선택의 폭이 넓을 때 우리 마음은 어떻게 반응할까? 인간은 선택의 기쁨을 누릴 때 행복해지지만, 너무 광범위한 선택 사항 앞에서는 압도당한다. 너무 많은 선택권이 주어질 경우 오히려 판단력이 흔들려 올바른 결정을 내리기가 힘들어지고 결국에는 선택 자체를 포기해 버린다. 이른바 '선택의 역설'에 빠지는 것이다.

현대 경영학의 창시자 피터 드러커 역시 일찍이 문제를 지적했다.

"앞으로 역사학자가 목도하게 될 가장 중요한 현상은 기술도, 인터넷도, 전자 상거래도 아니다. 그것은 인류가 처한 환경의 유례없는 변화다. 역사상 처음으로, 오늘날 점점 더 많은 사람이 수많은 선택의 기회 앞에 놓여 있다. 그리고 그 속도는 급속도로 빨라지고 있다. 이 문제를 우리는 스스로 해결해야 할 것이다. 하지만 사회 전체는 이 같은 상황에 전혀 준비돼 있지 않다."

과거에는 선택권이 많을수록 더 많이 구매할 것이라는 논리가 지배적이었다. 20세기까지 사람들은 선택의 범위가 넓은 것을 선호했다. 하지만 지금은 그렇지 않다. 컬럼비아대 시나 아이엔거 교수와 스탠퍼드대 마크 레퍼 교수의 실험을 살펴보자. 이들은 스물네 종류의 잼과 여섯 종류의 잼을 테이블에 비치했다. 많은 종류의 선택 사항이 사람들로 하여금 어떤 반응을 이끌어 내는지를 살펴보고자 한 것이다. 시식 선택의 폭이 넓다고 해서 더 많은 잼을 맛본 것은 아니었다. 여섯 종류의 테이블에서는 시식 고객의 30퍼센트가 구매했고, 스물네 종류의 테이블에서는 시식 고객의 3퍼센트가 구매했다. 선택 사항이 많다고 해서 좋은 것은 아니라는 말이다. 이것을 '선택의 독재'라고 한다.

오늘날 우리가 겪고 있는 진짜 문제는 '과잉'이다. 20세기까지는 생산을 많이 하는 것이 목표였다. 그런데 이제는 많은 생산이 해결해야 할 문제로 바뀌어 버렸다. 이 문제를 해결할 중요한 방법 중 하나로 큐레이션이 필요한 상황이다. 더 많은 사람, 더 많은 자원, 더 많은 정보, 더 많은 생산을 원하는 시대는 지났다. 더 좋은 상품, 더 유용한 정보를 '어떻게 골라낼 것인가', 더 적은 생산으로 더 큰 가치를 '어떻게 창출할 것인가'가 핵심인 것이다.

창조성의 개념이 바뀌고 있다

큐레이션이 등장했다는 것은 현실적으로 어떤 의미일까? 첫 번째는 선택 전문가가 등장했다는 것이다. 큐레이터는 단순한 선택가가 아니다. 큐레이션 관점의 선택은 상당히 높은 수준의 지식을 필요로 하는데, 이는 선택만으로 끝나는 것이 아니라 배치 및 구조화도 매우 중요하기 때문이다. 큐레이터의 전문 지식은 고정되어 있지 않다. 특정 분야의 지식과 선택에 영향을 미치는 것은 끝없이 변하기 때문이다. 따라서 믿을 수 있는 큐레이터에 지름길은 없다. 진실성과 일관성, 뛰어난 선별 역량만이 믿을 수 있게 해 준다. 인간과 기계 중 누구의 큐레이션이 더 정확할까? 아마존에는 문화 비평가로 활동하다 입사해 큐레이션을 담당하던 제임스 마커스가 있었다. 하지만 얼마 되지 않아 그는 회사를 그만두었다. 아마존이 인공 지능 방식의 큐레이션을 선택했기 때문이다. 그런데 얼마 후 아마존은 다시 편집 인력을 고용하기 시작했다. 다시 사람의 지능이 더 필요하다는 것으로 해석해도 좋을 것이다.

두 번째는 가치의 중심이 이동했다는 사실이다. 지난 500년 동안 세계 인구는 14배 증가했고, 에너지 소비량은 115배 증가했으며, 경제 규모는 240배 커졌다. 하지만 재화의 가격은 폭락하고, 일반적인 경제학 논리는 작동하지 않고 있다. 가치의 속성이 변하고 있는 것이다. 이제 더하는 것보다는 덜어 내는 것에 더 많은 가치가 부여된다.

마지막 세 번째는 창조성의 개념이 바뀌었다는 것이다. 원래 창조적 생산자, 즉 크리에이터는 종교 또는 귀족에게만 해당하는 이야기였다. 역사적으로 오랫동안 창조성은 종교적인 업무와 관련된 부수적인 성질을 지녔다. 하지만 낭만주의 시대 이후 창조성이 예술의 궤도 안으로 들어오면서 일반 개인들에게까지 영역이 확대되었다.

따라서 우리가 물려받은 창조성은 낭만주의에 입각한 것이다. 훌륭한 창조적 결과물을 무작정 떠받들고 있고, 그것만이 창조라고 생각한다. 헨리 포드, 스티브 잡스와 같은 창조적 기업가를 존경하는 것은 이와 같은 낭만주의 사조가 반영된 결과다. 이제 창조성에 대한 생각이 신화적 믿음에서 큐레이션으로 옮겨 가고 있다. 현대인들은 모두 창조적인 도구를 갖고 있다. 유튜브에는 1분마다 300시간 분량의 동영상이 올라온다. 자신들이 창조적이라고 생각하는 것이다. 그동안 큐레이터는 창조적인 직업에 비해 덜 중요하게 여겨졌다. 하지만 21세기 창조성은 독창적인 속성보다는 배치 작업의 속성이 강해질 수밖에 없다. 창조성의 개념이 바뀌고 있는 것이다.

 좋아요! 큐레이션의 역사를 깊이 알 수 있다. 저널리즘적 글쓰기가 좋다. 정석이다.

 아쉬워요! '큐레이션'을 대체할 만한 우리말은 없을까?

디지털은 아직 승리하지 않았다, 앞으로도 그럴 것이다!

아날로그의 반격
-디지털, 그 바깥의 세계를 발견하다
The Revenge of Analog-Real Things and Why They Matter

BEST BOOK 77

한마디로 이 책은!

디지털 라이프가 영구적인 현실이 된 지금, 새로운 얼굴을 한 아날로그가 유행하기 시작했다. 테크놀로지 기업의 혁신가들과 젊은 세대(일찍이 그것을 경험한 적 없던)가 편리하고 친숙한 디지털 기술 대신 아날로그 제품과 아이디어를 의식적으로 선택하고 있다. 경제적으로도, 시간적으로도, 정신적으로도 비용이 큰 아날로그에 다시금 뜨거운 관심과 투자가 쏟아지는 이유는 무엇일까? 〈뉴요커〉, 〈블룸버그 비즈니스 위크〉의 칼럼니스트이자 비즈니스·문화 트렌드의 변화를 지속적으로 추적해 온 저자가 디지털 시대의 한계와 아날로그의 가능성을 모색한 책이다. 저자는 뛰어난 관찰력을 바탕으로 변화의 핵심을 파악하고 소비자 심리학과 경영학, 그리고 관련 업계 최전선의 다양한 리포트를 종합해 디지털 라이프의 한계와 그 바깥에 실재하는 아날로그 세계의 가능성과 미래를 보여 준다.

저자 데이비드 색스 캐나다의 비즈니스 및 문화 전문 저널리스트이자 논픽션 작가다. 〈뉴욕 타임스〉, 〈블룸버그 비즈니스 위크〉, 〈뉴요커〉 등에 칼럼을 기고해 왔으며, 지금까지 3권의 책을 집필했다.

데이비드 색스 지음 | 박상현, 이승연 옮김 | 어크로스 | 2017년 6월 | 448쪽 | 16,800원(이북 11,500원)

> 디지털에서 전통 브랜드는 어제 먹다 남긴 음식 취급을 받는다.
> 가장 좋은 디지털 기술은 항상 다음에 나올 기술이며,
> 소비자들은 지나간 기술에 대한 충성도가 없기 때문이다.
> 하지만 아날로그에서는 전통에 프리미엄이 붙는다.—92쪽

디지털은 아직 승리하지 않았다

아주 최근까지만 해도 디지털화가 가능한 사물의 운명은 이미 정해진 듯했다. 잡지는 온라인으로만 존재할 것이고, 모든 구매는 웹을 통해서만 이루어질 것이며, 교실은 가상 공간에만 존재할 것이었다. 컴퓨터가 대신할 수 있는 일자리는 곧 사라질 운명이었다. 프로그램이 하나 생길 때마다 세상은 비트와 바이트로 전환될 것이고, 그 결과 우리는 디지털 유토피아에 도달하거나, 아니면 터미네이터와 마주칠 것처럼 보였다. 그러나 아날로그의 반격은 그와는 다른 이야기를 보여 준다. 기술 혁신 과정은 좋은 것에서 더 좋은 것으로, 그리고 가장 좋은 것으로 천천히 나아가는 이야기가 아니라는 것이다. 혁신 과정은 우리가 어떤 존재이며 어떻게 작동하는지를 이해하게 도와주는 일련의 시도들이다.

아날로그의 반격을 이야기하기 전에 도대체 디지털 경제가 무엇인지부터 살펴보자. 디지털 경제는 범위가 넓고 불완전한 용어다. '디지털 경제'라는 용어는 1995년 니컬러스 네그로폰테가 은유적으로 사용한 용어에서 시작되었다. 그는 디지털화된 제품으로 데이터베이스, 뉴스와 정보, 책, 잡지를 예로 들었다. 그런데 디지털 경제라는 용어에 담긴 핵심 메시지는 '더 효율적인 제품과 서비스를 더 저렴한 가격에, 그것도 시공간 제약 없이 널리 전달한다는 것'이다. 따라서 디지털 경제에는 태생적으로 '아날로그 경제 활동은 점차 대체되거나 아예 사라질 것'이라는 의미가 잠재되어 있었다.

이런 의식은 디지털 경제가 목표로 삼는 창조적 파괴와 일치한다. '창조적 파괴'는 1950년대 조지프 슘페터가 혁명적인 산업 변화를 설명하기 위해 사용한 용어인데, 창조적 파괴는 적어도 두 가지가 결합하면서 폭발적인 인기를 끌게 된다. 웹브라우저를 통한 인터넷의 상업화와 미국식 신자유주의가 결합한 것이다. 이때부터 컴퓨터는 매우 중요한 생산 도구가 되었고, 시민 의식보다 중요한 것은 교육과 연결이 되었다.

그러나 디지털 경제는 후기 산업주의의 낭만주의라는 이름표가 붙어 있지만 그렇게 낭만적이지는 않다. 선진국은 디지털 기술로 뛰어난 제품과 서비스를 만들고 생산은 임금이 싼 국가에서 시행하는, 이른바 아웃소싱을 한 것이다. 화상 회의와 광대역 인터넷이면 충분히 가능한 일이었다.

디지털 경제는 모두를 부유하게 해 준다는 낭만은 성공적이었을까? 선진국은 편하게 창의적인 일을 할 수 있고, 후진국은 아웃소싱으로 잘살 수 있게 되었다고 했다. 여기에는 디지털 경제는 좋은 것이고 제조업은 개선되어야 하는 구시대적 산물이라는 생각이 깔려 있었다. 그러나 디지털 경제는 소수의 승자를 제외하고는 낭만적이지 않다. 왜냐하면 승자가 모든 것을 가지는 구조이기 때문이다. 사실 디지털 경제가 가진 나쁜 점들도 있는 것이 사실이다. 최근 조사에 의하면 산업화된 나라들에서 일자리 수와 실질 임금은 꾸준히 감소해 왔다. 현재 디지털 경제는 많은 부를 창출하고 이윤을 만들어 내고 있지만 고용과 임금에 의미 있는 성장을 주지는 못한다는 것이다. 일각에서는 수만 명이 구글, 페이스북 등에 근무하고 있다는 반대 증거를 이야기할지도 모르겠다. 그러나 그 숫자는 아날로그 산업에 비할 바가 아니다.

디지털 경제는 낭만적이지 않다. 디지털 경제는 인간의 노동력을 최소화하는 것이 기본 목표이기 때문이고, 독점 기업만이 살아남는 구조에서는 일자리가 더더욱 줄어들 것이기 때문이다. 그럼에도 불구하고 사람들은 디지털 경제를 찬양한다. 새로 생기는 일자리도 있고, 디지털 경제가 인간의 삶을 윤택하게 해 주기 때문이라는 것이다. 맞는 이야기지만 그 혜택은 소수에게만 돌아갈 뿐이다.

아날로그 시대가 아직 끝나지 않았다는 증거들

따라서 아날로그의 반격이 시작되는 것이 어색한 일이라고 생각되지는 않는다. 이제부터 아날로그의 반격이 어떤 분야에서 어떻게 시작되고 있는지 살펴보자. 우선 레코드판이 있다. 레코드판은 아날로그적 물건의 대명사다. 그리고 디지털에 의해 소멸된 음악 산업과 함께 레코드판도 사라졌다고 생각하기 쉽다. 그러나 아이러니하게도 디지털이 거의 고사시킨 아날로그 레코드판의 부활에 일조한 것은 다름 아닌 디지털이었다. LP 시장은 점점 더 성장했고 LP 팬들은 레코드판을 사고팔기 위해 인터넷으로 모여들었다. 수백만 장의 앨범이 이베이에서 경매되고, 아마존에서 팔리고, 디스콕스 같은 거대 온라인 장터에서 거래되는 동안 디지털 음악의 장점은 단점이 되어 버렸다.

돌이켜 보면 사실 레코드판 판매는 멈춘 적이 없다고 할 수 있다. 오히려 판매량은 더 늘어나고 있다. 예컨대 2007년에는 99만 장이 팔렸지만, 2015년에는 1200만 장으로 판매량이 늘어났다. LP에서 CD로, 그리고 CD에서 MP3로 이동한 것은 맞다. 그러나 디지털 서비스가 생기면서 오히려 CD가 퇴출된 것이다. 현재 레코드판 생산량은 줄어들지 않고 있다. 생각해 보면 디지털은 편리함의 극치라고 할 수 있지만, LP는 경험의 최대치를 제공한다. 이 경험을 소중하게 여기는 사람이 늘어나고 있는 것이다.

아날로그의 반격 두 번째는 종이다. 오랫동안 '종이 없는 사무실'이라는 구호가 유행했다. 실제로 이 구호가 시작된 것은 1970년대 말이었다. 종이라는 것은 물리적으로 인쇄하고 저장하고 정리해야 하는데, 너무 불편하다는 것이다. 따라서 이런 시간과 공간을 줄이면 더 창의적인 일을 할 수 있을 거라는 기대가 있었다. 그렇다면 종이는 과연 사라졌을까? 사실 종이는 '쿨'해졌다. 오늘날 양초나 자전거가 기술적으로는 '한물간' 물건임에도 '쿨'하게 느껴지는 것과 마찬가지로. 활자 인쇄기 제작사와 문구 회사들이 새롭게 등장하고 있으며, 가장 잘 팔리는 출판물에는 어른들을 위한 컬러링북도 있다. 새로운 펜, 문구류, 종이에 특화된 작은 매장들이 세계 곳곳에서 문을 열고 있다. 종이의 반격이 시작된 것이다. 많은 사람이 공감하는 것처럼 종이는 특정 영역에

서는 실용적이고 뛰어나다. 때문에 종이가 가진 매력이라는 것은 항상 존재해 왔고, 특히 감성적·기능적·경제적 가치는 오히려 증가했다고 볼 수 있다.

아날로그의 반격 세 번째는 필름이다. 필름도 디지털에 의해 사라진 사양 산업이다. 사람들은 디지털 사진의 가장 큰 문제점은 화질이라서 화질만 개선되면 디지털이 승리할 거라고 생각했다. 그러나 디지털 사진의 가장 큰 문제는 그게 실재가 아니라는 점이다. 사진들이 사라지고 있다. 더 이상 가족 앨범도, 인화된 사진도 없다. 손으로 만지거나 흔들 수 있는 게 없다. 그제야 사람들은 그런 경험을 그리워하기 시작했다.

필름 산업은 다시 살아나고 있다. 로모그래피도 있지만 코닥을 중심으로 동영상 부문의 필름 시장도 살아나고 있다. 특히 코닥은 슈퍼8 필름 카메라의 새로운 버전을 만들 것이라고 발표했는데, 여기에 세계적인 영화감독들이 대거 참여하고 있기도 하다.

아날로그의 반격 네 번째는 인쇄물이다. 디지털이 인쇄물을 줄일 것이라는 이야기는 오래전부터 들어 왔다. 그래서 인쇄물은 없어졌을까? 그렇지 않다. 사실 인쇄물을 대체한 디지털 경험에는 잉크 냄새도, 바스락바스락 책장을 넘기는 소리도, 손가락에 느껴지는 종이의 촉감도 없다. 이런 것들은 기사를 소비하는 방법과 아무런 관계도 없어 보이지만 사실은 그렇지 않다. 아이패드로 읽으면 모든 기사가 똑같아 보이고 똑같게 느껴진다. 그러나 인쇄가 된 쪽에서 쪽으로 넘어갈 때는 그런 정보의 과잉을 느끼지 못한다. 게다가 사람들은 인터넷에서 볼 수 있는 콘텐츠는 공짜라고 인식하는 반면, 인쇄물에는 지갑을 연다. 또한 온라인 콘텐츠 서비스는 늘어나고 있지만 트래픽이 높다고 해서 충성도가 높은 것은 아니다. 결국 인쇄물은 줄어들지 않을 것이다. 인쇄물이 갖고 있는 장점이 많기 때문이다.

아날로그의 반격 다섯 번째는 오프라인 매장이다. 미국 사람들은 일주일간의 휴가를 받으면 평균 하루 반 정도를 쇼핑에 쓴다고 한다. 소셜 미디어 플러그인을 아무리 잘 디자인하더라도, 유튜브에서 아무리 많은 언박싱 동영상을 시청하더라도 그 같은 사회적 상호 작용은 온라인상에서 일어날 수 없다. 따라서 리테일은 끝났다고 주장하는 말은 이제 그 근거가 사라지고 있다. 2000년 500억 달러를 돌파한 미국 전자 상거래 매출이 2014년 3500억 달러로 증가하면서 온라인 쇼핑이 대세라고 생각하는 사람이 많았다. 하지만 전자 상거래 대명사인 아마존 성공에는 함정이 있다. 역설적으로 전자 상거래는 수십 억 달러 매출에도 불구하고 손실을 내고 있을 가능성이 높다.

2015년 아마존 리테일 북미 지역 마진은 2.5퍼센트였는데, 무료 배송을 하고 있기 때문에 이 출혈 경쟁이 언제까지 이어질지는 아무도 모른다.

아날로그의 반격 여섯 번째는 학교다. 우선 테크놀로지는 학교 교육을 송두리째 바꾸려고 한다. 그래야만 품질 높은 교육을 많은 사람에게 제공할 수 있다는 것이다. 그러나 교육에서의 테크놀로지는 그다지 좋지 않다는 것이 연구 결과 드러났다. 2015년 OECD 보고서를 보면 컴퓨터는 학업 성취도와 집중력을 떨어뜨린다고 한다. 최근에는 대규모 온라인 교육이 인기였는데, 이것도 이미 실패의 길을 걷고 있다. 결국 교육 혁신은 서로 토론하고 책을 읽고 노트에 자기 생각을 적는 오프라인으로 돌아가야 한다는 주장이 힘을 얻고 있다.

실리콘밸리에서도 아날로그는 살아 있다

아날로그의 반격 마지막은 실리콘밸리다. 재미있는 사실은 실리콘밸리의 리더들은 디지털 기기를 만들고 쇼셜 미디어 서비스를 제공하고 있지만, 그들은 오히려 오프라인과 아날로그를 좋아한다는 것이다.

최근 실리콘밸리에서는 '마음 챙김'이라는 프로그램이 인기다. 일종의 명상 프로그램이다. 구글의 '내면 탐구' 프로그램에는 정기적인 명상 수업이 있고, 페이스북과 트위터는 본사 건물에 명상 공간을 두고 있다. 디지털 업계에서 아날로그를 소중히 여긴다는 증거는 이 밖에도 많다. 예컨대, 스타트업 창업자, 투자가, 프로그래머는 종이 수첩에 메모를 한다. 스마트폰을 사용할 것 같지만 사실은 그렇지 않다. 또 구글의 사용자 인터페이스 디자이너는 종이와 펜으로 스케치를 한다. 아무리 기술이 발달하더라도 종이만큼 직관적인 것은 아직 만들어지지 않았다는 것이다.

테크놀로지를 제한하는 회사도 있다. 퍼컬레이트에서는 회의를 할 때 모든 디지털 기기를 금지하고 있다. 또 아마존 제프 베저스가 임원들에게 6쪽의 보고서를 손으로 써 오게 한다는 사실은 잘 알려져 있다.

 좋아요! 아날로그는 어떤 형태로든 존재할 것이다.

 아쉬워요! 미국식 글쓰기의 전형. 너무 자세한 이야기가 좋을 때도 있지만 지루할 때가 많다.

Chapter 10

내 일자리, 앞으로 정말 사라지는 걸까?

4차 산업혁명을 낱낱이 파헤쳐 주는 책 9권

4차 산업혁명 선진국들은 이렇게 앞서가고 있다

4차 산업혁명 이미 와 있는 미래
The Fourth Industrial Revolution

BEST BOOK 78

한마디로 이 책은!

4차 산업혁명은 미국과 아시아에 빼앗긴 제조업 주도권을 회복하기 위해 독일을 중심으로 한 유럽에서 촉발된 이슈다. 저임금 국가에 빼앗긴 제조 공장을 자국으로 되찾아 오고 싶은 선진국들의 의지와 생산성 하락으로 어려움을 겪고 있는 수많은 제조 기업의 생존 전략이 숨어 있다. 그러므로 단순한 기술 혁명이 아니라 제조업의 복권이라는 역사적이고 산업적인 맥락을 이해하는 것이 중요하다. 유럽 최대의 컨설팅 업체 중 하나인 롤랜드버거는 그런 제조 기업들의 혁신을 외부자이자 내부자로서 가장 가까이에서 목격했다. 이 책은 그동안 롤랜드버거가 발표한 수많은 보고서 중 우리가 미래를 준비하기 위해 반드시 알아야 할 내용만 골라 재구성한 것이다. 4차 산업혁명의 역사적 맥락과 비전을 비롯해 기업가들의 생생한 목소리를 담았다. 또 4차 산업혁명에 영향을 미치거나 4차 산업혁명이 해결해야 할 문제이기도 한 2030년까지의 메가트렌드를 분석함으로써 미래에 대비할 수 있는 통찰을 제공한다.

저자 롤랜드버거 1967년 독일 뮌헨에 설립된 전략 컨설팅 회사. 전 세계 34개국에서 2400명이 넘는 컨설턴트가 일하고 있다. 민간 기업뿐만 아니라 EU 등 국제기구와 정부 및 공공 기관에도 전략 수립과 실행 지원 등의 서비스를 제공한다. 독일 통일 및 EU 통합 등에도 기여했다. 4차 산업혁명의 출발지 독일의 자동차 및 제조업 컨설팅 분야에서 성과를 내고 있다. BMW, 도요타, 볼보 등 주요 완성차 업체와 보쉬, 포레시아 등 주요 자동차 부품 회사의 컨설팅도 맡고 있다. 최근에는 삼성의 하먼 인수 프로젝트에 실사 및 자문을 맡아 화제를 모으기도 했다. 한국에 2012년 지사를 설립해 경제 및 사회 문제를 해결하기 위한 여러 프로젝트를 수행하고 있다.

롤랜드버거 지음 | 김정희, 조원영 옮김 | 다산3.0 | 2017년 6월 | 384쪽 | 18,000원(이북 12,600원)

4차 산업혁명은 제조업 반격으로 시작되었다

4차 산업혁명은 미국과 아시아에 빼앗긴 제조업 주도권을 회복하기 위해 유럽에서 촉발시킨 이슈다. 그러므로 단순한 기술 혁명이 아니라 제조업 복권이라는 역사적이고 산업적인 맥락을 이해하는 것이 중요하다. 독일에서는 4차 산업혁명을 '인더스트리 4.0'이라고 한다. 미국과 영국에서는 '첨단 제조', 프랑스에서는 '미래 공장', 벨기에에서는 '차이를 만드는 미래 공장', 네덜란드에서는 '스마트 산업'이라는 이름을 붙였다. 명칭은 다르지만 모두 4차 산업혁명을 일컫는 말이다.

현재 논의되는 4차 산업혁명은 독일 인더스트리 4.0에서 시작되었다. 세계 최고의 제조업 강국인 독일은 2010년 인더스트리 4.0이라는 이름 아래 지속적인 디지털화 그리고 연결성을 강조하는 혁신을 이어 가고 있다. 이 개념은 2011년에 하노버 박람회에서 처음 소개되었고, 그 후 2016년 다보스 포럼에서 '4차 산업혁명'이라는 용어로 변형되어 사용되고 있다. 우리가 알고 있는 4차 산업혁명은 이때부터 알려진 개념일 수 있다.

세계적으로 통용되는 4차 산업혁명은 우리가 생각하는 것보다 더 포괄적인 개념이다. 원래 4차 산업혁명은 제조업을 부흥시키고자 하는 인더스트리 4.0에 기반을 둔 것으로, '메이커 운동'이나 '팩토리 4.0'과 같은 협의적 용어와는 구별되어야 한다.

4차 산업혁명이 만들어 놓은 게임의 규칙을 보면 완전히 새로운 산업혁명이라 생각하기 쉽다. 우선 4차 산업혁명은 생산 과정의 자유와 유연성이 핵심이기 때문에 일대일 고객 맞춤형 제품 생산이 가능하다. 과거 기업의 생존 방식이던 대량 생산과 대량 마케팅은 더 이상 통하지 않는다. 게다가 전통적 산업과 비산업 응용 분야 사이의 경계도 흐려지고 있다. 자동차 산업만 보더라도 전통적으로는 진입 장벽이 가장 높은 산업이었지만 이제는 그렇지 않다. 테슬라가 그 공식을 깨 버렸다. 이런 흐름 속에서 기업들은 모든 것을 바꿔야 살아남는다는 두려움을 갖게 되었다.

4차 산업혁명의 가장 중요한 목표

4차 산업혁명의 목표는 인공 지능과 로봇을 만들어 내는 것이 아니다. 4차 산업혁명의 가장 중요한 목표는 비용과 효율성의 극대화다. 특히 데이터 흐름을 끊는 인터페이스를 줄이는 것으로 시작해야 한다. 이렇게 하면 생산 비용과 자원의 효율성을 극대화할 수 있다. 따라서 더 많은 자동화, 더 좋은 부품을 추구하던 과거의 방식과는 다르다.

두 번째 목표는 자산 회전율과 수익을 증가시키는 것이다. 그렇다고 4차 산업혁명을 자동화와 혼동해서는 안 된다. 4차 산업혁명은 산업 자동화가 아니라 제조업의 생산성을 높이는 것이다. 자동화는 이미 많이 해 왔다. 자동화로 투자 효과가 나타나면 기업은 자본 이익률은 그대로 유지하면서 자본 집약적으로 움직이게 된다. 그 결과 큰 공장, 큰 기업이 태어난 것이다. 이것은 4차 산업혁명이 아니다. 4차 산업혁명은 그 나라의 경쟁력을 바탕으로 자산 회전율과 수익을 증가시키는 것이 목적이다.

4차 산업혁명의 시작이던 인더스트리 4.0은 새로운 기술이 아니다. 이 말은 독일 모션 솔루션 서비스 제공 업체 비텐스타인의 가상 물리 시스템 책임자 요헨 슐리크가 한 말인데, 자동 식별, 임베디드 시스템, 광대역 무선 네트워크, 디지털 제어 통신 등은 최근 활성화되었다는 것이다.

4차 산업혁명의 기반은 가상 물리 시스템이다. 가상 물리 시스템은 인간, 기계, 자

원이 서로 직접 소통하는 것을 말한다. 가상 물리 시스템은 아직까지 그 실체가 명확하지 않다. 어느 정도는 상상으로 이해해야 하는 측면이 있다. 예컨대, 이 시스템을 통해 만들어지는 제품을 굳이 스마트 제품이라고 한다면, 그 제품 하나가 만들어질 때마다 어떻게 생산되고 어디로 배송되고 어떻게 사용될지 스스로 문서화할 수 있다는 것이다. 가공물, 도구, 생산 공장 그리고 물류가 임베디드 소프트웨어를 통해 인터넷에 연결된다. 즉 가상 물리 시스템은 최적의 생산 활동과 물류 그리고 소비 활동까지 완벽한 통제를 할 수 있다. 이 시스템을 이미 사용하는 기업들도 있다. 아디다스는 아시아 지역에서 시행하던 대량 생산을 버리고 스피드 팩토리를 세웠다. 신발 만드는 회사도 4차 산업혁명의 대표 주자인 것이다. 할리 데이비슨도 마찬가지다. 고객들이 바이크 빌더를 통해 바이크를 주문하면 6시간 만에 제작이 끝난다. 21일이나 걸리던 공정이 비약적으로 줄어들었다. 타이어 제조사 피렐리는 IT 환경으로 14단계나 되는 타이어 제조 공정을 3단계로 축소했다. 그래서 더 고급화되고 다양화되는 자동차 시장에도 빠르게 대응할 수 있다.

선진국들은 얼마나 앞서 나가고 있는가?

이미 선진 산업 강국들은 4차 산업혁명 대열에 뛰어들었다. 우선 방어적이고 공격적인 독일이 있다. 독일의 자본 이익률은 2000년 12퍼센트에서 2014년 30퍼센트로 급증했다. 고용률의 소폭 하락에도 불구하고 부가 가치는 80퍼센트 상승했고 수익은 158퍼센트 뛰었다. 독일은 시장 지배력을 더 키우기 위한 솔루션 개발에 전념하고 있다.

제조업에 약한 모습을 보이던 프랑스도 움직이고 있다. 프랑스 제조업이 창출한 일자리는 370만 개로, 국내 총생산 대비 비중은 12퍼센트에 불과하다. 낡은 제조 설비, 줄어드는 일자리 그리고 부가 가치와 수익률 모두 하락 중이다. 하지만 디지털화와 가상 현실 등을 바탕으로 반격을 준비하고 있다.

미국은 산업을 전면 재배치하고 있다. 미국에서는 2000년부터 2014년 사이에 일자리 500만 개가 사라졌다고 한다. 그러나 제조 산업의 절대적 수치로만 보면 독일의 3배, 중국에 이어 두 번째 위치에 해당된다. 주목할 점은 모든 산업 시설을 현대화하고 있다는 사실이다. 특히 자동화 솔루션과 저렴한 로봇 생산 시설을 도입하는 것으로 노동 생산성을 비약적으로 올리고 있다.

그리고 전통의 제조업 강국 일본이 있다. 일본의 제조업은 지난 10년 동안 40퍼센트 축소되었고, 200만 개의 일자리가 사라졌다. 2015년부터 4차 산업혁명에 전념하고 프로그램을 쏟아 내고 있다. 일본은 원래 고령화 사회로 진입하고 있지만 자동화 수준이 높기 때문에 경쟁력과 유연성 확보가 가능하다고 한다.

또 예외적 산업화를 꿈꾸는 제2의 강대국 중국이 있다. 중국은 이미 저비용 수출 분야가 한계라는 것을 잘 알고 있다. 그래서 중국이 생각할 수 있는 유일한 방법은 프리미엄 서비스로 가는 길이다. 독일과 경쟁이 가능한 산업 솔루션을 확보하려는 것이다.

4차 산업혁명은 국가 간 경쟁을 파악한다고 해서 이해할 수 있는 것은 아니다. 제조 공장의 기계와 기계가 통신할 수 있는 표준화 작업을 누가 선도하느냐에 대한 전쟁이 치열하게 진행되고 있다. 이 주도권 전쟁에서 누가 승리하느냐에 따라 산업의 판도가 달라질 것으로 보인다. 또 4차 산업혁명이 진행되면서 촉발되는 일자리 문제도 중요하다. 산업혁명은 수많은 일자리를 없애고 또 수많은 일자리를 만들어 왔다. 4차 산업혁명도 같은 효과를 만들어 낼 것이다. 그러나 과거와 다른 점은 분명히 있다. 지금까지는 줄어든 일자리만큼 새로 생긴 일자리가 상쇄 효과를 일으켜 산업혁명의 여파를 줄여 왔다. 하지만 앞으로 이런 상쇄 효과는 크지 않을 전망이다. 치열한 준비 없이는 세계 경제의 뒷전으로 물러날 수밖에 없다.

 좋아요! 4차 산업혁명이라는 말이 어디에서 시작되었는지를 알려 주는 책.

 아쉬워요! 중반 이후는 다른 책에서도 볼 수 있는 내용들.

전 세계에서 직접 목격한
미래 산업에 대한 생생한 증언

알렉 로스의 미래 산업 보고서
The Industries of the Future

BEST BOOK 79

한마디로 이 책은!

알렉 로스가 소개하는 로봇·유전체·금융 혁신 기술의 중요성은 그 확장성에 있다. 저자에 따르면 이 기술들은 단순히 디지털 분야에 머무르지 않고 젖소를 키우는 것에서부터 아프가니스탄 등 파병 지역 군인들의 전투력을 향상시키는 데까지 전 분야에 확장, 적용될 것이다. 그리고 디지털이 아닌 현실 전반의 우리 삶에 큰 변화를 가져올 것이다. 유선 전화조차 깔리지 않은 아프리카에서도 이미 엠페사, 안델라 등 혁신 기업과 저자가 주도한 앱스포아프리카 계획을 통해 수많은 이가 의료의 혜택을 받고 새로운 경제적 기반을 마련하기 시작했다. 20년 전만 해도 식량 배급을 받던 에스토니아는 디지털 영토 '아-레지던시'를 통해 디지털 시대를 선도하기 시작했다. 전 세계가 새로운 혁신 기술과 미래 산업을 원동력으로 미래를 향해 꿈틀대기 시작한 것이다. 힐러리 클린턴 국무부 장관 시절 자문관으로 영입되어 4년 동안 전 세계를 다닌 저자는 이 경험을 바탕으로 세계의 정치 지도자들과 기업가들을 만나며 급변하는 기술이 가져올 미래 산업의 전략을 구상해 이 책을 집필했다.

저자 알렉 로스 〈포린 폴리시〉가 선정한 '글로벌 사상가 100인', 〈허핑턴 포스트〉가 선정한 '정치 부문 게임 체인저 10인'에 뽑힌 미국의 차세대 리더이자 혁신 전문가. 노스웨스턴대에서 역사학을 전공했고, 오랫동안 전 세계 빈곤층의 교육과 정보 격차를 해소하기 위해 비영리 단체에서 일했다. 2008년 오바마 대통령 선거 캠프에서 기술 및 미디어 정책 위원장을 맡았고, 이후에는 힐러리 클린턴 국무부 장관 자문관으로 영입되어 4년간 전 세계를 돌아다니며 급변하는 산업 현장과 새로운 혁신 기술 탄생을 목격했다. 낡은 외교 관행에 얽매인 국무부를 혁신한 공로로 2013년 국무부 공로훈장을 수상했다.

알렉 로스 지음 | 안기순 옮김 | 사회평론 | 2016년 7월 | 438쪽 | 18,000원

1435일 동안 전 세계를 누비며 발견한 미래 산업의 씨앗들

2009년 8월 알렉 로스는 힐러리 클린턴 국무부 장관으로부터 난민 문제 해결 방법을 찾으라는 지시를 받고 콩고의 난민촌을 방문했다. 그곳에서 그는 놀라운 광경을 목격했다. 발목까지 덮는 오물을 헤치며 걸어야 하는 열악한 상황에서도 많은 난민이 휴대 전화를 사용하고 있던 것이다. 가장 열악한 아프리카 난민촌의 삶조차 모바일 기술을 통해 새로운 방향으로 바뀌기 시작했음을 두 눈으로 목격한 순간이었다.

혁신은 미국과 일본, 실리콘밸리의 구글과 애플 같은 대기업에서만 일어나는 게 아니다. 아프리카 난민촌, 인도의 빈민가, 뉴질랜드의 농촌 등 세계 곳곳에서 혁신 기술과 미래 산업의 맹아가 꿈틀대며 우리 삶과 생활 방식을 바꿔 나가고 있다.

알렉 로스는 국무부 혁신 담당 수석 자문관으로 1435일 동안 달을 왕복할 수 있는 거리인 80만 킬로미터를 돌아다니며 전 세계 혁신의 현장을 둘러보고 미래 산업의 탄생을 목격했다. 그는 2008년 오바마 대통령 선거 캠프에서 기술 및 미디어 정책 위원장을 맡으며 오바마 당선에 큰 공헌을 했다. 이후 오바마 행정부에서 국무부 장관에 임명된 힐러리 클린턴이 자신에게 패배를 안긴 알렉 로스를 영입했다. 라이벌을 국무부 장관으로 지명하고 그 라이벌은 다시 경쟁자의 핵심 참모를 영입한, 미국 정가에서도 보기 드문 일이었다.

이후 알렉 로스는 힐러리 클린턴의 신임을 받으며 국무부에서 외교 현장과 IT 기술을 연결하는 역할을 수행했다. 이 과정에서 아프리카와 파키스탄 등 오지의 난민들부터 에릭 슈밋 현 구글 회장, 알리바바의 마윈, 이베이의 존 도나호, 트위터의 잭 도시 같은 세계적 비즈니스 리더들까지 많은 사람을 만나고 무수한 혁신 사례를 접하며 21세기 미래 산업 전략을 고안했다.

현재와 미래의 산업 사회에 대한 최신 정보와 동향을 망라한 《알렉 로스의 미래 산업 보고서》는 통계나 자료에만 의존하지 않고 발로 써 내려간 생생한 보고서이자 미래 산업에 대한 저자의 경험과 통찰이 집적되어 있는 담대한 구상이라 할 수 있다. 여기에서는 주요한 몇 개의 이슈를 짚어 보고자 한다.

인간 지능을 넘어서는 로봇이 탄생할 것이다

첫 번째는 로봇 시대가 온다는 것이다. 이 책에서 가장 먼저 주목하는 테마다. 그러나 지금까지 산업용 로봇을 이야기하던 다른 책들과는 달리 이 책에서는 인간을 돌봐 줄 간호 로봇이 온다는 것에 초점을 맞추고 있다. 이미 세계 산업용 로봇 140만 개 중 31만 개가 일본 제품이라는 것은 잘 알려진 사실이다. 책에서는 중국, 일본, 한국이 로봇의 강국이라 하지만 이미 대세는 일본과 중국이 차지한 듯하다. 그리고 간호 로봇은 일본의 차세대 전략처럼 보인다.

일본은 2025년 400만 명의 간호사가 필요한데, 이를 로봇으로 대체하려 한다. 인간으로 간호 인력을 충당하는 것은 150만 명으로 한계에 다다랐다는 말이다. 그래서 일본 도요타와 혼다는 간호 로봇 로비나와 아시모를 개발하고 있고, 도카이고무공업은 로봇 리바, 일본 산업 기술 종합 연구소는 파로를 개발했다.

흥미로운 것은 로봇에 대한 동서양의 사고방식에 차이가 있다는 점이다. 일본인 80퍼센트는 무생물에게도 영혼이 있다는 신앙을 갖고 있다. 그래서 일본 문화에서는 로봇을 친구로 쉽게 받아들인다는 주장이다. 이 주장은 매우 흥미롭다. 반면 서구 문화는 로봇에 대한 공포가 있으며, 통제할 수 없다는 두려움이 있다는 것이다.

> 기술의 진보와 부의 창출이 안겨 줄 혜택은 균등하게 분배되지 않는다.
> 혜택을 얻을 사람이 많겠고 그중에는 엄청난 이익을 획득하는 사람도 있을 것이다.
> 하지만 경쟁에서 밀려나는 사람도 많을 것이다.—23쪽

로봇과 관련해서 꼭 알아야 할 개념은 특이점이다. 로봇이 인간 지능을 넘어선다는 의미다. 이 책 역시 긍정적이다. 로봇의 작동 알고리즘을 보완할 수 있는 데이터가 많아지고 재료 공학이 발달하면서 로봇의 등장은 확실해졌다. 인공 지능이 인간 지능을 초월하는 세상이 곧 온다는 것이다.

무인 자동차 시대가 곧 올 것이다

두 번째는 무인 자동차 시대에 대한 것이다. 무인 자동차의 선두 주자는 현재 구글로 알려져 있다. 설립한 지 20년도 안 된 회사가, 그것도 검색 엔진 회사가 무인 자동차 산업의 선두라는 것이 믿기지 않지만 사실이다.

인류는 오래전부터 무인 자동차를 꿈꿔 왔다. 1939년 뉴욕 세계 박람회에서 제너럴 모터스가 현대적 개념의 무인 자동차를 선보인 것이 최초다. 그리고 1958년 전선을 설치한 궤도에 연결할 무인 시험용 자동차 파이어버드가 개발되기도 했다.

무인 자동차에 대해서는 아직 긍정적인 면보다는 해결해야 할 부정적인 측면이 더 많은 게 현실이다. 책에서는 실수의 책임이 운전자에게서 프로그래머로 이동한다고 강조한다. 스탠퍼드대 공과 대학 크리스 저디스 교수 역시 '무인 자동차가 인간의 실수를 완전히 제거하지는 못할 것이다. 실수가 운전자에게서 프로그래머로 넘어갈 것이다'라고 주장한다. 그래서 무인 운전 시스템이 상용화되려면 무결점이 입증되어야 하는데, 이와 관련해서는 넘어야 할 산이 많은 것이 사실이다.

그렇다면 우버는 무인 자동차 시스템을 어떻게 활용하고 있을까? 우버는 자율 주행 택시 군단을 개발하기 위한 로봇 연구소를 세웠다. 우버의 뜻대로 무인 자동차 택시가 만들어져서 전 세계를 활보한다면 우버 군단에 속한 16만 2037명은 사라지게 된다. 그들이 말하는 공유 경제는 한낱 허구에 불과한 것일까?

유전체 기술이 인간의 수명을 늘릴 것이다

세 번째는 유전체 기술 발달에 대한 것이다. 유전체는 여전히 우리에게는 낯선 기술이다. 인간 게놈 프로젝트라는 용어가 오히려 더 익숙할지 모른다. 그중에서 두 가지 서비스가 특히 주목을 끈다. 먼저 개인 유전자 진단 서비스PGDx:Personal Genome Diagnostics가 있다. 이 서비스는 2009년 존스 홉킨스대 동료들이 설립해 운영 중인 개인용 서비스인데, 개인의 염기 서열을 분석하고 DNA에서 나온 수백 기가바이트의 정보를 분석해 준다. 단백질이 변이를 일으키는 지점을 분석하고 암을 찾는데, MRI가 찾을 수 있는 최소 암 크기의 1퍼센트 정도 크기도 찾을 수 있다는 것이다. 비용은 4000만~1만 달

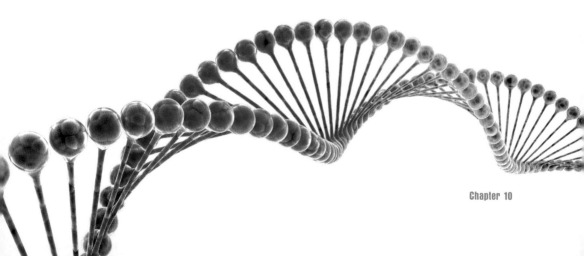

러 수준이다.

다른 사례는 유전자 검사 전문 기업, 23앤드미다. 구글의 세르게이 브린과 결혼한 앤 워치츠키가 창업한 회사다. 이 회사의 서비스 비용은 무척 싸다. 99달러로 개인의 유전 정보를 분석할 수 있다. 하지만 검사의 정밀성에는 문제가 있다. 유전체 기술은 개인들이 다양한 중독 문제, 질병 문제를 예측할 수 있다. 하지만 태아의 유전자에 접근할 수 있어 새로운 게놈을 재조립할 수도 있기 때문에 윤리적인 문제는 계속될 것으로 보인다.

신용 코드화로 공유 경제에 새로운 형태가 나타날 것이다

네 번째는 신용 코드화에 대한 이슈다. 오래전부터 디지털 결제 서비스 핵심은 신용을 코드화하는 것이었다. 전자 상거래는 처음부터 신용이 가장 큰 이슈였기 때문이다. 그래서 결제가 안전하다는 인식을 사용자에게 주고 서로 믿을 수 있는 서비스가 필요했다. 코드화한 신용의 문제를 해결하는 돌파구는 이베이가 P2P 서비스에서 찾았다.

앞으로 신용이 코드화되면 어떤 일이 벌어질까? 공유 경제가 무한 확산될 것이다. 신용과 시장의 코드화 다음 단계는 공유 경제인 것이다. 공유 경제를 활용하면 어떤 환경도 시장으로 바꿀 수 있다. 스마트폰 앱과 위치 데이터로 개인끼리 직접 거래하는 시장에서 특정 서비스를 찾는 사람과 유휴 자산이 연결되는 것이다.

그러나 공유 경제 현실을 보면 특이점이 있다. 공유 경제에서는 아무것도 공유되지 않는다는 점이다. 공유 경제 이면에는 경제적 현실, 즉 신용 카드로 결제되고 더 고급화되는 공유 경제 서비스에 차별이 존재하게 된다. 실제로 에어비앤비에서 최고급 호텔보다 더 비싼 숙박처들이 등록되고 있다는 사실은 공유 경제가 어떤 방향으로 이동하게 되는지를 설명해 준다. 또 경제 거래 중심은 개인으로 분산되지만, 여전히 특정 플랫폼으로 집중화되는 문제점도 있다.

블록체인 기술이 경제를 바꿀 것이다

다섯 번째, 비트코인의 블록체인 시스템이 있다. 세계 최초의 암호 화폐인 비트코인은 수십 종의 암호 화폐 중 영향력이 가장 크다. 비트코인은 국가 경제와 정부가 장악한 세상에 대한 반발이자 디지털 통화 가능성을 상징한다. 자신들의 알고리즘과 암호화에 의존한 신용 기반 금융 시스템을 수립하려 하는 것이다.

비트코인에는 장점만큼 큰 단점도 있다. 우선 시간과 장소에 구애받지 않는 세계적 결제 시스템이라는 점은 장점이지만, 인터넷의 어두운 세력들이 만들어 내는 보안 문제는 역시 단점으로 꼽힌다.

이 책에서 주장하는 것은 비트코인의 블록체인 시스템이다. 블록체인 시스템은 비트코인을 보호하기 위한 가장 강력한 수단이다. 그런데 저자는 비트코인의 진정한 입지는 화폐가 아닌 블록체인이 제공하는 프로토콜이라고 말한다. 그래서 블록체인도 기술적 창의성을 가지므로 신뢰받는 거래의 표준이 될 수 있다고 한다. 블록체인 기술은 주식이나 채권의 판매 수수료를 사라지게 만들 수 있다는 것이다.

언어 장벽이 완전히 사라질 것이다

마지막은 언어 장벽이 없어진다는 것이다. 지금 인류는 만능 통역기를 만들고 있는데, 이는 거의 현실화되어 가고 있다. 작동 방식은 이렇다. 이어폰으로 외국어가 모국어로 통역되어 들리는데, 생체 음향 공학으로 상대방 목소리와 동일한 패턴으로 전달된다는 것이다. 이것은 거의 영화에서나 이루어지는 발달이다. 하지만 이와 같은 만능 통역기는 10년 안에 이루어질 것이다.

만능 통역기가 실제로 가능한지 의구심을 가질 수 있다. 오늘날 기계 번역은 정확성, 기능성, 전달성이 여전히 부족하기 때문이다. 하지만 현재 인구 2억 명을 대상으로 매일 10억 개 이상의 번역어를 컴퓨터로 처리하고 있고 이 속도는 더욱 빨라질 것이므로 완벽한 번역은 가능해질 것이다.

만능 통역기의 부작용이 없는 것은 아니다. 번역 관련 직업이 거의 소멸할 것이다. 그래서 10년 후에는 번역 소프트웨어를 사용하는 번역가만 살아남을 것이다. 게다가 누군가의 목소리를 가짜로 만들어 낼 수 있기 때문에 사기가 발행할 위험도 크다.

 좋아요! 전 세계를 여행하면서 산업이 어떻게 바뀌고 있는지를 둘러본 느낌.

 아쉬워요! 힐러리 클린턴의 보좌관이 쓴 책으로, 힐러리 클린턴이 미국 대통령이 되었다면 더 유명해졌을 책.

한국의 위기와 기회, 우리는 무엇을 준비해야 하는가

4차 산업혁명 시대 대한민국의 기회
-J노믹스의 신성장동력과 9가지 미래전략산업

한마디로 이 책은!

저자는 강연에서 어김없이 '도대체 4차 산업혁명의 실체가 무엇인가'라는 질문을 받는다고 한다. 그때마다 '세계 최고의 제조 기업이 백스물다섯 살짜리 스타트업이 되고, 세계 최대 IT 기업이 제조업에 도전하는 시대'라고 답한다고 한다. 경계를 허문 산업과 기술이 융합하고 변화해서 전에 없던 새로운 것으로 태어나는 현상이 저 거대한 네 번째 물결의 정체에 가장 가깝기 때문이다.

이 책의 가장 큰 특징은 미래부의 4차 산업혁명 전략가이자 국가 투자 정책 실무자가 국내의 기업, 연구소, 취업 준비생들에게 향후 정부 투자가 집중될 한국형 4차 산업혁명 분야와 구체적인 정책 방향을 제시한다는 것이다. 정부의 ICT 산업 융합 전문가로 일하고 있는 저자는 한국이 정보 통신 혁신을 세계에서 가장 성공적으로 수행했으나 4차 산업혁명으로 촉발된 혁신 전쟁에서는 도태될 위험에 직면해 있다고 냉정한 진단을 내린다. 이런 위기 시대에 생존하기 위해 대한민국 기업과 개인이 나아갈 방향을 제시한다.

저자 이재홍 대한민국 정부 최초로 미래부, 산업자원부, 정보통신부 등 핵심 부처 6개 전략 과장을 잇따라 역임한 국내 최고의 ICT 융합 전문가. 영국 맨체스터대 경영 대학원에서 과학 기술 정책학 박사 학위를 받았다. LG화학, 현대자동차에서 사회생활을 시작해 25년 동안 산업자원부와 지식경제부 등에서 화학, 바이오, 기계, 항공, 기후 변화, 신재생 에너지 등 다양한 분야의 정책을 담당했으며, 현재는 한국형 4차 산업혁명 정책을 개발하고 있다.

이재홍 지음 | 메디치미디어 | 2017년 6월 | 480쪽 | 22,000원(이북 15,400원)

4차 산업혁명 제대로 이해하기

1차 산업혁명은 증기 기관, 2차 산업혁명은 전기, 그리고 3차 산업혁명은 인터넷으로 촉발했다. 4차 산업혁명의 핵심은 융합과 혁신이다. 이 책에서는 4차 산업혁명을 단순하게 정의한다. '제너럴 일렉트릭이 백스물다섯 살짜리 스타트업이 되고, 구글이 제조업에 뛰어드는 시대'라는 것이다. 이 정도 뉘앙스라면 누구나 지금의 변화를 정의하는 데 어려움을 느끼지 않을 것이다.

지금의 변화에 대해서는 비관적인 전망이 팽배하다. 최근 미래학자 토머스 프레이는 AIG, 월마트, 페덱스, 엑슨, 제너럴 모터스 등 〈포천〉이 선정한 '글로벌 500대 기업' 중 절반이 15년 안에 사라질 것이라고 전망했다. 그의 예측이 맞든 틀리든 이제는 거대한 기업도 생존을 장담할 수 없는 것만은 분명하다. 제품 수명이 단축되고 각 기업의 고유 분야가 사라지기 때문에 이런 변화는 불가피하다. 그렇다고 뚜렷한 대안이 있는 것도 아니다. 너무나 많은 분야가 한꺼번에 변화하고 있기 때문에 뾰족한 해답이 없다. 이렇듯 산업 전체가 바뀌고 있기 때문에 4차 산업혁명을 2~3개의 키워드로 정리하기란 불가능하다. 따라서 변화의 전체를 이해해야 한다.

4차 산업혁명 시대의 경쟁 압력은 어느 때보다 심하다. 특히 이제는 기업뿐만 아니라 선진국들도 4차 산업혁명 경쟁에 뛰어들고 있다. 미국은 제조업 혁신 국가 네트워크 그리고 산업 인터넷 중심으로 전략을 재편하고 있다. 독일은 '하이테크 전략 2020', 중국은 '중국 제조 2025'라는 전략으로 뛰어들었다. 선진국들마저도 국가 차원에서 4차 산업혁명을 준비하고 있는 것이다.

글로벌 기업들의 전쟁도 치열하다. 제너럴 일렉트릭, IBM, 지멘스, 필립스, 델과 같은 글로벌 기업들도 경쟁 구도에 뛰어든 상태다. 각자가 전망하는 미래는 모두 다르지만, 한 가지 공통점은 수익이 줄어드는 사업은 과감히 정리하고 새로운 전략으로 바꾸고 있다는 것이다. 과거에는 이 정도로 극단적이지는 않았다. 하지만 이제는 그 어느 때보다 빠르고 과감한 결정을 내리려고 한다.

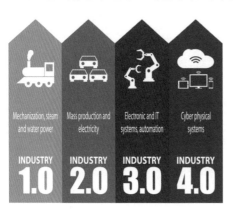

대한민국, 무엇을 어떻게 준비할 것인가?

우리나라 상황은 만만치 않다. 한국 경제는 전자, 자동차, 조선, 석유 화학을 주축으로 성장해 왔다. 지난 10년 동안 반도체, 자동차, 무선 통신 기기와 같은 10대 수출 품목은 바뀌지 않았다. 대부분의 회사가 현재가 위기라는 사실을 알고 있을 것이다. 하지만 행동은 하지 않는다. 대안이 있는 것도 아니면서 말이다.

저자는 아홉 가지 미래 전략 산업에 대해 이야기한다. 4차 산업혁명이 촉발한 경제 전쟁에서 무엇으로 싸울 것인가에 대해 그는 '정부 주도 아래 산업 생태계 조성과 기업 및 개인의 와해성 혁신'이 답이라고 말한다. 이미 4차 산업혁명 선도국과 해외 글로벌 기업들은 3차 산업혁명의 질서를 스스로 파괴하고 완전히 새로운 전략을 세우고 있다는 것이다.

4차 산업혁명의 선도국인 미국, 독일, 영국, 핀란드, 네덜란드의 특징은 정부가 산업 전략을 주도하고 있다는 점이다. 한국의 4차 산업혁명 전략도 이와 궤를 같이하기 때문에 기업과 개인은 반드시 정부의 전략을 알아야 한다. 영국은 '테크시티 중심의 스타트업 50개 집중 육성 전략'을 이행하는 중이고, 미국은 '초기 단계 투자 펀드' 등으로 향후 5년간 20억 달러를 집중 투자할 예정이다. 중국은 아직 선도국 범주에 들지 못하지만 빠른 속도로 기존 제조업 강국인 한국과 일본을 따라잡고 있다.

저자는 한국에는 미국이나 영국 같은 기존 제조업 강국들의 동향은 잘 알려져 있는 편이지만 중국에 대해서는 상대적으로 관심이 적었다고 지적하면서, 중국의 4차 산업혁명 준비는 무척 철저하고 과거와 달리 전 세계에 적극적으로 자국 업체를 내보내는 현실을 직시해야 한다고 강조한다. 또한 현재 중국이 강세를 보이는 산업 분야와 한국의 미래 전략 산업이 상당 부분 겹쳐서 향후 경쟁이 심화될 가능성이 크다고 말한다.

4차 산업혁명 시대를 주도할 아홉 가지 비즈니스

첫 번째는 미래 자동차다. 우선 주목할 것은 전기 자동차다. 배터리 가격이 낮아지고 품질이 좋아지면서 전기 자동차 시장은 빠르게 성장할 전망이다. 배터리 가격은 2020년이 되면 지금 가격 대비 약 60퍼센트 수준이 될 것이라고 한다. 전기 자동차는 테슬라와 중국을 중심으로 움직일 가능성이 크다. 중국은 거대한 시장을 갖고 있고, 테슬라는 압도적인 기술을 보유하고 있기 때문이다.

미래 자동차의 또 다른 분야는 자율 주행 자동차다. 완전 자율 주행 자동차는 2020년 안에 상용화될 가능성이 크다. 테슬라는 2018년, 애플은 2019년, 구글은 2020년에 완전 자율 주행 기능을 완성한다는 것이 업계의 관측이다. 우리나라에서도 네이버와 현대자동차가 자율 주행을 테스트했다고 하는데, 글로벌 기업과는 아직 기술 격차가 있다.

미래 자동차의 마지막은 수소차다. 과연 수소차가 대안이 될 수 있을까? 세계 경제 포럼의 수소차 위원회에는 도요타, 현대자동차, BMW, 혼다, 다임러가 포함되어 있다. 그러나 수소차는 아직 비싸고, 연료 전지 촉매인 백금 역시 희귀하고 비싸다. 충전소 네트워크 구축 또한 정부와 기업 모두에게 부담이라서 수소차가 성공한다는 확신은 없는 상태다.

> **4차 산업혁명과 기술 혁신이 가속화될수록 제품의 실패는**
> **기술 부족으로 발생하는 것이 아니라 미래 예측을 따라잡지 못해 발생할 확률이 높다.**
> **결국 미래 예측은 생존의 문제가 되어 버린 것이다.—75쪽**

그렇다면 자동차 시장에서 우리나라 기업들은 무엇을 할 수 있을까? 현 상황에서는 배터리 시장에서의 가능성이 커 보이지만, 그마저도 쉽지는 않다. 전기 자동차 배터리 시장부터 살펴보자. 2015년을 기점으로 본다면 세계 시장 업계 1위는 한국이었다. 그러나 현재 글로벌 배터리 시장 1위부터 3위까지는 모두 일본 기업이 차지하고 있다. LG화학, 삼성SDI, SK이노베이션을 모두 합쳐도 1위 파나소닉의 절반 수준에 불과하다. LG는 패러데이 퓨처와 손을 잡았지만 시장 불확정성으로 수익이 위태롭다. 반면 테슬라와 손을 잡은 파나소닉은 더 발전할 것으로 보인다. 중국 기업의 추격도 만만치 않다. 중국 BYD, 신왕다는 빠른 속도로 시장을 키우고 있다. 중국 전기 자동차가 급성장하고 있다는 점을 생각해 본다면 중국 기업이 전기차 배터리를 장악하는 것은 자연스러운 일일지도 모른다.

두 번째는 드론이다. 드론은 사람이 타지 않고 하늘, 지상, 해상, 수중에서 다닐 수 있도록 원격으로 조종하는 기기를 말한다. 드론의 개념은 1960년에 처음 등장했는데, 지금까지는 군용이었지만 현재 상용화 단계로 접어들고 있다.

드론 시장의 70퍼센트는 중국 DJI가 점유하고 있다. 게다가 구글, 페이스북, 아마존은 각각 드론을 이용한 생태계를 구축 중이다. 우리나라 기업들이 색다른 전략으로 드론 시장을 지배하기란 쉽지 않다. 우리나라에서 드론을 생산하고 판매하는 업체는 서른 곳 남짓인데, 이들이 글로벌 경쟁력을 갖추는 것은 아직 요원하다. 드론 핵심 기술 중 하나인 드론 전용 배터리가 우리에게는 대안이 될 수도 있다.

세 번째는 인공 지능이다. 인공 지능은 초기 단계이긴 하지만, 의료 진단과 법률 상담, 안내용 로봇 등에 활용되는 IBM 왓슨, 인공 지능 변호사 로스 등 여러 곳에서 이미 사용되고 있다. 금융권에서는 인공 지능이 점차 확대되고 있는 상황이다. 인공 지능에 대해서는 긍정하는 입장과 부정하는 입장이 공존한다. 마크 저커버그는 인공 지능이 인간의 삶을 풍요롭게 해 준다고 생각하지만 일론 머스크는 인공 지능이 악마를 불러낼 것이라고 말한다. 어느 쪽이 맞을지는 모른다. 분명한 사실은 향후 5년 동안 500만 개의 일자리가 인공 지능으로 대체될 것이라는 점이다.

네 번째는 ICBM이다. 사물 인터넷Internet of Things, 클라우드Cloud, 빅데이터Big-data, 모바일Mobile의 앞 글자를 따서 만든 단어다. 사물 인터넷은 모든 것이 연결되는 세상을 만드는 핵심 기술로, 미래 산업 구조 변화를 이끌어 가는 바탕 기술이다. 사물 인터넷이 제대로 완성되려면 아직은 갈 길이 멀다. 우선 저전력 통신을 위한 반도체와 배터리가 개발되어야 하고 압도적인 속도의 무선 통신 기술이 개발되어야 한다. 사물 인터넷이 어느 정도 부가 가치를 만들어 낼 수 있느냐에 대해서는 부정적인 시각도 있다.

인공 지능 시대가 다가오면서 클라우드 시장이 폭발적으로 성장하고 있다. 인공 지능은 수많은 CPU와 빅데이터를 연결해야 하기 때문이다. 클라우드 시장은 미국 기업이 이미 51퍼센트를 장악하고 있다. 우리나라 기업들이 참여한다 해도 아직은 기술 격차가 있고 시장 점유율에서 뒤처지기 때문에 이를 극복하기는 쉽지 않아 보인다. 빅데이터는 인공 지능의 핵심 기술로 주목받고 있다. 빅데이터를 어떻게 관리하고 처리하느냐에 인공 지능의 성공 여부가 달려 있다. 그래서 최근 비정형 데이터를 어떻게 관리할 것인가가 가장 중요한 문제로 부상하고 있다. 모바일 시장은 계속 성장 중인데, 특히 중국 기업들이 내수 시장을 기반으로 급부상하고 있다.

다섯 번째는 가상 현실이다. 가상 현실의 시작은 1962년에 만들어진 입체 영상 기기

센소라마였다. 이후 제대로 된 사업이 이루어지지 않았다. 그러나 지금 가상 현실은 스마트폰 시장을 타개할 사업 이상이라는 의미를 지닌다. 가상 현실에 가장 큰 관심을 가진 회사는 페이스북이다.

여섯 번째는 차세대 실리콘 반도체다. 이미 반도체 시장은 성장이 둔화되고 있다. 그래서 조만간 M&A가 활발해질 것이라고 한다. 반도체는 기술적인 필요에 의해 계속 요구되는 산업이다. 특히 인공 지능으로 인해 반도체 수요는 더 늘어날 전망이다. 따라서 반도체는 차세대 실리콘 세대로 진입해야 한다는 것이다.

일곱 번째는 디지털 헬스케어다. 평균 수명이 120세에 이를 것으로 예상되는 2045년 무렵이면 스마트 헬스 데이터 시장과 인공 지능 시장이 급성장할 것으로 전망된다.

여덟 번째는 스마트 팩토리다. 스마트 팩토리는 사물 인터넷, 센서, 클라우드, 빅데이터, 정밀 제어 기술이 제조업과 융합한 결과물이다. 특히 스마트 팩토리를 적극적으로 추진하는 국가는 독일, 일본, 미국인데, 이미 스마트 팩토리에 대한 표준화가 완료되었다. 즉 스마트 팩토리는 독일과 미국이 기계 간 통신 표준을 이미 합의한 상태이기 때문에 주도권을 잡기에는 다소 늦었다는 말이다.

마지막은 우주 산업이다. 스페이스엑스와 아마존 같은 회사는 이미 우주 산업을 추진하고 있다. 2018년 우주 관광 시대가 시작된다는 예측이다. 그리고 구글은 플래너테리 리소시스라는 회사를 설립해 소행성에서 자원을 채굴할 예정이라고 한다.

좋아요! 4차 산업혁명이라고 언급되는 아홉 가지 산업 분야 현황을 면밀히 볼 수 있다.

아쉬워요! 우주 산업, 헬스케어가 4차 산업혁명일까? 동의하기 어려운 부분이다.

미래를 함부로 예측하지 말고
변화에 빠르게 대응하라

나인
-더 빨라진 미래의 생존원칙
Whiplash-How to Survive Our Faster Future

한마디로 이 책은!

2007년 마이크로소프트의 전 CEO 스티브 발머는 아이폰이 출시되기 일주일 전 '아이폰이 유의미한 시장 점유율을 차지할 가능성은 전혀 없다'라고 말한 바 있다. 이 책은 이렇게 새로운 기술의 중요성을 알아보지 못한 사례들로 시작한다. 조이 이토가 말하는 MIT 미디어랩은 하나의 '생태계'다. 미디어랩은 아무도 연구하지 않는 것을 연구하면서, 머릿속에서 아이디어가 떠오르자마자 그것을 세상에 실제로 구현할 방법을 찾는다. 조이 이토와 제프 하우는 네트워크 시대, 생각의 혁신을 위한 아홉 가지 원칙을 제시한다. 미디어랩의 화이트보드에 늘 적혀 있으며, 수많은 실험과 경험 속에 DNA처럼 박혀 있는 원칙들이다. '인터넷 사업 잘하는 법'이나 '최고의 경영자가 되는 법' 같은 팁과는 전혀 다르다. 사업가, 정부 관료만을 위한 보고서 모음도 아니다. 마치 네발짐승이 처음으로 일어나 걷는 법을 배우듯 급변하는 진화기에 우리 종이 적응하기 위한 안내서다.

저자 조이 이토 세계적인 미디어 융합 연구소 MIT 미디어랩 소장이자, 하버드대 법학 대학원 방문 교수. 터프츠대에서 컴퓨터 공학을 공부했고, 시카고대에서 물리학을 공부하다 원하는 것을 배울 수 없어 중퇴하고 대안 교육 기관인 코넥티드 에듀케이션 첫 번째 학생으로 등록해 온라인으로 공부했다. 대안적 저작권 운동인 크리에이티브 커먼즈(공공 저작권) 회장, 인터넷 브라우저 파이어폭스로 유명한 모질라 재단 이사를 역임하는 등 다양한 영역에서 명성을 쌓았다. 2011년 학위가 없음에도 '미디어랩을 변화시킬 인물'이라는 평가와 함께 MIT 미디어랩 소장으로 발탁되어 큰 화제를 모았다. 2011년 옥스퍼드 인터넷 연구소로부터 평생 공로상을 받았다.

제프 하우 MIT 미디어랩 객원 연구원이자 노스이스턴대 조교수. 대표적인 기술 잡지 〈와이어드〉 객원 편집자로 오랫동안 일했고, 〈워싱턴 포스트〉와 〈뉴욕 타임스〉 등 저명한 매체에 다수의 글을 기고했다. 기업 활동의 전 과정이나 문제 해결에 소비자와 대중이 참여한다는 의미의 '크라우드 소싱'이란 용어를 창시한 것으로 유명하다. 저서로 《크라우드 소싱》이 있다.

조이 이토, 제프 하우 지음 | 이지연 옮김 | 민음사 | 2017년 7월 | 328쪽 | 15,800원(이북 11,000원)

미래를 함부로 예측하지 마라

1977년, 당시 세계에서 가장 큰 컴퓨터 회사이던 디지털 이큅먼트 회장 켄 올슨은 '개인들이 가정에 컴퓨터를 구비할 이유는 전혀 없다'라고 단언했다. 또 그로부터 100년 전, 에디슨은 자신이 발명한 축음기를 음악 감상에 쓰는 사람은 없을 것이라 믿고 제품화하지 않았다. 1895년 파리에서 최초로 영화를 상영한 뤼미에르 형제는 '영화는 미래가 없는 발명품'이라고 선언했다. 인간은 미래를 예측하는 데 늘 실패해 왔다는 말이다.

이런 일화를 소개하는 것은 앞선 사람들의 실수를 비웃기 위해서가 아니다. 우리가 지금 그들과 똑같은 실수를 저지르고 있다는 사실을 상기하기 위해서다. 우리는 기하급수적인 속도로 발전하는 기술을 따라잡지 못하고 있다. 지금은 모든 인식의 구조가 바뀌는 '패러다임'의 대전환기지만 우리 생각은 여전히 산업 시대에 머물러 있다.

지금의 우리가 과거 사람들보다 미래를 더 정확하게 예측할 수 있다고 믿는 사람들도 있을 것이다. 하지만 그런 믿음이 더 위험하다. 섣불리 미래를 예측하는 것은 있는 그대로 미래를 받아들이는 것보다 더 큰 화를 부를지도 모른다.

세상이 변화하는 아홉 가지 원칙

그렇다면 미래는 어떻게 움직일까? 저자들은 지금 확실하게 말할 수 있는 것은 앞으로 우리가 따라야 할 새로운 운영 체제는 기존과는 다른 논리로 움직인다는 점, 그리고 그에 맞는 사용 매뉴얼은 존재하지 않는다는 사실뿐이라고 말한다. 이 책에서 저자들은 세상이 변화하는 원칙 아홉 가지를 제시한다. 이것은 5년 혹은 10년 뒤에 무엇이 어떻게 바뀐다는 예측이 아니라, 변화가 어떻게 이루어지는지에 대한 원칙이다.

권위보다 창발 한때 지식은 누군가에 의해 만들어지고 전파되는 것이었다. 그리고 이런 지식이 참이라는 가정 아래 그것을 구조화했다. 이제는 지금까지 세상을 지배해 온 권위적인 시스템 대신 '창발'이라는 새로운 시스템이 자리를 잡았다. 창발이란 작은 것들이 모여 개별 능력을 훨씬 뛰어넘는 어떤 속성을 띠게 되는 현상을 의미한다. 창발은 자연계에서 쉽게 찾아볼 수 있다. 개미들의 행동도, 우리 뇌도 창발의 한 형태다. 각각의 개체들은 몇 가지 아주 기본적인 선택으로 움직이지만, 이런 선택들이 모여 완전히 다른 속성으로 발전한다.

창발이 중요한 이유는 지식이 생산되고 분배되는 방식의 지각 변동을 뜻하기 때문이다. 과거에는 의사 결정이 수뇌부 소수에 의해 이루어졌다. 그동안 이런 시스템은 꽤 잘 작동해 왔다. 하지만 이런 시대는 끝나 가고 있다. 이제는 수많은 사람의 의견을 종합할 수 있게 되었다. 따라서 창발적 아이디어가 매우 중요해졌다.

> 이 책에 나오는 여러 연구자, 과학자, 사상가들이
> 모두 동의할 수 있는 사실이 하나 있다면,
> 그것은 이제야 겨우 우리가 아는 것이 얼마나 없는지
> 깨달을 만큼 뭔가를 알게 됐다는 점이다.—286쪽

푸시보다 풀 전략 푸시 전략은 의사 결정자들이 자원을 특정한 분야로 '푸시'하는 것을 말한다. 어떤 자원을 갖고 있기 때문에 그 자원을 사용하는 것이 전형적인 푸시 전략 형태다. 예컨대 자동차 회사들이 자사가 보유한 제조 공정 라인을 통해 새로운 자동차를 만드는 것은 전형적인 푸시 전략이다. 푸시 전략은 수백 년 동안 효과적인 방식이었다. 그러나 반대로 생각해 보자. 자원을 가장 잘 활용하는 방법은 그것이 필요할 때 사용하는 것이다. 이는 지식이 아니라 직관적 행동이다. 이것이 바로 풀 전략이다. 푸시와 풀 전략을 현실에서 제대로 구분하지 못해 실패한 경우가 많았다. 마이크로소프트에서 엔카르타 백과사전은 푸시 전략이었고 실패했다. 반면 위키피디아는 풀 전략이었기에 성공했다. 마이크로소프트는 백과사전을 만들기 위한 판권을 보유한 상태에서 엔카르타를 출시했다. 하지만 위키피디아는 그 어떤 백과사전의 판권도 보유하지 않았다. 이것이 바로 풀 전략이다. 기술이 발달한 지금은 풀 전략이 맞지만 많은 기업이 아직 이를 거부하고 있다. 일단 그 자원을 갖고 있기 때문이다.

지도보다 나침반 지도는 해당 지역에 대한 자세한 정보를 알려 준다. 그러나 변화의 속도를 반영하지 못한 지도는 쓸모없는 물건일 뿐이다. 불필요하고 틀린 정보로 만들

어진 지도보다는 어느 방향으로 가야 할지를 알려 주는 나침반이 더 도움이 된다. 나침반을 갖고 있다는 것이 모든 상황을 통제하고 있다는 의미는 아니다. 어느 방향으로 가야 하는지를 알고 있다 해도 그 길에서 무엇을 만날지는 알 수 없다. 냉정하게 보면 우리는 모든 일을 알 수도 없고 예상할 수도 없다.

성공의 열쇠는 규칙이 아니고, 심지어 전략도 아니다. 규칙이나 전략은 언제든지 바뀔 수 있기 때문이다. 하지만 어느 것이든 유연하게 수용하려 하는 문화는 이 모든 것을 포용할 수 있다. 따라서 중요한 것은 행동 강령이나 슬로건이 아니라 우리가 가지고 있는 시스템이다. 그리고 그 문화는 리더 한 사람이 이래라저래라 한다고 바뀌는 것이 아니다. 따라서 성공의 열쇠는 문화에서 찾을 수 있다.

안전보다 리스크 경쟁 규칙이 바뀌고 있다. 과거에는 크고 강한 것이 성공했다. 그러나 이제는 작은 것들이 승리하는 시대다. 저자들은 이런 시대를 '자본 없는 자본주의'라고 일컫는다. 한마디로 기업이나 조직이 없더라도 아이디어만 있으면 성공할 수 있다는 것이다. '산자이'라는 특별한 이름이 붙은 중국의 복제 산업을 생각해 보자. 우리나라뿐만 아니라 전 세계 사람들은 유명 제품을 거리낌 없이 베끼고 품질도 형편없는 중국 제품을 비하해 왔다. 그런데 상황이 점점 달라지고 있다. 복제품들이 혁신성을 갖기 시작한 것이다. 기존 회사가 산자이의 혁신 제품들과 비슷한 제품들을 내놓았을 때 해적판은 이미 더 나은 사양, 혁신으로 옮겨 간 후였다. 이처럼 대기업이 복제 산업의 속도를 따라갈 수 없는 상황에 이르렀다. 이런 상황인데 언제까지 안전한 전략만 다룰 것인가? 기업 입장에서는 리스크를 줄이기 위해 오랜 기간 계획하고 점검하려 하지만, 그러면 너무 늦다. 산자이는 더 이상 기다려 주지 않기 때문이다.

순종보다 불복종 혁신에는 창의성이 필요하다. 그런데 창의성에는 자유가 필요하다. 물론 이것은 조직에서 말하는 규율과 규칙에 반하는 것이다. 새로운 패러다임이 세상에 나타나는 것은 예외 없이 일부 과학자들이 지배적 아이디어를 받아들이지 않을 때였다. 이처럼 우리가 살고 있는 시대에 불복종의 증거는 넘쳐 나고 있다. 인터넷 선구자들 중 사업 계획서를 갖고 있던 사람은 아무도 없었고, 누구의 허가를 구한 사람도 없었다. 그저 그들은 자신에게 필요한 일, 하고 싶은 일을 했을 뿐이다.

그럼에도 불구하고 우리는 제도와 규율 그리고 이기주의에 빠진 직장에서 일하고 있다. 그에 맞는 인재를 키워 내는 교육 시스템이 이를 더 가속화하고 있다. 이런 현실은 관심 분야에 대한 학습과 탐구를 좌절하게 만든다. 이미 알고 있는 내용일 것이다.

이론보다 실제 우리 시대에 변화는 더 이상 변수가 아니라 상수가 되었다. 즉 늘 변화하는 상태라는 것이다. 모든 것이 규칙대로 돌아가던 시절에 계획은 실패를 피하기 위한 당연한 단계였다. 하지만 지금은 계획이 오히려 더 큰 비용 부담을 야기할 수 있다. 계획과 예측보다는 실행과 대응이 더 중요한 시대가 된 것이다.

물론 지난 150년간의 지식과 이론을 부정하려는 것이 아니다. 이론과 실제는 맞물려 돌아가야 한다. 하지만 언제든 실제와 맞지 않는 이론은 버릴 각오가 되어 있어야 한다. 앞으로 우리가 발견하게 될 새로운 증거들은 우리의 믿음과 상충되는 경우가 많을 것이 확실하다.

능력보다 다양성 제프 하우는 '크라우드 소싱'이라는 단어를 만들었다. 크라우드 소싱은 '대중crowd'과 '외부 자원 활용outsourcing'의 합성어로, 기업 활동의 전 과정 혹은 기업이 부닥친 문제 해결에 소비자와 대중의 참여를 유도해 기업의 생산력과 소비자의 만족도를 높이는 전략이다. 이 단어는 곧 널리 사용되며 2013년 옥스퍼드 영어 사전에도 등재되었다. 그런데 이 단어가 나오기 전 이미 크라우드 소싱을 실천하던 곳이 많이 있었다. 제약 회사 엘리 릴리가 2000년에 설립한 이노센티브라는 회사가 있다. 이 회사는 의뢰 받은 난제들을 크라우드 소싱을 통해 해결했다. 그런데 놀라운 것은 문제를 해결한 사람 중 40퍼센트가 학위가 없었다는 사실이다. 이것은 다양성이 얼마나 중요한지를 증명하는 사례이기도 하다. 저자들은 다름을 재능의 한 형태로 생각해야 한다고 말한다. 다양성은 인종, 성별, 사회적·경제적 배경, 전공, 교육 배경 등의 차이로 분류할 수 있다.

견고함보다 회복력 전통적인 대기업들은 자원을 축적하고, 위계질서와 서열 관리, 엄격한 절차를 바탕으로 움직인다. 이들은 리스크보다는 안전을, 풀 전략보다는 푸시 전략을, 창발보다는 권위를, 불복종보다는 순종을, 나침반보다는 지도를 중요시해 왔다. 그러나 이제 이런 견고함과 완벽함보다는 회복력이 중요하다. 빠르게 판단하고 필요한 것을 구축해야 하겠지만, 완벽을 요구해서는 안 된다는 말이다. 성공한 기업들은 수많은 공격에 대비해 방어 게임을 해야 한다. 공격자들이 그 어느 때보다 빠르게 움직이고 있기 때문이다. 방어 게임의 핵심 요소는 공격자보다 빠르게 움직일 수 있는 능력과 예측 불가능성이다. 물론 미래를 계획하지 말라는 뜻은 아니다. 실패가 있을 수 있다는 것을 염두에 두어야 한다는 말이다. 빠르게 재생할 수 있는 시스템을 갖추어야 한다. 그러기 위해서는 회복력이 필요하다.

대상보다 시스템 지금까지의 혁신은 하나의 대상에만 집중하던 개인의 의문이나 기업의 이익에 따라 추진되었다. 하지만 생태적·사회적·네트워크적 영향을 고려하지 않고 비즈니스 생태계에 진입할 수 있는 시대는 이미 지나갔다.

책임감 있는 진입은 혁신이 더 큰 시스템 안에서 어떤 역할을 할지 이해하는 데서 비롯된다. 그래서 시스템 전체를 봐야 한다. 예컨대 과거에는 자동차를 잘 달리게만 만들면 모든 것이 허용되었다. 하지만 이제 자동차는 연비를 충족시켜야 하고, 환경 문제에 대응해야 하며, 보행자들 안전에도 신경 써야 한다. 그 무엇도 전체 생태계를 고려하지 않으면 안 되는 것이다. 자신의 이익만 챙겨서는 안 된다는 것이다.

우리는 미래를 모른다는 것을 인정해야 한다. 하지만 미래를 알고 모르고는 별로 중요하지 않다. 과거 100년 전 사람들이 그런 것처럼 우리 역시 10년 후 겪게 될 일을 예측할 수 없다. 지금은 기술이 기하급수적으로 변한다는 것에 겨우 적응하는 단계다. 이에 따른 변화도 기하급수적이다. 따라서 예언자 놀이는 점점 더 힘들어질 것이다. 지난 몇 년간 인류는 겸손을 배웠다. 이제야 겨우 우리가 아는 것이 얼마나 없는지 깨달을 만큼 뭔가를 알게 됐다. 그것이 희망이라면 희망이다.

 좋아요! 후반부에 저자들의 솔직한 감정이 그대로 드러나 있어 좋다.

 아쉬워요! 아홉 가지 원칙에 대한 충분한 설명이 아쉽다. 특히 개념적 설명에 치우쳐 있어 이해하기 어려운 부분이 많다.

앞으로 30년, 세상은 이렇게 바뀐다

인에비터블 미래의 정체
-12가지 법칙으로 다가오는 피할 수 없는 것들

The Inevitable-Understanding the 12 Technological Forces That Will Shape Our Future

한마디로 이 책은!

상상으로 만들어 낸 SF 소설이나 영화는 기술이 발달하면서 예언서가 된다. 심지어 상상을 넘어서는 수준으로 발전한 영역도 많다. 4차 산업혁명 이후 기술의 발달과 흐름에 대한 사람들의 관심이 높아지고 있다. 미래에 대한 불안감과 기대감이 교차하는 와중에 알파고와 이세돌의 바둑 대결은 충격적인 모습으로 다가왔다. 경험해 보지 못한 기술에 대한 기대감을 갖는 한편, 기술에 적응하지 못하거나 지배당할지도 모른다며 불안해한다. 농업혁명, 산업혁명, 정보혁명에서 볼 수 있듯이 인간은 점점 빠르게 발전하고 있고 기술은 늘 어떤 방향을 향해 가고 있다. 미래학자 앨빈 토플러는 '기술 발전이 인류의 진화에 미치는 영향을 생각할 때, 올바른 방향으로 이끄는 게 중요하다'고 말하며 통제를 벗어난 기술의 위험성을 경고한 바 있다. 그렇다면 우리의 기술은 어디로, 어떻게 흐르고 있는 것일까? 그리고 우리는 어떻게 이 흐름에 적응해야 할까? 세계적인 기술 분야 칼럼니스트인 케빈 켈리의 《인에비터블 미래의 정체》는 이 질문에 대한 답을 구체적으로 제시하는 책이다. 저자는 30년 후 사람들은 2017년 오늘이 무엇인가를 시작하기에 가장 근사한 날이라고 회상할 것이라고 확신한다. 아직 많은 것이 발명되기 전이고, 지금처럼 더 많은 기회, 더 많은 열린 문, 더 낮은 장벽이 존재한 적은 없을 것이기 때문이다. 가장 멋진 미래는 아직 오지 않았다.

저자 케빈 켈리 과학·기술·문화 전문 잡지 〈와이어드〉의 공동 창간자 가운데 한 사람으로, 첫 7년 동안 편집장을 맡았다. 네트워크에 기반을 둔 사회와 문화를 예리하게 분석한 통찰력 넘치는 글들로 〈뉴욕 타임스〉로부터 '위대한 사상가'라는 칭호를 얻기도 했다. 해커 회의, '웰Well'과 같은 인터넷 공동체를 통해 사회와 문화의 혁신 운동을 주도하는 활동가이기도 하다. 저서로 《디지털 경제를 지배하는 10가지 법칙》, 《기술의 충격》, 《통제 불능》 등이 있다.

케빈 켈리 지음 | 이한음 옮김 | 청림출판 | 2017년 1월 | 460쪽 | 18,000원(이북 12,600원)

기술이 너무 발전했다고? 미래는 오늘부터 시작이다

과학 기술이 이미 너무 발전했다고 걱정하는 사람들도 있지만 기술은 이제 막 발전을 시작하는 단계에 있다. 앞으로 30년 뒤를 생각해 본다면 지금 우리 기술 수준은 걸음마를 막 떼고 있는 것인지도 모른다. 기술 자체에는 유토피아나 디스토피아 같은 개념이 없다. 기술은 단지 기술일 뿐이다. 케빈 켈리는 기술이 가진 특성을 이해한다면 세상이 어떻게 변할지 예측할 수 있다고 주장한다.

'인에비터블inevitable'은 '불가피하다'라는 뜻이다. 인간의 의지력과 목적의식이 모든 것을 통제할 수 있다고 믿는 사람들은 '불가피함'을 불편해한다. 그런데 이 책에서는 불가피함을 다르게 해석한다. 기술은 특정한 방향으로 기울어지는 특성을 지니고 있고 기술 발전은 관성을 따르게 되므로 트렌드 이면에서 트렌드를 움직이는 힘으로 작용하는 '메타 트렌드'는 사회의 본성이 아니라 기술의 본성을 따른다는 것이다. 따라서 메타 트렌드를 읽기 위해서는 그 기술의 성향을 알아야 한다는 것이다. 기술은 여러 다른 방향이 아니라 어떤 특정한 방향으로 기울어지는 편향성을 지닌다. 이 편향성은 구체적이거나 특정한 어떤 사례를 좌우하는 것이 아니라, 기술 유형의 전반적인 윤곽을 빚어내는 총체적인 힘으로 존재한다.

> 초연결된 세계에서, 다르게 생각한다는 것은 혁신과 부의 원천이다.
> 단지 영리해지는 것만으로는 부족하다.—70쪽

저자는 앞으로의 30년을 만들어 낼 '피할 수 없는inevitable' 기술의 힘을 '되어 가고', '인지화하고', '흐르고', '화면을 보고', '접근하고', '공유하고', '뒤섞고', '걸러 내는' 등 12개의 동사로 정리한다. 빠르게 움직이는 폭넓은 기술 체계는 12개 기술의 힘을 증폭시킨다. 이 동사들은 서로 의존하고 서로를 가속화하는 힘으로 함께 움직인다. 예를 들어 '공유하다'의 증가는 '흐르다'의 증가를 부추기고, '인지화하다'가 작동하기 위해서는 '추적하다'가 필요하며, '화면을 보다'는 '상호 작용하다'와 뗄 수 없다. 이다음에는 어떤 세상이 올 것인가? 이 책은 구체적으로 어떤 특정한 제품이나 사업이 성공할지를 예측하지는 않는다. 단지 앞으로 30년 동안 나올 상품과 용역의 일반적인 추세를 그리고 있을 뿐이다. 현재의 기술 발전이 특정한 방향으로 흐르기 때문에 그것을 바탕으로 미래의 기본 형태를 유추할 수 있다고 주장한다.

빠른 기술 발전은 우리 모두를 영원한 초보자로 만든다

12개의 특성 중에서 중요한 테마를 더 자세히 살펴보자. 우선, '되어 가다'에 눈길이 간다. 이 특성의 본질은 한마디로 변화가 서서히 일어난다는 것이다. 그런데 그 변화가 끊임없이 이어지고 수많은 변화가 상호 작용하기 때문에 미래의 모습은 상상을 크게 뛰어넘을 것이다. 예컨대 어제 쓴 컴퓨터와 오늘 쓴 컴퓨터는 별로 다르지 않다. 그런데 20년 전, 새롭게 등장한 컴퓨터를 보고 지금의 컴퓨터 기술을 상상한 사람은 거의 없었다. 같은 관점으로 본다면 앞으로 30년 동안 삶을 지배할 중요한 기술은 대부분 창안되지 않았다고 할 수 있다.

미래에도 기술은 끊임없이 업그레이드될 테고 그 속도는 점점 빨라질 것이다. 이런 업그레이드 속도는 당신을 완전히 초짜로 만든다. 익숙하던 소프트웨어도 업그레이드 한 번으로 완전히 낯선 프로그램으로 변해 버린다. 디자인과 버튼의 위치가 바뀌고, 기존 설정 값은 사라지고, 메뉴에는 못 보던 항목들이 자리 잡는다. 자주 쓰지 않던 소프트웨어를 실행했을 때 예전의 메뉴가 통째로 사라져 당황한 경험이 한 번쯤 있을 것이다.

'되어 가다becoming'의 시대에는 누구나 초보자가 된다. 영원히 초보자로 남을 수도 있다. 초보자가 된 기분을 즐기는 사람은 없다. 대부분의 사람은 미래를 적극적으로 보는 대신 맹목적으로 현재에만 집중하고 과거의 틀을 통해 새로운 것을 본다. 그리고 새로운 것을 우리가 이미 아는 것에 들어맞도록 왜곡한다.

미래는 원래 알 수 없다는 것을 인정해야 한다. 30년 전에 지금을 상상한 사람은 없었다. 대중이 등장해 콘텐츠를 제작할 수 있다고 생각하지 않았고, 이베이를 통해 지구 반대편의 모르는 사람에게서 물건을 구매할 것이라고도 생각하지 않았다. 하지만 지금 우리는 이런 현상을 목격하고 있다. 그렇다면 30년 뒤에는 어떤 일들이 벌어질까? 인터넷 관점으로 보자면 현재까지 아무것도 일어나지 않았다고 해야 할지도 모른다.

인공 지능은 인간을 쓸모없는 존재로 만들까?

두 번째, 인공 지능에 대한 것이다. 로봇과 인공 지능이 지배하는 세상은 인간에게 재앙이 될 것이라는 전망이 대세를 이룬다. 하지만 과연 그럴까? 인공 지능은 독립된 개체가 아니다. 인공 지능이 보이지 않게 작용할 수도 있다. 우리는 인공 지능이 독립된 슈퍼컴퓨터 형태를 가지게 될 것이라 생각하지만, 그렇지 않다. 최초의 인공 지능은 10억 개의 컴퓨터 칩이 망으로 연결된 초유기체에서 탄생할 것이다. 인간은 인공 지능의 영리함을 단조로운 일에 사용하겠지만 인공 지능이 어디에 있는지, 어떻게 작동하는지는 말하기 어려울 것이다. 실제로 이와 같은 일은 IBM이 개발한 왓슨에서 이미 벌어지고 있는 현상이다. 의사들은 왓슨을 사용해 진단을 최적화하고 있지만, 왓슨이 어디에 있는지 어떻게 작동하는지는 모른다.

우리는 이미 전환점에 와 있다. 여기까지 오는 데는 몇 가지 기술적인 공로가 있었다. CPU와 GPU 칩을 병렬로 연결하면서 과학자들은 병렬 신경망이 가동될 수 있다는 확신을 가졌다. 빅데이터와 알고리즘의 발달은 인공 지능 시대를 앞당기고 있다. 결론은 인공 지능을 이용해야만 살아남는다는 것이다. 그러나 미리부터 겁을 먹을 필요는 없다. 모든 일을 로봇이 대체하면 인간은 아무것도 하지 못할 것이라 생각하지만, 그런 일은 30년 뒤에나 가능하다고 한다. 로봇이 담당하는 일은 처음에는 구분되어 있는 단순한 일이 될 가능성이 크다. 당분간은 즉흥적으로 여러 가지 일을 한꺼번에 처리해야 하는 상황에서는 인간이 더 뛰어나다.

모든 것을 복제할 수 있는 디지털 경제의 본질

세 번째는 디지털 경제의 본질과 콘텐츠에 대한 것이다. 중요한 것은 디지털 경제에서는 복제를 멈추지 않는다는 사실이다. 케빈 켈리의 계산에 의하면 지금까지 인간이 만든 콘텐츠는 3억 1000만 권의 책, 14억 편의 글, 1억 8000만 곡의 노래, 3조 5000억 장의 이미지, 33만 편의 영화, 10억 시간의 동영상과 텔레비전 쇼, 60조 쪽의 웹페이지가 있다. 실로 엄청난 양의 데이터다. 지금 이 순간에도 끊임없이 만들어지고 있다.

이 모든 콘텐츠는 인터넷에 오르는 순간 무한 복제가 가능해진다. 그리고 인류가 가

지고 있는 모든 화면으로 모일 수 있다. 화면에서 단어는 움직이고 사진과 융합된다. 형태와 의미가 바뀔 수 있는 것이다. 매년 38억 개의 화면이 만들어지고 있다는 점을 생각해 볼 때 얼마나 많은 사람이 이 콘텐츠를 공유하게 될지 모른다. 문제는 그다음이다. 우선 모든 생산물, 즉 콘텐츠는 복제되면서 가치를 잃게 되겠지만, 모든 구성 요소별로 해체되고 뒤섞여서 새로운 상품이 만들어진다.

모든 콘텐츠가 복제되고 수많은 콘텐츠가 공유됨으로써 모든 분야에서 제작이 쉬워진다. 그리고 우리는 이런 콘텐츠를 일일이 확인할 수가 없다. 1년 동안 노래 800만 곡, 책 200만 권, 영화 1만 6000편, 블로그 포스트 300억 개, 트윗 1820억 개가 만들어지고, 신제품 40만 개가 출시된다. 그리고 이렇게 많은 콘텐츠는 우리의 주의력을 점점 더 많이 빼앗는다. 따라서 효율적으로 걸러 낼 수단을 발명해야 한다. 앞으로 수십 년에 걸쳐 이런 폭증에 대처하기 위한 대안으로 걸러 내기가 나타날 것이다.

30년 후 가장 돈을 많이 벌 기업은?

앞으로 30년 동안 최고의 부와 가장 흥미로운 문화적 혁신은 이 방향에서 나올 것이다. 2050년에 가장 크고 가장 빨리 성장하고 가장 이익이 나는 기업은 현재 눈에 띄지 않고 알지도 못하는 공유의 측면을 활용하는 법을 터득한 회사일 것이다. 공유할 수 있는 모든 것(생각, 감정, 돈, 건강, 시간)은 적절한 조건에서 공유될 것이고, 적절한 혜택을 제공할 것이다. 공유될 수 있는 것은 우리가 지금 알고 있는 것보다 100만 가지 더 많은 방식으로 더 잘, 더 빨리, 더 쉽게, 더 오래 공유될 수 있다. 우리 역사의 이 시점에서는 이전까지 공유되지 않았거나 전에 없던 새로운 방법으로 무언가를 공유하는 것이 그 가치를 증가시키는 가장 확실한 방법이다.

그러나 기억해야 할 사실이 있다. 사용자 생성 콘텐츠 사이트는 지금까지 많은 사례가 있지만 대부분 실패했다는 것이다. 예컨대 〈가디언〉이나 〈오마이뉴스〉, 〈패스트 컴퍼니〉도 같은 실패를 경험했다. 기술의 시대, 군중은 무엇이든 할 수 있지만, 여기에는 한계가 존재한다.

결국 우리가 앞으로 살아가는 데이터 세계는 무한을 향해 나아갈 것이다. 일반적인 사용자 수준에서 기가바이트 단위가 통용되지만 몇 년 안에 테라바이트가 일상이 될 것이다. 그다음 단위는 페타바이트, 엑사바이트, 제타바이트, 요타바이트로 나아가게 된다. 그런데 문제는 무언가가 다량으로 있으면 그 무언가의 질적 특성이 바뀐다는 것이다. 앞에서 복제하기를 언급했다. 따라서 성장은 모든 것의 뒤섞기에서 나온다. 이 말은 앞으로의 지속 가능한 경제 성장은 새로운 자원에서 나오지 않는다는 것이다. 기존 자원을 재배치해 더 가치 있게 만드는 데에서 나오게 될 것이다.

30년 전 인류는 위키피디아와 이베이가 가능할 것이라고 생각한 적이 없다는 점을 떠올려 보라. 지금처럼 대규모 협업과 실시간 사회적 상호 작용의 산물로 불가능하던 것이 가능해지고 있다는 점을 고려해 본다면, 또 이제야 사회적 의사소통을 배우고 세계적인 규모의 제도를 창안할 만한 단계에 있다는 점을 고려해 본다면, 지금까지 없던 아주 새로운 사회 구조가 등장할 수도 있다.

여러 가지로 새로운 시작이라고 할 수 있다. 모든 사람, 인공물, 감지기, 사실과 개념이 연결되고 있고, 이제 막 세포 분열을 시작한 배아 단계 망은 우리 문명을 바꿔 놓을 것이다. 분명한 것은 미래는 예측할 수 없다는 것이다.

 좋아요! 자칫 기술 설명으로 끝날 수밖에 없는 사안들을 아주 재미있게 써 내려간 책이다. 모든 것이 화면으로 모인다는 내용은 그야말로 흥미롭다.

 아쉬워요! 번역이 아쉽다. 'becoming'은 '되어 가다'로 번역되어 있는데 자연스럽게 읽히지 않는다.

앞으로 15년,
지금과는 다른 대한민국의 미래

빅뱅 퓨처
-2030 LG경제연구원 미래 보고서, 세상의 판을 뒤흔드는 거대한 힘

BEST BOOK 83

한마디로 이 책은!

LG경제연구원이 4차 산업혁명 시대를 맞아 펴낸 미래 보고서. 앞으로 15년, 2030년 세계와 대한민국의 미래는 어떻게 될 것인가? LG경제연구원은 기술 및 경제, 비즈니스, 사회 등 전 분야에 걸쳐 '거의 모든 것의 빅뱅'을 예고한다. 미래 세상을 만드는 거대한 힘의 원천을 크게 기술, 에너지, 중국, 저성장 및 고령 사회 등의 키워드로 살핀다. 한국적인 관점에서 미래 기술을 전망한다는 점이 돋보이는 책이다.

저자 LG경제연구원 1986년 기업의 경쟁력 강화와 경제 발전에 기여하기 위해 설립된 민간 싱크탱크. 거시 경제 및 금융 시장 동향에 대한 심도 있는 분석과 전망을 제시하고, 기업 경영 전반에 걸쳐 폭넓은 컨설팅을 제공한다. 특히 비즈니스의 현재와 미래 비즈니스의 향방을 읽는 데 주력하고 있다. 글로벌 경제의 미래 예측, 10년 후 대한민국 트렌드와 유망 비즈니스 발굴, 미래 지향적 비즈니스 모델과 조직 문화 개발 등 미래 비즈니스의 다양한 이슈를 연구하고 성과를 내 왔다. 2005년 출간한 베스트셀러 《2010 대한민국 트렌드》는 국내에 트렌드 도서 열풍을 몰고 오기도 했다.

LG경제연구원 지음 | 한국경제신문 | 2016년 12월 | 580쪽 | 18,000원(이북 14,400원)

인공 지능과 로봇

인공 지능은 과거 수십 년 동안 가능성만 보여 주었을 뿐 실제 현실 문제를 해결하지는 못했다. 인공 지능 자체에도 한계가 있었지만, 혁신적인 연구를 제안하더라도 다양한 기술적 한계로 인해 인공 지능 현실화는 어려운 것이 사실이었다. 하지만 2000년대 중반 이후 IT, 전자 기술이 급속하게 발전하면서 인공 지능을 둘러싼 각종 기술 환경이 급변했다. 컴퓨팅, 빅데이터, 센서 등 IT, 전자 산업의 다양한 기술이 기하급수적으로 발전하고 있는 것이다.

2012년 인공 지능 학계에서 혁신적인 연구 결과가 나왔다. 인간의 사전 작업이 없어도 기계가 스스로 데이터를 분석해 이미지 속 사물을 구별해 내고, 1000만 개의 동영상을 스스로 학습해 영상 속에서 고양이를 구분해 낸다. 바로 딥러닝인 것이다. 실제로 딥러닝으로 구현된 인공 지능은 기존의 방법론과는 비교도 되지 않을 만큼 월등한 성능을 보인다.

딥러닝으로 시작된 인공 지능 기술은 이제 인간처럼 지식을 축적하고 경험에 기반을 둔 새로운 일을 수행하는 방향으로 진화하고 있다. 예를 들어, 2016년 구글은 위키피디아의 4000만 페이지를 학습하는 위키리딩을 개발했다고 발표했다. 이 시스템은 인터넷 기반의 온라인 백과사전인 위키피디아의 정보를 읽고 이해하는 것이다. 검색 엔진을 통해 위키피디아 내 정보를 단순히 검색하는 수준이 아니라 인공 지능이 정보를 이해한 후 지식화한다. 마치 인간이 교육 과정을 통해 얻은 지식을 향후 자신이 수행할 일의 옳고 그름을 판단하는 기준으로 삼거나 새로운 상황에 대응하기 위한 자신만의 통찰력을 키우는 데 활용하는 것처럼, 위키리딩을 통해 지식화된 정보는 인공 지능이 향후 새로운 환경에 부닥쳤을 때 대응할 수 있는 기반이 되는 것이다.

인공 지능 연구의 선도 기업인 IBM은 좌뇌와 우뇌처럼 나뉜 CPU를 제작하고 있다. '시냅스'라고 불리는 이 컴퓨팅 하드웨어는 언어와 논리적 사고 역할을 담당하는 좌뇌와 외부 환경을 감지하고 인지하는 우뇌로 구분되어 있다. 컴퓨터 하드웨어와 소프트웨어의 발달로 인공 지능은 어느 정도의 능력을 갖게 될까? 바이케어리어스 설립자 스콧 피닉스는 IT 기술의 엄청난 발전으로 향후 15년 이내에 컴퓨터 한 대가 1초 동안 가능한 계산량이 지구상에 살아 있는 모든 사람의 뇌를 동시에 활용한 것을 능가하는 시대가 올 것이라고 이야기한다. 따라서 앞으로 인공 지능은 모든 산업에서 혁명적 변화를 부를 것이라는 데 이견을 제시하기는 힘들어 보인다.

과거 1차, 2차 산업혁명은 인간을 육체노동에서 해방시키며
물질적 풍요를 가져다주는 동시에 지식, 서비스 산업과 같은
고부가 가치 산업에 더욱 집중할 수 있게 했다.
그리고 이제 정보 통신 기술 기반의 3차 산업혁명과 인공 지능이 구현해 낼
4차 산업혁명 속에서 인간은 지식 노동에서조차 해방될 시점이 다가오고 있다.—31쪽

인공 지능 폰과 사물 인터넷

2016년 스마트폰 시장의 규모는 3400억 달러로 추정되고 있다. 그래서 세계 각국의 스마트폰 제조 회사들은 포스트스마트폰이 무엇인가에 대한 고민을 계속하고 있다. 2016년 인공 지능이 발달하면서 포스트스마트폰으로 인공 지능 폰AI phone이 부상하기 시작했다. 기존 스마트폰이 해결하지 못하는 개인 맞춤형 서비스를 제공하겠다는 것이다. 문제는 인공 지능을 어떻게 구현하는지에 대해서는 아직 해결된 바가 없다는 점이다. 예컨대, 아마존, 구글, 페이스북은 클라우드를 이용한 AI 폰을 구상하고 있다. 이들은 이미 인공 지능 분야에서 선두 자리를 차지하고 있기 때문에 클라우드를 이용한 AI 폰은 빠르게 개발할 수 있을 것이라는 분석이다. 반면 애플은 단말기 내에 AI를 탑재하려 한다. 애플은 후발 주자이기는 하지만 앞선 회사들과는 다른 전략으로 준비하고 있다는 점에서 오히려 성공 가능성이 더 높은 것으로 예상되기도 한다.

그러나 문제는 여기서 끝나지 않는다. 첫 번째 문제는 무엇이 AI 폰인지에 대한 정의가 어렵다는 점이다. 휴대폰에 응용할 인공 지능을 정의하는 것은 쉬운 문제가 아니다. 구글, IBM, 마이크로소프트 등은 어떤 과제든 수행할 수 있는 범용 인공 지능 개발을 목표로 하고 있다. 따라서 다양한 빅데이터를 처리하기 위한 대용량 컴퓨팅 파워가

필요하다. 하지만 AI 폰에 탑재될 인공 지능이 반드시 범용 인공 지능일 필요는 없다. 두 번째 과제는 인공 지능의 알고리즘을 최적화하는 일이다. 그리고 세 번째 과제는 AI 폰에 탑재될 컴퓨팅 프로세서 파워를 높이는 일이다. 이 세 가지 문제를 해결하기 위해서는 적지 않은 시간 투자가 필요할 것이다.

미래 자동차

미래 자동차 산업은 파급 효과가 매우 크다는 점에 주목할 필요가 있다. 미래 자동차 산업은 크게 두 가지 분야에서 살펴봐야 한다. 우선 전기 자동차의 확산이다. 이것은 각 나라의 규제에서 비롯된 것이기도 하다. 예컨대, 미국은 2025년까지 자동차 평균 연비를 리터당 24킬로미터 이상으로 규정하고 있다. 노르웨이와 네덜란드는 2025년, 독일은 2030년까지 내연 기관 자동차 등록을 금지시켰다. 이처럼 엄격한 환경 규제로 인해 전기 자동차 업체 생존 가능성은 높아질 수밖에 없다. 그러나 한편으로 미국에서는 트럼프 대통령 시대가 되면서 신에너지와 관련한 사업들은 줄줄이 답보 상태에 놓일 것이라는 예측도 있다.

두 번째는 자율 주행 자동차 등장이다. 이 분야에 대해서는 이미 많은 책과 자료에서 더 자세한 내용을 살펴볼 수 있을 것이다. 이 책에서는 구글, 포드, 우버가 자율 주행 기술을 준비 중이며, 2020년 전후로 완전 자율 주행 단계에 도달할 것으로 예상하고 있다.

미래 자동차 시대에는 내연 기관 자동차 감소로 기존 주유소가 줄어들 수 있고, 전기를 생산하는 방식에 대한 새로운 방법이 필요하며, 자동차 구매 의욕이 떨어져 자동차 공유가 활발해질 전망이다. 또한 미래 자동차는 결국 전기 자동차 구매 속도에 좌우될 것이다.

더 이상 사람이 운전할 필요가 없어지면서, 앞으로 탑승자들은 차 안에서 시간을 더욱 효율적으로 보낼 수 있게 될 것이라고 한다. 지금 택시를 이용하는 모습을 생각해 보면, 운전을 하지 않는 자유 시간이 곧바로 생산적인 시간을 의미하지는 않는다. 현재 승용차의 인테리어가 전방 주시와 수동형 안전장치를 위해 최적화된 구조이기 때문이다. 그래서 이미 많은 기업이 완전 자율 주행을 대비해 다양한 사용 환경과 내부 구조의 변화를 꾀하고 있다. 특히 2020년까지 전 세계 자동차 중 1억 5000만 대가 인터넷에 연결될 것이고, 2025년에는 모든 신차가 인터넷에 연결되어 판매될 것이라는 전망이다. 이를 통해 우리는 일상에서 즐기던 디지털 라이프를 자동차 안에서도 즐길 수 있을 것이다. 자동차는 하나의 움직이는 디지털 기기가 되고, 우리는 컴퓨터와 스마트폰으로 수행하던 모든 업무, 연락, 게임, 문화생활 등을 자동차 안에서도 경험할 수 있게 된다는 것이다.

그러나 이런 예측은 여러 측면을 고려해야 한다. 자율 주행 자동차를 타고 다니는 사람들의 소득 수준을 고려해 봐야 하고, 혹시 그 시대에 여유로운 삶이 가능하다 하더라도 과연 그렇게 될 수 있을지에 대해서는 의문을 가져야 한다.

유전자 혁명

유전자 혁명은 인간 게놈 프로젝트가 2003년에 완성되면서 본격적인 궤도에 올랐다. 그리고 그때부터 인간 몸의 설계도와 같은 유전체, 유전자에 대한 이해가 급상승했다. 현재 유전자 기술은 유전자 검사를 통해 질병을 예측하고, 신생아와 임신 전 아기의 희귀 유전병 가능성을 예측할 수 있는 수준까지 도달해 있다. 특히 유전자 혁명은 유전자 가위 기술을 살펴봐야 한다. 유전자 가위 기술은 2003년 1세대 징크핑거, 2011년 2세대 탈렌을 거쳐, 2012년 3세대 기술인 크리스퍼가 등장하며 큰 주목을 받고 있다. 이미 에이즈, 빈혈, 혈우병 등의 질환에서 유전자 가위 기술이 적용된 임상 시험 연구가 활발히 진행 중이다. 그리고 이런 기술들은 난치병 극복에 혁신을 가져다주며 보다 활기찬 100세 시대로 나아가는 데 중요한 열쇠가 될 것이다.

이런 헬스케어 산업의 가장 큰 과제는 윤리적인 문제들이다. 헬스케어 산업은 이미 잘 알려진 바와 같이 병원, 제약 회사 등 의료 관련 기업뿐만 아니라 IT 기업 등도 참여 중이다. 그런데 유전자 치료는 생명 윤리법에 의해 제한을 받는다는 점을 생각해 본다면, 돈이 된다는 이유로 인간 복제를 허용해야 할 것인가에 대한 문제가 여전히 남는다. 이 문제는 오랫동안 해결되지 않을 가능성도 있다.

3D 프린팅과 스마트 팩토리

3D 프린팅도 최근 제반 기술들이 발전하면서 화제가 되고 있다. 원래 이 기술은 1981년 일본 나고야 시 공업 연구소 히데오 고다마의 논문에서 시작되었는데, 그동안 실현

가능성에 대한 끊임없는 의문이 제기되다 최근 금속, 세라믹 등 재료 적용의 한계가 없어지고 글로벌 대기업들의 투자가 이어지면서 발전 속도가 빨라지고 있다.

3D 프린팅에 대해서는 낙관론과 비관론이 공존한다. 낙관론은 생산 공정에 3D 프린팅을 적용하는 사례가 늘어나고 있다는 점에 주목하고 있다. 반면 비관론은 3D 프린팅이 대량 생산 방식 규모의 경제 효과를 넘지는 못할 것이라고 예측한다. 만약 기존의 효율성을 대체한다 해도 상당 기간이 필요할 것이라는 전망이다.

미래에 대한 낙관론과 비관론의 공존

기술과 인간은 공존할 수 있는가? 이 문제는 인류에게 오랫동안 숙제였다. 기술이 변곡점을 맞을 때 부정적인 견해가 등장했다. 하지만 이 문제에 대해 과거의 역사를 들추더라도 제대로 살펴보기는 힘들 듯하다. 왜냐하면 역사적 사례가 산업혁명 외에는 없기 때문이다. 당시 산업혁명의 부작용으로 공산주의와 러다이트 운동이 일어났다. 과거에는 산업혁명을 만든 기계가 인간의 근육을 대체한 것이었지만, 인공 지능이 인간의 사고력을 대체한다면 어떻게 될까?

기술에 대한 낙관론자들은 수명이 길어지고 노동과 가사에 투입되는 시간과 노력이 줄어들 것이라고 말한다. 반면 비관론자들은 인공 지능이 적용되면 광범위한 분야의 실업자가 늘어나고 극단적인 양극화 사회가 될 것이라고 말한다. 미래를 정확히 그리기에는 우리가 모르는 것이 너무 많다. 다만 앞으로 어떤 일이라도 일어날 수 있다는 것을 알고 있다는 사실만으로도 의미가 있다.

 좋아요! 여러 연구원이 각각 주제를 맡아 깊이 써 내려간 책. 여러 사람의 의견을 볼 수 있다.

 아쉬워요! 각론으로 들어가면 틀린 내용이 군데군데 있다.

가상 화폐, 거품인가 대세인가?

비트코인 현상, 블록체인 2.0
-가상화폐, 금융혁명 그 이상을 꿈꾸다
The Age of Cryptocurrency-How Bitcoin and Digital Money Are Challenging the Global Economic Order

■ 한마디로 이 책은!

아직 그 정체가 밝혀지지 않은 의문의 인물, 나카모토 사토시가 2009년 비트코인을 소개한 이후 비트코인 세계는 자유주의자, 기술자, 무정부주의자 그리고 더 나은 미래를 추구하는 일반인들의 꿈과 계획을 담아 발전해 왔다. 가상 화폐와 그 기반 기술인 블록체인에 대한 믿음은 때로 지나치게 유토피아적 사고로 보일 수도 있다. 지금 당장은 가상 화폐가 제시하는 미래가 현실과 동떨어진 기이한 이야기처럼 들릴 수도 있다. 그러나 토머스 제퍼슨이 '모든 인간이 평등하다는 사실은 너무도 자명하다'라고 말한 후 실제로 세상을 바꾼 것처럼 비트코인도 그럴 수 있다.

저자 마이클 케이시 코넬대에서 아시아 미디어를 전공했고, 〈월 스트리트 저널〉에서 수석 칼럼니스트로 활동했다. 런던, 방콕, 자카르타, 퍼스 등지에서 25년간 언론인으로 일하면서 전 세계 경제 및 금융 트렌드를 주로 다뤘다. 현재는 MIT 미디어랩 '디지털 통화 이니셔티브'에서 분산 원장 소프트웨어 및 가상 화폐에 대한 연구를 하며 블록체인 실용화를 위해 노력하고 있다. 저서로는 《불공정 거래—부서진 금융 시스템으로 중산층을 파괴하는 법》이 있다.

폴 비냐 〈월 스트리트 저널〉 주식 및 경제부 기자. 〈월 스트리트 저널〉의 금융 시장 속보 사이트이자 팟캐스트인 '머니비트'에서 칼럼니스트이자 앵커로 활약 중이며, 마이클 케이시와 함께 '비트빗' 코너에 칼럼을 연재하고 있다. 20여 년간 폭스 비즈니스 네트워크, CNN, BBC 등에서 일했다.

마이클 케이시, 폴 비냐 지음 | 유현재, 김지연 옮김 | 미래의창 | 2017년 7월 | 472쪽 | 19,000원(이북 13,300원)

화폐는 어떤 원리로 작동하는가?

비트코인으로 피자 한 판부터 호화 빌라까지 무엇이든 살 수 있다. 어떤 때는 몇 달러밖에 안 되던 것이 어느 날은 수만 달러의 가치가 매겨져 있기도 한다. 신비로우면서 파괴적이다. 어디에나 있는 것 같으면서 막상 찾으면 어디에도 없다. 인류가 처음 접하는 이 사이버 수수께끼는 우리에게 질문을 던진다.

'비트코인이란 도대체 무엇이고, 왜 모두 난리인가?'

화폐에 대한 견해는 대체적으로 두 가지로 압축된다. 하나는 금속주의자의 관점이다. 이들은 돈도 하나의 상품일 뿐이고 통화는 실재하는 물체를 기반으로 존재해야 한다고 믿는다. 이들은 한편 '금'을 가치 있게 추구하는 골드러시족이기도 하다. 다른 하나는 법정 화폐주의자 관점이다. 이들은 화폐가 통용되는 사회와 이를 사용하는 개인 간의 신용과 신뢰를 중요하게 여긴다.

수백 년간 이어져 온 논쟁이지만 최근에는 돈은 적어도 시스템적으로 설명되어야 한다는 입장이 우세하다. 즉 통화가 유효하게 사용되기 위해서는 그 통화에 대한 신뢰가 있어야 한다는 것이다.《돈》이라는 책을 쓴 펠릭스 마틴은 '돈은 사회적 기술이고 화폐가 존재함을 확실하게 보장하는 시스템적인 것'이라고 했다.

이런 관점에서 본다면 가상 화폐는 과연 돈이라고 할 수 있을까? 이는 얼마나 많은 사람이 가상 화폐를 돈으로 생각하느냐에 달려 있다. 예컨대, 가상 화폐를 사용하는 커뮤니티가 확장되면 통화는 돈이 될 수도 있다. 따라서 눈에 보이는 실물이 뒷받침되어야 한다는 생각은 버려야 할지도 모른다. 눈에 보이고 만져지는 실물 화폐가 중요한 시대는 아니라는 것이다.

비트코인은 어떻게 시작되었나?

비트코인이 어떻게 시작되었는지를 살펴보자. 2008년 10월 31일 뉴욕 시간으로 오후 2시 10분, 암호학과 관련한 전문가와 아마추어 수백 명은 나카모토 사토시라는 사람에게서 이메일을 받았다. 그는 '제3자 중개인이 필요 없는, 일대일로 운영되는 전자 통화 시스템을 연구하고 있다'라고 했다. 그리고 그는 그 통화 시스템을 '비트코인'이라 칭했다. 비트코인이 세상에 처음 알려진 순간이었다.

당시 비트코인이 성공할 것이라고 생각한 사람은 없었다. 일단 나카모토 사토시를 아는 사람이 없었다. 따라서 비트코인이 성공할 것이라고 생각한 사람이 없던 것이다. 이는 자연스러운 논리적 결과일지 모른다. 그리고 아무도 비트코인을 사용하지 않고 있는데, 그것의 성공을 이야기한다는 것은 뭔가 적절하지 않은 행동이었을 것이다.

비트코인이 실패할 것이라는 두 번째 이유는 사이퍼펑크라는 연합에서 찾아야 한다. 사이퍼펑크는 1990년대 암호화된 개인 정보 보호 도구를 통해 급진적인 변혁을 강제하려는 운동가들 연합인데, 이미 익명으로 운영되는 디지털 통화 시스템이라는 개념을 만들기도 했다. 비트코인의 방식은 새로운 것이 아니고, 따라서 성공할 가능성 또한 희박하다는 것이었다. 비트코인 이전에도 대대적인 시도가 있었고 이미 실패했기 때문이다. 데이비드 차움이 만든 디지캐시라는 것이 있었다. 데이비드 차움은 1990년대 당시 익명 가상 화폐라는 개념을 만든 주인공이다. 일이 잘되어 가는 듯했으나 마이크로소프트, 비자 그리고 은행들이 디지캐시에 참여하지 않았다. 가상 화폐라는 것이 필요해 보일지는 몰라도 당시 금융 시스템 안에서는 받아들일 수 없던 것이다.

> 블록체인 2.0 시대의 아이디어들이 현실화된 사회에서는
> 변호사, 투자 은행가, 증권 브로커, 그리고 다른 많은 신뢰 기반의
> 서비스 제공자들에 대한 수요가 줄어들 것이다.—309쪽

비트코인 창시자, 나카모토 사토시 미스터리

나카모토 사토시에 대해 조금 더 살펴보자. 사실 아직까지도 나카모토 사토시는 개인인지 회사인지 알려진 바가 없다. 혹자는 나카모토 사토시가 CIA나 IMF일 수도 있다고 말한다. 이런 추측들이 난무하는 것은 그가 2010년에 이미 자취를 감추었기 때문이다. 그러나 최근까지의 추측들을 정리해 보면, 그는 영국식 스펠링을 갖고 있고 실리콘밸리에 있는 소규모 그룹일 것이라고 한다. 혼자는 아니라는 것이다.

비트코인에서 나카모토 사토시가 중요한 이유가 있다. 비트코인이라는 '브랜드'가 그 창시자와 그의 미스터리한 배경에 크게 영향을 받을 수밖에 없다는 것은 자명한 사실이다. 비트코인 문화 전반에 걸쳐 사토시에 대한 경의와 찬양의 분위기가 널리 퍼져 있었다. 비트코인의 가장 작은 액면가 단위가 '사토시Satoshi'이고, 수많은 모임이 '사

토시 광장'이라는 별명이 붙은 장소에서 열렸으며, 세간의 이목을 끄는 도박 사이트인 '사토시다이스'처럼, 다양한 비트코인 사업이 그 창시자의 이름을 사용하고 있다.

나카모토 사토시는 인간의 형태를 띠지 않고 완벽한 신화의 형태로 변이하게 된 것이라는 주장도 있을 수 있다. 그는 우리 앞에 실물 형태로 나타난 적이 없으며, 유튜브에서 볼 수도 없다. 토크쇼에 나와 인터뷰를 한 적도 없으며, 그의 스토리가 영화나 책으로 만들어진 적도 없다. 우리가 알 수 있는 것은 그가 시끄러운 세상을 바꾸려는 천재형 은둔자이며, 비트코인의 '주님'이라는 것뿐이다.

그가 누구인지도 모르지만, 그의 신념을 따르는 지지자는 늘어나고 있다. 그들은 비트코인을 서로에게 보내고 함께 채굴하면서 블록체인 장부를 유지하고자 한다. 어떤 측면에서 보면 잘못된 신념이라고 비난할 수 있을지도 모른다. 특히나 비트코인과 관련해서는 종교적 함의를 가진 단어들도 등장하고 있기 때문에 비트코인이 종교처럼 보이는 측면이 있는 것도 사실이다.

탐욕이 부른 거품 혹은 새로운 시대의 증거

그러나 분명한 것은 비트코인과 관련한 커뮤니티가 급속도로 확장되고 있다는 것이다. 2012년까지만 해도 일반인들에게 비트코인은 먼 나라 이야기였다. 특히 월 스트리트와 워싱턴에서 비트코인을 무시했고, 절도 사건과 가격 불안, 나카모토가 누구인지도 모른다는 점은 불신의 이유가 되기도 했다. 그리고 아직까지는 이런 불신들이 없어졌다고 볼 수 있는 증거도 없다. 그러나 비트코인 커뮤니티는 성장하고 있다.

2012년 200만 달러가 투자된 비트코인은 이듬해 8800만 달러로 급증했다. 같은 시기에 비트코인이 8400퍼센트 폭등했고 1151달러를 기록했다는 것과 무관하지 않을 것이다. 매우 열렬한 비트코인 신봉자들이 있고, 이들이 시장을 움직이고 있다는 것만은 확실하다.

비트코인이 가진 투자적인 측면을 제외하더라도 비트코인이 유용하다는 평가를 받는 이유가 있다. 비트코인은 개발 도상국 사람들에게 희망이 될 수 있기 때문이다. 사실 전 세계에서 은행을 이용하지 못하는 사람은 25억 명에 이른다. 따라서 비트코인을 비롯한 가상 화폐가 적잖이 도움이 될 수 있다는 이야기는 현실적이기도 할 것이다.

게다가 전자 상거래 규모가 더욱 확대되어 카드 거래 대금은 매년 약 10퍼센트씩 증가하고 있다. 최근 은행 중심의 지불 시스템을 깨는 새로운 모델들은 계속 등장하고 있다. 저렴한 비용으로 거래할 수 있도록 도와주는 거래 프로세스가 계속 만들어지고 있는 것이다. 때를 같이해서 비트코인을 매입하는 지불 처리 업체가 등장하고 있고, 대부분의 상점은 비트코인에 가입하는 것이 나쁠 게 없다고 생각한다. 이쯤 되면 비트코인을 신뢰할 수 있기 때문에 신뢰하는 것이 아니라 왠지 중앙 집권화에 대한 대안으로 비트코인을 신뢰하고 있는 것인지도 모른다.

기술로서의 비트코인은 적용 분야가 다양하다. 무인 택시를 비롯해 금융의 각 분야 등 적어도 수백 개 분야가 거론되고 있다. 저자들은 수백 개의 아이템에는 현실성이 없는 것도 많다고 말한다. 그러나 블록체인이라는 기술이 새롭고 중요하며 보안에 있어서 월등한 방식인 것은 맞다.

비트코인의 한계

비트코인은 한계도 있다. 먼저 비트코인 네트워크 처리 속도 문제다. 현재 비트코인 네트워크는 초당 7건의 거래만 처리할 수 있다. 비자 네트워크가 초당 1만 건을 처리할 수 있는 것과 비교해 본다면 초라한 수준이다. 따라서 비트코인을 확장하기 위해서는 노드를 업그레이드해야 한다고 하는데, 이것이 가능한지 또 언제 가능한지에 대해서는 아직 답이 존재하지 않는다.

다음으로 비트코인 실효성 문제다. 일각에서는 거래 비용 절감 효과는 경쟁력이 없다고 주장하기도 한다. 게다가 금과 달리 비트코인은 본질적인 가치가 없다는, 이른바 금속주의자들의 주장은 끊이지 않는다. 보다 현실적인 주장도 있다. 실리콘밸리 지역을 벗어나면 비트코인 이용자는 소수에 불과하다는 것이다.

그러나 문제점이 있더라도 분권화는 대세일 것이다. 사실 비트코인을 이야기하면서 분권화를 이야기하지 않을 수 없다. 왜냐하면 비트코인의 본질적인 측면을 보면 단순히 금융 수수료를 절약하자는 차원이 아니기 때문이다. 그들이 원하는 것은 분권화다. 이미 전 세계 조직은 수직적 조직을 지양하고 있다. 수평적이며 민주적인 것을 원하는 것이다. 따라서 분권화에 대한 움직임은 멈출 수 없을 것이라는 주장은 계속 제기되고 있다. 존스턴의 법칙이라는 것이 있다. '분산될 수 있는 모든 것이 분산될 것이다' 라는 것이다. 중앙 집중화된 경제적·정치적 기득권층, 정부, 국가들은 파괴될 것이

라는 입장이다. 이는 가상 화폐와 블록체인 기술이 궁극적으로는 승리할 것이라는 전망이 조심스럽게 나오는 이유이기도 하다.

가상 화폐의 미래는 어떻게 될까?

기업들은 비용 문제를 고민할 수밖에 없다. 적어도 수수료를 줄이기 위한 방법이 있다면 비트코인이든 알트코인이든 그 방향으로 움직일 수밖에 없을 것이다. 예컨대, 월마트가 전 세계 공급 업체에 보내는 금액은 약 3500억 달러다. 이 금액을 비트코인으로 지불한다면 어떻게 될까? 수수료 2퍼센트를 줄일 수 있다면 말이다.

비트코인 경쟁사들도 살펴봐야 한다. 비트코인이 아니더라도 경쟁사들은 이미 여러 가지를 준비하고 있다. 여기에는 구글, ISIS, 페이스북, 애플이 포함된다. 그리고 나카모토 사토시가 가상 화폐와 관련한 대부분의 문제를 해결했기 때문에 거대 기업들이 기술력과 네트워크를 앞세워 가상 화폐를 만들지 말라는 법도 없다.

이쯤 되면 가상 화폐는 성공할 것이라고 단언할 수 있을지 모른다. 하지만 사람들이 정말로 원하는 것이 무엇인지는 아직 정확하지 않다. 가상 화폐일 수도 있고, 아닐 수도 있다. 가상 화폐가 등장할 경우, 수많은 사람이 직장을 잃게 된다는 것이 알려진다면 가상 화폐에 대한 반감과 실리콘밸리에 대한 부정적인 생각은 늘어 갈 것이다.

이제 가상 화폐와 관련한 몇 가지 시나리오를 생각해 보자. 먼저 법정 화폐가 계속 사용된다는 전제 아래 가상 화폐가 내부 화폐 시스템으로 작용하는 경우다. 시스템 내부 인프라 속에서 가상 화폐는 일정 역할을 수행할 것이다. 지불 프로세스 업무는 가상 화폐 프로토콜과 블록체인 기반 기술로 움직일 것이다. 최근 글로벌 9개 은행이 블록체인 표준화 작업을 하고 있는 것은 이런 차원의 움직임이라고 할 수 있다. 두 번째는 멀티코인 세상이 된다는 것이다. 하나의 가상 화폐가 지배적 화폐가 될 것이라는 보장은 없다. 여기에는 비트코인뿐만 아니라 구글과 애플, 그리고 수백 개의 알트코인도 해당된다. 그리고 디지털 코인 혹은 토큰은 블록체인 기반 거래소를 통해 거래될 수 있을 것이다. 마지막으로 디지털 달러가 있다. 미국이 디지털 달러를 만들고 다른 나라 사람들이 그것으로 모든 것을 살 수 있게 되면 더 이상 각 나라의 화폐는 의미가 없을지도 모른다는 우려도 있다.

그럼에도 불구하고 우리는 여전히 암호화 기반의 분산된 디지털 통화의 미래는 밝다고 믿는다. 그것이 비트코인이 아니고 다른 가상 화폐 혹은 아직 세상에 나오지 않은 또 다른 가상 화폐일 수도 있지만, 이 획기적인 기술은 그 근저에 추진력이 숨어 있어 멈추기가 어렵다. 더 중요한 것은 기존 지불 인프라 내에서 해결할 수 없는 매우 중대한 문제를 해결한다는 것이다. 가상 화폐는 현행 은행 중심의 지불 모델이 부과하는 엄청난 비용 대부분을 사라지게 할 것이다. 그리고 이런 은행 중심의 시스템에서 배제되어 있던 수십 억 인구를 글로벌 경제로 다시 불러들일 수 있다. 또한 블록체인을 기반으로 하는 다양한 응용 프로그램을 통해 모든 계층의 중개인, 중앙 집권적 기관 및 정부를 통하지 않아도 되는 사회를 만들 수 있다.

비트코인은 디지털 시대의 디지털 화폐다. 불안정성과 심한 변동성 그리고 불법적인 거래까지, 비트코인을 둘러싼 부정적인 견해해도 불구하고 비트코인의 가장 강력한 무기는 그것을 구성하고 있는 기본 기술인 블록체인 기술에 있다. 그것은 기술이라기보다 사실 '혁명'에 가까운 것이다.

어쨌든 가상 화폐가 만들어졌다는 사실은 변하지 않는다

블록체인은 일반 상거래를 위한 결제뿐만 아니라 저작권과 개인 ID 관리, '스마트' 법률 계약에 이르기까지 거의 모든 부문에 쓰일 수 있다. 최근 발생한 마운트 곡스 거래소의 파산과 비트코인을 이용한 불법 마약 거래 사이트인 실크로드 사태 등으로 비트코인 반대자들이 힘을 얻긴 했지만, 비트코인 지지자들은 비트코인이 결국 글로벌 경제, 특히 글로벌 금융 산업을 재창조하고 새롭게 활력을 불어넣어 주는 강력한 무기가 될 것이라 생각한다.

누군가는 비트코인으로 인해 일자리를 잃게 될지도 모른다. 그러나 현재 '은행을 이용할 수 없는' 전 세계 수십 억 명에게는 분명 반가운 존재다. 비트코인은 이들을 더욱 확장된 새로운 글로벌 이코노미에 편입시킬 수 있다.

비트코인에 대한 당신의 입장이 무엇이든 변하지 않는 사실이 하나 있다. 가상 화폐가 만들어졌으며, 그것은 결코 없어지지 않는다는 점이다. 그리고 가상 화폐가 몰고 올 변화는 심대할 것이다. 좋든 나쁘든 누구나 그 영향권 안에 있다. 그러니 무시하는 것은 득이 되지 않는다. 이 책의 저자들은 가상 화폐를 둘러싸고 있는 불투명성을 벗겨 내고 가상 화폐가 가져올 새로운 경제의 면면을 자세히 제시하고 있다. 가상 화폐의 세계는 이제껏 우리가 익숙하던 종이 화폐 세계와는 많이 다를 것이다.

머지않아 누구나 스마트폰에 비트코인 지갑 계정을 가진 날이 올 수도 있다. 그렇게 되면 전 세계 어느 스타벅스에서든 커피 한 잔 값은 동일한 비트코인으로 결제될 것이고, 사람들은 국경의 제약 없이 은행을 통하지 않고 송금을 할 수 있게 될 것이다. 중앙집권화된 중앙은행이 (거의 무제한적으로) 발행하는 통화 대신 세상은 총발행량이 한정되어 있는 통화를 갖게 될 것이다. 금융의 분권화는 금융을 넘어 우리가 사는 세상의 모든 분야에서 분권화를 진행할 것이며, 세상은 다시 한 번 근본적인 변화를 맞이할 것이다.

 좋아요! 저널리스트가 쓴 비트코인에 대한 총정리. 비트코인의 미래 전망에 대한 예측이 솔직하게 담겨 있다.

 아쉬워요! 비트코인에 대해 어느 정도 알고 있는 독자를 대상으로 한 책이라 초보자에게는 어렵다.

인간의 일자리가 사라지는 시대, 어떻게 대비할 것인가

로봇의 부상
-인공지능의 진화와 미래의 실직 위협
Rise of the Robots-Technology and the Threat of a Jobless Future

한마디로 이 책은!

실리콘밸리의 성공한 사업가이자 컴퓨터 설계와 소프트웨어 개발에 25년 이상 매진해 온 저자는 《로봇의 부상》을 통해 인공 지능의 현주소를 짚어 보고, 인간을 뛰어넘는 로봇의 등장이 특히 생산과 소비를 아우르는 우리의 경제 활동에 어떤 영향을 미칠지 상세히 그려 내고 있다. 로봇과 인공 지능이 산업 전반의 구조를 송두리째 바꿔 놓음으로써 소득의 불평등이 심화되면서 소비자 경제 자체가 와해될 것이라고 전망한다. 그렇다면 우리가 살아갈 미래는 대량 실업과 경제 위기가 기다리는 어두운 디스토피아인가? 정보 기술의 태동기에 연구자들이 보장하던 인간의 노동이 사라지는 멋진 신세계는 그저 꿈인 것인가? 저자는 성급한 결론을 내리지는 않는다. 적절한 질문을 독자에게 던짐과 동시에 충분한 설명을 곁들여 다양한 시각을 펼쳐 보인다. 이런 탁월한 저술을 통해 우리는 다가옴직한 미래를 여러 각도에서 엿볼 수 있다.

저자 마틴 포드 실리콘밸리에 위치한 소프트웨어 개발 기업 설립자로, 컴퓨터 설계와 소프트웨어 개발 분야에서 25년 이상 종사해 왔다. 미시간 주립대에서 컴퓨터 공학을 전공했고, 캘리포니아대 로스앤젤레스 캠퍼스 경영학 대학원을 졸업했다. 2009년에 출간한 《터널 속의 빛—자동화, 기술 혁신 그리고 미래 경제》는 미래 미국 경제에 대한 충격적인 예측으로, 학계의 좋은 평가를 받았다. 또한 로봇과 인공 지능에 대한 후속 연구의 지평을 넓혔다는 평가를 받았다.

마틴 포드 지음 | 이창희 옮김 | 세종서적 | 2016년 3월 | 480쪽 | 20,000원(이북 12,000원)

인간처럼 생각하는 인공 지능은 세상을 어떻게 바꿀까?

진정한 사고력을 갖춘 기계가 등장하리라는 앨런 튜링의 예언은 이제 기정사실이 되고 있다. 아마존이 드론을 이용한 배송 업무를 이야기하고, 자동차 업계가 무인 자동차 실현을 속속 발표하고 있다. 인간처럼 사고하는 인공 지능의 등장은 우리 생활에 어떤 영향을 미칠까? 우리는 이를 통해 어떤 혜택을 얻게 되고, 어떤 문제들을 마주하게 될까?

샌프란시스코에 있는 캘리포니아 주립대 대학 병원 약국은 매일 약을 1만 건 정도 처방하지만 약사는 약병이나 알약 하나도 만지지 않는다. 거대한 자동 시스템이 납품된 방대한 양의 약을 보관하는 작업부터 알약 하나하나를 꺼내 포장하는 일까지 수행하면서 수천 가지의 약품을 관리한다. 로봇 팔이 쉴 새 없이 늘어선 약통 여기저기에 들어가 알약을 꺼낸 뒤 환자당 투여량에 맞게 작은 비닐 주머니에 담는다. 이 약을 받은 간호사는 비닐 주머니 표면의 바코드와 환자 손목에 채워져 있는 바코드를 스캔해서 일치 여부를 확인한다. 주사용 의약품을 자동으로 준비하는 특수 로봇도 세 대가 있다. 전체 작업 과정에서 사람이 거의 배제되어 있기 때문에 이 시스템에서 사람에 의한 오류가 발생할 가능성은 사실상 없다.

한편, 서던 캘리포니아대 공학 교수인 베로크 코슈네비스는 24시간 만에 집 한 채를 지을 수 있을 정도로 거대한 3D 프린터를 제작 중이다. 이 프린터는 건설 공사장에 설치된 임시 레일을 따라 움직이면서 거대한 노즐을 이용해 컴퓨터의 지시대로 콘크리트 층을 쌓아 올린다. 공정은 완전히 자동화되어 있고, 이렇게 해서 세운 벽은 기존의 기술로 세운 벽보다 더 견고하다. 이 프린터는 주택이나 사무실, 심지어 여러 층짜리 건물을 짓는 데에도 사용할 수 있다. 현재 3D 프린터는 건물의 콘크리트 벽을 세우는 일만 담당하며, 문, 창문, 기타 설비는 사람이 설치해야 한다. 그러나 업그레이드된 미래의 프린터들이 콘크리트 외의 재료도 다루는 모습은 쉽게 상상할 수 있다.

로봇 시대는 이미 시작되었다

실리콘밸리 스타트업 기업인 인더스트리얼 퍼셉션은 상자를 옮기는 로봇을 개발했다. 이 로봇은 시간 지각 능력과 공간 계산 능력을 갖추고 반복 작업을 수행한다. 테슬라에서는 160대의 산업용 로봇이 하루 400대의 전기차를 생산한다. 폭스콘은 100만

명의 노동자를 대체하는 100만 대의 로봇 도입 프로젝트를 시작했다. 로봇 제조 시스템은 빠르게 업그레이드되는 제조 공정을 쉽게 도입할 수 있다.

최근 미국의 섬유 및 의류 산업은 수출 증가로 활성화 단계에 있다. 이는 효율성이 뛰어난 자동화 기술 덕분이다. 제조업의 '유턴' 현상으로 볼 수 있지만, 완전 자동화가 이루어지면 고용 창출은 없을 것이다.

《로봇의 부상》은 인공 지능의 놀라운 진화로 인해 노무직이건 사무직이건 할 것 없이 우리 모두 일자리를 잃게 될 위험에 처해 있으며, 인간이 수준 높은 교육을 받는다 해도 계층의 사다리를 타고 올라가 더 나은 일자리를 갖게 된다는 전망 또한 없다고 주장한다. 어떤 분야에서든 반복적이고 예측 가능한 작업이 있다면, 그 일은 컴퓨터가 담당하게 될 것이기 때문이다.

> 인간과 기계의 협력에 의한 일자리는 계속 존재하겠지만
> 숫자도 줄어들고 존속 기간도 점점 짧아질 것이다.—199쪽

로봇 시대가 왔다는 다른 증거도 있다. 국제 로봇 연맹에 따르면, 2000~2012년에 세계 산업용 로봇 판매액은 60퍼센트가 증가해 280억 달러에 달했다. 특히 중국의 경우에는 2005~2012년에 로봇 도입량이 매년 25퍼센트씩 증가했고, 1995~2002년에 제조업의 일자리가 15퍼센트 줄어 1600만 명이 직장을 잃었다. 미국의 경우에는 1990~2012년에 섬유 분야에 종사하는 미국 내 인력의 4분의 3인 120만 명이 해고되었다. 이뿐만이 아니다. 한 연구 결과에 따르면 미국 고용의 47퍼센트(약 6400만 개의 일자리)가 10~20년 안에 자동화될 가능성이 있다고 한다. 따라서 근로 계층과 중산층 가정은 실업으로 인한 경제적 압박에 직면하게 되었다.

산업혁명 이래 기계는 인간의 노동력을 대신하고 있다. 기계는 대부분의 경작을 진행하고, 공장의 컨베이어 라인에서 우리에게 필요한 많은 것을 만들어 내며, 가정에서는 자질구레한 가사를 돕고 있다. 우리는 이에 대해 큰 의문을 갖지 않았다. 힘을 쓰는 일이나 단순 반복 작업을 기계가 대신하는 것을 큰 축복이라 여겼다. 그러나《로봇의

부상》에서 마틴 포드는 기계 학습, 딥러닝 기술, 클라우드 컴퓨팅을 기반으로 인간보다 더 뛰어난 사고력을 탑재한 인공 지능이 등장함으로써 우리는 인간만이 가능하다고 여겨지던 일자리를 잃게 될 것이라고 주장한다.

그런데 이런 로봇 시대는 수십 년 전부터 경고되어 왔다. 기계가 인간을 대체할 것이라는 경고 메시지 역사는 오래되었다. 그 시작은 1812년 산업혁명으로 일자리를 잃은 노동자들이 기계를 파괴하는 시위를 벌인 러다이트 운동이었다. 1949년 MIT의 노버트 위너도 기계로 인해 잔혹한 산업혁명이 이어질 것이라고 예측한 바 있다. 가장 중요한 경고는 1964년 삼중 혁명 보고서였다. 이 보고서는 자동화로 인해 얼마 후 미국 경제에서는 '인간의 도움을 거의 받지 않고도 시스템화된 기계들이 무한한 양의 생산을 할 수 있는 상태'가 되리라고 예측했다. 그 결과 대규모 실업이 발생하고 불평등이 극심해져 결국 소비자들이 구매력을 잃어 경제 성장을 추진할 수 없게 됨에 따라 재화와 용역에 대한 수요가 격감할 것이라고 했다. 하지만 신기술로 생산성이 높아지면서 고임금 시대를 살았기에 자동화에 대한 두려움을 확인할 수 없었고, 1970년대 석유 파동이 일어나면서 경제학자들도 신기술에 대한 관심을 갖지 않았다.

기계 지능의 영향은 정보 기술 산업 내에서 가장 두드러지게 나타나고 있다. 인터넷으로 인해 고용 인력이 놀랍도록 적은 상태에서도 엄청난 수익을 올리며 막강한 영향력을 행사하는 기업들이 탄생했다. 예를 들어 구글은 2012년에 3만 8000명도 되지 않는 종업원으로 140억 달러에 가까운 수익을 올렸다. 자동차 업계의 고용이 최고에 달하던 1979년 제너럴 모터스는 84만 명에 이르는 종업원으로 110억 달러의 수익을 올렸다. 이는 2012년 구글이 긁어모은 금액보다 20퍼센트가 적다. 이는 인플레이션을 감안한 수치다.

의사, 변호사, 회계사, 프로그래머…… 전문직이 더 위험하다

그러나 사람들은 이런 현상을 위협이라고 생각하지 않는다. 자동화는 그저 교육 수준이 낮은 저숙련 노동자들에게만 위협이 된다고 생각한다. 이런 생각의 밑바탕에는 저숙련 노동은 보통 반복적이라는 전제가 깔려 있다. 하지만 화이트칼라 직종도 안전하지 않다.

퀼이라는 프로그램이 있다. 노스웨스턴대 학생들이 만든 스탯 멍키가 업그레이드된 프로그램으로, 〈포브스〉를 비롯한 최고의 언론사에서 기사를 자동으로 작성하고 있다. 전문가들은 15년 내에 뉴스 기사의 90퍼센트 이상은 자동화될 것이라고 예측한다. 그리고 이런 기술은 기업에서 일반 사무직 근무자보다 더 훌륭하게 데이터를 분석해 보고서를 작성하는 일 또한 해낼 수 있다고 전한다.

2011년 텔레비전 퀴즈쇼 '제퍼디!'를 통해 선보인 IBM의 왓슨과 같은 로봇은 방대한 데이터를 아주 짧은 순간에 읽어 내고 그중 상호 관계가 있는 것들을 통해 답을 추론할 줄 안다. 이런 기술은 수많은 임상 시험 및 연구 성과를 판독해 최대의 치료법을 적용해야 하는 의료 산업이나 특정 고객의 금융 상태뿐만 아니라 시장 전체 상황을 읽어 내야 하는 금융업, 다양한 문의 사항이 폭주하는 고객 서비스 콜센터에서 활용이 가능하다. 실제로 기업들과 다양한 협업을 통해 연구를 계속해 나가고 있는 현재, 이런 기술이 콜센터 직원과 금융 애널리스트 등을 자리에서 몰아낼 날은 머지않아 보인다.

인공 지능은 논문을 심사하기도 한다. 애크런대 사범 대학 연구 팀이 2012년에 기계가 채점한 결과와 인간이 채점한 결과를 비교해 보니, 기계가 인간과 사실상 동일한 수준의 정확도를 보였으며, 어떤 경우에는 더욱 신뢰도가 높았다. 연구 팀은 미국 6개 주 공립 학교에서 수집한 1만 6000건 이상의 논술 과제를 9개 업체가 내놓은 소프트웨어로 채점한 결과를 연구 대상으로 삼았다.

안면 인식 알고리즘은 온라인 교육에서 학생의 신원을 확인해 인간 감독자를 대신함은 물론이고 영상에서 암세포를 가려내는 일을 담당하면서 영상 분석 전문의 자리를 넘볼 것이다. 법률가의 호시절도 지나갔다고 보는 편이 좋다. 뛰어난 기계 학습 알고리즘은 소송과 연관 있는 문서를 인간 변호사나 법무사보다 훨씬 훌륭하고 빠르게 정리해 낸다. 10~15년 전만 해도 인터넷 시대가 열리며 새로운 프로페셔널로 대접받던 컴퓨터 프로그래머를 비롯한 IT 업계의 전문가조차도 설 자리는 없다. 이제 많은 기업이 클라우드 컴퓨팅을 통해 중앙 집중화된 컴퓨터 허브를 이용해 수만 개의 서버를 지속적으로 감시하고 독자적으로 문제를 해결하기 때문이다.

인간의 일자리가 사라지는 시대, 그 해법은?

지금처럼 미래 예측이 암울한 때는 없었다. 완전 고용은커녕 완전 실업의 길로 가고 있다. 저자가 기술하고 있는 것처럼, 중산층이 사라지면 구매력은 증발한다. 일자리 소멸은 소비자 소멸이다. 극소수 부자들의 명품 소비만으로는 경제가 유지될 수 없다. 비용 절감을 위해 사람을 기계로 대체해 온 시장 경제는 자멸의 길에 들어섰다.

분노한 실업자의 봉기가 예고된 것일까. 저자는 경제 규칙의 근본적인 구조 조정이 필요하다며 로봇과 소프트웨어에 일을 빼앗긴 사람들에게 '시민 배당금'을 지불하자고 주장한다. 모든 사람에게 최소한 매년 1만 달러를 주자는 게 저자가 말하는 '보장된 기본 소득' 제도의 골격이다.

포퓰리즘적 주장이지만 이미 시작된 트렌드가 무르익으면 '포퓰리즘만이 살길이다'라는 제목의 칼럼이 신문에 실릴지도 모르겠다. '로봇 기자'가 그런 칼럼을 쓸 날도 어쩌면 멀지 않았다.

 좋아요! 시대적 고민과 맞아떨어진 책이다. 해당 분야에서 어떤 일들이 벌어지고 있는지 자세히 설명해 준다.

 아쉬워요! 적어도 한국에서는 다른 제목이 필요해 보인다.

기계의 시대, 인간은 무엇으로 살아남을 수 있을까?

제2의 기계 시대
−인간과 기계의 공생이 시작된다

The Second Machine Age-Work, Progress, and Prosperity in a Time of Brilliant Technologies

한마디로 이 책은!

BEST BOOK 86

이 책은 제2의 기계 시대에 인간과 기계는 어떤 삶을 살아가게 될지를 이야기한다. 기술 발전이 좋지 않은 영향도 주지만, 해결책도 기술 발전에 달려 있다. 저렴한 비용으로 무한 복사가 가능한 디지털 기술은 본질적으로 풍요의 경제를 낳을 것이며, 소득 격차를 줄이고 기계와 함께 달리는 방안을 마련하려는 노력이 수반된다면 경이로운 미래가 펼쳐질 것이다. 기계가 인간을 능가하는 영역에서도 인간은 여전히 핵심적인 역할을 맡고 있으며, 인간 혼자 일하기보다는 기계와 협력하는 편이 훨씬 효과적일 수도 있다. 어떻게 하면 더 빨리, 더 많이 만들어 낼 것인가를 고민하면 기계가 인간을 대체할 수밖에 없다. 그러나 어떻게 하면 새로운 가치를 만들어 낼 수 있을까를 고민하면 기계가 인간을 도와 과거에는 없던 새로운 기술, 새로운 제품, 새로운 사업 모델을 만들어 낼 수 있다.

저자 에릭 브린욜프슨 정보 경제학과 정보 시스템 분야의 세계적 석학이자 가장 많이 인용되는 학자 중 한 사람으로, MIT 슬론 경영 대학원 교수이자 MIT 디지털 비즈니스 센터장. 하버드대에서 경제학 석사 학위를, MIT에서 관리 경제학 박사 학위를 받았다. 1987년 세계 최초로 전자 시장 이론을 제기했으며, 1999년에는 인터넷 상품의 번들링 전략에 관한 논문으로 마케팅 분야 최고 논문상인 '존 D. C. 리틀상'을 받은 바 있다.

앤드루 맥아피 MIT 슬론 경영 대학원 부교수이자 MIT 디지털 비즈니스 센터 수석 연구원이다. MIT에서 기계 공학 석사 학위를, 하버드대에서 기술과 운영 관리학 박사 학위를 취득했다. 하버드대 경영 대학원 부교수, 하버드대 로스쿨 버크먼 인터넷과 사회 연구소 선임 연구원을 거쳤다. '웹 2.0' 개념과 플랫폼을 기업의 정보 통신에 적용한 '엔터프라이즈 2.0'이라는 용어를 처음 만들었다.

에릭 브린욜프슨, 앤드루 맥아피 지음 | 이한음 옮김 | 청림출판 | 2014년 10월 | 384쪽 | 15,000원

대격변을 예고하는 제2의 기계 시대

세계 인구와 사회 발전을 시기별로 나타낸 그래프를 보면 두 선의 변화는 거의 비슷하다. 수천 년 동안 인류는 아주 서서히 상향 궤도를 그려 왔다. 발전은 감질날 만큼, 거의 보이지 않을 만큼 느렸다. 가축화와 농경, 전쟁과 제국, 철학과 종교 모두 큰 영향을 미치는 데 실패했다. 그러다 겨우 200여 년 전에 갑자기 어떤 엄청난 일이 벌어짐으로써 인류 역사의 궤도를 거의 수직으로 바꿔 놓았다.

그래프에서 갑작스럽게 변화가 나타난 18세기 말은 산업혁명이 일어난 시기다. 산업혁명은 기계 공학, 화학, 금속 공학 등 여러 분야에서 거의 동시에 급속한 발전을 이루게 했다. 그중에서도 18세기 후반 제임스 와트를 비롯한 이들이 개발하고 개량한 증기 기관이 핵심이었다. 산업혁명이 증기 기관의 발전만으로 일어난 것은 아니지만 그모든 것의 출발점은 증기 기관이었다. 증기 기관은 인간과 가축의 근육이 지닌 한계를 넘어서서 유용한 에너지를 원하는 만큼 낼 수 있게 해 주는 능력이 다른 어떤 수단보다도 뛰어났다. 증기 기관은 큰 공장과 대량 생산, 철도와 대중교통을 탄생시켰고, 현대 생활을 낳았다. 산업혁명을 통해 인류는 제1의 기계 시대에 들어섰고, 그 시대에 우리 세계는 역사상 유례없는 큰 변화를 겪게 되었다.

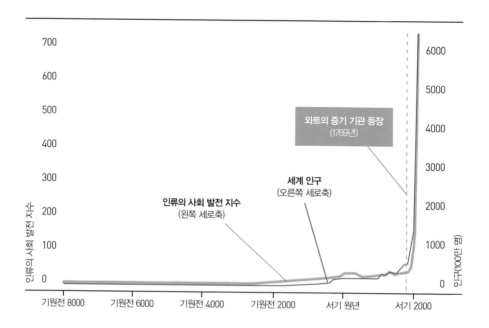

우리는 이제 제2의 기계 시대에 들어서고 있다. 증기 기관과 그 후속 기술들로 근력이 대폭 강화된 것처럼, 컴퓨터를 비롯한 디지털 기술로 지적 능력이 대폭 강화되는 시대다. 디지털 기술에 힘입어 우리는 이전의 지적 한계를 뛰어넘는 신세계로 들어서고 있다. 이 변화가 정확히 어떻게 펼쳐질지는 아직 모르지만, 새로운 기계 시대가 와트의 증기 기관처럼 극적으로 궤도를 변화시킬지 여부가 대단히 중요한 현안임에는 분명하다.

> 미래에는 순수한 정보 업무, 즉 오로지 책상 앞에 앉아서 하는 일은 점점 줄어들 것이다.
> 대신에 물질세계를 돌아다니면서 상호 작용을 하는 직업이 더 늘어날 것이다.
> 컴퓨터가 많은 인지 업무에서 점점 더 성능이 좋아지고 있다고 할지라도,
> 인간에 비해 상대적으로 여전히 부족하기 때문이다. —255쪽

디지털 기술이 가져올 변화의 몇 가지 양상

우리가 인정해야 하는 사실이 몇 가지 있다. 첫 번째, 디지털 기술이 가져올 변화는 이제 막 시작되었다는 사실이다. 컴퓨터 하드웨어, 소프트웨어, 통신망이 그 기술의 핵심을 이룬다. 이 기술이 완전히 새로운 것은 아닐 것이다. 기업이 컴퓨터를 사용하기 시작한 지는 이미 반세기가 넘었고, 〈타임〉은 이미 1982년에 개인용 컴퓨터를 '올해의 기계'로 선정한 바 있다. 하지만 증기 기관이 산업혁명을 추진할 수 있는 수준까지 개량되기 위해 여러 세대를 거쳤듯이 우리의 디지털 엔진도 개선되는 데는 시간이 좀 걸릴 것이다. 이제 그 시대에 와 있다.

두 번째, 디지털 기술이 일으키는 변화가 대단히 유익하리라는 것이다. 우리는 단순히 또 다른 시대로 진입하는 것이 아니다. 그 시대에는 소비의 양뿐 아니라 다양성이 훨씬 커질 것이므로, 삶은 더 나아질 것이다.

세 번째, 디지털 기술에는 몇 가지 골치 아픈 문제가 수반되리라는 것이다. 이 자체는 그다지 놀랄 일도 우려할 일도 아니다. 가장 유익한 발전조차도 처리해야 할 좋지 않은 결과들을 수반하기 마련이니까 말이다. 기술 발전이 가속화될수록, 뒤처지는 사람이 나타날 텐데 그 수는 적지 않을 것이다. 특별한 실력을 갖추거나 적절한 교육을

받은 근로자에게는 지금이 가장 좋은 시대다. 기술을 써서 가치를 창조하고 확보할 수 있기 때문이다. 하지만 평범한 실력이나 능력을 갖추었을 뿐인 근로자에게는 지금이 최악의 시대다. 컴퓨터, 로봇, 기타 디지털 기술들이 유달리 빠른 속도로 그 실력과 능력을 습득해 가기 때문이다.

제2의 기계 시대에서 주목해야 할 것은 로봇이다. 로봇이라는 단어는 1921년 체코의 카렐 차페크가 쓴 희곡에서 처음 등장했다고 한다. 그 뒤로 인류는 자동 기계에 계속 관심을 가졌다. 대공황 때 잡지와 신문에는 로봇이 전쟁을 수행하고, 범죄를 저지르며, 노동자를 대체하고, 심지어 권투 헤비급 챔피언인 잭 뎀프시도 이길 것이라 추정하는 기사가 무수히 실렸다. 1941년 로봇 공학이라는 용어가 등장했고, 유명한 로봇 3원칙이 제시되기도 했다. '지능 검사나 체스에서 어른 수준의 성능을 발휘하는 컴퓨터를 만들기는 상대적으로 쉬운 반면, 지각이나 이동 능력 면에서 한 살짜리 아기만한 능력을 갖춘 컴퓨터를 만드는 일은 어렵거나 불가능하다'라는 모라벡의 역설은 그 후에 등장했다. 하지만 이제 모라벡의 역설은 깨지고 말았다.

그동안 좌절감을 불러일으킬 만큼 기술의 발전은 더뎠고, 최고 전문가들조차 발전 속도가 빨라지지 않을 것이라고 결론을 내리던 분야들에서 디지털 기술은 반전을 일으키고 있다. 그리고 오랜 세월 느리게 진행되다가 어느 순간 급격히 가속이 붙었다. 우리는 인공 지능에서 자율 주행 자동차와 로봇 공학에 이르기까지 인간이 상상할 수 없는 컴퓨터들이 등장하고 있다는 것을 이미 목격했다. 이것은 시작에 불과하다.

최근 펼쳐지는 기술 발전들은 눈부신 기계 시대의 준비 운동 단계에 불과할 것이다. 그리고 제2의 기계 시대로 더 깊숙이 진입할수록 우리는 경이로운 기술들을 더 많이 보게 될 것이다. 어떻게 확신할 수 있을까? 기술이 모든 것을 디지털로 완벽하게 복제하고, 이미 존재하는 것들을 조합해 혁신을 이루며, 기하급수적으로 발전해 가면서 인류 역사상 가장 놀라운 두 가지를 경험할 수 있기 때문이다. 진정한 인공 지능의 탄생과 공통의 디지털망을 통한 모든 사람의 연결이다. 저자들은 무수한 기계 지능과 상호 연결된 수십 억 개의 인간 뇌가 서로 협력해 경제 구조를 근본적으로 바꾸고, 노동이 이루어지는 방식을 재편할 것이라고 내다본다.

그렇다고 다 좋은 것은 아니다. 부와 소득 불평등을 심화하는 핵심 요인으로 기술의 진보가 이루어질 것이라는 예측 때문이다. 기술 덕분에 우리는 더 풍요로운 세상을 만들 수 있었다. 일은 덜하면서 더 많은 부를 만들어 낼 수 있었다. 원료, 자본, 노동의 투입량을 줄이면서 산출량을 늘릴 수 있었다. 삶의 많은 영역에서 선택의 여지가 늘어나고, 다양성이 커지며, 질이 향상되었다. 하지만 이로 인한 부의 편중 현상은 더욱 심화되고 계급이 생기면서 갈등도 촉발될 것이다.

기계가 따라올 수 없는 인간의 능력들

그렇다면 기술이 계속 발전하는 상황에서도 여전히 가치 있는 인간의 능력은 무엇일까? 첫째, 새로운 아이디어나 개념을 생각해 내는 일이다. 과학자는 새로운 가설을 떠올린다. 기자는 좋은 기사를 구상한다. 요리사는 식단에 새 요리를 추가한다. 컴퓨터는 이 활동들을 지원하고 촉진시키지만 이를 주도적으로 이끌지는 못한다. 둘째, 감각기관과 뇌를 활용해 큰 틀에서 패턴을 파악하는 일이다. 컴퓨터는 수학부터 논리와 언어에 이르기까지 모든 기호 작업에 능하지만 전체 방향과 개념적 틀을 짤 때는 사람만못하다. 마지막으로, 복잡한 의사소통을 능숙하게 해내는 일이다. 대화는 효과적인 교육, 관리, 판매 등 많은 업무 분야에서 매우 중요하며 폭넓은 정보를 전달하고 해석하는 능력을 요구한다. 이들 분야에서는 다른 사람이 아닌 컴퓨터와 정보를 주고받을 가능성이 실현되려면 아직 멀었다.

그러나 오늘날 대부분의 교육 환경은 이런 기능들을 강조하지 않고 있다. 대신에 초등 교육은 사실들을 기계적으로 암기하고, 읽기와 쓰기와 셈하기 기능을 숙달하는 데 초점을 맞추고 있다. 1950년대만 해도 관료제가 컴퓨터 역할을 대신했다. 사람들은 관료 시스템의 각기 다른 부서에 배정돼 기계적으로 정보를 처리하는 업무를 맡았다. 그러나 지금은 컴퓨터가 이런 업무를 수행한다. 사람은 더 이상 감정이나 개성을 죽일 필요가 없다. 이제는 감성을 활용하는 사람이 최고의 인재다. 새로운 아이디어 떠올리기, 큰 틀의 패턴 인식하기, 복잡한 의사소통에 능숙해지기 등이야말로 이 시대 우리에게 꼭 필요한 역량이다.

 좋아요! 기계와 인간에 대한 관계를 처음으로 제시한 책.

 아쉬워요! 지금 지식으로 보면 아쉬움이 남는 책. 특히 인간은 창의적 노력을 하면 되는 것일까?

Chapter 11

지금 세상은 이렇게 바뀌고 있다

복잡한 사회의 작동 원리를 알려 주는 책 8권

대박 콘텐츠를 꿈꾸는 사람들이 알아야 할 세 가지 연결

콘텐츠의 미래
-콘텐츠 함정에서 벗어나는 순간, 거대한 기회가 열린다
The Content Trap-A Strategist's Guide to Digital Change

한마디로 이 책은!

디지털 음원 등장으로 불법 음원 다운로드가 활성화되고 CD 판매가 줄어들자 모두 음악 산업의 종말을 예견했다. 그러나 음악 산업은 지난 10년간 수십억 달러의 가치를 창출해 냈다. 전자책이 등장했을 때 종이책 산업이 망할지도 모른다는 전망이 우세했지만 전자책 판매량은 출판 시장의 20퍼센트 수준에서 안정을 찾았고 종이책 수요는 늘었다. 온라인 서점 아마존은 시애틀, 샌디에이고, 포틀랜드, 뉴욕 등 미국 전역 13군데에 오프라인 서점을 열었고 더 확장할 계획이다. 디지털 발전과 혁신이 기존 산업을 모두 파괴할 것이라 우려했지만 그런 일은 일어나지 않았다. 디지털과 아날로그는 적대적 제로섬 관계가 아니었다. 다만 수익을 창출하는 재원이 바뀌며 가치의 재분배가 일어났을 뿐이다. 온오프 결합을 시도한 아마존의 도전과 '앞으로 온오프 라인이 결합한 유통 모델만이 살아남을 것'이라고 언급한 알리바바 마윈 회장의 새로운 유통 시장 확대가 그 한 예다. 이 역학 관계를 제대로 이해한다면 비즈니스의 성공 활로는 활짝 열려 있다. 하버드대 경영 대학원 바라트 아난드 교수가 집필한 혁신적인 경영 전략서 《콘텐츠의 미래》는 그 역학 관계의 비밀을 밝히고, 디지털 변화 한가운데에서 지속 가능한 성공이 어떻게 가능한지 구체적인 해법을 알려 준다.

저자 바라트 아난드 하버드대 경영 대학원 교수. 비즈니스 전략 전문가로 특히 디지털 기술 변화에 따른 기업 전략 분야의 세계적인 권위자다. 50편 이상의 논문과 사례 연구를 발표했고, 하버드대 최고 교수상을 2회 수상하는 등 연구와 교수 양면에서 널리 인정받고 있다. 하버드대 경제학과를 졸업하고 프린스턴대에서 경제학 박사 학위를 받았다. 하버드대 경영 대학원 디지털 학습 프로그램 HBX 학장으로 재직 중이다.

바라트 아난드 지음 | 김인수 옮김 | 리더스북 | 2017년 11월 | 744쪽 | 28,000원(이북 17,640원)

> **콘텐츠는 귀신이다. 모든 것을 해결해 줄 것처럼 우릴 홀린다.
> 하지만 이 함정에 갇히는 순간, 패망의 길로 간다.**—78쪽

콘텐츠를 만드는 사람들의 착각

인터넷이 등장한 1995년 이후 지금까지 많은 일이 일어났다. 처음 큰 변화를 맞은 분야는 음악이었다. 음원 서비스 시작으로 불법 음원 다운로드가 활성화되고 CD 판매가 급감했다. 이어 신문이 타격을 입었다. 신문사는 인터넷이 등장하면서 살기 위해 몸부림을 쳐야 했다. 그리고 책과 영화, 텔레비전, 광고, 교육까지 콘텐츠의 거의 전 영역이 인터넷의 영향을 받고 있다. 이 산업에 종사하는 모든 관리자는 변화의 위험을 가장 크게 느끼기 시작했고, 살아남기 위한 투쟁을 시작했다. 그들의 해법은 복잡하지만 간단했다. 자신들이 가지고 있는 콘텐츠를 더 강화하는 것, 그리고 첨단 기술과 첨단 마케팅 도구를 장착하는 것이었다. 우리가 지금 경험하는 모든 콘텐츠는 이렇게 만들어졌고, 하이퍼타기팅, 개인화, 포커스, 인큐베이터, 네트워크, 플랫폼, 디스럽션 등 변화하는 환경에 대응하기 위한 많은 이론이 생겨났다.

그런데 세상의 새로운 변화에 대응하기 위한 이런 선택들이 적절한 것이었을까? 예컨대 냅스터, 유튜브, 페이스북, 넷플릭스가 등장하면서 만든 큰 변화에 대응하던 방식들을 돌이켜 보면 그렇지 않다. 넷플릭스가 설립되었을 때 블록버스터가 무시했듯이 대부분은 그동안 가지고 있던 것만 소중하게 여겼고, 다른 기회를 파악하지 못했다.

어떤 변화가 일어나 기존에 가지고 있던 것의 가치가 추락할 때 기업들은 그 가치를 지키기 위해 최선을 다한다. 예컨대 냅스터가 등장했을 때 음반 회사들은 냅스터와 이용자들을 범법자로 간주하고 무차별 소송으로 대응했다. 당시로서는 어쩔 수 없는 선택이었을지 모른다. 하지만 이는 결국 잘못된 행동으로 판명되었다. 저자는 음반 회사들이 '콘텐츠 함정'에 빠졌기 때문이라고 말한다.

콘텐츠 함정—성공하는 콘텐츠는 콘텐츠가 훌륭해서가 아니다

저자는 콘텐츠 함정에 빠지는 경우를 세 가지로 정리한다. 먼저, 성공적인 서비스나

제품이 확산될 때 확산의 원인이 되는 조건이나 상황을 보지 못하고 제품 자체의 특징에만 초점을 맞추는 경우다. 두 번째는 콘텐츠를 둘러싼 기회를 잡으려 하기보다 그 콘텐츠를 지키려고 제품의 경계를 너무 좁게 잡을 때다. 마지막으로, 변화하는 상황에 대처할 수 있는 여러 가지 선택지가 있음에도 최고라고 생각하는 단 하나의 방법만 고수하는 경우다.

상황이 어렵다고 판단하면 기업들은 자신을 보호하기 위해 더 나은 콘텐츠를 만들려고 한다. 사실 기업들이 이런 행동을 하는 이유는 사회적 통념, 그리고 전문가들의 유혹 때문이다. 콘텐츠를 강화해야만 살아남을 수 있고 더 정교한 마케팅을 통해 기업을 성장시켜야 한다는 유혹이다. 가장 쉬운 선택은 첨단 기술을 도입하는 것이다. 출판사는 전자책을 도입하고 새로운 온라인 콘텐츠를 만들고, 신문사는 계열사를 분리하면서 온라인 사업을 준비한다. 새로운 기술을 탑재해야 성공할 수 있다고 믿기 때문이다. 하지만 저자는 이런 행동들이 전형적으로 콘텐츠 함정에 빠진 것이라고 평가한다. 콘텐츠의 함정에 빠지지 않으려면 새로운 기술을 받아들이는 것보다 먼저 콘텐츠가 만들어지고 소비되는 구조를 파악해야 한다. 콘텐츠 구조에서 핵심은 연결이다. 연결은 다음의 세 가지로 분류할 수 있다.

사용자 연결─애플과 마이크로소프트의 운명을 가르다

첫 번째는 사용자 연결이다. '사용자 연결'은 최근 화제로 등장하고 있는 '플랫폼 비즈니스' 혹은 '네트워크 비즈니스'를 포괄하는 개념이다. 즉 사용자들이 연결되어 있는 것은 하나의 비즈니스가 되기도 하지만, 사용자들이 연결되어 있어서 그 속성이 바뀌기도 한다. 예컨대 페이스북은 사용자들을 연결하는 비즈니스라고 볼 수 있지만, 마이크로소프트 윈도는 많은 사용자가 연결되어 있고 호환성이 강조되기에 더 많은 사용자를 유인할 수 있다.

하지만 안타깝게도 기업들은 사용자들이 연결되고 있고 이 네트워크가 승리하고 있어도 이를 보지 못한다. 상황 파악을 제대로 하지 못하니 늘 똑같은 전략만 내세운다. 결국 제품과 품질, 그리고 빅데이터와 알고리즘에 의존한 정교한 마케팅 및 개인화에만 주력한다. 이들은 품질이 곧 제품과 회사의 생명력이라 여긴다. 하지만 사용자들이 연결되어 있는 구조에서는 제품이 그리 중요하지 않다.

애플은 1984년 개인용 컴퓨터 매킨토시를 선보이며 30년 넘게 컴퓨터를 생산해 오고 있다. 매킨토시는 품질과 성능 면에서 세계 최고의 개인용 컴퓨터로 인정받았다. 그러나 시장 점유율은 계속 하락했다. 2004년에는 1.9퍼센트까지 떨어지기도 했다. 애플은 좋은 제품을 만들고도 왜 실패했을까? 사용자들이 연결되어 있는 구조를 보지 못했기 때문이다. 애플은 더 좋은 제품을 만들 것이 아니라 더 많은 사용자가 이 컴퓨터를 사용할 수 있는 논리를 제공했어야 했다.

반면 마이크로소프트는 도스와 윈도라는 운영 체제를 만들었다. 이 운영 체제는 애플의 운영 체제에 비해 안정성이나 성능이 부족했다. 하지만 IBM 호환용 운영 체제였기에 많은 사용자가 연결되어 있다는 장점을 이용해 한때 전 세계 운영 체제의 98퍼센트까지 점유할 수 있었다. 호환이 가능해 성공할 수 있었던 것이다.

이처럼 사용자가 연결되어 있는 구조를 이용한 사업은 계속 등장하고 있다. 최근에는 중국의 인터넷 서비스 기업 텐센트가 사용자 연결을 영리하게 활용하고 있다. 텐센트는 거대한 중국 시장을 등에 업고 페이스북과 비슷한 수준의 매출을 기록하고 있다. 텐센트가 단기간에 크게 성장할 수 있던 가장 큰 요인은 흔한 인터넷 메신저IM 덕분이었다. IM은 가장 간단한 형태의 미디어 제품으로, 본질적으로 무료다. 텐센트는 여기서 새로운 영역을 개척했다. 사용자들에게 개인 식별 번호를 준 다음 거기에 요금을 부과한 것이다. 1998년만 해도 중국 가정의 95퍼센트는 개인용 컴퓨터가 없고 당연히 이메일 주소도 없었다. 그 결과 다른 사람과 쉽게 구별되는 특수한 사용자 번호가 인기를 끌었다. 인기 있는 번호는 수백만 원에서 수천만 원에 거래되었다. 사용자들은 텐센트의 IM 플랫폼으로 몰려들면서 수백만의 다른 사람들과 자신을 차별화하고 싶어 했다. 텐센트는 기가 막히게도 이 사실을 일찍이 깨달은 것이다.

제품 연결—음원 시장 혁명에서 배우는 제품 연결의 중요성

두 번째는 제품 연결이다. 제품 연결이란 말 그대로 제품들이 연결되어 있는 것으로, 이는 사용자 연결과는 다른 차원이다. 즉 무엇이 성공적인 미디어 비즈니스를 만드는지 그 맥락을 알아야 하는 것이다. 1999년 냅스터 P2P 파일 공유 서비스가 등장했을 때 많은 사람이 음반 시장의 부진은 냅스터 때문이라고 생각했다. 당시로서는 당연한 일일지 모르나 이는 사실이 아니다.

이 문제를 제대로 파악하기 위해서는 보완재라는 개념을 알아야 한다. 보완재는 따로 사용할 때보다 동시에 사용할 때 가치가 높아지는 제품을 의미한다. 면도기와 면도날, 바늘과 실, 프린터와 잉크, 자동차와 휘발유가 보완재의 예다. 음반과 콘서트 역시 보완재라 할 수 있다. 보완재는 하나의 가격이 내려가면 다른 것의 가격은 올라가는 효과가 나타난다. 즉 불법 음원 다운로드가 늘어날수록 같은 기간 콘서트 비용은 3배나 오른다. 그래서 이 사실을 파악한 음악인들은 불법 다운로드를 별로 신경 쓰지 않는다. 즉 냅스터 때문에 음악 산업이 위축되었다는 이야기는 설득력이 없다.

음원 시장을 이야기하면 늘 등장하던 애플 아이팟의 성공도 사실 보완재 개념을 이용한 것이었다. 애플은 그동안 언제나 닫힌 시장을 추구했기 때문에 뛰어난 제품에 비해 시장 점유율이 높지는 않았다. 그러나 애플은 아이팟으로 극적인 반전을 이뤄 냈다. 아이튠즈라는 보완재가 있었기에 가능한 일이었다. 즉 애플은 아이튠즈에서는 100억 달러 매출을 달성했지만, 여기서는 극히 작은 이익만 챙겼다. 대신 아이팟은 제작비가 130달러였고 판매가가 250달러였으니, 이 부분에서는 많은 이익을 본 것이다. 특히 이 전략을 통해 아이팟은 전 세계적으로 3억 개 이상 팔리며 애플의 급성장을 이루어 냈다.

기능적 연결—인터넷에 관심도 없던 잡지사가 승승장구한 비결

마지막은 기능적 연결이다. 기능적 연결은 한 가지 결정에 의해 발생하는 결과가 다른 결정들에 달려 있음을 의미한다. 조직의 선택들은 독립적이지 않고 서로 연결되어 있기 때문이다. 영국의 경제 주간지 〈이코노미스트〉는 다른 언론사와 달리 기사에 작성한 기자의 이름을 밝히지 않는다. 창간 이후 지금까지 150년 동안 지켜 온 원칙이다. 〈이코노미스트〉는 기자들이 서로 토론하면서 사건을 논의하기 때문에 모든 기사가 한 사람이 쓰는 것 같은 느낌을 준다. 그래서 〈이코노미스트〉의 방향을 신뢰하는 독자가 많다. 〈뉴욕 타임스〉가 스타 기자를 내세워 성공하고 있을 때, 〈이코노미스트〉는 전혀 다른 방법으로 성공하고 있었다.

2006년 〈뉴욕 타임스〉가 고심 끝에 추진한 온라인 유료화가 실패로 돌아가고 수많은 언론사는 새로운 온라인 전략을 찾고 있었다. 2009년에는 온라인 공세에 버티지 못한 369개의 잡지가 폐간되는 사태가 벌어졌다. 하지만 〈이코노미스트〉는 온라인 사업

은커녕 새로운 일을 하나도 하지 않았다. 그러나 수익은 6퍼센트나 올랐고, 광고 매출도 25퍼센트나 상승했다. 디지털 분리는 아예 고려하지 않았고, 기사의 익명성도 유지했다. 수많은 언론사가 뉴스 속보, 탐사 보도를 시도하면서 경쟁력을 강화하고 있을 때 〈이코노미스트〉는 자신만의 길을 걸었다.

흥미로운 사건은 그다음에 일어난다. 2008년 미국의 대표적인 시사 주간지 〈뉴스위크〉가 〈이코노미스트〉 방식을 따라 하기 시작한 것이다. 하지만 결과는 처참했다. 77년 동안 매주 잡지를 발행해 온 〈뉴스위크〉는 단돈 1달러에 오디오 업계의 거물 시드니 하먼에게 매각되고 말았다. 〈뉴스위크〉가 실패한 이유는 〈이코노미스트〉가 오랫동안 쌓아 온 일 처리 방식과 문화를 하룻밤 만에 따라 하려 했기 때문이다. 전후 사정을 이해하기보다 콘텐츠에만 집중한 것이다. 어떤 콘텐츠를 어떤 형태로 어떤 가격에 어떤 플랫폼에서 제공할지 스스로 계획하거나 구체화하지 않고, 다른 곳에서 해답을 얻으려 했다. 〈이코노미스트〉는 외부에 드러난 것 외에 기사 작성, 선택, 관점, 독자 성향, 다른 매체와의 차이점 등 수많은 기능적 연결이 작용했기에 가능한 것이었다. 〈뉴스위크〉는 이런 복합적인 요인을 보지 못하고 한두 가지 방식만 차용하는 함정에 빠지고 말았다.

이 사례에서 우리는 무엇을 봐야 하는 것일까? 결론은 기능적 연결을 이해해야 한다는 것이다. 기능적으로 연결되어 있는 경우는 주변에서 많이 찾아볼 수 있다. 텐센트는 2013년 모바일 메신저 업체 위챗을 인수하고 놀라운 결정을 내린다. 실시간 뉴스를 내보내지 않고 하루 두 번 4개의 기사만 올린 것이다. 많은 기사를 올릴 수 있었지만 그렇게 하지 않았다.

페이스북은 2009년 텐센트의 가상 화폐를 모방해 '크레디트'라는 이름의 가상 화폐를 도입했다. 그러나 페이스북의 크레디트는 실패로 끝난다. 텐센트는 개인 식별 번호로 출발해 새로운 서비스를 출시할 때마다 다양한 메뉴를 제공했다. 텐센트의 가상 화폐는 사용자들이 자신을 남들과 차별화하기 위한 아이템을 사는 데 쓰였다. 반면 페이스북은 개인들이 연결되는 네트워크였다. 사용자들이 크레디트를 소비할 만한 아이템도 없었고, 크레디트가 없어도 큰 불편을 느끼지 않았다. 한마디로 페이스북에는 어울리지 않은 아이템이었던 것이다.

여기서 중요한 것은 무엇을 하지 않을지를 결정해야 한다는 것이다. 사실 콘텐츠 비즈니스에서 '아니요'라고 말하기는 쉽지 않다. 예컨대 〈이코노미스트〉라면 속보, 탐사 보도, 웹TV 분야로 진출해야 했다. 그럴 수 있는 역량도 충분히 갖추고 있었다. 그러나 그들은 하지 않기로 결정했다. 〈이코노미스트〉는 자신들이 150년 동안 해 오던 일들이 서로 연결되어 있고, 나름대로의 장점이 있다고 생각했다. 그리고 그 결정은 인터넷 시대가 되면서 많은 언론사가 콘텐츠 확장을 하고 있을 때 그들의 선택이 옳았음을 증명해 주었다. 반면 〈뉴스위크〉는 〈이코노미스트〉가 하던 방향을 따라가고 있었다. 하지만 그들은 〈이코노미스트〉의 외형적인 것만 보았을 뿐 내부적으로 어떤 결정과 기능들이 연결되어 있는지 그 맥락을 몰랐다.

대박 콘텐츠를 꿈꾼다면 상황과 맥락을 살펴라

이 사례가 우리에게 주는 교훈은 맥락이 가장 중요하다는 것이다. 많은 기업이 경쟁에서 이기기 위해 수많은 전략을 시도한다. 그러나 모두가 새로운 일을 하려고 할 때는 맥락을 봐야 한다. 이미 클라우드 비용과 빅데이터를 사용할 수 있는 비용은 10여 년 전에 비해 100배 이상 저렴해졌다. 누구나 어떤 상상을 하든 아주 적은 비용으로 거의 모든 전략을 시도해 볼 수 있고, 원하는 것을 실현할 수 있다. 하지만 지금 우리가 살펴본 사례들은 할 수 있다고 해서 모든 것을 해서는 안 된다는 것을 가르쳐 준다. 시장의 맥락을 읽고, 해야 할 것, 그리고 하지 말아야 할 것을 따져야 한다는 것이다.

이 책에서는 세 가지 콘텐츠 구조를 이야기한다. 사용자 연결, 제품 연결 그리고 기능적 연결이다. 모든 제품과 서비스는 겉에서 보이지 않는 구조를 가지고 있다. 그리고 이 구조를 읽어 낼 수 있다면 무엇에 신경을 써야 할지 판단할 수 있을 것이다. 지금 우리가 콘텐츠의 구조를 알아야 하는 이유다.

 좋아요! 경제 경영서 분야에서만큼은 최근 몇 년 사이 나온 책 중 최고라 할 만하다. 냅스터, 〈이코노미스트〉, 애플과 관련한 저자의 통찰력에 감탄이 절로 나온다.

 아쉬워요! 700페이지가 넘는 책이다. 방대한 양인데, 뒷부분 광고와 교육에 대한 내용은 불필요해 보인다.

살아남으려면
연결되어야 한다

제7의 감각, 초연결지능
-네트워크 시대의 권력, 부, 생존
The Seventh Sense-Power, Fortune, and Survival in the Age of Networks

BEST BOOK 88

한마디로 이 책은!

계속되는 테러, 난민 물결, 침체된 세계 경제, 놀라운 선거 결과, 뜻밖에 찾아온 부의 순간, 기적적인 의학의 진보……. 이 모든 현상이 연결성의 산물이라면? 인공 지능과 사물 인터넷, 소셜 미디어 등 혁신적 기술로 인해 인류는 초연결 사회 진입을 목전에 두고 있다. 그에 따라 생존을 비롯해 권력과 부 또한 새로운 기회를 발견하는 자에게 돌아가리라 전망된다. 저자는 미지의 권력과 부를 깨울 새로운 본능을 제안한다. 네트워크 시대의 작동 원리를 간파해 이용하는 힘, 그것이 그가 창안한 '제7의 감각'이다.

저자 **조슈야 쿠퍼 라모** 국제 컨설팅 회사인 키신저 협회 공동 최고 경영자이자 부회장이며, 페덱스와 스타벅스 이사로 활동하고 있다. 시카고대에서 라틴 아메리카 연구로 학사 학위를, 뉴욕대에서 경제학으로 석사 학위를 받았다. 1993년 〈뉴스위크〉에 입사해 저널리스트 길을 걷기 시작한 그는 1996년 〈타임〉으로 옮겨 1998년 국제 뉴스 편집장에 임명되면서 〈타임〉 역사상 최연소 부편집장이 되었다. 2004년 중국 칭화대 겸임 교수이자 골드만삭스 고문으로 일할 당시 중국식 발전 모델인 '베이징 컨센서스'를 제안한 것으로 유명하다. 현재 베이징과 뉴욕을 오가며 국가 간 대규모 통상 및 교역에 관한 자문 역할을 하고 있다.

조슈아 쿠퍼 라모 지음 | 정주연 옮김 | 미래의창 | 2017년 4월 | 416쪽 | 18,000원(이북 12,600원)

'제7의 감각'은 연결이 만들어 낼 변화를 알아채는 능력

이 책은 네트워크와 네트워크가 만들어 갈 새로운 세상의 권력에 대해 이야기한다. 이해하기 쉬운 책은 아니다. 이 책에서 말하는 '제7의 감각'은 어떤 사물이 연결에 의해 바뀌는 방식을 알아채는 능력이다. 오늘날 연결되어 있지 않은 것은 죽은 것과 마찬가지다. '왜 사진을 세상 사람들과 공유하려고 해?' 혹은 '왜 너의 DNA를 건네주려는 거야?'라는 질문은 요점을 놓치는 것이다. 이제 무엇이든 연결되어 있을 때만 완전하거나 유용하다. '연결은 사물의 본질을 바꾼다'는 말은 '연결이 곧 권력'이라는 뜻이다. 오늘날 연결을 놓친 이들은 위험하다.

우리가 주목해야 할 문장은 '연결은 사물의 본질을 바꾼다'는 것이다. 독일의 철학자 니체는 산업혁명 시기에 이미 여섯 번째 감각이 필요하다고 주장했다. 당시 니체는 엄청난 산업혁명의 변화를 견디려면 역사의 리듬을 읽는 감각이 있어야 한다고 주장한 것이다. 이제는 일곱 번째 감각이 등장하고 있다. 연결이 사물의 본질을 바꾸기 때문에 그것을 알아차려야 하는 것이다.

우리는 모든 것이 연결되는 시대에 살고 있다. 우리가 알고 있는 HTTP는 웹브라우저에서 볼 수 있는 가장 기초적인 프로토콜인데, 세상을 연결하는 프로토콜은 이 밖에도 수없이 많다. 금융, 테러리즘, 통화, 군대 등도 연결되고 있다. 우리가 판단하기에 좋은 것도 연결되지만 나쁜 것도 연결되고 있을 것이다.

연결된 모든 것은 변한다. 이 변화는 수백 년 전에 일어난 계몽주의와 과학 혁명이 만든 변화와는 차원이 다르다. 네트워크가 연결되어 변하기 시작하면서 우리가 상상할 수 없는 속도와 힘으로 변한다. 우리가 알고 있던 자본주의, 정치, 그리고 군사적 행위도 변하고 있다.

계몽주의 시대에는 전통과 무지, 관습과 두려움이라는 족쇄에서 벗어나자 사람, 토지, 투표권, 주식과 같은 것들의 본질이 바뀌었다. 농노에서 해방된 농민이 시민이 되면서 그의 정치적 견해, 경제적 희망, 교육과 학습 능력이 바뀌었다. 그 변화는 수세기에 걸친 분열의 방아쇠를 당겼다.

연결되면 힘이 변화한다. 그 힘이 우리가 무엇을 기대

할지, 어떻게 조종당하거나 공격받을지, 혹은 어떻게 부자가 될지를 바꾸어 놓는다. 지금은 연결 시대의 초기다. 연결할 부분이 아주 많이 남아 있을 뿐 아니라 연결 자체의 본질이 바뀌고 있다는 뜻이다. 세상이 즉각적으로 연결되고 있다. 인공 지능을 활용해 연결은 더 향상되고 있다. 기본적인 연결은 이미 강력한 힘이 되었다. 즉각적으로 연결되는 인공 지능 기반 네트워크가 어떤 역할을 할지 상상해 봐야 한다.

초강대국을 한순간에 위기에 빠트릴 네트워크 전쟁의 위력

네트워크 전쟁은 이미 시작되었다. 눈에 보이지 않기 때문에 전쟁처럼 느끼지 않을 뿐이다. 금융과 정치 그리고 우리를 둘러싼 모든 네트워크가 서로 충돌하고 있다. 유튜브와 정치 세력, 테러리즘과 마약 조직, 진실을 밝히려는 조직과 그것을 은폐하려는 조직이 서로 충돌하고 있다. 따라서 이제는 국가들끼리 싸우는 것이 아니라, 국가들이 네트워크와 싸우고, 네트워크가 네트워크와 싸우는 세상이 되었다.

중요한 문제는 이와 같은 상황에서는 우리가 알고 있던 초강대국의 권력도 쓸모없다는 것이다. 현재까지 미국은 역사상 가장 강력한 나라로 인정받는다. 하지만 미국은 그 강력한 힘으로도 군사적·외교적 목표들을 성취할 수 없다. 초강대국 미국조차도 스스로 갈 길을 찾지 못하고 있는 것이 현실이다.

**연결은 여러 대상의 본질을 바꾸어 놓았다.
언어 자체와 사용자들, 비행기 조종사들, 상품 거래자,
컴퓨터, 당신과 나를 바꾸어 놓았다.—51쪽**

증권 거래부터 무역 블록에 이르기까지 현대적 네트워크 시스템에서 힘은 과거와 다르다. 작은 힘들이 엄청난 영향력을 가질 수 있다. 하나의 잘못된 상품 거래가 시장을 엉망으로 만들어 국가, 기업, 무역 회사를 무질서에 빠뜨릴 수 있다. 해커 한 사람이 국가 방어 시스템을 '벽돌'로 만들어 버릴 수도 있다. 과거에는 거대한 산업의 힘을 막으려면 다른 거대한 산업의 힘이 필요했다. 하지만 이제는 그렇지 않다. 우리 시대의 가장 가공할 만한 물리적 구조물, 즉 군대, 시장, 정부조차 그것들이 연결된 신경계에

가상의 공격을 받으면 간단하게 마비될 수 있다. 미국의 국가 안보 전략은 테러리즘에 대한 '오랜 전쟁'이나 떠오르는 중국에 대해서는 이야기하지만 미래에 변화가 얼마나 빠른 속도로 일어날지에 대해서는 이야기하지 않는다. 그러나 중요한 네트워크와 플랫폼, 프로토콜을 장악하기 위한 투쟁이 지금 우리 앞에 놓여 있는 것은 사실이다.

이렇듯 전 세계에서 폭력적인 힘들이 등장하고 있으며, 모든 것이 연결되면서 빠른 속도로 기존 체제가 위협받고 있다. 하지만 우리는 아직 네트워크의 본질, 그리고 네트워크가 어떤 힘을 가지고 있는지 잘 모른다.

은폐와 통제로 무장한 빅브러더의 등장

기존 권력의 작동 방식은 집중과 통제였다. 대부분의 정치와 경제 권력은 집중되어 있었고, 세상에 대한 지식은 통제되어 있었다. 그러다 종교 개혁이 일어나면서 절대 권력에 저항하기 시작했고, 수백 년 동안 혁명을 통해 민주주의 정치 시스템을 만들어 왔다. 우리가 살고 있는 세상은 그렇게 만들어졌다. 그리고 이제 우리는 권력이 더 이상 집중되지 않은 시대에 살고 있다고 느낄지도 모르겠다.

지금 우리가 살고 있는 네트워크 시대의 권력은 집중되어 있으면서도 분산되어 있다. 이와 같은 현상을 단순한 이분법으로는 이해할 수 없다. 권력과 영향력은 봉건 시대보다 더 집중되었지만, 민주주의가 전성했을 때보다 더 분산되어 있다. 이 역설적인 현상은 지금 네트워크가 움직이는 현상에 잘 드러난다. 외부 장치가 많을수록 중앙 시스템은 더 강력해야 한다. 그래야만 그 네트워크가 움직일 수 있다. 네트워크 시대의 권력은 효율적으로 집중되어 있고, 광범위하게 분산되어 있다. 'a 아니면 b다'라는 식으로 해석해서는 안 된다. 'a이면서 b이고, b이면서 a일 수 있다'는 것이다.

그런데 권력이 집중되어 있으면 그 권력은 부패하고 만다. 우리는 거대한 힘들이 축적되는 시대에 살고 있다. 우리가 인지하지는 못하지만 거대 검색 엔진과 알고리즘, 그리고 데이터베이스와 이를 연결하는 프로토콜은 하루가 다르게 팽창하고 있다. 전 세계에서 하루 1000만 개의 기계가 새롭게 연결되는데, 이 팽창 속도는 우리가 상상하기 힘들 정도다. 그 속에서 권력은 부패의 길을 걷고 있다. 그러나 모든 것이 연결되면서 모든 것이 감시당하고 기억되고 연구되고 있다. 이른바 강력한 빅브러더가 만들어지고 있는 것이다.

우리는 솔직히 네트워크의 본질을 모른다. 그저 네트워크는 개방과 수용을 위한 것이라고 생각한다. 더 자유롭고 더 많은 것을 누리기 때문에 네트워크는 이로운 것이라고 느낀다. 그러나 네트워크의 본질은 은폐와 통제다. 권력은 분산되어 있지만 그 중심에는 엄청난 권력이 집중되어 있다. 우리는 연결된 시스템에서 권력의 극심한 집중과 엄청난 분산을 경험하게 될 것이다. 그리고 그 권력은 소수에게 집중될 것이다. 그렇다면 그들은 과연 누구일까?

우리가 눈치채지 못하는 세계 대전

옥스퍼드대 데이비드 프리스틀랜드 교수는 상인, 현자, 관료, 군인의 이해관계와 역사적 시대가 맞아떨어진다는 흥미로운 연구 결과를 발표한 적이 있다. 예컨대 프랑스의 현자와 관료를 교활한 군인과 결합하면 프랑스 제국 시대를 설명할 수 있다는 것이다. 그리고 영국의 무역상, 은행가와 용감한 선원이 결합해 빅토리아 왕조 시대가 만들어졌다는 것이다. 이처럼 역사는 상인, 현자, 관료, 군인이 만들어 내는 힘의 균형으로 만들어진다는 것이다. 그동안 역사에서는 상인, 현자, 관료, 군인 외의 존재는 힘이 없었다. 그러나 이제는 다른 존재들이 있다는 것을 생각해야 한다.

100만 명이 높은 수준의 객체 지향 코드를 만들 수 있고, 이 가운데 10만 명이 그 코드를 혁신적인 데이터 구조물로 만들 수 있다. 다시 수천 명이 그 구조를 이용해 데이터센터를 설립한다. 그러나 구글이나 인텔 혹은 비트코인이 정말 어떻게 작동하는지 아는 사람은 수십 명에 불과하다. 컴퓨터에 생각을 심거나 예술의 경지로 해킹을 하는 사람들은 모두 극소수의 엘리트다. 연결은 사물의 본질을 바꾸며, 그 연결을 통제하는 사람에게 극단적 수준의 권력과 영향력을 준다. 이들은 역사상 유례를 찾아볼 수 없을 정도로 우리 삶에 관여한다. 이들 대부분이 천문학적인 자산을 소유한 억만장자라는 사실은 어쩌면 당연하다.

수세기에 걸쳐 권력과 부를 이동시킨 것은 무장 침투, 함포 사격, 항공 작전이었다. 그러나 미래에는 연결과 네트워크, 인공 지능의 지배와 사용이 실제적이면서 결정적인 영향력을 행사할 것이다. 그리고 이것은 소리 없이 우리도 모르는 사이에 진행될 것이다. 우리가 아는 역사는 늘 공개적으로 이루어졌다. 큰 전쟁을 아무도 모르게 치를 수는 없다. 혁명은 헤드라인에 실렸다. 세상이 크게 변화하면 그 변화를 알아채고 이해할 수 있었다. 그러나 이제 블랙박스 내부 네트워크 시스템의 심장을 미묘하게 조작함으로써 역사적으로 대단한 영향을 주는 사건이 발생할 수 있다. 우리가 알아채기도 전에 거대한 힘의 변화가 일어날 수 있다. 설사 알아챈다 해도 그 변화의 영향을 인식하지 못할 것이다.

우리의 시간 감각이 변하고 있다

이 책에서 주목해야 할 문제 중 하나는 우리의 시간 감각이다. 1966년 미국의 사회학자 도널드 저널은 '시공간 압축'이라는 개념을 제시한 바 있다. 이는 운송 기술이 발달하면서 물리적 거리가 더 이상 중요하지 않게 되었음을 의미한다. 물리적 거리는 인류에게 매우 중요한 개념이자 감각이었다. 인류 역사에서 대부분의 권력 투쟁은 공간적 지배와 영토를 대상으로 했다는 점을 생각해 보면 명확하게 인지할 수 있을 것이다.

그러나 이제 문제는 시간이다. 네트워크는 시간과 관련이 깊다. 원래 시간을 엄수하고 표시하는 행위는 인간의 본성이다. 산업혁명 시대 이후 시간은 곧 돈이었다. 어느 순간부터 삶의 속도가 점점 빨라지고 있다. 구글의 연구를 보면 검색 시간이 1초에서 10분의 1초로 줄어들자 사용자의 행동이 변했다고 한다. 검색 시간이 줄어들면 사용자들은 더 많이 더 상세하게 검색한다는 것이다. 즉 속도는 우리가 생각하는 방식을 바꾸어 놓기 시작했다. 그런데 이제부터가 중요하다. 시간이 빨라지면서 시간 감각이 없어지고 있는 것이다.

우리가 사용하는 고속 네트워크는 새로운 지리학을 만들고 있다. 수학자들과 데이터 설계자들은 이것을 '토폴로지'라고 하는데, 토폴로지는 연결과 재배열되는 모든 지도와 관련이 있다. 예컨대 640킬로미터 떨어져 있는 공간은 토폴로지 개념으로 본다면 시간으로 변환할 수 있다. 거리로는 640킬로미터 떨어져 있지만, 실제로는 0.3밀리초 떨어져 있는 것이다. 0.3밀리초는 광섬유 케이블의 전송 속도다.

이처럼 거리, 속도, 힘을 함께 묶는 행위는 사물의 본질을 바꾸고 있다. 그런데 모든 것은 연결된 속도와 힘에 따라 입지 효용이 바뀌게 된다. 똑같은 거리라도 더 빠른 속도로 연결되면 더 유력해지거나 더 중요해지는 것이다. 따라서 우리가 기존에 알고 있던 전략은 토폴로지에서 안정성이 사라지게 된다. 이 말은 우리의 시간 감각으로는 이 시대에 맞는 전략을 세울 수 없다는 뜻이기도 하고, 이제는 빠른 시대에 맞는 전략을 세워야 한다는 말이기도 하다.

이제는 시간을 줄여 주는 플랫폼으로 발전해 나가야 한다. 과거에 성공한 정치·경제 시스템은 사람들에게 자유를 주었기에 성공할 수 있었다. 사람들은 자유를 통해 스스로 노력할 수 있었고 그 덕분에 경쟁이 만들어졌다. 그러나 미래에는 자유보다 더 나은 것을 주어야 하는데, 그것은 바로 시간을 압축하는 것이다. 하루는 24시간뿐이니 시간을 더 절약하고 압축할 수 있어야 한다. 최상의 데이터를 얻을 수 있고, 더 빨리 학습할 수 있으며, 더 많은 시간과 건강 그리고 지식을 끌어낼 수 있는 시스템이 필요하다는 것이다.

약자와 강자 사이에 평등은 없다. 빠른 것과 느린 것 사이에도 평등은 없다. 누구나 공감하듯 속도는 이제 중요한 상품이며, 상품은 돈을 사랑하게 마련이다. 따라서 속도를 위한 경쟁이 시작되는 것 또한 자연스러운 일이다.

연결이 곧 생존이 될 수밖에 없는 이유

문제는 우리가 연결의 대상이면서도, 그 연결이 어떤 것인지 정확하게 알거나 이해하지 못한다는 사실이다. 당신 호주머니에 있는 휴대 전화가 수천 킬로미터 떨어져 있는 누군가에 의해 해킹을 당할 수도 있다. 또 연결은 소유하지 않고도 사물을 통제할 수 있게 해 준다. 오늘날 수십 억 달러짜리 회사들은 자동차(우버), 금융 시스템(비트코인), 호텔 객실(에어비앤비)을 통제하지만 그런 자원을 소유하지는 않는다. 우리는 이들의 거대한 네트워크에 속수무책으로 갇히고 만다. 이렇게 네트워크는 야금야금 그 영토를 넓히고 있다.

만약 당신이 페이스북에 가입하고 열흘 동안 7명의 친구를 찾는다면 그 플랫폼에 남을 가능성이 크다. 그 닫힌 네트워크 세계의 혜택을 누리면서 다른 곳을 기웃거리기 어렵게(사실상 불가능하게) 만들 것이다. 회원이 100만 명인 암 유전자 데이터베이스에서 배제당하는 것은 그렇게 큰 문제가 아닐 수 있다. 하지만 당신의 유전자를 10억 명의 유전자와 비교할 기회를 차단당한다면, 그건 치명적이다. 사용자 수가 늘어남에 따라 네트워크의 힘만 기하급수적으로 증가하는 것이 아니라, 차단의 대가도 그만큼 빠르게 증가한다. 만약 오늘 당신이 구글 혹은 네이버에서 차단당한다면 어떻게 될까? 고통스러울 것이다. 그 상태로 내일이 되면 절망할 것이다.

이것은 승자 독식, 패자 전몰의 세계다. 그러므로 네트워크 시대, '제7의 감각'은 생존의 문제와 직결된다. 미래의 싸움은 단지 우리가 네트워크에 얽히느냐 마느냐를 정하는 것이 아니다. 어떤 방식으로 얽히는가에 대한 것이다. 이런 시대에는 과거에 믿음직스럽던 것들이 쓸모없어지고 심지어는 위태로워질 것이다. 우리의 직관만이 중요해질 것이다. 그것이 새로운 생존 본능, '제7의 감각'이다. 이 책보다 조금 더 진보한 책이 등장해서 미래 세계를 조금 더 선명하게 보여 줄 수 있기를 기대한다.

좋아요! '연결은 사물의 본질을 바꾼다'는 메시지가 강력하다. 이것 하나만 이해해도 좋은 책이다.

아쉬워요! 매우 어렵다.

아무도 모르게 알고리즘이
우리를 지배하고 있다

대량살상 수학무기
-어떻게 빅데이터는 불평등을 확산하고 민주주의를 위협하는가
Weapons Of Math Destruction-How Big Data Increases Inequality and Threatens Democracy

한마디로 이 책은!

'대량 살상 수학 무기'란 수학과 데이터, IT 기술 결합으로 탄생해 교육, 노동, 광고, 보험, 정치 등 우리 삶의 다양한 영역에 부정적 영향을 미치는 알고리즘 모형을 의미한다. 수학과 데이터, IT 기술 결합으로 탄생한 빅데이터 모형은 편견에 사로잡힌 인간보다 공정하며 개인의 권리와 이익을 보호한다고 알려져 있다. 그러나 현실은 정반대다. 정부, 기업, 사회에 도입된 데이터 기반의 알고리즘 모형들은 인종 차별, 빈부 격차, 지역 차별 등 인간의 편견과 차별을 코드화해 불평등을 확대하고 민주주의를 위협하고 있다. 하버드대 출신의 수학자이자 세계 최고의 헤지펀드 퀀트이며, 실리콘밸리의 데이터 과학자이던 저자는 수학과 빅데이터 결합으로 탄생한 '대량 살상 수학 무기'가 어떻게 교육, 노동, 광고, 보험, 정치에 이르기까지 우리의 삶을 파괴하는지 날카롭게 파헤친다.

저자 캐시 오닐 캘리포니아대 버클리 캠퍼스를 졸업하고 하버드대에서 수학 박사 학위를 받았다. MIT와 버나드 칼리지에서 연구원으로 재직했고, 컬럼비아대 리드 프로그램Lede Program in Data Practices 소장을 역임했다. 헤지펀드 회사로 자리를 옮겨 5년 동안 선물 거래 팀을 이끌었다. 지금은 금융계를 떠나 '점령하라' 운동에 참여하며 대안 금융 제도에 대한 연구와 집필 작업을 하고 있다. 《대량살상 수학무기》는 출간된 후 지금까지 아마존닷컴 52주 연속 분야 1위를 자리를 지키고 있으며, 〈뉴욕 타임스〉를 비롯한 수많은 매체에서 '2016 올해의 책'으로 선정했다.

캐시 오닐 지음 | 김정혜 옮김 | 흐름출판 | 2017년 9월 | 392쪽 | 16,000원(이북 12,800원)

빅데이터와 인공 지능의 이름으로 자행되는 차별

《대량살상 수학무기》는 수학 이론, 빅데이터, IT 기술이 결합해 만들어 낸 빅데이터 모형이 정치는 물론 교육, 노동, 서비스, 행정, 보험 등 우리가 상상할 수 있는 모든 분야에서 막대한 영향력을 행사하고 있다고 말한다. 저자 캐시 오닐은 빅데이터 모형 중에서도 인종 차별, 빈부 격차, 지역 차별 등 인간이 가진 편견과 차별 의식을 그대로 코드화한 알고리즘을 사용하는 모형은 '대량 살상 무기Weapons of Mass Destruction' 만큼 위험하다고 보고 이것들에 '대량 살상 수학 무기Weapons of Math Destruction', 줄여서 WMD란이름을 붙인다. 저자의 독특한 경력 때문에 책이 출간될 당시 미국에서는 '빅데이터업계 내부 고발자의 책' 이란 평가를 받았다.

저자는 IT 업계에서 데이터 과학자로 일할 당시 WMD가 '빅데이터' 와 '인공 지능'이란 이름으로 금융 업계를 넘어 사회 곳곳으로 도입되는 것을 목격하게 된다. 예를들어, 상점이나 카페 직원들은 가게 문을 닫고 퇴근한 지 몇 시간 안 돼 새벽 동이 트기 전에 출근해서 매장 문을 연다. 문을 닫자마자close 연다open는 의미로 이런 노동 방식을 '클로프닝clopening' 이라 하는데, 이것이 대표적인 WMD 중 하나다. 기업들은 고객들의 이동 정보, 날씨, 주요 사건, 구매 정보 등 다양한 데이터를 분석해 유연하게 노동자의 근무 시간을 짠다. 기업 입장에서는 올바른 선택이지만, 불규칙한 근무 일정에내몰린 노동자들은 일하는 것 외에는 어떤 것도 계획을 세울 수 없다. 클로프닝은 주로저임금 단순 업무에 이용되는데, 이 때문에 저소득층일수록 불규칙한 생활 환경에 내몰리고 더 나은 일자리를 위한 교육과 훈련을 받을 수 없어 빈곤의 악순환을 겪는다.

> 데이터 처리 과정은 과거를 코드화할 뿐 미래를 창조하지 않는다.
> 미래를 창조하려면 도덕적 상상력이 필요하다.
> 그런 능력은 오직 인간만이 가지고 있다.—337쪽

WMD의 특징 1—알고리즘을 공개하지 않는다

이런 식으로 대량 살상 수학 무기는 불평등을 확산하고 민주주의를 위협하는 도구가된다. WMD의 특징은 세 가지로 요약된다.

첫째, 불투명성이다. 2007년 워싱턴 D. C. 시장으로 취임한 에이드리언 펜티는 관내 학생들의 낮은 학업 성취도가 무능한 교사들 때문이라고 결론을 내린 후 새로운 교사 평가 시스템을 도입한다. '임팩트'라는 이 교사 평가 시스템은 매스매티카란 업체가 계발한 알고리즘 기반 모형이다.

임팩트는 전학, 가정불화, 왕따 등 학업 성취도에 영향을 주는 여러 변수는 모두 제외하고 순전히 학생들의 시험 점수만을 가지고 교사들을 평가했다. 상세한 평가 기준은 공개하지 않았다. 알고리즘을 들여다본다 하더라도 코드화된 알고리즘에 숨어 있는 평가 기준은 개발자를 제외하고는 그 누구도 이해할 수 없다. 임팩트가 도입된 2년 동안 206명의 교사가 어떤 설명도 없이 평가 점수가 낮다는 이유로 교단에서 퇴출당했다. 평가 점수가 낮은 교사는 학생들에게 교육자적 관심을 쏟기보다는 시험 준비에 열을 올렸다. 심지어 41개 학교에서는 불이익을 우려해 시험 후 답안을 수정하기도 했다. 일부 학교에서는 전체 학급의 무려 70퍼센트가 이런 부정행위에 가담했다.

WMD의 불투명성은 이렇듯 우리에게 공정한 경쟁이나 다양성보다는 획일성과 침묵을 강요한다.

WMD의 특징 2―아무도 모르게 사회를 통제한다

둘째, 확장성이다. 빅데이터 모형은 수천 장에 이르는 이력서나 대출 신청서를 1~2초 안에 가장 유력한 후보자의 이름이 맨 위에 올라가도록 정리할 수 있다. 이런 프로그램은 기업에게는 수익을, 사회에게는 효율을, 개인에게는 공정성을 약속했다. 그러나 실제로는 WMD가 기업에게는 효율과 수익을 약속하지만 개개인에게는 사회 통제를 가하고 있는 것이다.

'기업들이 업무 생산성과 잠재력이 높은 지원자들을 선별하고 채용할 수 있도록 도와줍니다.'

이 문구는 인성·적성 검사 알고리즘을 판매하는 회사들의 홍보 메시지다. 표면적으로 보면 맞는 이야기이고, 기업 입장에서는 거부하기 힘든 제안일 수도 있다. 그러나 이런 채용 프로그램들은 입사 후 직무 수행 능력에 관한 정보는 담고 있지 않다.

기업 입장에서 연봉 5만 달러의 직원을 교체하려면 해당 직원 연봉의 20퍼센트, 약 1만 달러가 들어간다. 고위 임원을 교체하는 데는 임원 연봉의 1000퍼센트가 든다. 상

황이 이렇다 보니 어떤 직원을 채용하느냐 하는 문제는 기업의 비용 절감과 직결된다고 생각한다. 그 결과 인성·적성 검사는 WMD가 되고 있다. 이력서 72퍼센트 정도는 기계로 걸러져 인간의 눈으로 심사 받을 기회조차 주어지지 않는다.

WMD의 특징 3—한번 찍히면 빠져나갈 수 없다

세 번째는 피해의 악순환이다. WMD가 모든 사람에게 파괴적인 영향을 미치는 것은 아니다. WMD 모형 덕분에 어떤 학생은 잠재력을 인정받아 하버드대에 진학하고, 누군가는 저금리 대출을 받거나 좋은 직장을 구한다. 하지만 일부 예외를 제외하면 고통받는 사람이 너무 많다. 알고리즘에 의해 작동되는 시스템들은 자신들이 정한 기준에 맞춰 사람들을 수치화하고 분류한다. 예외는 허용하지 않는다. 그래서 수백만 명 면전에서 기회의 문을 닫아 버리고 이의를 제기할 가능성조차 허용하지 않는다.

저자는 이를 '해로운 피드백 루프'라고 부르는데 대표적인 것이 범죄 예측 프로그램이다. '프레드폴'은 과거의 범죄 데이터를 분석해 범죄 발생 예상 지역을 알려 주는데, 범죄가 자주 발생한 지역에 경찰력을 집중적으로 투입하도록 설계되어 있다. 이런 지역은 주로 저소득층 거주지였다. 우범 지대로 분류된 동네에서 순찰 시간이 길어지다 보니 미성년자 음주, 노상 방뇨, 단순 절도 같은, 어느 지역에서나 흔한 경범죄 단속 건수가 높아졌다. 문제는 이 데이터가 다시 범죄 예측 시스템에 취합된다는 점이다. 그러면 더 많은 경찰 인력이 그 지역을 순찰하게 된다.

현재 미국 경찰은 프레드폴 외에도 유사한 범죄 예측 프로그램을 쓰는데, 이런 프로그램의 등장 이후 전체 범죄율은 줄었지만 유색 인종과 저소득층 범죄율은 증가했다고 한다. 즉 대량 살상 수학 무기는 노동, 취업, 교육, 범죄 양형, 치안, 보험 등 우리가 상상할 수 있는 모든 영역에 영향력을 행사하고 있는 것이다.

WMD 전쟁에서 승리하려면

우리는 알고리즘 덕분에 과거에 누리지 못한 힘을 갖게 됐지만, 그 과정에서 저소득층과 소수 계층은 물론 상당수의 사람이 시스템에 의해 차별당하고 있다. 바로 빅데이터의 어두운 면이다. 알고리즘은 누가 어떤 목적으로 만드느냐에 따라 악마도, 천사도 될 수 있다. 알고리즘의 잘못된 관행이 고쳐질 기미는 보이지 않는다. WMD를 무장 해제하는 것이 수익에 전혀 도움이 되지 않기 때문이다.

그래서 이 책을 판단할 때는 어려운 점이 있다. 무엇을 해야만 한다 혹은 무엇을 해야 더 나은 무엇을 얻을 수 있다는 단순한 논리가 적용되지 않는다. 그래도 대안을 생각해 보자면, 우선 데이터 과학자들은 이런 모형이 오용되거나 남용될 가능성을 염두에 두어야 한다. 공정성, 도덕성, 포용성 등 인간만이 가지는 가치와 의미를 알고리즘에 투입할 수 있다면 그 힘을 이로운 방향으로 돌릴 수 있다. 기술을 어떻게 활용할지에 대한 선택권은 우리에게 있다. 우리가 어떤 모형을 만들더라도 누락되는 정보는 존재할 테니까 그 지점을 봐야 한다. 수익과 효율 관점에서만 모형의 성공 여부를 판단하는 게 아니라 공정성과 공익의 관점에서 판단하는 기준도 만들어져야 할 것이다.

 좋아요! 빅데이터의 비판적 접근이 새롭다.

 아쉬워요! 빅데이터를 설계하는 사람들의 역량을 강조하는데, 구체적인 대안은 없다.

오늘만 사는 사람들에게 찾아올
불행에 대한 경고

근시사회
–내일을 팔아 오늘을 사는 충동인류의 미래
The Impulse Society-America in the Age of Instant Gratification

한마디로 이 책은!

한때 신중함과 화합, 계획성과 준비성을 칭송하던 우리 사회가 어쩌다 이렇게 충동적이고 자기중심적이며 근시안적 사회로 변했을까? 저자는 기술의 급속한 발전이 현재 정계와 재계에서 신성시되는 효율성 이데올로기를 만나 우리 사회 전체를 파괴적 충동으로 몰아넣는 과정을 흥미롭게 추적한다. 이를 통해 현대인들이 왜 막대한 가계 부채와 각종 중독에 시달릴 수밖에 없는지, 기업 활동을 가능케 하던 주식 시장이 어떻게 시장 경제를 좀먹고 있는지, 포퓰리즘 정치인들이 우리 미래를 어떻게 망치는지를 고발하는 한편, 그것을 막을 현실적인 대안까지 제시한다. 날카로운 통찰로 우리 사회의 모순을 심도 있게 해부한 이 책은, 언뜻 불합리해 보이는 사회 현상을 꿰뚫어 볼 수 있는 새로운 프레임을 선사할 것이다.

저자 폴 로버츠 저널리스트로 활동하며 〈로스앤젤레스 타임스〉, 〈워싱턴 포스트〉, 〈하퍼스 매거진〉, 〈롤링 스톤〉 등 여러 매체에 자원 경제학과 자원 정치학에 대한 글을 기고해 왔다. 비즈니스와 환경 문제를 주제로 자주 강연을 진행하고 있다. 저서로 《석유의 종말》, 《식량의 종말》 등이 있다.

폴 로버츠 지음 | 김선영 옮김 | 민음사 | 2016년 1월 | 392쪽 | 18,000원(이북 12,600원)

> 더 저렴한 비용으로 더 많이 생산하려는 욕망은
> 한때 삶의 수준을 높이고 보편적 진보를 이룬 동력이었지만,
> 이제는 주로 기계와 공장, 여타 자본 자산을 소유한 사람에게만
> 유익한 일처럼 보인다.—197쪽

충동 사회—지금 당장의 이익만 챙기는 사회

우리는 모두 '내가 중심인 사회'를 살아가고 있다. 솔직히 당신은 무엇이 가장 중요하다고 생각하는가? 이제는 솔직해져야 한다. 소비자 경제의 전반적인 체계가 개인의 관심사와 자아상, 내적 판타지에 맞춰 변하고 있다는 것에는 모두 동의하는 바다. 또 전 세계적으로 개인 맞춤형 삶이 일반화되고 있으며, 끊임없는 자아 표출 욕구는 한계를 넘어가고 있고, 기다리는 법을 잊었다. 저자는 당장의 이익만을 추구하는 이 사회를 '충동 사회'라 정의한다. 집단행동과 개인적 헌신이라는 전통은 퇴색해 버렸다. 그렇다면 과연 무엇이 바뀐 것일까? 문제의 출발점을 어디에서 찾아야 하는 것일까?

아주 먼 옛날 인간은 생존하기 위해 현재에만 집중할 수밖에 없었다. 대규모 사회를 이루고 생존 문제가 어느 정도 해결되면서 내재적 충동성을 바로잡는 외부적이고 사회적인 수단을 찾기 시작했다. 그 결과 단기주의에 대한 처벌과 인내심을 보상하는 사회적 우회 전략을 만들어 냈다. 자유를 얻는 대신 시민 사회의 의무를 지게 하고, 상업적 기회를 갖는 대신 정직한 교역을 하게 만들었다. 하지만 개인의 단기주의를 사회적으로 통제하는 데에는 한계가 있었다. 즉 평범한 개인들은 인내하고 협력하고 사회 규범을 따르다가도 이기적인 본성에 부합하는 상황, 높은 효율성, 큰 보상 앞에서는 태도를 바꾼다. 바로 여기에서 충동 사회의 싹이 자라기 시작했다.

소비로 마음을 치유하는 사람들

최소한의 노력으로 순간적 쾌감을 극대화하려는 충동 사회의 근본적 욕망은 100여 년 전 대량 생산과 대량 소비 환경 속에서 꽃을 피웠다. 제너럴 모터스의 최고 경영자 앨프리드 슬론은 대량 생산 소비재의 핵심은 기술이 아닌 소비자의 심리를 이용하는 것이라는 사실을 간파했다. 그리고 검은 자동차만 있던 시대에 컬러를 도입하고 매년 사

양을 업그레이드하고 할부 판매를 위한 금융 서비스를 만들었다. 앨프리드 슬론이 공략한 것은 바로 사고 싶고 갖고 싶은 심리였다.

우리는 상처받은 자존심, 사무실 업무에 대한 불만, 숨 막히는 생활에서 벗어나기 위해 소비한다. 우리가 소비하는 물건, 서비스는 정서적 문제와 사회적 문제를 해소하는 약물 역할을 한다. 심리학자 에이브러햄 매슬로는 인간의 욕구를 5단계로 분류하고, 하나의 욕구가 충족되면 상위의 욕구를 채우려 한다는 이론을 제시했다. 가장 기본적인 생리적 욕구, 안전에 대한 욕구를 넘어서면 소속감과 사랑에 대한 욕구, 존경에 대한 욕구를 거쳐 최종 단계인 자아실현에 대한 욕구로 나아간다는 것이다.

복잡한 욕구를 충족하기 위해서는 물질적 능력이 있어야 한다. 미시간대 정치학자 로널드 잉글하트는 실험과 조사를 통해 풍족함이 개인의 사회 참여를 유도하고 물질적 조건이 개선된 곳은 어디든 자아 표출적이고 탈물질주의적인 가치가 등장한다는 것을 확인했다. 그는 개인주의가 나타나도 비사회적 이기주의로 이어지지는 않을 것이라고 했지만, 그것은 이미 틀린 이야기가 되었다.

'탐욕은 좋은 것이다'

1980년대 로널드 레이건은 침체에 빠진 경제를 회복하기 위해 자유방임주의 정책을 실시했다. 기업들은 비용 절감과 이윤 극대화, 주주 가치 극대화를 위해서라면 무엇이든 할 수 있는 자유를 얻었다. '탐욕은 좋은 것이다'라는 당시 유행어는 사회 분위기를

잘 반영한다. 그렇게 미국은 '불안한 풍요' 상태에 놓였다. 삶은 풍요로워졌지만 더 좋은 지위, 더 큰 자부심에 대한 열망 때문에 좌절과 분노를 느꼈다. 개인들은 자신들의 열망을 채울 수 있는 방법을 찾았다. 바로 소비 행위다. 대량 생산으로 가격은 떨어지고 선택 사항이 많아지면서 맞춤형 소비가 이뤄졌다. 때마침 대중화된 신용 카드는 소비 욕망에 날개를 달아 주었다. 소비자 신용이 인간의 두뇌에 미치는 영향을 밝힌 딜립 소먼은 신용 카드를 쓰는 사람들은 휴가비를 더 많이 쓰며, 신용 카드로 물건을 구매하는 사람들은 구매한 물건의 가격을 잘 모른다는 사실을 밝혔다. 이들은 팁도 더 많이 주고, 경매에서 부르는 가격도 더 높다. 신용 카드 덕분에 보상은 당장 얻고 비용은 나중에 지불하는 게 당연해져 버렸다. 만족을 얻는 속도가 모든 소비 행위를 판단하는 잣대가 되어 버렸다. 충동을 통제하려던 시도들은 모두 실패로 돌아가 버렸다.

충동 사회가 야기한 심각한 문제들

충동 사회가 만드는 현상들은 문제가 심각하다. 사람들의 유대 관계가 점차 약해지고, 전통적 유대는 상품과 서비스로 대체되었다. 아플 때 간병인을 부르고, 아이를 보모 손에 맡기며, 디지털 친구들과 시간을 보낸다. 경제 논리가 전통적 사회 구조를 왜곡하면서 개인의 힘은 역사상 가장 강해졌지만, 불안과 우울증을 겪는 사람은 늘었다.

충동 사회는 불편함을 인정하지 않는다. 개성이라는 개념은 불편함과 현실적 고난을 용납하지 않는다. 인격과 미덕은 그 자체로 비효율이 된 것이다. 전통적인 유대 관계는 디지털 유대로 대체되었고, 소통 활동은 감정을 해소하는 것에 불과해졌다. 병리적 자기애 증상이 증가하고, 자아를 확대하고 부각시키는 것이 성공이라고 믿는다.

다양한 사람들이 모여 살기 위해서는 비효율적인 면을 받아들여야 한다. 인정과 양보, 타협은 효율적이지는 않지만 민주적 문화가 작동하는 데 꼭 필요한 덕목들이다. 욕망은 즉각적으로 채울 수 있지만, 다양성을 존중하고 차이에 대처하는 법을 배우는 데는 시간이 필요하다. 모두가 불행해지기 전 폭주하는 충동에 브레이크를 걸어야 한다.

좋아요! 근대에서 현대 사회로 접어들면서 우리가 왜 소비에 집착하게 되었는지를 설명해 준다. 경제 이야기를 사회학으로 풀어 쓴 것에 대해 찬사를 보낸다.

아쉬워요! 사회 현상을 규명하는 책으로, 구체적인 답이 없다고 생각할 수 있다. 사실 대안이 없는 이야기다.

기술의 속도를 따라잡지 못하는
인간의 위기

현재의 충격
-모든 것이 지금 일어나고 있다
Present Shock-When Everything Happens Now

한마디로 이 책은!

이 책은 현대 사회가 과거나 미래보다 지금 이 순간의 일시성에 집중하게 되면서 앞을 내다보고 계획을 세우는 능력이 퇴화되고 있다고 경고한다. 메신저, 이메일, 트위터 등 실시간 기술 덕분에 우리는 끝없이 이어지는 '현재' 속에서 살아가게 됐다. 저자는 이런 양상을 '현재주의presentism'라는 개념으로 설명한다. 24시간 연결 상태를 유지하며, 동시다발적인 자극에 대응하고, 순간적인 결정에 집중하다 보니 디지털 자아와 아날로그 육체의 불일치가 일어나 새로운 불안 상태에 빠져들게 된다. 서사 구조를 갖춘 콘텐츠가 사라지고, 동시에 여러 곳에 존재하면서 디지털 분열이 생겨난다. 저자는 이런 현재주의의 폐해를 심층 진단하고, 우리가 어떻게 인간관계를 조정하고 정치 행위를 하며 미디어와 교류해 나가야 할지 논한다.

저자 더글러스 러시코프 온라인 문화 이론을 가장 먼저 공론화한 세계적인 미디어 이론가. 프린스턴 대를 졸업하고 캘리포니아 예술대에서 석사 학위를 받았다. 저술, 강연, 라디오 논평, 다큐멘터리 제작 등 폭넓게 활동하고 있다. '마셜 매클루언 상'을 수상한 《당신의 지갑이 텅 빈 데는 이유가 있다》를 비롯해 《사이버리아》, 《미디어 바이러스》, 《카오스의 아이들》 등 미디어와 사회를 주제로 한 다수의 저서가 있다.

더글러스 러시코프 지음 | 박종성, 장석훈 옮김 | 청림출판 | 2014년 8월 | 384쪽 | 16,000원

세대와 세대를 이어 주는 이야기의 힘

세상은 자본주의, 사회주의, 공산주의, 프로테스탄티즘, 공화주의, 유토피아주의, 메시아주의 등 '주의'로 점철되어 있다. 이런 주의들은 거대한 '서사', 즉 이야기(스토리텔링)에 기반을 둔다. 뇌 과학자들은 서사성이 인지적 조직의 핵심 구성 요소라고 의견을 모았다. 케이스 웨스턴 리저브대 연구원인 마크 터너는 '서사적 상상력, 즉 스토리는 사고의 기본 도구다. 거기에 이성적 능력이 기댄다. 미래를 생각하고 예측하고 계획하며 설명하는, 우리 인간의 주요 수단인 것이다'라고 언급했다. 그만큼 인간에게 서사성, 즉 스토리텔링은 중요한 것이었다.

일련의 스토리 묶음으로 세상을 경험하면 문맥에 대한 감각을 터득할 수 있다. 그러면 안정되고 헤매지 않게 된다. 역경과 장애를 더 나은 곳으로 가고자 할 때, 아니면 적어도 여행의 목적지에 도달하고자 할 때 만나는 요철 정도로 치부하도록 함으로써 그것을 무난히 넘어가게 해 준다.

스토리는 정보와 가치를 담아 미래 세대로 넘겨주는 데 탁월한 매체이자 도구라는 것을 스스로 입증했다. 아이들은 잠자리에 들기 전 이야기를 해 달라고 조른다. 이런 식으로 종교, 신화 그리고 한 국가의 역사 속에는 세세손손 보존되고 증진되길 바라는 어떤 가치가 들어 있기 마련이었다. 하지만 이제 사람들은 서사성을 원하지 않는다. 기다리지 않고 현재만 보기를 바란다. 차근차근 이야기할 수 있는 시간이 사라졌다.

이야기가 사라진 시대를 사는 사람들

미디어는 기다리지 않는 사람들을 위해 무언가를 해야만 했다. 채널을 종횡무진 휘젓고 다니는 시청자들이 지배하는 미디어 환경에서, 혼이 빠져 광고를 보고 앉아 있는 시청자들을 얻을 만한 행운은 더 이상 광고주들에게 주어지지 않는다. 그래서 특별한 장치를 하지 않아도 시청자들이 볼 수밖에 없는 콘텐츠를 개발해야 한다. 전통적인 서사가 없어도 리얼리티 프로그램 연출자들은 지금 이 순간에 사람의 마음을 움직일 수 있어야 한다. 이런 이유로 텔레비전 프로그램의 질이 떨어지기 시작했다. 시청자의 말초 신경을 자극하기 위해 고통스럽고 민망한 개인의 불행을 다루기 시작했다. 사람들은 이런 가혹 행위를 즐겼다. 타인에 대한 굴욕과 모멸을 오락으로 받아들였다.

서사 없는 세상을 살게 되자 이에 대한 첫 반응은 홀가분하다거나 쓸쓸하다는 것이었다. 가장 뛰어난 적응력을 자랑한 것은 젊은이들이었다. 그들은 낙심하는 일이 별로 없다. 미디어 소비 양태뿐만 아니라 사회적·신체적 활동 양태도 전혀 다른 모습을 보여 준다. 예를 들어, 기분 내키는 대로 혼자 즐기는 스케이트보드나 스노보드 같은 스포츠들의 인기는 비서사적 매체와 맥을 같이한다. 청소년들은 자신들의 묘기를 손쉽게 녹화하고 세상 그 누구와도 즉각적으로 공유한다.

> 디지털적인 것은 쌓아 놓을 수 있지만 인간은 실시간을 살아야 한다.
> 이런 경험을 통해 우리는 창의적이고 지적인 존재가 될 수 있으며
> 무언가를 배우는 존재가 될 수 있다. 위대한 아이디어는 갑작스러운 유레카의 순간에서
> 비롯되는 것이 아니라 문제를 붙잡고 오랫동안 꾸준히 고민한 데서 나온다.─170쪽

세상의 시간과 몸의 시간은 다르게 흐른다

사람 관리는 곧 시간 관리였다. 사람들은 그들이 부리는 기계 장치의 정확성과 규칙성에 따라 맡은 일을 수행해야 했는데, 어떤 의미에서 보면 사람들이 기계와 같은 존재가 되어 갔다. 1800년대에 접어들면서 노동자들은 출퇴근 시간을 확인 받고자 타임리코더에 시간을 찍었다. 프레더릭 테일러라는 기계 기술자는 기계를 다루는 자신의 솜씨를 사람에 적용해 과학적 관리라는 새로운 영역을 계발했다. 그는 조수들과 함께 스톱워치와 클립보드를 들고 회사 곳곳을 다니며 작업 과정 각 부분의 효율성을 시간으로 측정했다. 이렇게 사람은 시간의 흐름에 따라 움직이는 것이 보편적이었다.

시간 생물학 연구자들은 인간에게는 신진대사나 생화학적 작용의 지배를 받는 시계가 있다는 것을 파악했다. 이들의 연구는 인간의 생체 시계는 25시간을 주기로 움직인다는 것을 보여 준다. 하지만 오늘날은 시간 순서에 따라 일을 할 수 있는 시대가 아니다. 기술 발달로 인해 우리는 수없이 많은 멀티태스킹을 해야만 한다. 그로 인해 청소년들의 자살, 우울증, 극심한 스트레스, 철저히 동떨어진 느낌 같은 것들이 널리 퍼지기 시작했다. 디지털 기술에 사람을 의기소침하게 만드는 요소가 있어 그런 것은 아니다. 우리가 동시에 여러 역할을 하면서 살아야 하기 때문이다.

우리는 기술에 끌려다니기보다 개인적 리듬이나 그나마 아직 기업 문화에 남아 있

는 자연적 주기를 따르도록 기술을 프로그래밍할 수 있다. 이는 어려운 일이 아니다. 자기 주기를 알면 그것에 맞게 활동 계획을 짤 수 있기 때문이다. 우리는 어쩔 수 없이 디지털 기술이 만들어 놓은 선택의 환경에서 살아가야 한다. 그 속에서는 이 선택에서 저 선택으로 넘어가야만 한다. 그 결과 현재성의 개입은 사라지고, 시간의 흐름을 경험하고 절호의 순간을 잡아낼 수 있는 능력은 경시되고 만다. 인간은 실시간을 살아야 한다. 이런 경험을 통해 우리는 창의적이고 지적인 존재가 될 수 있으며, 무언가를 배우는 존재가 될 수 있다.

기술의 속도를 따라잡지 못하는 진화의 속도

《현재의 충격》은 쉽지 않은 책이지만 시간을 투자할 만한 가치가 있다. 사람은 무엇인가라는 본질적인 질문에 대한 저자의 혜안이 느껴지기 때문이다. 특히 저자가 '디지털 분열'을 설명하는 부분은 압권이다. 디지털 분열은 디지털에 의해 야기된 정신적 혼란을 일컫는다. 이메일을 받고, 소셜 미디어의 타임라인을 들여다보며, 트윗과 문자 메시지를 주고받는 등 미디어와 기술 덕분에 우리는 동시에 여러 곳에 존재할 수 있게 되었다.

그런데 우리는 시간 생물학으로 볼 때 멀티태스킹을 할 수 없는 존재다. 기술 덕분에 언제 어떻게 어떤 일을 할 것인가에 관한 선택이 많아진 것은 사실이다. 하지만 인간의 몸은 기계처럼 프로그래밍할 수 있는 대상이 아니다. 기술은 빠른 속도로 발전할 수 있지만 몸은 아주 오랜 시간에 걸쳐 천천히 진화해 왔다. 우울증, 자살, 생산력 저하, 스트레스 같은 수많은 사회적 병폐가 시간 생물학적 위기 때문에 빚어진 것이다. 우리 삶을 지탱해 주고 세상과 조화를 이루게 해 주는 리듬을 무시하거나 악용했기 때문이다. 이 위기를 기회로 바꿀 수 있는 방법은 없을까? 답은 이 책 안에 있고, 그것은 이미 당신도 알고 있을 것이다.

 좋아요! 우리가 왜 '현재'에 빠져 있는지를 명쾌하게 설명해 준다. 다소 철학적인 메시지지만, 충분히 이해할 수 있다. 필독서급이다

 아쉬워요! 조금만 더 쉽게 썼더라면…….

인터넷으로 완벽한 지식을
얻을 수 있을까?

인간 인터넷
–사물 인터넷을 넘어 인간 인터넷의 시대로
The Internet of Us-Knowing More and Understanding Less in the Age of Big Data

한마디로 이 책은!

보는 것이 곧 믿는 것이던 시대를 지나 구글링이 곧 진리인 세상이 되었다. 인터넷 시대를 사는 우리는 눈을 뜨는 순간부터 잠자리에 들 때까지 잠시도 쉬지 않고 인터넷에 접속하고 있다. 아침에 눈을 뜨면 인터넷을 통해 뉴스를 확인하고, 출근해서는 인터넷을 검색하며 업무를 처리한다. 인식론 분야의 세계적 석학인 마이클 린치는 모든 사람이 인터넷이라는 네트워크 안으로 편입될 앞으로의 시대를 사물 인터넷Internet of Things 시대를 넘어선, 인간 인터넷Internet of Us 시대로 정의한다. 그리고 경험과 논리가 아닌 네트워크와 디지털 기술을 바탕으로 바뀌고 있는 지식의 모습은 인간의 사고 과정을 어떻게 변화시키고 있는지, 인터넷을 통해 얻는 지식을 과연 완전한 이해라고 할 수 있는지에 대한 질문을 던진다. 디지털 시대에 기술에 압도되지 않고 인간으로서 살아가기 위해 놓쳐서는 안 될 철학적·현실적 문제를 제기하는 이 책은 머지않은 미래가 된 인간 인터넷 시대의 안내서가 되어 줄 것이다.

저자 마이클 린치 코네티컷대 철학과 교수. 《이성 예찬》, 《하나와 여럿으로서의 진리》, 《사실적인— 왜 진리가 중요한가》 등 다수의 책을 쓰거나 편집했다. 특히 《사실적인—왜 진리가 중요한가》는 〈포워드〉의 '2005년 철학 분야 최고의 책'으로, 〈뉴욕 타임스〉의 '편집자의 선택'으로 선정되었다. 1999년 매년 가장 우수한 철학서에 수여하는 초이스 상을 받은 《맥락 속에서의 진리》를 비롯해, 《진리의 본성》, 《윌리엄 P. 알스턴의 철학에 대한 관점들》, 《진리와 실재론》 등을 쓰거나 편집했다.

마이클 린치 지음 | 이충호 옮김 | 사회평론 | 2016년 6월 | 304쪽 | 15,000원

구글링이 곧 진리인 세상의 지식

보는 것이 곧 믿는 것이던 시대를 지나 구글링이 곧 진리인 세상이 되었다. 1990년대 이후 월드 와이드 웹의 등장과 함께 폭발적으로 성장하기 시작한 인터넷은 몇 십 년 만에 우리 일상 속으로 깊숙하게 파고들어 와 우리가 지식을 습득하는 방식은 물론 생각하는 방법까지도 송두리째 바꾸어 놓았다. 그렇다면 인터넷 시대는 우리의 사고방식, 그리고 우리가 살아가는 사회를 어떻게 바꾸어 놓고 있을까?

저자는 모든 사람이 인터넷이라는 네트워크 안으로 편입될 앞으로의 시대를 '사물 인터넷' 시대를 넘어선 '인간 인터넷' 시대로 정의한다. 그리고 경험과 논리가 아닌 네트워크와 디지털 기술을 바탕으로 바뀌고 있는 지식이 인간의 사고 과정을 어떻게 변화시키는지, 인터넷을 통해 얻는 지식을 과연 완전한 이해라고 할 수 있는지에 대한 질문을 던진다. 한 걸음 더 나아가 인간 인터넷 시대의 사회적 현상에 대해서도 문제를 제기한다. 인간의 삶과 완벽하게 동화된 인터넷은 과연 진리를 찾기 위한 도구인가, 진실을 통제하는 수단인가? 수많은 정보가 생산되는 인터넷상에서 합리적 사고와 판단은 사라지고 집단 극화 현상이 일어나는 원인은 무엇인가? 집단 지능의 이름으로 네트워크에서 생산된 지식 안에 잠재된 위험은 과연 무엇인가?

인터넷이 뇌에 직접 연결된다면 우리는 모든 지식을 갖게 될까?

이 책에서 가장 중요한 주제는 '지식은 왜 중요한가?'이다. 무언가를 아는 것은 단지 그것에 대한 의견을 갖는 것과는 다르다. 단순한 정보나 데이터는 지식이 아니며, 정확한 정보를 얻는 것을 충분히 안다고 말할 수도 없다. 우리는 현재 상당 부분의 지식을 인터넷을 통해 습득하고 있다. 정보 기술은 지식 습득 능력을 확대하는 동시에 지식 습득 능력을 방해하기도 한다.

보르헤스의 도서관이라는 것이 있다. 보르헤스는 무한한 도서관으로 이루어진 세계를 상상했는데, 어떤 면에서 지식을 쉽게 습득하게 해 주는 것처럼 보이지만 너무 많은 양의 정보는 방해만 될 뿐이다. 인터넷은 보르헤스의 도서관 같은 것이 아닐까?

만약 인터넷이 우리의 뇌와 직접 연결된다면 어떻게 될까? 미래는 그런 상황을 가능케 할 것이다. 전화, 자동차, 시계, 안경의 초연결성은 이제 막 시작되었다. 사물 인터넷은 모든 것의 인터넷, 인간 인터넷이 되었다. 현재의 과학 기술 발달 속도를 볼 때 인간의 두뇌가 인터넷과 직접 연결되는 기술은 곧 현실이 될 가능성이 높다. 내가 모르는 것에 대한 정보를 자동으로 얻을 수 있는 세상, 어떤 것을 떠올리는 것만으로도 그것에 대한 답을 알 수 있는 세상. 이른바 신경 미디어(뉴로 미디어) 시대가 온다는 것이다. 마치 세상이 자기 머릿속에 존재하는 것처럼 되는 것이다. 어떤 사람들은 뉴로 미디어를 통한 정보는 진정한 지식이 아니라고 주장하기도 할 것이다. 또는 정보의 편향으로 인해 사회는 분열을 경험하게 될 것이라고 주장할 것이다.

> 한때 우리는 보는 것이 믿는 것이라고 말했지만,
> 지금은 '구글링이 믿는 것'이라고 말할 수 있다.—22쪽

지식인지 아닌지를 판단하는 기준

온라인을 통해 대부분의 지식을 습득하는 방식을 '구글노잉Google-knowing'이라고 한다. 구글노잉은 빠르고 정확해서 큰 신뢰를 얻고 있다. 검색 엔진이 찾아 주는 정보를 실제 사람이 찾아 주는 정보와 비슷한 것으로 대한다. 인간은 자신의 수용 능력을 자동적으로 신뢰하려 하는데, 구글노잉을 다른 종류의 지식보다 더 가치 있고 자연스러운 것으로 간주한다는 것이다.

인간은 특정 환경에서 정보에 수용적인 태도를 보이도록 진화해 왔고, 이런 정보 처리 과정은 제한된 데이터로 빠른 추론을 가능하게 함으로써 인간의 생존에 유리하게 작용한 것이 사실이다. 하지만 빠른 수용 과정이 모든 상황에 적용되는 것은 아니다. 또한 인터넷으로 지식을 습득하는 과정에서 우리는 많은 정보에 아주 쉽게 접근할 수 있는 편의성에 취한 나머지 다른 사람들 의견을 그저 수동적으로 받아들이기만 하는 상태에 빠지게 되었다.

결국 이런 방식으로 정보를 얻는 것을 과연 안다고 할 수 있는지에 대해 문제를 제기할 수 있다. 저자는 '무언가를 아는 것은 그것에 대한 의견을 갖는 것과는 다르다'고 말한다. 지식이란 정당한 근거를 가지고 있어야 하며 행동을 이끌어 낼 수 있어야 한다는 것이다. 이것을 '지식의 최소 정의'라고 한다. 우리가 습득하는 지식이 그저 정

보에 머물고 이해로 나아가지 못한다면 그것은 중요한 것이 빠져 있는 셈이다. 완전한 이해란 단지 그 이유를 알게 되는 것뿐만 아니라 실천을 담보하고, 더 나아가 다음에 무엇을 해야 하는지까지도 알 수 있어야만 한다. 그런 의미에서 자신이 모르는 것에 대해 끝까지 질문한 소크라테스의 태도와, 자신이 경험한 것을 진리의 근본으로 삼은 로크의 철학은 강조되어야 한다. 이들의 기준을 엄격하게 따르는 것은 실제로 불가능하다. 혼자 모든 것을 아는 것은 불가능하기 때문이다. 그러나 적어도 인터넷을 통해 얻는 지식이 제대로 된 지식이 아니라는 점은 알고 있어야 한다.

과거의 지식이 경험과 논리라는 단단한 토대 위에 형성되었다면, 디지털 시대의 지식은 씨실과 날실로 짜인 천과 같은 네트워크의 형태를 갖게 되었다. 우리의 인지 과정은 타인의 인지 과정과 점점 더 긴밀하게 얽히고 있고, 우리 시대의 지식은 더 이상 사실적 토대 위에 세워진 탄탄한 건축물이 아니라 네트워크의 한 구성 요소가 되었다. 위키피디아에서 찾은 정보를 구글을 통해 확인하는 순환 논증과 지식의 네트워크가 가진 함정에서 벗어나기 위해서는 실제 경험의 소용돌이 속으로 뛰어들어 단단한 지식 기반을 만들어야 한다.

인터넷과 디지털 기술은 민주주의 가치를 지키는 도구가 될 수 있지만 지식의 불평등과 소득 불균형 위험 또한 내포하고 있다. 인터넷을 기반으로 한 대학들의 대규모 온라인 강좌가 세계적 규모에서 교육을 변화시키고 민주화할 것이라는 주장이 있었

지만, 현실은 교육의 낡은 모델을 그대로 실현하는 사례로 전락했다. 더 나아가 노동자들에 대한 적당한 보상 없이 싼값에 제품을 생산하고 유통하는 월마트처럼 대학 또한 이런 시류에 휩쓸리게 되었다.

인터넷에 남긴 우리의 흔적들이 불러올 재앙

인터넷 시대가 우리의 사고방식과 지식의 근간만을 바꾸어 놓은 것은 아니다. 저자는 보다 현실적인 문제에서 디지털 사회가 지닌 근본적인 위험성을 이야기한다. 우리가 인터넷을 통해 정보를 얻는 만큼 인터넷에 접속하는 매 순간 우리의 정보 또한 인터넷에 자취를 남긴다. 그렇게 남은 정보는 과연 누구 손에 들어가 어떻게 사용되는가? 저자는 이와 관련해 프라이버시와 자율성의 상실, 지식의 평등이라는 보다 현실적인 문제를 제기한다.

저자는 제러미 리프킨 같은 작가들이 정보 프라이버시가 낡은 개념이라고 주장한 것에 대해 반기를 들며, 우리는 안전과 편리를 위해 프라이버시를 포기하고 있다고 말한다. 아마존이나 페이스북 같은 기업이 제공하는 편의를 위해, 그리고 테러의 위협으로부터 안전을 지키기 위해 그들의 자율성을 인정하고 나의 프라이버시를 포기한다는 것이다. 하지만 저자는 이렇게 무심코 포기한 프라이버시는 착취와 조종, 그리고 자유의 상실을 가져올 수 있음을 경고한다. 아마존이나 페이스북 같은 기업은 물론 미국 국가 안전 보장국에서 수집하고 있는 막대한 자료는 곧 지식이 되고 권력이 되어 우리의 자율성을 침해할 수 있다는 것이다.

2014년 에드워드 스노든은 많은 사람이 의심하던 것이 사실임을 폭로함으로써 우리가 인터넷 시대에 대해 막연하게 느끼던 위험이 현실이 될 수 있음을 알려 주었다. 비록 이것이 직접적 형태로 우리의 자율성을 침해하지는 않는다 하더라도 특정 개인이나 단체가 다른 사람의 정보를 소유하고 있고 이런 일이 오랜 기간 조직적으로 이루어질 경우 그들은 우리를 조종의 대상으로 보게 될 것이고, 이는 곧 나의 인간성 상실을 가져오게 될 것이라고 저자는 주장한다. 프라이버시를 지키는 것은 곧 자신의 자율성과 인간성을 지키는 것임에도 불구하고 디지털 사회는 그것을 너무 쉽게 포기하게 만든다는 것이다. 따라서 프라이버시를 포기하는 순간에도 우리는 그것이 가져올 위험을 인지하고 있어야 한다는 것이다.

지식이란 결국 직접 경험하고 이해해야 하는 것

이제 인류는 사물 인터넷 시대를 넘어 인간 인터넷 시대로 향하고 있다. 그 과정에서 너무나 쉽게 원하는 정보와 필요한 지식을 구할 수 있게 되어 버린 우리는 좀 더 복잡한 차원으로 지식을 찾는 과정, 창조적 방법으로 생각하는 방식을 상실했다. 이전보다 더 많은 정보를 알게 되었음에도 아는 것이 더 적어졌다. 디지털 삶의 양식은 객관적 지식 습득을 더 어렵게 만들었고, 더 수동적이고 순종적인 지식 습득 방식을 조장하고 있다.

또한 디지털 사회는 민주주의와 프라이버시의 문제, 지식 불평등의 심화 등 현실적인 문제를 품고 있다. 하지만 저자는 구글과 페이스북, 위키피디아로 대표되는 인터넷 시대, 디지털 시대를 부정적으로 바라보지는 않는다. 다만 성찰 없는 수용은 위험하다는 점을 강조한다. 그리고 거스를 수 없는 현실이 된 디지털 시대에 대한 성찰이 없다면, 이 시대는 위험에 빠질 수 있음을 경고한다.

결국 제대로 알아야 한다. 인터넷을 통해서가 아니라 직접 경험하고 이해해야 한다. 구글은 우리에게 새로운 세계를 줄 수 있다. 웹 2.0은 우리에게 새로운 기술을 배우는 데 필요한 정보를 줄 수 있다. 하지만 다운로드를 통해 기술을 배울 수 있다는 생각은 자만이다. 창조적인 것과 독창적인 것은 다른 것인데, 세상의 의존 관계를 파악하고 이해할 수 있는 사람이 창조성을 갖는다는 점은 기억해야 한다.

우리는 디지털 삶을 신뢰해야 할까? 지금까지 우리는 디지털 형식을 앞세운 지식 습득 방식을 신뢰해 왔다. 하지만 데이터가 항상 옳지는 않고, 이해는 스스로 해야만 한다. 이해는 내가 아웃소싱할 수 있는 것이 아니다.

 좋아요! 철학자가 인터넷 시대에 생각해 볼 만한 대안을 제시한 책이다. 융합이라는 단어가 절로 나온다. 공학자가 쓴 인터넷 책이 아니라서 좋다.

 아쉬워요! 인간이 직접 지식에 연결된다는 그런 현상 말고, 지식과 인터넷 시대에 대한 보다 지적인 고민을 더 충실하게 해 주었으면 좋았겠다.

기술은 인간을
바보로 만들 것이다

유리 감옥
–생각을 통제하는 거대한 힘
The Glass Cage-How Our Computers Are Changing Us

한마디로 이 책은!

니콜라스 카는 전작 《생각하지 않는 사람들》에서 인터넷 환경이 집중력과 사고 능력을 떨어뜨린다고 주장해 큰 화제를 모았다. 그는 이 책에서 더 도발적인 질문을 던진다.

'왜 기술이 발전할수록 인간은 무능해지는가?'

컴퓨터와 소프트웨어 등을 통해 가속화되는 자동화가 인간의 삶을 어떻게 바꾸고 있는지 파헤친다. 자동화 기술로 생활은 더 편리해졌고, 잡다한 일에 대한 부담은 줄어들었다. 제한된 시간에 더 많은 일을 하거나, 과거에는 할 수 없던 일도 할 수 있게 되었다. 자동화 테크놀로지 시대에 삶은 편리해졌지만, 과연 우리는 인간다운 삶을 살고 있을까?

저자 니콜라스 카 세계적 경영 컨설턴트, 세계적인 정보 기술 사상가. 다트머스대와 하버드대를 졸업했고, 〈하버드 비즈니스 리뷰〉 편집장과 머서 경영 컨설팅 대표를 지냈다. 'IT는 중요하지 않다', '구글이 우리를 바보로 만들고 있는가?' 등 그의 문제 제기들은 업계에 큰 논란을 불러일으켜 왔다. 〈이코노미스트〉 선정 '글로벌 CEO 132인', 〈옵터마이즈〉 선정 '선도적인 정보 기술 사상가', 〈e위크〉 선정 'IT계의 가장 영향력 있는 인물 100인'에 뽑히기도 했다. 브리태니커 백과사전 자문 편집 위원을 맡고 있으며, 홈페이지와 블로그를 통해 글을 발표하고 있다.

니콜라스 카 지음 | 이진원 옮김 | 한국경제신문 | 2014년 9월 | 368쪽 | 16,000원(이북 12,800원)

기술이 발전할수록 인간은 무능해진다

저자는《유리 감옥》이라는 쉽지 않아 보이는 책에서 인터넷, 인공 지능, 웨어러블 디바이스, 빅데이터 등의 자동화가 인간의 삶을 황폐하게 만들고 있다고 지적한다. 스마트폰, 내비게이션, 로봇 청소기처럼 일상생활 속 기기를 포함해 의료, 항공, 전쟁 등 우리 사회 전체를 뒤덮은 자동화의 이면을 똑바로 봐야 한다고 말한다.

기술은 우리가 원하든 원하지 않든 계속 발달하고 있다. 우리는 200년 전부터 자동화 세상을 꿈꿔 왔다. 예전 같으면 수만 명이 일했을 공장은 이제 알아서 움직이는 기계들로 인해 스스로 돌아가고 있다. 우리는 직장이나 가정에서 더 적게 일하고 더 편하게 일상생활을 영위하기 위해 컴퓨터에 의존한다. 자동화 기술로 우리 생활은 더 편리해졌고, 잡다한 일에 대한 부담은 줄어들었다. 제한된 시간에 더 많은 일을 하거나 과거에는 할 수 없던 일도 할 수 있게 되었다. 일상을 기계가 대신하는 자동화 테크놀로지 시대에 삶은 편리해졌지만, 우리는 과연 인간다운 삶을 살고 있을까? 아니 적어도 더 똑똑한 삶을 살고 있기는 한 것일까? 자동화 시대에 길든 우리 모두에게 세계적 디지털 사상가인 니콜라스 카는 날카로운 질문을 던진다.

'왜 기술이 발전할수록 인간은 무능해지는가?'

구글은 앞으로 검색이 필요 없는 검색 엔진을 만드는 것이 목표라고 한다. 이쯤 되면 사람들은 더 이상 생각을 하지 않아도 된다고 여길 것이다. 재미있는 것은 구글 검색 엔진이 더 정교해질수록 사람들은 더 멍청해진다는 것이다. 저자는 이에 대한 설명을 하기 위해 디지털 기기에 종속된 인간의 사고방식 변화를 문학과 예술, 심리학, 신경 과학, 사회학 등 온갖 분야와 다양한 사례를 근거로 제시한다. 저자의 날카로운 통찰과 질문은 우리로 하여금 이제껏 경험을 통해 알고 있었지만 애써 외면해 온 불편한 진실과 조우하게 한다. 스마트폰이 없으면 아무 일도 하지 못하고, 내비게이션 없이는 운전을 하지 못하는 것과 다르지 않다.

사람을 바보로 만든 자동화 기술들

의사들도 자동화 영향을 피할 수 없었다. 1990년대 후반부터 방사선 전문의들은 영상 판독에 도움을 얻기 위해 컴퓨터 지원 감지 시스템을 사용하기 시작했다. 스캔된 디지털 이미지를 컴퓨터에 입력하면 검사가 필요한 부분들을 자동으로 알려 준다. 이런 표시들은 의사들이 놓칠 수 있는 암 발병 가능성을 찾게 해 준다. 하지만 소프트웨어 지시 때문에 편향에 사로잡힌 의사들은 초기 단계 종양이나 다른 비정상적 징후들을 간과하는 실수를 저질렀다. 이미지 내에 표시가 안 된 부분들을 건성으로 보게 되면서, 오히려 소프트웨어가 의사들의 판독 능력을 저해한 것이다.

미국은 10여 년 전부터 전자 의료 기록 자동화를 추진했다. 진료 기록 작성을 자동화할 경우 건강 관리 시스템에 들어가는 810억 달러를 절감하고 치료 수준도 높일 수 있다는 이유 때문이었다. 조지 부시와 오바마 정부는 자동화 시스템 구입을 장려하기 위해 수백만 달러의 보조금을 풀었다. 그러나 진료 기록 자동화가 건강 관리 비용을 크게 줄여 줬다거나 환자들의 육체적·정신적 건강을 개선했다는 증거는 어디에도 없다. 오히려 의사와 환자 사이에 컴퓨터 스크린을 집어넣음으로써 그들 사이의 거리를 더 벌려 놓았으며, 환자들에 대한 의사의 정확한 진단을 방해하고 있다는 것이 의사들의 의견이다.

> **자동화는 뇌의 선천적인 자동성 능력을 확대해 주기보다는 오히려 손상시킨다.**
> **반복적인 정신 훈련에서 벗어나게 해 주지만,**
> **더불어 심도 깊은 학습을 하지 못하게 막는다.**—134쪽

이누이트족 사례도 마찬가지 맥락이다. 개썰매 대신 설상차를 타고 다니기 시작한 이누이트족 사냥꾼들은 길을 찾기 위해 컴퓨터로 제작된 지도와 방향에 의존하기 시작했다. 어린 이누이트족들은 특히 신기술 사용에 관심이 많았다. 과거에 어린 사냥꾼들은 길 찾기 기술을 익히기 위해 오랫동안 어른들로부터 고된 훈련 과정을 견뎠다. 그런데 이제 저렴한 GPS 수신기를 구입하면 이런 훈련을 받지 않아도 되고, 수신기에 의존해 길을 찾아다닐 수 있게 되었다. 그러나 GPS 기기를 사용하는 이누이트족이 늘

어나면서 사냥 도중 심각한 사고가 일어나 사상자가 발생했다는 이야기들이 퍼지기 시작했다. 사고는 종종 위성에 과도하게 의존하다 일어난 것으로 파악됐다. GPS 수신기가 고장이 나거나 배터리가 얼어붙을 경우, 강력한 길 찾기 기술을 개발한 적 없는 사냥꾼들은 아무런 특징이 없는 황무지에서 쉽게 길을 잃고, 무방비 상태로 당할 수 있다. 이누이트족은 수천 년 동안 내려오던 길 찾기 기능을 잃어 가고 있는 것이다.

이런 일은 하늘 위에서도 생긴다. 2013년 미국 연방 항공국FAA은 항공사들에게 일제히 안내문을 발송했다. '적절한 때에 조종사들에게 수동 비행을 홍보할 것을 권장한다'라는 내용이었다. FAA는 조종사들이 자동 조종 장치에 과도하게 의존할 경우 비행기를 비정상적 상태에서 신속히 원상태로 돌려놓을 수 있는 능력이 저하될 수 있다고 경고했다.

2009년 콜건항공 소속 여객기 Q400의 추락 사고는 그 대표적인 사례다. 비행기 추락 위험을 알리는 실속 경고에 조종사들은 적절히 대응하지 못했다. 자동 조종이 중단된 조종간을 제대로 컨트롤하지 못해 통제력을 잃은 비행기가 지상으로 곤두박질쳤다. 같은 해 일어난 에어프랑스 에어버스 A330기 추락 사고 역시 실속 상태에 빠진 비행기를 제대로 수동 조종하지 못한 조종사들의 과실로 인한 것이었다. A330기는 대서양 한복판에 떨어졌고, 승무원과 탑승객 228명 전원이 사망했다. 과연 무엇이 조종사들의 조종 능력과 대처 능력을 빼앗아 갔을까?

디지털 감옥에서 탈출하라

이 책에 등장하는 자율형 자동차, 살인 로봇 등의 사례는 결코 먼 미래의 일이 아니다. 무인 자동차는 10년 내에 상용화될 것이라는 견해가 지배적이다. 또 기술적으로만 따지면 100퍼센트 자동화되고 컴퓨터가 통제하는 살인 기계를 지금이라도 만들 수 있다. 인간의 삶 깊숙이 파고든 자동화의 향방은 우리에게 불편한 질문을 던진다.

'소프트웨어는 수많은 변수를 헤아려 가장 옳은 선택을 할 수 있을까?'

편리하다는 이유로 기계에 모든 통제권과 선택권을 넘긴다면, 우리는 과연 무엇을 할 수 있을까?

10년 뒤에 일어날 나와는 상관없는 이야기라고 치부할지 모르겠다. 하지만 지금 이 기술들이 당신의 집중력을 저해하고 있다면? 우리가 무엇인가에 집중해야 하는데, 그것을 방해하고 있다면? 그렇다면 당신은 어떤 선택을 할 것인가? 저자는 이런 기술을 버리자는, 즉 스마트폰과 같은 도구들을 배제하자는 주장을 하는 것은 아니다. 다만 지금 이 시점에서 한번 되돌아봐야 하지 않겠느냐고 강조한다.

기술은 우리 삶에서 무엇이 중요한지, 인간이란 무엇인지를 생각해 보게 한다. 100여 년 전 프로스트가 이야기했듯이 인간을 인간답게 만드는 것은 '일'이다. 하지만 자동화는 수단과 목적을 분리한다. 우리가 원하는 것을 더 쉽게 얻도록 해 주지만, 자기 자신을 알아 가는 과정을 차단한다. 스크린의 피조물로 전락하지 않기 위해서는 스스로에게 질문을 던져야 한다.

'나는 기술의 주인인가, 노예인가?'

신중하게 사용한다면 기술은 단순한 생산이나 소비 수단 이상의 의미를 갖는다. 기술은 경험의 수단이 되고, 우리에게 풍부하고 참여적인 삶을 살 수 있는 방법을 알려 준다. 테크놀로지의 사용자이자 제작자로서 우리는 기술을 지금보다 더 인간답게 만들 필요가 있다. 그리고 자동화 맹신의 대가로 빼앗긴 삶의 행복과 만족을 되찾아야 한다. 각종 테크놀로지 도구를 단순한 생산 수단이 아닌 우리 자신의 일부이자 경험의 수단으로 복귀시킴으로써 서로 균형과 조화를 이룰 때, 기술은 우리에게 디지털 시대에 누릴 수 있는 진정한 자유를 제공해 줄 것이다.

 좋아요! 발달하는 기기 때문에 인간이 점점 더 도구 의존적으로 변해 가는 현실을 짚어 준다.

 아쉬워요! 전작 《생각하지 않는 사람들》에 비해 달라진 게 별로 없다.

인문학은 여섯 번째 직업을 준비하는 학문이다

하버드 학생들은 더이상 인문학을 공부하지 않는다

In Defense of a Liberal Education

BEST BOOK 94

한마디로 이 책은!

첨단 기술 중심으로 산업이 급속하게 재편되면서 테크놀로지 같은 기능 중심 분야가 학문의 중심으로 부상하고 있다. 국내에서도 인문학 영역은 점점 더 축소되고, 대학의 모든 자원과 인력이 이공계에 몰리고 있을 뿐만 아니라, 미래의 직업을 준비해야 하는 학생들은 생존을 위해 이공계를 선택하고 있다. 이런 현상이 과연 우리 사회에만 국한된 문제일까? 테크놀로지 시대에 인문학과 교양 교육은 이제 사족과 같은, 더 이상 어떤 의미도 없는 불필요한 학문으로 전락해 버린 것일까? 그렇다면 급속하게 변화하는 세계에서 학문과 산업의 최첨단을 달리는 미국의 대학과 학계는 어떻게 변화하고 있으며, 그곳에서 미래를 준비하는 학생들은 무엇을 어떻게 공부하고 있을까?

저자 파리드 자카리아 세계적인 외교 정책 자문가. 인도에서 청소년기를 보낸 후 예일대를 거쳐 하버드대에서 박사 학위를 받았다. 미국 국제 정치 전문지 《포린 어페어스》 최연소 편집장과 〈뉴스위크〉 편집장을 역임하면서 '청년 키신저'라 불렸다. CNN 〈파리드 자카리아 GPS〉 사회자로서 국제 정세에 대한 날카로운 분석과 전망으로 주목을 받으며 에미상 후보에 올랐다.

파리드 자카리아 지음 | 강주헌 옮김 | 사회평론 | 2015년 11월 | 248쪽 | 13,000원(이북 8,800원)

인문학이 사라지고 있다

오늘날의 기술은 그 자체만으로도 인간이 얼마나 탁월한 능력을 지녔는지를 충분히 보여 주고 있지만, 인간 사회에는 인문학 역시 필요하다. 스티브 잡스는 신형 아이패드를 공개하면서 '테크놀로지가 인문학과 결합할 때, 우리 심금을 울리는 결과물이 탄생한다'고 말한 바 있다. 이것이 단순히 공학과 예술의 결합을 의미하는 것은 아니다. 마크 저커버그가 페이스북을 창업할 수 있던 것은 익명의 땅인 인터넷 속에서 자신의 신분을 드러내고 싶어 하는 사람들의 심리를 읽어 낼 수 있었기 때문이다. 컴퓨터 사이언스가 아닌 심리학적 통찰이 인터넷 세계를 바꾸어 놓은 플랫폼이 된 것이다.

이처럼 테크놀로지와 교양 교육은 오늘날 비즈니스 환경에서 떼어 놓고 생각할 수 없게 되었다. 뿐만 아니라 국가나 기업별로 제조업 차이가 줄어들면서 기업은 디자인과 마케팅 등에 눈길을 돌리고 있다. 자동차, 의복, 커피에 더 높은 부가 가치를 부과하기 위해서는 상상력을 통해 흥미진진한 이야기를 덧입혀야 한다. 미국에서 가장 영향력 있는 산업인 연예 산업에서 '반지의 제왕'이나 '겨울왕국' 같은 결과가 나올 수 있던 것 역시 미학적 시각과 문화적 해석력 같은 인문학적 사고력이 밑거름이 되어 준 덕분이다.

우리나라의 인문학 교육은 어떨까? 국내에서도 인문학 영역은 점점 더 축소되고 있다. 진로를 정해야 하는 학생들은 생존을 위해 이공계를 선택한다. 이런 현상이 과연 우리 사회에만 국한된 문제일까? 테크놀로지 시대에 인문학과 교양 교육은 불필요한 학문으로 전락해 버린 것일까? 학문과 산업의 최첨단을 달리는 미국의 대학과 학계는 어떻게 변화하고 있으며, 그곳 학생들은 무엇을 공부하고 있을까?

자유 교양 교육을 강조하던 미국 교육의 흐름이 바뀌고 있다. 학리적이면서도 실용적이던 커리큘럼의 특징이 사라졌고, 한때 높은 인기를 누리던 영문학이나 역사학 전공자가 급격히 줄어들었다. 교양의 중요성에 주목해 온 하버드대조차 인문학과 교양 교육을 외면하고 있고, 교양 교육을 받고 학부와 대학원까지 졸업한 학생들은 지금까지 배운 지식을 어떻게 사용해야 하는지 몰라 방황하고 있다. 플로리다, 텍사스, 노스캐롤라이나의 주지사들은 교양 교육을 지원하는 데 납세자들의 돈을 낭비하지 않겠다고 공언했다. 게다가 오바마 대통령은 2014년 초 제너럴 일렉트릭 공장에서 인문학을 공부한 학생들보다는 경영학과 같은 실용 학문을 공부한 학생들이 더 많은 능력을 가지고 있다는 취지의 발언을 했을 뿐만 아니라 재임 기간 내내 이와 유사한 의견을 꾸준히 피력해 왔다.

학업 성적 좋은 아시아 국가에서 창의적인 기업이 나오지 않는 이유

2013년 경제 협력 개발 기구는 성인이 일자리를 구하기 위해 필요한 능력을 조사한 결과를 발표했다. 이 조사에 따르면 미국인은 문해력과 테크놀로지 숙련도에서 OECD 평균에 못 미쳤고, 수리 능력에서도 낮은 점수를 받았다. 열다섯 살 학생들을 대상으로 한 과학, 수학, 읽기 능력 평가에서도 미국은 34개국 중 각각 20위, 27위, 17위를 차지했다. 이는 싱가포르 등 항상 상위권을 차지하는 아시아 국가들에 한참 못 미치는 성적일 뿐만 아니라 슬로베니아, 에스토니아 같은 국가들보다 낮은 성적이다.

그런데 이런 성적으로 설명할 수 없는 것들이 있다. 미국은 여러 학력 평가에서 실망스러운 성적을 거두고 있음에도 지난 50년 동안 눈부신 성공을 거둔 반면, 아시아 국가들은 국제 학력 평가표에서 상위권을 독점하지만 결국 세계에서 가장 창의적인 기업가나 과학자를 배출하지 못하고 있다.

스웨덴과 이스라엘 역시 학업 성취도 평가에서 상위권에 위치하고 있지 않지만, 미국 외에 신생 테크놀로지 분야에서 가장 혁신적이라고 손꼽힌다. 이들 국가는 비계급적 사회 분위기, 역동적이고 활기찬 기업 운영 방식과 개방적인 태도라는 공통점을 가지고 있다. 또한 '자아 개념self-concept' 이라 불리는 자신감 수준에서 높은 점수를 받았다. 그런 자신감은 젊은이들이 과감하게 기업을 창업하고 실패해도 다시 일어설 수 있는 기업가 정신의 밑거름이 된다.

일본이나 중국, 한국과 같은 아시아 학생들은 세계 어느 나라 학생들보다 열심히 공부한다. 그런데 시험을 치르기 위해 지식을 암기하는 방법을 배우는 데 그치고 있다. 이런 교육 제도는 사회에 필요한 다양한 사고법이나 창의력을 개발하기에는 적합하지 않다. 알리바바 창업자 마윈 역시 중국의 교육 제도가 학생에게 기본적인 지식은 충실하게 가르치지만 창의력과 상상력을 키워 주기에는 부족하다고 말한 바 있다.

이와 같은 자료를 바탕으로 저자는 미국이 섣불리 아시아의 교육을 모방하려 하기 전에 가장 미국다운 교육, 저자가 처음 대학에 입학하며 접한 개방적이고 혁신적인 교육, 자유방임적인 태도와 기업가 문화가 강조되는 교육으로 되돌아가야 한다고 말한다. 그리고 그 기본은 분석적으로 생각하고, 창의적으로 사고하며, 다양한 의견을 수용할 수 있는 능력을 키워 주던, 엄격하고 까다로운 교양 교육을 회복하는 것임을 강조한다.

모두가 게이츠나 버핏처럼 행동할 수는 없다.
요즘 대학생들은 과거 세대와 다른 방식으로 도덕성과 사람의 의미를 추구한다.
과거에 비해서 요즘 대학생들이 더 점진적이고 실용적일 뿐이다.
그들도 진실을 추구하지만 과거의 영웅적인 행동이 아니라
상대적으로 조용한 방법을 택한다.—209쪽

교양 교육은 여섯 번째 직업을 준비하는 것

우리나라에서는 대학에서 전공한 학문은 졸업 후 생계를 위해 얻은 직업과 별 관계가 없다. 설령 전공이 직업과 관련이 있더라도 그 관련성은 변하기 마련이다. 예컨대 10년 전에 컴퓨터 언어를 작성하는 법을 배운 사람도 이제는 완전히 다른 앱 세계와 모바일 기기를 맞닥뜨려야 한다. 그런데 우리가 습득한 기능과 문제를 해결하기 위해 터득한 방법론은 그대로 유지된다. 오늘날 산업과 직업의 세계가 순식간에 변한다는 걸 고려하더라도 우리는 지금까지 몸에 익힌 기능과 방법론을 새로운 과제에 적용할 수밖에 없다. 학습과 재학습, 설비와 재설비는 현대 경제학의 핵심이다. 드루 길핀 파우스트 하버드대 총장도 이런 맥락에서 교양 교육은 '첫 번째 직업이 아닌 여섯 번째 직업을 준비하는 데 도움을 줄 수 있는 능력'을 배양해 주어야 한다고 지적했다.

그 능력이란 무엇일까? 바로 글 쓰는 방법, 말하는 방법, 학습하는 방법이다. 교양 교육은 바로 이런 방법을 가르쳐 주는 것이다. 아마존의 제프 베저스는 임원들과 회의하기 전 반드시 메모를 6쪽 분량으로 적어야 한다고 말한다. 그래서 메모를 적고 수정할 수 있는 시간도 할애한다. 왜 그럴까? 직접 글로 적어야만 자기 생각이 정리된다는 점을 알고 있는 것이다. 록히드 마틴의 최고 경영자 노먼 오거스틴도 과학적 역량과 인문학적 사고의 중요성을 강조했다. 미국 대학 협의회가 2013년 발표한 조사에 따르면, 고용주의 74퍼센트가 세계화된 경제를 준비하는 최적의 방법으로 교양 교육을 추천

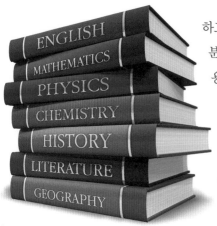

하고 있다. 실용적인 학문이 절대적으로 중요한 분야에서 창의성이나 상상력 같은 인문학적 내용을 요구하고 있는 것이다.

우리나라에서도 인문학이나 교양에 대한 중요성이 언급되지 않는 것은 아니다. 지난 몇 년간 인문학 열풍이라 할 정도로 인문학 강의와 책들이 유행처럼 번지기도 했다. 하지만 그것은 전통적인 학문이 위기에 놓인 상황을 바라보며 느끼는 막연한 불안의 표시나 과거에 대한 향수에 불과했다. 이 책은 현재 아시아와 미국에서 일어나고 있는 지식과 산업계의 변화 속에서 교양 교육과 인문학의 목적과 내용을 구체적인 현실과 접목해 보여 주고 있다. 그런 점에서 이 시대 지식의 현실과 지향점에 대한 가장 충실한 보고서라 할 수 있다.

테크놀로지와 세계화가 일자리에 미친 영향을 가장 심도 있게 연구한 MIT의 경제학자 데이비드 아우터는 다음과 같이 주장했다.

"전산화하기에 가장 적합한 분야는 곱셈처럼 명확히 부호화할 수 있는 것, 요컨대 속도와 결과, 정확성과 비용 효과에서 컴퓨터가 인간을 압도적으로 능가하는 분야다. 반면에 융통성과 판단 및 상식이 필요한 일, 예컨대 가정을 세우거나 벽장을 꾸미는 행위처럼 우리가 암묵적으로 이해하는 기능은 자동화하기가 가장 어렵다. 컴퓨터는 이런 일을 유치원생보다 못한다."

그렇다고 테크놀로지에 대한 교육을 등한시해도 상관없다는 뜻은 아니다. 앞으로는 거의 모든 작업에서 컴퓨터의 힘을 빌려야 하겠지만, 컴퓨터가 아직은 계산해 내지 못하는 인간의 능력이 어떤 일에서나 가장 중요하다는 뜻이 담겨 있다.

우리나라에서는 교양을 품위와 품격을 유지하기 위한 도구 정도로 받아들이지만, 이는 잘못된 판단이다. 교양 교육이란 미래를 준비하기 위해 무엇을 어떻게 배울 것인가 하는 문제와 관련되어 있다. 지금 배우는 지식이 10년 후 혹은 20년 후 우리의 직업을 보장해 주지 않는다는 것은 이미 다들 알고 있다. 지금 당장 필요한 눈앞의 지식이 아닌, 스스로 생각하고 학습하는 방법을 익힐 때 변화무쌍한 세상에서 중심을 잡으며 자신의 길을 개척해 나갈 수 있다. 그런 측면에서 드루 길핀 파우스트 하버드대 총장의 말대로 교육은 '첫 번째 직업이 아닌 여섯 번째 직업을 준비하는 데 도움을 줄 수 있는 능력'을 배양해 주는 역할을 해야 한다.

젊은 세대에게는 그들만의 생각이 있다

모두가 빌 게이츠나 워런 버핏처럼 행동할 수는 없다. 요즘 대학생들은 과거 세대와 다른 방식으로 도덕성과 인간에 대한 의미를 추구한다. 그들도 과거의 새로운 세대들, 특히 급격한 변화를 겪던 시대의 새로운 세대만큼이나 도덕성과 삶의 의미를 추구한다. 과거 젊은이들에 비해 요즘 대학생들이 더 점진적이고 실용적일 뿐이다. 과거처럼 영웅적으로 행동하는 게 아니라 조용히 움직이면서 자신의 욕구와 올바른 것을 결합하려고 애쓴다.

캘리포니아대 로스앤젤레스 캠퍼스의 조사 자료에 따르면, 학생들은 돈을 버는 것과 가족을 부양하는 것을 인생에서 가장 중요한 목표로 꼽았다. 이 둘을 가장 중요한 목표라고 대답한 학생의 수는 시대의 흐름과 상관없이 눈에 띄게 안정적이었다. 요즘에는 오히려 상승 추세여서 거의 75퍼센트에 이른다. 돈을 벌어 가정을 꾸리고 가족을 부양하는 노력이 정말 삭막하고 영혼 없는 짓일까? 자유 민주주의적 프로젝트가 이루어 낸 성과 중 하나는, 혁명과 전쟁을 걱정하며 시간을 보내지 않고 각자가 의미와 성취감과 행복을 찾아낼 수 있는 개인적인 공간을 구축하는 데 전념할 수 있게 되었다는 것이다.

 좋아요! 인문학적 교양이 왜 중요한지를 설명해 준다. 자녀 교육과 관련해 중요한 해법을 얻을 수도 있다.

 아쉬워요! 하버드대 이야기는 정작 많이 나오지 않는다.

Chapter 12

우리가 곧 경험하게 될 충격적인 미래

당신을 대참사에서 지켜 줄 책 7권

2020년, 역사상 최악의 경제 위기가 다가온다

2019 부의 대절벽
-피할 수 없는 거대한 붕괴가 시작된다

The Sale of a Lifetime-How the Great Bubble Burst 2017-2019 Can Make You Rich

한마디로 이 책은!

2009~2015년의 떠들썩한 호황 장세 이후, 세계 경제는 대대적인 조정 시기에 직면해 있다. 《2019 부의 대절벽》은 세계적인 인구 구조 전문가이자 주기 연구자인 해리 덴트의 신작으로, 7년간의 양적 완화 정책 끝에 다가올 버블 붕괴에 대해 이야기하고 있다. 저자는 버블 붕괴가 코앞으로 다가왔음에도 불구하고 사람들이 이를 보지 못하는 이유와 버블 붕괴 과정을 역사적 사실과 수많은 자료를 통해 증명해 보인다. 자신이 발견한 세대 지출 주기를 비롯한 다양한 주기를 근거로 조만간 '경제적 겨울'이 올 것임을 예측하고 있다.

역사적으로 이 주기들이 모두 하강 국면으로 접어들었을 때 최악의 경제 위기가 있었다. 20세기 들어 이런 경우는 두 차례 있었는데 첫 번째는 1929년 경제 대공황, 두 번째는 1973년 OPEC 석유 위기와 주식 시장 붕괴였다. 지금은 세 번째로 모든 지표가 동시에 추락하고 있으며 2~3년 내에 최악의 경제 위기가 발생할 것이라고 예측한다. 저자는 사상 유례없는 통화 정책 영향으로 이번 경제 위기는 더욱 잔혹할 것이라 예상한다.

저자 해리 덴트 경제 예측 전문 기관인 덴트 연구소 설립자이자 H. S. 덴트 재단 이사장. 하버드대 경영 대학원에서 석사 학위를 받았으며, 경영 컨설팅 회사 베인앤드컴퍼니에서 컨설턴트를 지냈다. 인구 구조와 소비 흐름의 변화에 기반을 둔 경제 전망과 투자 전략 분야 권위자로 1980년대 일본 버블 붕괴와 1990년대 미국 경제 호황을 정확히 예측해 세계적 명성을 얻었다. 〈포천〉이 선정한 '100대 컨설턴트'로 뽑힌 바 있다. 저서로 《2018 인구 절벽이 온다》, 《2013-2014 세계경제의 미래》, 《불황기 투자 대예측》, 《부의 패턴》 등이 있다.

해리 덴트 지음 | 안종희 옮김 | 청림출판 | 2017년 9월 | 388쪽 | 17,000원(이북 11,900원)

경기 순환을 결정하는 네 가지 주요 주기

35년 동안 주기를 연구해 온 해리 덴트는 가장 중요하고 예측 정확도가 높은 주기로 '세대 지출 주기'를 꼽는다. 그가 말하는 주요 주기 네 가지는 다음과 같다.

주기 1—39년 세대 지출 주기 모든 세대는 예측 가능한 지출 습관을 보인다. 자녀를 키울 때는 지출이 증가하고 은퇴할 무렵에는 저축을 늘리고 지출을 줄인다. 보통 지출은 39년 주기로 증가하다 유지되고 감소한다. 주식 시장 역시 39년 주기로 움직인다. 주식 시장이 1929년, 1968년 그리고 2007년에 정점을 찍은 것도 이런 패턴이다. 그런데 세대 지출 주기가 세대의 평균 수명이 길어지면서 변화하고 있다. 1897~1924년에 태어난 밥 호프 세대는 마흔네 살이 되던 1968년에, 베이비붐 세대는 마흔여섯 살이 되던 2008년에 지출을 가장 많이 했다. 밀레니얼 세대는 마흔여덟 살이 되는 2055년에 지출을 가장 많이 할 것으로 전망된다. 세대를 거듭할수록 최고 지출 시기가 평균 2년씩 늘어나고 있는데, 이는 평균 수명 증가와 밀접한 관계가 있다.

주기 2—34~36년 지정학 주기(35년 지정학 주기) 이 주기는 17~18년을 기점으로 긍정적인 상태와 부정적인 상태를 오간다. 긍정적인 구간에는 큰 문제가 거의 발생하지 않는다. 하지만 부정적인 구간에는 정치적 긴장이 높아지고, 시민들의 소요가 빈번해지며, 위험과 공포가 증가한다. 1983~2000년은 긍정적이었고, 2001년 9·11 테러 사태 이후 부정적인 구간으로 접어들었다.

주기 3—8~13년 태양 흑점 주기(호황·불황 주기) 태양 흑점 활동이 최고 또는 최저 수준에 도달하면 일반적으로 수개월에서 1년 이내에 시장에 혼란이 발생한다. 이는 호황과 불황 주기와도 일치한다. 이 주장에 의하면 경기 사이클이 8~13년 사이를 오가는 태양 흑점 주기에 의해 결정된다. 1800년대 중반 이후 있던 경기 침체와 주가 폭락의 88퍼센트가 태양 흑점 주기가 하향 추세일 때 발생했다. 흑점 주기로 보면 지금부터 2020년 초 사이에 시장 붕괴가 발생할 가능성이 가장 높다.

주기 4—45년 혁신 주기 세상을 바꿀 주요 기술이 45년마다 정점에 도달하는 주기다. 이 주기의 긍정적인 시기에는 획기적인 기술들이 대거 등장해 현실에 적용되고, 시장을 주도하며, 생산성과 효율성이 증가한다. 중립적인 시기에는 기술들이 수정되지만 사업 방식과 생활 방식에 중요한 영향을 미치지 못한다. 기술이 만들어지면 22.5년 동안 주요한 삶의 방식으로 작용하고 이것이 긍정적으로 바뀌면서 주기를 형성한다.

역사적으로 이 주기들이 모두 하강 국면으로 접어들었을 때 우리는 최악의 경제 위기를 맞이했다. 20세기 들어 이 주기들은 딱 두 번 하강 국면을 맞이했는데, 첫 번째 하강 국면에는 1929년의 경제 대공황이 발생했으며, 두 번째 하강 국면에는 OPEC 석유 위기와 대공황 이후 최대 규모의 주식 시장 붕괴를 포함한 대대적인 경기 침체가 있었다. 그리고 지금 세 번째로 이 모든 지표가 동시에 추락하고 있는 것이다.

베이비붐 세대를 알면 경제가 보인다

과연 지금 경제가 버블인지를 알려면 베이비붐 세대의 특징을 알아야 한다. 일반적으로 베이비붐 세대를 1946~1964년에 태어난 세대라고 정의한다. 하지만 인구가 늘어나기 시작한 시점부터 정점에 이른 시기를 따져 보면 이 연도는 정확하지 않다. 저자는 1934~1961년에 태어난 세대가 베이비붐 세대라고 말한다. 이 세대에 해당하는 인구는 10억 9200만 명으로 역사상 가장 빠르게 증가했다.

베이비붐 세대는 예측 가능성이 높다. 그들은 예측 가능한 나이에 진학하고 직장을 구하고 결혼하고 출산하고 은퇴한다. 1977~1981년에 가장 높은 노동력 증가율을 보인 것도 베이비붐 세대의 영향이었다. 이들은 자기 집 소유 욕구가 높기 때문에 1965~2005년에 주택 소유 비율을 69퍼센트까지 끌어올렸다. 2008년 주택 담보 대출 부채가 11조 달러에 이른 것도 베이비붐 세대 때문이었다고 한다.

베이비붐 세대는 스스로 경제를 활성화하고 발전을 이루었다. 이 세대에 생긴 버블은 이미 터져야 했다. 2008년이 버블이 터지는 때였지만 연방 준비 제도의 양적 완화가 버블을 지켰다. 그 영향으로 오히려 2008~2016년에 주식 버블이 생겨났다.

초저 금리 제도와 통화량 증가로 주식과 채권이 과대평가되었다. 정치인, 경제학자, 주식 애널리스트, 미디어, 투자가는 기술이 발달해 주가가 오르는 것이므로 버블이 아니라고 말한다. 하지만 세계 전체 금융 자산은 거의 300조 달러에 육박하고 있다. 돈을 찍어 내는 것으로 이미 터졌어야 할 버블 붕괴를 막았기 때문에 버블은 계속 커져 가고 있다. 실제로 정부와 민간의 총부채는 지난 26년 동안 2.54배 증가했다. 부채 버블이 이런 수준인 적은 1914~1929년밖에 없었다. 대공황이 찾아왔던 시기다. 역사는 양적 완화가 버블이 터지는 것을 막지 못한다는 사실을 증명한다.

> 인간은 일반적으로 변화를 싫어하는데, 주기는 모두 변화와 진보에 관한 것이다.
> 세상은 끊임없이 변화한다. 많은 사람이 주기의 존재를 부인하는 것은 바꿀 수 없는
> 운명 같은 거대한 주기 앞에서는 자신이 그 무엇도 할 수 없다고 느끼기 때문이다.—23쪽

미국, 유럽, 중국이 위기에 처해 있다

지금 각국은 최악의 상황으로 치닫고 있다. 미국의 부채 버블은 GDP의 390퍼센트 정도다. 이 수치는 1929년 대공황 사태 전 최고치보다 더 높은 것이다. GDP가 극적으로 떨어져 이 비율이 500퍼센트에 육박하는 상황도 불가능한 시나리오는 아니다. 부채 비율만 놓고 본다면 2008년 금융 위기보다 더 심각한 상황이다. 유럽도 다르지 않다. 유럽 은행들은 천문학적인 금액의 파생 상품에 노출되어 있다. 도이체방크는 2016년 54조 7000억 달러의 파생 상품에 노출되었다. 게다가 대부분의 은행이 아직 2008년 위기를 완전히 극복하지 못했다. 이탈리아는 사실상 파산 상태나 다름없다. 이탈리아 GDP는 2004년 이후 12퍼센트 감소했고 부채는 계속 상승 중이다. 보통 부실 대출 비율이 10퍼센트만 돼도 위기라고 평가하는데, 이탈리아는 이 비율이 무려 18퍼센트에 달한다. 결국 ECB, 유로화, 유로존은 규모가 큰 이탈리아를 구제할 수 없을 것이다.

그렇다면 중국은 어떨까? 저자는 중국도 미래가 없다고 단언한다. 특히 심각한 것은 부동산 문제다. 중국에는 150미터 이상의 고층 빌딩이 470개 있는데, 332개가 새로 건

설되고 있고 516개가 계획 중에 있다. 하지만 현재 도시 이주자는 급감하고 사무실은 24퍼센트가 공실 상태다. 게다가 상위 10퍼센트의 부유층이 중국을 떠나고 있다. 부동산 가격이 과대평가되어 있는데 부동산 소유욕을 채우기 위해 부채는 꾸준히 증가했다. 중국 총부채 규모는 2000년 이후 16.4배 늘었다. 뿐만 아니라 민간 소비는 하락하고 있고, 소비를 올려 줄 에코붐 세대가 없다. 오히려 한 자녀 정책으로 노동 인구는 2011년 정점을 찍고 하강 중이다.

최악의 버블 붕괴가 일생에 한 번 찾아오는 기회가 된다

저자는 하강 초기 단계는 2017년부터 시작될 것이라고 말한다. 연방 준비 제도의 양적 완화 덕분에 미루어져 왔으나 오래 버티지 못할 것이라는 전망이다. 2018년 중반부터 2019년 후반, 그리고 2020년 초에 본격적으로 하강해 2022년 후반까지 다시 상승하지 않는다. 당분간 모든 것이 감소되고 축소될 것이다. 부동산과 금융 자산의 40퍼센트, 소비자 부채의 50퍼센트가 감소되고, 주식 시장 자산은 무려 80퍼센트가 증발할 것이다. 경기 침체와 은행 부도, 디플레이션 심화, 실업률 상승 역시 피할 수 없다. 금 가격은 온스당 400달러, 원유 가격은 배럴당 8~10달러 선까지 내려갈 전망이다.

대안 중 하나는 부동산 규모를 줄이는 것이다. 중국 부유층은 2015년부터 부동산을 매각하기 시작했다. 중국만의 문제는 아니다. 전 세계 주요 대도시들 역시 심각하게 붕괴될 것이다. 상하이는 86퍼센트, 런던은 72퍼센트, 오스트레일리아와 싱가포르는 67퍼센트까지 하락할 것이다. 저자는 부동산 가격이 버블이 생기기 전 상태, 정확히 2000년 1월 가격으로 돌아갈 가능성이 크다고 말한다.

버블이 터진다는 것은 관점을 바꾸면 일생일대의 기회가 오는 것이다. 이 책의 원서 제목 'the sale of a lifetime'은 '일생에 한 번 찾아오는 기회'라는 뜻이다. 모든 것이 하락하기 때문에 자산을 늘릴 수 있는 최고의 기회다. 따라서 그때를 위해 현금과 현금 유동성을 확보해야 한다. 저자가 추천하는 투자 대상은 AAA등급 회사채와 달러다.

 좋아요! 2020년 정도에 위기가 닥쳐올 것이라는 전망을 할 수 있는 점이 좋다.

 아쉬워요! 오랜 시간에 걸쳐 쓴 원고를 모아 놓은 흔적이 보인다. 정리가 아쉽다.

인구 구조로 예측해 본
세계 경제의 암울한 미래

2018 인구 절벽이 온다

-소비, 노동, 투자하는 사람들이 사라진 세상

The Demographic Cliff-How to Survive and Prosper During the Great Deflation of 2014-2019

한마디로 이 책은!

'한국은 2018년 이후에 인구 절벽 아래로 떨어지는 마지막 선진국이 될 것이다!'

세계적인 경제 예측가이자 글로벌 베스트셀러 《2013-2014 세계경제의 미래》 저자인 해리 덴트는 《2018 인구 절벽이 온다》에서 '한국의 가장 위험한 시기는 2018년과 2019년이다'라고 주장한다. 그는 그 이유로 인구 구조 변화로 인한 세계 경제의 디플레이션을 꼽았다. 인구 구조에 근거해 경제를 전망해 온 저자는 근본적으로 경제의 큰 방향을 결정짓는 것은 사람들의 소비 결정이라고 주장한다. 따라서 인구 구조를 이해한다면 사소한 것에서부터 거대한 것에 이르기까지 우리 삶과 사업, 투자에 영향을 미치는 핵심 트렌드를 파악할 수 있다고 강조한다.

저자 해리 덴트 경제 예측 전문 기관인 덴트 연구소 설립자이자 H. S. 덴트 재단 이사장. 하버드대 경영 대학원에서 석사 학위를 받았으며, 경영 컨설팅 회사 베인앤드컴퍼니에서 컨설턴트를 지냈다. 인구 구조와 소비 흐름의 변화에 기반을 둔 경제 전망과 투자 전략 분야 권위자로 1980년대 일본 버블 붕괴와 1990년대 미국 경제 호황을 정확히 예측해 세계적 명성을 얻었다. 〈포천〉이 선정한 '100대 컨설턴트'로 뽑힌 바 있다. 저서로 《2013-2014 세계경제의 미래》, 《불황기 투자 대예측》, 《부의 패턴》 등이 있다.

해리 덴트 지음 | 권성희 옮김 | 청림출판 | 2015년 1월 | 444쪽 | 17,000원(이북 11,900원)

인구 구조 변화를 알면 경제의 흐름을 예측할 수 있다

저자는 한국의 가장 위험한 시기는 2018년과 2019년이라고 주장한다. 인구 구조 변화로 인해 세계 경제의 디플레이션이 닥칠 확률이 높기 때문이다.

해리 덴트는 사람들이 나이가 들면서 자연스럽게 하게 되는 일들이 경제 추세를 이해하는 궁극적인 도구라고 주장한다. 그 추세를 이해하면 사람들이 언제 감자칩을 가장 많이 소비하는지 정확하게 예측할 수 있고, 한 세대의 소비가 정점에 도달하면서 경제가 상승했다가 왜 하강하게 되는지, 세계 곳곳에서 베이비붐 세대들의 은퇴가 빨라지면서 인구 절벽이 왜 다가올 수밖에 없는지를 설명할 수 있다고 말한다. 저자는 이런 식으로 대부분의 경제학자들이 미국의 추락을 예상하던 1990년대에 베이비붐 세대의 소비가 최대로 늘어나 호황을 보일 것이라 예상했고, 경제학자들 대부분이 일본 경제가 미국을 앞설 것이라고 전망하던 1990년대에 일본의 몰락을 예견함으로써 큰 명성을 얻었다.

장밋빛 미래를 그릴 수 없는 세계 선진국들의 인구 구조

인구 절벽이란 한 세대의 소비가 정점을 지난 이후 다음 세대가 소비의 주역으로 출현할 때까지 경제가 둔화되는 것을 말한다. 인구 절벽이 진행됨에 따라 2020년쯤에는 의미 있는 변화들이 나타날 것이다. 또한 이때는 거대한 베이비붐 세대가 노년기로 진입하는 시기와도 맞닿아 있다. 지금 세계는 유럽에서 흑사병이 휩쓴 이후 처음으로 앞 세대보다 인구 규모가 작은 세대가 등장할 위기에 빠져 있다. 이는 다음 세대에는 소비자와 대출자, 투자가가 모두 줄어든다는 것을 의미한다. 19세기 사회학자인 오귀스트 콩트의 말처럼 '인구 변동은 운명'이다. 인정하든 인정하지 않든 우리는 지금 인구 절벽을 향해 달려가고 있다. 그 와중에 한국은 2018년 이후 인구 절벽 아래로 떨어지는 마지막 선진국이 될 것이다.

저자는 이제 미국의 인구 구조에도 적신호가 켜졌다고 분석한다. 이런 인구의 역습이 주요 국가들에게 타격을 입힐 것이라 예상한다. 인플레이션은 인구 규모가 큰 젊은 세대가 노동 인구에 새로 편입되면서 올라가고, 대규모 인구 집단이 은퇴하면서 집을 줄이고 소비를 줄일 때 내려간다. 베이비붐 세대의 대규모 은퇴는 인플레이션의 후퇴만으로 끝나지 않는다. 대규모 부채 축소를 야기해 실질적으로 디플레이션을 초래해 세계 경제 약화로 이어질 것이다.

가장 먼저 인구 절벽을 맞이한 일본은 소비가 많은 장년층 인구가 줄면서 소비가 위축되었고 디플레이션에서 벗어나지 못해 경제 전체가 혼수상태에 빠지고 말았다. 양적 완화로 숨을 잇고 있지만 얼마나 유지될지는 아직 알 수 없다. 일본 경제가 세계에 미치는 영향이 큰 만큼 전 세계가 숨죽이며 지켜보고 있다.

22년 차이를 두고 일본을 뒤따르는 한국

대규모 소비 집단 감소가 지출 감소로 이어지고, 수요 부족과 물가 하락을 초래해 생산을 감소시키며 실업률을 상승시키는 디플레이션의 초래는 조만간 우리나라가 맞이할 현실이기도 하다. 저자는 한국이 이 시기에 대규모 인구 집단이 소비 정점을 맞는 마지막 국가가 될 것이라고 예측한다. 한국에게 다행인 점은 일본처럼 앞서 소비 정점을 맞은 다른 국가에서 교훈을 얻을 수 있다는 것이다. 일본에서 출산 인구가 가장 많던 해는 1949년이었다. 한국은 1971년이었다. 이는 한국의 베이비붐 세대가 일본보다 22년 뒤 소비 정점에 도달한다는 것을 의미한다. 한국의 호황과 불황, 부동산, 사업화 주기는 일본을 22년 뒤따라가는 경향이 있고 실제로 그래 왔다.

2018년은 한국에서 출생 인구가 정점을 이룬 1971년으로부터 정확히 47년 뒤다. 2020년 이후 소비 추이는 수십 년간 내려가기만 할 것이다. 한국은 일본과 달리 에코붐 세대가 없다. 에코붐 세대는 1976~2007년에 출생한 사람들을 가리킨다. 일본의 소비 흐름은 1990년에 급격히 내려갔다 반등한 뒤 1997년부터 장기 하락세로 접어들었다. 그러다 에코붐 세대 덕분에 2003년부터 2020년까지 완만하게 반등하고 이후에는 더 깊은 인구 절벽 아래로 떨어질 것으로 예상된다.

중국이 가장 위험하다

앞으로 다가올 더 심각한 글로벌 금융 위기의 가장 큰 원인이자 향후 한국에 가장 큰 타격을 입힐 요인은 세계 경제의 엔진 중국이다. 중국에서 버블이 터지고 경기가 둔화하면 중국뿐 아니라 전 세계 경제가 휘청거린다. 문제는 한국의 수출 의존도가 GDP의 50퍼센트에 이른다는 사실이다. 독일과 중국을 비롯한 거의 모든 수출 강국 중에서도 가장 높다. 특히 중국에 대한 수출이 전체 GDP의 20퍼센트에 달한다. 한국의 인구 구조 추이가 2018년까지는 우호적인 흐름을 보인다 해도 수출 의존도가 높은 만큼 다음 번 글로벌 경기 하강이 닥치면 심하게 타격을 받을 것이다.

우리는 2000년부터 정보 기술 버블, 자산 시장 버블이 차례로 터지는 것을 목격했다. 중국의 버블은 역사상 가장 심각한 버블로 기록될 것이다. 중국에서 버블이 터지는 것은 시간문제일 뿐이다. 중국 부동산 가격이 역사상 유례없이 높은 수준으로 뛰어올랐고, 중국의 그림자 은행은 미국의 2007년 서브 프라임 모기지 같은 상태로 주요 기업들의 채무 불이행이 시작되면서 어두운 그림자를 드리우고 있다.

중국 경제의 버블이 터지는 것은 거대한 코끼리가 넘어지는 것이다. 전 세계적으로 어떤 위기가 시작되든 중국의 버블 붕괴가 그 위기를 더욱 심화시킬 것이다. 한국은 인구 구조적 소비 흐름이 정점에 머무르고 있다는 점과 선진국 중에서는 아직 인구 구조가 견고하다는 점이 위기에 기댈 수 있는 유일한 버팀목이 될 것이다.

 좋아요! 인구 절벽이라는 새로운 개념을 제시해 준 책.

 아쉬워요! 인구 문제의 심각성이 아직 제대로 알려지지 않은 것 같다. 책을 다 읽고 나면 왜 뾰족한 대책이 나오지 않는지 궁금해진다.

저출산이 대한민국의
모든 것을 바꿀 것이다

정해진 미래
-인구학이 말하는 10년 후 한국 그리고 생존전략

BEST BOOK 97

한마디로 이 책은!

이 책은 일반인에게는 다소 생소한 '인구학적 관점'이라는 기준을 통해 미래를 예측하고 대비하는 전략을 알려 준다. 우리나라 최고의 인구학자로 손꼽히는 저자는 이 책에서 저출산 세대가 사회에 본격적으로 진출하게 될 미래까지의 전체적인 사회 변화상을 보여 준다. 반 토막 난 출생 인구는 당장 부동산과 가족 관계부터 변화시키고 있다. 대형 아파트 수요는 벌써부터 줄어들고 있다. 그렇다고 소형 아파트에 투자하면 돈을 벌 수 있을까? 인구학적 관점에서 볼 때 모든 미래는 어느 정도 정해져 있다. 그것을 아느냐 모르느냐가 개인과 사회의 운명에 큰 차이를 가져올 것이다. 인구 변화가 이끌어 내는 미래의 변화를 눈에 잡히는 증거와 함께 볼 수 있다면, 우리는 현재가 아니라 미래를 기준으로 자신의 앞날을 더 잘 준비할 수 있을 것이다.

저자 조영태 서울대 보건 대학원 교수. 고려대 사회학과를 졸업하고, 미국 텍사스대에서 사회학으로 석사를, 인구학으로 박사 학위를 취득했다. 2004년부터 서울대 보건 대학원에서 보건 인구학을 연구하며 후학을 양성하고 있다. 2015년 베트남 정부 인구 및 가족 계획국에 인구 정책 전문가로 파견되어 1년간 베트남의 인구 정책 수립에 참여했다.

조영태 지음 | 북스톤 | 2016년 9월 | 272쪽 | 15,000원

미래를 정확히 예측하려면 인구학을 공부하라

인구학은 사람이 태어나고, 이동하고, 사망하는 것을 다루는 학문이다. 출생과 사망과 이동의 원인이 무엇이고 결과가 무엇인지를 탐구한다. 세부적으로는 크게 형식 인구학과 사회 인구학으로 나뉜다. 형식 인구학은 사람 수를 정확하게 세는 방법을 연구하는 것이고, 사회 인구학은 출생, 사망 그리고 이동하는 인구가 매년 달라지는 원인을 찾아내고 그 결과로 생겨나는 사회의 변화를 연구하는 것이다.

　미래를 정확히 예측하려면 인구학적 관점이 필요하다. 인구학적 관점은 매우 복잡해 보이는 인구 현상들을 풀어내는 능력을 가리킨다. 출산율도 그냥 숫자만 세는 것이 아니라 왜 해마다 변화하는지를 파악한다. 출산율 변화에는 교육, 노동, 경제 등 무수히 많은 변수가 연관되어 있다. 이런 것들을 파악할 수 있게 해 주는 것이 인구학적 관점이다. 인구학적 관점을 가지고 있다면 20년 후를 매우 정확하게 예측할 수 있다. 인구는 경제 활동에서 가장 중요한 역할을 담당한다. 재화와 서비스의 소비자이자 생산자다. 대체로 20년 동안은 큰 변화가 없기 때문에 미래를 정확히 예측할 수 있다.

**노동 시장 전체를 놓고 보면 앞으로는 노동 유연화가 더욱 가속화될 가능성이 매우 크다.
어디를 봐도 먹고살기 팍팍해지면 노동 시장은 유연해질 수밖에 없다.—155쪽**

산아 제한 모범 국가 한국의 비극

우리나라는 1960년대 초반 세상에서 가장 가난한 나라에 속했다. 당시 여성 1인당 합계 출산율은 무려 6.1명이었다. 1970년대부터 산아 제한 정책을 실시해 1980년대 중반 출산율이 1.74명으로 떨어졌다. 그동안 한국 경제는 비약적으로 성장했다. UN은 우리나라가 가족계획을 실시한 후 잘살게 되었다고 판단하고 가난한 나라에 산아 제한 정책을 장려했다. 출산율을 줄여 잘살게 되었는지에 대해서는 인과 관계가 분명하지 않다. 2000년대 들어서면서 1인당 합계 출산율은 1.3명 이하로 떨어졌다. 2002년에는 출생 인구가 약 49만 명으로, 2000년의 63만 명에 비해 14만 명이나 줄었다.

　0~14세 인구의 변화에 대해 살펴보자. 1960년대 말부터 1970년대 초반까지 해마

다 약 100만 명의 아이가 태어났다. 1970년의 0~14세 인구는 1370만 명이었다. 당시에는 아이들을 수용할 교실이 모자라 '오전반, 오후반' 수업이 실시되기도 했다. 10년 뒤인 1980년에는 0~14세 인구가 1295만 명, 1990년에는 1097만 명, 2000년에는 991만 명으로 지속적으로 감소했다. 1970년 이후 30년 사이에 아동 인구가 400만 명이나 줄어든 것이다. 그 이후 변화는 더욱 급격해 2015년에는 아동 인구가 약 700만 명으로, 불과 15년 만에 거의 300만 명이 감소했다. 전쟁을 겪은 것도 아니다. 인구가 이렇게 급격히 줄어드는 것은 매우 드문 현상이다.

저출산이 경고하는 부동산 시장의 대격변

저출산이 심각한 이유는 모든 경제 여건을 바꾼다는 데 있다. 부동산을 예로 들어 보자. 4인 가구가 줄어들면 대형 아파트는 하락하더라도 중소형 아파트는 괜찮다고 생각하는 사람도 있을 것이다. 하지만 그렇지 않다. 그 이유는 첫째, 그동안 부동산 가격은 대형 아파트가 올려놓고 작은 평수가 따라가는 구조였기 때문이다. 대형 아파트 가격이 무너지면 다른 평형 아파트도 같이 위험해질 가능성이 크다. 대형 아파트의 몰락과 함께 부동산 불패 신화 자체가 붕괴될 수 있다는 뜻이다.

둘째, 미래의 1~2인 가구는 아파트를 구매할 여력이 없을 가능성이 매우 크다는 사실이다. 최근 언론을 통해 보도된 바와 같이 현재 우리나라의 20~30대는 이전 세대의 그 연령대에 비해 구매력이 현저히 낮다. 이전 세대들이 20대 초중반에 경제 활동을 시작한 반면, 현재의 20~30대는 구직난 때문에 30대가 되어야 경제 활동을 시작한다. 이들이 10년 뒤 30~40대가 되어도 당연히 지금의 30~40대에 비해 경제적 여건이 좋지 않을 터이므로, 투자를 목적으로 아파트 구매에 나서기는 쉽지 않을 것이다.

더 심각한 문제는 1~2인 가구의 절반 이상이 노인이고 이 비중이 앞으로 더욱 높아질 것이라는 데 있다. 사회가 고령화되는 만큼 가구도 고령화된다. 2025년이 되면 1~2인 가구가 전체 가구의 60퍼센트를 차지하고, 1~2인 가구의 65퍼센트는 노인 인구로 채워질 것이다. 시장은 사고파는 사람이 많아야 활성화된다. 특히 부동산은 거래가 계속 있어야 집값이 올라간다. 그런데 사람들은 나이 들수록 거래에 수동적이 된다. 리스크를 감당하면서 사고파느니 속 편하게 그냥 안 사고 안 팔겠다는 것이다. 그래서 1~2인 가구가 늘어난다는 이유만으로 소형 아파트 시장이 활황이 되리라 기대하기는 어렵다. 이견이 있을 수는 있지만 결국 시장이란 수요-공급 원칙의 지배를 받는다.

문 닫는 학교, 일자리 없는 교사

심각한 문제는 또 있다. 학교가 줄어든다는 사실이다. 2009년에 360만 명이던 초등학생 인구는 2010년 340만 명, 2013년 300만 명으로 줄어들었다. 중학생 역시 2015년 170만 명, 2016년 156만 명, 2017년 145만 명으로 줄었다. 고등학생도 2002년생이 진학하는 2018년부터 본격적으로 줄어들고 2021년에는 130만 명이 될 것이다.

그런데 학교와 교사는 꾸준히 늘었다. 초등학교는 2000년 5267개교에서 2013년 5913개교로 늘었고, 교사는 2000년 14만 명에서 2013년 18만 명이 되었다. 2025년에는 교사 1인당 학생 수가 13.1명으로 떨어진다. 1만 명 이상의 교사가 잉여 자원이 되고, 수백 개의 학교가 폐교되어야 하며, 상당수 사립 대학이 문을 닫아야 하는 처지에 놓인다.

또 다른 문제는 청년 실업이다. 인구는 줄었지만 대학 졸업자는 오히려 더 늘고 산업은 저성장 국면으로 돌아섰으니 청년 실업이 큰 문제가 되었다.

회사 직원들이 늙어 가고 있다

회사 구성원들의 고령화 문제도 심각하다. 책에 등장하는 한 회사의 연령별 분포 자료를 보니 2013년 현재 50세 이상이 전체 임직원의 16퍼센트였고, 대부분 임원이었다. 표면적으로는 나쁘지 않은 비율이었다. 그러나 문제는 다른 데 있었다. 50세 이하 임직원의 대부분이 40대였다. 40대도 초반이 아니라 중후반이 대부분이었다. 30대는 조금 있었지만 20대는 거의 없었다. 현재와 같은 비율로 입사하고 퇴사한다고 가정한다면, 10년 후 이 회사 임직원의 40퍼센트는 50대가 차지하게 된다는 계산이 나온다.

50대면 아무리 못해도 부장, 이사급일 텐데 그들의 연봉을 누가 주겠나. 기가 막힌 신제품이 나오지 않으면 10년 안에 이들의 상당수를 내보내야 한다. 그 회사 구성원들은 심란할 수밖에 없다. 그런데 소비자도 함께 줄어들었기 때문에 수출 기업이 아니라면 성공 가능성이 더욱 낮다. 심란하기는 회사도 마찬가지다. 구조 조정 과정에서 당연히 반발과 갈등이 생길 터이므로 회사 마음대로 직원을 정리할 수 없다. 지금까지 조직 내 고령화를 생각하지 않은 기업이라면 이제부터라도 반드시 대책을 마련해야 한다. 우리나라의 모든 업종, 모든 기업에서 이런 일이 동시다발적으로 일어나고 있다.

58년 개띠와 70년 개띠의 갈등

마지막은 세대 간 갈등이 일어난다는 것이다. 특히 인구학적으로 더 눈여겨보아야 할 세대 갈등은 베이비부머 1세대와 베이비부머 2세대 간의 갈등이다. 우리나라 베이비부머 1세대는 1955~1964년생, 2세대는 1965~1974년생을 가리킨다. '58년 개띠'와 '70년 개띠'로 대표되는 이 두 세대는 우리나라 경제 발전의 주역들이다. 그런데 베이비부머 1세대가 이제 막 은퇴하기 시작했다. 그들이 은퇴와 관련해 노동 시장에 만들어 놓은 대표적인 작품이 '정년 연장'이다. 그들은 은퇴가 목전에 닥치자 고용을 안정화하는 임금 피크제를 도입하고, 은퇴 연령을 60세로 늦췄다. 자신들의 노후를 그렇게 해서 조금이나마 안정적으로 만들어 두었다. 그래도 은퇴를 영원히 늦출 수는 없다. 그들이 노동 시장에서 빠져나가면 그다음으로 2세대가 슬슬 은퇴를 준비해야 한다.

베이비부머 2세대는 1세대보다 인구가 더 많고, 공부도 더 많이 했다. 현재 한국 사회의 주도권은 이들 2세대가 쥐고 있다. 만약 당신이 베이비부머 2세대라면 자신을 위해 무엇을 하겠는가? 지금은 기득권을 쥐고 있지만 경기가 어렵고, 자식을 많이 낳지도 않았고, 그 자식마저 사회생활을 늦게 시작했을 테니 노후를 의탁하기에도 부담스럽다. 그럼 2세대에게 남은 선택은 은퇴를 아예 없애거나 복지 정책을 크게 확대하는 것이다. 그들의 뒤를 이을 세대는 크기가 작아 힘도 없고 상대적으로 사회생활도 늦게 시작했으니 경험도 많지 않다. 이들이 한꺼번에 은퇴하면 복지 정책에 막대한 돈이 들어간다. 그러니 2세대가 은퇴하지 않는 게 국가로서도 나쁘지 않을 것이다. 어떻게 흘러가든 개인과 기업, 국가 모두에게 부담스러운 상황이다.

인구수가 적은 세대가 불행한 이유

인구학에 '이스털린-프레스턴 이론'이 있다. 미국의 인구학자 리처드 이스털린과 새뮤얼 프레스턴은 집단의 규모로 다양한 사회적 현상들을 설명할 수 있음을 밝혔다. 유사한 집단의 규모가 자살률에까지도 영향을 미칠 수 있다는 사실을 입증했다. 베이비부머처럼 규모가 큰 집단에 속한 사람들은 입시, 취업, 결혼 등 경쟁해야 하는 시기에 자살률이 높았다. 그러다 은퇴해 경쟁에서 벗어난 후에는 다른 집단보다 자살률이 낮았다. 왜냐하면 주변에 자신과 비슷한 사람이 많기 때문이다. 노인이 나밖에 없으면 외롭고 힘이 없으니 자살률이 높은데, 나 같은 노인이 많으면 외롭지도 않고 정치적 힘도 세서 요구할 것도 많아진다.

우리나라의 자살률은 모든 연령대에서 높지만 그중에서도 65세 이상 고령자의 자살률이 유독 높다. 이것을 두고 노인의 삶이 힘들어서 그렇다고 해석하는 것이 일반적이지만, 이 이론을 적용하면 이는 인구 집단의 크기 때문일 확률이 높다. 우리나라는 2000년대부터 고령자 집단이 커지기 시작했지만, 아직 절대적인 규모가 큰 것은 아니다. 2000년대부터 독거노인이 급격히 늘었다. 노인은 사회적으로 고립되기 쉬운데, 인구 규모는 크지 않고 혼자 사느라 교류도 없으니 자살률이 높아질 수밖에 없는 것이다.

'이스털린-프레스턴 이론'대로라면 앞으로 우리나라 노인 자살률은 떨어질 가능성이 크다. 베이비부머들은 은퇴 후에도 혼자 지내기보다는 또래들을 만나고 사회적 활동도 하며 상대적으로 활발하게 지낼 확률이 높기 때문이다. 실제로 고령자가 전체 인구의 25퍼센트인 일본에서 노인 자살률은 중년층에 비해 낮다.

중년층의 자살률은 점차 올라갈 가능성이 크다. 지금의 20~30대 말이다. 이상한 점은 이들의 자살률은 지금도 이미 높고, 계속 더 높아지고 있다는 사실이다. 경쟁할 시기에는 집단이 커야 자살을 많이 한다고 했는데, 이들은 집단 크기가 작은데 왜 그럴까? 추측건대 세대 간 경쟁 때문이 아닐까 싶다. 경쟁은 대개 같은 연령대끼리, 즉 자신의 집단 내에서 하게 마련인데 지금 20~30대들은 위 세대와도 경쟁해야 한다. 그런데 집단 크기가 너무 작은 탓에 세대 간 경쟁에서 힘을 발휘하지 못하기 때문에 스트레스와 좌절이 더 큰 것 아닐까.

그래도 희망은 있다

우리나라의 미래가 어둡지만은 않다. 변동 폭이 점차 줄어들고 있기 때문이다. 현재의 저출산 흐름은 2002년부터 계속되어 2017년까지는 40만 명대 출산 흐름이 이어질 것으로 예측된다. 급격히 출산아가 줄어든 와중에도 15년 넘게 출생 인구가 40만 명대로 유지되는 것은 아동 인구가 매우 안정적으로 변화했음을 시사한다.

인구의 크기가 급격히 변화하면 사회 구조를 맞추기가 매우 어렵고 부담스럽지만, 완만한 변화에는 충분히 대응할 수 있다. 우리나라는 2002년을 계기로 이전에 비해 사회 규모를 크게 줄여야 했고 그에 따른 진통을 겪는 중이다. 지금의 고통을 다스리며 정부와 기업, 개인의 체질과 전략을 적절히 바꿔 나간다면 장기적으로 인구와 경제 그리고 사회 구조는 잘 조율될 수 있을 것이다.

앞으로 출산할 여성이 줄어들 것이므로 여성 1인당 합계 출산율이 1.5명 수준에 도달하더라도 출산아 수는 50만 명을 조금 넘는 수준에 머물 것으로 예측된다. 반면 지금처럼 1.2명 수준의 출산율이 지속되면 3~4년 내에 출산아 수가 30만 명대로 떨어질 것으로 전망된다. 출산율이 1.3명 정도로 올라간다면 한 해 40만 명대의 출산아 수를 앞으로 10년 이상 더 유지할 수 있다. 30년 동안 한 해 출생아 수가 90만~100만 명에서 40만 명대로 변화하느라 인구가 우리의 미래를 결정하는 중요한 변수가 되었는데, 반대로 25년간 한 해 출생아 수가 40만 명대로 유지될 수 있다면 인구는 사회를 안정적으로 유지시키는 가장 기본적인 조건으로 작동하게 된다.

우리 사회가 앞으로 약 10년간 앞에서 말한 개념의 다운사이징을 준비할 수 있다면 그 이후 20~30년은 매우 안정적인 경제 활동 인구를 바탕으로 새로운 도약의 발판을 마련할 가능성이 충분하다는 것이다.

 좋아요! 국내 인구학자가 말하는 인구 절벽에 대한 경고. 우리나라 문제들을 심도 있게 다룬다.

 아쉬워요! 각 기업들의 전략을 비판적으로 접근하는 부분이 더 자세하게 전개되었으면 좋았겠다.

인류의 발전은
곧 멈출 것이다

폭력적인 세계 경제
–우리는 불확실한 미래의 충격에 대처할 수 있을 것인가?
Un monde de violences–L'economie mondiale 2016-2030

BEST BOOK 98

한마디로 이 책은!

21세기 후반의 경제 상황은 여러 측면에서 21세기 초반과는 분명 크게 다를 것이다. 우리 시대는 이미 갈등 없는 평화로운 세상을 상상하는 것은 착각이자 환상일 뿐임을 보여 주었다. 끔찍한 결과 이면에는 예측하지 못한 현상들이 늘 존재했다. 영향력 있는 프랑스 경제학자로 손꼽히는 저자 장에르베 로렌치는 불확실한 미래에 대비하고 타협 지점을 발견하도록 하는 예리한 진단과 해법을 던져 주고 있다. 우리가 막 들어선 이 혼란의 시기를 이토록 야심 차고 혁신적인 태도로 분석하려는 시도를 지금까지 본 적이 없다. 저자들은 지금 이 세계를 형성하는 일련의 중요한 추세에 주목한다. 금융 자본의 엄청난 팽창과 유동성, 경제 불평등 가속화, 부유한 국가의 산업 기반이 개도국으로 대규모 이전되는 산업 공동화……. 이런 현상들은 선진국의 노령화 경향과 맞물려 세대 간 갈등과도 충돌하고 있다. 세계 곳곳에서 튀어나오는 이런저런 현상들이 앞으로 어떤 방식으로 서로 영향을 끼칠지 알 수 없는 일이다. 이 치밀하고 권위 있는 책이 세계 경제를 직시하는 탁월한 진단에 주목할 때다.

저자 장에르베 로렌치 가장 영향력 있는 프랑스 경제학자 가운데 한 사람으로 손꼽힌다. 고등 사범 학교와 파리 도핀대(파리 제9대학) 교수를 지냈고, 각종 기업 연구소와 정부 부처, 에디트 크레송 총리의 경제 고문을 역임했다. 1992년 설립되어 프랑스 교수들로 구성된 이코노미스트 서클의 회장이자, 리스크 재단의 인구 통계 및 경제 혁신 분과 의장직을 맡고 있다. 국립 공업 기술 센터 및 프랑스 원자력 산업의 요직을 거쳐 1995년에는 그라 사보아 부사장에 올랐고, 2000년에는 에드먼드 드 로스차일드 은행 최고 경영자 회의 고문을 지냈다. 대표 저서로 《중진국의 가공할 운명》이 있다.
미카엘 베레비 프랑스 최고 경제 경영 전문 그랑제콜인 파리 고등 경제 상업 학교의 경제학 박사 과정에 있다.

장에르베 로렌치, 미카엘 베레비 지음 | 이영래 옮김 | 미래의창 | 2017년 1월 | 288쪽 | 15,000원(이북 9,600원)

세계 경제, 정말 괜찮아진 걸까?

우리는 1929년 대공황부터 2008년 미국발 금융 위기까지 몇 차례 큰 경제적 위기를 겪었다. 대부분의 경제 위기는 단순한 구조 조정을 통해 극복할 수 있었다. 그런데 저자들은 앞으로 다가올 시대의 위기는 이전과는 차원이 다르다고 경고한다. 탈금융화 현상과 불평등 확대 그리고 대규모 사업 이전이 복합적인 위기를 만들고 있고, 여기에 인구 노령화와 기술 진보 둔화 그리고 저축이 줄어드는 현상이 뒤따르고 있다. 이른바 여섯 가지 복합적인 위기인 것이다.

한 번도 경험하지 못한 여섯 가지 재앙

그런데 우리는 시장이 엄청난 문제에 대한 답을 스스로 찾을 것이라 믿고 있다. 과거에 늘 그래 왔기에 앞으로도 그럴 것이라 생각한다. 하지만 이 책은 이를 순진한 생각이라고 단호히 주장한다. 이 책에 등장하는 여섯 가지 위기에 대해 개괄적으로 살펴본다.

기술적 진보가 붕괴되고 있다 최근 몇 십 년간 진보의 속도가 느려지고 있다. 우리가 이미 알고 있는 기술에 대한 선입견과는 크게 다르게 인식될 수 있다. 기술 발달은 너무나 빠르게 이루어지고 있고, 이 발달 속도에 의문을 제기하는 것은 우매한 질문으로 보일 수 있다. 하지만 냉정하게 보면 과학적 연구는 계속 이어지며 발명 속도 역시 꾸준하지만 업계를 완전히 재편성하고 시장 대부분을 점유하게 될 기술의 시대가 늘 존재하는 것은 아니다. 1880~1940년에 우리 삶에 수많은 중요한 기술적 혁신이 등장했다. 전기, 전등, 강력한 기계, 자동차, 비행기, 가정용 전자 기기, 전화, 대량 생산, 라디오, 텔레비전 등이 인간의 삶을 바꿨다.

인터넷을 제외하면 실질적인 의미에서의 삶은 1953년과 크게 달라지지 않았다. 우리는 자동차를 운전하고, 냉장고를 사용하며, 전등을 켠다. 정보 기술과 인터넷은 라이프스타일, 소비, 생산에 영향을 주기는 했으나, 자동차 산업이 그런 것처럼 대량 생산 업계에 많은 일자리를 창출하지는 못했다. 인간의 삶을 확 바꾸어 버린 획기적인 기술이 나타난 시대와는 다르게 선진국은 고령화 영향으로 미래에 대한 충실한 투자가 줄어들고 있고, 개발 도상국은 선두 국가에서 공급하는 기술을 단순히 복제하는 데 그치고 있다.

산업혁명은 새로운 기술 시스템을 등장하게 한 기술적 변혁의 이례적인 수렴 현상이라고 한다. 1차 산업혁명은 18세기 말 생산과 소비에 큰 변화가 있었다고 알려지고 있고, 2차 산업혁명은 영국 외의 나라들, 이른바 독일, 프랑스, 미국의 공업 생산력을 강조하기 위해 사회학자들이 만든 말이었다. 그리고 3차 산업혁명은 20세기 전기 통신과 인터넷을 통해 일어났다고 알려져 있다. 현대 산업혁명의 변화는 기술의 진보로 이루어지는 것이 아니라는 말이다. 이런 관점에서 본다면 현대의 과학 기술 발달은 경제 발전에 크게 도움이 되지 않았다는 것이다.

산업혁명은 원래 과학 기술 발달로만 이루어지는 것은 아니다. 사회적 진보, 도시의 진보와 권력의 분산, 제도와 문화적 배경이 중요하다는 것이다. 이런 관점으로 본다면 1970년대 이후 발전이 지체되는 이른바 대침체의 원인도 찾을 수 있다는 설명이다. 결국 산업혁명의 원동력은 문화에서 비롯된다고 할 수 있다.

1970년대에는 미국 최상위 1퍼센트의 부유층이 국가 소득의 10퍼센트를 차지했다.
현재는 최상위 0.1퍼센트가 국가 소득의 8퍼센트를 차지하고 있다.
최상위층이 점점 부유해지는 동안, 중산층과 상위 중산층은 소득 부진으로 절망하고 있다.—125쪽

노령화의 저주 세계적인 규모로 고령 인구가 증가하고 있지만 우리가 지금 막 마주하게 된 인간의 이 새로운 모험에 대해 다룬 글은 아직 없다. 노령화는 세대 간 충돌의 발생과 그 이후의 확대라는 결과를 낳을 수 있는 저주라는 것이다. 19세기와 20세기에 인구학적 변화가 있었다. 영아 사망률과 출산율이 동시에 감소하면서 인간의 수명이 비약적으로 증가했다. 이른바 노령화가 시작된 것이다. 이 문제에 대해 인류는 그 심각성을 제대로 인식하지 못하고 있었다. 하지만 이는 모든 상황을 완전히 바꿀 수 있다.

2050년 세계 인구에서 60세 이상 노인은 21퍼센트에 도달할 것이라고 예측된다. 그리고 세대 간 충돌이 일어나게 된다는 것이다. 연구자들은 사슬의 양 끝에 해당하는 25세 이하와 55세 이상의 활동 수준에 대한 철저하고 체계적인 연구를 시작했다. 고려 대상이 된 나라 모두에서 걱정스러운 결과가 나왔다. 젊은 세대가 실업의 가장 큰 희

생양이었다. 미국에서 15~24세 실업률은 2000년 9.3퍼센트에서 2013년 17.8퍼센트로 증가했으며, 이는 세계적 재앙으로 퍼져 나갔다.

노령화를 좋은 취지로 해석하려는 노력도 있다. 예컨대 줄어드는 인구는 기술적 진보와 혁신을 고무시킨다는 것이다. 하지만 이에 대한 연구는 아직 확실한 결과를 내놓지 못하고 있다. 독일 제조 업체를 연구한 결과에 따르면 고연령 직원이 많을수록 회사는 연구 개발에 더 적은 돈을 쓴다고 한다.

불평등 급증 지난 30년 동안 자산과 소득의 불평등은 폭발적으로 증가했지만, 이런 현상이 나타난 원인을 한 가지로 정확하게 설명할 길은 없었다. 가장 많은 돈을 버는 사람과 가장 적은 돈을 버는 사람의 격차가 크게 벌어진 이유를 아무도 설명하지 못했다. 그런데 지금 세상에는 인류 역사에서 한 번도 보지 못한 불평등이 나타났다. 전 세계적으로 안정적이고 만족스러운 소득을 올리는 일부 중산층에서 드물게 나타나던 소득과 유산의 격차가 끊임없이 확대되어, 몇몇 산업계의 거물은 몇 세기 전에는 상상도 할 수 없던 엄청난 개인적 부를 이루었다. 날이 갈수록 유산을 통해 발생하는 부가 소득을 통해 발생하는 부보다 현저히 커지는 상황이다.

동시에 세계화에서 잊힌 희생자들, 개발 도상국이나 아직 신생 개발 도상국에 편입되지 못한 나라의 비숙련 노동자들은 생존에 극단적인 어려움을 경험하는 최저 생활 수준에 머물러 있다. 이쯤 되면 인간의 역사에 자주 등장하던 반란의 움직임이 어딘가에서 등장하지 말란 법도 없다.

그런 반란이 나타나기 전에 불평등을 감소시킬 수는 없을까? 결론은 일단 부정적이다. 이미 잘 알려져 있는 것처럼 프랑스, 영국, 미국 등에서는 최상위층에 부가 집중되고 있다. 경제학자 대부분은 복지 국가가 이를 해결해 줄 것이라 믿고 있다. 그래서 선진국에서는 사회 보장을 위해 GDP의 25퍼센트 이상을 지출하고 있다. 하지만 이 문제는 이렇게 해서 해결되지 않는다.

일각에서 중산층이 전멸하고 정보 격차는 더 늘어날 것이라는 주장도 제기되고 있다. 이는 한 번쯤 생각해 볼 문제일 것이다. 게다가 부에서 소외된 계층이 사회 복지에 의지해 극복할 가능성은 거의 없다는 주장도 제기되고 있다. 따라서 이런 부분들에 대해서는 각국의 정치 제도가 어떤 결정을 내릴지가 관전 포인트가 될 것이다.

산업 공동화의 역습 1995~2005년에 제조업이 선진국에서 소위 신흥 개발 도상국으로 엄청나게 이전한 결과 산업 공동화 위기가 발생했다. 전례가 없던 이 현상은 낮은 투자 비용과 최대의 저렴한 가격에 끌린 서구 소비자들 요구에 굴복한 결과이기도 했다. 중국인의 1시간 노동 비용이 같은 수준에 해당하는 미국이나 유럽의 노동 비용보다 40배가 낮다는 보도가 이어지던 시기였다. 당시로서는 새롭게 생긴 실업자를 지원하는 데 드는 비용을 생각할 겨를이 없었다. 결국 사회 복지 비용의 폭발적인 증가가 이어졌다.

이 영향은 OECD 국가의 산업 점유율 급락, 비숙련 일자리 수백만 개의 상실로 끝나지 않았다. 이 현상 때문에 서구는 지난 2세기 동안 누리던 '지도자'의 지위를 잃었다. 서구는 이제 미래가 자신들에게 덜 호의적이라는 사실을 알고 있다.

탈금융화 현상 2008년 미국발 금융 위기 이후 파생 상품은 줄어들지 않았다. 오히려 그 반대였다. 2013년 그림자 금융의 규모는 전통 은행권이 관리하는 자산의 절반에 이르는 71조 달러였다. 강력한 규제는 역으로 주요 은행들로 하여금 더 복잡한 비규제 금융 상품을 만들게 했다. 더 가혹한 금융 위기의 씨앗이 여기저기 뿌려져 있다.

이 문제는 해결 기미가 보이지 않는다. 미국에서는 그림자 금융 비중이 2012년 GDP 대비 165퍼센트로, 95퍼센트에 불과한 은행 비중보다 크다. 영국의 경우 그림자 금융 비중이 GDP의 350퍼센트에 이른다. 금융 산업에서는 유동성이 금융 발전의 열쇠라고 믿기 때문에 탈금융화 현상은 가속화될 것이고, 이른바 그림자 금융과 다크 트레이딩은 계속 증가할 것이다. 금융은 유동성이라는 장점을 가지고 있기 때문에 실물 경제가 따라올 수 없다. 따라서 금융은 자기 나름대로의 규칙을 만들고 계속 발전해 나갈 것이지만, 이는 큰 위험 요인이 될 수 있다.

한창 재구성되고 있는 이 세계에서 금융 활동에 대한 규제는 비현실적이다. 금융계의 거물 모두를 정치적으로 통제할 수 있다는 발상은 위기 이후 몇 년간 지속된 꿈이었다. 현재 금융 업계의 모습은 그 어느 때보다 복잡하고 광범위하다. 현실을 반영하는 새로운 금융 중개가 필요한 시점이다. 이를 위해 금융계 스스로 제대로 된 지배 구조와 관리 시스템을 갖추어야만 한다. 그것이 새로운 금융 구조, 장기 투자를 선호하고 개인과 집단 사이의 리스크 공유가 가능한 금융 구조를 만드는 유일한 방법이다.

저축과 투자의 불균형 저축과 투자의 균형은 정치 경제학에서 가장 중요한 주제다. 부르주아는 이후 자신의 저축을 자본 축적의 끝없는 사이클에 재투자하는 사업가가 된다. 투자 혹은 고정 자본 형성은 생산이나 가정 활동에 사용되는 내구재를 통해 기업이나 가계에 의해 이루어진다. 무엇이 저축과 투자를 결정하는가. 이 질문은 자연스럽게 저축의 과다 가능성과 부족 가능성, 따라서 과소 소비와 과잉 소비 가능성에 대한 질문으로 이어진다. 미래의 금리 상승은 투자와 저축의 재균형으로 나타날 것이고, 이것은 장기적으로 지속될 전망이다. 자신이 원하는 삶을 위해 필요한 투자 자금을 조달하려는 젊은 세대와 노후를 위해 안정적으로 자금을 비축해 놓은 기성세대 사이의 충돌이 빚어질 수도 있다.

 좋아요! 노련한 프랑스 경제학자가 균형 잡힌 시각으로 우리가 인식하지 못한 사안들을 조목조목 따진다. 시원하다.

 아쉬워요! 매우 잘 쓴 책인데 전체적인 만듦새가 내용에 비해 부실하다.

거대한 권력에 도전하는
작은 권력의 힘

권력의 종말
-전혀 다른 세상의 시작

The End of Power-From Boardrooms to Battlefield and Churches to States, Why Being in Charge Isn't What It Used to Be

한마디로 이 책은!

세계적인 정치학자 모이제스 나임이 권력의 새로운 메커니즘을 분석한 책이다. 정치, 경제, 금융, 미디어 등 사회 모든 분야에서 벌어지고 있는 강력한 지배 세력과 이를 위협하는 작은 세력 사이의 끝없는 권력 투쟁 현장을 파헤친다. 저자는 권력 바깥에 있던 개인과 작은 세력들이 권력을 위협하고 새로운 지배 세력으로 자리 잡고 있다고 주장한다. 사회 각 영역에서 권력이 어떻게 바뀌는지에 대한 통찰을 담아낸 이 책은 점점 다극화되는 권력의 세계에 대비하기 위한 조언들을 제시하고 있다.

저자 모이제스 나임 카네기 국제 평화 재단 최고 연구원. 서른여섯 살이던 1989년 베네수엘라 무역 산업부 장관에 올랐고, 외교 전문지 〈포린 폴리시〉 편집장, 세계은행 상임 이사 등을 역임했다. 전 세계 범죄 네트워크를 폭로한 《불량 경제학》을 집필한 세계적 베스트셀러 작가이기도 하다.

모이제스 나임 지음 | 김병순 옮김 | 책읽는수요일 | 2015년 2월 | 528쪽 | 22,000원(이북 15,400원)

거대 권력이 몰락하고 새로운 권력이 떠오르고 있다

이 책의 주제는 한마디로 전통적 권력이 쇠퇴하고 있다는 것이다. 저자는 권력을 다른 집단과 개인들의 현재 또는 미래의 행동을 지시하거나 막을 수 있는 능력이라고 정의한다. 현재 권력은 근본적인 변화를 겪고 있다. 국가, 기업, 정당, 사회, 운동 단체, 기관이나 개인 지도자 등은 이제 예전에 그런 것처럼 권력을 행사하지 못한다. 21세기에는 권력을 얻기가 전보다 더 수월해졌지만 권력을 잃는 것 또한 더 쉬워졌다. 정당 정치, 경영자가 기업에서 존속할 수 있는 기간, 브랜드의 존속 기간과 위협받는 시기 등을 분석해 보면 지금 이 시대는 권력이 붕괴하는 시기임을 알 수 있다. 권력 투쟁의 가장 처절한 결과물인 전쟁을 예로 들자면, 1800년부터 1849년까지 벌어진 비대칭적 전쟁에서 병력과 무기가 약한 쪽이 전략 목표를 달성한 경우는 12퍼센트에 불과했다. 그러나 1950년에서 1998년 사이에 일어난 전쟁에서는 전력이 약한 쪽이 이긴 경우가 55퍼센트나 되었다. 절대 권력이 점점 약화되고 있다는 방증이다.

권력은 철학적으로도 타당한 인간의 목적 중 하나다. 과거 아리스토텔레스는 권력, 부, 우정을 인간의 행복을 위한 구성 요소라고 규정했다. 마키아벨리, 홉스, 니체도 같은 주장을 했다. 권력은 사회를 구성하고, 그 내부 관계들을 지배하며, 사람들 사이의 그리고 공동체와 국가 내부와 그들 사이의 상호 작용을 조정하기 위해 존재한다. 국제 정치와 전쟁, 국내 정치, 기업 활동, 과학적 탐구, 종교 그리고 자선이나 사회 운동과 같은 사회적 행동, 온갖 종류의 사회 문화적 관계에서 작용한다.

미시 권력의 힘은 어디에서 오는가

그런데 이 거대 권력에 항거할 수 있는 미시 권력들이 등장하기 시작했다. 미시 권력은 거대 권력의 힘을 저지하고 제한할 수 있는 힘을 가지고 있다. 미시 권력의 뿌리는 정치 권력과 기업 권력에 항거하기 위해 만들어진 수많은 혁신과 독창성이다. 저자는 구글과 소말리아 해적을 대표적인 사례로 꼽는다. 이들의 공통점은 작은 기업으로 시작해서 큰 거대 권력을 괴롭히거나 뒤집을 수 있는 증거라는 것이다. 책에서 구글과 애플에 대한 이야기를 하나 더 꼽고 있는데, 애플과 구글은 모두 거대 권력에 항거하기 위해서 만들어졌다. 애플은 조지 오웰의 반유토피아 소설《1984년》에서 영감을 받아 광고사에 남을 '1984년' 광고를 내보냈다. 이는 거대 권력의 상징인 IBM을 도발하는 광고였다. 하지만 지금 애플은 IBM을 넘어 세계에서 가장 거대한 기업이 되었다.

권력이 쇠퇴하는 이유는 무엇일까? 수많은 사람이 소셜 미디어를 권력 쇠퇴의 주요 원인으로 꼽는다. 하지만 이 책에서는 그런 생각을 정면으로 반박한다. 이집트에서 수백만 명이 시위에 가담해 호스니 무바라크를 권좌에서 끌어내렸다. 그러나 시위가 한창 고조되던 당시 시위와 관련해 페이스북에 접속한 사람은 35만 명에 불과했다.

이집트와 리비아에서 여러 차례 시민 봉기가 일어나는 동안 트위터 통신량을 조사한 바에 따르면, 투쟁과 관련해 트위터를 사용한 사람의 75퍼센트 이상이 아랍 외 지역에 있는 사람들이었다. 미국 평화 연구소가 아랍의 봄 당시 트위터 이용 패턴을 면밀히 살펴본 또 다른 연구를 보면, 새로운 매체는 국내외 집단행동이나 봉기의 지역

확산에도 중요한 역할을 하지 못했다. 저자는 권력이 무너지고 있는 진짜 이유를 양적 증가 혁명, 이동 혁명, 의식 혁명으로 꼽는다.

규모가 곧 권력이던 기업 권력의 변화

기업에서는 권력의 메커니즘이 어떻게 바뀌었을까? 20세기 지성사에 큰 발자취를 남긴 독일 정치학자 막스 베버는 1922년에 출간된 《경제와 사회》라는 책에서 서구 문명의 합리성에 대한 생각을 밝히며, 거대한 중앙 권력을 행사할 수 있는 거대 기업을 자본주의에서 성공할 수 있는 모델로 꼽았다. 대규모 조직은 가부장적 신분제가 아닌 지위에 따른 관료제로 작동하기 때문에 더 합리적일 수 있다고 생각했다. 당시는 미국과 독일 등 산업 선진국에서 거대 기업들이 막 생겨나던 시기였다.

과거에는 규모를 키우는 것은 기업이 성공하기 위한 전제 조건이었다. 거대함은 곧 기업의 권력을 의미하는 말이었다. 경제학자 앨프리드 챈들러는 1970년대에 발표한 《보이는 손》에서 강력한 지배력을 확보한 경영자의 '보이는 손'이 시장 지배력이라는 보이지 않는 손을 대체하면서 근대 기업의 주요 추동력이 되었다고 주장했다.

하지만 이런 규모가 권력이라고 여기는 사고방식이 거센 도전을 받고 있다. 지금은 속도가 규모를 이겨 내는 상황들이 발견되고 있다는 것이다. 지금 대기업식 사고방식을 가지고 있다면 이는 버려야 한다.

 좋아요! 큰 것이 성공한다는 생각이 어디서 시작된 것인지 이해할 수 있다. 베네수엘라 무역 산업부 장관을 역임한 저자의 세계관이 묻어 있다.

 아쉬워요! 불필요한 내용이 많다.

중국이 미국을
넘어서는 날이 올까?

49가지 단서로 예측한 중국의 미래
49 Myths About China

한마디로 이 책은!

'중국 경제는 곧 붕괴될 것이다', '중국이 한국을 비롯한 전 세계를 사들일 것이다', '중국인들은 이기적이고 무례하다', '중국에서는 민주주의가 불가능하다', '중국은 호전적인 독재 국가다', '중국은 마음만 먹으면 북한을 움직일 수 있다'……. 중국에 대해 자주 듣는 말이다. 왜 중국에 대한 분석은 이렇게 극단적인 걸까? 중국을 과대평가하거나 과소평가하는 신념 체계는 우리 안에 깊숙이 뿌리를 내리고 있고, 이런 편견은 현실을 간과하게 만든다. 노르웨이 국방부의 중국 전문가들이 쓴 《49가지 단서로 예측한 중국의 미래》는 우리가 무심코 받아들이는 중국에 대한 49가지 편견과 오해를 전방위적으로 분석하고 파헤친 책이다. 중국의 경제와 정치, 국민, 외교, 역사, 그리고 미래에 이르기까지 이제껏 '정설'로 알려진 통념과 신화를 날카롭고 유쾌하게 깨부수고 빈 공백을 채워 나가면서 중국의 미래를 드러내고 있다.

저자 마르테 셰르 갈퉁 노르웨이 국방부의 중국 분석가다. 1998년부터 중국에서 공부해 유창한 중국어를 구사한다. 오슬로대에서 사회 인류학 석사 학위를 받았으며, 베이징에서 노르웨이 대사관 문화 담당관으로 근무하며 노르웨이 외교부와 중국 관련 연구를 했다. 이후 노르웨이 정부의 대중 전략을 연구했다. 저서로는 《중국—역사, 문화, 국민, 그리고 정치》가 있다.

스티그 스텐슬리 노르웨이 국방부 아시아 분과 분과장이다. 노르웨이 국방 연구소, 싱가포르 국립대, 컬럼비아대에서 객원 연구원으로 연구했다. 오슬로대에서 정치학 박사 학위를 받았으며, 현대 중국과 중동을 주제로 하는 다수의 책을 집필했다. 최근 저서로는 《사우디아라비아의 정권 안정, 현대 중동의 정권 이양과 안정성과 변화의 도전》이 있다.

마르테 셰르 갈퉁, 스티그 스텐슬리 지음 | 오수원 옮김 | 부키 | 2016년 12월 | 352쪽 | 16,000원(이북 11,000원)

중국 경제에 대한 몇 가지 오해

중국 경제에 대해 흔히 범하는 오류가 있다. 첫 번째는 경제 성장에 대한 오해다. 중국은 1978년 경제 자유화를 결정했지만 여전히 국가의 엄격한 통제 아래 운영되고 있다. 1978년 이후 중국 경제의 성장은 신자유주의 덕분이라고 생각하는 사람이 많다. 이렇게 생각하는 경제학자들은 중국이 국영 기업 민영화를 결정했다면 더 많은 성장이 있었을 것이라고 말한다.

하지만 중국 경제의 성장은 문호를 개방한 덕분만은 아니다. 1980년대 초 중국의 경제 성장은 내부적 요인들 덕분이었다. 해외 투자 및 외국과의 교역이 본격적으로 증가한 것은 1990년대 이후부터다. 1978~1993년에 중국은 이미 연간 약 10퍼센트의 성장률을 기록하고 있었다. 소련 붕괴 후 러시아 역시 신자유주의 전략을 도입했지만, 중국 GDP의 60퍼센트 정도 성장하는 데 그쳤다.

두 번째 오류는 중국이 수출로 성장을 해 왔다는 생각이다. 2009년 중국은 독일을 제치고 세계 최대 수출국이 되었다. 따라서 중국의 급속한 경제 성장은 수출 위주 경제 구조 덕이라고 생각하는 것은 자연스러운 일이다. 그러나 사실은 조금 다르다. 1970년대 이후 중국 경제는 안정적으로 성장해 왔다. 1997년과 1998년의 아시아 금융 위기, 2000년의 인터넷 버블, 그리고 2008년과 2009년의 금융 위기를 큰 탈 없이 넘겼다. 2009년 수출은 20퍼센트 감소했지만 경제는 오히려 8퍼센트 성장했다. 이는 중국 경제 발전 요인에 수출 외의 다른 동력들이 있음을 보여 준다.

수출 감소에도 불구하고 높은 성장세를 유지한 것은 2009년과 2010년 당국이 국유 은행 자금을 통해 해외 투자가 아닌 국내 투자에 주력한 덕분이다. 흔히들 중국 경제의 약점으로 수출 의존적 경제 구조를 거론하곤 한다. 수출에 지나치게 의존하는 구조로 인해 세계의 경기 침체에 취약해질 수 있다는 것이다. 그러나 세계를 강타한 금융 위기를 통해 중국 경제의 동력이 수출보다는 실물 투자라는 사실이 확인되면서 세계 경제 침체가 중국 경제를 붕괴시키리라는 예측은 신뢰하기 어렵게 됐다.

세 번째 오류는 중국의 동부 해안 도시만 발달되어 있다는 생각이다. 이것도 사실과는 다르다. 중국은 동부와 서부가 모두 발전되어 있다. 베이징이나 상하이 모두 동부 해안에 있기 때문에 중국의 경제 발전은 동부 해안 도시들과 연관되어 있다고 생각하는 것이 자연스럽다. 하지만 2012년 12퍼센트 이상의 경제 성장을 이룬 13개 도시 중

동부는 톈진뿐이다. 그리고 중국에서 가장 부유한 도시는 어얼둬쓰 지역이고, 중국 최고 성장세를 기록한 곳은 서부의 유일한 직할시인 충칭 시였다.

중국에 대한 마지막 편견은 창의성에 대한 것이다. 중국은 베끼는 나라라는 인식이 세계적으로 팽배하다. 중국의 복제 산업을 가리키는 '산자이'는 중국에 모조품에 대한 유구한 전통이 있다는 반증이다. 하지만 중국의 모조품을 '산자이'라고 하는 이유는 당국과 무관하다는 것을 보여 주기 위해서다. 모조품 문화는 정부와는 상관없다는 것이다. 게다가 모조품을 만드는 것이 그들에게는 일종의 문화적 코드다.

중국이 창의적이지 않다고 말하는 것은 잘못된 것이다. 중국이 국제 학술지에 발표하는 과학 논문 숫자, 국제 특허 신청 건수는 세계 최고 수준이다. 또 〈포천〉과 같은 경영 잡지에서 선정하는 글로벌 혁신 기업에는 항상 중국 기업이 다수 포진해 있다. 수치로만 본다면 중국이 창의적이지 않다고 말할 수 있는 근거는 없다.

> 미국 어린이들은 '일찍 일어나는 새가 벌레를 잡는다'라는 말을 들으며 자라는 반면,
> 중국 어린이들은 '처음 나간 새가 총을 맞는다'라는 말을 들으며 자란다.—43쪽

중국의 정치를 이해하기 위해 알아야 할 것들

중국의 정치는 역시 공산당이 중심이다. 공산당 지도부 구성원은 모두 남성이며, 어두운 색 정장과 넥타이 차림을 하고 있다. 겉모습만 비슷한 게 아니라 출신 배경과 성장 과정도 대부분 비슷하다. 이들은 집단 지도 체제를 만들어 토론을 통해 권력 구조와 국가 정책을 결정한다.

중국 사람들은 공산당이라고 해서 무조건 지지하지는 않는다. 매일 수백 건의 항의와 시위가 벌어진다. 하지만 대체로 중국인들은 안정된 국내 질서와 빠른 경제 성장을 이끈 공산당을 신뢰한다. 공산당의 통치가 중국의 자존심을 회복시켰다고 믿는다.

중국에는 '하늘은 높고 황제는 멀리 있다', '위에는 정책이 있다면 아래에는 대책이 있다'라는 오래된 속담이 있다. 중국은 사실상 연방 국가다. 각 지역별로 일정 부분 자유 재량권이 부여되어 있다. 홍콩이나 지역 민주주의를 강화하는 쓰촨 성, 그리고 대

외 관계를 자체적으로 맺고 있는 윈난 성은 자유 재량권을 상징하는 지역들이다. 권력은 분산되어 있으며 지방은 상당한 자율성을 가지고 있다.

그럼에도 불구하고 대만과 티베트 문제처럼 긴급한 국가적 사안에 대해서는 베이징 정부의 결정에서 벗어나기가 거의 불가능하다. 그리고 공산당 외의 조직은 허용하지 않는다. 공산당은 중국인들이 중국 외부에 존재하는 세력에 충성을 바치는 것을 가장 꺼린다. 공산당 체제가 내부로부터 무너지는 것을 두려워하는 것이다. 따라서 기독교는 허용되지만, 로마 교황청의 지도를 받는 가톨릭은 허용되지 않는다.

중국에서 민주주의가 가능할까?

중국 정부와 서구의 일부 학자들은 중국에서 민주주의는 불가능하다고 믿는다. 그들은 민주주의는 중국 문화의 일부가 아니며, 유교의 가르침과도 양립하지 않기 때문에 불가능하다고 믿는다. 또 중국 역사에서 수많은 봉기가 있었지만 새로운 전제 왕조를 만드는 데 일조했을 뿐이라고 폄하하기도 한다. 게다가 중국인들의 정치의식이 아직 성숙하지 않았기 때문에 민주주의를 할 수 없다고 말한다. 이런 각각의 이유들은 대부분 나름의 근거가 있다.

하지만 중국 문화는 민주주의와 양립이 가능하다. 청나라 말기의 지식인 량치차오는 중국 최초로 민주주의를 옹호한 인물로 기록되어 있다. 1911년 청 왕조가 멸망한 후 다수의 정당이 설립되었고, 그 후 지역, 성, 전국 단위에서 여러 차례 선거가 실시된 적도 있다. 실제로 민주주의가 실현되었던 것이다. 그리고 이 민주주의 개념은 마오쩌둥 이후에도 살아남았던 것으로 기록되어 있다.

공산당은 아직 건재하고 강하다. 하지만 정권 변화 가능성을 완전히 배제할 수는 없다. 대만도 유교 사상을 물려받았지만 민주주의를 정착시켰다는 점은 생각해 볼 필요가 있다. 중국인들은 정

의에 대한 의식이 매우 강하다. 지금 벌어지는 수많은 시위는 민주적 욕망을 반영한 것이라는 점을 생각해 볼 때 중국에서 민주주의가 불가능하다고 단정 지을 수는 없다.

중국인에게 관시는 특별한 의미가 있다

중국은 거대한 국가이고 그만큼 복잡하다. 14억 명이 넘는 인구는 세계 인구의 20퍼센트를 차지한다. 그럼에도 불구하고 나라 전체가 베이징 표준시를 사용한다. 그리고 90퍼센트 이상은 한족이지만, 그 밖에 55개의 소수 민족, 400개 이상의 고유 민족이 있다. 그렇기 때문에 중국에서는 집단 문화가 매우 강하다. 자신을 공동체의 일원으로 간주할 뿐 독립된 개인으로는 보지 않는 것이다. 보잘것없는 나를 희생해 위대한 나를 완성한다는 것은 중국 사람들에게 이상적인 개인의 포부일지 모른다.

그래서 중국에는 인맥이 발달해 있다. 친구와 가족에 대한 의무와 책임이 무엇보다 중요한 사회라는 말이다. 연줄이나 인맥을 의미하는 관시는 중국인들에게 단순한 인맥을 넘어서는 중요한 의미가 있다. 관시는 중국 사람들의 필요에 의해 생겨났다. 그 이유는 정부 때문이다. 중국에서는 개혁기 동안 공공 부분의 국가 기능이 제대로 작동하지 않았다. 개인이 자신과 가족의 안위를 전적으로 책임져야 했다. 정부나 공공 기관보다 자신의 인맥을 신뢰할 수밖에 없었다. 중국인들은 개인적 인맥을 쌓아야 하기 때문에 자기중심적인 사람들이 되었고, 자신이 쌓은 인맥 내부와 외부에 있는 자들을 구분한다. 중국인들은 자기의 인맥이 아니면 별로 신경을 쓰지 않는다.

중국인들이 다른 국민에 비해 예의범절을 지키지 못한다고 말하기는 쉽지만, 사실 그런 평가는 타당하지 않다. 아무튼 중국인들에게 연대, 돌봄, 배려는 자신의 인맥과 가족에게만 해당한다. 어쩌면 독극물을 넣은 우유, 유해 물질로 만든 식자재와 조제분유가 판치는 이유도 특유의 관시 문화 때문인지 모른다.

중국의 시대는 오지 않을 것이다

서구 학자들과 사람들은 인터넷이 공산당을 붕괴시킬 것이라 주장하지만 공산당은 건재하다. 게다가 중국 핵심 세력은 체제 붕괴를 원하지 않고, 쿠데타가 발생할 가능성도 낮다. 그러나 위안화의 미래는 어둡다. 위안화가 기축 통화가 되기 위해서는 중국이 자본 시장을 개방하고 위안화를 투자 가능하게 만들어야 하며, 달러 보유고를 풀어야만 한다. 하지만 여러 정황으로 볼 때 이런 상황은 쉽지 않을 것이다. 중국 경제가 안정적이라는 확신이 필요하지만 미래는 장담할 수 없기 때문이다.

위안화가 기축 통화가 될 가능성은 매우 낮다. 위안화가 달러화를 위협할 정도가 되려면 중국 정부는 자본 시장을 개방해야 한다. 위안화를 거래하기가 더 용이해져야 하고 투자 대상이 되어야만 한다. 그러나 위안화는 투자를 위한 화폐로 자유롭게 사용되지 못한다. 중국 당국이 자본의 해외 유입과 유출에 여전히 제동을 걸고 있기 때문이다.

역사학자 니얼 퍼거슨은 '21세기는 중국의 시대가 될 것이다'라고 단언했다. 하지만 경제적 영향력이 정치적 영향력으로 쉽게 바뀌는 것은 아니다. 수십 년 동안 세계 2위의 경제 대국이던 일본은 경제력을 패권으로 바꾸지 못했다. 중국도 마찬가지다. 중국은 '소프트파워'가 부족하다. 다른 나라가 '자신이 원하는 것을 원하도록' 만드는 힘이 부족하다는 뜻이다. 중국은 결국 초강대국으로 성장하겠지만, 다른 나라 사람들의 호감을 살 만큼 매력적인 나라는 되지 못할 것이다. 중국의 역사적 귀환은 실로 인상적이지만, 21세기가 중국의 시대가 될 가능성은 그저 가능성에 불과하다.

베이징 당국은 이 문제를 인식하고 있고 현재 중국의 이미지를 긍정적으로 바꿀 필요성에 관해 공개적으로 논의 중이다. 이들은 중국의 국제적 이미지를 매력적으로 바꾸는 데 엄청난 자원을 투자했다. 당국은 외교, 우호적인 무역 조건, 국제 언론, 문화 교류와 교환 학생 제도의 활성화를 통해 집단주의, 자기 수양, 근면, 이타주의, 도덕성 등의 긍정적인 '중국식 가치' 홍보에 공을 들였다. 그러나 아직 이 노력의 여파는 크지 않다. 많은 여론 조사 결과, 전 세계 사람들은 여전히 중국에 대해 상당한 의구심을 갖고 있는 것으로 나타났다.

 좋아요! 북유럽 관점에서 쓴 책이지만 우리에게도 시사하는 점이 많다.

 아쉬워요! 49가지를 읽다 보면 머릿속이 정리되지 않는다. '그래서 중국을 어떻게 하면 되는데?'

긴축 정책으로 경제 위기를 극복할 수 있을까?

긴축
-그 위험한 생각의 역사
Austerity-The History of a Dangerous Idea

한마디로 이 책은!

오늘날 혼란에 빠져 있는 세계의 정치와 경제 중심에는 긴축이 있다. 긴축은 지출이나 세금, 이자율 등을 조절해 시중에 유통되는 돈을 줄이는 정책을 말한다. 최근 전 세계적인 경제 위기를 겪으며 긴축은 논란의 중심으로 떠올랐고, 우리나라 역시 재정 확대와 재정 축소를 놓고 논쟁이 끊이지 않고 있다. 이 책은 그 긴축의 역사를 경제 사상과 경제 정책을 넘나들며 정리한다. 그 과정에서 일부 경제학자들과 언론들에 의해 유포된 잘못된 생각을 바로잡고, 기억해야 할 교훈들을 이끌어 낸다. 저자는 유럽 재정 위기를 분석하며 잘못된 은행 시스템과 유로화라는 통화 제도가 겹쳐져 만들어진 은행 위기가 그 본질임을 밝힌다. 하지만 긴축 정책은 재정 위기 해결책으로 각종 공공 지출의 대규모 삭감을 요구하며, 은행의 책임을 시민들에게 떠넘긴다. 또한 인플레이션과 국가 부채를 무조건적으로 나쁘다고 생각하는 사고와, 긴축 정책이 국가 신뢰도를 높이고 투자를 활성화해 경제를 성장시킬 것이라는 생각에 경종을 울린다. 1930년대 미국을 비롯한 선진국의 경험과 최근의 사례들을 살피며, 긴축이 긍정적인 결과를 낸 경우는 거의 없으며, 대단히 위험천만한 결과로 이어질 수 있음을 경고한다.

저자 마크 블라이스 브라운대 정치학과 교수. 왓슨 국제 문제 연구소 선임 연구원. 컬럼비아대에서 정치학 박사 학위를 받았다. 추상적인 경제 사상, 이론, 구체적인 금융 정책, 법안 등 폭넓은 주제들을 넘나들며 그것들의 상호 연관성, 변화 그리고 그 변화의 정치적·사회적 영향을 연구한다. 저서로 《거대한 전환들—20세기 경제사상과 제도의 변화》가 있다.

마크 블라이스 지음 | 이유영 옮김 | 부키 | 2016년 12월 | 544쪽 | 22,000원(이북 15,500원)

언제 터질지 모르는 경제 위기 폭탄

한국의 GDP 대비 국가 부채 비율은 38.3퍼센트로 OECD 국가 평균인 116.3퍼센트에 비해 선진국 중에서 가장 낮은 편에 속한다. 국제 비교 기준인 국가 채무에 비영리 공공 기관의 부채를 합산한 채무 비중은 약 45퍼센트 내외다. 비율이 낮은 편이긴 해도 국가 부채는 지속적으로 늘고 있으며 매년 사상 최대치 기록을 경신하고 있다.

우리나라와 경제 구조가 비슷한 일본의 경험에 비추어 보면 계속 늘어날 전망이다. 1991년만 해도 64퍼센트 수준이던 일본의 국가 부채 비율은 2015년 230퍼센트를 기록하며 OECD 국가 중 유일하게 200퍼센트를 넘었다. 불황과 인구요인에 따른 세입 감소가 겹치면서였다. 한국은 지금 1990년대 일본과 비슷한 상황에 처해 있다.

한편 미국은 2015년 12월 0.25퍼센트 금리 인상을 단행하며 7년 만에 제로 금리 시대를 끝냈고, 그 후 세 번에 걸쳐 1.00~1.25퍼센트까지 금리를 올렸다. 미국이 금리를 올리는 상황에서 한국이 금리를 낮추면 해외 자본이 급격히 빠져나갈 가능성이 높아 국가 부채를 늘리지 않고는 경제 문제를 풀기 어렵다. 재정 정책과 국가 부채 문제를 논의할 수밖에 없는 상황이 오고 긴축이 부각될 가능성이 높다. 40퍼센트의 국가 부채 비율만으로도 진보나 보수를 막론하고 우려스럽다고 말할 만큼 국가 부채에 대한 막연한 도덕적 거부감을 가지고 있는 상태에서는 긴축의 목소리가 힘을 받기 쉽고, 사태를 잘못 이해하기 쉽다. 이 책에서 자세하게 언급한 것처럼 유럽이 바로 그랬다.

유럽에서 재정 위기가 터진 나라들은 한국과 유사한 문제들을 안고 있었다. 포르투갈과 이탈리아는 기존 산업들이 경쟁력을 잃으면서 저성장의 늪에 빠졌다. 아일랜드와 스페인은 주택 담보 대출과 같은 금융 상품으로 유지해 온 부동산과 금융 시장이 문제를 일으켰다. 이런 문제들을 배경으로 재정 위기가 터져 나왔다. 어떤 선택을 하느냐에 따라 우리도 유럽처럼 국가 부채 비율이 높아지고 높은 실업률과 정치적 불안정을 겪을 수도 있다.

독일은 왜 유럽에 긴축을 강요하는가

긴축과 관련해서 흥미롭게 살펴봐야 할 나라가 있다. 긴축의 보루라고 알려진 독일이다. 독일을 이해해야만 EU가 왜 경제 위기에 근검절약을 강조하는지 추정할 수 있다. 독일은 제2차 세계 대전 이후 망가진 경제를 살리기 위해 산업 국가의 길을 걷는다. 전 세계 후발 산업 국가, 개발 국가의 원조는 독일이다. 산업에 뒤늦게 진출했기 때문에 국가가 대형 기업 설립을 주도하고 통제했다. 독일 경제는 거래 경제와 중앙 관리 경제가 공존하는 자본주의 시스템, 즉 질서 자유주의를 표방한다. 국가는 질서를 제공하고 질서에 기초한 정책을 집행한다. 그 덕분에 바스프, 크룹스, 티센크루프, 다임러 AG, 지멘스, 폭스바겐과 같은 거대 기업들이 탄생했다. 이들은 품질 우선주의로 독일을 제조업 최강국으로 만들었다. 독일에서는 민간 권력을 경계했고, 지출은 남용이라고 주장했다. 그러므로 강력한 중앙은행이 통제하는 사회적 시장 경제 시스템을 만들 수 있었다.

경제 정책에 대한 독일의 관점은 훗날 유럽 연합의 경제 정책으로 이어졌다. 위기 때마다 등장하던 '재정 수지 건전화 조치'는 과거 독일의 정책과 유사하다. 하지만 지금 유럽의 경제 상황은 과거 독일과는 많이 다르다. 독일은 선진국 대열에 들어선 이후 미국, 영국과 마찬가지로 자신들이 처해 있던 상황의 특수성을 망각해 버렸다. 독일 경제가 부강해진 이유는 긴축 재정 덕분이 아니라 시기상의 조건과 국제 경제적 환경 덕분이었다. 독일이 수출 주도형 경제 구조를 만들 때 다른 나라들이 독일과 경쟁하지 않았기에 가능한 일이었다. 그런데 지금 독일과 유럽 연합은 긴축 정책을 내세우며 유럽의 모든 나라가 독일처럼 되기를 바라고 있다. 〈파이낸셜 타임스〉의 칼럼니스트 마틴 울프는 이런 상황을 다음과 같이 꼬집었다.

"모든 국가가 경상 수지 흑자를 달성해야 한다고? 그럼 누구를 상대로 흑자를 달성할 것인가? 화성인? 그리고 모든 국가가 저축 계정 흑자를 유지해야 한다면, 항구적인 글로벌 경기 침체를 제외하고 다른 일이 벌어질 수 있을까?"

2008년 금융 위기 이후 미국의 변화

반면 독일과 다르게 미국은 여러 가지가 복잡했다. 우선 오스트리아 학파가 미국의 경제 철학을 지배했다. 이들은 자유 시장은 완벽하며, 정부의 개입은 이를 방해한다고

믿었다. 이 사상이 1990년대부터 미국 금융 위기가 터지기 전까지 세계 경제를 지배하던 이른바 신자유주의다. 정부의 통화 정책은 경기 부양 효과가 없으며 인플레이션을 자극할 뿐이라는 것이 미국의 인식이었다. 하지만 냉정하게 보면 오스트리아 학파에게는 경제 위기에 대해서는 이렇다 할 대안이 없었다. '아무것도 하지 말고 경제가 자기 스스로 치유할 수 있게 하자'고 주장만 할 뿐이었다. 시장에 대한 국가 개입은 인플레이션을 만들 뿐이며 재정 지출을 줄일 수 있도록 강력한 중앙은행이 만들어져야 한다는 공감대가 형성됐다.

우리가 2008년 경험한 미국발 경제 위기는 이런 경제 사상의 흐름 속에서 터진 사건이었다. 국가와 시장에 대해 어떤 신념을 가지고 있는가를 보면 경제 위기에 국가가 어떻게 대처할 것인지를 짐작할 수 있다. 2008년 경제 위기는 민간 부문에서 일어났다. 국가가 이 위기를 직접적으로 만든 것은 아니었다.

1930년대 오스트리아 학파의 자유주의 경제가 대공황이라는 참사로 이어지자 케인스는 적극적인 경기 부양 정책과 재정 정책을 내세워 위기를 극복했다. 2008년 금융 위기가 일어났을 때 사람들은 다시 케인스를 외쳤다. 시장이 완벽하다고 말하는 신자유주의를 더 이상 신뢰하지 못하겠다고 인정한 것이다. 그래서 금융 위기 이후 유럽 중앙은행과 독일을 제외한 거의 모든 국가가 케인스주의적 처방을 선호했고, IMF를 비롯한 국제 경제 기구들도 적극적인 경기 부양을 주장했다. 미국은 7000억 달러 규모의 부실 자산 구제 프로그램을 가동했다. 영국은 정치가 꼬이면서 긴축 정책을 실시했고, 질서 자유주의자이던 독일 역시 긴축 정책을 선호했다. '공공 지출을 유지해야 한다'는 미국 중심의 기조와는 달리 유럽 중앙은행과 독일 정부는 긴축 정책으로 방향을 틀었다.

긴축, 과연 효과적일까?

금융 위기 극복 방안으로 긴축을 떠올리는 것은 자연스러운 일이 되었다. 하지만 역사적으로 긴축이 위기 극복에 효과적이라는 증거는 없다. 긴축은 자발적 디플레이션 정책이라고 알려져 있다. 즉 임금과 가격, 공공 지출 삭감을 통해 국가 경제의 경쟁력을 회복하고 국가 예산, 부채 그리고 재정 적자를 줄여서 실행하는 것이다.

1919~1938년에 긴축 사상이 여러 국가에서 집행되었지만 경기가 회복되는 데는 도움이 되지 않았다. 영국과 프랑스는 제2차 세계 대전까지 긴축을 선호했으나 결과적으로 세계 경제를 지배할 기회를 놓치고 미국에게 그 자리를 내주었다. 이들뿐만 아니라 스웨덴, 독일, 일본, 프랑스도 모두 긴축으로 실패를 경험해 봤다. '레블 동맹'으로 알려진 국가, 즉 루마니아, 에스토니아, 불가리아, 라트비아, 리투아니아는 확장적 긴축이 제대로 작동한다는 것을 증명한다고 하지만, 그것은 오로지 동유럽에만 그것도 한시적으로 적용되는 이야기다. 긴축은 작동하지 않는다는 것이다. 역사를 살펴보면 긴축은 이데올로기가 아니며, 현실적인 이유로 실행된다.

 좋아요! 국가 경제 운영의 양대 산맥인 케인스주의와 신자유주의를 이해할 수 있다. 그리고 2008년 왜 국가들은 은행을 살릴 수밖에 없었는지를 이해할 수 있다.

 아쉬워요! 너무 두껍다. 경제학에 대한 기본 지식이 없다면 포기할 수도 있다.

매우 빠른 속도로 사건들이 발생하고, 너무 많은 정보들이 오갈 때,

독서는 시간을 늦추고 통찰력을 얻게 해주며,

다른 사람의 입장에서 이해하게 해준다.

이같은 습관이 나를 더 나은 대통령으로 만들어 줬다고는 말할 수 없지만,

지난 8년간 내 안의 균형을 찾게 해준 것만은 확실하다.

– 버락 오바마(미국 제44대 대통령)

이동우의 10분 독서 101

초판 1쇄 발행 2017년 12월 28일

지은이 | 이동우

발행인 | 이동우
책임편집 | 성기훈
디자인 | co∗kkiri
교정 | 신윤덕

주소 | (04539)서울특별시 중구 을지로5길 26, 미래에셋센터원 서관 27층
전화 | 02-6030-8805
팩스 | 02-6030-8800
이메일 | pascallab@naver.com
홈페이지 | www.10mbook.co.kr
발행처 | (주)이동우콘텐츠연구소
출판등록 | 2017년 12월 1일 제2017-000140호

ⓒ 이동우, 2017(저작권자와 맺은 특약에 따라 검인을 생략합니다)
ISBN 979-11-962571-0-1 03000

이 도서의 국립중앙도서관 출판예정도서목록(CIP)은 서지정보유통지원시스템 홈페이지(http://seoji.nl.go.kr)와
국가자료공동목록시스템(http://www.nl.go.kr/kolisnet)에서 이용하실 수 있습니다. (CIP제어번호 : CIP2017033255)